Lehrbuch der Entwicklungspsychologie

Lehrbuch der Entwicklungs-psychologie

Band 2: Theorien und Befunde

2., unveränderte Auflage

von

Hanns Martin Trautner

Hogrefe · Verlag für Psychologie
Göttingen · Bern · Toronto · Seattle

Die Deutsche Bibliothek - CIP-Einheitsaufnahme

Trautner, Hanns Martin:
Lehrbuch der Entwicklungspsychologie / von Hanns Martin Trautner. - Göttingen ; Bern ; Toronto ; Seattle : Hogrefe, Verl. für Psychologie
Bd. 2. Theorien und Befunde. - 2., unveränd. Aufl. -1997
ISBN 3-8017-0260-X

Satz: Frohberg Satz, Freigericht-Somborn
Druck: Allgäuer Zeitungsverlag GmbH, Kempten/Allgäu
Printed in Germany
Auf säurefreiem Papier gedruckt

ISBN 3-8017-0260-X

Vorwort

Zwölf Jahre nach dem Erscheinen von Band 1 meines Lehrbuchs der Entwicklungspsychologie liegt nun der Band 2 vor.

Die ursprüngliche Konzeption des Lehrbuchs war, die Grundlagen, Theorien und Befunde der Entwicklungspsychologie in einem einzigen Lehrbuchband zusammenzufassen. Dies wurde schon bald zugunsten einer ausführlicheren systematischen Behandlung der begrifflichen, theoretischen und methodischen Grundlagen der Entwicklungspsychologie aufgegeben. Ein derartiges Buch fehlte damals, zumindest im deutschsprachigen Raum. Ergebnis war der 1978 in Erstauflage erschienene Band 1 (überarbeitete und ergänzte zweite Auflage 1991). Davon abgetrennt sollten später, in einem zweiten Band, die Befunde der Entwicklungspsychologie in der üblichen Form der Ordnung nach Entwicklungsperioden und Funktionsbereichen dargestellt werden. Jedenfalls schien dies die naheliegende Konsequenz aus der Ausweitung des ursprünglich als erste Hälfte *eines* Lehrbuchs gedachten Teiles zu einem ganzen Band zu sein.

Nach dieser Konzeption erfolgte zunächst auch die Weiterarbeit an meinem Lehrbuchprojekt. Je weiter jedoch die Ausarbeitung der einzelnen Kapitel des geplanten zweiten Bandes voranschritt, desto stärker wurden meine Zweifel, ob es in Anbetracht der zahlreichen bereits existierenden „Befund-Bücher", aber auch beim heutigen Forschungsstand und der während der letzten Jahre exponentiell angestiegenen Spezialliteratur, noch sinnvoll und – für einen einzelnen Autor – machbar ist, eine umfassende und gleichzeitig fundierte Darstellung der gesamten Entwicklung zu liefern. (Das letzte derartige deutschsprachige Lehrbuch wurde 1972/1975 von Nickel vorgelegt. Die beiden in den 80er Jahren erschienenen Bücher von Oerter & Montada (1982, 2. Aufl. 1987) und von Wieczerkowski & Zur Oeveste (1982) sind Gemeinschaftswerke vieler verschiedener Autoren).

Sollte der Vorteil des Einzelautors genutzt werden, ein stilistisch homogenes und in seinen verschiedenen Teilen aufeinander abgestimmtes Buch schreiben zu können, und sollte gleichzeitig das als obsolet erkannte Ziel einer umfassenden Darstellung aufgegeben werden, bot sich als Alternative eine *exemplarische Darstellung* an, die am Beispiel dafür besonders geeigneter Ausschnitte des Entwicklungsgeschehens den Zusammenhang zwischen Theorien, Methoden und Befunden aufzeigt. Genau diesem Prinzip folgt der nun vorliegende zweite Band meines Lehrbuchs der Entwicklungspsychologie. Die lange Dauer seiner Entstehung geht auf die geschilderte mehrmalige Änderung der Lehrbuchkonzeption zurück.

Ausgehend von den im Band 1 behandelten übergeordneten Problemen zeige ich im Band 2 für drei exemplarische Bereiche (Sprache, Geschlechtstypisierung, Moral) auf, wie Entwicklungspsychologen zu ihren Aussagen gelangen, was man heute in der Entwicklungspsychologie weiß und was man nicht weiß, wie weit die verschiedenen Theorien jeweils tragen und in welchem Verhältnis unterschiedliche Aussagen zueinander stehen. Ziel der Darstellung ist eher, ein anschauliches Bild der entwicklungspsychologischen Forschung und einiger ihrer Ergebnisse zu entwerfen, als eine detaillierte Schilderung sämtlicher Aspekte der Individualentwicklung beim Menschen zu liefern. Aus diesem Grund wurde auch die Anzahl von in den Text eingestreuten Kurzfassungen empirischer Untersuchungen zu einzelnen Fragestellungen wesentlich erhöht.

Bei dieser Konzeption erschien es mir sinnvoll, den überarbeiteten und stark ergänzten Theorieteil aus dem Band 1 herauszunehmen und zusammen mit den Befunden im Band 2 darzustellen. Die Auswahl gerade der drei Bereiche *Sprache*, *Geschlechtstypisierung* und *Moral* für den Befundteil bot sich aufgrund von deren besonderer Eignung für eine Demonstration der wechselseitigen Zusammenhänge zwischen Theorien, Methoden und Befunden und aufgrund des hier in besonderem Maße gegebenen Nebeneinander konkurrierender Untersuchungsansätze an.

Der vorliegende *Band 2* gliedert sich also in einen *Theorieteil* (Kapitel 6–10) und einen *Befundteil* (Kapitel 11–13).

Der *Theorieteil* liefert eine systematische Darstellung der vier wichtigsten Gruppen von Entwicklungstheorien (Biogenetische Theorien, Psychoanalytische Theorien, Lerntheorien und Kognitive Theorien) und ihrer bedeutendsten Repräsentanten. Vorweg (Kapitel 6) werden die Merkmale und Aufgaben von Entwicklungstheorien allgemein behandelt. Die Darstellung der einzelnen Theorien in den darauffolgenden vier Kapiteln (7–10) ist jeweils in die folgenden Punkte untergliedert: (1) Grundlegende Annahmen über Gegenstand, Verlauf und Steuerung von Entwicklungsprozessen, (2) Bedeutende Vertreter der betreffenden Theorie, (3) Neuere Ansätze innerhalb der Theoriegruppe, (4) Bewertung der Theorie, (5) Zusammenfassung.

Der *Befundteil* liefert eine systematische Darstellung der Entwicklungsprozesse in den drei Bereichen Sprache, Geschlechtstypisierung und Moral. Anhand dieser drei Bereiche sollen exemplarisch die wechselseitigen Zusammenhänge zwischen Theorien, Methoden und Befunden in der Entwicklungspsychologie deutlich gemacht werden. Zunächst werden die beobachteten Entwicklungsveränderungen variablenspezifisch beschrieben. Im Anschluß daran erfolgt eine Darstellung der einzelnen Entwicklungsprozesse aus der Sicht der vier in den Kapiteln 7 bis 10 vorgestellten Entwicklungstheorien. Schließlich werden die wechselseitigen Zusammenhänge der einzelnen Teilprozesse herausgearbeitet. Jedes Befundkapitel ist in folgende Punkte untergliedert: (1) Bedeutung des Bereichs, (2) Verschiedene Aspekte und Forschungsperspektiven, (3) Entwicklung einzelner Komponenten, (4) Verschiedene Theorien, (5) Wechselseitige Zusammenhänge der einzelnen Komponenten über die Ontogenese, (6) Zusammenfassung.

Bei der Abfassung des Textes habe ich besonders auf die Lesbarkeit und Verständlichkeit der Darstellung geachtet. Kurze Einführungen am Beginn der beiden Hauptteile und Zusammenfassungen am Ende eines jeden Kapitels sollen die Verarbeitung und das Behalten des Textes erleichtern. Diesem Ziel dient auch die durchgehende Untergliederung der einzelnen Kapitel in kleinere, in sich geschlossene Abschnitte. Die Gliederungsstruktur ist dem ausführlichen Inhaltsverzeichnis zu entnehmen. Zentrale Fragestellungen werden durch in den Text eingefügte Kurzdarstellungen empirischer Untersuchungen veranschaulicht. Kommentierte Lektüreempfehlungen am Ende eines Kapitels helfen bei der Auswahl von Texten zum vertiefenden Weiterstudium. Die empirischen Untersuchungen und die Lektüreempfehlungen wurden auch im Hinblick auf ihre Eignung für Seminare zu den speziellen Themen ausgewählt.

Das vorliegende Lehrbuch richtet sich in erster Linie an Psychologie-Studenten/Studentinnen und ist primär für den Einsatz in der Ausbildung von Diplom-Psychologen/Psychologinnen gedacht. Es ist aber ebenso für praktisch tätige Psychologen/Psychologinnen, Erziehungs- und Sozialwissenschaftler(innen) und alle anderen Personengruppen geeignet, die sich mit entwicklungspsychologischen Fragestellungen beschäftigen möchten.

Ich möchte allen danken, die mir dabei geholfen haben, daß dieser Band 2 meines Lehrbuchs der Entwicklungspsychologie fertiggestellt werden konnte: *Sabine Schorsch* lieferte Textentwürfe für die neu hinzugekommenen Abschnitte über die Sozial-kognitive Theorie von Albert BANDURA und die Informationsverarbeitungsansätze; zusammen mit *Dorothee Klens* und *Andreas Ott* unterstützte sie mich auch bei der Aktualisierung der Literaturhinweise zum Theorieteil; *Heide Larisch*, *Andrea Otten*, *Andreas Ott* und *Beate Wilken* schrieben Entwürfe für Kurzfassungen von einigen der ausgewählten exemplarischen Untersuchungen; *Mechthild Berkemeier-Kleinekemper*, *Sybille Claßen*, *Andrea Otten* und *Britta Rodenberg* sorgten für die Eingabe und Korrektur meines Textes in seinen verschiedenen Versionen am Personal Computer, wobei *Britta Rodenberg*, die die druckfertige Endversion erstellte, den größten Anteil hatte; *Leonore Dinter*, *Heide Larisch*, *Andreas Ott*, *Britta Rodenberg* und *Sabine Schorsch* halfen mir bei der Erstellung der Register und des Literaturverzeichnisses sowie bei der Herstellung der Druckvorlagen für die Tabellen und Abbildungen. Ein Akademiestipendium der *Stiftung Volkswagenwerk* im Sommersemester 1986 gab mir für eine Weile die Möglichkeit, kontinuierlich an dem Buchprojekt zu arbeiten, und schuf die wesentliche Grundlage für den nun vorgelegten endgültigen Text. Mein Dank gilt auch dem *Hogrefe Verlag*, speziell *Bernhard Otto* und *Michael Vogtmeier*, für die mir eingeräumte Freiheit der Gestaltung meines Buchprojekts, ihre Geduld, mit der sie auf das fertige Manuskript *ge*wartet, und ihren Nachdruck, mit dem sie dieses *er*wartet haben.

Münster, im Januar 1991 H.M. Trautner

Inhaltsverzeichnis

Teil III: Theorien der Entwicklung

Kapitel 9: Reiz-Reaktions-Theorien (S-R-Theorien) der Entwicklung – Entwicklung als sozialer Lernprozeß 99

Kapitel 10: Kognitive Entwicklungstheorien – Entwicklung als Aufbau der Erkenntnis 155

Teil IV: Befunde der Entwicklungspsychologie

Kapitel 13: Moralentwicklung 411

Inhalt Band 1

Teil I: Grundlagen der Entwicklungspsychologie

Teil II: Methoden der Entwicklungspsychologie

Kapitel 4:
Methodische Probleme der Entwicklungspsychologie

Kapitel 5:
Erhebungsmethoden in der Entwicklungspsychologie

Teil III:

Theorien der Entwicklung

In diesem Teil werden die wichtigsten *theoretischen Ansätze der Entwicklungspsychologie* dargestellt.

Im *Kap. 6* geht es zunächst um die Klärung der *Merkmale und Aufgaben von Entwicklungstheorien*. Dies geschieht auf dem Hintergrund der Theoriebildung in der Psychologie generell. Zur Einteilung und Abgrenzung verschiedener Entwicklungstheorien wird von den drei Grundfragen nach dem *Gegenstand*, dem *Verlauf* und der *Steuerung* von Entwicklungsprozessen ausgegangen. Wir gelangen dabei zur Unterscheidung von *vier Theoriegruppen*. Sie werden in den folgenden Kapiteln 7 bis 10 nacheinander vorgestellt.

Die Darstellung der einzelnen Theorien gliedert sich dabei jeweils in die folgenden Punkte: (1) Grundlegende Annahmen über Gegenstand, Verlauf und Steuerung von Entwicklungsprozessen; (2) Bedeutende Vertreter der betreffenden Theorie; (3) Neuere Ansätze innerhalb der Theoriegruppe; (4) Bewertung der Theorie; (5) Zusammenfassung.

Als erstes (*Kap. 7*) werden die *biogenetischen Entwicklungstheorien* behandelt, die Entwicklung weitgehend mit biologischer Entfaltung gleichsetzen. Die Grundannahmen einer biogenetischen Sichtweise werden am Beispiel der Entwicklungskonzeptionen von Oswald KROH und Heinz WERNER näher erläutert. Als neuerer biogenetischer Ansatz wird die ethologische Betrachtung der Entwicklung dargestellt. Breiteren Raum nimmt dabei das Bindungskonzept ein.

Das *Kap. 8* beinhaltet die *psychoanalytische* Betrachtung der Entwicklung als Triebwandlung. Nach der Erörterung der entwicklungspsychologisch bedeutsamen Grundkonzepte Sigmund FREUDS und des FREUDschen Phasenmodells der Entwicklung wird mit Erik ERIKSON ein Psychoanalytiker vorgestellt, der die FREUDsche Triebanalyse durch die Analyse der psychosozialen Aspekte der Entwicklung wesentlich erweitert hat. Neuere Tendenzen innerhalb der psychoanalytischen Entwicklungstheorie werden insbesondere an dem Werk von Margaret MAHLER aufgezeigt.

Im *Kap. 9* wird geschildert, wie die *S-R-Theorien der Entwicklung* Gegenstand, Verlauf und Determination der Entwicklung beschreiben. Als für die traditionelle S-R-Betrachtung der Entwicklung wichtigste Vertreter werden der HULL-Schüler Robert SEARS und die SKINNERianer Sidney BIJOU und Donald BAER vorgestellt. Am Beispiel des Werks von Albert BANDURA wird dargestellt, wie sich die klassische S-R-Theorie zu einer sozial-kognitiven Lerntheorie weiterentwickelt hat.

Im *Kap. 10* werden die *kognitiven Entwicklungstheorien* in ihren grundlegenden Merkmalen dargestellt. Im Vordergrund steht dabei Jean PIAGETS Theorie der geistigen Entwicklung. Außerdem kommt mit Lawrence KOHLBERG ein kognitiver Entwicklungspsychologe zu Wort, der die Sozialisation des Kindes in ihrer Abhängigkeit von kognitiven Variablen betrachtet. Abschließend werden die das gegenwärtige Bild der Entwicklungspsychologie zunehmend prägenden Informationsverarbeitungsansätze erläutert.

Kapitel 6:

Merkmale und Aufgaben von Entwicklungstheorien

1. Theoriebildung in der Psychologie

Vor der Darstellung der spezifischen Merkmale und Aufgaben von Entwicklungstheorien sollen zunächst die Merkmale und die Aufgaben psychologischer Theorien generell erläutert werden (s. auch BALDWIN, 1967/1974a; MARX & GOODSON, 1976; TRAXEL, 1964).

1.1 Merkmale und Aufgaben psychologischer Theorien

Unter einer Theorie versteht man „eine durch das Denken geschaffene Verknüpfung beobachteter Tatsachen zu einem in sich widerspruchslosen Zusammenhang von Gründen und Folgen" (TRAXEL, 1964, S.309). Theorien haben sowohl eine *systematisierende*, die Daten ordnende Funktion als eine *leitende*, die Datensammlung bestimmende Funktion. Theorie und Empirie stehen in einer Wechselwirkung „derart, daß die aus der Beobachtung gewonnenen Befunde zu einer Erklärung herausfordern, diese aber wieder einer empirischen Bestätigung bedarf, wodurch bestimmte experimentelle Untersuchungen angeregt und in ihrer Fragestellung von der Theorie - unter Umständen bis in Einzelheiten - vorgeschrieben werden" (TRAXEL, 1964, S. 310 f.).

Eine ideale Theorie sollte folgende vier Merkmale aufweisen: (1) logisch widerspruchsfreie Systematisierung, (2) Erklärungswert, (3) Falsifizierbarkeit, (4) Nachprüfbarkeit durch andere.

(1) *Systematisierung.* Eine Theorie hat gesetzmäßige Beziehungen zwischen Variablen unter Berücksichtigung des Sparsamkeitsprinzips in einem logisch widerspruchsfreien System von Axiomen, Theoremen und Beweisen zu formulieren. Dabei sind die Denkgesetze der Logik zu beachten: der Satz der Identität, der Satz des Widerspruchs, der Satz vom ausgeschlossenen Dritten und der Satz vom zureichenden Grund (s. TRAXEL, 1964, S. 311).

(2) *Erklärungswert.* Eine Theorie muß erklären können, welche Bedingungen dem Eintreten von Ereignissen zugrunde liegen. Sie muß zur Erklärung bisheriger Befunde und zur Einordnung künftiger Befunde geeignet sein. Und sie muß daraus genaue *Vorhersagen* ableiten können über die Bedingungen, unter denen ein Ereignis eintreten wird (Eignung zur Hypothesenbildung nach dem Muster Wenn-Dann).

Während jede Erklärung eine Vorhersage erlaubt, gilt nicht das Umgekehrte: die auf der Kenntnis einer gesetzmäßigen Beziehung zwischen zwei Variablen beruhende Vorhersage der Ausprägung der einen Variable bei bekannter Ausprägung der anderen Variable liefert noch keine Erklärung für diesen Zusammenhang. Außerdem sind Vorhersagen keine Aussagen über das hundertprozentige Eintreten oder Nichteintreten eines Ereignisses (Alles oder Nichts), sondern Wahrscheinlichkeitsaussagen. Schließlich darf aus der Forderung, eine Theorie müsse Vorhersagen über künftiges Verhalten erlauben, nicht abgeleitet werden, alles Verhalten ließe sich vorhersagen. (Zur Erklärung und Vorhersage in der Psychologie s. STAPF & HERRMANN, 1972).

(3) *Falsifizierbarkeit.* Die in einer Theorie angenommenen Wenn-Dann-Beziehungen müssen explizit formuliert sein, so daß sich daraus Hypothesen ableiten lassen, deren Gültigkeit oder Genauigkeit empirisch überprüfbar, d.h. *falsifizierbar* sind. Die Falsifizierbarkeit einer Aussage erfordert eine operationale, d.h. eine für empirische Manipulation (Variation) geeignete Definition der verwendeten Begriffe. Soweit eine solche Operationalisierung noch nicht möglich ist, besteht die Notwendigkeit, hypothetische Größen einzuführen.

(4) *Nachprüfbarkeit.* Aus der Definition der Falsifizierbarkeit läßt sich ableiten, daß die in einer Theorie postulierten Gesetzmäßigkeiten nicht nur durch denjenigen, der sie aufgestellt hat, sondern auch durch andere nachprüfbar sein müssen. Falsifizierbarkeit und Nachprüfbarkeit setzen im übrigen voraus, daß die angegebenen Bedingungen für das Auftreten eines Ereignisses wiederholbar, variierbar und kontrollierbar sind.

ZIGLER (1963, S. 356) pointiert die Kriterien für die Bewertung psychologischer Theorien folgendermaßen: Eine Theorie ist richtig, wenn sie Vorhersagen und das kontrollierte Setzen von Bedingungen erlaubt, sie ist falsch, wenn sie schlechte Vorhersagen macht, und sie ist unbrauchbar, wenn aus ihr keine nachprüfbaren Vorhersagen abgeleitet werden können.

1.2 Gesetzestypen in der Psychologie

Als wesentliches Kennzeichen einer Theorie wurde die Erklärung und Vorhersage des Eintritts von Ereignissen festgehalten. Voraussetzung für die Abgabe von Erklärungen und Vorhersagen ist die Kenntnis von regelhaften oder *gesetzmäßigen* Beziehungen zwischen Variablen. Die Formulierung von Gesetzen hat nach ITELSON (1967) drei Elemente zu enthalten:

„1. den Charakter des entsprechenden Zusammenhangs von Fakten (Bestimmung der Form des Gesetzes);

2. die Bedingungen, unter denen dieser Zusammenhang auftritt (Bestimmung der Grenzen des Gesetzes);

3. die Klasse von Erscheinungen, zwischen denen dieser Zusammenhang unter diesen Bedingungen auftritt (Bestimmung der Objekte des Gesetzes)" (zit. n. SCHMIDT, 1970, S. 354).

Für die Gesetzestypen, die in der Psychologie vorkommen, hat SPENCE (1963) eine Klassifikation vorgeschlagen, die sich auch als Ausgangspunkt zur Darstellung entwicklungspsychologischer Gesetzmäßigkeiten eignet. SPENCE unterscheidet dabei zwischen *empirischen* Gesetzen und *hypothetischen* Gesetzen. Erstere beziehen sich auf Zusammenhänge zwischen empirisch klar und exakt erfaßbaren Variablen. Letztere enthalten daneben auch hypothetische Größen (intervenierende hypothetische Konstrukte), die selbst (noch) nicht direkt meßbar sind, zur Erklärung der aufgefundenen Beziehungen zwischen den gemessenen Variablen jedoch angenommen werden müssen. Die von SPENCE im einzelnen unterschiedenen Gesetzestypen gibt Abbildung 6.1 wieder.

Die für die Entwicklungspsychologie bedeutsamen Gesetzestypen der SPENCEschen Klassifikation und ihre Formen werden im Abschnitt 2.2 erläutert.

2. Theoriebildung in der Entwicklungspsychologie

In den Anfängen der wissenschaftlichen Entwicklungspsychologie wurde nur selten der Versuch unternommen, von theoretischen Überlegungen ausgehend Daten zu sammeln oder die gesammelten Beobachtungsdaten theoretisch einzuordnen. Im Vordergrund stand meist die Sammlung und Beschreibung von Einzeltatsachen (vgl. Kap. 1.1). Erst mit dem Heraufkommen psychologischer Schulen (Ganzheitspsychologie, Gestaltpsychologie, Psychoanalyse, Behaviorismus) entstanden allmählich auch unterschiedliche Vorstellungen über den Entwicklungsprozeß.

Im Zusammenhang mit der Verwischung der Grenzen zwischen den psychologischen Disziplinen kam es dann in den letzten Jahrzehnten auf dem Gebiet der entwicklungspsychologischen Theoriebildung zu einem immer stärkeren Eindringen allgemeinpsychologischer Theorien. Dies hat z.B. in den Sammelwerken von STEVENSON (1963), MUSSEN (1970, 1983) oder der von der *Society for Research in Child Development* seit 1964 betreuten Reihe „Review of Child Development Research“ seinen Niederschlag gefunden. Trotz dieser gegenseitigen Durchdringung der psychologischen Disziplinen auf dem Gebiet der Theoriebildung und trotz der aufgezeigten generellen Anforderungen an psychologische Theorien sind Theorien der Entwicklung aufgrund der Besonderheit ihres Untersuchungsgegenstands, nämlich der Beschäftigung mit *Veränderungsreihen*, zusätzlich mit eigenen Problemen konfrontiert. Ihnen wollen wir uns nun zuwenden.

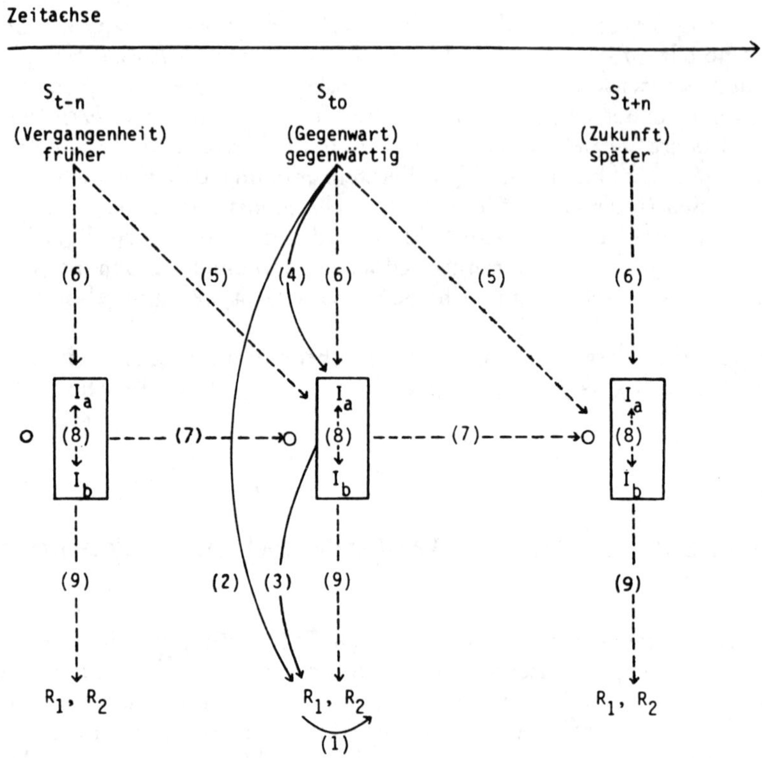

———→ = Empirische Gesetze
— — — → = Hypothetische Gesetze

A. Empirische Gesetze
(1) $R = f(R)$
(2) $R = f(S)$
(3) $R = f(O)$
(4) $R = f(S)$

B. Hypothetische Gesetze
(5) $I = f(S_{t-n})$
(6) $I = f(S_{to})$
(7) $I = f(S_t)$
(8) $I = f(I)$
(9) $R = f(I)$

Es bedeuten:
S = externe Situationsbedingungen (Stimuli)
O = organische (vor allem neurophysiologische) Variablen (die Kästchen symbolisieren das psychophysische System „Mensch“)
R = Reaktion I = hypothetische intervenierende Variable
Die t-Indices auf der Zeitachse bezeichnen aufeinanderfolgende Zeiträume, wobei
t−n = Vergangenheit to = Gegenwart t+n = Zukunft
Die Pfeile drücken funktionelle Abhängigkeiten zwischen den miteinander verbundenen Variablen aus.
Die in Klammern gesetzten Ziffern bezeichnen die Numerierung der Gesetzestypen.

Abbildung 6.1: Schematische Darstellung der Klassifikation von Gesetzestypen in der Psychologie (nach SPENCE, 1963, S. 280)

2.1 Spezielle Aufgaben von Entwicklungstheorien

Zum Verständnis der speziellen Aufgaben von Entwicklungstheorien erscheint es zunächst nützlich, grundsätzlich zwischen Gesetzesaussagen zu unterscheiden, die sich auf *Zustände* (Organisation und Struktur) und die sich auf *Prozesse* (Veränderung) beziehen (PARTHEY & WAHL, 1966, S. 105). Erstere bilden Relationen zwischen Erscheinungen oder Ereignissen im *Raum* ab, letztere Relationen zwischen Erscheinungen oder Ereignissen in der *Zeit*.

Selbstverständlich lassen sich auch Zustände nicht ohne zeitliche Ausdehnung denken bzw. ist ein Zustand in der Regel ein Resultat eines Prozesses. In den Begriffen des Zustandes, der Organisation oder der Struktur – zu einer bestimmten Zeit – wird jedoch die Zeitvariable ausdrücklich vernachlässigt, während die Beschäftigung mit Veränderungen die Zeitvariable ausdrücklich thematisiert.

Auf die Entwicklungspsychologie übertragen bedeutet dies: es gibt Gesetzmäßigkeiten des Verhaltens (Handelns, Erlebens) bzw. der Organisation und Struktur des Verhaltens zu bestimmten Zeiten des Lebenslaufs, und es gibt Gesetzmäßigkeiten der Veränderung des Verhaltens bzw. seiner Organisation und Struktur über die Zeit. Wir werden dieser Unterscheidung u.a. bei der Darstellung der Stufenlehren, mit ihrer Betonung von Zuständen, und der Theorie des sozialen Lernens, mit ihrer Betonung von Veränderungen, wiederbegegnen.

Die in dieser Gegenüberstellung zum Ausdruck kommende Zweigleisigkeit entwicklungspsychologischer Fragestellungen schlägt sich auch in der Definition dessen nieder, was unter Entwicklung verstanden wird: zum einen der Entwicklungsprozeß selbst, das sind die Veränderungen und die ihnen zugrundeliegenden Bedingungen, zum anderen die jeweiligen Resultate dieses Prozesses (vgl. Kap. 1.2.5). Entsprechend definiert BALDWIN (1967/1974a) Entwicklungstheorien sowohl als Theorien kindlichen Verhaltens und Handelns als auch als Theorien der Verhaltensänderungen. Etwas Ähnliches kommt in der Unterscheidung von *Kindespsychologie* (child psychology) und *Entwicklungspsychologie* (developmental psychology) zum Ausdruck (vgl. Kap. 1.2.2). Nach der in Band 1 vorgenommenen Gegenstandsbestimmung der Entwicklungspsychologie gehört zu deren wesentlichen Aufgaben die Untersuchung der Bedingungen und Gesetzmäßigkeiten der über die Ontogenese eintretenden Veränderungen des Verhaltens und Erlebens (vgl. Kap. 1.2.1). Entsprechend liegt der Schwerpunkt unserer Darstellung der verschiedenen Entwickungstheorien auf den gesetzmäßigen *Veränderungen*. Gesetzmäßigkeiten, die sich auf Zustände beziehen, haben den Entwicklungspsychologen allerdings insoweit zu interessieren, als sich die einzelnen Zustände zu verschiedenen Zeiten des Entwicklungsverlaufs unterscheiden, d.h. Zustandsänderungen eintreten.

Damit rückt die Frage nach den Determinanten von Entwicklungsprozessen, nach den diese Prozesse steuernden und kontrollierenden Faktoren in das Zentrum von Entwicklungstheorien (s. hierzu Kap. 3). Dabei sind sowohl Aussagen zu machen über das Zustandekommen der typischen intraindividuellen Veränderungen als auch der interindividuellen Unterschiede in diesen intraindividuellen Veränderungen.

Schließlich ist hinsichtlich der Reichweite der Aussagen zu trennen zwischen Aussagen, die sich auf die menschliche Entwicklung im allgemeinen beziehen, und Aussagen, die einzelne Teilbereiche der Entwicklung anzielen. Bei den später darzustellenden Entwicklungstheorien handelt es sich eher um letzteres, also um Theorien für Teilbereiche der Entwicklung. Sie erheben jedoch häufig den impliziten Anspruch, für die Entwicklung generell gültig zu sein.

2.2 Die Übertragung der SPENCEschen Gesetzestypen auf die Entwicklungspsychologie

Die folgende Adaptierung der SPENCEschen Gesetzestypen an die Zwecke der Entwicklungspsychologie soll in erster Linie zeigen, wie Strategien aus der Allgemeinen Psychologie nutzbringend auch in der Entwicklungspsychologie angewendet werden können. Die Aufstellung strebt weder Vollständigkeit hinsichtlich der denkbaren gesetzmäßigen Beziehungen an, noch wird verkannt, daß die den Entwicklungspsychologen interessierenden Beziehungen zwischen den Variablen häufig weit komplexer sind als es sich mit den einfachen Gesetzestypen der SPENCEschen Klassifikation ausdrücken läßt. Man denke nur an die im Kap. 3 aufgezeigten wechselseitigen Abhängigkeiten der Entwicklungsfaktoren und die Kumulativität ihres Einflusses.

Sieht man als die wesentliche Aufgabe einer Entwicklungstheorie die Erklärung und Vorhersage von Verhaltensänderungen an, so muß in mathematische Gleichungen zur Darstellung der gesetzmäßigen Beziehungen die Zeitvariable t eingehen. Die funktionale Beziehung zwischen Verhalten und Zeit wurde anhand der Grundformel von KESSEN (1960) $R=f(A)$ – Verhalten = f(Alter) – im ersten Kapitel bereits in ihrer grundlegenden Bedeutung erläutert. Mit Hilfe des SPENCEschen Klassifikationssystems kann sie nun weiter differenziert werden, indem gegenwärtiges Verhalten (R_{to}), gegenwärtige intervenierende Variablen (I_{to}) oder gegenwärtige Organismusvariablen (O_{to}) als Funktion von zeitlich vorausgegangenen, früheren Bedingungen (S_{t-n}, I_{t-n}, O_{t-n}, R_{t-n}) aufgefaßt werden. Wir lehnen uns hierbei an die Darstellung von SCHMIDT (1970, S. 356-359) an.

Neben den hypothetischen Gesetzestypen (5) und (7), die bereits die Zeitvariable einschließen, lassen sich auch die empirischen Gesetzestypen (1) bis (4) durch Einführung der Zeitvariablen $t-n$ als Muster für entwicklungspsychologische Gesetzmäßigkeiten verwenden (vgl. Abbildung 6.1). Wir gelangen damit zu insgesamt sechs Typen von Entwicklungsgesetzen, von denen allerdings nur die ersten drei zur Darstellung langfristiger Verhaltenänderungen geeignet erscheinen.

Die funktionalen Beziehungen zwischen Variablen zum Zeitpunkt to (Gegenwart) und Variablen zum Zeitpunkt $t-n$ (Vergangenheit) lassen sich selbstverständlich auf funktionale Beziehungen von Variablen zum Zeitpunkt $t+n$ (Zukunft) und zum Zeitpunkt to (Gegenwart) übertragen. Allein ausschlaggebend ist, daß die Variablen auf der linken Seite der Gleichung zeitlich später auftreten als die Variablen auf der rechten Seite der Gleichung.

Die sechs Typen von Entwicklungsgesetzen haben folgendes Aussehen:

(1) $R_{to} = f(R_{t-n})$. Diese Gesetzmäßigkeit liegt allen regelhaften, zeitabhängigen Veränderungsreihen zugrunde, die nicht in erster Linie auf organismische Variablen (z.B. somatische Reifungsprozesse) oder auf äußere Stimulation (z.B. Konditionierung) zurückgehen, sondern bei denen vorausgegangene Verhaltensäußerungen spätere Verhaltensäußerungen beeinflussen. Hierunter fallen Übungsvorgänge wie die Verfeinerung motorischer Leistungen durch ihre wiederholte Ausführung, das Lernen von Vokabeln u.ä. und sachimmanente Entwicklungsfortschritte, z.B. die verbesserte Verwendung eines Bleistifts als Schreibwerkzeug aufgrund des vorherigen Umgangs mit Bleistiften beim Kritzeln und Malen.

(2) $R_{to} = f(S_{t-n})$. Dieser Gesetzestyp gilt für Verhaltensänderungen, die auf vorausgegangene externe Stimulation zurückgeführt werden können. Beispiele sind: Lernprozesse nach dem Muster des Klassischen und Operanten Konditionierens oder des Lernens am Modell, wie sie z.B. für den Aufbau einer emotionalen Abhängigkeit von der pflegenden Mutter, die Übernahme der Geschlechtsrolle durch Bekräftigung oder den Erwerb aggressiven Verhaltens durch die Beobachtung aggressiver Modelle angenommen werden.

(3) $R_{to} = f(O_{t-n})$. Hiermit werden Verhaltensänderungen bezeichnet, die auf organismische Bedingungen wie genetisch determinierte Reifungsvorgänge oder äußere Einwirkungen auf den Organismus zurückgehen. Beispiele sind: Veränderungen des Sexualverhaltens in der Pubertät aufgrund der hormonellen Umstellung des Organismus, Verhaltensänderungen aufgrund einer Hirnschädigung oder medikamentöser Dauerbehandlung.

(4) $O_{to} = f(S_{t-n})$. Die bestimmten Verhaltensänderungen zugrundeliegenden organismischen Bedingungen können außer durch autochthone Reifungsprozesse auch durch externe Stimulation zustandekommen. Die aus letzerem resultierenden Veränderungen organismischer Variablen kann man nun selbst zum Gegenstand der Betrachtung machen, unabhängig von der Beziehung zum Verhalten. Dies ist z.B. der Fall bei der Betrachtung der körperlichen Entwicklung in Abhängigkeit von äußeren Bedingungen, wie der Art der Ernährung, der Erziehungsatmosphäre usw., oder bei der Analyse der Änderungen des Aktiviertheitsgrades und der Hormonausschüttung beim Vorliegen bestimmter äußerer Reizbedingungen.

Schließlich können, soweit intervenierende Variablen angenommen werden, auch deren gesetzmäßige Veränderungen, ähnlich wie bei den Organismusvariablen, zum Gegenstand der Betrachtung gemacht werden. Dabei gibt es zwei Möglichkeiten einer funktionalen Beziehung: entweder besteht eine Abhängigkeit von Reizbedingungen (5) oder eine reine Zeitabhängigkeit (6). Entsprechend gilt:

(5) $I_{to} = f(S_{t-n})$. Eine gesetzmäßige Beziehung zwischen einer intervenierenden Variablen und früheren Reizbedingungen wird z.B. mit dem HULLschen hypothetischen Konstrukt „Gewohnheitsstärke" ($_SH_R$) postuliert: $_SH_R$ ist eine Funktion der Anzahl früherer Verstärkungen. Kognitive Schemata sensu PIAGET (s. Kap. 10.2.1) lassen sich ebenfalls als intervenierende Variablen auffassen,

deren Veränderungen u.a. auf Erfahrungen mit der umgebenden Reizumwelt zurückgehen.

(6) $I_{to} = f(t\text{-}n)$. Angenommene intervenierende Variablen können sich allein aufgrund der fortschreitenden Zeit verändern. Beispiele sind: die Abnahme des reaktiven Hemmungspotentials in reaktionsfreien Phasen oder die spontane Erholung der Reaktionsbereitschaft nach einem Löschungsprozeß.

Die kurzfristigen Veränderungen nach der Gleichung (6) spielen in der Entwicklungspsychologie allerdings kaum eine Rolle. Außerdem kann strenggenommen niemals die Zeit selbst eine Einflußgröße sein, sondern es können immer nur die in der Zeit wirksamen Variablen einen Einfluß ausüben (vgl. Kap. 1.2.3).

2.3 Der wissenschaftliche Status vorhandener Entwicklungstheorien

Die logische und systematische Ordnung von überprüfbaren Gesetzmäßigkeiten der Entwicklung nach den auf S. 3f. angegebenen Kriterien entspräche in idealer Weise einer Entwicklungstheorie. Eine derart formalisierte und umfassende Theorie der Entwicklung ist bis heute nicht vorhanden. Es gibt bislang nur eine Reihe von *Teiltheorien* zu ausgewählten Aspekten des Entwicklungsprozesses. Aber auch diese Teiltheorien entsprechen nur in ungenügendem Maße den an eine Theorie zu stellenden Anforderungen. Entweder ist die Nähe zu den beobachteten Daten so eng, daß die „Theorie" nicht mehr ist als eine Zusammenfassung des Beobachteten in „Kurzschrift", oder die Ferne von den beobachteten Daten ist so groß, daß keine empirischen Operationen angegeben werden können, die den verwendeten Konstrukten Bedeutung verleihen (Zigler, 1963, S. 342).

Die sogenannten Entwicklungstheorien sind demnach eher unvollständige *Modellvorstellungen* oder *Konzepte* der Entwicklung als Theorien im strengen Sinne. Wenn im folgenden von Entwicklungstheorien oder Theorien der Entwicklung gesprochen wird, sind strenggenommen *Entwicklungskonzepte und Modellvorstellungen über Teilprozesse der Entwicklung* gemeint. Daß trotzdem am Theoriebegriff festgehalten wird, liegt zum einen daran, daß sich dieser Begriffsgebrauch in der Entwicklungspsychologie allgemein eingebürgert hat (s. Baldwin, 1967/1974a,b; Crain, 1985; Flammer, 1988; P.H. Miller, 1989; u.a.), zum anderen ist damit die Forderung an die Entwicklungspsychologie ausgedrückt, den an eine exakte Theorie zu stellenden Ansprüchen zunehmend gerecht zu werden.

3. Gegenwärtige Theorien der Entwicklung

Mit gegenwärtigen Theorien der Entwicklung sind Theorien gemeint, aus denen bis in die Gegenwart entwicklungspsychologische Fragestellungen abgeleitet werden und die bis heute benutzt werden, um entwicklungspsychologische Befunde einzuordnen. Nicht gemeint ist damit, daß es sich um erst in den letzten Jahren entstandene Modellvorstellungen handeln muß.

3.1 Vorwissenschaftliche Entwicklungstheorien

Baldwin (1967/1974a) hat darauf hingewiesen, daß bereits im vorwissenschaftlichen Bereich implizite Modellvorstellungen über die Entwicklung beim Menschen existieren (1974a, S. 47-56). Es handelt sich hierbei um *naive* Theorien im Sinne Heiders (1958) (s. hierzu auch Laucken, 1974). „Naive" Entwicklungstheorien lassen sich anhand der in einer Population verbreiteten Vorstellungen über die Art, wie man mit Kindern umzugehen hat, was man bei Kindern verschiedenen Alters erwarten kann usw. eruieren. Da Baldwins Darstellung recht gut auch auf einige bei uns „populäre" Auffassungen über den Entwicklungsprozeß zuzutreffen scheint, soll sie hier kurz wiedergegeben werden.

Häufig werden zwei entgegengesetzte Annahmen zur gleichen Zeit vertreten: Zum einen gilt menschliches Verhalten in seinen wesentlichen Zügen als angeboren, zum anderen geht man davon aus, daß Kindern viele Verhaltensweisen erst durch Unterweisung beigebracht werden müssen. Man unterscheidet dabei zwischen Wahrnehmungen, Empfindungen, Gefühlen und absichtsvollem Handeln auf der einen Seite und Wissen, Fertigkeiten, Meinungen, Wertvorstellungen und Gewohnheiten auf der anderen Seite. Erstere gelten als Kindern bereits in frühestem Alter natürlich gegeben, spontan und in gleicher Form wie bei Erwachsenen auftretend, letztere müssen hingegen erst durch Erfahrung und Übung vom Kind erworben werden.

So wird z.B. angenommen, daß ein Kind mit ausgereiftem und intaktem Sehapparat Gegenstände genauso wahrnimmt, d.h. erkennt, unterscheidet und erlebt wie ein Erwachsener. Oder man „unterstellt" Kindern genauso wie einem Erwachsenen die Fähigkeit, zielgerichtet zu handeln, etwas zu „wollen". Darüber hinaus wird häufig angenommen, daß bereits Kleinkinder durch die „Erfahrung" von Folgen ihres Verhaltens „Einsicht" in den kausalen Zusammenhang „Verhalten – Verhaltensfolge" gewinnen („das nächste Mal weiß er/sie es besser"). *Erfahrung* läßt sich dabei im Prinzip durch *Unterweisung* ersetzen.

Die „natürliche" Angelegtheit von Verhaltensweisen spielt im naiven Denken eine bedeutende Rolle. Zwar ist die Erfahrung nicht ohne Bedeutung, aber die Möglichkeit, Erfahrungen zu machen, d.h. zu lernen, gilt durch den jeweils gegebenen Reifungsstand des Kindes als erheblich eingeschränkt: Wissen, Fertigkeiten, Gewohnheiten usw. können nicht vor einer bestimmten Zeit erworben werden. „Reife" ist endgültig erst mit dem Erwachsensein erreicht.

Baldwin (1974a) faßt die Position der „naiven“ Entwicklungstheorie folgendermaßen zusammen:

> In der naiven Theorie sind Kinder in erster Linie unwissende Erwachsene. Ihr Verhalten wird von keinen Verhaltensregeln geleitet, die bedeutsam von den Gesetzen der Erwachsenen abweichen; es fehlt ihnen einfach nur das für eine einsichtige Handlung notwendige Wissen. So wird die Sozialisierung und die Erziehung von Kindern als Prozeß verstanden, der ihnen Wissen entweder durch Erfahrung oder durch wörtliche Anweisung vermittelt. Zur selben Zeit gibt es auch eine Vorstellung davon, daß Kinder, selbst wenn sie informiert sind, nicht für ihre Handlungen verantwortlich gemacht werden können, weil sie noch nicht adäquat durch ihr Wissen von Richtig oder Falsch und dessen Konsequenzen kontrolliert werden können. Diese Verantwortlichkeit scheint als Ergebnis des Reifeprozesses angesehen zu werden, der sich automatisch mit zunehmendem Lebensalter einstellt. (S. 56)

Man erkennt leicht, daß dieser Standpunkt nicht weit von dem entfernt ist, der vor dem Beginn einer wissenschaftlichen Beschäftigung mit der Entwicklung des Kindes und vor der Erkenntnis der Eigenständigkeit, der qualitativen Andersartigkeit von Kindern vertreten wurde.

Naive Entwicklungstheorien sind jedoch nicht unveränderlich. Sie können sich vielmehr wandeln, wenn von ihnen abweichende Vorstellungen bzw. Ergebnisse entwicklungspsychologischer Forschung einer breiteren Öffentlichkeit bekannt werden. Darüber hinaus kann sich durch dieses Bekanntwerden auch das Entwicklungsgeschehen selbst verändern, jedenfalls soweit es Umwelteinflüssen unterworfen ist, wenn nämlich aufgrund neuer Ergebnisse neue Einflüsse wirksam werden. So führen beispielsweise Erkenntnisse über vorschulische Förderungsmöglichkeiten zu einer früheren Beschäftigung mit Lesen und Rechnen, was wiederum die bisher gültigen Altersnormwerte verändert. Oder Freuds Vorstellungen über die Schädlichkeit einer strengen Sauberkeitserziehung für die Persönlichkeitsentwicklung verändern die Erziehungshaltung der Eltern zur Sauberkeitserziehung, was dann auf die Persönlichkeitsentwicklung der nun weniger streng erzogenen Kinder zurückwirkt – die Gültigkeit der Annahme einer Bedeutsamkeit der Sauberkeitserziehung für die Persönlichkeitsentwicklung vorausgesetzt. Auf diese Art werden die naiven Theorien immer mehr „sophisticated“.

Die wissenschaftliche Beschäftigung mit alltagspsychologischen Vorstellungen über Entwicklung, insbesondere mit den Vorstellungen von Eltern über Kindesentwicklung und den Einfluß von Erziehung, hat in den letzten Jahren auffällig zugenommen. Dabei richtet sich das Interesse vor allem auf die Frage der kulturellen und interindividuellen Variation derartiger Vorstellungen und ihrer Effekte auf die Kindesentwicklung (vgl. Goodnow, 1984; S.A. Miller, 1988; Sigel, 1985).

Ausgehend von einer Untersuchung von Hunt und Paraskevopoulos (1980) wurde u. a. behauptet, daß sich die Kinder (geistig) am besten entwickeln, deren Eltern sie hinsichtlich ihrer Fähigkeiten am zutreffendsten einschätzen. Gestützt wurde diese Behauptung auf den Befund einer hohen Korrelation ($r = .80$) zwischen der Richtigkeit der mütterlichen Einschätzung und dem tatsächlichen IQ des Kindes. Erklärt wurde dieser Zusammenhang mit Hunts sog. „Match“-Hypothese, nach der Mütter, die ihre Kinder gut kennen, die kindliche Umwelt am ehesten den kindlichen Fähigkeiten entsprechend anpassen können, was die kognitive Entwicklung am besten fördern soll.

Spätere Untersuchungen konnten den Befund einer positiven Korrelation zwischen elterlichem Urteil und Fähigkeitsniveau des Kindes im großen und ganzen bestätigen, gelangten jedoch zu anderen Erklärungen des aufgefundenen Zusammenhangs (S.A. Miller, Manhal & Mee, 1989). So scheint ein Teil der positiven Korrelation darauf zurückzugehen, daß Eltern generell zu einer Überschätzung ihrer Kinder neigen, was sich dann insbesondere bei den weniger Begabten in Form eines hohen Schätzfehlers bemerkbar macht. Weitere Erklärungsmöglichkeiten sind, daß intelligentere Kinder leichter einzuschätzen sind als weniger intelligente Kinder und daß intelligente Kinder eher ähnlich intelligente Eltern haben, die aufgrund ihrer Intelligenz eher in der Lage sind, ihre Kinder angemessen einzuschätzen.

Untersuchung 6.1 — *Vorstellungen über Entwicklung bei Müttern aus zwei kulturellen Gruppen*

Jacqueline Goodnow, Judith Cashmore, Sandra Cotton und Rosemary Knight verglichen zwei Gruppen von in Australien lebenden Müttern hinsichtlich ihrer Vorstellungen über Kindesentwicklung und Kindererziehung. Die eine Gruppe (N = 38) war in Australien geboren und aufgewachsen. In den Familien wurde Englisch gesprochen. Die andere Gruppe (N = 43) war in Libanon geboren und lebte im Durchschnitt erst ca. 10 Jahre in Australien. Die Kinder sprachen zu Hause eine Mischung von Arabisch und Englisch oder nur Arabisch.

Die in Australien geborenen Mütter hatten zwischen 8 und 14 Jahren Schulbildung (M = 10.2 Jahre), die in Libanon geborenen Mütter hatten die Schule zwischen 0 und 13 Jahren besucht (M = 8.8 Jahre). In beiden Gruppen waren die Mütter überwiegend Hausfrauen (75 %), eher jung (M = 30.6 Jahre), und alle waren katholisch.

In jeder Familie gab es ein Kind, das vor der Einschulung in eine katholische Schule von Sydney stand (Einschulungsalter: 4;9 Jahre). Je die Hälfte der Kinder waren Jungen oder Mädchen, das erste oder ein weiteres Kind im Einschulungsalter.

Die Autorinnen lehnten sich hinsichtlich ihrer Untersuchungsmethode an eine Studie von Hess, Kashigawi, Azuma, Price und Dickson (1980) an, in der Mütter in Japan und in USA für 40 Fähigkeiten und soziale Verhaltensweisen (z.B.: bricht nicht leicht in Tränen aus, telefoniert selbständig, ist höflich zu Erwachsenen) anzugeben hatten, ob sie das betreffende Verhalten vor dem Alter von 4 Jahren, mit 4 bis 6 Jahren oder nach dem Alter von 6 Jahren erwarten.

Zusätzlich wurden die Mütter noch danach gefragt, was sie für das ideale Einschulungsalter halten, ob sie ihrem Kind vor der Einschulung bestimmte schulbezogene Fertigkeiten (z.B. das Alphabet, die Namen von Farben und Formen) beigebracht haben und inwieweit sie für neun verschiedene Verhaltensweisen (z.B.: hat eine gute Auffassungsgabe, läßt sich leicht ablenken) erwarten, daß diese bis zum Alter von 12 Jahren stabil sind oder sich verändern.

Bei 20 der 40 abgefragten Fähigkeiten und Verhaltensweisen gaben die australischen Mütter ein früheres Alter an als die libanesischen Mütter ($p < .001$). Am deutlichsten waren die Unterschiede in den Bereichen „Soziale Fertigkeiten gegenüber Gleichaltrigen“ und „Verbalisierungsfähigkeiten“ (vgl. Tabelle 6.1).

Tabelle 6.1: Erwartetes Alter für verschiedene Fertigkeiten bei Müttern aus zwei kulturellen Gruppen. Aus. (A) = in Australien geboren, Aus. (B) = in Libanon geboren; Ratingskala von 1 (6 Jahre oder später), 2 (4 oder 5 Jahre) oder 3 (vor 4 Jahren) (nach GOODNOW et al., 1984, S. 198 u. S. 200; Übers. v. Verf.)

	Bereich/Item	Mittlere Einschätzung Aus. (A)	Aus. (B)
A:	**Emotionale Reife**		
1.	Fängt nicht leicht an zu weinen	1.66	1.95
2.	Kommt allein über Ärger hinweg	1.93	1.38
3.	Erträgt Enttäuschung ohne zu weinen	1.83	1.65
4.	Gebraucht keine Baby-Sprache	2.66	2.76
B:	**Gehorsam**		
5.	Kommt oder antwortet, wenn es gerufen wird	1.79	1.13[a]
7.	Hört mit ungezogenem Verhalten auf, wenn man es ihm sagt	2.28	1.57[a]
9.	Hört auf zu lesen/fernzusehen, um der Mutter zu helfen	1.59	1.51
C:	**Höflichkeit**		
10.	Begrüßt Familienangehörige höflich	2.69	2.38
11.	Ist höflich zu Erwachsenen	2.76	2.73
D:	**Unabhängigkeit**		
12.	Bleibt alleine zuhause für etwa eine Stunde	1.10	1.05
13.	Behandelt die eigene Kleidung pfleglich	1.55	1.35
14.	Telefoniert selbständig	1.14	1.21
15.	Sitzt und ißt am Tisch ohne Hilfe	2.79	2.59
16.	Erfüllt regelmäßige Aufgaben im Haushalt	2.07	1.32[a]
18.	Kann sich mit sich selbst beschäftigen	2.72	1.78[a]
19.	Spielt draußen ohne Beaufsichtigung	2.38	1.40[a]
E:	**Soziale Fähigkeiten**		
23.	Wartet, bis es bei einem Spiel dran ist	1.97	1.89
24.	Teilt Spielsachen mit anderen Kindern	2.72	1.73[a]
25.	Ist mitfühlend gegenüber den Gefühlen anderer Kinder	1.79	1.22[a]
26.	Löst Meinungsverschiedenheiten friedlich	1.45	1.11[a]
27.	Setzt seinen Willen durch, indem es seine Freunde überzeugt	1.97	1.30[a]
28.	Ergreift die Initiative im Spiel mit anderen	2.24	1.73[a]
F:	**Verbale Selbstsicherheit**		
29.	Beantwortet eine Frage verständlich	2.14	1.46[a]
30.	Gibt auf Befragung eine eigene Vorliebe an	2.00	1.30[a]
31.	Fragt im Zweifelsfalle nach einer Erklärung	2.21	1.38[a]
32.	Kann den eigenen Standpunkt erklären	1.76	1.32[a]
33.	Steht mit anderen für eigene Rechte ein	2.10	1.24[a]
G:	**Weitere Fähigkeiten**		
34.	Gebraucht eine Schere ohne Beaufsichtigung	1.52	1.11[a]
35.	Geht nicht mit den Füßen auf Möbel	2.31	2.05
36.	Lehnt etwas ab, ohne dabei zu beißen oder um sich zu werfen	2.38	1.92[a]
37.	Beantwortet einen Telefonanruf angemessen	2.10	1.98
38.	Löst Streitigkeiten ohne Hilfe von Erwachsenen	1.52	1.46
H:	**Schulische Fertigkeiten**		
6.	Kennt seinen Nachnamen	2.69	2.38
8.	Zählt von eins bis zehn	2.48	2.32
17.	Kennt die Namen der Farben	2.48	2.52
20.	Kennt das Alphabet	2.00	1.51[b]
21.	Schreibt seinen eigenen Namen	1.97	1.11[b]
22.	Kennt die Wochentage	1.72	1.38
39.	Kennt die Namen von Formen	2.31	2.35
40.	Kann gut einen Bleistift halten	2.52	2.65

[a] $p<.001$ [b] $p<.01$

Die australischen Mütter neigten auch eher dazu, schulbezogene Fertigkeiten vor der Einschulung mit ihren Kindern einzuüben. Die Faktoren Dauer der Schulbildung der Mutter, Geschlecht des Kindes und erstes oder späteres Schulkind hatten keinen Effekt auf die Altersangaben.

Trotz ihrer Tendenz zu späteren Altersangaben für das Auftreten von kognitiven und sozialen Fertigkeiten und der geringeren Neigung, ihren Kindern bereits früh schulbezogene Fertigkeiten beizubringen, hielten die libanesischen Mütter es eher als die australischen Mütter für ideal, ein Kind bereits mit 4 Jahren einzuschulen (libanesische Mütter: 3 Jahre = 9 %, 4 Jahre = 54 %, 5 Jahre = 37 %, 6 Jahre = 0 %; australische Mütter: 3 Jahre = 0 %, 4 Jahre = 8 %, 5 Jahre = 62 %, 6 Jahre = 30 %).

Hinsichtlich der erwarteten Stabilität oder Instabilität von Persönlichkeitseigenschaften unterschieden sich die beiden Müttergruppen nicht. Auch die Erwartungen für Jungen und Mädchen waren weitgehend ähnlich. Ob eine Eigenschaft als stabil oder vorübergehend angesehen wurde, hing hauptsächlich davon ab, ob es sich um eine sozial erwünschte Eigenschaft (z.B. „ist aufmerksam und an seiner Umwelt interessiert") oder um eine sozial unerwünschte Eigenschaft (z.B. „gibt leicht auf") handelte. Positiv bewertete Eigenschaften wurden durchgehend als sehr stabil, negativ bewertete Eigenschaften als eher veränderlich eingeschätzt.

Die Untersuchung von GOODNOW et al. zeigt, daß mütterliche Erwartungen, in welchem Alter einzelne kognitive und soziale Fertigkeiten erworben werden, mit dem kulturellen Hintergrund der Mütter variieren. Warum sich die beiden Müttergruppen in ihren Altersvorstellungen unterscheiden, deckt die Untersuchung nicht auf. Die Gründe könnten Unterschiede der sozialen Gewichtung der betreffenden Fertigkeiten sein (was in einer Kultur als besonders wichtig gilt, wird auch früh erwartet oder verlangt) oder unterschiedliche Auffassungen über den Erwerb von Fertigkeiten (etwas muß früh gelernt werden, um „in Fleisch und Blut überzugehen" vs. wenn etwas gebraucht wird, kann es immer noch gelernt werden).

Fragen zum „Zeitplan" der Entwicklung, die im Zentrum der Untersuchung von GOODNOW et al. stehen, erfassen nur *einen* Aspekt der alltagspsychologischen Vorstellungen über Entwicklung und Erziehung. Weitere wichtige Aspekte sind: die angestrebten Entwicklungsziele; die Überzeugungen hinsichtlich des besten Wegs, diese Entwicklungsziele zu erreichen; die evtl. Differenzierung von Entwicklungszielen und ihrer Erreichung, je nachdem, ob es um eigene oder fremde Kinder geht, ob es sich um Jungen oder Mädchen handelt; die Abhängigkeit und evtl. Veränderung der Vorstellungen über Entwicklung und Erziehung mit dem eigenen Älterwerden, den Erfahrungen im Umgang mit den eigenen und fremden Kindern, mit anderen Erwachsenen etc. Die Forschung hierzu ist in vollem Gange (vgl. GOODNOW, 1984; SIGEL, 1985). Eine weitere, noch wenig untersuchte Frage ist die nach dem Zusammenhang der elterlichen Vorstellungen über Entwicklung und Erziehung und dem tatsächlichen elterlichen Verhalten.

GOODNOW, J.J., CASHMORE, J., COTTON, S. & KNIGHT, R. (1984). Mothers' developmental timetables in two cultural groups. *International Journal of Psychology, 19*, 193-205.

3.2 Weltbilder, Menschenbilder und Metamodelle in der Entwicklungspsychologie

Das „Aussehen" einer Entwicklungstheorie ist eng verknüpft mit dem implizit zugrunde gelegten Weltbild und Menschenbild. Unterschiedliche Annahmen über das Wesen der Welt und die Natur des Menschen führen nicht nur zu unterschiedlichen Entwicklungstheorien, sondern beeinflussen ebenso die Entscheidungen darüber, welche Fragen sich der empirischen Forschung stellen, welche Methoden zu ihrer Untersuchung verwendet werden sollen und wie die resultierenden Daten zu interpretieren sind.

Auf diese Zusammenhänge hingewiesen zu haben ist das Verdienst von REESE & OVERTON (1970/1979). Sie ordnen die verschiedenen entwicklungspsychologischen Theorien zwei verschiedenen Menschenbildern oder Metamodellen zu: einem *mechanistischen* Modell und einem *organismischen* Modell. Entwicklungstheorien, die auf diesen verschiedenen Metamodellen basieren, werden als logisch unabhängig voneinander und nicht ineinander überführbar betrachtet. Sie können deshalb auch nicht integriert oder mit Hilfe von Entscheidungsexperimenten hinsichtlich ihrer Gültigkeit direkt miteinander verglichen werden.

Als exemplarisch für ein mechanistisches Modell können S-R-Theorien der Entwicklung gelten (s. hierzu Kap. 9). Die Hauptelemente eines organismischen Modells finden sich in kognitiv-konstruktivistischen Entwicklungstheorien (s. hierzu Kap. 10).

Das mechanistische Modell

Mechanistisch heißt das Modell, weil es sich an der NEWTONschen Maschine orientiert, die sich aus isolierbaren einzelnen Teilen zusammensetzt und deren Aktivität (Bewegung) allein aufgrund von außen wirkender, peripherer Kräfte zustandekommt. Zwischen den in einem Maschinenmodell abbildbaren physikalischen und chemischen Vorgängen und der Natur des Menschen (psychischen Vorgängen) gibt es keine qualitativen Unterschiede. Komplexe Phänomene (wie z.B. Problemlösungsprozesse oder Emotionen) gelten als prinzipiell auf elementarere Vorgänge (z.B. neurale Schaltungen, Veränderungen elektrischer Aktivität) reduzierbar.

Der Erkennende spielt im Erkannten keine aktive Rolle und nimmt die Welt zwangsläufig in vorherbestimmter Weise wahr (Abbildtheorie oder naiver Realismus). Der Mensch ist vornehmlich reaktiv, d.h., er antwortet auf Umweltstimulation und spiegelt diese direkt wider. Es wird keine Unterscheidung getroffen zwischen Verhalten (Inhalten) und zugrundeliegenden Strukturen als qualitativ verschiedenen Untersuchungsgegenständen, sondern höchstens zwischen beobachtbaren und erschlossenen Variablen, die jedoch den gleichen Gesetzmäßigkeiten unterliegen. Entwicklung wird gleichgesetzt mit der Veränderung des beobachtbaren Verhaltens über die Zeit und stellt sich dar als die quantitative Anhäufung und Verknüpfung von (Verhaltens-)Elementen. Qualitative Veränderungen gelten entweder als Epiphänomen oder als reduzierbar auf elementare quantitative Veränderungen.

Angestrebt wird eine kausale Erklärung des Verhaltens nach dem Muster der Wirkursache oder zumindest die Aufdeckung von Antezedenz-Konsequenz-Beziehungen. Aktuelles Verhalten bzw. Verhaltensänderungen werden zurückgeführt auf die gegenwärtig gegebene Stimulation und/oder die vergangene Stimulation (die „Lerngeschichte").

Das organismische Modell

Organismisch heißt das Modell, weil es sich am Modell des lebenden Systems orientiert, das als organisiertes Ganzes aus sich selbst heraus Neues hervorbringt. Das wesentliche Merkmal aller lebenden Substanz ist (Eigen-)Aktivität. Der Organismus ist selbst Ursache aller Aktivität und nicht nur – wie die Maschine – der Ort des Zusammenspiels von Tätigkeiten, die von externen Kräften ausgelöst werden. Das Ganze ist mehr als die Summe seiner Teile. Eine Reduktion von Höherem (komplexen Phänomenen) auf Niedrigeres (elementare Ebene) ist nicht möglich.

Die erkannte Realität ist das Produkt der Interaktion zwischen dem aktiv Erkennenden und den Dingen an sich. Der Organismus kann die Welt nur durch die sein Verhalten bedingenden Strukturen wahrnehmen (Konstruktivismus). Es wird also grundsätzlich zwischen Verhalten (Inhalt) und Operation (Struktur) unterschieden. Mit der Veränderung der psychischen Strukturen verändert sich die Art, wie die Welt wahrgenommen wird. Der Mensch wird zu dem, was er ist, durch seine eigene Aktivität. Die Umwelt steuert das Verhalten also nicht direkt, sondern erst über ihre Erfassung und Verarbeitung auf der Grundlage der jeweils gegebenen Strukturen.

Entwicklung wird gleichgesetzt mit der auf einen Endzustand gerichteten Veränderung der Struktur oder der Organisation des lebenden Systems. Auf jeder neuen Stufe psychischer Organisation kommen neue Systemeigenschaften zum Vorschein, die sich nicht auf frühere Entwicklungsstufen reduzieren lassen, wenngleich sie daraus hervorgehen. Angestrebt wird keine kausale, sondern eine formale Erklärung von Entwicklung, d.h. eine Erklärung aufgrund der wesensmäßigen Beschaffenheit der im Organismus (sachimmanent) angelegten Entwicklungssequenzen. Wirkursachen (z.B. Reifungs- oder Konditionierungsbedingungen) können derartige sachlogisch notwendige Entwicklungsabfolgen nur fördern oder hemmen, nicht jedoch determinieren. Die Strukturen selbst werden aufgebaut durch die selbstregulierte und intrinsisch motivierte ständige Auseinandersetzung zwischen Individuum und Umwelt.

Reese & Overton (1979) weisen auf folgende Implikationen des Modells vom aktiven Organismus für die Theoriekonstruktion und die empirische Forschung hin:

> Wer sich diesem Modell verpflichtet fühlt, wird dazu tendieren, die Bedeutung von Prozessen über die von Ergebnissen, die Bedeutung qualitativer über die der quantitativen Veränderung

zu stellen. Ergebnisse (Verhalten) oder Leistungen wird er dazu benutzen, um Rückschlüsse auf die für deren Erscheinen notwendigen Bedingungen zu ziehen, d.h., um auf psychische Strukturen zu schließen. Veränderungen in den psychischen Strukturen werden zum primären Gegenstand des entwicklungspsychologischen Interesses, indem sie die grundlegenden qualitativen Veränderungen anzeigen, die als ein Wechsel im Organisationsniveau oder ein Wechsel von einer Stufe zur anderen verstanden werden müssen. Überdies wird man dazu neigen, die Bedeutung der Erfahrung für die Förderung oder Hemmung des Verlaufs der Entwicklung zu betonen und nicht den Effekt von Training als Ursache für Entwicklung interpretieren. Insgesamt wird man eine strukturelle oder eine Struktur-Funktions-Analyse des Verhaltens einer funktionalen Analyse des Verhaltens vorziehen. (S. 75)

Das dialektische Modell

Als weiteres Metamodell wird in der Literatur manchmal das dialektische Modell des *sich verändernden Organismus in einer sich verändernden Welt* genannt (Riegel, 1975). Dieses Metamodell geht über die beiden zuvor erläuterten Modelle insofern hinaus, als nicht nur innerbiologische und innerpsychische Phänomene des Organismus und unmittelbar auf das Individuum einwirkende Stimuli beachtet werden, sondern auch der weitere kulturelle und historische Kontext der Entwicklung (*contextual world view* nach Pepper, 1942).

Dabei werden die verschiedenen, aufeinander aufbauenden Organisationsstufen der Realität (inner-biologisch, individuell-psychologisch, kulturell-soziologisch, historisch-physikalisch) als in ständiger wechselseitiger Interaktion gesehen. Innerhalb jeder Dimension und durch Interaktion zwischen den verschiedenen Dimensionen kann es zu Krisen oder zu einer erfolgreichen Bewältigung von Entwicklungsaufgaben kommen.

So fördert das Zusammenspiel von Zuneigung zum Partner (individuell-psychologischer Faktor) und partnerschaftsfreundlicher Organisation von Arbeit und Freizeit (kulturell-soziologischer Faktor) vermutlich befriedigende Partnerbeziehungen. Ein historisches Ereignis wie z.B. Krieg mit folgender Trennung der Partner (historisch-physikalischer Faktor) kann hingegen zu einem Zerbrechen der Partnerbeziehung führen.

Entwicklung kommt demnach durch die ständige Interaktion zwischen den verschiedenen Organisationsstufen der Realität zustande. Jede Organisationsstufe hat dabei ihre eigene Bedeutung und ändert sich ständig. Darüber hinaus liefert jede Organisationsstufe die Basis für die nächst höhere Stufe und ist gleichzeitig ein Teil der höheren Stufen, mit denen sie interagiert.

3.3 Wissenschaftliche Entwicklungstheorien

Zu einer wissenschaftlichen Entwicklungstheorie gehört, daß die Gesetzmäßigkeiten der Entwicklung und ihr systematischer Zusammenhang explizit formuliert und somit einer empirischen Überprüfung zugänglich sind. Nach diesen Kriterien sind die vorhandenen Entwicklungstheorien strenggenommen nur als Teiltheorien oder Modellvorstellungen über Teilprozesse der Entwicklung anzusehen (vgl. oben).

Die existierenden Teiltheorien weisen aber neben ihrer Unvollständigkeit und *inhaltlichen Verschiedenheit* hinsichtlich der zur Beobachtung ausgewählten Phänomene und deren Beschreibung und Erklärung eine Reihe *formaler Gemeinsamkeiten* auf, die als Basis für die Darstellung und den Vergleich der einzelnen Theorien geeignet erscheinen.

Formale Kategorien zur Beurteilung von Entwicklungstheorien

Wir können hier wieder von den drei „klassischen“ Fragen der Entwicklungspsychologie ausgehen (vgl. Kap. 1.2.4): *Was* verändert sich? *Wie* sehen die Veränderungen aus? *Wodurch* kommen die Veränderungen zustande? Zu diesen drei Fragen nach dem *Gegenstand* (Was), dem *Verlauf* (Wie) und der *Steuerung* (Wodurch) von Entwicklungsprozessen hat jede Entwicklungstheorie Aussagen zu enthalten.

Die *Erklärung* von Entwicklungsprozessen, also die Frage, *wodurch* und *unter welchen Bedingungen* die beobachteten Veränderungen zustandekommen, steht im Zentrum der theoretischen Aussagen. Dabei sind sowohl die Faktoren aufzufinden, durch die es zu dem (typischen) Entwicklungsverlauf kommt (Erklärung intraindividueller Veränderungen), als auch diejenigen Faktoren, die für individuelle Unterschiede im Entwicklungsverlauf verantwortlich sind (Erklärung interindividueller Unterschiede in den intraindividuellen Veränderungen). Darüber hinaus kann auch die Angabe von Bedingungen, die dem Auftreten eines Phänomens zu einem bestimmten (Entwicklungs-)Zeitpunkt zugrunde liegen, zu den erklärenden Aussagen gerechnet werden. Die Frage nach den Determinanten der Entwicklung und ihrer Bedeutung wurde im Kap. 3 bereits ausführlich behandelt.

Nach Schmidt (1970) muß man hinsichtlich der Steuerung von Entwicklungsprozessen zwischen einer *Konditionalanalyse* und einer *Kausalanalyse* unterscheiden. Bei einer Konditionalanalyse ist das Auffinden von Bedingungen intendiert, die an Entwicklungswirkungen teilhaben, und zwar nach dem Muster: „Wenn-dann“. Bei der Kausalanalyse wird hingegen zu klären versucht, wie die Bedingungsinteraktionen es fertigbringen, Entwicklungswirkungen zu erzeugen (Schmidt, 1970, S. 311). Ersteres wäre erreicht bei einer bloßen Konstatierung von Zusammenhängen, letzteres erforderte darüber hinaus eine Begründung für die aufgefundenen Zusammenhänge. Abhängigkeiten oder Bedingtheiten sind somit nicht gleichzusetzen mit Verursachungen. Die Psychologie sieht sich aus methodischen Gründen meist außerstande, echte Kausalbeziehungen (Ursachen) aufzudecken und gibt sich in der Regel mit der Feststellung von Abhängigkeiten zufrieden (vgl. Kap. 1.2.1).

Neben der jeweiligen Position hinsichtlich der Faktoren, die für die eintretenden intraindividuellen Veränderungen und ihre interindividuelle Variation verantwortlich sind, zeichnen sich die einzelnen Entwicklungstheorien durch unterschiedliche Vorstellungen über die *Verlaufsmerkmale* und die *Richtung* von Entwicklungsvorgängen aus. Bezüglich der wesentlichen Charakteristika der Veränderungen gibt es kontroverse Standpunkte, z.B. ob die im Laufe der

Entwicklung eintretenden Veränderungen eher quantitativer oder qualitativer Art, reversibel oder irreversibel sind, ob sie isoliert voneinander oder integriert ablaufen (vgl. Kap. 1.2.4). Die für eine Charakterisierung von Entwicklungsverläufen geeigneten übergeordneten Begriffe wurden im Kap. 2 ausführlich beschrieben.

Außer durch die Art der theoretischen Aussagen zu den Steuerungsfaktoren und den Verlaufsmerkmalen der Entwicklung unterscheiden sich Entwicklungstheorien bereits dadurch, was sie überhaupt zum *Gegenstand* einer entwicklungspsychologischen Betrachtung machen (vgl. Kap. 1.2.4). Die Selektivität kann sich sowohl auf inhaltliche Bestimmungen des Untersuchungsgegenstands beziehen (z.B. Auswahl körperlich-motorischer Entwicklungsvorgänge, Beschäftigung mit der geistigen Entwicklung oder mit Veränderungen in Persönlichkeitsmerkmalen) als auch auf formale Auswahlkriterien (z.B. die Untersuchung beobachtbaren Verhaltens, funktionaler und struktureller Grundlagen des Verhaltens oder hypothetischer Konstrukte). Darüber hinaus kann der Schwerpunkt darauf liegen, allgemeine Entwicklungsgesetzmäßigkeiten aufzufinden (z.B. Wachstumsfunktionen, Lerngesetze), speziell die Abfolge der Entwicklungsstufen vom kindlichen bis zum erwachsenen Status aufzuzeigen oder nach Gesetzmäßigkeiten des Zustandekommens individueller Unterschiede zu suchen. Die vielfältigen Möglichkeiten der Definition und Eingrenzung des Untersuchungsgegenstandes der Entwicklungspsychologie wurden in Kap. 1 erläutert.

Alles drei – die Darstellung des Gegenstands, Verlaufs und der Steuerung der Entwicklung – ist, wie wir im einzelnen noch feststellen werden, nicht unabhängig voneinander.

Die Bedeutung der Selektivität für die Entwicklungstheorien

Die Bedeutung der im einzelnen ausgewählten Gegenstände einer Entwicklungsbetrachtung für den Aufbau von Entwicklungstheorien wird häufig vernachlässigt (z.B. in Nickel, 1972; Oerter, 1970; Thomae, 1959). Zwar ist die selektive Definition des Untersuchungsgegenstands kein konstituierendes Merkmal einer Theorie, wie z.B. die Nachprüfbarkeit oder der Erklärungswert, faktisch ist aber die inhaltliche und formale Eingrenzung des Beobachtungsgegenstands ein Teil der Entwicklungstheorien. Die Entscheidung, was überhaupt zum Gegenstand einer beschreibenden und erklärenden entwicklungspsychologischen Analyse gemacht werden soll, bestimmt nämlich wesentlich darüber mit, zu welchen Aussagen man hinsichtlich der Verlaufsmerkmale und der den Veränderungen zugrundeliegenden Bedingungen und Mechanismen gelangt.

Umgekehrt ist allerdings auch davon auszugehen, daß bereits bestehende theoretische Konzepte und „Schulmeinungen“ dazu führen, bestimmte Gegenstände unter bestimmten Aspekten zur empirischen Untersuchung auszuwählen. So läßt sich z.B. die Reifungskonzeption recht gut an Sequenzen aus dem Bereich der körperlichen und motorischen Entwicklung exemplifizieren, während die Konzeption der Entwicklung als sozialem Lernprozeß insbesondere eine Beschäftigung mit beobachtbaren sozialen Verhaltensmustern nahelegt.

Vor allem auf die Selektion der untersuchten Inhalte geht es zurück, daß die gegenwärtigen Entwicklungstheorien im Grunde genommen nur Teiltheorien, Hypothesen über Teilaspekte der Entwicklung sind. Sie sind deshalb in weiten Bereichen auch weniger widersprüchlich als nicht aufeinander bezogen, was ihren Vergleich und die Durchführung von *experimentae crucis* erheblich erschwert.

3.4 Die Einteilung gegenwärtiger Entwicklungstheorien

Einteilungsgesichtspunkte

Trotz der Vielfalt der von Entwicklungspsychologen vertretenen Auffassungen hinsichtlich der Beschreibung und Erklärung von Entwicklungsprozessen hatte der Verfasser – schon aus didaktischen Gründen – sich auf die Darstellung einer begrenzten Zahl von theoretischen Ansätzen zu beschränken. Sie sollten gleichzeitig möglichst weite Bereiche der Entwicklung abdecken. Zur Ordnung der Vielfalt bietet sich an, von der Position der einzelnen Entwicklungspsychologen bezüglich der Umschreibung des *Gegenstands*, des *Verlaufs* und der *Steuerung* der Entwicklung auszugehen.

Da die Frage nach der *Steuerung* der Entwicklung, d.h. nach den Bedingungen für das Zustandekommen von Veränderungen, als zentral für jede Entwicklungstheorie anzusehen ist, ließ ich mich bei meiner Einteilung zunächst von diesem Gesichtspunkt leiten. Entsprechend der in Kap. 3 vorgenommenen Gruppierung der Entwicklungsfaktoren wurden die einzelnen Entwicklungskonzeptionen als erstes daraufhin betrachtet, welche Rolle jeweils den endogenen Faktoren (Anlagen, Reifungsvorgänge) und den exogenen Faktoren (materielle und soziokulturelle Einflüsse) zugeschrieben wird und welche Annahmen bezüglich der Interaktion zwischen endogenen und exogenen Faktoren bestehen.

In zweiter Linie schlägt sich in meiner Einteilung die *Selektivität* der Definition des *Untersuchungsgegenstands* unter den oben definierten inhaltlichen und formalen Aspekten nieder. Der zur Beschreibung und Erklärung ausgewählte Untersuchungsgegenstand erscheint mir für die Charakterisierung einer Entwicklungstheorie – aufgrund der damit gegebenen Determination der Verlaufsmerkmale und Bedingungszusammenhänge – noch wichtiger zu sein als die Vorstellungen über den Verlauf der Entwicklung. Die postulierten *Verlaufsmerkmale* sind demnach für die vorgenommene Einteilung gegenüber den beiden anderen Aspekten, Gegenstand und Steuerung, eher von untergeordneter Bedeutung.

Vier Theorien der Entwicklung

Unter Berücksichtigung der im vorangegangenen Abschnitt angestellten Überlegungen werden die vorhandenen Entwicklungstheorien in vier Gruppen eingeteilt:

1. *Biogenetische Entwicklungstheorien.* Sie nehmen eine überwiegend genetische (anlage- und reifungsabhängige) Determination von Entwicklungsprozessen an. Entwicklung wird im wesentlichen gleichgesetzt mit biologisch vorprogrammierter Entfaltung. Sie beschäftigen sich in erster Linie mit strukturellen Gegebenheiten und Funktionen und wählen die körperliche Entwicklung als paradigmatischen Gegenstandsbereich aus.

2. *Psychoanalytische Entwickungstheorien.* Sie gehen von einer Interaktion zwischen genetischen (konstitutionellen Faktoren) und exogenen Faktoren (Sozialisationseinflüssen) aus. Sie beschäftigen sich vorwiegend mit der Persönlichkeitsentwicklung (Ichentwicklung) und betonen die Triebgrundlagen und affektiven Grundlagen menschlichen Verhaltens.

3. *Lerntheorien der Entwicklung.* Hier wird eine überwiegend exogene Determiniertheit der Entwicklung angenommen. Entwicklung ist ein sozialer Lernprozeß. Im Vordergrund steht die Beschäftigung mit beobachtbaren Verhaltensmustern, insbesondere mit sozialem Verhalten.

4. *Kognitive Entwicklungstheorien.* Sie nehmen eine Interaktion von Reifungsprozessen und Erfahrungen mit der Umwelt an. Sie beschäftigen sich vorwiegend mit dem Aufbau und der regelhaften Abfolge kognitiver Verarbeitungsweisen und Strukturen. Entwicklung stellt sich vornehmlich als fortschreitender Aufbau der Erkenntnis dar.

Bis auf die gesonderte Herausstellung des biogenetischen Ansatzes stimmt diese Einteilung der Entwicklungstheorien mit der Einteilung in den Standardwerken von Baldwin (1967/1974a,b), Langer (1969) oder Maier (1969/1983) überein. Aufgrund der großen Bedeutung biogenetischer Entwicklungsvorstellungen in der klassischen Entwicklungspsychologie und ihrer Renaissance in Form ethologischer und soziobiologischer Ansätze erscheint die zusätzliche Betrachtung biogenetischer Theorien notwendig und gerechtfertigt (vgl. auch P.H. Miller, 1989).

Andere Einteilungen der Entwicklungstheorien

Die hier gewählte Einteilung der Entwicklungstheorien unterscheidet sich von den im deutschsprachigen Raum vorherrschenden Einteilungen, z.B. der von Thomae (1959a) gewählten Gruppierung in quantitativ und qualitativ orientierte Modellvorstellungen, von der Einteilung Oerters (1970) in *Entwicklung als Stufengang* und *Entwicklung als soziales Lernen* oder der von Nickel (1972) in Anlehnung an Thomae gewählten Aufgliederung in *Stufen- und Phasenlehren, Wachstumsmodelle, Modelle des Fließgleichgewichts, Differenzierungs- und Integrationsmodelle, Entwicklung als Prägung* und *Entwicklung als aktive Auseinandersetzung.*

Zum einen erscheinen die Unterscheidungskriterien bei den vorgenannten Autoren nicht klar genug definiert, zum anderen werden Verlaufsmerkmale gegenüber der Determination und dem Gegenstand der Entwicklung stärker betont, als es ihnen bei der Bewertung einer Entwicklungstheorie zukommt. Schließlich werden die Verlaufsaspekte auch nicht immer eindeutig von den anderen Aspekten getrennt, etwa wenn die Entwicklung als Stufengang (Verlaufsaspekt) an ein Reifungskonzept (Determination) gebunden wird. Darüber hinaus sind die von THOMAE, OERTER und NICKEL getroffenen Unterscheidungen aus den folgenden Gründen nicht überzeugend:

1. Es lassen sich kaum rein quantitative Modelle finden. Auch die sogenannten Wachstumsmodelle von CARMICHAEL oder OLSON nehmen qualitative Veränderungen an (s. Kap. 7.2.1).

2. Unter der Kennzeichnung „Qualitative Modelle" werden sehr heterogene Standpunkte subsumiert, was die Brauchbarkeit eines Oberbegriffs „qualitativ" in Frage stellt.

3. Grundlegende Unterschiede zwischen verschiedenen Ansätzen werden verwischt, etwa durch die gemeinsame Etikettierung der Theorien KROHS, FREUDS und PIAGETS als Stufen- und Phasenlehren oder durch die gemeinsame Darstellung ethologischer Ansätze und Vorstellungen des sozialen Lernens unter dem Stichwort „Entwicklung als Prägung". Andere, weniger grundlegende Unterschiede werden hingegen zu stark hervorgehoben, so z.B. durch eine weitere Untergliederung der endogen orientierten Ansätze in Stufen-, Spiralen-, Schichtenmodelle etc.

Selbstverständlich ist es auch mit der hier vorgenommenen Einteilung nicht in allen Fällen möglich, eine Entwicklungstheorie bzw. einen Autor eindeutig einer bestimmten Gruppierung zuzuordnen. So läßt sich darüber streiten, ob Heinz WERNER eher zu den Biogenetischen Entwicklungstheorien zu zählen ist (wofür ich mich entschieden habe) oder eher zu den Kognitiven Entwicklungstheorien gehört. Auch gibt es zwischen den einzelnen Vertretern innerhalb der vier Theoriegruppen neben grundlegenden Gemeinsamkeiten durchaus eine Reihe von Unterschieden.

Wiederum andere Einteilungsgesichtspunkte wählt FLAMMER (1988), indem er klassische Extrempositionen (endogenistische versus exogenistische), tiefenpsychologische, strukturgenetische und kontextualistische Ansätze gegenüberstellt.

Weiterer Aufbau des Theorieteils

Die zuvor unterschiedenen vier Theoriegruppen werden in den folgenden Kapiteln 7 bis 10 ausführlich dargestellt. Die Darstellung enthält jeweils die folgenden Punkte: (1) Grundlegende Annahmen über Gegenstand, Verlauf und Steuerung von Entwicklungsprozessen; (2) Vorstellung zweier bedeutender Vertreter der betreffenden Theorie; (3) Neuere Ansätze innerhalb der Theoriegruppe; (4) Kritische Bewertung der Theorie; (5) Zusammenfassung.

4. Zusammenfassung

Theorien der Entwicklung haben zunächst die gleichen Merkmale und Aufgaben zu erfüllen wie psychologische Theorien generell: (1) logisch widerspruchsfreie Systematisierung von Aussagen, (2) Erklärung und Vorhersage empirischer Befunde, (3) Falsifizierbarkeit der Aussagen, (4) Nachprüfbarkeit durch andere. Im Zentrum der Theoriebildung steht die Aufstellung regelhafter, gesetzmäßiger Beziehungen zwischen Variablen.

Die spezielle Aufgabe von Entwicklungstheorien ist die Feststellung von Gesetzmäßigkeiten a) des Verhaltens zu bestimmten Zeiten des Lebenslaufs und b) der Veränderungen des Verhaltens über die Zeit.

Streng formalisierte und gleichzeitig umfassende Theorien der Entwicklung sind bis heute nicht vorhanden. Bislang gibt es nur eine Reihe von *Teiltheorien zu ausgewählten Aspekten des gesamten Entwicklungsgeschehens.*

Vorwissenschaftliche Entwicklungstheorien beinhalten alltagspsychologische (naive) Vorstellungen über Entwicklung und Erziehung: Wie und warum sich Personen über das Alter verändern und wie man mit Personen unterschiedlichen Alters umzugehen hat.

Die Grundannahmen einer Entwicklungstheorie sind eng verknüpft mit dem implizit zugrunde gelegten *Weltbild* und *Menschenbild* (*Metamodelle*). In der Entwickungspsychologie trifft man auf drei Metamodelle: ein *mechanistisches*, ein *organismisches* oder ein *dialektisches* Modell.

Zur Einteilung und vergleichenden Darstellung der *wissenschaftlichen Entwicklungstheorien* bietet sich an, von den drei klassischen Fragen der Entwicklungspsychologie auszugehen und jeweils zu analysieren, was zum *Gegenstand* der Entwicklungsbetrachtung gemacht wird, wie der *Verlauf* der Entwicklung beschrieben wird und welche *Determinanten* als den Veränderungen zugrundeliegend angenommen werden. Danach lassen sich vier Gruppen von Entwicklungstheorien voneinander unterscheiden: (1) Biogenetische Entwicklungstheorien, (2) Psychoanalytische Entwicklungstheorien, (3) S-R-Theorien der Entwicklung, (4) Kognitive Entwicklungstheorien.

Zum Weiterstudium empfohlene Lektüre

Einen umfassenden Überblick zu Problemen der Theoriebildung und der Bewertung von psychologischen Theorien allgemein liefert:

Marx, M.H. & Goodson, F.E. (Eds.). (1976). *Theories in contemporary psychology.* 2nd ed. New York: Macmillan.

Eine ausführliche Beschreibung und Gegenüberstellung des mechanistischen und des organismischen Modells ist nachzulesen in:

Reese, H.W. & Overton, W.F. (1979). Modelle der Entwicklung und Theorien der Entwicklung. In P.B. Baltes (Hrsg.), *Entwicklungspsychologie der Lebensspanne* (S. 55-86). Stuttgart: Klett-Cotta.

Von den zahlreichen Büchern über Entwicklungstheorien werden besonders empfohlen:

BALDWIN, A.L. (1974a,b). *Theorien primärer Sozialisationsprozesse*. 2 Bände. Weinheim: Beltz.

CRAIN, W.C. (1985). *Theories of development. Concepts and applications*. 2nd ed. Englewood Cliffs, NJ: Prentice-Hall.

FLAMMER, A. (1988). *Entwicklungstheorien*. Bern: Huber.

LERNER, R.M. (1986). *Concepts and theories of human development*. 2nd ed. Reading, Mass.: Addison Wesley.

MILLER, P.H. (1989). *Theories of developmental psychology*. 2nd ed. San Francisco: W.H. Freeman.

THOMAS, R.M. (1985). *Comparing theories of child development*. 2nd ed. Belmont, CA: Wadsworth.

Führende Vertreter der gegenwärtig wichtigsten Entwicklungstheorien stellen ihre eigenen Theorien selbst vor in:

VASTA, R. (Ed.). (1989). *Annals of child development. Vol 6 - Six theories of child development: Revised formulations and current issues*. Greenwich, Conn.: JAI Press.

In den vorgenannten Büchern finden sich teilweise auch Darstellungen weiterer im Theorieteil dieses Buchs im einzelnen nicht behandelter Theorien.

Wer nur eines der genannten Bücher lesen möchte, wähle am ehesten die sehr gut lesbare Darstellung von P.H. MILLER (1989).

Kapitel 7:

Biogenetische Entwicklungstheorien – Entwicklung als Entfaltung

Die biogenetische Sichtweise ist die historisch älteste Auffassung von Entwicklung und nimmt bis heute im „naiven“ Denken den größten Raum ein. Sie läßt sich bis zum aristotelischen *Entelechiebegriff* zurückverfolgen. *Entelechie* ist das Formprinzip, das einem Organismus seine Gestalt gibt. Damit ist die Vorstellung einer Zielgerichtetheit der Entwicklung, der Ausfaltung eines biologisch Vorgegebenen verknüpft.

Daß die Entwicklung des Menschen nach einem festen, von der Natur vorgegebenen Plan abläuft, der durch Erziehung nur gefördert und unterstützt, nicht aber gelenkt werden kann, war vor dem Aufkommen einer wissenschaftlichen Entwicklungspsychologie die allgemeine Auffassung (s. dazu Kap. 1.1). Durch die Entwicklung neuer und stärkerer Mikroskope war es im 18. Jahrhundert möglich geworden, die embryonale Entwicklung vom Beginn der Befruchtung an genauer zu beobachten. Die hierbei gefundene Gleichförmigkeit des Aufeinanderfolgens einzelner Entwicklungsschritte von einem ungeschiedenen Ganzen zu immer differenzierteren Strukturen führte zu der Vermutung, daß auch die nachgeburtliche Entwicklung in ähnlicher Weise einer vorgegebenen Entwicklungssequenz folgt.

Durch Schriften von Rousseau, Herder, Goethe, Fröbel u.a. verbreitete sich während des 18. und 19. Jahrhunderts ein derartiges biologisches Entwicklungsdenken. Von Fröbel stammt der noch heute gebräuchliche Begriff des Kindergartens, der auf bildhafte Weise zum Ausdruck bringt, daß Kinder wie Blumen in einem Garten wachsen und sich entfalten. Für Fröbel ist der Erzieher „der Gärtner, der ihm (dem Kind) Licht und Nahrung verschafft, das Wesentliche aber seinen Lebenskräften überläßt“ (Reble, 1971, S. 223).

Einen entscheidenden Anstoß erhielt die biologisch ausgerichtete Betrachtung der menschlichen Entwicklung dann in der zweiten Hälfte des 19. Jahrhunderts durch die Evolutionstheorie Darwins und das dadurch angeregte Interesse für einen Vergleich zwischen Phylogenese und Ontogenese (vgl. Kap. 1.1). Darwins Ideen sind auch der entscheidende Ausgangspunkt für die uns heute im modernen Gewand der Ethologie und Soziobiologie entgegentretenden biologischen Entwicklungstheorien (s. dazu Abschnitt 3.). Biologisches Entwicklungsdenken begegnet uns außerdem in der Verhaltensgenetik (Hay, 1985; McClearn, 1970; s. hierzu Kap. 3.2) und in der Vergleichenden Psychologie (Schneirla, 1966; Werner, 1948).

1. Grundlegende Annahmen

Endogene Steuerung der Entwicklung

Die unter dem Begriff „Biogenetische Entwicklungstheorien“ zusammengefaßten Vorstellungen zeichnen sich zunächst dadurch aus, daß Entwicklung als ein im wesentlichen biologisch vorprogrammierter, d.h. *endogen* gesteuerter Prozeß aufgefaßt wird. Und zwar entweder als *Wachstum* psychischer Funktionen nach dem Muster von Wachstumsvorgängen im somatischen Bereich (vgl. hierzu Kap. 2.1) oder als *reifungsabhängige Ausdifferenzierung* einer primären Ganzheit in irgendwie aufeinander bezogene Gliedstrukturen (vgl. hierzu Kap. 2.2 und 2.3). In Analogie zu Lebensvorgängen im Pflanzen- und Tierreich (z.B. Zellteilung, Metamorphose) wird Entwicklung weitgehend mit *Entfaltung* gleichgesetzt. Dabei wird die organismische Bedingtheit der Entwicklung allerdings häufig nicht im Sinne einer streng *kausalen* Abhängigkeit des Seelischen vom Organischen gesehen.

Von der Mehrzahl der hier einzuordnenden Autoren wird der Schwerpunkt auf den *qualitativen* Aspekt von Veränderungen gelegt. Repräsentativ für die Charakterisierung dieses Ansatzes erscheint uns die Entwicklungsdefinition von REMPLEIN (1958), nach der Entwicklung „eine nach immanenten Gesetzen (einem Bauplan) sich vollziehende, fortschreitende (d.h. unumkehrbare, irreversible) Veränderung eines ganzheitlichen Gebildes ist, die sich als Differenzierung (Ausgliederung) einander unähnlicher Teilgebilde bei zunehmender Strukturierung (gefügehafter Ordnung) und funktioneller Zentralisierung (Unterordnung der Funktionen und Glieder unter beherrschende Organe) darstellt“ (S. 28). Eine ähnliche Auffassung, ohne die explizite Annahme der ausschließlichen Progression, vertritt WERNER (1959) mit seinem orthogenetischen Entwicklungsprinzip (s. Abschnitt 2.2). Danach schreitet die Entwicklung von einem ganzheitlichen, undifferenzierten Zustand fort zu einem Zustand der Differenziertheit, Gegliedertheit und hierarchischen Integration. In jedem Fall wird der Entfaltungsprozeß mit den Begriffen Differenzierung und Integration (Zentralisierung) umschrieben.

Entwicklung als Abfolge von Stufen und Phasen

Mit dem Entfaltungskonzept ist häufig die Annahme verbunden, daß die Entwicklung *diskontinuierlich* verläuft und sich am besten als eine Aufeinanderfolge von *Stufen* und/oder *Phasen* darstellen läßt (Ch. BÜHLER, 1928; BUSEMANN, 1965; GESELL, 1940; KROH, 1944a). Diese Aufeinanderfolge wird entweder als ein Fortschreiten (HETZER, 1948; KROH, 1944), als Wiederholung auf einem höheren Niveau (BUSEMANN, 1965; GESELL, 1940) oder als eine Schichtung vom Primitiven zum Hochkomplexen (LERSCH, 1956; ROTHACKER, 1952) angesehen. Die Abfolge der Stufen und Phasen (Entwicklungssequenz) gilt im Normalfall als irreversibel.

Eine genaue terminologische Abgrenzung der Begriffe „Stufe" und „Phase" oder auch der ebenfalls gebräuchlichen Termini „Stadium" und „Periode" ist nur schwer möglich. Diese Begriffe werden nämlich von verschiedenen Autoren unterschiedlich verwendet. Mit BERGIUS (1959) ließen sich am ehesten *Stufen*, u. U. auch *Stadien*, definieren als gegenüber dem früheren Zustand durch plötzliche und tiefgreifende Niveauveränderungen ausgezeichnete Entwicklungsabschnitte, die für längere Zeit andauern. *Phasen* wären demgegenüber in gleicher oder ähnlicher Form wiederkehrende, vergleichsweise kürzer andauernde Zustände. Der Übergang von einem zum anderen Zustand gilt dabei in der Regel als konflikthaltig oder krisenhaft.

Wichtiger als eine begriffliche Bestimmung wäre jedoch die Einigkeit darüber, a) wodurch die verschiedenen Abschnitte im einzelnen jeweils zu charakterisieren sind, b) in welcher Reihenfolge sie aufeinander folgen und schließlich, c) über welche Zeiten des Lebenslaufs sie sich erstrecken, also in welchem Alter sie beginnen und wann sie enden. Eine solche Einigkeit besteht jedoch nicht (s. BERGIUS, 1959, S. 113-121). Aus dem Gesamterleben und -verhalten werden für die Einteilung in Entwicklungsabschnitte immer nur bestimmte Momente herausgegriffen, obwohl im Grunde genommen der Anspruch erhoben wird, daß „das Eintreten in eine neue Entwicklungsphase eine Umgestaltung (Umstrukturierung) sämtlicher psychophysischer Bereiche (bedeutet), also nicht an einzelne Funktionen oder Leistungen gebunden (ist)" (SCHMIDT, 1970, S. 402). Ganz besonders gilt: „Wo einige Autoren eine deutliche Abgrenzung eines Abschnittes beobachtet zu haben glauben, sehen andere nur geringfügige Modifikationen innerhalb einer im ganzen einheitlichen Stufe oder Phase." (BERGIUS, 1959, S. 112).

Als die den meisten Stufenlehren zugrundeliegenden wichtigsten Annahmen nennt OERTER (1970):

a) Ein bestimmter seelischer Entwicklungs- und Reifezustand ist für längere Zeit beim Kind oder Jugendlichen bestimmend. Während dieser Zeit vollzieht sich keine wesentliche Veränderung. Das Erreichte wird lediglich ausgebaut und gefestigt . . .

b) Zwischen zwei Stufen liegt ein deutlich erkennbarer Einschnitt, der als rascher Übergang, als Veränderung sichtbar wird . . .

c) Die Stufen oder Phasen folgen in einer bestimmten Reihenfolge aufeinander. Diese Sequenz kann nicht umgekehrt ablaufen. Jede Stufe basiert auf der vorausgegangenen und wird erst durch diese ermöglicht. Das Prinzip einer festgelegten Ordnung der Stufen gilt auch dann, wenn eine Wiederkehr der Stufen auf höherer Ebene angenommen wird . . .

d) Die schubweise Entwicklung beruht auf einer naturgegebenen inneren Gesetzmäßigkeit und ist weitgehend unabhängig von den jeweiligen sozialen Einflüssen, sofern diese nicht hemmend oder störend wirken.

e) Nicht zur Kennzeichnung einer Phasen- bzw. Stufenlehre gehören genaue Angaben über die Dauer eines Abschnittes und Altersangaben über Beginn und Ende einer Stufe. Solche Zeitmarken sind lediglich als Hilfswerte gedacht, die sich individuell verschieben können. (S. 47f.)

Zur Zusammengehörigkeit von Entfaltungskonzept und Stufenkonzept

Aus der Tatsache, daß ein Entfaltungskonzept und ein Stufenkonzept häufig gemeinsam vertreten werden, ist nicht abzuleiten, daß die Auffassung von Entwicklung als Entfaltung nur ein Stufenkonzept erlaubt (vgl. etwa die Wachstumsmodelle der Entwicklung) oder gar umgekehrt, daß Vertreter eines Stufen- oder Phasenmodells Entwicklung als überwiegend endogen gesteuert im oben beschriebenen Sinne ansehen müssen. Vielmehr gibt es auch Stufen- und Phasenmodelle außerhalb biogenetischer Vorstellungen (z.B. FREUD, s. Kap. 8.2.1; PIAGET, s. Kap. 10.2.1), die aufgrund der völlig anderen theoretischen Grundlagen von diesen unterschieden werden sollten.

Werden das Stufenkonzept und das Entfaltungskonzept nicht genügend auseinandergehalten, führt das z.B. dazu, daß FREUD und PIAGET in einem Kapitel *Theorien und Modellvorstellungen* unter der Überschrift *Stufen- und Phasenlehren* zusammen mit Autoren wie KROH, BUSEMANN und GESELL behandelt werden; und zwar nur mit einigen Zeilen, was damit begründet wird, daß sich die Theorien von FREUD und PIAGET – etwa im Unterschied zu KROH – nur auf Teilbereiche der Entwicklung beziehen (so NICKEL, 1972, S. 42). Oder psychoanalytische und kognitive Modellvorstellungen kommen im Theorieteil überhaupt nicht vor (so bei OERTER, 1970). Die daraus resultierende Vernachlässigung psychoanalytischer und kognitiver Theorien steht im Widerspruch zu ihrer Bedeutung für die moderne Entwicklungspsychologie. Auch die Unterscheidung von Entwicklung als Stufengang einerseits und Entwicklung als soziales Lernen andererseits ist irreführend, da das eine primär eine Aussage über den Verlauf, das andere primär eine Aussage über Anstöße von Entwicklungsprozessen beinhaltet (vgl. oben S. 22f.).

Weitere Merkmale biogenetischer Theorien der Entwicklung

Außer dem *Entfaltungskonzept* und der Annahme einer diskontinuierlichen Abfolge in *Stufen* und *Phasen* sind noch zwei weitere wichtige Bestimmungsstücke der biogenetischen Theorien zu nennen. Das eine bezieht sich auf den *Gegenstand* entwicklungspsychologischer Betrachtung, das andere auf das *Verhältnis von Organismus und Umwelt.*

Vertreter eines biogenetischen Ansatzes beschäftigen sich in der Regel mit dem *typischen Verlauf* der menschlichen Entwicklung generell, nicht mit interindividuellen Unterschieden der Entwicklung, etwa zwischen Jungen und Mädchen, bei Kindern aus verschiedenen sozialen Schichten oder mit unterschiedlicher Intelligenz. Im Vordergrund steht außerdem die Beschreibung *struktureller* Aspekte zu den verschiedenen Zeiten des Lebenslaufs (z.B. der Grad der Geschiedenheit einer Funktion oder der Gegliedertheit einer Wahrnehmungsstruktur) und das Aufzeigen der regelhaften Abfolge von Stufen und Phasen sowie der *Organisation* des menschlichen Organismus. Als Muster für die Beschreibung von Entwicklungsprozessen dient die somatische Entwicklung.

Das Verhältnis von *Organismus und Umwelt* hat man sich nach BERGIUS (1959) folgendermaßen vorzustellen: Sobald reifende Funktionen „eine ihnen entsprechende Umweltgegebenheit vorfinden, 'betätigen' sie sich . . . . Jede Funktion, die heranreift, 'drängt' ihrerseits aber auch zur Betätigung und damit zur Entfaltung durch Übung“ (S. 133). Bereits ausgereifte Funktionen können zwar durch Übung in ihrer Leistungsfähigkeit gesteigert und in ihrem Zusammenspiel verbessert werden, Übung oder Stimulation seitens der Umwelt kann jedoch niemals zur Beschleunigung der Funktionsreifung oder zum Erwerb neuer – im Sinne des Stufenkonzepts höherer – Leistungen zu einem früheren

Zeitpunkt führen. Hierzu ist die Heranreifung neuer Funktionen erforderlich. Nicht nur der Entwicklungsverlauf, sondern auch die Entwicklungsgeschwindigkeit gilt somit als vorwiegend reifungsabhängig. Umwelteinflüsse können im günstigsten Fall eine die „natürliche" Entwicklung hemmende oder störende Wirkung ausüben, nicht aber den Entwicklungsfortschritt wesentlich beschleunigen.

Hiermit wird den Umwelteinflüssen insgesamt eine Bedeutung verliehen, die ausschließlich für physikalisch-chemische Einflüsse (materielle Faktoren) zutrifft. Diese sind im wesentlichen nur Vorbedingungen für eine normale Entwicklung (z.B. ausreichende Ernährung) oder wirken sich schädlich auf die Entwicklung aus (z.B. toxische Einflüsse), greifen aber nicht positiv steuernd in den Entwicklungsverlauf ein (vgl. Kap. 3.2). Im Unterschied dazu greifen soziokulturelle Faktoren, wie an zahllosen Beispielen gezeigt werden kann, direkt steuernd in den Entwicklungsverlauf ein (vgl. die Kap. 2.4 und 2.6 sowie Kap. 9).

Eine ähnliche Position bezüglich des Verhältnisses von Organismus und Umwelt wie ein Entfaltungskonzept vertritt JENSEN (1972, 1973a,b) mit seiner sogenannten Schwellenhypothese. Danach sollen sich Umweltbedingungen erst unterhalb einer Schwelle extrem geringer Umweltanregungen, wie sie etwa bei stark deprivierten Slumbewohnern anzutreffen sind, auf die Intelligenzentwicklung hemmend auswirken. Über dieser Schwelle, d.h. für die Mehrheit der Population, soll die Umwelt hingegen nur einen geringen Einfluß auf die Unterschiede der Intelligenzentwicklung ausüben. Die vorhandenen Untersuchungen zur Bedeutung von Umweltvariablen für die Intelligenzentwicklung bei normalen Entwicklungsbedingungen gelangten jedoch zu Befunden, die sich mit einer Schwellenhypothese nicht vereinbaren lassen (s. MARJORIBANKS, 1972; E. SCHUCK, 1976; SKOWRONEK, 1973; TRUDEWIND, 1975).

In empirischen Untersuchungen auf dem Boden einer biogenetischen Entwicklungskonzeption werden deren grundlegende Annahmen (Entfaltungskonzept, Stufenkonzept, Organismus-Umwelt-Verhältnis) nicht überprüft oder aufzuweisen versucht. Der Schwerpunkt liegt vielmehr auf der Beschreibung typischer (überindividueller) Entwicklungsverläufe.

Wachstumsmodelle der Entwicklung

Vertreter eines *Wachstumsmodells* der Entwicklung wie CARMICHAEL (1951) oder OLSON (1953) betonen ebenfalls die endogene Determiniertheit von Entwicklungprozessen und übertragen die Betrachtungsweise somatischer Veränderungen auf das psychische Geschehen. Sie unterscheiden sich jedoch von den bisher beschriebenen Auffassungen darin, daß sie keinen stufenförmigen, diskontinuierlichen Verlauf von Entwicklungsprozessen annehmen, sondern Entwicklung als ein kontinuierliches Fortschreiten, eine stetige Zunahme (Wachstum) von Fertigkeiten auffassen (vgl. Kap. 2.1).

Die Kontinuitätsannahme schließt im übrigen nicht aus, daß im Verlaufe des Wachstumsprozesses qualitative Veränderungen stattfinden: „Der Begriff Wachstum umfaßt dabei nicht nur eine Zunahme an Größe und Gewicht, sondern auch strukturelle Veränderungen, etwa der Proportionen und der Kompliziertheit . . . Schließlich umfaßt Wachstum nicht nur Vorgänge im Sinne einer Zunahme und eines Aufbaues neuer Funktionen, sondern Prozesse der Abnahme und damit des Funktionsabbaues." (NICKEL, 1972, S. 57)

Die beobachtbaren Veränderungen werden dann in Wachstumskurven festgehalten, aus denen analog der Behandlung verschiedener Indices der körperlichen Entwicklung Wachstumsfunktionen abgeleitet werden (vgl. Kap. 2.1). Der typische Kurvenverlauf zeigt einen zunächst stark beschleunigten Anstieg, der sich im Kindes- und Jugendalter zunehmend verlangsamt, um nach Erreichen eines Kulminationspunktes wieder leicht abzufallen (PRESSEY & KUHLEN, 1957).

Vom Ansatz eines Wachstumsmodells ausgehend wurden in Amerika eine Reihe von ausgedehnten Längsschnittuntersuchungen durchgeführt. Insbesondere die Intelligenz, psychomotorische Fähigkeiten, aber auch die Entwicklung des Denkens, des Gedächtnisses, der Sprache und des sozialen Verhaltens wurden untersucht (BAYLEY, 1949; SONTAG, BAKER & NELSON, 1958). Aus der relativen Ähnlichkeit der Wachstumskurven für verschiedene Bereiche versuchte man eine Synchronie der Entwicklung in allen psychophysischen Bereichen abzuleiten. Vertreter dieses Ansatzes hielten es folgerichtig auch für möglich und gerechtfertigt, den psychophysischen Entwicklungsstand eines Kindes durch Bestimmung eines sogenannten organismischen Alters, z.B. des Intelligenzalters oder des Ossifikationsalters, allgemein zu charakterisieren (s. dazu NICKEL, 1972, S. 56f.). Die Synchronie-Annahme ist nach neueren Befunden kaum aufrechtzuerhalten (s. COERPER, HAGEN & THOMAE, 1954; DIETRICH, 1966; UNDEUTSCH, 1959b). Umstritten ist auch, inwieweit die aufgefundene Kontinuität der Wachstumskurven und die Gleichartigkeit dieser Kurven für verschiedene Bereiche durch das gewählte methodische Vorgehen bedingt ist. Der Einwand des methodischen Artefakts gilt allerdings auch für die Verfechter der Diskontinuität von Entwicklungsverläufen. (Zur Abhängigkeit entwicklungspsychologischer Verlaufskurven vom methodischen Vorgehen s. Kap. 4.1).

Manchmal verbinden sich die bisher dargestellten Vorstellungen über den Gegenstand und den Verlauf der Entwicklung mit idealistisch-finalistischen Gedanken. Für die Ausfaltung eines immanenten Werdeplans wird dann ein geistiges Prinzip verantwortlich gemacht. Von einigen früheren Autoren (z.B. HANSEN, 1938; SPRANGER, 1924) werden biologistische Vorstellungen gänzlich abgelehnt und allein das geistige Prinzip herausgestellt. In die Beschreibung von Entwicklungsprozessen geht bei diesen Autoren jedoch ebenfalls das Entfaltungskonzept, der stufenförmige Verlauf, die Betonung struktureller und allgemein menschlicher Aspekte ein, weshalb sie ebenfalls hier eingeordnet werden.

2. Bedeutende Vertreter einer biogenetischen Entwicklungstheorie

Im folgenden werden die Entwicklungstheorien zweier klassischer Vertreter des biogenetischen Ansatzes in ihren Grundlagen dargestellt. Ich habe dazu zwei Autoren ausgewählt, deren Vorstellungen im Rahmen der biogenetischen Theorie eine besondere Bedeutung erlangt haben. Der eine, Oswald KROH, hat in Deutschland lange Zeit die Sichtweise der Pädagogik bestimmt. Der andere, Heinz WERNER, hat wohl die umfassendste biogenetisch ausgerichtete Theorie überhaupt aufgestellt und wirkt bis heute als Anreger entwicklungspsychologischer Forschung, neuerdings vor allem auf dem Gebiet der kognitiven Entwicklung und unter Hereinnahme kognitver Theorieansätze.

Außer KROH und WERNER wäre als bedeutender Vertreter noch GESELL zu nennen. Er ist aber in erster Linie ein unermüdlicher Sammler von Daten gewesen, weniger der Schöpfer einer eigenständigen Entwicklungstheorie (vgl. GESELL, 1940; GESELL & ILG, 1946; GESELL, ILG & AMES, 1956). Außerdem hat er sich in seinen theoretischen Überlegungen fast ausschließlich auf den Bereich der motorischen Entwicklung bezogen.

2.1 Oswald KROH (1887 – 1955)

Person und Werk

Oswald KROH wurde 1887 in Beddelhausen (Westf.) geboren. Nachdem KROH zunächst als Lehrer im Schuldienst tätig gewesen war, begann er 26jährig mit dem Studium der Pädagogik und der Psychologie. Aus der Verbindung zwischen den beiden Fächern leitet sich KROHS Interesse an der kindlichen Entwicklung ab, und hier besonders für den Lebensabschnitt des Schulkindes.

Am Anfang der wissenschaftlichen Laufbahn KROHS standen Untersuchungen über eidetische Phänomene bei Jugendlichen (KROH, 1922). Nach kurzen Zwischenstationen an den Universitäten Göttingen und Braunschweig wurde KROH 1923 o. Professor an der Universität Tübingen. 1928 erscheint seine erste größere Einzelveröffentlichung: Die *Psychologie des Grundschulkindes*. KROH beschreibt darin die kindlichen Entwicklungsvorgänge auf dem Hintergrund eines Schichtenmodells. 1932 erscheint dann die *Psychologie der Oberstufe*, ein Beitrag zur Reform der Bildungsarbeit.

1938 wechselte KROH an die Universität München, 1942 ging er nach Berlin, wo er (an der TU Berlin) bis zu seinem Tod blieb. KROH veröffentlichte eine Reihe von Arbeiten zu Fragen der Pädagogischen Psychologie. Seine Arbeiten aus diesem Bereich kommen in dem 1952 erschienenen Werk *Revision der Erziehung* zu einem gewissen Abschluß. Ein weiteres Arbeitsgebiet von KROH, das einen starken Einfluß auf die damalige wissenschaftliche Psychologie ausübte, war die Typen- und Begabungsforschung.

Grundlagen

Das Entwicklungsmodell KROHS ist eng mit seinem Konzept vom Stufenaufbau des seelischen Lebens verbunden (Schichtenkonzept). Dabei entsprechen die höheren Stufen jeweils dem entwicklungsmäßig Späteren. Das Fortschreiten der Entwicklung stellt sich KROH im Sinne eines Entfaltungskonzepts als eine durch innere Antriebe gesteuerte, schubhaft verlaufende zunehmende Differenzierung bei gleichzeitiger Integration dar. Weder biologische Struktur und seelische Erscheinungen noch frühere und spätere Entwicklungsstufen stehen dabei zueinander in einem Kausalitätsverhältnis des Bedingenden und des Bedingten, sondern in einem Interdependenzverhältnis. Anlage und Umwelt werden, ähnlich der Konvergenzhypothese W. STERNS, nach der innere Angelegtheiten mit äußeren Entwicklungsbedingungen konvergieren, als korrelative Tatbestände angesehen. Die heranreifenden Funktionen „drängen" von sich aus zur Betätigung, benötigen aber zu ihrer Entfaltung und Äußerung ihnen entsprechende Umweltgegebenheiten und Übung. Entscheidend bleiben jedoch die anlagemäßig und reifungsbedingt vorgegebenen Möglichkeiten.

Stufeneinteilung der Entwicklung

In seiner Stufenlehre unterscheidet KROH drei Stufen, die sich wiederum jeweils in drei Phasen untergliedern. Entsprechend der Annahme eines schubhaften, diskontinuierlichen Entwicklungsverlaufs wechseln Zeiten der Ruhe mit Zeiten starker Veränderungen ab. Stufen gelten als Zeiten des Verharrens, des Ausbaus und der Verfestigung von abgeschlossenen Funktionsreifungen. Der Übergang von einer Stufe zur anderen vollzieht sich krisenhaft unter Ablauf starker Veränderungen. Auch diese krisenhaften Übergangsphasen, KROH spricht von Trotzphasen, gelten als biologisch vorprogrammiert. Die Kurzbeschreibung der von KROH unterschiedenen Stufen und Phasen der Entwicklung gibt die folgende Aufstellung nach BERGIUS (1959, S. 137f.) wieder.

I. Stufe Frühe Kindheit	1. Phase: Von der Geburt bis zum ersten Wiederlächeln im Alter von etwa 5-8 Wochen. Biologische Funktionen der Erhaltung und Entfaltung stehen im Vordergrund. 2. Phase: Vom ersten Wiederlächeln bis zum Beginn des Sprechen- und Laufenlernens im Alter von etwa 11-12 Monaten. Durch gefühlshafte Erlebnisse gesteuerte Kontaktaufnahme mit der Umwelt steht im Vordergrund: „physiognomisches Wahrnehmen". 3. Phase: Wörtersprechen- und Laufenlernen bis zum ersten Trotzalter etwa im 3. Lebensjahr. Erwachen der praktischen Intelligenz (Einsicht), zunehmender Spracherwerb.

Betonter Einschnitt: 1. Trotzperiode als Ankündigung der II. Stufe

II. Stufe Eigentliche Kindheit	1. Phase: Von der 1. Trotzperiode bis zum Übergang zur vor-

wiegend analysierenden Wahrnehmung (bis zur eigentlichen Schulfähigkeit) im 7. Lebensjahr; „Phantastisch-analogisierender Realismus".
2. Phase:
Vom Übergang zur analysierenden Auffassung (parallel mit dem sog. ersten Gestaltwandel zur Schulkindform) bis zum Beginn einer mehr kritisch-bewußten Haltung etwa im 10. Lebensjahr; „Naiver Realismus".
3. Phase:
Vom Beginn einer kritisch- bewußten Haltung bis zum sog. 2. Trotzalter; „Kritischer Realismus".

Betonter Einschnitt: 2. Trotzperiode und „Wendung nach innen" als Ankündigung der III. Stufe

III. Stufe
Reifezeit

1. Phase:
Oft mit dem Ausgang des sog. 2. Trotzalters beginnend, charakterisiert durch emotionale Beunruhigung und Wendung nach innen.
2. Phase:
Ohne scharfe Begrenzung; neue Festigung des Verhaltens, Übernahme fester Einstellungen und Standpunkte; Suche nach Vorbildern, „Idealismus", „Schwarm".
3. Phase:
Ohne feste Begrenzung, neue Zuwendung zur Außenwelt; Hineinwachsen in die endgültige Lebensform.

Auf eine detailliertere Darstellung der Stufeneinteilung Krohs, ihrer Abfolge und altersmäßigen Grenzen soll hier verzichtet werden (s. hierzu Bergius, 1959, S. 136-154). Wichtig ist aber festzustellen, daß sich Krohs Stufeneinteilung nicht an der Ausformung bestimmter Dimensionen orientiert, sondern mit jeder Stufe jeweils *neue* Dimensionen in den Vordergrund rücken. Die gerade dominanten Bereiche werden zur Charakterisierung des jeweiligen Entwicklungsstands herangezogen und wirken im Sinne der Ganzheitspsychologie zurück auf den gesamten Organismus. So stehen in der Stufe der frühen Kindheit die trieb- und affektgesteuerte Ich-Bestimmtheit, komplexe Erlebnis- und Gestaltungsformen und eine enge Verbundenheit mit den Personen der nächsten Umgebung im Vordergrund. Während der Stufe der eigentlichen Kindheit differenzieren sich die für die geistige Gesamtentwicklung notwendigen Funktionen aus und die Triebbestimmtheit tritt zugunsten einer interessebestimmten Umweltgebundenheit und einem nach Objektivität strebenden Erkenntnisbedürfnis zurück. Außerdem lockert sich die enge Bindung an die Primärgruppe. In der dritten Stufe (Reifezeit) schließlich reift die Selbstgestaltung und geistige

Verselbständigung; der Heranwachsende orientiert sich an Idealen, Werten und bildet einen persönlichen Standpunkt zum Leben aus. Es stellt sich nun das Bedürfnis nach neuen sozialen Bindungen ein.

Der übergeordnete Gesichtspunkt der vorgenommen Einteilung ist im Wechsel von der Subjekt- zur Objektbestimmtheit bzw. im sich wandelnden Verhältnis des Ichs zur Umwelt zu sehen. Auffällig ist der hohe Allgemeinheitsgrad der zur Charakterisierung von Entwicklungsvorgängen verwendeten Begriffe (z.B. Kontaktaufnahme mit der Umwelt, Spracherwerb, Realismus, Übernahme fester Einstellungen und Standpunkte) verglichen mit der heutigen Differenziertheit der Definition von Erlebens- und Verhaltensmerkmalen (vgl. z.B. MUSSEN, 1970, 1983).

Die Betonung qualitativer Veränderungen und immer neuer Dominanten des Entwicklungsgeschehens erklärt sich zu einem großen Teil aus der Überzeugung vom *Eigenwert* jeder Stufe (s. HÖHN, 1959, S. 28). Sie läßt sich auf die Anfänge der deutschen Entwicklungspsychologie zurückführen, wo gerade die Eigenständigkeit der Welt des Kindes herausgestellt wurde als Gegenposition zur Konzeption des Kindes als kleinem Erwachsenen. Auch die Diskontinuität dient als Beleg für den Eigenwert der einzelnen Stufen.

Von daher wird auch die intensive Beschäftigung mit eidetischen Phänomenen bei Kindern verständlich (JAENSCH, 1925; KROH, 1922). Auf diesem Gebiet ließ sich nämlich unter Umständen aufweisen, daß das Kind nicht *weniger* Fertigkeiten als ein Erwachsener, sondern – zumindest teilweise – *andere* Fertigkeiten besitzt, die der Erwachsene nicht mehr hat. Die Annahme, daß Kinder sich gegenüber Erwachsenen durch eidetische Fähigkeiten auszeichnen, wird im übrigen nach neuen Untersuchungsergebnissen an größeren Stichproben heute nicht mehr vertreten. Es scheint auf allen Altersstufen nur eine geringe Minderheit von Personen zu geben, die über solche subjektiven Anschauungsbilder verfügen (NICKEL, HEINERTH & BITTMANN, 1974).

KROHS Stufenlehre hat aus verschiedenen Gründen für die heutige Entwicklungspsychologie an Bedeutung verloren. Besonders die aus seinem Modell abgeleiteten pädagogischen Folgerungen sind zum großen Teil überholt. Sie wirken sich allerdings teilweise bis heute in der pädagogischen Praxis aus. (Zur Kritik s. Abschnitt 4.).

2.2 Heinz WERNER (1890 – 1964)

Person und Werk

Heinz WERNER wurde 1890 in Wien geboren und wuchs dort auch auf. Nachdem er sich an der Universität Wien zunächst für Musik eingeschrieben hatte, um Komponist und Musikhistoriker zu werden, wechselte er bald zur Philosophie und Psychologie über.

1917 ging WERNER an das Psychologische Institut der (späteren) Universität Hamburg, wo er stark von dem Psychologen William STERN und dem Biologen Jakob von UEXKÜLL und der damals aufkommenden Ganzheits- und Gestaltpsychologie der sog. Leipziger Schule beeinflußt wurde.

Als Mitarbeiter von William STERN beschäftigte sich WERNER schon früh mit entwicklungspsychologischen Fragestellungen. Der Einfluß, den STERN auf ihn ausübte, schlägt sich in seinem Konzept der Entwicklung nieder, das er in der 1926 erschienenen *Einführung in die Entwicklungspsychologie* erstmals dargelegt hat.

Seine Lehrtätigkeit an der Universtät Hamburg mußte WERNER 1933 aufgeben, da ihn die Nazis aufgrund seiner jüdischen Herkunft aus dem Universitätsdienst entfernten. WERNER emigrierte in die USA. Nach langen Jahren geringer Beachtung und Tätigkeiten in unbedeutenden Positionen wurde WERNER 1948 als Professor für Psychologie und Erziehung an die Clark University (Worcester, Massachusetts) berufen. Dort wurde er bald zu einer der führenden Persönlichkeiten der amerikanischen Entwicklungspsychologie.

Das von WERNER entworfene Konzept der Entwicklung ist im Zusammenhang mit seinem allgemeinen theoretischen Standort zu sehen, der der Ganzheits- und Gestaltpsychologie und einem organismischen Menschenbild verhaftet ist. Daneben hat auch seine Beschäftigung mit Embryologie, Neurologie, Pathologie und Anthropologie sein Denken geprägt. In seinem Hauptwerk *Einführung in die Entwicklungspsychologie* (Erstaufl. 1926; *Comparative psychology of mental development*, 1948) versuchte WERNER allgemeine Prinzipien der Entwicklung herauszuarbeiten. Sein besonderes Interesse galt der Differenzierung von Ich und Umwelt. Die in der Zeit ab 1950 veröffentlichten Schriften zeigen die Schwerpunkte seines späteren Schaffens: *The acquisition of word meaning: a developmental study* (WERNER & KAPLAN, 1952); *Sensory-tonic field theory of perception: Basic concepts and experiments* (WERNER & WAPNER, 1956); *Perceptual development* (WAPNER & WERNER, 1957); *Symbol formation* (WERNER & KAPLAN, 1963).

Grundlagen

Auf WERNER trifft noch mehr als auf andere Vertreter der biogenetischen Entwicklungstheorie zu, daß er sich, besonders in seinen früheren Arbeiten, eher durch eine bestimmte Art entwicklungspsychologische Fragen zu stellen auszeichnet, als durch eine detaillierte Beschreibung der Entwicklung des Kindes. Sein Hauptinteresse galt den globalen Problemen der Entwicklung und dem Zusammenhang der verschiedenen Aspekte der psychophysischen Funktionen des Individuums (BALDWIN, 1974b, S. 217). WERNER hat eine vergleichende organismische Theorie der Entwicklung vorgelegt. Als Vertreter einer *Genetischen Ganzheitspsychologie* (KRUEGER, 1915; VOLKELT, 1926) hat WERNER den Entwicklungsgedanken, so wie er ihn verstand, auf alle Gebiete der psychologischen Forschung zu übertragen versucht.

Gegenstand der Entwicklungspsychologie ist für ihn alles, was „unter dem Gesichtspunkt der geistigen Entwicklung gefaßt werden kann" (WERNER, 1959). Der Begriff der geistigen Entwicklung kann hierbei als Synonym für seelische oder psychische Entwicklung angesehen werden. WERNER definiert Spezielle Entwicklungspsychologien des Normalen (Ontogenese), der Stammesentwicklung (Phylogenese), verschiedener Kulturen (Völkerpsychologie), des Abnormen und besonderer Bewußtseinszustände (Psychopathologie) sowie kurzzeitiger Wahrnehmungsprozesse (Aktualgenese). Über diesen Speziellen Entwicklungspsychologien nimmt er eine Allgemeine Entwicklungspsychologie an, „eine vergleichende Wissenschaft, deren Aufgabe darin besteht, die Ergebnisse dieser Speziellen Entwicklungspsychologien untereinander zu vergleichen und zu allgemeinen Entwicklungsgesetzen des geistigen Lebens schlechthin vorzudringen“ (WERNER, 1959, S. 2).

Bei der Auffindung solcher allgemeiner Entwicklungsgesetzlichkeiten hat sich WERNER bemüht, Kategorien zu finden, die den folgenden vier Kriterien genügen (nach LANGER, 1970, S. 745):

1. Sie sind nicht an bestimmte Zeitpunkte des Entwicklungsverlaufs gebunden;
2. sie sind nicht inhaltlich, sondern formal definiert;
3. sie beziehen sich auf strukturelle Aspekte, nicht auf Verhaltens- oder Leistungsaspekte;
4. sie enthalten keine Wertungen.

Hinsichtlich der *Determination* der Entwicklung vertritt WERNER einen nativistisch-interaktionistischen Standpunkt. D.h., er betont die biologisch vorprogrammierte Entfaltung von seelisch-geistigen Strukturen. Sie bestimmen über die Verarbeitungsweisen von Erfahrungen. Andererseits verändert diese Aktivität wiederum die strukturellen Gegebenheiten und ermöglicht damit neue Arten von Aktivitäten. In diesem wechselseitigen Prozeß geht im Laufe der Entwicklung die Anregung zur Aktivität immer stärker von der Umwelt auf den Organismus über. Außerdem versteht sich WERNER entsprechend dem ganzheitlichen Ansatz als Vertreter einer Gegenposition zur atomistischen und mechanistischen Betrachtungsweise und beschäftigt sich statt dessen mit ganzheitlichen, organischen Strukturen.

Definition der Entwicklung

WERNERS Entwicklungsbegriff ist ein *Konstrukt*, definiert durch das aus der Embryologie abgeleitete *orthogenetische Prinzip*: wo immer Entwicklung vonstatten geht, schreitet sie von einem Zustand relativer Globalität (und fehlender Differenziertheit) zu einem Zustand wachsender Differenziertheit fort, der Gliederung und hierarchische Integration einschließt. Vorläufer des orthogenetischen Prinzips finden sich bei GOETHE in der Einleitung seiner Morphologie und bei H. SPENCER (1855), der bereits die Begriffe Differenzierung und Integration verwendet. Das orthogenetische Prinzip ist ein heuristisches Prinzip, das sich an biologischen Prozessen, z.B. der Zellteilung oder der zunehmenden Ausdifferenzierung und Hierarchisierung des ZNS, *aufweisen* läßt, das aber nicht erlaubt, spezifische Entwicklungsverläufe vorherzusagen oder zu *erklären*.

Die beiden Zentralbegriffe des orthogenetischen Prinzips *Differenzierung* und *Integration* (Hierarchisierung) werden durch vier Polaritäten näher charakterisiert:

– *Synkretisch* (komplex) versus *diskret* (abgesondert);
– *diffus* (global) versus *artikuliert* (gegliedert);
– *verschwommen* versus *prägnant*;
– *unbestimmt* versus *bestimmt*.

Der erstgenannte Begriff bezeichnet jeweils den entwicklungsmäßig frühen (undifferenzierten, wenig integrierten) Zustand.

Außerdem wird noch unterschieden zwischen der Undifferenziertheit von *Funktionen* oder *Bedeutungen* (synkretisch, unbestimmt) und der Undifferenziertheit von *Strukturen* oder *Gliedern* (diffus, verschwommen). Eine Undifferenziertheit der Funktionen liegt etwa vor im Falle des ungeschiedenen Zusammenwirkens von Gefühlszuständen und dem Handeln oder Wahrnehmen des Kleinkindes. Ein Beispiel für synkretisches (undifferenziertes) Wahrnehmen ist die sog. physiognomische Wahrnehmung, bei der die Wahrnehmung von Personen oder Dingen mit Gefühlen und Stimmungen verschmilzt. Eine Undifferenziertheit von Strukturen ist z.B. gegeben, wenn Geschehensabläufe oder Gegenstände nur in ihrer Gesamtheit wahrgenommen oder reproduziert werden können, nicht jedoch in ihren Gliedern. So fordern kleine Kinder immer wieder, daß eine Geschichte nur in einer bestimmten Form abläuft. Die Änderung eines Details stört die Gesamtheit. Die Wiederherstellung des Gewohnten ist nur möglich, wenn wieder ganz von vorn begonnen wird.

Die Mehrzahl der von WERNER aufgeführten Beispiele bezieht sich auf die Undifferenziertheit von Funktionen und Bedeutungen. Als Belege für die Gültigkeit des orthogenetischen Prinzips führt WERNER (1959) an: die Subjekt-Objekt-Ungeschiedenheit in der ersten Hälfte des ersten Lebensjahres, die sog. Signal- und Aktionsdinge, d.h. die in die bedürfnisgeleitete motorische Sphäre untrennbar einbezogene Wahrnehmung von Gegenständen, weiter die Verschmelzung von Sinnesmodalitäten (Synästhesien), die anfängliche Undifferenziertheit der Gefühle, die physiognomische Wahrnehmung beim Kind und ähnliches.

In den späteren, englischsprachigen Darstellungen seines Werkes (BALDWIN, 1967; LANGER, 1969; WERNER, 1948) werden in teilweiser Abweichung von der deutschen Terminologie die folgenden vier Begriffspaare unterschieden:

– Syncretic versus discrete;
– diffuse versus articulated;
– rigid versus flexible;
– labile versus stable.

Dabei hebt die erste Polarität auf die funktionale Analyse ab, die zweite Polarität auf die strukturelle Analyse, während die beiden letzten Begriffspaare sowohl auf die strukturelle als auf die funktionale Analyse bezogen werden.

Entwicklungsverlauf

Aus der näheren Bestimmung des Entwicklungsfortschritts durch die vier genannten Polaritäten geht hervor, daß die Veränderungen im Laufe der Entwicklung in erster Linie qualitativer Art sind. Die Organisation einer höheren Entwicklungsstufe ist dabei als die Re-Organisation der früheren Stufe auf einem höheren Niveau zu verstehen, wobei sich – wie bei KROH und anderen Verfechtern eines ganzheitlichen Ansatzes – spätere Formen nicht aus früheren kausal ableiten lassen, sondern nur auf ihnen aufbauen. Der Verlauf der Entwicklung vollzieht sich nach alledem eher diskontinuierlich, und zwar indem Progression und Regression abwechselnd überwiegen (s. LANGER, 1970, S. 736).

Organismische und vergleichende Analyse

Bei WERNERS Ansatz sind die *organismische* und die *vergleichende* Analyse voneinander zu trennen.

Aufgabe der *organismischen* Analyse ist – z.B. für die Ontogenese, die Phylogenese oder die Aktualgenese – aufzuzeigen, daß die Strukturen der einzelnen Entwicklungsstufen relativ abgeschlossene organische Ganze bilden. Weiter ist zu untersuchen, wie eine Stufe aus der anderen hervorgeht, welche Veränderungen dabei stattfinden und in welche Richtung diese Veränderungen gehen. Jede höhere Stufe kann dabei als etwas grundsätzlich Neues angesehen werden (s. auch KROH: *Eigenwert* einer Stufe). Neben den Grundbegriffen Differenzierung und Integration gebraucht WERNER hier zur Beschreibung des Entwicklungsprozesses die Begriffe Equilibrium und Adaptation: Das Scheitern von Anpassungsversuchen führt zum Herausgeraten des Organismus aus seinem Gleichgewicht (Strukturen werden instabil), wodurch eine Reorganisation dieser Strukturen auf einem höheren Niveau (höherer Grad der Differenzierung) und eine Integration nötig werden. Ähnlichen Vorstellungen werden wir bei PIAGET wiederbegegnen (s. Kap. 10.2.1).

In der *vergleichenden* Analyse werden die strukturellen Veränderungen verschiedener Organismen miteinander verglichen, um dann zu allgemeinen Entwicklungsgesetzlichkeiten zu gelangen. Charakteristisch ist dabei, daß sich dies bei WERNER im wesentlichen auf die frühen, primitiven, also die undifferenzierten Zustände beschränkt (z.B. früheste Kindheit, Primitivkulturen, psychopathologische Zustände), obwohl die Formulierung des orthogenetischen Prinzips den Anspruch erhebt, den gesamten Zeitraum der Entwicklung zu umfassen. In seiner *Einführung in die Entwicklungspsychologie*, die die Gültigkeit des orthogenetischen Prinzips nachweisen soll, beschreibt WERNER (1959) lediglich die Ausgangsebene der Entwicklung, nämlich den urtümlich-undifferenzierten Status (SCHMIDT, 1970, S. 385).

Berücksichtigt werden muß auch, daß Primitivität oder Undifferenziertheit als polare Ausformung ein Idealbegriff, kein Realbegriff ist, also immer nur annähernd vorgefunden wird. Die miteinander verglichenen frühen Zustände weisen zwar *formale* Ähnlichkeiten und Parallelen hinsichtlich struktureller und funktionaler Gegebenheiten auf, sie sind jedoch nicht *gleich* im Sinne einer *materiellen Identität*. So wächst ein Kind zum Erwachsenen heran, ist also in einem Übergang befindlich, und es ist mit einer anderen Welt – eben der der Erwachsenen – konfrontiert. Ganz im Gegenteil dazu ist der frühe Zustand des

Erwachsenen in einer sog. Primitivkultur ein ausgewachsener Zustand, also voll entwickelt und, soweit in einer geschlossenen Gesellschaft lebend, keiner anderen Welt konfrontiert.

Schließlich bedeutet die Suche nach Ähnlichkeiten zwischen den verschiedenen frühen Zuständen nicht die Leugnung von Differenzen, denn der Entwicklungsstand eines Organismus ist nur ein Aspekt, unter dem dieser betrachtet werden kann.

Weiterentwicklung des WERNERschen Ansatzes

Zusammen mit seinen Mitarbeitern hat WERNER in den 50er und 60er Jahren den geschilderten Ansatz weiterentwickelt. Besonders wichtig sind in diesem Zusammenhang die Untersuchungen von WERNER und KAPLAN (1952) über den Erwerb von Wortbedeutungen und die Untersuchungen zur Entwicklung der Wahrnehmung, die dann zur sensoritonischen Wahrnehmungstheorie führten (WERNER & WAPNER, 1956). Durch diese Arbeiten wurden zahlreiche experimentelle Untersuchungen angeregt.

Schließlich bleibt noch die Fortführung der Gedanken WERNERS durch WITKIN (1962 und später) zu erwähnen, der den Differenzierungsgedanken als zentral für die Persönlichkeitsentwicklung aufgegriffen hat und anhand zahlreicher Experimente (z.B. mit dem *Embedded Figures Test* oder dem *Rod and Frame Test*) die Bedeutung der Feldabhängigkeit bzw. Feldunabhängigkeit nachzuweisen versuchte (s. Kap. 2.3).

Untersuchung 7.1 — *Der Effekt der Körperdrehung auf die Wahrnehmung der Vertikalität*

Nach Heinz WERNERS und Seymour WAPNERS sensoritonischer Wahrnehmungstheorie beinhaltet jeder Wahrnehmungsvorgang eine Interaktion zwischen sensorischen (objektiven) und organismischen (z. B. motorischen oder viszeralen) Faktoren (WERNER & WAPNER, 1956). Dies wird durch den Begriff *sensoritonische Wahrnehmung* ausgedrückt. Werden z.B. optische Reize dargeboten, die von der Vertikalen abweichen, so wird erwartet, daß motorische Ausgleichsbewegungen auftreten, die im Zusammenspiel mit den objektiven Stimuluscharakteristika die Wahrnehmung der Vertikalen (in Richtung der Vertikalen) beeinflussen. Wird andererseits die übliche senkrechte Stellung des Körpers verändert, sollte die Wahrnehmung der Vertikalen durch eine der Körperdrehung entsprechende Kompensation in der Gegenrichtung beeinflußt werden.

Die Verbindung zur Entwicklungspsychologie sehen WERNER und WAPNER darin, daß im Laufe der Entwicklung Veränderungen in den organismischen Faktoren eintreten (im wesentlichen gekennzeichnet durch eine zunehmende Differenzierung und hierarchische Integration), die – bei unveränderter objektiver Stimulation – zu systematischen Wahrnehmungsveränderungen führen. So wäre im Falle der Herstellung der Vertikalen bei einer aus der Senkrechten gekippten Körperlage bei jüngeren Vpn aufgrund deren geringerer Ich-Umwelt-Differenzierung eine gleichsinnige Verschiebung der wahrgenommenen Vertikalen in Relation zum eigenen Körper zu erwarten. Ältere Vpn hingegen sollten eine (Über-)Kompensation in Gegenrichtung zu ihrer Körperdrehung zeigen.

Zur Überprüfung dieser Annahmen führten Heinz WERNER und Seymour WAPNER ein Experiment an Jungen und Mädchen zwischen 6 und 19 Jahren durch, über das sie in einer Übersichtsarbeit zu ihrer Wahrnehmungstheorie berichten (WERNER & WAPNER, 1956). (Angaben zu den Stichprobengrößen fehlen in dieser Arbeit). Die Vpn sollten einen in der Dunkelheit beleuchteten Stab senkrecht ausrichten, wobei sie selbst auf einem Stuhl saßen, der um 30° nach links oder um 30° nach rechts gekippt war.

Die Ergebnisse des Experiments zeigten den erwarteten Alterstrend (s. Abbildung 7.1): Nur bei den jüngeren Vpn lag die Abweichung von der Vertikalen in Richtung der eigenen Körperdrehung. Mit zunehmendem Alter, ausgeprägt ab 16/17 Jahren, war die erwartete Kompensation der Ausrichtung der Vertikalen in der Gegenrichtung zu beobachten.

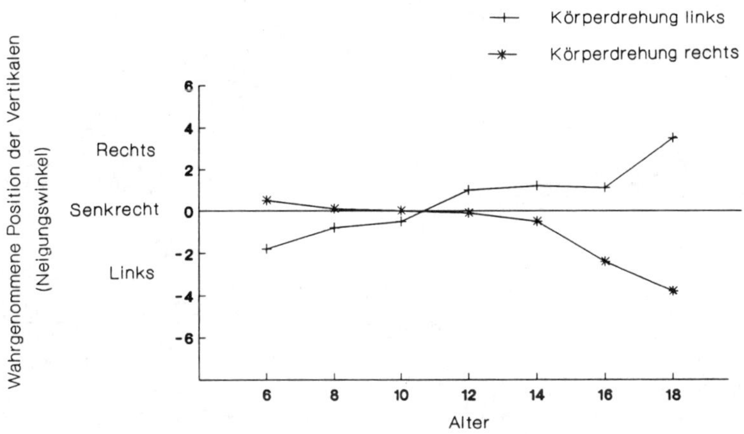

Abbildung 7.1: Auswirkungen der Körperdrehung auf die Wahrnehmung der Vertikalen bei 6- bis 19jährigen (nach WERNER & WAPNER, 1956, S. 329)

Die von WERNER und WAPNER für Jungen und Mädchen getrennt wiedergegebenen Daten zeigen allerdings ein weniger einheitliches Bild (s. Abbildung 7.2). Bei den männlichen Vpn war in den jüngeren Altersgruppen die erwartete Verschiebung in Richtung der eigenen Körperlage nur schwach ausgeprägt, während im Alter von 16 bis 19 Jahren der postulierte Trend zur Überkompensation deutlich beobachtet werden konnte. Bei den weiblichen Vpn zeigte sich hingegen in den unteren Altersgruppen der erwartete Alterstrend, während im oberen Altersbereich die kompensatorischen Verschiebungen weder sehr groß waren, noch über Alter zunahmen.

Auf die Unterschiede der Befunde bei Jungen und Mädchen gehen WERNER und WAPNER nicht ein. Sie teilen auch nichts über die statistische Signifikanz der Alters- oder Geschlechtsunterschiede mit.

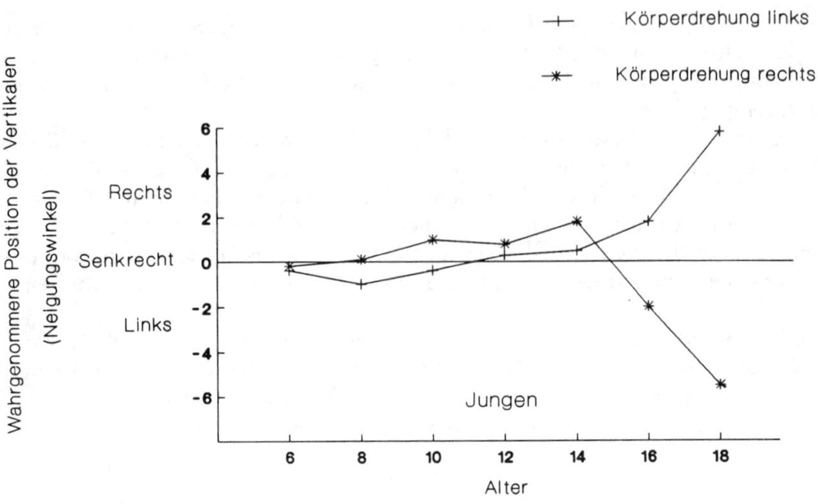

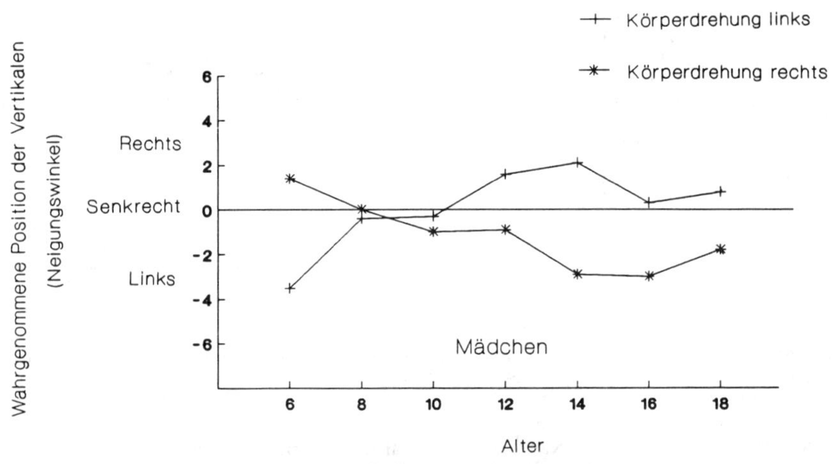

Abbildung 7.2: Entwicklungsveränderungen der Auswirkung der Körperdrehung auf die Wahrnehmung der Vertikalen bei Jungen und bei Mädchen zwischen 6 und 19 Jahren (nach WERNER & WAPNER, 1956, S. 328)

Bei der Interpretation der Befunde für die jüngeren Kinder als Ausdruck einer eher egozentrischen, zwischen eigenem Körper und Stimulus nicht differenzierenden Wahrnehmung muß außerdem berücksichtigt werden, daß die von den Vpn vorgenommenen Verschiebungen des Stabes von der Vertikalen sich nur in der Größenordnung von bis zu maximal 4° bewegten, während der eigene Körper um 30° gekippt war. Die jüngeren Kinder wurden somit nur relativ stärker von der eigenen Körperlage beeinflußt als ältere Kinder und Erwachsene.

WERNER, H. & WAPNER, S. (1956). Sensory-tonic field theory of perception: Basic concepts and experiments. *Revista di Psicologia*, *50*, 315-337.

3. Der ethologische Ansatz in der Entwicklungspsychologie

3.1 Allgemeine Grundlagen der Ethologie

Entstehung und Bedeutung der Ethologie

Die *Ethologie* oder *Vergleichende Verhaltensforschung* ist eine Teildisziplin der Biologie. Ihr Gegenstand ist die Betrachtung des Verhaltens von Tier und Mensch im Hinblick auf seine biologischen Grundlagen, insbesondere hinsichtlich seiner Evolutionsgeschichte. Der Mensch und sein Verhalten wird damit in den weiteren Kontext der belebten Natur gestellt.

Die Ursprünge der modernen Ethologie liegen im 18. Jahrhundert. Einige deutsche Zoologen beschäftigten sich zu dieser Zeit mit angeborenem (instinktivem) Verhalten bei Tieren (z.B. VON PERNAU, 1716; REIMARUS, 1773). Der entscheidende theoretische Durchbruch erfolgte dann mit DARWINS Evolutionstheorie und der Übertragung der für die Selektion von physischen Merkmalen im Evolutionsprozeß erkannten Gesetzmäßigkeiten (natürliche Auslese nach dem Prinzip des Überlebensvorteils) auf die Auswahl und Weitergabe von Verhaltensmerkmalen (DARWIN, 1851, 1871).

Die Entstehung der Ethologie als einer eigenständigen Disziplin läßt sich auf die 30er Jahre des 20. Jahrhunderts datieren und ist mit den Namen der Zoologen und späteren Nobelpreisträger Konrad LORENZ und Niko TINBERGEN verknüpft (LORENZ, 1937, 1939; TINBERGEN, 1940). Die Verbindung zwischen Ethologie und Psychologie im Sinne einer *Humanethologie* wurde dann seit den 50er Jahren vor allem von Irenäus EIBL-EIBESFELDT vorangetrieben (EIBL-EIBESFELDT, 1972/1984).

Größere Beachtung fand der ethologische Ansatz in der Entwicklungspsychologie erstmals durch die Untersuchungen des englischen Psychoanalytikers John BOWLBY über Mutter-Kind-Bindung und -Trennung bei Kleinkindern (BOWLBY, 1958, 1969/1975,1973/1976) und die Fortführung dieser Untersuchungen durch die kanadische Psychologin Mary AINSWORTH (AINSWORTH, 1967; AINSWORTH, BLEHAR, WATERS & WALL, 1978). Wichtige Beiträge lieferten ethologisch orientierte Untersuchungen außerdem zur Erforschung des Ausdrucks von Emotionen durch Gesichtsausdruck und Gesten bei Kindern und Erwachsenen (EIBL-EIBESFELDT, 1972), zu sozialen Interaktionen zwischen Gleichaltrigen (BLURTON-JONES, 1972; FREEDMAN, 1974; MCGREW, 1972; STRAYER & STRAYER, 1976) und zur Analyse des Problemlöseverhaltens bei Kindern (CHARLESWORTH, 1979, 1983).

Grundannahmen des ethologischen Ansatzes

Der ethologische Ansatz stellt bei der Betrachtung von Entwicklungsprozessen drei Dinge in den Vordergrund: 1. *spezies-spezifisches angeborenes Verhalten*, 2. den *Anpassungswert* oder *Überlebensvorteil* eines Verhaltens und 3. die *Prädisponiertheit von Lernprozessen*.

Ad. 1.) Spezies-spezifisches angeborenes Verhalten. Ebenso wie es angeborene physische Merkmale einer Art gibt (z.B. Morphologie und Funktion der Extremitäten), gibt es auch artspezifisch angeborene Verhaltensmuster (z.B. bestimmte „Melodiefolgen" bei erwachsenen Singvögeln oder der Saugreflex und das Schreien zur Anzeige von Unbehagen beim menschlichen Säugling). Angeborene Verhaltensmerkmale werden von Ethologen wie körperliche Organe betrachtet, da sie – wie jene – bei allen Individuen einer Art gleichartig auftreten, vererbt und adaptiv sind (LORENZ, 1937). Angeboren heißt dabei weder, daß das Merkmal gleich nach der Geburt vorhanden sein muß, noch daß es sich unabhängig von Umwelteinflüssen herausbildet.

Drei Arten von angeborenem Verhalten werden unterschieden: 1. Reflexe, 2. räumliche Orientierungsreaktionen und 3. festgelegte Handlungsmuster. Gemeinsam ist diesen Verhaltensmustern, daß sie einen adaptiven Wert für das Überleben des Individuums und der Art besitzen.

Reflexe sind angelernte Verhaltensmuster, die ohne willentliche Kontrolle als direkte Reaktion auf einen spezifischen Reiz hin auftreten. Bereits das Neugeborene verfügt über eine Reihe von Reflexen (z.B. Mororeflex = ein „Umklammern" mit Armen und Beinen bei plötzlicher Positionsveränderung, Fallenlassen oder lauten Geräuschen; Saugreflex bei Berührung der Brustwarze oder des Saugers der Flasche; Greifreflex der Hand bei Berührung der Handfläche). Einige der Neugeborenenreflexe verschwinden wieder während des ersten Lebensjahres, andere bleiben erhalten.

Räumliche Orientierungsreaktionen (englisch: *taxes*) legen fest, mit welcher Bewegung ein Organismus auf einen bestimmten Reiz reagiert. Z.B. flüchtet ein angegriffener Kohlweißling immer in Richtung Sonne oder einer anderen Lichtquelle.

Festgelegte Handlungsmuster (englisch:*fixed action patterns*) sind im Genprogramm festgelegte Sequenzen von koordinierten Bewegungshandlungen, die von spezifischen angeborenen Mechanismen im ZNS gesteuert werden (z.B. das Weben von Netzen bei Spinnen, Hochzeitstänze bei Vögeln oder das Vergraben von Nüssen bei Eichhörnchen).

Im Zusammenhang mit festgelegten Handlungsmustern sind zwei weitere Begriffe der Ethologie wichtig: *angeborener Auslösemechanismus (AAM)* und *handlungsspezifische Energie*.

Bei einem AAM wird durch einen spezifischen Schlüsselreiz ein zugehöriges festgelegtes Handlungsmuster ausgelöst. Die jeweilige Komplexität des Auslösereizes kann höchst unterschiedlich sein (vgl. hierzu auch Kap. 2.5). Ein Beispiel für die Spezifität solcher Auslösereize liefert das hilfesuchende Piepen eines vom Muttertier getrennten Kükens. Sitzt das Küken unter einer schallisolierten Glaskuppel, so daß die Henne es zwar sieht aber nicht hört, reagiert die Henne überhaupt nicht. Hingegen zeigt die Henne aufgeregtes Suchverhalten, wenn sie die auf Tonband aufgenommenen Hilferufe ihres Kükens hört, auch wenn sie es nicht sieht (BRÜCKNER, 1933).

Wie leicht ein festgelegtes Handlungsmuster ausgelöst werden kann, hängt neben der Eindeutigkeit und Stärke des Schlüsselreizes auch von der sogenannten *handlungsspezifischen Energie* ab. Nach Lorenz (1937) baut sich für jeden Trieb im Laufe der Zeit ein Energiepotential auf, dessen jeweilige Stärke von der Deprivationsdauer, d.h. dem Zeitpunkt der letztmaligen Triebabfuhr durch das entsprechende Handlungsmuster, abhängt. Überschreitet die Triebenergie einen bestimmten Wert, kann das Handlungsmuster auch ohne den spezifischen Schlüsselreiz auftreten. Aus diesem „Dampfkesselmodell" wurde z.B. abgeleitet, daß der Aggressionstrieb beim Menschen in gewissen Abständen sich abreagieren muß (Lorenz, 1966) oder daß Säuglinge, die bei der Fütterung zu wenig Gelegenheit zum Saugen haben, vermehrt Saugbewegungen außerhalb der Fütterungssituation zeigen (Levy, 1928). (Beides scheint im übrigen nicht zuzutreffen.)

Das Konzept der festgelegten Handlungsmuster ist in der Ethologie inzwischen in verschiedener Hinsicht modifiziert worden. So scheinen nach neueren Beobachtungen einige dieser Handlungsmuster variabler zu sein als ursprünglich angenommen, und die Spezifität der Auslösereize scheint mehr mit Eigenheiten des Wahrnehmungssystems als mit angeborenen zentralnervösen Mechanismen zusammenzuhängen (Dewsbury, 1978).

Ad 2.) Angepaßtheit und Überlebensvorteil des Verhaltens. Die Individualentwicklung des Menschen (Ontogenese) ist für Ethologen nur auf dem Hintergrund der langen Entwicklungsgeschichte der Art (Phylogenese) und der von der Art im Laufe der Evolution unter dem selektiven Druck der Umwelt erworbenen Eigenheiten zu verstehen. So wie die Entwicklung der Hand mit der Oppositionsstellung von Daumen und Fingern die Herstellung und Verwendung von Werkzeugen erleichterte, so förderten bestimmte angeborene Verhaltensmuster die Nahrungssuche, das Paarungsverhalten, die Aufzucht der Jungen und andere für das Überleben der Art wichtige Dinge.

Während die zuvor beschriebenen spezies-spezifischen angeborenen Verhaltensweisen per definitionem auf die allen Artgenossen gemeinsame Erbausstattung zurückgehen, setzt der evolutionäre Blickwinkel an den Unterschieden zwischen Individuen (und zwischen den Arten) an. Sofern sich Arten bzw. Individuen innerhalb einer Art darin unterscheiden, wie angepaßt sie an ihre Lebensumwelt sind, und Anpassung an die Umwelt Voraussetzung für das Überleben und damit auch die Reproduktion ist, setzen sich im Laufe der Evolution nur diejenigen durch, die die am besten angepaßten Merkmale besitzen. Soweit Verhalten genetisch determiniert ist, gilt dieses Prinzip auch für Verhaltensmerkmale. Umgekehrt bzw. rückwirkend wird entsprechend geschlossen, daß die gegenwärtig existierenden Verhaltensmerkmale sich aufgrund eines (früheren) Anpassungsvorteils herausgebildet haben müssen.

Diese Überlegungen werden auch übertragen auf komplexes menschliches Verhalten, wie die Fähigkeit des Menschen zur sprachlichen Kommunikation oder zur sozialen Kooperation. Sucht ein Ethologe nach dem Grund eines Verhaltens, fragt er also in erster Linie danach, inwieweit das gezeigte Verhalten einen Vorteil im „Kampf ums Überleben" bietet.

Aus der Tatsache, daß die am besten angepaßten Verhaltensmerkmale sich im Evolutionsprozeß mit erhöhter Wahrscheinlichkeit durchgesetzt haben, ist allerdings nicht zu schließen, daß die ausselektierten Merkmale für alle Zukunft einen Überlebensvorteil besitzen oder daß sie beim Wegfall des Selektionsdrucks allmählich wieder verschwinden müssen.

Ad 3.) Prädisponiertheit von Lernprozessen. Die biologische Fundierung der

Entwicklung bezieht sich nicht nur auf angeborenes Verhalten und während der Phylogenese erworbenes Verhalten, sondern auch auf Prädispositionen des Lernens. D.h., es gibt Verhalten, das leicht gelernt werden kann, und anderes Verhalten, das nur schwer oder überhaupt nicht erlernbar ist. So zeichnet den Menschen die Fähigkeit aus, eine artikulierte Lautsprache von hoher semantischer und syntaktischer Differenziertheit zu erwerben, und zu lernen, eigenes und fremdes Verhalten nach moralischen Prinzipien zu bewerten. Verwehrt ist dem Menschen hingegen, aus eigener Kraft fliegen zu lernen oder zu lernen, die Fährte eines Artgenossen unter Zuhilfenahme seines Geruchssinns zu finden.

Die Begrenzung der Lernfähigkeit kann sich nicht nur auf die Art des zu erlernenden Verhaltens beziehen, sondern auch auf den Zeitraum, in dem das Verhalten erlernt werden kann. Zeiträume, in denen das Individuum für bestimmte Lernerfahrungen besonders aufnahmefähig ist, nennt man kritische oder sensible Perioden (vgl. hierzu Kap. 2.5).

Untersuchungen zur Verhaltensprägung bei verschiedenen Tierarten haben gezeigt, daß die erste soziale Bindung, die Fixierung auf das Geschlecht der späteren Sexualpartner oder die Festlegung der bevorzugten Nahrung häufig nur während eines eng umgrenzten Zeitraumes erworben werden. Weder vorher noch nachher sind vergleichbare Effekte möglich (vgl. Kap. 2.5). Verschiedene Arten unterscheiden sich darin, inwieweit solche sensiblen Perioden für Lernen vorkommen, welche Verhaltensbereiche sie betreffen, wann sie beginnen, wie lange sie andauern, und inwieweit das einmal Gelernte später wieder reversibel ist.

Außer in der inhaltlichen oder zeitlichen Spezifität von Lerndispositionen unterscheiden sich die Arten hinsichtlich ihres allgemeinen Lernvermögens. Der Mensch übertrifft alle anderen Lebewesen im Ausmaß seines Vermögens, flexibel auf Umwelteinflüsse zu reagieren und sich der Umwelt anzupassen bzw. die Umwelt seinen Bedürfnissen entsprechen zu gestalten. Der Mensch ist, wie LORENZ (1959) treffend formuliert, ein „Spezialist im Nichtspezialisieren".

Die ethologische Methodologie

Da sich Ethologen vornehmlich mit angeborenen Verhaltensmustern und Lernprädispositionen beschäftigen, die in der jeweiligen Umwelt der Art angepaßt sind, ist es naheliegend, die interessierenden Verhaltensweisen da zu untersuchen, wo sie Anpassungswert haben, das ist in der natürlichen Lebensumwelt. Die Bedeutung des Nestbauverhaltens wird nur erkennbar, wenn man seine Funktion des Schutzes der Jungen vor natürlichen Feinden beobachten kann. Ähnlich wird das Erstarren von jungen Möwen bei Gefahr anstelle des Wegfliegens nur dann verständlich, wenn man sieht, daß ihre Nester an steilen Klippen oder auf kleinen Felsenriffs gebaut sind (EIBL-EIBESFELDT, 1972). Diese Verschränkung von Verhalten und Umweltgegebenheiten ist der Grund, daß Ethologen das Verhalten von Lebewesen unter den natürlichen Lebensbedingungen beobachten.

Die in der behavioristischen Tradition mit Tieren durchgeführten Laborexperimente (z.B. Konditionierungsexperimente mit hebeldrückenden Ratten in der SKINNER-Box oder mit Ping-Pong spielenden und Roller fahrenden Tauben; vgl. Kap. 2.4.2) lassen im Unterschied zur Beobachtung unter natürlichen Lebensbedingungen keine spontan auftretenden spezies-spezifischen Verhaltensmuster wie Nestbauverhalten oder Revierverteidigung erkennen. Ähnliches gilt für in Gefangenschaft gehaltene Tiere, z.B. Tiere in Zookäfigen. Wenn die Tiere sich in dieser Situation überhaupt fortpflanzen, so treten meist nicht die spezies-spezifischen Formen des elterlichen Pflegeverhaltens, der Paarung oder der Revierverteidigung auf. Unter derart künstlichen Bedingungen fehlen auch oft die üblichen Schlüsselreize für instinktives Verhalten.

Erst als Lernexperimente an unüberwindbare Grenzen des Aufbaus von Verhalten bei Tieren stießen, gerieten die der artspezifischen Umwelt angepaßten und – wie sich zeigte – mit dem zu erlernenden artfremden Verhalten interferierenden spezies-spezifischen Verhaltensmuster stärker in den Blickpunkt (BRELAND & BRELAND, 1961).

Zwar gehört die Beobachtungsmethode schon immer zum Methodeninventar der Entwicklungspsychologie (vgl. Kap. 5.2). In den Anfängen der Entwicklungspsychologie war sie für lange Zeit die am meisten verwendete Methode (WRIGHT, 1960). Auch trifft man in der Entwicklungspsychologie vereinzelt auf sehr sorgfältige Verhaltensbeobachtungen in der natürlichen Lebensumwelt (z.B. BARKER & WRIGHT, 1951, 1955; PIAGET, 1936, 1937, 1946). Mit der verstärkten Hinwendung zum Laborexperiment und der zunehmenden Zahl von standardisierten Tests und Befragungsmethoden nahm die Verwendung der Beobachtungsmethode in der Entwicklungspsychologie während der letzten Jahrzehnte jedoch auffällig ab. Erst mit dem wachsenden Einfluß ethologischer Ansätze ist auch die Bedeutung der Beobachtungsmethode in der Entwicklungspsychologie wieder gewachsen. Dabei hat die Ethologie neue Elemente in die Beobachtungsmethode eingeführt.

Die ethologische Beobachtungsmethode beinhaltet typischerweise vier Schritte: 1. die Erstellung eines Ethogramms; 2. die Klassifizierung des beobachteten Verhaltens nach übergeordneten Kategorien; 3. den Vergleich verschiedener Arten im Hinblick auf das Aussehen und die Funktion des beobachteten Verhaltens; 4. die experimentelle Analyse unmittelbar verhaltenssteuernder Faktoren.

1. Erstellung eines Ethogramms. Das ist die Katalogisierung des Verhaltens einer Spezies in ihrer natürlichen Umgebung. Die einzelnen Verhaltensweisen werden dabei nach ihrem Ablauf, der Häufigkeit, Stimulusabhängigkeit, Funktion und Veränderung über die Ontogenese detailliert beschrieben. Ähnlich detailliert werden Charakteristika der Umwelt, in der sich das betreffende Verhalten zeigt, und Ereignisse, die dem Verhalten unmittelbar vorausgehen und auf es folgen, festgehalten.

2. Klassifizierung des beobachteten Verhaltens nach übergeordneten Kategorien. Die einzelnen Verhaltensweisen werden nach ihrer Funktion im Hinblick auf die Umweltanpassung gruppiert. Z.B. wird unterschieden zwischen Pflegeverhalten, Paarungsverhalten, Revierverhalten etc.

3. Vergleich verschiedener Arten hinsichtlich des Aussehens und der Funktion des beobachteten Verhaltens. Von besonderer Bedeutung ist hier die Frage der Ähnlichkeit einzelner Verhaltensweisen und/oder ihrer Funktion entsprechend dem Verwandtschaftsgrad der Arten (Homologie; siehe hierzu VON CRANACH, 1979).

4. Experimentelle Analyse unmittelbar verhaltenssteuernder Faktoren. Hier geht es darum, die aufgrund der Beobachtung gebildeten Hypothesen bezüglich der speziellen Bedingungen für das Auftreten eines Verhaltens (z.B. externer Stimuli oder interner physiologischer Gegebenheiten) genauer zu überprüfen. Da sich Ethologen vornehmlich für angeborenes Verhalten interessieren, liegt es nahe, den Organismus von bestimmten Erfahrungen zu deprivieren und anschließend zu beobachten, ob unter diesen Bedingungen das interessierende Verhalten auftritt (Hinweis auf eine angeborene Komponente) oder nicht (Hinweis auf eine Erfahrungsabhängigkeit).

Viele Entwicklungspsychologen sehen in der Ausarbeitung der Beobachtungsmethode den wichtigsten Beitrag der Ethologie für die Psychologie. Gestützt wird dadurch auch eine ökologisch valide Entwicklungspsychologie (BRONFENBRENNER, 1979; WALTER & OERTER, 1979), die der Tendenz der Entwicklungspsychologie entgegenwirkt, die BRONFENBRENNER (1978) treffend in dem Satz ausgedrückt hat: „Entwicklungspsychologie ist die Wissenschaft fremdartigen Verhaltens von Kindern in fremden Situationen mit fremden Erwachsenen in kürzestmöglichen Zeitabschnitten" (S. 33).

Untersuchung 7.2 — *Eine ethologische Analyse sozialer Konflikte und Dominanzverhältnisse bei Vorschulkindern*

Ein zentrales Merkmal der sozialen Organisation von Gruppen bei nichtmenschlichen Primaten ist, daß jedes Gruppenmitglied einen festen Rangplatz in einer *Dominanzhierarchie* einnimmt. Je höher der Rang, desto mehr Macht und Rechte hat das Gruppenmitglied hinsichtlich der Kontrolle über Ressourcen (z.B. Futter, Territorium, Sexualpartner) oder bei der Beendigung sozialer Konflikte. Derartige Dominanzhierarchien dienen bei Tieren vermutlich der Minimierung von Intragruppenaggressionen und -konflikten.

F.F. STRAYER und Janet STRAYER (1976) wollten nun herausfinden, ob es auch in Kindergruppen so etwas wie eine feste Dominanzhierarchie gibt und inwieweit die Dominanzbeziehungen in Kinderdyaden über verschiedene Arten von Konfliktsituationen hinweg stabil sind.

Über einen Zeitraum von drei Monaten wurde eine Gruppen von 17 Kindern (7 Mädchen und 10 Jungen) zwischen 3;6 und 5;7 Jahren täglich während des freien Spiels in dem von den Kindern besuchten Vorschulcenter in Vancouver, Canada, beobachtet. Als Grundlage für die Einschätzung der Dominanzbeziehungen dienten die natürlicherweise zwischen den Kindern auftretenden Konflikte.

Um eine gefestigte Gruppenstruktur voraussetzen zu können, wählten die Autoren das Ende des Schuljahres als Beobachtungszeitraum aus. Das Verhalten der Kinder wurde an jedem Nachmittag zweimal eine halbe Stunde per Video aufgezeichnet. Je nach Wetter spielten die Kinder draußen oder drinnen. Die Videoaufzeichnungen der ersten sechs Wochen wurden zur Entwicklung eines Kategoriensystems der Dominanzbeziehungen in sozialen Konfliktsituationen herangezogen. Die Aufzeichnungen der zweiten sechs Wochen (insgesamt 30 Stunden) bildeten die Basis für die eigentliche Auswertung.

Für alle vorkommenden Episoden sozialer Konflikte (die Autoren verwenden den Begriff „social agonism") wurde festgehalten, a) wer die Auseinandersetzung begann (Initiator), b) wer das Opfer war (Zielperson), c) welches Verhalten der Initiator zeigte und d) wie die Zielperson darauf reagierte.

Das Verhalten des Angreifers wurde klassifiziert in *Physischer Angriff* (beißen, jagen, schlagen/treten, schubsen/zerren, ringen), *Drohgebärden* (drohen zu schlagen, zu treten, zu beißen, drohende Haltung/Miene zeigen) und *Streit um einen Gegenstand oder eine Position* (mit oder ohne physischen Kontakt).

Die Reaktion des Angegriffenen wurde unterteilt in *Hilfesuche* (bei einem Erwachsenen, bei einem Kind), *Unterwerfung* (schreien/weinen, weglaufen, sich ducken, Hände vors Gesicht, zurückschrecken, Rückzug, bitten aufzuhören), *Gegenangriff*, *Aufgabe/Verlust des umkämpften Gegenstands/der Position*, *keine Reaktion*.

Während des Beobachtungszeitraums kamen insgesamt 443 Konfliktepisoden vor. Sie begannen meistens mit einem physischen Angriff (am häufigsten mit dem Schlagen oder Schubsen/Zerren eines anderen Kindes) oder mit Drohgebärden (vgl. Tabelle 7.1). Als Reaktion auf derartige Angriffe traten zu etwa gleichen Anteilen Unterwerfung, Verlust des Gegenstands/der Position, Gegenangriff oder keine Reaktion auf. Hilfesuche wurde überraschend selten (nur in 4 von 443 Fällen) beobachtet (vgl. Tabelle 7.1).

Für die einzelnen Konflikttypen (z.B. die Wegnahme eines Gegenstands wird ohne Reaktion hingenommen) berechneten die Autoren die *Linearität* und die *Rigidität* der Dominanzverhältnisse zwischen den Kinderdyaden.

Ersteres ist ein Maß für die Gültigkeit der transitiven Regel in der Gruppe (wenn A über B dominiert und B über C, dominiert auch A über C); letzteres beinhaltet das Ausmaß der Gleichartigkeit der Dominanzbeziehungen in den einzelnen Kinderdyaden innerhalb eines Konflikttyps.

Es zeigte sich, daß die Linearität der Dominanzbeziehungen für die Episoden am höchsten war, bei denen ein physischer Angriff oder eine Drohgebärde vom Opfer mit Unterwerfung beantwortet wurde. An derartigen Interaktionen waren 61 der möglichen 136 Dyaden beteiligt. Nur in 2 der 142 Episoden dieses Typs kam es zu einer Umkehrung der Dominanzbeziehungen (das in der Hierarchie höher stehende Kind wurde angegriffen und unterwarf sich). Auch die Rigidität der Dominanzbeziehungen war bei diesem Konflikttyp besonders hoch (95 %). Aus diesem Grund bildeten die Autoren die Dominanzhierarchie der beobachteten Kindergruppe auf der Basis der 142 Episoden, bei denen ein physischer Angriff/eine Drohgebärde mit einer Unterwerfung beantwortet worden war.

Tabelle 7.1: Häufigkeiten der Konfliktauslösung und der Konfliktbeantwortung in einer Gruppe von 17 Vorschulkindern (nach STRAYER & STRAYER, 1976, S. 983; Übers. v. Verf.)

	Beobachtete Häufigkeiten	Anteil in %
Verhalten	**Auslösung von Konflikten**	
Physischer Angriff:		
Jagen	10	2
Stoßen/Zerren	63	14
Schlagen	80	18
Treten	12	3
Ringen	6	1
Beißen	2	1
Insgesamt	173	39
Drohgebärden:		
Drohende Haltung/Miene	49	11
Drohen zu schlagen	76	17
Drohen zu treten	19	4
Drohen zu beißen	2	1
Insgesamt	146	33
Streit um Gegenstand oder Position:		
Kampf ohne Körperkontakt	60	14
Kampf mit Körperkontakt	64	14
Insgesamt	124	28
Gesamtsumme	443	100
Verhalten	**Beantwortung von Konflikten**	
Hilfe suchen:		
Sucht Hilfe Erwachsener	4	1
Sucht Hilfe von Kindern	0	0
Insgesamt	4	1
Unterwerfung:		
Weinen/Schreien	12	3
Weglaufen	18	4
Ducken	16	4
Hände vors Gesicht	11	2
Zurückweichen	35	8
Rückzug	16	4
Bitten aufzuhören	5	1
Insgesamt	113	26
Verlust des Gegenstandes/ der Position	113	26
Keine Erwiderung	118	26
Gegenangriff	95	21
Gesamtsumme	443	100

Wurden auch die Episoden einbezogen, bei denen um einen Gegenstand/eine Position gestritten wurde, waren die Linearität und die Rigidität der Dominanzbeziehungen um einiges niedriger. Hier begannen auch eher Rangniedere einen Streit. Allerdings unterwarfen sich die – ranghöheren – Opfer in diesen Fällen seltener und antworteten stattdessen häufiger mit einem Gegenangriff.

In Abbildung 7.3 sind die Ergebnisse für alle drei Arten der Konfliktauslösung (physischer Angriff, Drohgebärden und Streit um Gegenstand/Position) wiedergegeben, bei denen sich das Opfer entweder unterwarf oder den Gegenstand/die Position aufgab. Für die 230 vorkommenden Episoden dieses Typs war die Linearität und Rigidität der Dominanzhierarchie wieder höher als bei Berücksichtigung aller 443 Episoden, lag aber immer noch unter den bei nichtmenschlichen Primaten gefundenen Werten.

Zielpersonen (Spalten); Initiatoren (Zeilen)

	Ro	Ss	Br	If	Td	Sd	Pe	Ir	Cs	Ka	Ch	Ty	Gl	Sa	Me	Ju	Sh	Tot
Ro		1	2	3	1	0	0	1	0	0	1	0	5	1	0	0	0	15
Ss	1		3	3	1	1	1	6	2	0	1	1	3	0	0	0	2	25
Br	0	1		4	2	1	2	0	1	0	8	0	3	4	0	0	1	27
If	1	2	2		2	1	9	3	2	1	0	0	6	3	0	2	1	35
Td	1	0	0	1		4	4	0	7	2	1	0	0	3	0	2	1	26
Sd	0	0	0	0	0		1	5	6	0	2	0	1	0	0	1	0	16
Pe	0	0	0	0	1	3		1	0	0	0	0	2	6	0	0	0	12
Ir	0	0	0	0	0	0	0		3	4	1	0	1	0	0	0	0	9
Cs	0	0	0	0	1	6	0	1		0	0	0	1	0	0	0	0	9
Ka	0	0	0	0	0	0	2	0	0		0	9	0	1	0	1	3	15
Ch	1	0	1	2	0	0	2	0	0	0		2	5	4	0	1	2	18
Ty	0	0	0	0	0	0	0	0	0	0	0		1	0	3	0	0	4
Gl	0	1	0	0	0	1	1	0	0	0	1	1		1	0	5	5	16
Sa	0	0	0	0	0	1	0	0	0	0	1	0	0		0	0	0	2
Me	0	0	0	0	0	0	0	0	0	0	0	0	0	0		0	0	0
Ju	0	0	0	0	0	0	0	0	0	0	0	0	0	0	0		0	0
Sh	0	0	0	0	0	0	0	0	1	0	0	0	0	0	0	0		1
Tot	4	5	8	12	8	17	20	17	22	7	16	13	28	23	3	12	15	230

Abbildung 7.3: Dyadische Häufigkeiten von Konfliktepisoden, bei denen sich das Opfer entweder unterwarf oder den Gegenstand/die Position aufgab; Reihenfolge der Kinder nach ihrer Stellung in der Dominanzhierarchie (nach STRAYER & STRAYER, 1976, S. 986)

Die Ergebnisse der Untersuchung von STRAYER und STRAYER zeigen, daß auch in natürlichen Kindergruppen relativ festgefügte, wenn auch weniger rigide Dominanzhierarchien existieren, wie in sozialen Verbänden von nichtmenschlichen Primaten. Die vergleichbar zu den Verhältnissen bei nichtmenschlichen Primaten gefundene geringe Rate von Gegenangriffen (21 %) weist im übrigen darauf hin, daß die Dominanzhierarchie auch bei Kindern die Funktion der Verringerung von Intragruppenaggressionen erfüllt.

Besonders erwähnenswert erscheint noch der Befund, daß sich Jungen und Mädchen zwar in der Häufigkeit des „Anzettelns" einer Auseinandersetzung unterschieden (bei Jungen häufiger), daß dies aber nicht bedeutete, daß Jungen, bzw. allgemein „Streithähne", einen höheren Rangplatz in der Gruppe einnehmen (vgl. Abbildung 7.3).

Die von STRAYER und STRAYER unter einer ethologischen Perspektive als Ausdruck von Dominanzbeziehungen in einer Gruppe betrachteten sozialen Interaktionsmuster würden von nicht-ethologisch orientierten Entwicklungspsychologen zum überwiegenden Teil als *aggressives Verhalten* klassifiziert. Ethologen trennen jedoch strikt zwischen Dominanzverhalten zwischen zwei Personen (dem sie im übrigen eine aggressionsmindernde Funktion in der Gruppe zuschreiben) und individueller Aggressivität. Ein hoher Rang in der Dominanzhierarchie und hohe Aggressivität fallen nicht unbedingt zusammen. In der von STRAYER und STRAYER beobachteten Kindergruppe stand z.B. ein Mädchen mit relativ geringer Aggressivität (Ro) ganz oben in der Dominanzhierarchie.

STRAYER, F.F. & STRAYER, J. (1976). An ethological analysis of social agonism and dominance relations among preschool children. *Child Development*, *47*, 980- 989.

3.2 Bindung (attachment) bei Kleinkindern – Ein Beispiel für die ethologische Betrachtung der Entwicklung

John BOWLBY

Die Beobachtung des Verhaltens von Kindern, die für längere Zeit von ihren Müttern (Eltern) getrennt waren, führten den englischen Psychoanalytiker John BOWLBY in der Nachfolge von SPITZ (1945, 1946) zu der Überzeugung, daß ein kontinuierlicher affektiver Kontakt zwischen einer Pflegeperson (im Regelfall der Mutter) und dem Kleinkind während der ersten drei Lebensjahre und die sich daraus ergebende Mutter-Kind-Bindung für die normale weitere Entwicklung des Kindes von entscheidender Bedeutung sind (BOWLBY, 1953). Die von ihrer Mutter länger getrennten Kinder waren später unfähig zum Aufbau enger und dauerhafter Beziehungen zu anderen und zeigten eine Reihe weiterer Verhaltensauffälligkeiten (z.B. delinquentes Verhalten; BOWLBY, 1951).

Die Betrachtung des elterlichen Pflegeverhaltens und der sozialen Bindung bei verschiedenen Tierarten und beim Menschen liefert nach BOWLBY (1969/1975) zahlreiche Belege dafür, daß das Phänomen der *sozialen Bindung* (englisch: *attachment*) sich aufgrund seiner zentralen Bedeutung für das Überleben der Art im Laufe der Evolution herausgebildet hat.

Als die Menschen noch als Jäger und Sammler in kleinen Verbänden auf Nahrungssuche herumstreiften, waren sie häufig Angriffen von Feinden ausgesetzt. Besonders gefährdet war dabei der schwache und hilflose Nachwuchs. Jegliches Verhalten des Kleinkindes, das die Nähe zu den Schutz bietenden Pflegepersonen gewährleistete, war in dieser Situation nützlich für das Überleben. Viele der angeborenen Reflexe und Verhaltensmuster des Kleinkindes erfüllen diesen Zweck. Einige dienen als Signale des Kindes zur Herbeiholung oder In-der-Nähe-halten der Mutter (Schreien, Lächeln, Babbeln, Rufen), andere bringen das Kind aktiv näher zur Mutter bzw. halten sie dort fest (Anklammern, Nachkrabbeln, Nachlaufen, Saugen).

Eine Unterstützung seiner Annahme, daß es sich hierbei um angeborene Verhaltensweisen handelt, sieht Bowlby (1969/1975) darin, daß auch blind und taub geborene Kinder die genannten Bindungsreaktionen zeigen.

Dem Bindungsverhalten auf seiten des Kleinkindes entspricht auf der Seite der Mutter das Pflegeverhalten, die positive Beantwortung der Bedürfnisse des Kindes. Nach Bowlby gibt es auch auf seiten der Mutter (oder anderer Pflegepersonen) eine biologische Prädisposition, ein affektives Band zum Kind aufzubauen. Den Signalen des Kindes (z.B. Lächeln, Weinen, Babbeln) kommt dabei eine Auslösefunktion zu. Vermutlich spielt für die positive Reaktion auf Kleinkinder auch das sog. *Kindchenschema* (Lorenz, 1943), ein rundes Gesicht mit hoher Stirn und großen Augen, eine Rolle.

Bowlby (1969/1975) geht davon aus, daß das Kleinkind prädisponiert ist, *eine* primäre Bindung an eine für es erreichbare und seine Signale angemessen beantwortende Bezugsperson auszubilden, und daß im Vergleich dazu die Bindungen an mögliche weitere Bezugspersonen weit schwächer sind (Monotropie-Hypothese). Diese Auffassung wird durch die Attachment-Forschung nur insoweit gestützt als das Kleinkind in Belastungssituationen, wenn es sich nicht wohlfühlt, *eine* Bindungsperson (im Regelfall die Mutter) auffällig bevorzugt. Außerhalb solcher Belastungssituationen ist eine Bindung an mehrere Personen eher die Regel als die Ausnahme (Bretherton & Waters, 1985; Rutter, 1974; Schaffer & Emerson, 1964). Andere Personen werden nicht selten sogar bevorzugt, wenn das Kind spielen oder lernen möchte, „wenn also das Bindungsverhaltenssystem nicht aktiviert ist und das Erkundungssystem vorherrscht." (Grossmann et al., 1989, S. 41).

Bowlby (1969/1975) unterscheidet vier Phasen der Entwicklung der Bindung des Kleinkindes an seine Mutter (Bezugsperson): 1. Anfänglich ist der Säugling *allgemein sozial ansprechbar.* Er lächelt z.B. alle Personen an oder weint beim Verlassenwerden generell. 2. Im Alter von 3 bis 6 Monaten schränken sich die *sozialen Reaktionen* des Säuglings allmählich *auf wenige vertraute Personen* ein. Babys vokalisieren in diesem Alter auch mehr gegenüber vertrauten Personen und lassen sich am ehesten von diesen beruhigen. 3. Zwischen 6 Monaten und 3 Jahren wird die Bindung an die vertraute Person besonders deutlich. Nun hat das Kind den Wunsch, nur noch von dieser Person versorgt zu werden, es weint, wenn es von ihr verlassen wird, und es freut sich, wenn es sie wiedersieht. Aufgrund ihres Entwicklungsfortschrittes (z.B. größere Mobilität, Erkennen der Objektpermanenz) sind Kleinkinder nun auch in der Lage, *aktiv die Nähe zur Pflegeperson herzustellen* bzw. ihr Verhalten flexibel auf dieses Ziel hin auszurichten. 4. Jenseits des 3. Lebensjahres beginnt das Kleinkind allmählich, sich in die Rolle der Mutter hineinzuversetzen, d.h. ihre Gefühle und Handlungen besser zu verstehen und zu berücksichtigen. Es kann sich die Mutter bei Abwesenheit vorstellen oder antizipieren, daß sie bald wieder nach Hause kommt. BOWLBY (1969/1975) spricht von *partnerschaftlichem Verhalten*.

BOWLBYS Bindungstheorie enthält sämtliche Elemente einer ethologischen Betrachtungsweise: es werden artspezifische Reflexe und festgelegte Handlungsmuster beschrieben, die sich im Laufe der Evolution als adaptiv für das Überleben erwiesen haben; es gibt eine sensible Periode des Lernens während der sich normalerweise Bindung entwickelt (ungefähr zwischen 6 Monaten und 3 Jahren); schließlich existieren Lernprädispositionen inhaltlicher Art für den Aufbau eines synchronisierten Interaktionssystems zwischen Mutter und Kind.

Während LORENZ (1935) ein eher mechanistisches Prägungsmodell vertritt, in dem der Kontakt mit dem Prägungsobjekt automatisch eine Bindung bewirkt (vgl. Kap. 2.5) geht BOWLBY (1969/1975) eher von einem dem organismischen Menschenbild näherstehenden Regelkreismodell aus. Sowohl das Bindungssystem des Kindes als auch das Pflegesystem der Bezugsperson sind als zielkorrigierte Verhaltenssysteme konzipiert. Der Sollwert (set-goal) ist im wesentlichen durch die vom Kind tolerierte Entfernung bzw. gewünschte Nähe zur Bindungsperson definiert. An der Erreichung dieses Sollwerts ist das Kind aktiv und selbstregulativ beteiligt. Ob eine Bindung resultiert, ist auch nicht nur vom Kontakt mit der Pflegeperson abhängig, sondern davon, wie angemessen die Bezugsperson auf das Bindungsverhalten des Kindes reagiert.

Mary AINSWORTH

Die kanadische Psychologin Mary AINSWORTH, die in den 50er Jahren mit BOWLBY an der Londoner Tavistock Clinic zusammenarbeitete, hat den ethologischen Ansatz BOWLBYS fortgeführt und erweitert (AINSWORTH, 1967, 1973/1982; AINSWORTH et al., 1978). Sie sieht die Bedeutung der Bezugsperson (Mutter) nicht nur in ihrer Pflege- und Schutzfunktion, sondern auch in ihrer Funktion als sichere Ausgangsbasis (secure base), von der aus das Kind seine Umwelt erkunden kann. Die Erkundungsfähigkeit ist für den Menschen insofern besonders wichtig, da er einen geringen Anteil umweltstabiler Verhaltensweisen besitzt und lernen muß, sich flexibel an neue Umweltgegebenheiten anzupassen. AINSWORTH unterscheidet außerdem streng zwischen Bindungsverhalten (den konkreten Verhaltensweisen, die Nähe und Kontakt zur Bezugsperson herstellen und aufrechterhalten) und Bindung (dem relativ überdauernden, situationsunabhängigen affektiven Band zwischen Mutter und Kind).

Bekannt geworden ist AINSWORTH vor allem durch ihre Untersuchungen zu individuellen Unterschieden in der *Qualität der Bindung* bzw. der *Bindungssicherheit*, die sie wiederum mit individuellen Unterschieden des Interaktionsverhaltens der Mutter in Zusammenhang bringt (AINSWORTH et al., 1978).

Eine gute Mutter-Kind-Beziehung, die zu einer sicheren Bindung des Kindes führt, ist im allgemeinen durch einen Signalaustausch zwischen den Interaktionspartnern gekennzeichnet, bei dem die Bedeutung der Signale des einen Partners vom anderen Partner „richtig“ interpretiert und beantwortet wird. Dementsprechend werden Mütter- oder Bezugspersonen allgemein auf einer Skala der Feinfühligkeit vs. mangelnder Sensitivität eingestuft.

Feinfühlige Personen zeichnen sich dadurch aus, daß sie die Signale des Kindes bemerken, richtig interpretieren, sowie prompt und angemessen darauf reagieren.

Die Kinder werden nach der Qualität ihrer Bindung in drei Klassen eingeteilt (AINSWORTH & WITTIG, 1969): *Sichere*, *unsicher-vermeidende* und *unsicher-ambivalente* Bindung des Kindes an eine Bezugsperson. Grundlage für die Klassifizierung ist das Verhalten der Kinder im sog. *Fremde-Situations-Test* (Strange-Situation-Test). Während acht aufeinanderfolgender jeweils dreiminütiger Episoden wird hier unter standardisierten Bedingungen beobachtet, inwieweit das Kind (meist im Alter von 12 Monaten), seine Mutter als sichere Basis für sein Erkundungsverhalten einsetzt, ob es bei ihr in Belastungssituationen Trost sucht und ob es sich nach vorübergehender Trennung von der Mutter über ihr Wiederkommen freut.

Der Fremde-Situations-Test und die darauf basierenden Klassifizierungen der Bindungsqualität eines Kindes sind nicht unumstritten. Unklar ist, was genau gemessen wird, wie stabil die gemessenen Verhaltensweisen sind und mit welchen anderen Variablen die so definierte Bindungsqualität zusammenhängt. Einige Autoren sehen eine sichere Bindung als Voraussetzung für die Entwicklung weiterer sozialer Kompetenzen und Lernen allgemein an (AREND, GOVE & SROUFE, 1979; GROSSMANN, 1977; GROSSMANN & GROSSMANN, 1986; MAIN, 1977; WATERS, WIPPMAN & SROUFE, 1979).

3.3 Soziobiologische Überlegungen und Entwicklung

Außer der Ethologie beschäftigt sich noch eine weitere Teildisziplin der Biologie mit den evolutionären Grundlagen des Verhaltens: die *Soziobiologie* (MAC DONALD, 1988; WILSON, 1975). Bislang haben sich Soziobiologen aber weniger mit der Entwicklung des Menschen über die Ontogenese beschäftigt als mit dem Nachweis, wie soziales Verhalten den Zweck erfüllt, die Gene des Individuums weiter zu verbreiten. Im Blickpunkt stehen die Gene des Individuums bzw. seiner Verwandtschaftsgruppe und ihre Reproduktion. Analyseeinheiten sind eher soziale Strukturen, insbesondere auf dem Niveau der Gesamtgesellschaft, als Individuen. Die Forschung von Soziobiologen über Reproduktionsverhalten, Altruismus oder soziale Hierarchien übten bisher kaum einen Einfluß auf die Entwicklungspsychologie aus. Auch ist die empirische Evidenz zur Stützung soziobiologischer Annahmen eher schwach.

4. Bewertung der biogenetischen Entwicklungstheorien

Die Darstellung der Entwicklung als endogen gesteuerter Prozeß der Entfaltung organischer Strukturen in Stufen und Phasen kann heute aufgrund zahlreicher abweichender Befunde als überholt angesehen werden. Sowohl gegen die

Gültigkeit dieses Ansatzes als auch gegen die aus ihm gezogenen praktischen Schlußfolgerungen lassen sich eine Reihe von Einwänden vorbringen. Hingegen haben sich der WERNERsche Grundgedanke, daß sich Entwicklung als fortschreitende Differenzierung und Integration beschreiben läßt, und die ethologische Perspektive der Entwicklungsbetrachtung für einzelne Ausschnitte der Entwicklung als durchaus brauchbar erwiesen.

Kritik am Entfaltungskonzept

(1) Die Auffassung der Entwicklung als Entfaltung bleibt zu sehr in der Nähe des Somatischen. Sie überträgt unzulässigerweise Gesetzmäßigkeiten anlage- und reifungsabhängiger Veränderungen der vorgeburtlichen Zeit, der sensorischen und motorischen Entwicklung im Säuglingsalter und des allgemeinen körperlichen Wachstums auf den gesamten Bereich psychischer Entwicklungsvorgänge. Die für die Verhaltensentwicklung wichtigsten Reifungsprozesse des Zentralen Nervensystems sind aber nach den ersten Lebensjahren bereits so weit fortgeschritten, daß sie für die tiefgreifenden psychischen Veränderungen im Kindes- und Jugendalter nicht mehr als die allgemein oder auch nur vorwiegend determinierenden Faktoren in Betracht kommen können (NICKEL, 1972, S. 47f.).

Sogar die biogenetische Grundregel, nach der die Ontogenese eine Wiederholung der Phylogenese darstellt, ist in ihrem Geltungsbereich, d.h. im Sinne einer biologischen Analogisierung, auf die vorgeburtliche Zeit beschränkt. Die weitere Entwicklung nach der Geburt läßt sich nicht mehr mit biologischen Abläufen der Stammesentwicklung vergleichen, sondern höchstens mit den kulturellen Stufen der menschlichen Entwicklung (vgl. Kap. 1.1).

(2) Der Einfluß der soziokulturellen Faktoren auf die Entwicklung, also der jeweils vorherrschenden kulturellen oder schichtspezifischen Wertvorstellungen, Erziehungspraktiken und Rollenerwartungen, wird zu wenig berücksichtigt (s. dazu Kap. 2.6 und Kap. 3.3). Zum Teil dürfte dies auf der Betonung typischer, d.h. überindividuell gültiger Entwicklungsverläufe und der mehr formal als inhaltlich spezifizierten Beschreibung des Entwickungsverlaufs beruhen (vgl. WERNER). Insbesondere lassen sich keine Vorhersagen treffen, welche Kindheitserfahrungen zu welchen späteren Entwicklungsgegebenheiten führen können.

(3) Die Betrachtung der menschlichen Entwicklung generell führt zu einer Außerachtlassung interindividueller Unterschiede hinsichtlich der Entwicklungsgeschwindigkeit und der Art von Veränderungen. Sogar genetische Differenzen, wie die zwischen den beiden Geschlechtern, werden nicht weiter unter differentiellen Aspekten verfolgt. So kommt es, daß bei der Darstellung der Adoleszenz nicht zwischen den Veränderungen bei Jungen und Mädchen unterschieden wird (vgl. GESELL, ILG & AMES, 1956), obwohl, zumindest was die Entwicklungsgeschwindigkeit betrifft, erhebliche Differenzen zwischen den beiden Geschlechtern zu beobachten sind.

(4) Teilaspekte der Entwicklung, die sich in das Entfaltungskonzept gut einordnen lassen, wie Differenzierung und Integration, die aber Entwicklung

keineswegs in allen ihren Bereichen hinreichend kennzeichnen, werden verabsolutiert.

(5) Es herrschen zu stark vereinfachende Vorstellungen über die Umsetzung biologischer Vorgänge in die Ausprägung persönlicher Eigenheiten, Erlebnis- und Verhaltensweisen vor, die von den Ergebnissen der Biologie und Humangenetik nicht gestützt sind (vgl. Kap. 3.4).

(6) Die Gewichtigkeit von Entfaltungs- und Reifungskonzepten läßt sich empirisch nur schwer feststellen, da direkt immer nur die Wirkung von Umwelteinflüssen untersucht werden kann und die Bedeutung endogener Faktoren indirekt aus den Auswirkungen exogener Faktoren erschlossen werden muß (vgl. Kap. 2.2 und Kap. 3).

Kritik am Stufenkonzept

Da das Wachstumsmodell von einer kontinuierlich fortschreitenden Entwicklung ausgeht und nicht nach bestimmten Leitgesichtspunkten verschiedene Stufen und Phasen voneinander abgrenzt, ist es von der hier vorgetragenen Kritik ausgenommen.

(1) Stufeneinteilungen der Gesamtentwicklung stammen aus einem vorempirischen Stadium der Entwicklungspsychologie und greifen häufig auf vorwissenschaftliches Überzeugungswissen zurück. Sie beruhen daher eher auf einer gedanklichen Konstruktion als auf einer empirisch gewonnenen Induktion.

(2) Stufeneinteilungen lassen das Entwicklungsgeschehen innerhalb der einzelnen Abschnitte weit einheitlicher erscheinen als es tatsächlich ist, weil in der Regel – relativ willkürlich – nur bestimmte ins Auge fallende Momente zur Charakterisierung herausgegriffen werden. Gleichzeitig wird aber davon ausgegangen, „daß sich der Beginn einer neuen Stufe oder Phase in allen Dimensionen der Persönlichkeit erkennen läßt" (Nickel, 1972, S. 48) und daß durch die jeweils herausgegriffenen Momente der gesamte psychophysische Entwicklungsstand gekennzeichnet ist. Dem widersprechen u.a. asynchrone Entwicklungen, die eher die Regel als die Ausnahme zu sein scheinen (Coerper, Hagen & Thomae, 1954; Dietrich, 1966; Undeutsch, 1959b).

(3) Im Zusammenhang mit dem Ausgehen von auffälligen Veränderungen lösen Stufen- und Phasenlehren „einzelne Entwicklungsvorgänge so sehr aus dem weiteren Zusammenhang, daß sie Einschnitte im Entwicklungsverlauf vortäuschen, die jedoch bei umfassenderer Betrachtung verschwinden und einem eher kontinuierlichen Entwicklungsstrom Platz machen" (Heckhausen, 1974 a, S. 86 f.). Die angenommene Diskontinuität der Entwicklung läßt sich nur solange aufrechterhalten, wie von wenigen Leitgesichtspunkten ausgegangen wird.

(4) Stufeneinteilungen lassen, wie das Entfaltungskonzept, interindividuelle Unterschiede der Entwicklung unberücksichtigt. Sie verführen dazu, das Augenmerk auf die *Altersgleichheit* zu verlegen (z.B. Unterrichtung in Jahrgangsklassen) anstatt von der *Gleichheit der mitgebrachten Voraussetzungen* (Begabungen, Kenntnisse, Erfahrungen usw.) auszugehen. Dem liegt die irrige An-

nahme zugrunde, daß die Streuung des Auftretens postulierter Merkmale über das Alter unerheblich ist und daß diese Merkmale außerdem – wenn auch eventuell verfrüht oder verspätet – in jedem Falle auftreten. Es wird nicht ins Auge gefaßt, daß sich das Alter bzw. der Altersfortschitt genauso gut auch als abhängige Variable, z.B. von Übungs- und Lernprozessen, denken läßt (vgl. Kap. 1.2).

Heckhausen (1974a, S. 87 f.) zeigt auf, daß die Stufenlehren „zu Zirkelschlüssen über die Lebensaltergebundenheit von Entwicklungsständen (kommen), weil sie die Anregungsseite der Entwicklung übersehen; d.h. die Tatsache, daß die Entwicklungsanreize für alle Kinder in einer gegebenen Kultur nach Lebensalternormen standardisiert sind". Hinzuzufügen ist: Zum Teil ist diese Standardisierung ein Ergebnis der Rezeption der Stufenlehren (z.B. im Aufbau des Schulunterrichts).

(5) Stufen und Phasen sowie ihre Sequenz können nur konstatiert werden. Ungeklärt bleibt in der Regel, wodurch es zu bestimmten Zeitpunkten zur Ablösung einer Stufe durch eine andere kommt.

(6) Gegen die Brauchbarkeit des Stufenkonzepts spricht die mangelnde Übereinstimmung zwischen verschiedenen Autoren bezüglich der Zahl, der Charakterisierung, der Abfolge und der Altersabgrenzungen der Stufen und Phasen (s. dazu Bergius, 1959, S. 111-125). Es dürfte auch kaum möglich sein, sich auf allgemeingültige Einteilungsgesichtspunkte und Unterscheidungskriterien zu einigen. Bergius (1959) stellt in diesem Zusammenhang fest: „Je umfangreicher die Kenntnis von Einzeltatsachen der Entwicklung ist, um so seltener können zusammenfassende, in sich widerspruchsfreie Gliederungen und Stufenfolgen der Gesamtentwicklung des Kindes und Jugendlichen entworfen werden" (S. 124).

(7) Stufeneinteilungen lassen sich allenfalls als zur Verhaltensbeschreibung und Verhaltenssteuerung sozial notwendige und sozial bedingte Hilfsvorstellungen ansehen, die eine Ordnung des Entwicklungsgeschehens erleichtern sollen (s. Bergius, 1959). Soweit reale Übergänge und Stufungen in der Entwicklung vorgefunden werden, lassen sie sich nicht zwingend auf innere schubhafte Entwicklungsantriebe zurückführen, sondern genauso gut auch auf soziale Bestimmungsleistungen durch Institiutionen, kulturelle Standards und Normen. Schließlich gilt: Ob endogen bestimmte Zeiten langsamer und schnellerer Entwicklung zu Stufeneinteilungen führen, richtet sich nach den sozialen Bedürfnissen der jeweiligen Kultur (vgl. Benedict, 1938; Mead, 1949).

(8) Mit Oerter (1970) kann man es als das historische Verdienst der Stufenlehren ansehen, mit Nachdruck auf das qualitative Anderssein von Kindern und Erwachsenen hingewiesen zu haben, und auf mögliche Gefahren des Überspringens von Entwicklungsschritten aufmerksam gemacht zu haben.

Kritik an den praktischen Schlußfolgerungen

Abgesehen von den bisher angemeldeten Zweifeln an der Gültigkeit der Betrachtung der Entwicklung als stufenförmige Entfaltung ist auf die ungünstigen Auswirkungen dieses Ansatzes auf die pädagogische Praxis hinzuweisen.

Durch die Annahme biologisch vorprogrammierter Entfaltungstendenzen und das Abwarten der fertigen Ausreifung von Funktionen vor einer Anregung von Übungs- und Lernprozessen werden pädagogische Möglichkeiten, speziell Ansätze der frühzeitigen Anregung und Förderung von Entwicklungsprozessen, von vornherein eingeschränkt. Auch besteht die Gefahr der Vertauschung von Ursache und Wirkung (OERTER, 1970). Durch den Verzicht auf die Anregung von Lernprozessen und das Abwarten des Abschlusses autochthoner Reifungsprozesse hat man keine Möglichkeit, die Effekte solcher Anregungen überhaupt erst nachzuweisen. Neuere Untersuchungen zur Schulreifeproblematik (KEMMLER & HECKHAUSEN, 1962; KLAUER, 1964) oder auf den Gebieten der Wahrnehmung, des Denkens und Lernens (BÖTTCHER, 1966; KLAUER, 1975b; LEVINSON & REESE, 1967; NICKEL, 1969; WEINERT, 1967) konnten jedoch zeigen, daß durch die Schaffung geeigneter Umweltbedingungen entscheidende Entwicklungsfortschritte erzielt werden können. Auch die Umkehrung von Entwicklungsequenzen oder das Überspringen einzelner Entwicklungsstufen erscheint zumindest teilweise möglich (BANDURA & MC DONALD, 1963; MACCOBY, 1964).

Stärken des ethologischen Ansatzes

Der ethologische Ansatz weist im Kontext der Entwicklungspsychologie einige *Stärken* in theoretischer, methodischer und inhaltlicher Hinsicht auf.

(1) Gegenüber anderen Entwicklungstheorien besitzt eine ethologische *Theorie* den Vorteil, menschliches Verhalten und seine Entstehung nicht nur in Abhängigkeit von den unmittelbar gegebenen Bedingungen und der individuellen Lerngeschichte vorhersagen und erklären zu können, sondern darüber hinausgehend auch dessen phylogenetische Grundlagen deutlich zu machen. So beschränkt sich eine an den unmittelbaren Bedingungen und Folgen eines Verhaltens sowie seiner individuellen Lerngeschichte orientierte Sichtweise auf die Betrachtung des Zusammenhangs zwischen dem Unbehagen eines Kleinkindes, seinem Schreien und dem Kommen oder Nichtkommen der Mutter und der daraus sich allmählich entwickelnden Erwartungshaltung des Vertrauens oder Mißtrauens. Die phylogenetische Betrachtungsweise stellt hingegen diese Verhaltenssequenzen in den weiteren Zusammenhang des entwickungsgeschichtlichen Überlebensvorteils und kann so das typischerweise auftretende Bindungs- und Pflegeverhalten der Mutter-Kind-Dyade verständlich machen.

(2) Die ethologische *Methodologie* einer sorgfältigen Beobachtung des Verhaltens unter natürlichen Lebensbedingungen *vor* einer experimentellen Analyse des Verhaltens im Labor erhöht die ökologische Validität entwicklungspsychologischer Studien und bedeutet ein notwendiges Gegengewicht zu einer einseitig experimentell ausgerichteten Entwicklungspsychologie, die dazu neigt, Verhalten zu erklären, ehe dieses genau beschrieben ist (vgl. hierzu WOHLWILL, 1973/1977). Während im Experiment geklärt wird, wodurch ein Verhalten beeinflußt werden *kann*, zeigt die Beobachtung im Idealfall, wodurch es in der natürlichen Umgebung beeinflußt *wird*.

(3) *Inhaltlich* hat sich der ethologische Ansatz vor allem bei der Untersuchung der sozialen Bindung (attachment), des Ausdrucks von Emotionen und der sozialen Interaktionsmuster in Gruppen als fruchtbar erwiesen. In der Attachment-Forschung ist der ethologische Ansatz heute bei weitem dominierend.

Schwächen des ethologischen Ansatzes

Die evolutionäre Perspektive und das Ziel einer umfassenden Beobachtung des Verhaltens unter natürlichen Lebensbedingungen bringen aber zwangsläufig auch einige Probleme mit sich, die sich insbesondere bei der Anwendung des ethologischen Ansatzes auf die Humanentwicklung auswirken.

(1) Die ethologische Theorie *beschreibt* mehr als daß sie *erklärt*. Daß ein Verhalten das Anpassungsprodukt der Evolutionsgeschichte ist, läßt sich im strengen Sinne nicht nachweisen, da es für Verhaltensmerkmale – im Unterschied zu Organen des Körpers – keine Fossilien aus früherer Zeit gibt, aus denen die Entwicklungsgeschichte rekonstruiert werden könnte. Soweit aus der Beobachtung des Verhaltens von Tieren auf den Menschen geschlossen wird, sind außerdem die generellen Probleme der Übertragung von Gesetzmäßigkeiten des tierischen Verhaltens auf den Menschen zu beachten. Insbesondere gilt, daß die zu vergleichenden Verhaltensmuster ganz unterschiedliche Funktionen und Bedeutungen im gesamten Verhaltensgefüge bei den verglichenen Arten besitzen können und daß beim Menschen subjektive Interpretationen, soziale Regeln und Normen u.ä. in die Verhaltenssteuerung eingreifen, die bei Tieren prinzipiell nicht vorkommen (VON CRANACH, 1979).

Auch einzelne zentrale Begriffe der Ethologie wie z.B. *sensible Periode* oder *angeborene Lerndisposition* sind mehr beschreibend als erklärend. Erklärungswert gewännen sie erst dann, wenn nicht nur dargelegt würde, *daß* in einem begrenzten Zeitraum bestimmte Lernerfahrungen mit erhöhter Wahrscheinlichkeit spezifische Effekte haben, sondern auch *warum* bestimmte Erfahrungen sich erst ab einem bestimmten Zeitpunkt auswirken, *wie* die Effekte zustandekommen und *wodurch* die Beeinflußbarkeit beendet wird.

(2) Die Anwendung der ethologischen Methodologie stößt bei Humanuntersuchungen auf unüberwindliche ethische und methodische Probleme. Ethisch nicht vertretbar sind die zur Feststellung angeborener Anteile des Verhaltens notwendigen Deprivationsexperimente (z.B. Mutterdeprivation). Auch die bloße Beobachtung in der natürlichen Umgebung kann gegen ethische Prinzipien verstoßen, nämlich wenn sie sich auf „private" Verhaltensweisen richtet, die Außenstehenden üblicherweise nicht zugänglich sind (z.B. Sexualverhalten, Streit zwischen Familienangehörigen) oder wenn allein durch die Tatsache und/oder Dauer des Beobachtetwerdens das alltägliche Leben gestört wird. Methodische Probleme sind: der enorm hohe Aufwand in der Planung, Durchführung und Auswertung der Beobachtungen, mögliche Veränderungen des Verhaltens der Beobachteten durch den Beobachtereinfluß sowie die weiteren allgemeinen Probleme der Beobachtungsmethode, speziell der sogenannten Feldstudie (BREDENKAMP, 1969, s. dazu Kap. 5.1).

(3) Mit der Evolutionsperspektive (Tier-Mensch-Vergleich) und der Wahl der Beobachtungsmethode sind auch bestimmte *inhaltliche Einschränkungen* bei der Auswahl von Untersuchungsgegenständen verbunden. Da Tiere z.B. über keine der menschlichen Lautsprache vergleichbare Sprache verfügen, Tier und Mensch in dieser Hinsicht also nicht verglichen werden können, finden sich in der Humanethologie keine Untersuchungen zum Sprachverhalten. Da nur von außen beobachtbares Verhalten sich zur Aufnahme in ein Ethogramm eignet, bleiben interne Prozesse wie Denken und Motivation außer acht.

(4) Grundsätzlicher Art ist der Einwand, der vor allem von Lerntheoretikern vorgebracht wird, daß es wenig Sinn macht, sich Gedanken über die evolutionäre Angepaßtheit eines Verhaltens zu machen, wenn man davon ausgehen muß, daß Verhalten beim Menschen, auch wenn es biologisch prädisponiert sein mag, prinzipiell kulturell stark überformt ist und durch Lernen massiv verändert werden kann.

So dürfte es z.B. schwer fallen, empfängnisverhütendes Verhalten in den westlichen Industrienationen direkt aus einer in der Evolution entstandenen biologischen Prädisposition abzuleiten. Dieses Verhalten steht sogar eher im Widerspruch zum Überleben der Art oder zumindest zur Verbreitung des eigenen Genoms.

Aufgrund der zuvor erläuterten theoretischen und methodischen Probleme muß die Ausweitung des Evolutionsgedankens auf menschliches Verhalten den Beweis ihrer Gültigkeit schuldig bleiben. Man kann nur feststellen, daß einige Befunde der Humanentwicklung mit ethologischen Überlegungen gut vereinbar sind.

5. Zusammenfassung

Biogenetische Entwicklungstheorien schildern Entwicklung als einen endogen gesteuerten *Entfaltungsprozeß*, dessen Verlauf in der Regel eine gesetzmäßige Abfolge von Stufen und Phasen erkennen läßt. Vertreter dieser Sichtweise beschäftigen sich mit dem typischen Verlauf der Entwicklung beim Menschen, nicht mit interindividuellen Unterschieden von Entwicklungsverläufen. Umwelteinflüssen kommt weniger eine die Entwicklung steuernde oder wesentlich beschleunigende Bedeutung zu als eine die „natürlichen" Entwicklungstendenzen unterstützende oder hemmende Funktion. In erster Linie interessieren der strukturelle Aufbau und die Organisation von Merkmalen. Paradigma ist die körperlich-motorische Entwicklung.

Vertreter eines *Wachstumsmodells* der Entwicklung teilen die vorgenannten Auffassungen, verzichten jedoch auf eine Stufen- oder Phaseneinteilung der Entwicklung.

Wesentliche Kennzeichen einer biogenetischen Sichtweise lassen sich an den Entwicklungskonzeptionen von Oswald Kroh und von Heinz Werner aufzeigen. Während KROH den Entwicklungsprozeß hauptsächlich durch den Wechsel von der Subjekt- zur Objektbestimmtheit und das sich wandelnde Verhältnis des Ichs zur Umwelt gekennzeichnet sieht, betrachtet WERNER die Entwicklung unter dem Hauptaspekt der fortschreitenden Differenzierung und Integration.

Die heute stärker im Vordergrund stehenden *ethologischen Ansätze* betonen die Einbettung der Humanentwicklung in die Evolutionsgeschichte, insbesondere die Angepaßtheit des Lernens und Verhaltens an die natürliche Lebensumwelt. Die größte Bedeutung hat die ethologische Entwicklungsperspektive bislang in der Bindungsforschung gewonnen.

Sowohl gegen die Gültigkeit biogenetischer Entwicklungstheorien als auch gegen die aus ihnen abgeleiteten pädagogischen Schlußfolgerungen lassen sich eine Reihe von Einwänden vorbringen. Sie hängen im wesentlichen mit den vertretenen Entfaltungskonzepten und Stufenkonzepten zusammen. Das traditionelle Modell der Entwicklung als innengesteuertem Entfaltungsprozeß in Stufen und Phasen läßt sich nur auf die vorgeburtliche Entwicklung und die reifungsdominante körperliche und motorische Entwicklung anwenden.

Trotz der größeren Tragfähigkeit und breiteren Anwendbarkeit der ethologischen Theorie gegenüber dem klassischen Entfaltungskonzept weist auch erstere einige Schwächen auf. Die ethologische Theorie ist eher beschreibend als erklärend. Bei der Anwendung auf die Humanentwicklung stößt sie außerdem sehr schnell an kaum überwindbare methodische und ethische Grenzen.

Zum Weiterstudium empfohlene Lektüre

Entfaltungs- und Stufenkonzepte, vornehmlich deutschsprachiger Entwicklungspsychologen, werden beschrieben in:

BERGIUS, R. (1959). Entwicklung als Stufenfolge. In H. THOMAE (Hrsg.) *Handbuch der Psychologie. Band 3: Entwicklungspsychologie* (S. 104-195). Göttingen: Hogrefe.

Seine Konzeption der Entwicklung hat O. KROH in einem kurzen Lexikonartikel zusammengefaßt:

KROH, O. (1951). Psychologie der Entwicklung. In *Lexikon der Pädagogik* (S. 438-447). Bern: Herder.

Die Grundgedanken seiner Theorie hat H. WERNER in seiner *Einführung in die Entwicklungspsychologie* dargestellt (1959, 4. Aufl.). Eine zusammenfassende Darstellung der Entwicklungstheorie von WERNER gibt:

LANGER, J. (1970). WERNERS theory of development. In P.H. MUSSEN (Ed.), *Carmichael's Manual of Child Psychology. Vol. 1* (S.733-771). New York: Wiley.

Eine Einführung in die moderne Ethologie liefert:

EIBL-EIBESFELDT, I. (1984). *Die Biologie des menschlichen Verhaltens. Grundriß der Humanethologie.* München: Piper.

Als Einführung in die ethologische Betrachtung der Kindesentwicklung eignet sich:

HINDE, R.A. (1983). Ethology and child development. In P.H. MUSSEN (Ed.), *Handbook of child psychology. Vol. 2. Infancy and developmental psychobiology* (S. 27-93). New York: Wiley.

BOWLBYS Theorie der Mutter-Kind-Bindung ist ausführlich dargestellt in:

BOWLBY, J. (1975). *Bindung. Eine Analyse der Mutter-Kind-Beziehung*. München: Kindler.

Einen Einblick in den aktuellen Stand der Diskussion des Bindungskonzepts liefert:

BRETHERTON, I. & WATERS, E. (Eds.). (1985). Growing points of attachment theory and research. *Monographs of the Society for Research in Child Development*, *50* (Serial No. 209).

Kapitel 8:

Psychoanalytische Entwicklungstheorien – Entwicklung als Triebwandlung

1. Entstehung der Psychoanalyse

Die von Sigmund FREUD um die Jahrhundertwende begründete Psychoanalyse ist in erster Linie eine Lehre von bewußten und unbewußten psychischen Vorgängen (Gefühlen, Wünschen, Träumen, Erinnerungen, Denkprozessen, Konflikten) und ihrer Dynamik sowie eine darauf aufbauende psychotherapeutische Methode. An entwicklungspsychologischen Problemen war FREUD nicht primär interessiert, seine entwicklungspsychologischen Vorstellungen entstanden vielmehr erst im Rahmen *klinischer* Fragestellungen. Bei der Behandlung von neurotischen Erwachsenen sah er sich nämlich gezwungen, zum Verständnis der bei ihnen beobachteten psychischen Störungen deren Entwicklungsgeschichte bis in die frühe Kindheit zurückzuverfolgen. Da neurotische Symptome für FREUD Ausdruck einer inadäquaten Verarbeitung sexueller Triebregungen darstellten, gelangte er zwangsläufig auch zur Beschäftigung mit der frühkindlichen Sexualität (s. FREUD, 1905).

Trotz dieses abgeleiteten und zunächst auf die Sexualität beschränkt scheinenden Interesses für die menschliche Entwicklung lassen sich alle wesentlichen Fragen einer Entwicklungstheorie in einem psychoanalytischen Bezugsrahmen behandeln.

„It proposes a series of stages, specifies the adult's practices associated with each, postulates the maturation and timing of the child's capacities, and proposes some relationships between experiences at each stage and the child's motivation, perception and learning." (D.R. MILLER, 1969, S. 481 f.)

FREUD entwickelte seine Vorstellungen über das Heranwachsen des Menschen außerhalb der Psychologie und Pädagogik seiner Zeit, und er gelangte dabei zu Auffassungen, die völlig verschieden von den damals vorherrschenden Ansichten waren. Seine – zumeist spekulativ gewonnenen – Erkenntnisse über die menschliche Entwicklung regten einige Jahrzehnte später eine Vielzahl von empirischen Untersuchungen an, die sich vor allem mit seinen Vorstellungen bezüglich des Verlaufs der frühkindlichen Entwicklung, der Bedeutung der Eltern-Kind-Beziehung für die Persönlichkeitsentwicklung sowie der überkulturellen Gültigkeit der von ihm angenommenen Zusammenhänge auseinandersetzten (vgl. die Sammelberichte von CHILD, 1954, und von ZIGLER & CHILD, 1969). FREUD wurde damit zu einem wichtigen Vorläufer der modernen Sozialisationsforschung (s. Kap. 2.6).

Der genetische Ansatz FREUDS wurde insbesondere von ERIKSON (1950/1961, 1959/1966, 1968/1974 u.a.) fortgeführt und ausgebaut (s. Abschnitt 2.2).

Genetisch bedeutet hier übrigens nicht wie im vorangegangenen Kapitel durch *Gene* oder allgemein durch endogene Faktoren bedingt, sondern steht für den Ausgang von der Entwickungsgeschichte, der *Genese* eines Individuums.

Für den Ausbau der orthodoxen psychoanalytischen Entwicklungstheorie waren außerdem von Bedeutung: FENICHEL (1945) und die von ihm ab 1945 herausgegebene Zeitschrift *The Psychoanalytic Study of the Child*, A. FREUD (1936), RAPAPORT (1960), schließlich in etwas loserem Zusammenhang zur klassischen Psychoanalyse WHITE (1960) und LOEVINGER (1966).

Eine Verbindung von psychoanalytischen und lerntheoretischen Vorstellungen versuchten MOWRER (1950), WHITING und CHILD (1953), SEARS, MACCOBY & LEVIN, 1957; SEARS, RAU & ALPERT, (1965); D.R. MILLER (1969). Das Entwicklungskonzept von SEARS wird im Kapitel über die S-R-Theorie der Entwicklung noch ausführlicher dargestellt (s. Kap. 9.2.1).

Die grundlegenden Begriffe und Annahmen der psychoanalytischen Entwicklungstheorie gehen fast ausschließlich auf FREUD zurück. Es bietet sich daher an, die Grundlagen der psychoanalytischen Entwicklungstheorie zusammen mit der Vorstellung FREUDs als deren Gründer und bedeutendstem Vertreter zu behandeln (Abschnitt 2.1). Als zweiter bedeutender Vertreter einer psychoanalytischen Sichtweise der Entwicklung wird Erik H. ERIKSON vorgestellt. Er hat nach FREUD die umfassendste Entwicklungstheorie im Rahmen des psychoanalytischen Theoriengebäudes ausgearbeitet (Abschnitt 2.2). Neuere Entwicklungen in der Psychoanalyse, die zu einer Modifizierung, teilweise auch zu einer Revision einzelner Grundgedanken FREUDs geführt haben, werden im Abschnitt 3. dargestellt.

2. Bedeutende Vertreter einer psychoanalytischen Entwicklungstheorie

2.1 Sigmund FREUD (1856 - 1939)

Person und Werk

Sigmund FREUD wurde 1856 als erstes von acht Kindern des jüdischen Kaufmanns Jakob FREUD und seiner Frau Amalia in Freiberg/Mähren (heute in der Tschechoslowakei) geboren. Bei seiner Geburt war sein Vater 40 und seine Mutter 20 Jahre alt. Als Sigmund FREUD vier Jahre alt war, zog die Familie nach Wien. Dort wuchs FREUD auf. An der Universität Wien studierte er Medizin. Schon während seines Studiums arbeitete er in einem physiologischen Laboratorium, wo er sich besonders mit der Anatomie des Zentralen Nervensystems beschäftigte. Später, als Arzt an einem Wiener Krankenhaus, konzentrierte er sein Interesse auf die Neuropathologie.

Freud träumte von Jugend an davon, eine wissenschaftliche Entdeckung zu machen, die ihn berühmt werden ließe und mit der er viel Geld verdienen könnte. In seiner Zeit als Arzt experimentierte er mit Kokain, auch in Selbstversuchen, und hoffte vorübergehend, damit ein „Zaubermittel" gegen die unterschiedlichsten Krankheiten gefunden zu haben.

Während eines Besuchs bei dem angesehenen Neurologen und Psychiater Charcot an der Salpetrière in Paris machte er die erste Bekanntschaft mit der hypnotischen Behandlung hysterischer Erkrankungen. Nach seiner Rückkehr nach Wien 1886 arbeitete er mit dem Wiener Nervenarzt Breuer zusammen, der ebenfalls die Hypnose zur Behandlung von Hysterien einsetzte. Die Weiterentwicklung und Abwandlung der hypnotischen Methode führte schließlich zu einem Verfahren, das Freud *Psychoanalyse* nannte.

Die Technik der Psychoanalyse hat Freud zum erstenmal in dem 1900 erschienenen Werk *Die Traumdeutung* beschrieben. In den 1905 veröffentlichten *Drei Abhandlungen zur Sexualtheorie* stellte Freud die Bedeutung der Sexualität für das gesamte menschliche Handeln heraus und rekonstruierte die Entwicklung der frühkindlichen Sexualität, wie er sie aus den therapeutischen Gesprächen mit seinen Patienten zu erkennen glaubte. Freuds weitere Arbeit in den folgenden Jahrzehnten war gekennzeichnet durch die Auseinandersetzung mit klinischen Einzelproblemen, denen er in seiner praktischen therapeutischen Arbeit begegnete.

Freuds Gesammelte Werke umfassen siebzehn Bände (in der bei Imago Publishing, London, erschienenen Ausgabe, die in deutscher Sprache im Verlag Fischer, Frankfurt/M. erschienen ist). In den 1917 veröffentlichten *Vorlesungen zur Einführung in die Psychoanalyse* und der 1933 erschienenen *Neuen Folge der Vorlesungen zur Einführung in die Psychoanalyse* sind die Kernstücke der Psychoanalytischen Theorie im Abriß dargestellt.

1938 mußte Freud Wien verlassen und emigrierte nach London, wo er ein Jahr später starb.

Eine dreibändige Biographie über das Leben und Werk von Sigmund Freud hat sein Schüler Ernest Jones (1960 - 1962) vorgelegt. Eine weniger „orthodoxe" Biographie hat Gay (1989) veröffentlicht.

Die folgende Darstellung stützt sich neben Freuds eigenen Schriften hauptsächlich auf die Arbeiten von Baldwin (1974b), Langer (1969) und Watson (1959).

Neue Perspektiven

Freuds Bedeutung für die Entwicklungspsychologie ist zunächst darin zu sehen, daß er auf drei bis dahin nicht beachtete Sachverhalte aufmerksam gemacht hat:

(1) Die sexuelle Entwicklung beginnt nicht erst mit der Pubertät. Bereits bei Kindern in den ersten Lebensjahren können sexuelle Regungen beobachtet werden. Sexualität ist dabei allerdings nicht gleichzusetzen mit heterosexueller Genitalität.

(2) Die frühkindliche Entwicklung ist von herausragender Bedeutung für die gesamte Persönlichkeitsentwicklung. Bis zum sechsten Lebensjahr sind nach FREUD alle Grundthemen menschlichen Zusammenlebens, wie Besitz, Liebe, Gehorsam usw., angeklungen, und auch die erste Vereinigung aller Sexualtriebe unter das Primat des Genitales ist bis dahin erfolgt. Damit ist für FREUD die Richtung der weiteren Persönlichkeitsentwicklung vorgegeben.

(3) Der individuelle Entwicklungsverlauf hängt in starkem Maße von der Eltern-Kind-Beziehung ab. Der Art des elterlichen Umgangs mit körperlichen Bedürfnissen und Körperfunktionen des Kindes kommt dabei eine besondere Bedeutung für die Herausbildung individueller Merkmale zu. Speziell dieser Aspekt hat auf die Sozialisationsforschung befruchtend gewirkt, wie die zahlreichen Studien über Stillen/Abstillen, Sauberkeitserziehung, sexuelle Erziehung usw. belegen (vgl. etwa ZIGLER & CHILD, 1969).

Libido und psychosexuelle Organisation

Für das Verständnis der psychoanalytischen Entwicklungstheorie sind zwei Begriffe von fundamentaler Bedeutung: *Libido* und *psychosexuelle Organisations-* oder *Entwicklungsstufe*.

Unter der *Libido* versteht FREUD eine im Genprogramm des Organismus verankerte, von Geburt an verfügbare Menge *psychischer Energie*. Der adäquate Ausdruck dieser Energie ist *sexueller* Natur, wobei FREUD den Begriff der Sexualität, wie bereits erwähnt, nicht auf die erwachsene Form der heterosexuellen Genitalität beschränkt, sondern weiter faßt, indem darunter alle Regungen und Aktivitäten fallen, die auf Lustgewinn gerichtet sind.

Die Libido besitzt vier funktionale Charakteristika:

> Sie entspringt somatischen Prozessen, die als innere Reize in Erscheinung treten; sie äußert sich als Impuls, d.h., ihr ist ein motorisches Element beigesellt, dessen Intensität von der Stärke der inneren Reize abhängt; sie ist zielgerichtet, wobei das Ziel die Funktion der Triebbefriedigung (durch entsprechende Reize, die es liefert) besitzt; sie ist schließlich an ein Objekt gebunden, das geeignet ist, ein Triebziel zu bieten und Befriedigung zu gewährleisten. (R.I. WATSON, 1965, zit. n. SCHMIDT, 1970, S. 370)

Von den libidinösen Trieben oder *Arterhaltungstrieben* hat FREUD anfänglich die *Selbsterhaltungstriebe* (Hunger, Durst, Vermeidung von Schmerz und körperlicher Schädigung) unterschieden. Später hat er dann beides unter dem Begriff der *Lebenstriebe* zusammengefaßt und diesen die sogenannten *Todestriebe* (Aggressivität, zerstörerische Impulse) gegenübergestellt. Diese Unterscheidungen sind jedoch für seine Entwicklungstheorie von untergeordneter Bedeutung geblieben.

Die so definierte Libido durchläuft nun im Laufe der Entwicklung verschiedene *psychosexuelle Organisationsstufen*, die gesetzmäßig und zu bestimmten Zeiten aufeinander folgen: die orale, die anale, die phallische, die Latenz- und die genitale Entwicklungsstufe (s. weiter unten).

Der Entfaltung der Libido liegt ein prädeterminierter *physiologischer Reifungsprozeß* zugrunde. Und zwar manifestiert sich die Libido nacheinander in verschiedenen Körperzonen, sogenannten *erogenen Zonen*. Das sind die für taktile Reize besonders empfänglichen, mit Schleimhaut versehenen Körperöffnungen, im einzelnen: Mund, Anus und Genitale. An die verschiedenen erogenen Zonen sind in der frühen Kindheit zunächst relativ isolierte *Partialtriebe* gebunden. Die nacheinander dominierenden Partialtriebe werden, jedenfalls im Falle der normalen Entwicklung, schließlich unter das Primat des Genitales vereinigt, wobei die verschiedenen Sexualobjekte durch *ein* (heterosexuelles) Objekt ersetzt werden.

Neben den natürlicherweise mit Triebenergie besetzten Körperzonen (erogenen Zonen) und deren Stimulation können nach FREUD auch andere Aktivitäten deren Funktion übernehmen: Erschütterungen des Körpers (Schaukeln, Fliegen), die Betätigung der Muskulatur, starke Affekte oder auch intellektuelle Aktivitäten.

Triebwandel und Ichreifung

Aus dem bisher Gesagten geht hervor, daß der *Gegenstand* der entwicklungspsychologischen Betrachtung bei FREUD in erster Linie die *Trieb*entwicklung und die damit einhergehende *affektive* Entwicklung ist. Sogar geistige Leistungen werden als abgeleitet aus Trieben, als *Sublimierungen* libidinöser Energie, angesehen. (Zur psychoanalytischen Theorie der intellektuellen Entwicklung siehe die ausgezeichnete Darstellung von CRAMER, 1974).

Diese Betrachtungsweise hängt mit FREUDS Menschenbild zusammen, wonach der Mensch ein Konfliktwesen ist, das in seiner Aktivität von Trieben bestimmt wird und deshalb ständig in Konflikt mit der Realität gerät. Während der erwachsene Mensch, in Ansätzen auch der Heranwachsende, sich dabei den Forderungen und Möglichkeiten der Realität anpassen kann (*Realitätsprinzip*), d.h. Bedürfnisse aufschieben oder ihnen in verfeinerter Form Ausdruck verleihen kann, gelingt dies dem kleinen Kind nur unzureichend. Das Kind ist nach dieser Konzeption nämlich ursprünglich darauf aus, seine Triebe sofort und ohne Rücksicht auf die Forderungen seitens der Realität zu stillen (*Lustprinzip*).

Entwicklung, was bei FREUD im wesentlichen mit *Persönlichkeitsentwicklung* gleichgesetzt wird, ist demnach ein Anpassungsprozeß in Richtung auf die Sozialisation und Beherrschung von Triebbedürfnissen. Persönlichkeits- oder Charaktereigenschaften werden abgeleitet aus dem „Schicksal der Triebe", d.h. der Art und dem Ausmaß der Befriedigung oder Frustration auf den einzelnen psychosexuellen Entwicklungsstufen. Die herausragende Bedeutung der körperlichen Bedürfnisse für die Persönlichkeitsentwicklung erklärt sich daraus, daß das heranwachsende Kind die Realität vor allem vermittelt durch taktile Erfahrungen (Stimulation der erogenen Zonen) bzw. soziale Interaktionen im Zusammenhang mit der Befriedigung oder Nichtbefriedigung seiner körperlichen Bedürfnisse kennenlernt. Erfahrungen, die im Zusammenhang mit der Stimulation der jeweils dominanten erogenen Zone stehen, erhalten durch diese Koppelung selbst eine herausragende Bedeutung.

FREUD rückt mit diesem Gedanken in die Nähe der PAWLOWschen Konzeption des Klassischen Konditionierens (s. Kap. 2.4.1), wo durch die Kontiguität eines unkonditionierten und eines neutralen Reizes der neutrale Reiz eine neue Wertigkeit erhält.

Der mit dem Durchlaufen der psychosexuellen Entwicklungsstufen verknüpfte fortschreitende Prozeß der Beherrschung der Triebbedürfnisse wird als *Ichreifung* bezeichnet. Aus dem anfänglich allein existierenden *Es* bildet sich am Widerstand der Realität allmählich ein *Ich*, später dann noch ein *Überich* heraus (FREUD, 1923, 1933, 1938).

Im Zuge der Ichreifung „lernt" das Kind zunehmend, das *Lustprinzip* dem *Realitätsprinzip* unterzuordnen, gegen libidinöse Impulse *Abwehrmechanismen*, d.h. Techniken der Abwandlung, Umsetzung oder Zurückdrängung von Triebenergie, einzusetzen und zwischenmenschliche Beziehungen besser zu verstehen.

Unter dem *Es* versteht FREUD „alles, was ererbt, bei Geburt mitgebracht, konstitutionell festgelegt ist, vor allem also die aus der Körperorganisation stammenden Triebe" (FREUD, 1941, S. 67 f.) Das Es strebt nach sofortiger, vollständiger, blinder, nicht um die Konsequenzen besorgter Entladung, gehorcht also dem Lustprinzip. Es ist der Ort unbewußter Vorgänge, es ist irrational, unlogisch, hat keine Moral und unterliegt nicht den Gesetzen von Raum und Zeit (FREUD, 1940d, S. 71-81).

Das *Ich* bildet sich unter dem Druck der Außenwelt, wobei das System *Wahrnehmung-Bewußtsein* behilflich ist. Es funktioniert nach dem Realitätsprinzip, steht aber im Dienst des Es und hat von daher seine Energie. Das Ich bedient sich der Angst als Signal für drohende Gefahren. Es entsteht durch „Identifizierung mit beibehaltenen oder aufgegebenen Objekten", womit das Ich sich dem Es anstelle des Objekts empfiehlt (FREUD, 1933, S. 83).

Das *Überich* stellt die Instanz der Moralität dar. Es ist ein durch Introjektion der Eltern verinnerlichtes Wertesystem (Gebote und Verbote), und zwar wird nach FREUD im Zusammenhang mit der Auflösung des Ödipuskomplexes „ein Stück Außenwelt als Objekt, wenigstens partiell aufgegeben und dafür (durch Identifizierung) ins Ich aufgenommen" (FREUD, 1938, S. 136). Das Überich besteht aus einem „negativen" Teil, dem *Gewissen*, und einem „positiven" Teil, dem *Ich-Ideal*. Das Gewissen sagt uns, was wir nicht tun dürfen, und bestraft uns, wenn wir seine Forderungen verletzen. Das Ich-Ideal (heute würde man eher sagen, das ideale Selbstkonzept) beinhaltet das, was wir anstreben und sein möchten (vgl. hierzu auch Kap. 13).

Im Unterschied zu FREUD vertreten die sogenannten *Ichpsychologen* unter den Psychoanalytikern (z.B. HARTMANN, 1939, RAPAPORT, 1959) die Position, daß das Kind bereits bei der Geburt neben den vorrationalen auch rationale Fertigkeiten mitbringt, ein angeborenes *Ichpotential* besitzt (CRAMER, 1974). HARTMANN (1933) spricht in diesem Zusammenhang von der *konfliktfreien Ichsphäre*. Dem Ich kommt bei diesen Autoren auch nicht primär eine Abwehrfunktion gegen Triebbedürfnisse zu. Vielmehr wird das Ich als aktive und adaptive autonome Instanz angesehen, im Sinne des *coping behavior* (WHITE, 1960), die sich im Wahrnehmen, Denken und Handeln ausdrückt. Begründet wird diese Auffassung damit, daß kaum vorstellbar sei, wie aus dem irrationalen, triebbestimmten Es ein rationales Ich entstehen soll. Außerdem sind schon die frühesten Aktivitäten des Kindes nicht nur nach innen, sondern auch nach außen gerichtet (s. dazu LANGER, 1969).

Entwicklungsphasen

Den *Entwicklungsverlauf* hat FREUD, wie bereits angedeutet, als eine Abfolge von psychosexuellen Entwicklungsphasen dargestellt. Auf der Basis eines physiologischen Reifungsprozesses, d.h. des Wandels der Manifestierung libidinöser Energie in verschiedenen Körperzonen, folgt die menschliche Entwicklung einem gesetzmäßigen, universell gültigen Phasenablauf.

In der FREUDschen Entwicklungstheorie läßt sich inhaltlich nicht zwischen Entwicklungsphasen und -stufen unterscheiden. Beide Begriffe werden deshalb mit der gleichen Bedeutung verwendet.

Die Bezeichnung einer Phase lehnt sich an die jeweils vorherrschende *erogene Zone* an. Darüber hinaus läßt sich jede Entwicklungsphase durch folgende vier Merkmale kennzeichnen (nach R.I. WATSON, 1959):

- Charakteristische *Arten des Lustgewinns* (das sind Verhaltensmuster, die zur Triebbefriedigung führen);
- bestimmte *Objektbeziehungen* (die libidinöse „Besetzung" von Personen);
- einen bestimmten Stand der *Persönlichkeitsorganisation* (Ichreifung);
- charakteristische *Abwehrmechanismen* gegen libidinöse Impulse.

Zu ergänzen wäre: eine bestimmte *Entwicklungsaufgabe* oder Konfliktsituation, deren Bewältigung die erfolgreiche Auseinandersetzung mit der nächsten Entwicklungsstufe erleichtert. Jede Entwicklungsphase konfrontiert das Kind mit einem neuen Problem, das neue Muster der sozialen Interaktion und interpersonalen Beziehung verlangt. An diesem Punkt hat ERIKSON angesetzt und das FREUDsche Modell in Richtung psychosozialer Kategorien erweitert (s. dazu Abschnitt 2.2).

FREUD unterscheidet insgesamt fünf Entwicklungsphasen, die teilweise noch weiter untergliedert sind: (1) Orale Phase, (2) Anale Phase, (3) Phallische Phase, (4) Latenzphase, (5) Genitale Phase. Sie werden im folgenden in ihren wesentlichen Merkmalen beschrieben. (Ausführliche Darstellungen der FREUDschen Phaseneinteilung finden sich in BERGIUS, 1959; CRAIN, 1985; FREUD, 1905, 1917; R.I. WATSON, 1959).

(1) *Orale Phase; (0;0-1;0).* Die erste Entwicklungsphase ist durch die Zentrierung des Lustgewinns im Lippen-Mundraum gekennzeichnet. An die Funktion der Nahrungsaufnahme angelehnt, jedoch von der Stillung des Hungers zu trennen, führen orale Aktivitäten (Saugen, Lutschen, Schlucken, später auch Kauen und Beißen) zur Triebbefriedigung. Ursprüngliches Triebobjekt ist die Mutterbrust, als weitere Objekte kommen Saugflasche, Schnuller, die eigenen Finger, Stoffzipfel u.ä. hinzu. Im Zusammenhang mit Erfahrungen der Versagung oraler Triebbefriedigung, speziell der Entwöhnung, entstehen Ansätze einer Ich-Umwelt-Differenzierung, Anpassungsreaktionen zur Gewährleistung der Triebbefriedigung und Aggressionen gegen die Quelle von Versagungen (in der Regel die Mutter). Letzteres erzeugt beim Säugling Angst und gleichzeitig Mechanismen der Angstabwehr. Psychoanalytiker nehmen an, daß die Beibehaltung der erogenen Bedeutung des Lippen-Mundraumes im Erwachsenenalter zu besonderem Gefallen an Aktivitäten wie Trinken, Rauchen, Küssen, oralem Verkehr u.ä. führt. Außerdem sollen in der oralen Phase die Wurzeln für eine spätere optimistische oder pessimistische Grundhaltung liegen.

(2) *Anale Phase; (1;0-3;0).* Während der analen Phase stehen die Ausscheidungsfunktionen im Vordergrund. Das Ausstoßen oder Zurückhalten des Darminhalts bereitet Lustgewinn. Ursprünglich betrachtet das kleine Kind seinen Kot als etwas Wertvolles, als Geschenk an seine Umwelt. Um so überraschter ist es, daß dies durch die Toilette hinuntergespült wird und als unsauber gilt. Im Laufe der Sauberkeitserziehung lernt das kleine Kind dann bald, daß es durch den willkürlichen Einsatz seiner Ausscheidungsorgane Gehorsam oder Protest (Trotz) ausdrücken kann. FREUD vermeint in letzterem einen sadistischen Unterton zu erkennen und spricht deshalb auch von der *anal-sadistischen* Phase. Außerdem wird zwischen einer aktiven und einer passiven analen Betätigung unterschieden. Der Aktivität entspricht die Tätigkeit der Darmmuskulatur, der Passivität die Empfindungen der Darmschleimhaut. In diesem aktiv-sadistischen und passiv-masochistischen Triebgegensatz drückt sich der *ambivalente* Charakter der analen Phase aus. Der spätere Hang zu Sauberkeit, Ordentlichkeit, Sparsamkeit und Eigensinn wird auf Erfahrungen während der analen Phase zurückgeführt (deshalb: analer Charakter; s. hierzu die Untersuchung 8.1).

(3) *Phallische Phase; (3;0-6;0).* In der dritten Entwicklungsphase bezieht das Kind Eichel bzw. Klitoris stärker in seine sexuellen Betätigungen ein. Als weitere Partialtriebe treten außerdem Schau- und Zeigelust auf, und es erwacht die Wißbegier. Die prägenitalen Strebungen werden allmählich unter den *Primat des Genitales* zusammengefaßt. Die Libido richtet sich nun auf den gegengeschlechtlichen Elternteil. Gleichzeitig hegt das Kind Gefühle der Rivalität und Feindseligkeit gegenüber dem gleichgeschlechtlichen Elternteil. Dies ist die *ödipale Situation.* Die Kinder beschäftigen sich nun sehr mit den Fragen, woher die Kinder kommen und was die Ursache der Geschlechtsunterschiede ist. Das Erkennen der physischen Geschlechtsunterschiede führt beim Jungen im Zusammenhang mit der ödipalen Situation zur *Kastrationsangst*, beim Mädchen zum *Penisneid.* Der ödipale Konflikt wird im Normalfall dadurch gelöst, daß sich das Kind mit dem gleichgeschlechtlichen Elternteil identifiziert und seine libidinösen Impulse gegenüber dem gegengeschlechtlichen Elternteil in Zärtlichkeit verwandelt. Diese Identifikation legt gleichzeitig den Grundstein für die Ausbildung des *Überichs*, der inneren Instanz, die über die Einhaltung der elterlichen Gebote und Verbote wacht, und für die Übernahme der Geschlechtsrolle (s. dazu die Kap. 12 und 13). Der Nichtbewältigung der ödipalen Situation kommt in der FREUDschen Neurosenlehre eine zentrale Bedeutung zu.

(4) *Latenzphase; (6;0-11;0).* In dieser Zeit finden sich Ansätze aus allen drei vorgangegangenen Phasen in abgeschwächter Intensität. Die sexuelle Entwicklung verlangsamt sich, was die Aufrichtung der *Inzestschranke* (den Ausschluß von Blutsverwandten von der Objektwahl) und die Festigung der Bewältigung des ödipalen Konflikts ermöglicht. Hauptmerkmal ist das Zurücktreten sexueller Interessen gegenüber intellektuellen Interessen. Die libidinöse Energie wird darauf verwendet, soziale Gefühle und Sexualhemmungen (moralische Forderungen, Ekel, Scham) sowie intellektuelle Fertigkeiten auszubilden. Dies geschieht auf dem Wege der *Sublimierung* (der ursprünglich sexuelle Trieb findet

Tabelle 8.1: Schematische Darstellung des psychoanalytischen Entwicklungsmodells von S. Freud

Psychosexuelle Entwicklungsstufe (Erogene Zone)	Arten des Lustgewinns	Objektbeziehung	Persönlichkeits-organisation	Abwehr-mechanismen	Entwicklungsaufgaben/ Prototypische Situationen
I. Orale Phase (Mundzone)					Nahrungssituation (Fütterung)
a) Frühe Phase 0–0;6	Saugen, Lutschen, Einverleiben	Mutterbrust als erstes Liebesobjekt	Es vorhanden; primärer Narzißmus; vertrauensvolle Passivität	Fixierung	Entwöhnung, Abstillen; Fertigwerden mit Frustration (Abstillen)
b) Späte Phase 0;6–1;0	Beißen (aggressives Einverleiben)	Ambivalenz der Mutter gegenüber	Mißtrauen bei Frustration, Leiden	Introjektion Projektion	Konflikt: gute/befriedigende oder böse/frustrierende Nahrungsquelle; Entwicklung einer emotionalen Abhängigkeit
II. Anale Phase (Anus)					Sauberkeitserziehung
a) Frühe Phase 1;0–1;6	Ausstoßen; Kot als Geschenk	Kot als etwas Wertvolles	Ansätze eines Ichs; Ansätze von Geboten und Verboten	Verleugnung	Ausscheidungsorgane lassen sich verwenden für Gehorsam oder Protest; Entwicklung von Unabhängigkeit
b) Späte Phase 1;6–3;0	Zurückhalten (oft mit sadistischem Unterton)	Ambivalenz	Vorläufer eines Überichs; Beginnende Realitätsprüfung		Einstellung zu Wertgegenständen; Sauberkeit, Ordentlichkeit, Sparsamkeit; Unterdrückung von Spontaneität versus Trotz, Auflehnung; Scham

III. Phallische Phase (Genitale) 3;0–6;0	Berühren, Beschauen, Vorzeigen; Sexuelle Spielereien	Ödipuskomplex; erste Heteroerotik; Identifikation mit Rivalen	Überichentwicklung; volle Ausbildung des Ichs; Auflösung des Ödipuskomplexes	Identifikation; Ansätze von Verdrängung, Sublimierung, Reaktionsbildung, Verschiebung, Ungeschehenmachen, Isolierung	Ödipale Situation Erste Zusammenfassung der Partialtriebe; Übernahme der Geschlechtsrolle; Kastrationsangst; Penisneid, sexuelle Neugier; Sexualtheorien
IV. Latenzphase (keine neue erogene Zone) 6;0–11;0	Alle früheren Arten des Lustgewinns; aber insgesamt eine Abnahme des sexuellen Interesses; intellektuelle Wißbegier	Ausbau sozialer Beziehungen, bes. zu Gleichaltrigen; Sublimierung des Verhältnisses zu den Eltern (Zärtlichkeit)	Konsolidierung von Ich und Überich; Beruhigung in Auseinandersetzung zwischen Es, Ich, Überich und Außenwelt	Keine neuen Abwehrmechanismen; besonders bedeutsam aber: Sublimierung und Reaktionsbildung; Verdrängung frühkindlicher Trieberlebnisse	Keine eigenständige Entwicklungsaufgabe; durch Triebberuhigung gegebene Möglichkeit, sich mit sachlichen Interessen zu befassen
V. Genitale Phase (Genitale)					
a) Vorpubertät 11;0–14;0	Wiederbelebung frühkindlicher Arten des Lustgewinnes (auch oral, anal)	Wiederbesetzung der Liebesobjekte der frühen Kindheit mit Triebenergie	Gestörte Balance zwischen den verschiedenen Instanzen	Intellektualisierung, Rationalisierung; Askese	Wiederbelebung der ödipalen Situation
b) Pubertät 14;0–20;0	Reife Art des Lustgewinns (ein heterosexuelles Liebesobjekt; genitale Vereinigung)	Nichtelterliche Liebesobjekte; Entfremdung gegenüber Zärtlichkeit seitens Familienangehörigen	Reorganisation der einzelnen Persönlichkeitsinstanzen (Integration)		Gestaltung der äußeren Erscheinung

nicht mehr in einer sexuellen, sondern in sozial höher bewerteten Leistungen seine Befriedigung) und der *Reaktionsbildung* (das ursprüngliche Triebziel wird unterdrückt und in sein Gegenteil verkehrt, z.B. verkehrt sich Koprophilie in ein starkes Sauberkeitsbedürfnis).

(5) *Genitale Phase; (11;0-20;0).* In dieser letzten Entwicklungsphase werden die frühkindlichen Libido- Manifestationen, vor allem auch die ödipale Situation, wiederbelebt und endgültig in ihrer genitalen Form vereinigt. Die größte zu erbringende Leistung ist die *Objektfindung*. Zunächst sind die Eltern noch die Sexualobjekte bzw. die Partner der liebevollen Zuwendung. Dem steht jedoch die Inzestschranke entgegen. Allmählich wird die Zuwendung auf Partner außerhalb der Familie ausgedehnt. Der heterosexuelle Partner wird dabei nach den in der frühen Kindheit erworbenen Mustern gesucht. Waren die Beziehungen des Kindes zu den Eltern gestört, so können sich daraus Störungen bei der Objektwahl ergeben (z.B. Homosexualität).

Eine tabellarische Übersicht der fünf Entwicklungsphasen und der jeweiligen Ausprägung der zu ihrer Charakterisierung genannten sechs Merkmale vermittelt Tabelle 8.1 (Darstellung nach R.I. WATSON, 1959, S. 138 f.).

Die Steuerung der Entwicklung

Die Betonung der Triebentwicklung, der Libidobegriff im Sinne einer im Genprogramm verankerten psychischen Energie und die Annahme eines reifungsabhängigen Wandels der Libido in gesetzmäßig aufeinanderfolgenden Entwickungsphasen könnten den Eindruck vermitteln, FREUD sei, was die *Determinanten* der Entwicklung betrifft, ein reiner Anhänger des im vorangegangenen Kapitels dargestellten biogenetischen Ansatzes. FREUD vertritt jedoch bezüglich des Organismus-Umwelt-Verhältnisses einen *interaktionistischen* Standpunkt. Zwar sind die Abfolge der Lokalisationsbereiche der Libido und die damit zusammenhängenden Möglichkeiten des Lustgewinns durch die physiologische Reifung vorgegeben. Die Art der Beziehung zu anderen Personen, der Grad der Ichreifung, der Einsatz von Abwehrmechanismen und vor allem die Bewältigung oder die Nichtbewältigung der einzelnen Entwicklungsaufgaben sind jedoch in starkem Maße abhängig von den jeweils gegebenen Interaktionsstilen und Erziehungseinflüssen in der individuellen Umwelt des heranwachsenden Kindes. Für die typischen intraindividuellen Veränderungen gilt somit eine weitgehende Reifungsabhängigkeit, die individuellen Unterschiede in der Art der intraindividuellen Veränderungen werden jedoch eher auf Umwelteinflüsse zurückgeführt.

Außerdem ist darauf hinzuweisen, daß Triebe bzw. reifende Funktionen im FREUDschen Modell nicht mit in ihrer Form völlig vorgeprägten Instinkten gleichzusetzen sind, sondern als durch die Umwelt formbar und verformbar gelten. Dies kommt anschaulich im FREUDschen Begriff des *Triebschicksals* zum Ausdruck.

Je nach der Art der mit der Umwelt gemachten Erfahrungen auf den einzelnen Entwicklungsstufen sind also vorhersagbare unterschiedliche Entwicklungsverläufe möglich. Für die psychoanalytische Entwicklungstheorie besonders wichtig sind in diesem Zusammenhang die Begriffe *Fixierung* und *Regression*.

Zur *Fixierung*, d.h. dem Festhalten oder Zurücklassen von Libido auf der betreffenden Organisationsstufe, kann es nach FENICHEL (1945) kommen als Folge a) exzessiver Befriedigung, b) exzessiver Versagung, c) einem unvorhersehbaren Wechsel von Befriedigung und Versagung oder d) der Koppelung von Versagung und Tröstung.

In Belastungssituationen, z.B. bei der Ankunft eines jüngeren Geschwisters, besteht die Gefahr der *Regression*, d.h. des Rückfalls auf die frühere Stufe, in der eine Fixierung stattgefunden hat. Es werden dann zurückliegende, bereits überwunden geglaubte Verhaltensmuster reaktiviert. Ein gewisses Maß des Festhaltens von Libido auf einer Stufe gilt als normal.

Diese Vorstellungen über Fixierung und Regression hängen mit FREUDS Auffassung zusammen, daß grundsätzlich keine früheren Erfahrungen verloren gehen, sondern immer weiter mitgetragen werden. Es gibt kein Vergessen, höchstens Verdrängung.

Nach alledem läßt sich der Entwicklungsprozeß in der Sicht FREUDS als das Resultat einer komplexen Interaktion zwischen Triebquelle, Ichreifung und den jeweiligen phasentypischen Erfahrungen ansehen. Kennzeichnend für FREUD ist es, diesen Prozeß als einen überwiegend unbewußten Vorgang aufzufassen.

Als exemplarisches Beispiel für die psychoanalytische Sichtweise der Persönlichkeitsentwicklung soll eine Untersuchung von BELOFF (1957) zur Entstehung des sogenannten analen Charakters dienen. Die Untersuchung zeigt, auf welche Art Psychoanalytiker frühkindliche Erfahrungen im Zusammenhang mit Körperfunktionen und die Herausbildung individueller Persönlichkeitsmerkmale aufeinander beziehen.

Untersuchung 8.1 — *Zur Struktur und Entstehung des analen Charakters*

Halla BELOFF wollte mit ihrer Untersuchung die psychoanalytischen Hypothesen zur Struktur und Entstehung des analen Charakters an einer Stichprobe nichtneurotischer Pbn überprüfen. Ihre Hypothesen lauteten:

1. *Strukturelle Hypothese*. Es existiert eine psychologische Kategorie, die dem analen Charakter entspricht, so wie er von Psychoanalytikern beschrieben wird. In der Psychoanalyse wird vor allem angenommen, daß die Trias von Ordentlichkeit, Sparsamkeit und Eigensinn das Syndrom des analen Charakters bildet.

2. *Ätiologische Hypothese*. Anale Persönlichkeitsmerkmale bei Erwachsenen lassen sich auf Erfahrungen während der frühkindlichen Sauberkeitserziehung zurückführen.

Die folgende Darstellung beschränkt sich im wesentlichen auf die Überprüfung der ätiologischen Hypothese.

Ein eigens für diese Untersuchung entwickelter Fragebogen zur Erfassung von Eigenschaften, die für den analen Charakter als konstitutiv betrachtet werden können, wurde den Pbn zur Beantwortung vorgelegt. Der Fragebogen enthielt 28 Aussagen, die auf einer fünfstufigen Skala nach dem Grad des Zutreffens auf die eigene Person zu beurteilen waren (z.B.: *Beim Anblick eines schief hängenden Bildes fühle ich mich unwohl, Wenn mich andere auf eigene Fehler aufmerksam machen, halte ich stur an meiner Position fest*). Bei den Pbn handelte es sich um 42 graduierte Studenten der Queens- University in Belfast, Nordirland, 21 männlich und 21 weiblich. Der gleiche Fragebogen wurde auch den Müttern der Studenten zur Beantwortung vorgelegt. Das anschließende Interview sollte Informationen über die Art der von den Müttern durchgeführten Sauberkeitserziehung erbringen. *Erfahrungen während der frühkindlichen Sauberkeitserziehung* wurde operational definiert als der Zeitpunkt, zu dem das Sauberkeitstraining abgeschlossen war. Die Angabe eines relativ frühen Zeitpunkts wurde als strenges Training angesehen (coercive), die Angabe eines späten Zeitpunktes als nachsichtig (permissive). Fragen zur allgemeinen Entwicklung sollten den Zweck der Untersuchung für die Mütter weniger durchsichtig machen. So wurde den Teilnehmern auch gesagt, daß es sich um eine Untersuchung über Ähnlichkeiten und Verschiedenheiten zwischen Müttern und ihren Kindern handelt.

Eine frühere Faktorenalayse des verwendeten Fragebogens, basierend auf einer anderen Studentenstichprobe, hatte einen einzigen Faktor ergeben, der in guter Übereinstimmung mit dem von der Psychoanalyse postulierten Beziehungsgefüge von analen Persönlichkeitsmerkmalen stand. Es konnte also davon ausgegangen werden, daß das Syndrom von Persönlichkeitsmerkmalen, das als analer Charakter bezeichnet wird, eine sinnvolle Beschreibungsdimension darstellt (Bestätigung der strukturellen Hypothese).

Die von den Müttern angegebenen Alterswerte für die Beendigung des Sauberkeitstrainings variierten von 8 bis 24 Monaten, der Median lag bei 13.2 Monaten. Für die weitere Auswertung der Daten wurden die Pbn in eine *frühe* Gruppe (bis 13 Monate) und eine *späte* Gruppe (später als 13 Monate) geteilt. Weiter wurden die Mütter nach ihren Fragebogenwerten (über/unter Median) in eine *hoch* und eine *niedrig* anale Gruppe aufgeteilt.

Die Fragebogenwerte der Studenten bezüglich der Ausprägung analer Eigenschaften (wieviele der 28 Items wurden eher in Richtung eines analen Charakters beantwortet) wurden nach einem 2 x 2 varianzanalytischen Plan auf ihre Abhängigkeit 1. vom Zeitpunkt der Beendigung der Sauberkeitserziehung (früh versus spät) und 2. von der Ausprägung analer Eigenschaften bei ihren Müttern (hoch versus niedrig) untersucht.

Es zeigte sich, daß allein die Fragebogenwerte der Mütter signifikant zur Varianz der Fragebogenwerte der Studenten hinsichtlich analer Persönlichkeitsmerkmale beitrugen (vgl. Abbildung 8.1.). Die Korrelation zwischen den Fragebogenwerten der Studenten und ihrer Mütter betrug $r = .51$. Zwischen dem Alter bei der Beendigung des Sauberkeitstrainings und den Fragebogenwerten der Studenten ergab sich hingegen kein statistisch signifikanter Zusammenhang ($r = .05$).

Die Ausprägung analer Persönlichkeitsmerkmale bei Erwachsenen läßt sich demnach nicht, wie von der Psychoanalyse postuliert, auf die während der frühkindlichen Sauberkeitserziehung erfahrene Strenge oder Milde zurückführen (Falsifikation der ätiologischen Hypothese).

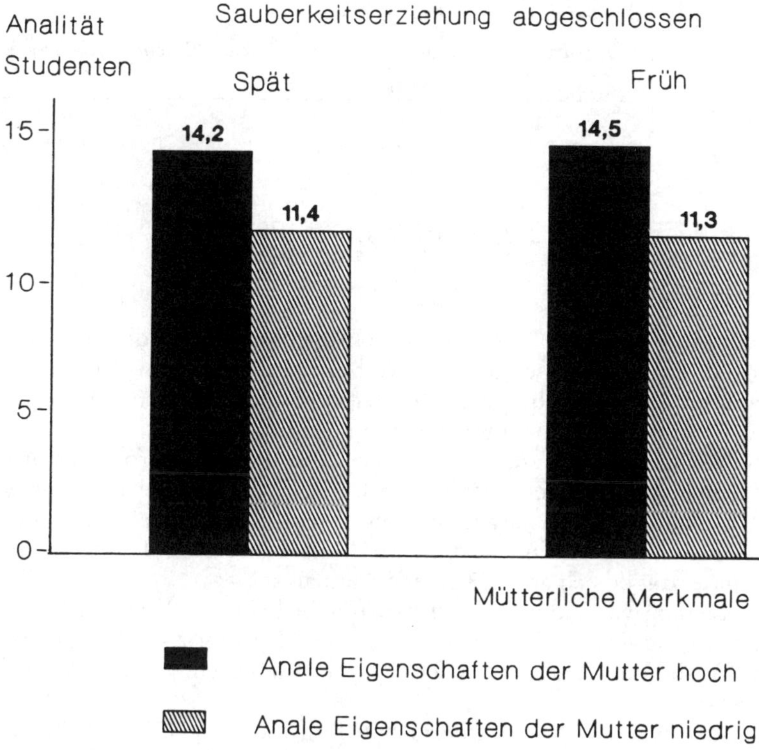

Abbildung 8.1: Anale Eigenschaften bei Studenten in Abhängigkeit von dem Zeitpunkt der Sauberkeitserziehung und dem Grad der Ausprägung analer Eigenschaften bei ihren Müttern (nach BELOFF, 1957, S. 163)

Einschränkend ist zu den Ergebnissen der Untersuchung von BELOFF und ihrer Interpretation allerdings auf zwei Punkte hinzuweisen:

1. Zwar besteht eine Korrelation zwischen einem relativ frühen Zeitpunkt des Sauberkeitstrainings und der Strenge der Sauberkeitserziehung, wie WHITING und CHILD (1953) in einer kulturvergleichenden Studie zeigen konnten. Der Zeitpunkt der Beendigung des Sauberkeitstrainings repräsentiert aber nicht in angemessener Weise das, was eine strenge Sauberkeitserziehung ausmacht (etwa Bestrafung für die Nichterfüllung der Forderungen, langes Sitzenbleiben auf dem Töpfchen etc., d.h. Dinge, die auch bei späterer Beendigung der Sauberkeitserziehung auftreten können). Außerdem lag der Median der untersuchten Stichprobe mit 13 Monaten so früh, daß zu fragen ist, ob überhaupt bei einer genügend großen Zahl von Müttern von einer nachsichtigen Sauberkeitserziehung die Rede sein kann.

2. Bei der angewendeten Methode der retrospektiven Datenerhebung können sich Erinnerungsfehler der Mütter ausgewirkt haben. Die Altersangaben repräsentieren u. U. eher die gegenwärtigen Normen der Mütter bezüglich dessen, was sie als angemessenen Zeitpunkt ansehen, als die von ihnen damals tatsächlich praktizierte Sauberkeitserziehung.

BELOFF, H. (1957). The structure and origin of the anal character. *Genetic Psychology Monographs*, *55*, 141-172.

2.2 Erik ERIKSON (*1902)

Person und Werk

Erik ERIKSON wurde 1902 als Sohn eines Dänen und einer Jüdin in Frankfurt/M. geboren. Einige Monate vor seiner Geburt hatten sich seine Eltern voneinander getrennt. Er wuchs bei seiner Mutter und ab dem dritten Lebensjahr bei seinem Stiefvater, dem Kinderarzt Dr. Homburger, auf.

Nach dem Schulbesuch zog er als junger Künstler durch Europa und arbeitete als Zeichenlehrer. In den 20er Jahren lernte er die Familie FREUD in Wien kennen. Er unterrichtete zusammen mit Peter BLOS Kinder amerikanischer Schüler(innen) von Sigmund FREUD. Bei Anna FREUD, der Tochter Sigmund FREUDS, unterzog er sich ab 1927 einer Lehranalyse.

Unter Leitung von August AICHHORN fing er bald an, Patienten zu behandeln, vorwiegend Kinder. Er ließ sich auch zum MONTESSORI-Pädagogen ausbilden, eine Ausbildung, die seine späteren psychoanalytischen Studien beeinflußte.

Wegen der beginnenden Naziherrschaft floh ERIKSON 1933 nach den USA. In Boston eröffnete er zunächst eine Praxis für Kinderanalyse. Er lehrte an verschiedenen amerikanischen Universitäten (Yale, Berkeley, Harvard). Seine Lehrtätigkeit wurde durch Feldforschungen bei den Sioux-Indianern in South-Dakota und den Yurok-Indianern an der kalifornischen Nordküste unterbrochen. Die Arbeit an dem Forschungsprojekt, das die Sozialisationsbedingungen von Kindern der Sioux- Indianer untersuchen sollte, war der Anfang seines lebenslangen Bemühens aufzuzeigen, in welcher Weise Kindheitserfahrungen durch die vorgegebenen gesellschaftlichen Bedingungen geprägt werden.

Nach Abschluß dieses Projekts nahm er seine psychoanalytische Arbeit mit Kindern wieder auf. In seinem 1950 erschienenen und in zahlreichen Sprachen übersetzten Hauptwerk *Childhood and society* (Kindheit und Gesellschaft, 1961) versuchte er, die Psychoanalyse von ihrer vorrangigen Hinwendung zur psychotherapeutischen Methodik wegzuführen und sie zu einer umfassenden Theorie zu machen. Bereits der Titel seines Buches spricht ERIKSONS Anliegen an, eine Synthese zwischen entwicklungsbedingten Vorgängen und sozialen Aufgaben herzustellen.

Die in den folgenden Jahren veröffentlichten Schriften sind als Ergänzung und Weiterentwicklung seiner in *Kindheit und Gesellschaft* entwickelten Konzeption anzusehen: *Young man Luther* (1958), *Identity and the life cycle* (1959), (*Identität und Lebenszyklus*, 1966), *Identity, youth and crisis* (1968) (Jugend und Krise, 1974), *Ghandi's truth* (1969).

ERIKSONS Werk enthält wohl die am stärksten systematisierte und die detaillierteste Schilderung der menschlichen Entwicklung aus psychoanalytischer Sicht.

Übersichtliche Zusammenfassungen finden sich in CRAIN (1985), FLAMMER (1988) und MAIER (1969/1983). Wichtige Punkte werden auch in BERGIUS (1959), CRAMER (1974) und LANGER (1969) dargestellt. Eine Biographie über ERIKSON hat COLES (1970) vorgelegt.

ERIKSONS eigenständiger Beitrag

ERIKSON hat FREUDS Grundgedanken der Triebwandlung in gesetzmäßig aufeinander folgenden psychosexuellen Entwicklungsstufen und der damit einhergehenden Ausbildung affektiver Einstellungen übernommen. Er hat dieses Konzept aber in Richtung der *sozialen* Dimension erweitert, indem er auf die jeweils dominanten *psychosexuellen* Funktionsweisen (*Modi*) bezogene *psychosoziale* Funktionsweisen (*Modalitäten*) und *psychosoziale Krisen* postuliert. Die herausragende Bedeutung der sozialen Dimension leitet er aus der phylogenetisch bedingten Ablösung instinktiver Funktionsweisen durch psychosoziale Funktionsweisen ab.

Außerdem betrachtet ERIKSON die soziale Umwelt (die Eltern) nicht nur, wie FREUD, aus der Sicht des heranwachsenden Kindes als emotional besetzte Bezugspersonen, sondern auch von der jeweils gegebenen Struktur des *sozialen Gefüges* aus. Die Beschreibung des Entwicklungsverlaufs wird überdies auf die *gesamte Lebenszeit* ausgedehnt und um drei weitere Phasen ergänzt. Im Unterschied zu FREUD, der das Ich als abgeleitete, vornehmlich defensive Instanz gegenüber Es-Impulsen ansah, betrachtet ERIKSON die menschliche Entwicklung stärker unter dem Aspekt der *adaptiven* und *aktiven* Funktionen des *Ichs* (vgl. oben S.). Die Ichreifung ist ein Prozeß der Identitätsfindung. Gegenüber dem Traum bevorzugt er das Spiel und die Sprache als Hauptquellen der Datengewinnung. Die Methodologie der Psychoanalyse hat er durch die direkte Beobachtung von Kindern, den Kulturvergleich und die Betrachtung historischer Gestalten bereichert.

Die Steuerung der Entwicklung

Für ERIKSON ist sowohl die Sequenz als auch die Geschwindigkeit des Durchlaufens der einzelnen Entwicklungsstufen reifungsabhängig: „. . . die ontogenetische *Sequenz* und die *Zeiten*, zu denen verschiedene Teile (Organe) mit Energie besetzt werden, ist durch den Reifungsplan determiniert" (LANGER, 1969, S. 34; Übers. v. Verf.). ERIKSON vertritt ein *epigenetisches* Reifungsprinzip. Alles was wächst, geht danach auf einen Grundplan zurück, der im Laufe der Zeit Teile (Organe) hervorbringt. Jeder Teil hat seinen eigenen zeitlichen Verlauf des Entstehens und Vergehens, bis alle Teile entstanden sind und ein funktionierendes Ganzes bilden. Dabei gilt, daß alle Funktionsweisen, psychosexuelle wie psychosoziale, im Bauplan bereits keimhaft angelegt sind: alles ist irgendwie von Anfang an vorhanden. „Jede Stufe erlebt während der angegebenen Phase ihren Anstieg, tritt in eine Krise und findet ihre dauernde Lösung. Aber in irgendeiner Form müssen sie von Anfang an bestehen, denn jeder Akt verlangt eine Integration aller Phasen" (ERIKSON, 1961, S. 266). Das epigenetische Prinzip besagt allerdings nicht, daß die Ausformungen der einzelnen Stufen von Anbeginn en miniature vorhanden oder präformiert sind.

Die biologische Vorprogrammierung des Phasenablaufs setzt die Grenzen, innerhalb derer sich die *Ichreifung* vollziehen kann und soziale Interaktionen stattfinden können. Die psychosozialen Funktionsweisen sind phasenspezifisch und wandeln sich im Laufe der Entwicklung ständig. Es gibt von jeder Vorformen und Spätformen, und die Entwicklung der einen Funktionsweise steht in Wechselwirkung mit der Entwicklung der übrigen Funktionsweisen. In jeder Entwicklungsphase sind somit alle Funktionsweisen in irgendeiner Form repräsentiert. Dieses Prinzip der ständigen Wandlung und wechselseitigen Abhängigkeit hat ERIKSON (1959) ausführlich am Beispiel der für die Adoleszenz typischen Identitätsproblematik veranschaulicht (s. auch MAIER, 1969/1983).

Auch die psychosozialen Krisen, d.h. die in den einzelnen Phasen sich stellenden Entwicklungsaufgaben, gelten als universell vorprogrammiert. Allein die Art der daraus im Einzelfall entstehenden Konflikte und die gegebenen Lösungsmöglichkeiten unterliegen soziokulturellen Einflüssen. Charakteristisch für ERIKSONS Denkweise ist, die Entwicklungskrisen nicht nur als Ungleichgewicht innerhalb der Persönlichkeitsstruktur des Kindes anzusehen, wie es für FREUD gilt, sondern genauso als Ungleichgewicht zwischen Kind und Umgebung. Nicht nur die biologische Reifung, sondern auch die sich verändernden sozialen Erwartungen stellen an den Heranwachsenden immer neue Anforderungen. Insofern ist auch die soziale Umwelt mit der Lösung einer Entwicklungsaufgabe konfrontiert, und erst die Anpassung von *beiden* Seiten führt zu einem neuen Gleichgewicht. Die erfolgreiche Bewältigung der auf der vorangegangenen Stufe gestellten Entwicklungsaufgaben ist dabei keine notwendige Voraussetzung, um auf die nächsthöhere Stufe zu gelangen, sie erhöht aber die Wahrscheinlichkeit des erfolgreichen Durchlaufens der späteren Stufe.

Identität und Gegenseitigkeit

Vor einer zusammenfassenden Darstellung der von ERIKSON unterschiedenen acht Entwicklungsphasen sind noch zwei weitere für ERIKSON zentrale Begriffe zu klären: *Identität* (identity) und *Gegenseitigkeit* (mutuality).

Unter *Identität* versteht ERIKSON die im Laufe der Entwicklung wachsende Fähigkeit, sich trotz ständiger Veränderungen sowohl als in Übereinstimmung mit seinem früheren Selbst zu erleben (self-samenes = Bewußtsein der Kontinuität) als auch in Übereinstimmung mit dem Bild, das sich die anderen von einem machen. Schließlich bedeutet Identität noch das Bewußtsein, hinsichtlich der eigenen Art mit Erfahrungen umzugehen und Aufgaben zu lösen, sich mit den Anforderungen und Erwartungen der sozialen Umgebung in Einklang zu befinden (Gruppenidentität). Der Prozeß der Identitätsfindung erstreckt sich nach ERIKSON zwar über die gesamte Lebensspanne, die Identitätsfindung wird jedoch während der Adoleszenz besonders akzentuiert erlebt, was dieser Entwicklungsperiode im Denken ERIKSONS eine herausragende Bedeutung verleiht (s. ERIKSON, 1968/1974).

Die Schwierigkeit der Aufgabe besteht dabei weniger in der Erprobung neuer Lebensmöglichkeiten als darin, alle konvergierenden Identitätselemente zu integrieren und gleichzeitig die divergierenden Identitätselemente aus der Kindheit abzubauen. Im Selbsterleben des Jugendlichen „geht es dabei meist nicht um die Verwandlung des häßlichen Froschs in den strahlenden Prinzen, sondern umgekehrt darum, daß das naive Selbstverständnis des Kindes eingetauscht werden soll gegen die beschämende Einsicht in eigene Mängel und Unzulänglichkeiten" (EWERT, 1983, S. 126).

Die Entsprechung des eigenen Handelns und des Handelns der anderen, die für die Identitätsfindung so außerordentlich wichtig ist, bezeichnet ERIKSON mit dem Begriff der *Gegenseitigkeit* oder der Gemeinsamkeit (mutuality). Gegenseitigkeit ist immer dann gegeben, wenn sich die drei folgenden Dinge entsprechen: a) die Ausreifung bestimmter Fertigkeiten (z.B. Laufen), b) die bei ihrer Ausübung empfundene Befriedigung und c) die soziale Anerkennung für die betreffende Aktivität (LANGER, 1969).

ERIKSON (1961) nimmt hierbei an, „daß sich die menschliche Persönlichkeit im Prinzip gemäß bestimmter Schritte entwickelt, die in der Bereitschaft der wachsenden Person vorgegeben sind, auf einen sich erweiternden sozialen Radius hin angetrieben zu sein, seiner gewahr zu werden und mit ihm in Wechselbeziehungen zu treten" (S. 265) und andererseits, „daß die Gesellschaft im Prinzip darauf eingerichtet ist, dieser Aufeinanderfolge von Möglichkeiten zur Wechselwirkung gerecht zu werden und ihnen entgegenzukommen, und daß sie versucht, das richtige Maß und die richtige Reihenfolge ihrer Entfaltung zu sichern und zu ermutigen" (S. 265).

Die zuletzt geäußerten Gedanken über Identität und Gegenseitigkeit machen zwei Merkmale der Theorie ERIKSONS deutlich: zum einen die ich-psychologische Ausrichtung, Entwicklung von einem sich aktiv mit der Umwelt auseinandersetzenden Ich zu betrachten, zum zweiten das Bedürfnis nach Symmetrie und Harmonisierung, das in der Konzeption einer universell vorgegebenen gegenseitigen Abstimmung von Individuum und Umwelt zum Ausdruck kommt. Überhaupt stellt ERIKSON, hierin von FREUD sich unterscheidend, überwiegend die *positiven* Seiten der psychosozialen Krisen heraus. Er sieht sie nicht nur als Gefahrenpunkte für neurotische Entwicklungen an, sondern auch als Gelegenheiten für die Bewährung eines Organismus durch die erfolgreiche Lösung von Entwicklungsaufgaben. Ähnlich geartet ist WHITES Konzeption von *competence* und *coping behavior* (WHITE, 1960).

Tabelle 8.4: Die Phaseneinteilung voin E. H. ERIKSON.

	(1) Psychosexuelle Stufe und (Erogene Zone)	zugehörige Funktionsweise	(2) Psychosoziale Funktionsweise	(3) Merkmale des sozialen Gefüges	(4) Relevante Bezugsperson	(5) Psychosoziale Krise
I.	Oral-respiratorisch, Sensorisch-kinästhetisch Mundzone	Einverleibung, später Beißen	Empfangen und Geben „I am what I am given", (Vertrauen)	Ist darauf eingerichtet, das Kind zu stillen und zu pflegen (Cosmic order)	Mutter (bzw. Pflegeperson)	Urvertrauen vs. Urmißtrauen; Entwöhnungssituation; Verlassensein und Trennung, Antrieb und Hoffnung
II.	Anal-urethral, Muskulär Analzone	Retention und Elimination (Vorform: Beugen und Strecken)	Behalten und Hergeben „I am what I will" (Anfänge der Selbständigkeit)	Einüben von Gehorsam (Law and order)	Vater und Mutter (Eltern)	Autonomie vs. Selbstzweifel; Kampf zwischen Fremd- und Selbstkontrolle, Mitte finden zwischen Omnipotenz und Unterwerfung, Selbstbeherrschung und Willenskraft
III.	Infantil-genital, Lokomotorisch Genitalzone	Intrusion, Inklusion, Eindringen und Einschließen	Etwas machen, nachmachen (Spielen) „I am what I will be" (Experimentieren, Anfänge von Wetteifer)	Eltern als Vorbilder, Idealpersonen	Primärgruppe, Familie	Initiative vs. Schuldgefühl; Rollenübernahme bringt Gefahr von Rivalität mit gleichgeschlechtlichem Elternteil; Schuld und Angst vor Strafe (Ödipale Situation) Richtung und Zweckhaftigkeit
IV.	Latenzphase (keine eigene Zone)	„Geistiges" Eindringen, Begreifen	Dinge machen, zusammenfügen (Konstruieren) „I am what I learn"	Dinge, Sachen der Umwelt	Nachbarschaft, Schule	Werksinn vs. Minderwertigkeitsgefühl; Methode und Können

V.	Adoleszenz und ihre auffälligen körperlichen Veränderungen (Genitalzone)	wie III.?	Selbst sein oder nicht selbst sein „To share being oneself“	Meinungen und Einstellungen, Ideologien, Ideen; Wertehierarchien	Peergroup und andere Bezugsgruppen, Führerfiguren	Identitätsfindung vs. Rollendiffusion; Festigung der sozialen Rolle Hingebung und Treue
VI.	Genitalität Genitalzone	wie V.?	Sich in einem anderen verlieren und finden	Kooperation und Wettstreit	Sexualpartner, Freunde, Kameraden, mit denen man im Wettstreit steht oder zusammenarbeitet	Intimität (Solidarität) vs. Isolation (Rückzug); Finden der Rolle des Ehemanns/der Ehefrau; Bindung und Liebe
VII.	Generativität Erwachsenenalter	–	Etwas schaffen, sorgen für; Sich einen Bekanntenkreis schaffen, häusliches Leben usw.	Erziehung und Tradition	Arbeitsplatz und gemeinsamer Haushalt; Arbeitsteilung	Zeugungsfähigkeit vs. Selbst-Abkapselung; Produktivität und Fürsorge
VIII.	Integrität Greisenalter	–	Sein durch gewesen sein, dem Nicht-Sein ins Auge sehen	Weisheit	Die ganze Menschheit, Gefühl der Einheit mit „meiner Art“	Ichintegrität vs. Verzweiflung; Eigener Zerfall und Tod; Entsagung und Weisheit

Zu Spalte (5) der Tabelle 8.4:

Da Erikson der Selbsteinschätzung, d.h. dem Gefühl, eine Krise erfolgreich gemeistert zu haben oder aber dabei versagt zu haben, entscheidende Bedeutung für die weitere Persönlichkeitsentwicklung zuschreibt, ist bei der Kennzeichnung der einzelnen Phasen durch die phasentypische soziale Fähigkeit jeweils das Präfix *ein Gefühl von* hinzuzudenken: *ein Gefühl von Vertrauen*, *ein Gefühl von Autonomie* usw. Bezüglich der Inhalte der Krisen vollzieht sich im Laufe der Ontogenese – wie in der Phylogenese – ein Wandel: Anfänglich stehen Konflikte zwischen Triebbedürfnissen und Anforderungen der Realität im Vordergrund (z.B. die Beherrschung der Ausscheidungsorgane), später spielen sich die Konflikte ausschließlich auf der sozialen Ebene ab und beinhalten ambivalente soziale Situationen (z.B. für andere sorgen versus sich auf sich selbst zurückziehen).

Untersuchung 8.2 *Eine Längsschnittstudie zu Veränderungen des Identitätsstatus vom ersten bis zum letzten Collegejahr*

Von Eriksons Identitätskonzept ausgehend hat Marcia (1966) vier Typen der Identität unterschieden und ein Interviewverfahren entwickelt, mit dem festgestellt werden kann, zu welchem Typ ein Individuum gehört. In Anlehnung an Erikson (1968/1974) erfaßt Marcia den Status der Identitätsbildung nach zwei Merkmalen: ob das Individuum eine Identitätskrise durchlaufen hat oder nicht und ob es bezüglich seiner Berufs- und Werteorientierungen eine persönliche Entscheidung getroffen hat oder nicht. Danach ergeben sich vier mögliche Identitätszustände (vgl. Tabelle 8.2):

Tabelle 8.2: Vier Identitätszustände nach Marcia (1980)

	Keine Krise	Krise
Keine persönliche Entscheidung	Diffuse Identität	Aufgeschobene Identität
Persönliche Entscheidung	Übernommene Identität	Geleistete Identität

In welchem Identitätsstatus sich ein Individuum befindet, wird meist mit Hilfe eines von Marcia (1966) entwickelten halbstrukturierten Interviews festgestellt. Dessen Fragen zielen darauf ab, Informationen über die Erfahrung einer Krise und die erlebte oder nicht erlebte innere Verpflichtung in den beiden Bereichen Berufsorientierung und Werteorientierung (unterteilt nach religiösen und politischen Werten) zu erhalten. Die Antworten der Pbn werden später von Beurteilern nach den vier Arten des Identitätsstatus klassifiziert.

Eine Frage zur beruflichen Orientierung lautet z.B.: „Wärest Du bereit, Deine(n) jetzige(n) Ausbildung (Beruf) aufzugeben, wenn Dir etwas Besseres angeboten würde?" Typische Antworten für die vier Identitätstypen sind (aus Marcia, 1966, S. 553; Übers. v. Verf.): „Ich könnte es tun, aber ich bezweifle es. Ich sehe nicht, was es 'Besseres' für mich geben könnte." (Geleistete Identität) –„Ich denke, wenn ich es genau wüßte, könnte ich das besser beantworten. Es müßte aber irgendetwas mit dem zu tun haben, was ich jetzt mache." (Aufgeschobene Identität) – „Würde ich wahrscheinlich nicht tun. Was ich jetzt mache, wollte ich schon immer, und da meine Familie damit zufrieden ist, bin ich es auch." (Übernommene Identität) – „Oh, sicher. Wenn sich was Besseres anbieten würde, würde ich sofort etwas anderes machen." (Diffuse Identität).

Auf der Grundlage von Eriksons Theorie der Identitätsbildung und unter Verwendung der Interviewmethode von Marcia führten Alan Waterman, Patricia Geary und Caroline Waterman (1974) eine Längsschnittstudie mit 53 männlichen Studenten eines polytechnischen Colleges in einer amerikanischen Kleinstadt durch. Die Studenten wurden erstmals zu Beginn ihrer Collegeausbildung (bei Eintritt in das College und am Ende des ersten Studienjahres) und erneut drei Jahre später, d.h. gegen Ende ihrer Collegeausbildung hinsichtlich ihres Identitätsstatus untersucht.

Die Autoren interessierten sich für die Veränderungen des Identitätsstatus vom Beginn bis zum Ende der Collegeausbildung und wollten feststellen, inwieweit die Stabilität bzw. Instabilität des Identitätsstatus mit dem Ausgangsstatus variiert. Gemäß der Theorie von ERIKSON (1968/1974) erwarteten sie, daß die Zahl der *Identity achiever* auffällig zunimmt und die drei anderen Typen des Identitätsstatus entsprechend abnehmen. Außerdem nahmen sie an, daß die (früheren) *Identity achiever* im Vergleich zu den anderen drei Gruppen ihren Status eher beibehalten. Als am wenigsten stabil vermuteten sie den *Moratorium*- Status.

Von den bei Studienbeginn befragten 92 Studenten waren zum Zeitpunkt der Nachfolgeuntersuchung noch 70 Studenten am gleichen College eingeschrieben. 53 davon nahmen an der Untersuchung teil. Die Interviewer wußten nichts über die Ergebnisse der früheren Untersuchung.

Sämtliche Interviews wurden von zwei unabhängigen Beurteilern – in Zweifelsfällen unter Hinzuziehung eines dritten Beurteilers – ausgewertet. Die Beurteilerübereinstimmung lag im Durchschnitt bei 63 %, was eher niedrig ist.

Die *Ergebnisse* der Untersuchung sind in der Tabelle 8.3 zusammengefaßt.

Tabelle 8.3: Anzahl von Vpn in den vier Identitätszuständen im 1. und im 4. Collegejahr und Anzahl von Vpn, die ihren früheren Status beibehalten und die ihren späteren Status neu erreicht haben; jeweils getrennt nach Berufsorientierung und nach Werteorientierung (nach WATERMAN et al., 1974, S. 390f.)

Identitäts-status	1. College-jahr	4. College-jahr	Früherer Status beibehalten	Späterer Status neu erreicht
		Berufsorientierung		
Geleistete I.	7	19	5	14
Aufgeschobene I.	8	0	0	0
Übernommene I.	17	14	12	2
Diffuse I.	15	14	7	7
		Werteorientierung		
Geleistete I.	5	20	5	15
Aufgeschobene I.	4	1	0	1
Übernommene I.	19	7	6	1
Diffuse I.	17	17	12	5

Aus der Tabelle ist zu ersehen, daß jeweils die Hälfte der Studenten ihren ursprünglichen Status beibehielt bzw. veränderte. Im beruflichen Bereich war die Stabilität bei den *Identity achievern* (geleistete Identität) und den *Foreclosures* (übernommene Identität) am größten. Im Wertebereich waren es neben den *Identity achiever* die mit einer *diffusen Identität*, die am ehesten stabil blieben. Von der *Moratoriums*-Gruppe behielt hingegen keiner seinen Status bei. Wie erwartet stieg die Zahl der *Identity achiever* in beiden Bereichen am stärksten an.

Da nicht im einzelnen mitgeteilt wird, wer von welchem Ausgangsstatus in welchen Endstatus gewechselt hat, ist nicht genau zu beziffern, inwieweit die Richtungsänderungen theoriekonform jeweils in Richtung eines „reiferen" Identitätsstatus gingen. Die Zahlenverhältnisse lassen jedoch erkennen, daß hauptsächlich aus früheren *Foreclosures*- und *Moratoriums*-Individuen *Identity achiever* geworden sein müssen und daß nur einige der „Foreclosure"-und *Moratoriums*-Angehörigen zu dem weniger reifen Status der *diffusen Identität* „regredierten".

Insgesamt können die Befunde von WATERMAN et al. (1974) als Stützung von ERIKSONS Theorie der Identitätsbildung der Adolessenz angesehen werden. Das erwartete Voranschreiten zu einer geleisteten Identität war allerdings nur bei einem Drittel der Studenten zu beobachten. Über die Hälfte befand sich auch am Ende der Collegezeit (immer) noch im Status der übernommenen Identität oder gar der Identitätsdiffusion.

Die Studie von WATERMAN et al. (1974) beschränkte sich auf männliche Studenten. In der Tradition der Psychoanalyse hatte ERIKSON bei seiner Analyse der Identitätsbildung vermutlich auch in erster Linie die Entwicklung männlicher Jugendlicher vor Augen. Aus diesem Grund steht für ihn im Zentrum der Identitätsbildung die Berufsfindung und die ideologische Orientierung, während er den Bereich der zwischenmenschlichen Beziehungen, der für die weibliche Identität von besonderer Wichtigkeit scheint (vgl. DOUVAN & ADELSON, 1966), vollkommen vernachlässigt.

WATERMANN, A.S., GEARY, P.S. & WATERMAN, C.K. (1974). Longitudinal study of changes in ego identity status from the freshman to the senior year at college. *Developmental Psychology, 10*, 387-392.

Entwicklungsverlauf

Seine Vorstellungen über den Entwicklungsverlauf und die zu seiner Charakterisierung notwendigen Beschreibungsdimensionen hat ERIKSON an verschiedenen Stellen tabellarisch dargestellt. Ich beziehe mich im folgenden überwiegend auf die zusammenfassende Darstellung in ERIKSON (1959/1966). Aus der Tabelle 8.4 wird ersichtlich, daß ERIKSON neben den drei für FREUD wichtigsten frühkindlichen Phasen fünf weitere Phasen ausführlich beschrieben hat. Zwei davon, die Latenzphase und die genitale Phase, finden sich bereits bei FREUD, sie werden dort aber weniger detailliert abgehandelt. Jede der acht Phasen läßt sich mindestens durch fünf Kategorien charakterisieren:

- *Erogene Zone* und zugehörige *psychosexuelle Funktionsweisen* (Modi),
- *Psychosoziale Funktionsweisen* (Modalitäten),
- Merkmale des *sozialen Gefüges*,
- Radius der bedeutsamen *sozialen Beziehungen*,
- *Psychosoziale Krise*.

Wegen der geringen Veränderungen bzw. des Abbaus der Sexualität im späteren Erwachsenenalter entfallen für die letzten beiden Entwicklungsstufen Angaben über eigenständige sexuelle Funktionsweisen.

Ausführlichere Beschreibungen der acht Entwicklungsphasen nach ERIKSON, insbesondere der phasenspezifischen Entwicklungsaufgaben, finden sich in CRAIN (1985), MAIER (1983) und in FLAMMER (1988).

3. Neuere Tendenzen in der psychoanalytischen Entwicklungstheorie

3.1 Allgemeines Erscheinungsbild der neueren Psychoanalyse

Das aktuelle Bild der Psychoanalyse ist durch ein starkes Interesse für *Objektbeziehungen* und das *Selbst* gekennzeichnet (FAIRBAIRN, 1952; MAHLER, 1968/1972; MAHLER, PINE & BERGMAN, 1975/1978; SPITZ, 1965; WINNICOTT, 1974). Demgegenüber tritt der klassische Untersuchungsgegenstand der reifungsabhängigen Entfaltung der Libido in Form aufeinanderfolgender psychosexueller Organisationsstufen (Triebwandel) in den Hintergrund. Damit verbunden ist eine Hinwendung zu den sogenannten narzißtischen Persönlichkeitsstörungen und (psychotischen) Borderline-Zuständen (KERNBERG, 1978; KOHUT, 1971) anstelle der früheren Betonung der klassischen Neurosen.

Der typische psychoanalytische Patient von heute zeigt nach EAGLE (1984/1988) eher Probleme des Selbst und der Objektbeziehungen (Gefühle der Bedeutungslosigkeit, der Leere, der Depression, des Mangels an Idealen und Werten, der Beziehungslosigkeit) als die klassischen neurotischen Probleme ödipaler Art (z.B. Hysterien, Phobien oder Zwangsneurosen).

Für die psychoanalytische Entwicklungspsychologie bedeutet dies, daß nun eher die ersten drei Lebensjahre (nach dem weiter vertretenen Phasenmodell: die orale und die anale Phase) und weniger – wie bisher – der Altersbereich von drei bis sechs Jahren (die phallische Phase und die hier kulminierende ödipale Situation) im Zentrum der Entwicklungsanalyse stehen. Die ersten drei Lebensjahre werden deshalb als so wichtig angesehen, weil in dieser Zeit die grundlegenden Prozesse der Differenzierung des Selbst und der anderen und des Aufbaus der Selbst-Integrität stattfinden. Dabei gilt nicht mehr in erster Linie die erlebte Befriedigung (oder Versagung) oraler Triebe (des Nahrungsbedürfnisses) als entscheidend für die Entwicklung, sondern das Bedürfnis nach physischem und sozialem Kontakt (*Kontaktbehagen* im Sinne von HARLOW, 1958; *Anhänglichkeit* oder *Bindung* im Sinne von BOWLBY, 1969/1975).

Das Kleinkind gelangt von einem Zustand völliger Abhängigkeit und geringer Differenzierung zwischen dem Selbst und den anderen zu einer zunehmenden Definition des Selbst und wachsender Unabhängigkeit. Die „Objekte" (insbesondere die Mutter) erfüllen dabei weniger die Funktion der Triebbesetzung und Triebbefriedigung (wie es die orthodoxe Psychoanalyse annimmt), sondern haben die Entwicklung der Selbst-Integrität und der psychischen Unabhängigkeit zu ermöglichen.

Von dieser gemeinsamen Grundauffassung ausgehend gelangen die verschiedenen Vertreter der neueren psychoanalytischen Theorie zu unterschiedlichen Beschreibungen der Entwicklungsprozesse. Für MAHLER und ihre Arbeitsgruppe (MAHLER, 1968/1972; MAHLER et al., 1975/1978) führt der Weg von der symbiotischen Mutter-Kind-Beziehung zur Loslösung und Individuation (s. dazu Abschnitt 3.2). KOHUT (1971) postuliert eine Entwicklungssequenz von völligem Vertrauen auf das Selbst-Objekt zur Selbst-Definition und zum Selbstwertgefühl, zur Selbst-Kohärenz und zu Vorhaben, die von den eigenen Ambitionen, Werten und Idealen vorangetrieben werden. FAIRBAIRN (1952) sieht eine Veränderung von infantiler Abhängigkeit und primärer Identifizierung zu Differenzierung und reifer Abhängigkeit.

Auf der methodischen Seite gewinnt in der neueren psychoanalytischen Forschung neben der Rekonstruktion der Kindheitsentwicklung anhand von Traummaterial, Erinnerungen und freien Assoziationen erwachsener Patienten die direkte Beobachtung kleiner Kinder und der Interaktion zwischen Mutter und Kind an Bedeutung.

3.2 Margaret MAHLER: Symbiose, Loslösung und Individuation

Den engsten Bezug zu aktuellen Themen der Entwicklungspsychologie, insbesondere zur Forschung über die Mutter-Kind-Bindung (vgl. hierzu Kap. 7.3.2) weisen die Arbeiten von Margaret MAHLER auf. Sie werden deshalb etwas ausführlicher dargestellt.

Ausgangspunkt MAHLERS war die Beschäftigung mit schizophrenieähnlichen kindlichen Psychosen (MAHLER, 1968/1972). Die Beobachtung von – wie sie es nannte – symbiotisch-psychotischen Kindern und ihren Müttern führte sie zur Frage, auf welche Weise normale Kinder während der ersten Lebensjahre das Gefühl individueller Einheit und Identität erwerben. MAHLER meinte beim Menschen ein zeitliches Auseinanderfallen der *biologischen Geburt* und der *psychologischen Geburt* feststellen zu können (MAHLER et al., 1975/1978).

Die psychologische Geburt des Menschen

Den Zeitpunkt der psychologischen Geburt setzt MAHLER mit dem Beginn des *Loslösungs-* und *Individuationsprozesses* um den 4./5. Lebensmonat an. Bis dahin befindet sich der Säugling in einem symbiotischen Zustand der Nichtdifferenzierung zwischen *Ich* und *Nicht-Ich*, in dem es noch keine Unterscheidung zwischen dem Selbst und der Mutter gibt. Der darauffolgende Loslösungs- und Individuationsprozeß ist zwar ein lebenslanger Prozeß, die entscheidenden Veränderungen finden aber zwischen dem 4. und 36. Lebensmonat statt.

Loslösung oder *Getrenntheit* beinhaltet den intrapsychischen Erwerb eines Gefühls des Getrenntseins von der Mutter bzw. der Welt im allgemeinen, „das Auftauchen des Kindes aus der symbiotischen Verschmelzung mit der Mutter" (MAHLER et al., 1978, S. 14). Die inneren Repräsentanten des Selbst und der Objektwelt werden klar voneinander geschieden, *Individuation* ist das Erkennen und die Annahme der individuellen Persönlichkeitsmerkmale durch das Kind selbst.

Loslösung und Individuation stellen für MAHLER zwei einander ergänzende, jedoch nicht identische Entwicklungslinien dar. Sie müssen zeitlich und von ihrer Tendenz nicht parallel verlaufen.

So kann eine vorzeitige Entwicklung der Fortbewegung, die dem Kind die physische Trennung von der Mutter ermöglicht, zu einem Gewahrwerden des Getrenntseins führen, bevor das Kind mit diesem Gewahrwerden zurechtkommt. Im Gegensatz dazu kann eine Mutter, die das autonome Bestreben des Kindes zur Individuation stört, z.B. in dem sie unterbindet, daß es sich von ihr entfernt, retardierend auf die Loslösung wirken (MAHLER et al., 1978).

Das kognitive und affektive Gewahrwerden der Getrenntheit ist für MAHLER eine Voraussetzung einer echten Objektbeziehung. Obwohl sich MAHLER mit der normalen Entwicklung von Kleinkindern beschäftigt hat, gilt ihr primäres Interesse der gestörten Entwicklung von Objektbeziehungen, insbesondere bei psychotischen Kindern. Nach MAHLER finden psychotische Kinder nicht den normalen Weg, ein getrenntes (eigenständiges) Individuum zu werden.

Die Subphasen des Loslösungs- und Individuationsprozesses

Im einzelnen unterscheiden MAHLER et al. (1975/1978) *vier* aufeinanderfolgende *Subphasen der Loslösung und Individuation*. Ihnen geht eine *Phase des „normalen Autismus“* und eine *symbiotische Phase* voraus. Die wichtigsten Merkmale der einzelnen Phasen und ihre ungefähre zeitliche Abgrenzung werden von MAHLER et al. (1978) wie folgt beschrieben (vgl. auch EAGLE, 1988; KLUSSMANN, 1987).

In den ersten drei bis vier Lebenswochen befindet sich der Säugling im Zustand des *normalen Autismus*. Er unterscheidet nur zwischen lustvollen, *guten* und unlustvollen, *schlechten* Empfindungen.

Im zweiten und dritten Lebensmonat zerbricht die autistische Schale und es kommt zu einer symbiotischen Fusion mit der Mutter (*symbiotische Phase*). Der Säugling nimmt das bedürfnisbefriedigende Objekt (die Mutter) allmählich verschwommen wahr. *Ich* und *Nicht-Ich* werden aber noch nicht klar unterschieden. Der Säugling hat „die illusorische Vorstellung einer gemeinsamen Grenze“ (MAHLER et al., 1978, S. 63 f.) mit der Mutter. Langsam trennt sich das sensorische Erleben des mütterlichen und des eigenen Körpers.

Im Alter von etwa vier bis fünf Monaten beginnt die erste Subphase des Loslösungs- und Individuationsprozesses: die *Differenzierung*. Alle normalen Kinder machen ihre ersten tastenden Schritte, aus dem Stadium der passiven Zweieinheit mit der Mutter auszubrechen. Kinder mit einer vorangegangenen befriedigenden symbiotischen Beziehung zeigen ein großes Vergnügen an Sinneswahrnehmungen, Neugier und eher Verwunderung als Angst, wenn sie Fremde ansehen. Die Mutter und andere werden verglichen (*abgetastet*), so als ob das Kind nachprüfen wollte, was die Mutter ist (*checking back*).

Um den neunten Lebensmonat herum beginnt die zweite Subphase, von MAHLER *Übungsphase* genannt. Sie dauert bis zum 15./18. Monat. Im Vordergrund steht hier das Üben der Fortbewegung bis hin zum freien Laufen. Das Kleinkind erforscht nun aktiv die Welt. Es ist oft so in seine Aktivitäten vertieft, daß es einige Zeit ohne Mutter auskommt. Es wahrt dabei aber immer eine optimale Distanz von der Mutter, die es als seine *Heimatbasis* (*home base*) betrachtet und zu der es zum *emotionalen Auftanken* periodisch zurückkehrt. Die Freude an der Beherrschung körperlicher Funktionen geht vorübergehend mit einer relativen Unempfindlichkeit gegenüber Frustrationen einher.

Zwischen dem 15./18. und 24. Lebensmonat folgt die dritte Subphase, die *Wiederannäherung*. Nun ist sich das Kind seiner Getrenntheit von der Mutter stärker bewußt, es empfindet größere Trennungsangst und – komplementär dazu – ein gesteigertes Bedürfnis nach Nähe zur Mutter. Es will wissen, wo die Mutter ist. Charakteristische Verhaltensmuster des Kindes sind das ständige *Beschatten* der Mutter und das Weglaufen von ihr, was MAHLER als Ausdruck „des Wunsches nach Wiedervereinigung mit dem Liebesobjekt als auch der Angst, von ihr erneut verschlungen zu werden" (MAHLER et al., 1978, S. 103) deutet. Die abnehmende Frustrationstoleranz und die wieder stärker werdende Abhängigkeit ihres Kindes irritiert manche Mütter. Kognitive Errungenschaften (z.B. größere verbale Fähigkeiten, die Symbolisierungsfähigkeit, der Aufbau eines kohärenten Selbst und der Geschlechtsidentität) helfen dem Kind bei der Bewältigung seiner Situation. Im symbolischen Spiel und durch die Benennung von Objekten gewinnt das Kind Kontrolle über seine Umwelt. Wie die Wiederannäherungsphase bewältigt wird, ist nach MAHLER von entscheidender Bedeutung für die weitere Entwicklung. Die optimale Mutter muß in dieser Phase ständig emotional verfügbar sein, gleichzeitig aber bereit sein, das Kind bei der Einübung von Selbstständigkeit zu unterstützen, ohne zu abrupt und vorzeitig auf Unabhängigkeit zu drängen. Fehlverhalten der Mutter während dieser Phase hat oft gesteigerte Trennungsangst und ein Anklammern des Kindes an die Mutter zur Folge, was dem Kind erschwert, die Umwelt zu erkunden und selbständig zu werden.

Etwa zu Anfang des dritten Lebensjahres beginnt die vierte Subphase, die gegenüber den drei vorangegangenen Subphasen der Loslösung eine neue Qualität aufweist: die *Individuation*, d.h. die „Konsolidierung der Individualität und die Anfänge der emotionalen Objektkonstanz" (MAHLER et al., 1978, S. 142). Dies beinhaltet u.a. die Vereinigung *guter* und *schlechter* (Mutter-) Repräsentanzen zu einem integrierten (konstant positiv besetzten) inneren Mutterbild, die Festigung der Geschlechtsidentität und eine gewisse Toleranz gegenüber ängstigenden Ereignissen und Versagungen. Die Individuation ist ein lebenslanger Prozeß.

Das Durchlaufen der Entwicklungsschritte von der Symbiose zur Loslösung und Individuation ist für MAHLER zwar Teil eines normalen Reifungsprozesses. Jeder einzelne Schritt wird aber durch die Art der Mutter-Kind-Interaktion stark beeinflußt. Insbesondere die frühe symbiotische Befriedigung und die emotionale Verfügbarkeit der Mutter während der Wiederannäherungsphase werden für eine ungestörte Entwicklung als wichtig erachtet.

Psychopathologie und abweichendes Verhalten werden demnach auch eher auf bindungsbedingte Probleme von Symbiose und Individuation zurückgeführt als auf Probleme, die von sexuellen und aggressiven Trieben ausgehen, die in der orthodoxen Libidotheorie FREUDS im Vordergrund stehen. Störungen der normalen Loslösungs- und Individuationsprozesse sollen sich später vor allem in einer ambivalenten Bindung (Wechsel von Anklammern und Zurückweisen), einer Spaltung der Objektwelt in *gut* und *böse* und der Ausübung von Zwang gegenüber der Mutter zeigen (KLUSSMANN, 1987, S. 46).

Untersuchung 8.3 — *Mutter-Kind-Interaktionen während Trennung und Individuation*

Nachdem sich Margaret MAHLER seit Ende der 40er Jahre mit der Erforschung der Loslösungs- und Individuationsprozesse vornehmlich bei Kindern mit einer gestörten Entwicklung beschäftigt hatte, wandte sie sich in zwei Langzeitstudien (1959–1962 mit 17 Kindern von 16 Müttern; 1962–1968 mit 21 Kindern von 13 Müttern) der Erforschung der normalen, d.h. relativ ungestörten Mutter- Kind-Beziehung zu. In ihrer 1965 veröffentlichten Arbeit illustrieren Margaret MAHLER und Kitty LAPERRIERE die von MAHLER beschriebenen Subphasen der Loslösung und Individuation an einer Reihe von Fallbeispielen. Die Kinder, über die sie berichten, wurden wiederholt während der ersten drei Lebensjahre untersucht.

Die Auswahl der Mutter-Kind-Paare erfolgte nach folgenden Kriterien: 1. die Mütter durften keine Anzeichen einer schweren Pathologie erkennen lassen; 2. die Familien mußten intakt sein; 3. die Mütter mußten regelmäßig mindestens zweimal pro Woche zur Teilnahme bereit sein. Die Herkunftsfamilien hatten eine überdurchschnittlich gute Ausbildung. Die Mütter waren alle nicht berufstätig und waren gegenüber dem Forschungsprojekt sehr positiv eingestellt.

Neben intensiven Beobachtungen der Mutter-Kind-Paare in dem Forschungszentrum und zu Hause (teilweise mehrmals wöchentlich) wurden die Mütter wöchentlich, die Väter ein bis zweimal jährlich interviewt. Ein Teil der Beobachtungssitzungen wurde gefilmt. Die Mütter wurden einem Persönlichkeitstest unterzogen. Im Alter von ca. 5, 10, 18 und 30 Monaten wurde mit den Kindern ein Entwicklungstest durchgeführt. Jedes Kind wurde außerdem wöchentlich in individuellen Spielsitzungen zusammen mit älteren Kindern beobachtet. Das methodische Vorgehen ist ausführlich dargestellt in PINE & FURER (1963).

Zwei Fälle, zu denen MAHLER und LAPERRIERE Angaben über alle vier Subphasen machen, eignen sich zur Illustration: *Matthew* und *Anna*.

1. Matthew. Matthew hatte die symbiotische Phase und die erste Subphase der Loslösung (Differenzierung) gut durchlaufen. Die Mutter-Kind-Beziehung war sehr befriedigend. Als er mit 10 Monaten in die Übungsphase eintrat, zeichnete er sich durch ein großes Interesse an motorischer Betätigung und an seiner Umwelt generell aus. Er explorierte seine Umgebung mit Freude und kehrte von Zeit zu Zeit zum emotionalen Auftanken zu seiner Mutter zurück. Die Mutter unterstützte die Unabhängigkeit ihres Kindes und war gleichzeitig immer für es verfügbar.

Die harmonische Beziehung zwischen Mutter und Kind dauerte auch während der Wiederannäherungsphase an. Weiterhin verstand es die Mutter, Unabhängigkeit bei ihrem Kind zu unterstützen und gleichzeitig emotional verfügbar zu sein, je nach Bedürfnislage ihres Kindes. Matthew entwickelte sich weiter sehr positiv. Dies ist um so bemerkenswerter als die Mutter, als Matthew 10 Monate alt war, wieder schwanger geworden war, und Matthew mit 1 1/2 Jahren ein Brüderchen bekommen hatte. Matthew akzeptierte andere Personen als Muttterersatz. Er schien sich teilweise mit seiner Mutter zu identifizieren, was sich z.B. in einem stärkeren Interesse an Babys und speziell seinem Brüderchen zeigte.

2. Anna. Eine ganz andere Entwicklung als Matthew durchlief Anna. Sie hatte eine sehr narzißtische Mutter, die ihrem Kind wenig emotionale Zuwendung gab. Meistens las sie und ignorierte Anna. So konnte Anna kein Vertrauen zur Mutter aufbauen. In ihrer motorischen und geistigen Entwickung war Anna allerdings völlig unauffällig. Da sie so sehr um die Aufmerksamkeit ihrer Mutter kämpfen mußte, hatte sie nicht genügend Energie für die Exploration und Bewältigung ihrer Umwelt übrig („. . . she had not enough libidinal energy left to cathect adequately her autonomous ego functions or to devote to pleasurable explorations and mastery for her expanding reality." S. 494). Während der Differenzierungsphase saß Anna meist ihrer Mutter zu Füßen, blickte sie an und wartete auf eine Reaktion („. . . imploring and beseeching her unresponsive mother with her eyes." S. 494). Die Differenzierungsphase dauerte bei Anna länger als bei anderen Kindern. Auch die Übungsphase verlief atypisch. Sie war dadurch gekennzeichnet, daß sie sich nur für kurze Perioden von ihrer Mutter entfernte, ohne die für diese Phase üblichen Erkundungsaktivitäten zu zeigen. Die Übungsphase dauerte nur sehr kurz.

Auch in der Wiederannäherungsphase zeigte Anna weiterhin wenig Initiative, sich ihrer Umwelt zuzuwenden. Entfernte sie sich einmal von ihrer Mutter, waren ihre anschließenden Bemühungen, die Aufmerksamkeit ihrer Mutter zu erlangen, um so heftiger. Kam sie nicht zum Ziel, setzte sie stärkere Mittel ein (sie fiel hin, verstreute Kekse auf dem Boden und zertrat sie u.ä.) – dabei die Mutter immer im Blickwinkel. In ihrer sprachlichen Entwicklung war Anna weit fortgeschritten. Die Phase der Babysprache hatte sie fast völlig übersprungen. Wahrscheinlich hatte dies damit zu tun, daß ihre Mutter noch am ehesten sprachlich mit ihr kommunizieren konnte und mit Anna wie mit einem Erwachsenen redete. Während der Wiederannäherungsphase zeigte Anna sehr ausgeprägt ein für diese Phase typisches Gefahrensignal: Sie „beschattete" ständig ihre Mutter. Entsprechend groß war ihre Trennungsangst. War sie einmal ohne ihre Mutter, konnte sie kaum getröstet werden.

Die unterschiedlichen Entwickungsverläufe von Matthew und Anna sind für MAHLER und LAPERRIERE ein Beleg dafür, daß für ein *normales* Durchlaufen der Phasen der Loslösung und Individuation beide Seiten, Mutter und Kind, sich auf die phasenspezifischen Anforderungen angemessen einstellen müssen. Dabei hat sich die Mutter vor allem den biologischen Bedürfnissen und dem jeweiligen Entwicklungsstand ihres Kindes anzupassen, während das Kind sich der Persönlichkeit seiner Mutter anpassen muß.

Abweichend von der Kontinuität der Qualität der Mutter- Kind-Interaktion über die verschiedenen Subphasen bei Matthew und Anna beobachtete MAHLER in ihren Langzeitstudien oft ein hohes Ausmaß an Fluktuation der Mutter-Kind-Interaktion. D.h., gute oder schlechte Beziehungsmuster in einer Phase müssen nicht mit entsprechend guten oder schlechten Beziehungsmustern in anderen Phasen einhergehen.

Gestörte Mutter-Kind-Beziehungen traten am ehesten auf, wenn das Kind nicht in der Lage war, sich an die Mutter anzupassen. Die meisten Kinder verfügten allerdings über ein beeindruckendes Maß an Anpassungsfähigkeit und Belastbarkeit.

Die Fallschilderungen von MAHLER und LAPERRIERE machen deutlich, daß es den Autorinnen – wie den meisten Psychoanalytikern – weniger darauf ankommt, ihre theoretischen Annahmen über Entwicklungsprozesse systematisch zu überprüfen, als ihre Theorie an Einzelfällen zu erläutern und zu konkretisieren. Es wird gezielt nach *guten* Beispielen für die Theorie gesucht. Es gerät auch nur das ins Blickfeld, was für die Theorie der Loslösung und Individuation von Bedeutung ist. Die Theorie gibt somit eher einen Deutungsrahmen für beobachtete Entwicklungsverläufe ab als daß sie Entwicklungsveränderungen vorhersagt und erklärt.

MAHLER, M.S. & LAPERRIERE, K. (1965). Mother-child interaction during separation-individuation. *Psychoanalytic Quarterly, 34*, 483-498.

Einige Formulierungen und Beobachtungen MAHLERS zur Mutter-Kind-Bindung konnten auch in Untersuchungen außerhalb des psychoanalytischen Theoriegebäudes bestätigt werden. So z.B. die von ihr aufgezeigten Phänomene des *emotionalen Auftankens* des Kleinkindes bei der Mutter und einer sicheren Bindung an die Mutter als Ausgangsbasis für Exploration und Lernen (AINSWORTH, 1973; AINSWORTH et al., 1978; GROSSMANN, 1977; GROSSMANN & GROSSMANN, 1986).

4. Bewertung der psychoanalytischen Entwicklungstheorien

Mängel und Grenzen

Soweit die im vorangegangenen Kap. 7 dargestellten Annahmen einer innengesteuerten Entfaltung in gesetzmäßig aufeinanderfolgenden Stufen oder Phasen von der Psychoanalyse geteilt werden, gilt für diese entsprechend die unter 7.4 vorgebrachte Kritik. Darüber hinaus weisen die psychoanalytischen Entwicklungstheorien eine Reihe inhaltlicher und formaler Mängel auf, die ihre Gültigkeit und Brauchbarkeit einschränken.

(1) In Anlehnung an die Physik seiner Zeit vertrat FREUD ein physikalisch-mechanistisches Libido- und Triebkonzept. Analog zu den beiden thermodynamischen Sätzen der Energieerhaltung und der Entropie postulierte er eine genetisch vorgegebene feste Menge von Energie (die Libido), die durch Befriedigung abgeführt werden muß oder auf andere Art umgeleitet werden kann, grundsätzlich jedoch erhalten bleibt. Der Triebdruck soll dabei an der schwächsten Stelle zur Abfuhr gelangen. Dieses homöostatische oder Dampfkessel- Triebmodell läßt sich aufgrund zahlreicher Ergebnisse der neueren Motivationsforschung nicht aufrechterhalten (vgl. COFER & APPLEY, 1964; HECKHAUSEN, 1980; WEINER, 1988).

Mit dem Wandel der aktuellen Psychoanalyse von einer Es- zu einer Ichpsychologie, d.h. von der Betonung der Triebentwicklung zur Betonung der Entwicklung der Objektbeziehungen und des Selbst (vgl. oben) hat dieser Kritikpunkt gegenüber der Psychoanalyse allerdings an Gewicht verloren.

(2) Die Betrachtung der Entwicklung unter dem primären Aspekt der Triebwandlung und der begleitenden Affektbildungen räumt den kognitiven Variablen (Wahrnehmen, Denken, Urteilen, Sprechen) zu wenig Gewicht bei der Beschreibung und Erklärung von Entwicklungsprozessen ein. Die Rolle der Kognition wird zu stark auf ihre trieb- und gefühlsmäßigen Grundlagen und auf ihre Funktion bei der Realitätsabbildung und -anpassung (die dem Realitätsprinzip unterliegenden Sekundärprozesse) eingeschränkt. Erst die Ichpsychologie innerhalb der Psychoanalyse hat zu einer stärkeren Beachtung der kognitiven Prozesse und der intellektuellen Entwicklung geführt (s. hierzu CRAMER, 1974).

(3) Empirische Untersuchungen erbrachten nur selten Belege für die Annahme einer universellen Gültigkeit der psychosexuellen Entwicklungsphasen und für die postulierten Zusammenhänge zwischen dem Durchlaufen der einzelnen

Phasen und der Herausbildung bestimmter Persönlichkeitszüge (vgl. die Zusammenstellungen von ZIGLER & CHILD, 1969; sowie FISHER & GREENBERG, 1985; KLINE, 1972). Aus den Ergebnissen kulturvergleichender Studien geht außerdem hervor, daß den kulturspezifischen Familienkonstellationen und den jeweils vorherrschenden kulturellen Erziehungseinstellungen und -praktiken größere Bedeutung für den Ablauf der Entwicklung zukommt als überkulturell präformierten Prozessen der Libidoentfaltung (BENEDICT, 1938; KLUCKHOHN, MURRAY & SCHNEIDER, 1953).

(4) FREUD ist vorzuwerfen, nur eine Theorie der *männlichen Entwicklung* vorgelegt zu haben. Dies gilt insbesondere für seine Beschreibung der phallischen Phase (Ödipuskomplex) und die während dieser Phase stattfindenden Prozesse des Aufbaus einer Geschlechtsidentität und einer moralischen Instanz (s. hierzu die Kap. 12 und 13).

(5) Auf die große Bedeutung der ersten Lebensjahre hingewiesen zu haben, ist ein wesentliches Verdienst der Psychoanalyse. Darüber wird aber, mit Ausnahme von ERIKSON, das spätere Entwicklungsgeschehen vernachlässigt. Der psychoanalytische Standpunkt, bis zum sechsten Lebensjahr sei die Persönlichkeitsentwicklung im wesentlichen abgeschlossen, ist nur soweit zutreffend, als bis zu diesem Zeitpunkt die Grundthemen des menschlichen Zusammenlebens (Liebe, Macht, Besitz usw.) zum erstenmal aufgetaucht sind und die zuerst erfahrenen prototypischen Situationen die Art des späteren Umgangs mit diesen Themen stark beeinflußt. Mit der Tendenz der neueren Psychoanalyse, das Forschungsinteresse auf die ersten drei Lebensjahre des Kindes zu verlagern, wurde die von ERIKSON geleistete Erweiterung des FREUDschen Phasenmodells auf die gesamte Lebensspanne sogar hinter den Stand von FREUD zurückgedreht.

(6) Für die von der Psychoanalyse angenommene Dominanz sexueller Impulse gegenüber anderen Strebungen des Kleinkindes (z.B. Neugier gegenüber den Dingen der Umwelt, Bedürfnis nach sozialer Zuwendung und Interaktion, Leistungsmotivation) gibt es keine überzeugenden empirischen Belege. Sogar bei der Übernahme der Geschlechtsrolle scheinen sexuelle Aspekte eher von untergeordneter Bedeutung zu sein (vgl. hierzu Kap. 12). Die von FREUD aus den sexuellen Phantasien erwachsener Patienten abgeleiteten Hypothesen über die kindliche Sexualität dürften sehr stark zeitgebunden sein und sind nur aus der damaligen eher strengen Sexualmoral verständlich.

(7) Ein wesentlicher Mangel der Psychoanalyse ist darin zu sehen, daß sie *keine Verhaltenstheorie* besitzt, sondern eine Theorie ist über das, was Menschen – zum Teil für sie selbst schwer zugänglich – denken, fühlen, träumen und phantasieren (BALDWIN, 1974b, S. 91). Die entscheidenden Auslöser für Gedanken, Gefühle, Wünsche usw. sind ebenfalls interne Reize, nämlich Triebbedürfnisse. Demgegenüber werden Einflüsse äußerer Reize kaum berücksichtigt. Die psychoanalytische Theorie hat dem aktuellen Prozeß, durch den eine bewußte Vorstellung sich im Verhalten manifestiert, zu wenig Aufmerksamkeit geschenkt (BALDWIN, 1974b, S. 98). Der Ausgang von innerpsychischen Vorgängen, gar solchen unbewußter Natur, führt zu einer Reihe methodischer Schwie-

rigkeiten bei der Datenerhebung (z.B. Verbalisationsproblemen, Fehlerquellen der Introspektion und Retrospektion, Nichtwiederholbarkeit von Phänomenen). Nicht zuletzt resultiert daraus auch die häufig unklare Definition und fehlende Operationalisierung psychoanalytischer Begriffe, die damit kaum einer empirischen Überprüfung zugänglich sind. BALDWIN (1974b) stellt kursorisch fest: „Die Theorie enthält viele metaphorische Sätze, und es fällt schwer zu entscheiden, welche von ihnen echte theoretische Sätze sein sollen und welche nur Analogien zur Erleichterung des Verständnisses“ (S.90).

(8) Die angenommenen Wenn-Dann-Beziehungen des Zusammenhangs von Bedingungen und Ergebnissen der Entwicklung (Gesetzmäßigkeiten) sind meist mehrdeutig formuliert. Entweder wird der gleiche Effekt (z.B. die Fixierung an eine psychosexuelle Entwicklungsstufe) auf verschiedene Bedingungen zurückgeführt (z.B. Frustration, Befriedigung, Inkonsistenz, konstitutionelle Faktoren) oder verschiedene Merkmale (z.B. Sparsamkeit, Pedanterie, Eigensinn, Zurückhaltung) gehen auf eine gemeinsame Bedingung (z.B. eine anale Fixierung) zurück. Offen bleibt auch, welches Verhalten im einzelnen resultiert: Wird z.B. ein in der Kindheit oral fixiertes Individuum später an seinen Nägeln kauen, gegenüber anderen „beißenden“ Sarkasmus zeigen, sich überessen oder zum Feinschmecker? (vgl. auch BALDWIN, 1974b, S. 69). Eine brauchbare Theorie sollte jedoch möglichst genau vorhersagen können, unter welchen Bedingungen eher das eine als das andere eintritt. Der Psychoanalyse scheint es weniger um die Erklärung und Vorhersage solcher Ereignisse zu gehen als darum, diese (ex post!) zu konstruieren, zu deuten und zu verstehen.

(9) Die Vielfalt der Deutungsmöglichkeiten einerseits und die Geschlossenheit des psychoanalytischen Systems andererseits erlauben ohne weiteres die Einordnung widersprüchlicher Befunde. Auf diese Art wird die psychoanalytische Theorie unangreifbar, d.h. empirisch nicht falsifizierbar (vgl. PERREZ, 1972; UECKERT, 1975). Der Nachweis der Gültigkeit der Theorie aufgrund übereinstimmender Deutungsbefunde besitzt insofern den Charakter eines Zirkelschlusses, da die Befunde aus der Theorie deduziert sind (vgl. etwa das Untersuchungsbeispiel 8.3). Schwierigkeiten der empirischen Überprüfbarkeit der psychoanalytischen Theorie rühren auch daher, daß die verwendeten Begriffe häufig unklar definiert sind und daß zwischen den theoretischen Begriffen (z.B. Kastrationsangst) und den darauf bezogenen Beobachtungsdaten (z.B. der Angst des *kleinen Hans* vor Pferden) eine erhebliche Distanz besteht.

(10) Die Beschäftigung mit den psychischen Störungen einer ausgewählten Gruppe von Erwachsenen (ängstlichen Neurotikern) erscheint als Grundlage zur Beschreibung und Erklärung der normalen kindlichen Entwicklung nicht optimal. Die von Psychotherapeut und Patient gemeinsam erarbeiteten Deutungen von Assoziationen, Erinnerungen und Traummaterial sind ein unzureichender Ersatz für die direkte Untersuchung der kindlichen Entwicklung. Zwar verwenden einige Psychoanalytiker in jüngerer Zeit verstärkt auch die Methode der direkten Beobachtung von Kindern (vgl. Abschnitt 8.3.). Aber auch hier ist die gestörte Entwicklung (heute eher in Richtung der sogenannten narzißtischen Psychosen) der Ausgangspunkt der Analyse.

(11) Die psychoanalytische Entwicklungskonzeption ist ihrer Entstehung und ihrem Gebrauch nach mehr eine Konstruktion zur Unterstützung psychotherapeutischer Prozesse als eine Theorie der kindlichen Entwicklung. Diese Auffassung vertreten die Psychoanalytiker selbst, wenn sie feststellen, daß die Entwicklungsphasen strenggenommen nur in der Analyse erfahrbar sind.

(12) FREUD selbst, und auch ERIKSON, dessen Erstberuf Maler und Zeichenlehrer war, haben ihre Werke wohl eher als literarische und künstlerische Produkte betrachtet und weniger als (natur)wissenschaftliche Werke. In der zeitgenössischen Literatur und Kunst sind die Ideen der Psychoanalyse – bis heute – auch stärker aufgenommen und akzeptiert worden als in der akademischen Medizin und Psychologie. Die literarische Qualität von FREUDS Werk wurde 1930 durch die Verleihung des Goethe-Preises für Literatur auch offiziell anerkannt.

Die Bedeutung der Psychoanalyse für die Entwicklungspsychologie

Trotz der aufgezählten Mängel verdanken wir der Psychoanalyse einige aus der Entwicklungspsychologie nicht mehr wegzudenkende Einsichten und Perspektiven. Neben den im Abschnitt 2.1 bereits erwähnten Sachverhalten, auf die FREUD erstmals aufmerksam gemacht hat, nämlich die frühkindliche Sexualität, die besondere Bedeutung der ersten Lebensjahre für die spätere Entwicklung und die Rolle der Eltern-Kind-Beziehung, sind hier vor allem zu nennen:

(1) die Aufdeckung unbewußter Kräfte der Entwicklung und der Konfliktdynamik der innerpsychischen Vorgänge;

(2) die Darstellung der Entwicklung von Persönlichkeitszügen nach ihrer Verwandtschaft mit Triebwandlungen und die Herstellung einer Verbindung zwischen sexuellen Regungen (Triebäußerungen) und dem Denken und Handeln;

(3) die Aufdeckung des Einflusses von Störungen der psychosexuellen Entwicklung auf die weitere Persönlichkeitsentwicklung, vor allem auch welche Bedeutung dabei der Art des Umgangs mit den Bedürfnissen des Kindes zukommt;

(4) die Einführung des Identifikationskonzepts, was zum Ausgangspunkt für verschiedene Identifikationstheorien der Entwicklung wurde (vgl. BRONFENBRENNER, 1960; s. auch Kap. 2.4.4);

(5) die Einführung des Fixierungskonzeptes und der Konzeption phasentypischer Aufgaben in die Entwicklungspsychologie, womit spätere Vorstellungen über Prägungsvorgänge und kritische Perioden vorweggenommen wurden (s. dazu Kap. 2.5);

(6) der insbesondere von ERIKSON erbrachte Nachweis der Verankerung des Menschen in seiner Geschichte und Kultur und des Zusammenspiels von Biologie (Reifung psychosexueller Stufen) und Kultur (Bewältigung sozialer Aufgaben).

Darüber hinaus hat die Psychoanalyse den Fortgang der entwicklungspsychologischen Forschung in zwei weiteren Aspekten wesentlich beeinflußt:

(7) Durch seine spekulativ gewonnenen Erkenntnisse über die Kindesentwicklung hat FREUD überhaupt erst die Richtung für eine empirische Erforschung des Zusammenhangs von Erziehung und Entwicklung gewiesen. Eindrucksvolle Belege dafür sind die zahlreichen Untersuchungen über den Zusammenhang von Erziehungsstilen und kindlicher Entwicklung, die zunächst überwiegend von psychoanalytischen Vorstellungen ausgingen (s. hierzu die Übersichtsreferate von CHILD, 1954, und von ZIGLER & CHILD, 1969). Die Psychoanalyse hat zu auch heute noch aktuellen Themen der Entwicklungspsychologie, vor allem Abhängigkeit, Aggressivität, Geschlechtstypisierung und Moral, wichtige Anregungen geliefert.

Paradoxerweise dürfte FREUD selbst allerdings den konstitutionellen Einflüssen größere Bedeutung zugemessen haben als den sozio-kulturellen Faktoren.

(8) Die psychoanalytische Methode, das, was aus einem Menschen geworden ist, aus seiner Lebensgeschichte zu erklären, ist ein Vorläufer der heute aktuellen Biographieforschung. Vor allem ERIKSON hat eine Reihe von wichtigen biographischen Arbeiten vorgelegt, hauptsächlich über historische Persönlichkeiten wie LUTHER, GANDHI und HITLER.

5. Zusammenfassung

Die *psychoanalytischen Entwicklungstheorien* entstanden im Rahmen klinischer Fragestellungen der Neurosenbehandlung. Sie betrachten die Entwicklung vorrangig unter dem Aspekt der *Libido-* oder *Triebwandlung*. Begründer und wichtigster Vertreter einer psychoanalytischen Entwicklungsbetrachtung ist Sigmund FREUD.

Grundlegend für FREUDS Konzeption ist, daß die im Genprogramm verankerte sexuelle Triebenergie (Libido) im Laufe der Entwicklung auf der Basis eines physiologischen Reifungsprozesses nacheinander verschiedene psychosexuelle Organisationsstufen durchläuft: orale, anale, phallische, Latenz- und genitale Phase. Diese Entwicklungsphasen sind jeweils durch sechs Merkmale zu kennzeichnen: (1) die Triebbesetzung einer erogenen Körperzone, (2) charakteristische Arten des Lustgewinns, (3) bestimmte Objektbesetzungen, (4) einen bestimmten Stand der Persönlichkeitsorganisation, (5) charakteristische Abwehrmechanismen, (6) eine prototypische Entwicklungsaufgabe bzw. Konfliktsituation. Das Fortschreiten der Entwicklung beinhaltet eine zunehmende Beherrschung von Triebbedürfnissen und die Ausbildung sogenannter Ichfunktionen. Während der typische Entwicklungsverlauf als weitgehend reifungsabhängig angesehen wird, soll der individuelle Entwicklungsverlauf durch die Erfahrungen des heranwachsenden Kindes im Zusammenhang mit der Befriedigung oder Versagung der Befriedigung seiner Triebbedürfnisse beeinflußt werden.

Die ursprüngliche psychosexuelle Entwicklungskonzeption FREUDS wurde von Erik ERIKSON in Richtung psychosozialer Funktionsweisen und Krisen erweitert und auf die gesamte Lebensspanne ausgedehnt. Die Ich-Reifung wird von ERIKSON vor allem als ein Prozeß der Identitätsfindung betrachtet. Bei der Lösung der phasenspezifischen Entwicklungsaufgaben ist nicht nur das sich entwickelnde Individuum, sondern auch die soziale Umwelt gefordert.

Die *neuere Psychoanalyse* wendet sich verstärkt dem Aufbau von Objektbeziehungen und dem Selbst zu und lokalisiert die entscheidenden Einflüsse für diese Prozesse in den ersten drei Lebensjahren. Einen engen Bezug zur entwicklungspsychologischen Forschung über die Mutter-Kind- Bindung hat Magaret MAHLERS Analyse der Loslösung und Individuation im Kleinkindalter.

Die psychoanalytischen Entwicklungstheorien weisen eine Reihe inhaltlicher und formaler Mängel auf, die ihre Gültigkeit und Brauchbarkeit einschränken. Kritik ist vor allem zu üben a) am Libido- und Triebkonzept, b) an den Annahmen über Zusammenhänge zwischen dem Durchlaufen der einzelnen Entwicklungsphasen und der Herausbildung bestimmter Persönlichkeitszüge, c) am Fehlen einer Verhaltenstheorie, die Erklärungen und Vorhersagen erlaubt, d) an der häufig mangelnden empirischen Überprüfbarkeit und Falsifizierbarkeit theoretischer Aussagen. Die Entwicklungspsychologie verdankt der Psychoanalyse aber eine Reihe wichtiger Einsichten, die überhaupt erst die Richtung für eine empirische Erforschung des Zusammenhangs von Erziehung und Entwicklung gewiesen haben.

Zum Weiterstudium empfohlene Lektüre

Als Einführung in FREUDS Entwicklungstheorie eignen sich:

FREUD, S. (1961). *Drei Abhandlungen zur Sexualtheorie und verwandte Schriften.* Frankfurt: Fischer (Bücher des Wissens 422).

STORCK, J. (1977). Die seelische Entwicklung des Kleinkindes aus psychoanalytischer Sicht. In D. EICKE (Hrsg.), *Die Psychologie des 20. Jahrhunderts. Band 2: FREUD und die Folgen (1)* (S. 868-932). Zürich: Kindler.

Von ERIKSON lese man entweder eine seiner biographischen Studien oder sein Hauptwerk:

ERIKSON, E.H. (1961). *Kindheit und Gesellschaft.* Stuttgart: Klett-Cotta.

Eine gut lesbare Zusammenfassung von ERIKSONS Theorie liefert:

MAIER, H.W. (1983). Die affektive Theorie von Erik H. ERIKSON. In H.W. MAIER, *Drei Theorien der Kindheitsentwicklung* (S. 107-184). New York: Harper & Row (UTB).

Neuere Tendenzen der Psychoanalyse werden im Überblick dargestellt in:

EAGLE, M.N. (1988). *Neuere Entwicklungen in der Psychoanalyse.* München-Wien: Verlag Internationale Psychoanalyse.

Über den aktuellen Stand von MAHLERS Forschungsansatz informiert:

MAHLER, M. (1986). *Studien über die ersten drei Lebensjahre.* Stuttgart: Klett-Cotta.

Einen guten Einblick in den wissenschaftlichen Status und die empirische Überprüfung der psychoanalytischen Theorie geben:

PERREZ, M. (1979). *Ist die Psychoanalyse eine Wissenschaft?* 2. Auflage. Bern: Huber.

FISHER, S. & GREENBERG, R.P. (1985). *The scientific credibility of FREUDS' theory and therapy.* New York: Columbia University Press.

Kapitel 9:

Reiz-Reaktions-Theorien (S-R-Theorien) der Entwicklung – Entwicklung als sozialer Lernprozeß

Reiz-Reaktions-Theorien oder S(Stimulus)-R(Response)- Theorien der Entwicklung bilden mit ihrer Betonung exogener, soziokultureller Einflüsse auf die Entwicklung die ausgesprochene Gegenposition zu allen reifungsorientierten Ansätzen, insbesondere den in Kap.7 dargestellten biologischen Entfaltungstheorien.

Von allen in diesem Buch behandelten Theorien sind die S- R-Theorien die einzigen in (Nord-) Amerika und aus amerikanischem Denken entstandenen Theorien. Die in den USA propagierten Ideen der Gleichheit aller und der Machbarkeit von allem sowie die Höherschätzung des zupackenden Handelns gegenüber dem Denken und Reflektieren passen gut zu den Gesetzmäßigkeiten und den Handlungsanweisungen der Lerntheorien.

Die *historischen* Wurzeln der S-R-Theorien reichen zurück bis zum englischen *Empirismus* LOCKES, HUMES und anderer. Aus dem Empirismus stammen das *tabula-rasa*-Konzept (wesentliche Erfahrungs- und Erkenntnisgrundlage ist die von der Umwelt gelieferte Stimulation), das *Assoziationsprinzip* (Ereignisse in raum-zeitlicher Nähe werden miteinander verknüpft) und die *elementaristische* Auffassung der Verarbeitung von Umwelteinflüssen (es besteht eine prinzipielle Unabhängigkeit und Austauschbarkeit der miteinander verknüpfbaren Elemente).

Mit der *behavioristischen* Wendung gegen mentalistische Begriffe wird jedoch der Untersuchungsgegenstand des Empirismus, die Verknüpfung von *Vorstellungen* und *Gedanken*, aufgegeben. An dessen Stelle rückt die Suche nach den Mechanismen der Verknüpfung von außen *beobachtbarer Reize und Reaktionen.* Die empiristische Anschauung der Assoziation von Vorstellungen oder Gedanken als sensualistische Abbilder der Wirklichkeit wird übertragen auf die assoziative Verknüpfung von Außenwelt (Reizen) und Verhalten (Reaktionen). Ausgangspunkt ist dabei der Reflexbogen: auf einen geeigneten auslösenden Reiz folgt eine darauf abgestimmte Reaktion, die als *passive Bewegung* definiert ist.

Mit den ganz anderen als entwicklungspsychologischen Fragen geltenden Untersuchungen PAWLOWS über bedingte Reflexe (PAWLOW, 1903/1953), mit WATSONS Integration der Konditionierungsgesetze in sein behavioristisches Programm (WATSON, 1924) und mit den in der ersten Hälfte dieses Jahrhunderts aufkommenden Lerntheorien von THORNDIKE, GUTHRIE, HULL, SKINNER und anderen (s. HILGARD & BOWER, 1970/71) sind die wesentlichen Bausteine der Betrachtung der Entwicklung als Lernprozeß vorhanden: die Prinzipien der

Verknüpfung von Reizen und Reaktionen, die eine Erklärung des Zustandekommens von Verhaltensänderungen ermöglichen (s. dazu Kap. 2.4.).

Über lange Zeit führte allerdings die mit Tierversuchen arbeitende, theorieinteressierte und zum Teil physiologisch ausgerichtete Lernpsychologie ein völlig getrenntes Dasein von der damaligen, vornehmlich an Altersnormen und Entwicklungssequenzen interessierten deskriptiven Entwicklungspsychologie. Erst in den 40er und 50er Jahren fanden die Lerntheorien allmählich Eingang in die Entwicklungspsychologie, d.h., erst dann wurden lerntheoretische Vorstellungen systematisch auf Probleme der Kindesentwicklung angewendet. Zu nennen sind hier vor allem die Arbeiten der Neo-HULLianer MILLER und DOLLARD (1941), MOWRER (1950) und SEARS (1951a). SEARS' Entwicklungskonzeption wird im Abschnitt 2.1 dieses Kapitels ausführlich dargestellt.

Die Untersuchungen, die John WATSON und seine Mitarbeiterinnen Rosalie RAYNER und Mary Cover JONES bereits in den 20er Jahren zum Erwerb und zum Verlernen von Emotionen bei Kleinkindern durchgeführt haben (WATSON & RAYNER, 1920; JONES, 1924a,b; WATSON 1926) bilden eine Ausnahme. Ihre häufige Zitierung dürfte nicht zuletzt auf diesen historischen Seltenheitswert zurückgehen, weniger auf ihre wissenschaftliche Bedeutung für die Entwicklungspsychologie (s. hierzu HARRIS, 1979).

Den Hauptgrund für das lange Nebeneinander von Lernpsychologie und Entwicklungspsychologie kann man darin sehen, daß die Lerntheorien an allgemeingültigen, d.h. für alle Altersstufen – möglichst sogar für verschiedene phylogenetische Entwicklungsstufen – gültigen Gesetzmäßigkeiten des Verhaltenserwerbs und der Verhaltensänderung interessiert waren (Lernen ist traditionell ein Teilgebiet der Allgemeinen Psychologie), nicht jedoch an den Verhaltensänderungen im Laufe der Entwicklung selbst. WHITE (1970, S. 667) weist in diesem Zusammenhang darauf hin, daß keine der klassischen Lerntheorien aus Untersuchungen an Kindern entstanden ist oder speziell auf die Erklärung kindlichen Verhaltens ausgerichtet ist.

Nur die erst während der vergangenen drei Jahrzehnte von BANDURA entwikkelte Theorie des Imitationslernens bzw. Lernens am Modell (s. Kap. 2.4.3) gründet zu einem großen Teil in Untersuchungen an Kindern und wurde hauptsächlich an Kindern überprüft, ohne daß allerdings die Gültigkeit der Theorie auf kindliches Verhalten beschränkt würde.

Wenn in diesem Abschnitt wiederholt von Lernen oder Lerntheorien gesprochen wurde, so ist, wie bereits aus der Überschrift ersichtlich, ausschließlich Reiz-Reaktions-Lernen (verknüpfendes Lernen) gemeint (vgl. hierzu auch Kap. 2.4). Ich bin mir bewußt, daß auch eine kognitive Betrachtungsweise der Entwicklung auf Erfahrung und soziale Interaktion, also auf *Lernen* als wesentlicher Grundlage des Zustandekommens von Veränderungen rekurriert (s. hierzu MONTADA, 1970). Der assoziative und der kognitive Lernbegriff weisen jedoch einige grundlegende Unterschiede auf: Im Unterschied zu den S-R-Theorien charakterisieren kognitive Theorien Lernen als die aktive Verarbeitung von Erfahrungen und ihre Umsetzung in – nicht von außen beobachtbare, dem beobachtbaren Verhalten jedoch als zugrundeliegend angenommene – kognitive Strukturen. Die universell festgelegte Entwicklungssequenz wird dabei auf eine sachimmanente, nicht willkürlich veränderbare Entfaltungslogik (HECKHAUSEN, 1965) zurückgeführt. Von einigen kognitiven Theoretikern wird überdies alles Lernen auf dem Hintergrund biologischer Invarianten betrachtet; so etwa bei PIAGET als Adaptation und Organisation (s. dazu Kap. 10).

Die erhebliche Verschiedenheit des kognitiven Lernbegriffs von dem der *Lerntheorien* hat mich veranlaßt, die Darstellung der Entwicklung als Lernprozeß in diesem Abschnitt wie üblich auf S-R-Theorien bzw. Theorien des sozialen Lernens einzuschränken (vgl. auch BALDWIN, 1974b; P.H. MILLER, 1989). Die kognitive Konzeption des *strukturierenden* Lernens wird erst im Zusammenhang mit den kognitiven Entwicklungstheorien in Kap. 10 behandelt.

Eine gewisse Zwischenstellung, wenn auch mit wesentlich größerer Nähe zu den traditionellen Lerntheorien, nimmt BANDURAS aktuelle, als kognitiv etikettierte Soziale Lerntheorie ein (s. dazu Abschnitt 3. in diesem Kapitel).

Neben den Lerntheorien sind die *Psychoanalyse* (s. Kap. 8) und die *Kulturanthropologie* als zwei weitere wichtige Wurzeln einer Konzeption der Entwicklung als sozialem Lernprozeß zu nennen.

Psychoanalytische Konzepte, wie z.B. Oralität, Analität, Verdrängung, Identifikation, Frustration, Aggression, wurden zunächst vor allem zur Bestimmung der *Inhalte* verwendet, die auf Veränderungen über die Zeit zu betrachten waren. Man versuchte dabei anfänglich eine Synthese von Psychoanalyse und Lerntheorie herzustellen (MILLER & DOLLARD, 1941; MOWRER, 1950; SEARS, 1951a). Allmählich gab man dann die psychoanalytischen Vorstellungen auf und beschränkte sich ausschließlich auf lerntheoretische Annahmen (s. etwa BANDURA & WALTERS, 1963; GEWIRTZ, 1969).

Die Loslösung von der Psychoanalyse läßt sich z.B. recht gut an der Auseinandersetzung über die Triebverankerung oder Umweltabhängigkeit des Ausdrucks der frühkindlichen *Oralität* verfolgen (CALDWELL, 1964; DAVIS, SEARS, MILLER & BRODBECK, 1948; SEARS & WISE, 1950). Der Einfluß der Psychoanalyse auf die Inhalte der Entwicklungsbetrachtung blieb zum Teil aber weiter erhalten, wie sich zum Beispiel bei SEARS zeigen läßt (vgl. weiter unten Abschnitt 2.1), aber auch in weiten Bereichen der Sozialisationsforschung (vgl. ZIGLER & CHILD, 1969).

Die Bedeutung der *Kulturanthropologie* ist in erster Linie darin zu sehen, daß sie Zusammenhänge zwischen kulturellen Einflüssen und dem individuellen Entwicklungsverlauf aufdecken hilft. Die im interkulturellen Vergleich festgestellten Unterschiede der Entwicklung in verschiedenen Kulturen lassen sich u.U. auf die jeweils gegebenen unterschiedlichen kulturellen Einflüsse zurückführen. Umgekehrt können Gemeinsamkeiten der Entwicklung innerhalb einer Kultur als Auswirkung homogener kultureller Einflüsse angesehen werden.

Dabei ist allerdings davon auszugehen, daß entweder keine Unterschiede in der genotypischen Ausstattung der Angehörigen verschiedener Kulturen bestehen oder daß vorhandene Unterschiede im Genpool verschiedener Kulturen für die angetroffenen Verschiedenheiten der Entwicklung vernachlässigt werden können. Außerdem ist zu bedenken, daß in der Regel nur *korrelative* Beziehungen zwischen kulturellen Faktoren und Entwicklungsprozessen aufgezeigt werden können. Daß die angenommenen unabhängigen Variablen, z.B. bestimmte Erziehungspraktiken, zu bestimmten Effekten in der Persönlichkeitsentwicklung führen, ist damit zwar wahrscheinlich gemacht, jedoch noch nicht schlüssig nachgewiesen.

Kulturvergleichende Untersuchungen ermöglichen auf jeden Fall genauere Hypothesen darüber, welche soziokulturellen Faktoren, z.B. welche Erziehungspraktiken, Familienstrukturen, Rollenvorschriften usw., im einzelnen den Entwicklungsverlauf beeinflussen. Auf interkulturelle Verschiedenheiten wurden zunächst unter dem Einfluß der Psychoanalyse insbesondere der Zeitpunkt des Einsetzens und die Art von Erziehungsmaßnahmen bezüglich einer Reihe von kindlichen Bedürfnissen und Fertigkeiten untersucht, etwa in den Bereichen der Nahrungsaufnahme, der Sauberkeitserziehung oder der Sexualität (ZIGLER & CHILD, 1969). Inzwischen liegt zu fast sämtlichen Einzelaspekten der Entwicklung (Wahrnehmung, Motorik, Sprache, Denken, Motivation usw.) eine umfangreiche kulturvergleichende Literatur vor (s. die Handbücher von MUNROE, MUNROE & WHITING, 1981; TRIANDIS & HERON, 1980).

Eine unmittelbare Übertragung kulturvergleichender Befunde auf *eine*, z.B. unsere eigene Kultur setzt allerdings voraus, daß man von den im Kulturvergleich aufgefundenen Zusammenhängen zwischen soziokulturellen Faktoren und der Persönlichkeitsentwicklung (Beispiel: Strenge der Handhabung der Entwöhnung und Grad der späteren sozialen Aufgeschlossenheit) unmittelbar auf die Art des Zusammenhangs der betreffenden Variablen innerhalb jeder einzelnen Kultur schließen kann. Dies ist jeweils erst zu überprüfen. (Zu den Problemen eines kulturvergleichenden Ansatzes in der Entwicklungspsychologie siehe ECKENSBERGER, 1973, 1983).

1. Grundannahmen der S-R-Theorien

In den beiden Abschnitten über Lernen (Kap. 2.4) und Sozialisation (Kap. 2.6) in Band 1 wurden bereits die wesentlichen Grundlagen einer Konzeption der Entwicklung als sozialer Lernprozeß dargelegt. In diesem Abschnitt soll aufgezeigt werden, welche grundlegenden Auffassungen über den *Gegenstand*, den *Verlauf* und die *Determinanten* der Entwicklung aus einer Anwendung der S-R-Theorien auf Entwicklungsphänomene resultieren.

Der Gegenstand der Entwicklungsbetrachtung

Entsprechend dem behavioristischen Ansatz ist der Ausgangspunkt jeder S-R-Analyse zunächst *das von außen beobachtbare und meßbare Verhalten (R) eines Organismus* (motorische Bewegungen, verbale Äußerungen, physiologische Veränderungen) *in seiner Relation zu Ereignissen (S) in der Umwelt*. Die Umweltbedingungen (Stimuli) determinieren, welches Verhalten, wann, wo und mit welcher Häufigkeit auftritt. Je nach dem Zeitpunkt der Stimuluskontrolle unterscheidet man dabei seit SKINNER (1938) respondentes Verhalten (ausgelöst durch vorausgehende Stimuli) und operantes Verhalten (aufrechterhalten durch nachfolgende Stimuli) (s. dazu ausführlicher Kap. 2.4.2).

Gegenstand einer entwicklungspsychologischen Betrachtung sind demnach die über die Zeit beobachtbaren und zählbaren Verhaltensänderungen (Änderungen der Häufigkeit, Intensität, Dauer oder Topographie eines Verhaltens) in ihrer gesetzmäßigen Beziehung zu Ereignissen in der Umwelt. Z.B. die Veränderung der Häufigkeit oder Art lautlicher Äußerungen des Kleinkindes im Zusammenhang mit sozialer Zuwendung, die Ausprägung von Angstreaktionen beim Anblick fremder Personen oder ein Anwachsen der Geschicklichkeit im Umgang mit Messer und Gabel. Das aktuelle Verhalten gilt dabei als abhängig von gegenwärtigen Umweltbedingungen (aktuellen Reizen) und früherem Lernen (der Lerngeschichte). Die Verhaltensunterschiede zwischen Kindern und Erwachsenen werden im wesentlichen auf diese beiden Quellen zurückzuführen versucht. Eine Analyse des Entwicklungsstandes hat festzustellen, was alles bis zu einem bestimmten Zeitpunkt gelernt worden ist. Letztes Ziel der Verhaltensanalyse ist immer die Feststellung eines gesetzmäßigen Zusammenhangs zwischen der (gegenwärtigen oder früheren) Anwesenheit von Reizen oder Reizkonfigurationen und eng umschriebenen Verhaltensäußerungen eines Individuums. Die aufgefundenen funktionalen Beziehungen zwischen Verhalten (R) und Umwelt (S) werden dabei mit Hilfe hypothetisch angenommener Lernprinzipien „erklärt“, z.B. mit Stimulussubstitution, Verstärkung, Generalisierung, Imitation, Mediation usw. (vgl. Kap. 2.4).

Aus dem bisher Gesagten folgt:

(1) Verhalten und Änderungen des Verhaltens im Laufe der Entwicklung sind prinzipiell in ihrer *situationsspezifischen Eigenheit* zu betrachten. Es gibt kein situationsunabhängiges oder situationsübergreifendes Lernen, sieht man einmal von Generalisierungsphänomenen und einer Lernübertragung auf neue Situationen ab. Erlerntes Verhalten ist das Ergebnis vieler unabhängiger Lernprozesse. Entsprechend ist eher zu erwarten, daß *spezifische Verhaltensmuster* erworben werden (z.B. den kleinen Bruder schlagen, wenn er ein Spielzeug wegnimmt) als *generelle Persönlichkeitsmerkmale* (z.B. Aggressivität), auch wenn Entwicklungsveränderungen im Kindesalter häufig sehr weitreichend und umfassend „aussehen“. Dies hängt aber, neben Generalisierung und Transfer, damit zusammen, daß neue spezifische Erwerbungen oft gleichzeitig die Möglichkeit zur Äußerung anderer, bereits gelernter spezifischer Verhaltensweisen eröffnen, was dann als auffällige Veränderung eines breiten Verhaltensspektrums erscheint.

Rohwer (1974, S. 58) illustriert den Gegensatz von augenscheinlicher Generalität und tatsächlicher Spezifität eines Entwicklungsfortschritts an folgendem Beispiel: Ein Junge hat neu gelernt, die Uhr zu lesen. Er darf nun zwischen Abendessen und Zubettgehen noch bis zu einer bestimmten Zeit in einen Park gehen, der einige Blocks von zu Hause entfernt ist, und dort mit anderen Kindern spielen. Zwar hatte er zuvor schon gelernt, alleine den Weg zum Park und wieder nach Hause zu finden, die Straße sicher zu überqueren, sich anderen Kindern gegenüber durchzusetzen usw. Da er aber noch nicht die Uhr lesen konnte und die Eltern deswegen Bedenken hatten, daß er pünktlich nach Hause kommt, durfte er bisher abends nicht mehr im Park spielen. Nun hat er auf einmal neue Freiheiten und Verhaltensmöglichkeiten, die sein Verhalten über die spezifische Erwerbung (die Uhr lesen können) hinaus verändert erscheinen lassen.

(2) Verhaltensäußerungen einer Person und ihre Veränderungen sind nicht nur Merkmale dieser Person, sondern spiegeln gleichzeitig bestimmte Umweltmerkmale wider. So lassen sich die Veränderungen der Eßgewohnheiten beim Kleinkind nicht isoliert von Veränderungen der Fütterungsbedingungen sehen.

Ebenso ist die ansteigende Selbständigkeit auf dem Hintergrund des veränderten Umgangs mit dem Abhängigkeitsverhalten des herangewachsenen Kindes zu betrachten usw.

Die Einheiten der Analyse: Reiz und Reaktion (S und R)

Wie sind S und R als die Grundelemente dieses Ansatzes definiert? Ursprünglich verstand man in den Lerntheorien unter einem *Reiz* ausschließlich einen auf ein Empfängerorgan des Organismus treffenden externen *physikalischen* Reiz, z.B. ein Licht oder ein Ton von bestimmter Frequenz. Eingeschlossen waren die vom Organismus selbst produzierten *propriozeptiven* Reize, also die durch Eigenbewegungen ausgelösten bzw. diese begleitenden Reize. Der Ausdruck *Response* oder *Reaktion* war ursprünglich beschränkt auf *Muskelbewegungen, Drüsensekretionen, nervöse Erregungen* und andere meßbare *physiologische Veränderungen.*

Schon bald wurden derartig eingeengte Definitionen von S und R jedoch aufgegeben; ohne allerdings gleichzeitig die für diese eingeengten Definitionen geltenden theoretischen Annahmen fallenzulassen bzw. auf ihre Gültigkeit für die erweiterten Begriffe zu überprüfen.

In den gegenwärtigen S-R-Theorien kann praktisch jedes von einem Beobachter wahrnehmbare oder irgendwie meßbare externe oder interne Ereignis ein Reiz sein, unabhängig von seiner Komplexität oder der Direktheit seiner Aufnahme durch die Sinnesorgane. Solche potentiellen Reize wären etwa die Anwesenheit der Mutter, der Gesichtsausdruck einer anderen Person, die Bedeutung eines Worts u.ä. Aus der Vielzahl der in raum-zeitlicher Nähe zu einer bestimmten Reaktion auftretenden Ereignisse wird das als Reiz bezeichnet, das die betreffende Reaktion auslöst oder aufrechterhält. Die gesetzmäßige Beziehung zwischen einem spezifischen Reiz und einer Reaktion wird dabei zunächst nur hypothetisch angenommen. Ihre Gültigkeit ist jeweils erst empirisch zu überprüfen, und zwar durch kontrollierte Variation der Reizbedingungen im Experiment (zum Experiment in der Entwicklungspsychologie s. Kap. 5.5).

Ähnlich wird der ursprünglich molekulare Reaktionsbegriff ausgeweitet. Er umschließt nun auch komplexe (molare) Verhaltensweisen wie ganze Bewegungsabläufe, Gefühlsreaktionen (z.B. Ärger, Angst), sowie interne Abläufe des Wahrnehmens, Denkens, Urteilens und Erinnerns. Die internen oder verdeckten (covert) Reaktionen wirken gleichzeitig als Reize für die folgenden – internen oder externen – Reaktionen (vgl. hierzu Kap. 2.4.5).

Demnach wäre die S-R-Position wie folgt zu spezifizieren: Psychische und soziale Phänomene werden in den S-R-Theorien der Entwicklung so behandelt, *als ob* es sich um physikalische oder physiologische Ereignisse handelte. Nur so ist auch am bevorzugten methodischen Vorgehen, der experimentellen Kontrolle und Registrierung von außen beobachtbarer und meßbarer Ereignisse festzuhalten.

Die Beschränkung auf eine Betrachtung der Abhängigkeit des Verhaltens von gegenwärtigen Reizereignissen und früherem Lernen bedeutet bezüglich der *Entwicklungsdeterminanten* eine absichtliche Einengung auf *Umweltfaktoren*, speziell soziokulturelle Einflüsse, und ihre Auswirkungen. Die intraindividuelle und interindividuelle Verhaltensvariabiliät wird nur so weit analysiert, als sie auf eine Umweltvariation rückführbar ist. Damit wird die Entwicklung vorläufig unter der Prämisse betrachtet, daß der heranwachsende Mensch für jegliche Umwelteinflüsse offen ist und in seiner Verhaltensentwicklung die auf ihn einwirkenden Umweltfaktoren widerspiegelt.

So kann eine quasi unendliche Modifizierbarkeit des Verhaltens angenommen werden, die allein durch den Grad der Variation bzw. die Art der Gestaltung der Umwelt bestimmt wird. Die Vorhersage und Kontrolle von Verhaltensänderungen erfordert dann ausschließlich die Kenntnis des früheren Verhaltens in seiner Relation zur Umwelt (Lerngeschichte) und der gegenwärtig gegebenen Umweltbedingungen (Skinner, 1953).

Was heißt aber Modifizierbarkeit des Verhaltens im S-R- Ansatz? Es heißt, daß die im Verhaltensrepertoire eines Individuums bereits vorhandenen (!) Reaktionen untereinander und mit allen denkbaren Reizgegebenheiten verknüpfbar sind. Es heißt nicht, daß jedes Verhalten zu jeder Zeit durch Lernen herausgebildet werden kann. Dieser wichtige Punkt, der häufig zu Mißverständnissen bei der Beurteilung der S-R- Theorien führt, wird im nächsten Teilabschnitt *Was wird gelernt?* noch gesondert behandelt.

Entgegen weit verbreiteten Vorstellungen leugnen S-R- Theorien der Entwicklung nicht den Einfluß von *Anlagebedingungen* und *Reifungsvorgängen*. Vielmehr wird ausdrücklich festgestellt, daß die Möglichkeiten neuen Lernens außer durch die Lerngeschichte (früheres Lernen) und die aktuellen Reizbedingungen durch reifungsabhängige individuelle Rezeptor- und Effektorkapazitäten begrenzt sind (Gewirtz, 1969, 1978). Bijou und Baer (1961) rechnen die Anlage-und Reifungsfaktoren sogar zu den verhaltenssteuernden Stimulusbedingungen (s. unten 2.2).

Endogene Faktoren (Anlage und Reifung) bzw. ihre Auswirkungen im anatomisch-physiologischen Substrat beeinflussen aber die Verhaltensentwicklung nur indirekt, d.h. im Zusammenspiel mit Lernvorgängen. Die Heranreifung neuer Kapazitäten, z.B. artikulierte Laute produzieren zu können, willkürliche Kontrolle über die Sphinktermuskulatur ausüben oder eine größere Zahl von Informationen verarbeiten und speichern zu können, bedeutet nicht, daß neue Verhaltensmuster *automatisch*, d.h. unabhängig von Lernvorgängen und in festgelegter Form *geäußert* werden. Es resultieren ausschließlich neue *Möglichkeiten* hinsichtlich dessen, was gelernt werden kann und wie gelernt werden kann. Die *Spezifität* jeden Lernens erfordert in jedem Fall eine genaue Analyse der Lernbedingungen. Zudem sind Reifungsprozesse selbst prinzipiell nicht direkt untersuchbar, sondern nur aus der Beantwortung von Umweltbedingungen zu erschließen (vgl. Kap. 2.2).

Die Bedeutung von anatomisch-physiologischen Veränderungen, d.h. der Wachstums- und Reifungsvorgänge, in einer S-R-Analyse der Entwicklung läßt sich im wesentlichen auf zwei Wirkweisen reduzieren:

(1) Sie *begrenzen* und *eröffnen Reaktionsmöglichkeiten*. Das *Potential* zur Ausführung einer Reaktion muß im Verhaltensrepertoire eines Organismus vorhanden sein, damit die betreffende Reaktion mit anderen Reaktionen und mit Reizen verknüpft werden kann. Bevor beispielsweise die physische Entwicklung nicht so weit fortgeschritten ist, daß ein Kind die für die Äußerung von Worten notwendigen Koordinationsleistungen vollbringen kann, ist es auch nicht möglich, die Äußerung von Worten beim Kind hervorzurufen und an bestimmte Reize zu knüpfen oder zu verstärken.

(2) Anlage- und Reifungsfaktoren *beeinflussen* den *Verstärkungswert von Reizen*. Die sogenannten primären Verstärker (Nahrung, taktile Stimulation usw.) sind ausdrücklich durch ihre ungelernte biologische Verankerung definiert. Veränderungen im Verstärkungswert eines Ereignisses im Laufe der Entwicklung können ebenfalls biologisch fundiert sein, so z.B. die Veränderungen in der Attraktivität sexueller Reize im Zuammenhang mit den hormonellen Veränderungen während der Pubertät. Gerade das letzte Beispiel zeigt aber auch, daß die Variation des Verstärkungswerts von Reizen nicht ausschließlich mit Reifungsprozessen zusammenhängt, sondern auch von den Erfahrungen mit den betreffenden Reizen abhängig ist, z.B. den Erfahrungen mit Personen des anderen Geschlechts und mit verschiedenen Arten der sexuellen Stimulation.

Das von S-R-Theoretikern gewählte Vorgehen, Verhaltensänderungen im Laufe der Entwicklung primär als das Ergebnis von Lernprozessen zu betrachten und darüber mögliche endogene Einflußfaktoren zu vernachlässigen, hat nicht zuletzt heuristische Gründe: nur die Lernbedingungen lassen sich beobachten und kontrolliert variieren, d.h. experimentell in ihren Auswirkungen überprüfen. Nur so lassen sich auch das Ausmaß der Veränderbarkeit und die für das Eintreten von Veränderungen notwendigen Bedingungen genauer abtesten. Die Bedeutung endogener Faktoren für Entwicklungsprozesse wird damit, wie wir gesehen haben, nicht geleugnet. Sie erhalten nur einen anderen Stellenwert in der empirischen Forschung. In der beschriebenen Festlegung der Untersuchungsstrategie ist auch begründet, daß S-R- orientierte Untersuchungen an Kindern häufig mehr an der Demonstration der Wirksamkeit von Lernprinzipien interessiert sind als an den durch Lernen zustandekommenden Verhaltensänderungen selbst. Die *formalen*, Gesetzmäßigkeiten des Zusammenhangs von Reizen und Reaktionen interessieren häufig mehr als die *inhaltlichen* Veränderungen im Laufe der Entwicklung.

Was wird gelernt?

Lernen – und damit auch Entwicklung – ist in den S-R-Theorien weitgehend gleichzusetzen mit der *Schaffung* und *Konsolidierung* von *assoziativen Verknüpfungen zwischen Reizen und Reaktionen*. Das bedeutet, daß Lernen immer nur auf bereits im Verhaltensrepertoire eines Individuums *vorhandene* Reaktionen zurückgreifen kann. Im Modell des Klassischen Konditionierens handelt es sich dabei um unkonditionierte oder konditionierte Reaktionen, d.h. um Respondenten, im Modell des Operanten Konditionierens um willkürliche Reaktionen, sogenannte Operanten (vgl. Kap. 2.4). S-R-Theorien der Entwicklung können damit strenggenommen nur die *Auswahl* vorhandener Verhaltensweisen, ihre *Verknüpfung* mit (neuen) Reizsituationen und die *Festigung* dieser Verknüpfung erklären, nicht jedoch, auf welche Art erstmalig auftretende, *neue Reaktionen* in das Verhaltensrepertoire eines Individuums gelangen.

Darauf haben S-R-Theoretiker zwei Antworten. Soweit neuen Reaktionen reifungsabhängige anatomisch-physiologische Veränderungen zugrunde liegen, trifft diese Aussage zu, obgleich auch in diesem Fall Lernprozesse nicht bedeutungslos sind. Davon abgesehen läßt sich die Entstehung neuen Verhaltens aber durchaus auf S-R-Lernen zurückführen. Geht man nämlich davon aus, daß die im Verhaltensrepertoire eines Organismus verankerten Reaktionsbereitschaften aus zahlreichen kleineren Reaktionselementen (Teilreaktionen) zusammengesetzt sind und von diesen „molekularen" Einheiten prinzipiell jede mit jeder verknüpfbar ist, so läßt sich die Entstehung neuen Verhaltens als Neukombination elementarer Verhaltensweisen auffassen. Tatsächlich nehmen S-R-Theoretiker an, „daß jede Kombination und jede Sequenz von Verhaltensweisen – vorausgesetzt, daß es keine physikalische Unvereinbarkeit zwischen ihnen gibt – gelernt werden kann, vielleicht sogar mit gleicher Leichtigkeit. Die Theorie enthält keine Vorkehr für inhärente Zwänge bei der Vielzahl der Verhaltensmuster, die erworben werden können" (BALDWIN, 1974b, S. 107).

Ein häufig in diesem Zusammenhang genanntes Beispiel sind SKINNERS Ping-Pong spielende Tauben (SKINNER, 1961). Hier wurde mit Hilfe von Shaping-Prozeduren, also durch die sukzessive Herausbildung eines gewünschten Verhaltens auf dem Wege der systematischen Verstärkung und Nichtverstärkung von Teilreaktionen, bei den Tauben ein Verhalten aufgebaut, das sie zuvor, d.h. unter „normalen" Bedingungen, nicht äußerten. Sie lernten zusammen mit einem Spielpartner, einen Zelluloidball mit dem Schnabel über ein Netz hin und her zu stoßen. Gleichzeitig zeigt sich gerade in den Tierversuchen zum Aufbau eines neuen, d.h. unter natürlichen Bedingungen nicht auftretenden Verhaltens, daß das zum Aufbau gewählte Verhalten möglichst wenig mit artspezifischen Alternativreaktionen, etwa vor einem bewegten Objekt wegzulaufen, es aufzufressen, o.ä., interferieren darf (s. hierzu NASH, 1970).

Im konkreten Fall des Auftretens neuer Verhaltensmuster im Laufe der Entwicklung dürfte es allerdings meist schwer fallen, die Teileinheiten der komplexen Gesamtreaktion im einzelnen zu isolieren und ihre Neuverknüpfung aufgrund von Lernprinzipien nachzuweisen. Derartige Lernprozesse sind allenfalls im Experiment zu simulieren.

Eine Konsequenz der Annahme einer Vielzahl von Verhaltenselementen, die untereinander frei kombinierbar sind und prinzipiell mit jedem Reiz verknüpft werden können, wurde bereits angedeutet: Die Kategorisierung des Verhaltens nach einer beschränkten Anzahl überindividuell gültiger und genereller Verhaltensklassen scheint weder möglich noch sinnvoll. Trotzdem trifft man auch bei

Vertretern eines S-R- Konzepts auf Einteilungen des Verhaltens in eine überschaubare Zahl von Verhaltensklassen. Dies gilt vor allem für die Bereiche, die unter den Begriff „Persönlichkeit“ subsumiert werden. Am häufigsten beschäftigt sich die lerntheoretisch orientierte Forschung der Persönlichkeitsentwicklung mit den Verhaltensklassen Abhängigkeit (dependency), Aggressivität, Moral, Geschlechtstypisierung und Leistung (vgl. BANDURA & WALTERS, 1963; GRUSEC & LYTTON, 1988; PERRY & BUSSEY, 1984; SEARS, MACCOBY & LEVIN, 1957).

Das Auftreten von Generalisierung garantiert die Anwendung des früher Gelernten unter neuen, der ursprünglichen Lernsituation ähnlichen Reizbedingungen. Lernübertragung oder Transfer beinhaltet ein ähnliches Phänomen wie Generalisierung. Der Unterschied zwischen beiden besteht darin, daß Generalisierung die Anwendung von früher Gelerntem ohne zusätzliches Lernen bezeichnet, während man von Transfer spricht, wenn früher Gelerntes sich erleichternd oder erschwerend auf späteres Lernen auswirkt (positiver oder negativer Transfer). Je älter ein Kind wird, desto *häufiger* generalisiert es seine Erfahrungen auf neue Situationen. Aufgrund der gleichzeitig ansteigenden Diskriminationsfähigkeit geschieht diese Generalisierung allerdings jeweils in *engeren Grenzen* als bei jüngeren Kindern (ROHWER, 1974).

Schließlich liegt es auch unter Zugrundelegung des HULLschen Konzepts der *Gewohnheitshierarchie* nahe, einen Zusammenhang zwischen verschiedenen Reaktionen anzunehmen. Der Begriff *Gewohnheitshierarchie* stellt in Rechnung, daß verschiedene, auf einen gemeinsamen Zielreiz bezogene Gewohnheiten (Reaktionen) sich nach ihrer relativen Assoziationsstärke in einer Hierarchie, d.h. in einer Rangfolge der Auftretenswahrscheinlichkeit, anordnen lassen. Einzelne Reaktionen können darüber hinaus auch in mehreren Hierarchien auftauchen, d.h. auf mehrere Ziele bezogen sein. Will ein kleines Kind von seiner Mutter auf den Arm genommen werden, so kann dies das eine Mal Teil seines Bedürfnisses nach mütterlicher Zuwendung sein, das andere Mal ist es Ausdruck seines Unwillens zu laufen. Auf diesem Hintergrund läßt sich Entwicklung zu einem großen Teil als *Veränderung von Gewohnheitshierarchien* ansehen oder, anders ausgedrückt, als Veränderung der Auftretenswahrscheinlichkeit verschiedener Reaktionsmöglichkeiten in der gleichen Reizsituation. So hat ein Kind, wenn es älter wird, andere Verhaltensmuster zur Befriedigung seines Bedürfnisses nach mütterlicher Zuwendung zu finden als ein Verhalten, das anzeigt, daß es getragen werden will.

Die vorhin genannten Verhaltenssysteme, Abhängigkeit, Aggressivität, Moral usw., werden von Anhängern der HULLschen Triebreduktionstheorie, etwa MILLER, DOLLARD und SEARS, als erworbene oder *sekundäre Motive* bezeichnet. Sekundär, weil sie aus Reflexen (Saugreflex, Orientierungsreflex etc.) oder aus triebgeleiteten elementaren Verhaltensweisen (Nahrungsaufnahme, Suche nach Körperkontakt etc.) abgeleitet sind.

Nach der sekundären Triebtheorie der Neo-HULLianer bilden sich durch die wiederholte Koppelung von früher neutralen Reizen mit a) primären Bedürfnissen (Trieben) bzw. den von ihnen hervorgerufenen internen Reizen und Spannungszuständen einerseits, b) der Befriedigung dieser Bedürfnisse und der damit einhergehenden Triebreduktion andererseits sekundäre Bedürfnisse oder Motive heraus. Gleichzeitig erwerben die mit der Triebreduktion assoziierten Reize einen *sekundären Verstärkungswert.*

Sekundäre Motivation und sekundäre Verstärkung sind deshalb für die Theorie des sozialen Lernens so wichtig, da anders nur schwer zu erklären wäre, wie Anreize oder Verstärkungen, die für Kleinkinder bedeutungslos sind, (z.B. Geld, Erfolg, Beliebtheit) später verhaltenssteuernd wirken. Nach der eben skizzierten Konzeption ist Entwicklung zu einem großen Teil gleichzusetzen mit dem Erwerb neuer Bedürfnisse (Motive) und neuer Verstärker. Entwicklung ist damit mehr als nur das Erlernen von verbalen und motorischen Reaktionen. (Zur Betrachtung der Entwicklung als Erwerb von sekundären Motiven siehe Abschnitt 2.1: SEARS).

Der Verlauf der Entwicklung

In den S-R-Theorien der Entwicklung wird kein Versuch unternommen, Verhaltensklassen oder Motive in ihrer Entstehung und hinsichtlich ihrer zeitlichen Veränderungen an bestimmte Altersbereiche zu binden oder in einer festen Sequenz anzuordnen. Soweit Beziehungen zum Alter aufgefunden werden, wird der Grund eher in altersabhängigen Umweltveränderungen (alterstypischen Erziehungspraktiken, Erfahrungsräumen usw.) gesucht als in bestimmten, vom Kind „mitgebrachten" Entwicklungstendenzen. Überindividuelle Ähnlichkeiten von Entwicklungsverläufen werden also stärker auf Gleichförmigkeiten der Lernumwelten, auf eine gleiche Lerngeschichte, als auf festgelegte Entwicklungstendenzen zurückgeführt. Auch fehlt das Bemühen, die verschiedenen Verhaltensysteme untereinander oder mit der Entwicklung sensumotorischer oder kognitiver Fähigkeiten in einen systematischen Zusammenhang zu bringen. Aussagen über gesetzmäßige Entwicklungsverläufe im Sinne von festen Entwicklungssequenzen, gar in Form von Entwicklungsstufen und -phasen, lassen sich auf dem Boden von S-R-Theorien daher kaum machen. Entwicklung ist ein kontinuierlicher Prozeß der fortschreitenden Akkumulation spezifischer Verhaltenserwerbungen. Der Entwicklungsverlauf wird weitgehend durch den Zeitpunkt und die Art der Stimulation bzw. der Stimulationsänderungen durch die Umwelt determiniert. So ist die Geschwindigkeit und die Art der Veränderungen des Abhängigkeitsverhaltens beim heranwachsenden Kind eine Funktion des Zeitpunkts und der Art des Sozialisationsdrucks in Richtung der Aufgabe abhängigen Verhaltens und des Erwerbs von Selbständigkeit und Unabhängigkeit. Die Zeitdauer der einzelnen Lernprozesse hängt dann eher von den Lernvoraussetzungen und der Umweltstimulation ab als von einem lernunabhängigen Entwicklungsstand.

Neues Lernen baut immer auf den vorausgegangenen Lernprozessen auf. Der S-R-Standpunkt ist deshalb am ehesten als *historischer* Ansatz zu bezeichnen, insofern als Entwicklung gleichgesetzt wird mit den kumulativen Verknüpfungen (Lernen), die im individuellen Fall bis zu einem gegebenen Zeitpunkt abgelaufen sind. Wie sich ein Kind entwickeln wird, hängt davon ab, was es lernen wird. Wie sich aktuelles Lernen auswirkt, hängt vom früher Gelernten ab. Sprunghafte oder abrupte Verhaltensänderungen sind nach alledem eher unwahrscheinlich. Der Eindruck eines plötzlich auftretenden neuen Verhaltens entsteht zum einen dadurch, daß unsere Beobachtungsintervalle nicht fein genug sind, um den der Veränderung zugrundeliegenden kontinuierlichen Lernprozeß im einzelnen zu verfolgen. Zum anderen können die Auswirkungen spezifischer Erwerbungen auf das übrige Verhalten dann den Eindruck einer sprunghaften Veränderung erwecken, wenn durch das spezifisch Gelernte andere Verhaltensäußerungen und Lernprozesse ermöglicht werden (vgl. das Beispiel auf S. 103).

Da keine überindividuell gültigen gesetzmäßigen Altersverläufe angenommen werden und auch die Lernprinzipien über alle Altersstufen Gültigkeit beanspruchen, spielt es für S-R-Psychologen eine geringere Rolle als für andere Entwicklungspsychologen, wie alt die Kinder sind, an denen sie ihre Untersuchungen durchführen. Die unterschiedliche Wirksamkeit von Verstärkern oder jeweils gegebener Reizbedingungen bei Kindern verschiedenen Alters führt man selbst wiederum zum Teil auf vorangegangenes Lernen zurück. Soweit eine Änderung in den Gesetzmäßigkeiten des Lernens über das Alter zugestanden wird, versucht man dies u.U. in Form von Erfahrungswerten oder Konstanten zu fassen (Zigler & Child, 1969, S. 467).

Die Auseinandersetzung der Lerntheorien mit entwicklungspsychologischen Fragen und die zahlreichen Untersuchungen zum Lernen bei Kindern verschiedenen Alters (s. Stevenson, 1972a, 1983) haben inzwischen gezeigt, daß eine Betrachtung von Entwicklungsprozessen unter dem Aspekt des Lernens ergänzt werden muß durch die umgekehrte Sichtweise, nämlich die Betrachtung des Lernens unter dem Aspekt der Entwicklung. Hier wird dann zum wichtigsten Untersuchungsgegenstand, *wie* Kinder verschiedenen Alters lernen und wie diese Unterschiede zustandekommen. Die Rückführung der festgestellten Unterschiede auf vorangegangenes Lernen, z.B. auf individuelle Verstärkungsgeschichten, wäre dann erst nachzuweisen.

Aufgrund ihrer theoretischen Bedeutsamkeit am bekanntesten geworden sind in diesem Zusammenhang die Untersuchungen des Ehepaars Kendler und ihrer Mitarbeiter zum Umkehrungslernen (*reversal shift* und *nonreversal shift*; vgl. Kap. 2.3.5). Sie zeigen, daß sowohl bei verschiedenen Spezies als auch bei Kindern verschiedenen Alters die Art, *wie* gelernt wird, variiert.

Gemeinsamkeiten und Unterschiede innerhalb der S-R- Theorien der Entwicklung

Versucht man die wichtigsten *Gemeinsamkeiten* der S- R-Theoretiker zusammenzufassen, so kommt man mit White (1970, S. 665 f.) zu mindestens fünf Prämissen, die S-R- Theorien der Entwicklung bei sonstigen Verschiedenheiten vereinen:

1. Die Umweltgegebenheiten lassen sich prinzipiell als Reizgegebenheiten (Stimuli) definieren.
2. Verhalten läßt sich prinzipiell als Reaktion (Response) definieren.

3. Es gibt eine Klasse von Reizen, deren kontingente und unmittelbare Folge auf ein vorangegangenes Verhalten dieses Verhalten in irgendeiner zählbaren Form ansteigen oder absinken läßt. Solche Reize kann man als Verstärker bezeichnen.

4. Lernen läßt sich durch verschiedene Arten der Verknüpfung von Reizen, Reaktionen und Verstärkern umfassend beschreiben.

5. Bis zum Beweis des Gegenteils kann man davon ausgehen, daß ein Verhalten gelernt ist, d.h. unter der Kontrolle der Umwelt entstanden ist und somit durch diese gelöscht oder verstärkt werden kann.

Innerhalb dieses gemeinsamen Rahmens finden wir jedoch *unterschiedliche Ansätze* und Darstellungsweisen der Entwicklung. Zumindest vier Gruppen lassen sich voneinander unterscheiden:

(1) Die Neo-Hullianer Dollard, Miller, Sears mit ihrer *Verstärkung-durch-Triebreduktion*- Position und der Verwendung von hypothetischen Konstrukten wie Bedürfnis, Motiv oder Erwartung. Diese erste Gruppe hat sich – über die Demonstration der Gültigkeit von Lernprinzipien hinaus – noch am meisten mit Problemen der Kindesentwicklung beschäftigt. Diese Position wird weiter unten in Abschnitt 2.1 dargestellt.

(2) Die an Skinner orientierten, empirisch-pragmatisch ausgerichteten und primär an funktionalen S-R-Beziehungen interessierten Anhänger des Operanten Konditionierens (Instrumentellen Lernens). Hierzu zählen innerhalb der Entwicklungspsychologie vor allem Gewirtz und Bijou und Baer. Verhalten gilt bei diesen Autoren ausschließlich als Resultat der Verstärkungsgeschichte. Vermittelnde oder intervenierende Variablen werden für überflüssig erachtet. Die unterschiedliche Wirksamkeit von Verstärkern wird auf einen unterschiedlichen Grad der Sättigung oder Deprivation zurückgeführt. Alles Verhalten unterliegt den gleichen Lernprinzipien. Der Ansatz von Bijou und Baer wird im Abschnitt 2.2 erläutert.

(3) Die Position von Bandura und Mitarbeitern, häufig als Theorie des Sozialen Lernens (Social Learning Theory) im engeren Sinne bezeichnet. Stimuluskontiguität und Verstärkung finden zwar ebenfalls Berücksichtigung. Entscheidend für menschliches Lernen ist jedoch die Beobachtung von Verhaltensmodellen und das sogenannte stellvertretende Lernen (s. Kap. 2.4.3). Die Notwendigkeit der Annahme von Motivsystemen wird – wie bei den Skinnerianern – bezweifelt. Bei der Darstellung der Verhaltensentwicklung wird allerdings trotzdem von Verhaltenssystemen wie Abhängigkeit, Aggressivität, Selbstkontrolle u.ä. ausgegangen. Überdies werden auch soziale Merkmale (Geschlecht, Status, Macht, Freundlichkeit u.ä.) der beobachteten Modelle als bedeutsam erachtet. Banduras Theorie in ihrer aktuellen Form einer sozial-kognitiven Lerntheorie, die die Bedeutung kognitiver Verarbeitungsprozesse beim Beobachtungslernen herausstellt, wird im Abschnitt 3. vorgestellt.

(4) Eine Gruppe von Forschern, die das S-R-Modell in Richtung auf kognitive Variablen (Wahrnehmung, Denken, Sprache, Problemlösen, Urteilen) erweitert haben, indem sie diese selbst in Termini der S-R-Theorie untersuchen (Berlyne, 1967a, b; Osgood, 1957). Dieser Ansatz wurde im Kap. 2.4.5 behandelt.

2. Bedeutende Vertreter einer S-R-Theorie der Entwicklung

2.1 Robert R. SEARS (*1908 – 1989)

Robert SEARS wurde 1908 in Palo Alto, Kalifornien, geboren, wo er auch aufwuchs. Sein Vater war Professor für Erziehungswissenschaft an der Stanford Universität. Dort erhielt SEARS auch seine erste Ausbildung in Psychologie. 1932 promovierte er mit einer Arbeit über das visuell-motorische Verhalten der Goldfische.

Über verschiedene Zwischenstationen (University of Illinois und Chicago Institute of Juvenile Human Relations, 1932-1936, Yale-University, 1936-1942, Iowa Child Welfare Research Station, 1942-1948, und das Harvard Laboratory of Human Development, 1949-1952) kehrte er 1953 an die Stanford Universität zurück, wo er bis zu einer Emeritierung 1974 tätig blieb.

Seine Forschung wurde durch zwei Dinge besonders geprägt: zum einen durch die Beschäftigung mit der Psychoanalyse FREUDS, zum anderen durch die Lernpsychologie von Clark HULL. Während seiner Zeit an der Yale-Universität versuchte er zusammen mit DOLLARD, MILLER, DOOB und MOWRER beides miteinander zu verbinden.

SEARS war nach FREUD einer der ersten, der die Wichtigkeit der Eltern-Kind-Beziehung für die Entwicklung herausstellte. Seine Konzeption kann man als einen Versuch zur Anwendung der HULLschen Lerntheorie auf die Entwicklung und Sozialisation von Kindern bezeichnen. Gleichzeitig gingen in die Überlegungen und Untersuchungen von SEARS anfänglich stark psychoanalytische Termini und Gedanken ein. So beschäftigte sich SEARS mit Verdrängung, Projektion, Regression und den psychosexuellen Stufen der Kindesentwicklung (SEARS, 1936, 1941, 1943, 1944). Allmählich löste er sich jedoch von der Psychoanalyse und lehnte sich eindeutiger an die S-R-Theorie HULLscher Prägung an.

Die für entwicklungspsychologische Fragestellungen wichtigsten Schriften von SEARS sind: *Child Psychology* (SEARS, 1947), *Some child rearing antecedents of aggression and dependency in young children* (SEARS & WHITING, 1953), *Patterns of child rearing* (SEARS, MACCOBY & LEVIN, 1957), *Identification and child rearing* (SEARS, RAU & ALPERT, 1965). Eine ausführliche Würdigung von SEARS' Werk findet sich in MAIER (1969/1983). SEARS starb am 22. Mai 1989.

Gegenstand der Entwicklung

SEARS' Hauptinteresse gilt der genauen Analyse von Antezedenz-Konsequenz-Beziehungen zwischen Eltern- und Familiencharakteristika (vor allem Erziehungsstilen) und Verhaltensmerkmalen bei Kindern. Untersucht werden in der Regel Kinder im Vorschulalter. Dabei beschäftigt sich SEARS vornehmlich mit der *dyadischen Interaktion zwischen Mutter und Kind* und den dabei *im Kind ablaufenden Lernprozessen*. Lernen ist hierbei als ein Austauschprozeß zwischen zwei Personen konzipiert, die sowohl in ihrem Verhalten als auch in ihren Erwartungen wechselseitig aufeinander bezogen sind. Dies ist übrigens ein Ansatz, der später auch von einer anderen Position aus, nämlich der der Ethologie, zur Beschreibung und Erklärung der frühen Mutter-Kind-Bindung verfolgt wurde (vgl. Kap. 7.3.2).

Zur Erfassung des elterlichen Erziehungsstils verwendet SEARS Interviews und Verhaltensbeobachtungen. Kindliches Verhalten bzw. Eltern-Kind-Interaktionen erfaßt er meistens mit Hilfe von Verhaltensbeobachtungen in standardisierten Testsituationen (s. vor allem SEARS, MACCOBY & LEVIN, 1957; SEARS, RAU & ALPERT, 1965).

Im Vordergrund steht dabei eindeutig die Mutter-Kind-Beziehung. Die dyadische Vater-Kind-Beziehung wird demgegenüber weitgehend außer acht gelassen. Die Vernachlässigung des Vaters und seines Erziehungsverhaltens bei der Betrachtung der Antezedenz-Bedingungen für die kindliche Persönlichkeitsentwicklung ist in der Sozialisationsforschung weit verbreitet (vgl. GOSLIN, 1969; HETHERINGTON, 1983; SCHNEEWIND & LUKESCH, 1978; ZIGLER & CHILD, 1969). Sie dürfte eher mit praktischen Problemen (geringere Zugänglichkeit des Vaters für Befragungen und Interviews) und mit traditionellen Rollenvorstellungen (die Mutter als Erzieher, der Vater als Ernährer) zusammenhängen als mit der tatsächlichen Bedeutung des Vaters für die Familie in unserer Gesellschaft. (Zur Bedeutung des Vaters für die Kindesentwicklung siehe FTHENAKIS, 1985; LAMB, 1976, 1977).

Wie alle S-R-Psychologen geht SEARS vom beobachtbaren Verhalten aus, wobei er allerdings immer bereits den sozialen Kontext des Verhaltens mitberücksichtigt. Er sieht Verhalten als zielgerichtet, d.h. als instrumentell für die Befriedigung von Bedürfnissen an. Schwerpunktmäßig richtet sich sein Interesse auf die Verhaltensbereiche *Abhängigkeit*, *Aggressivität* und *Identifikation*. Dem *Abhängigkeits*bereich kommt dabei insofern eine Sonderstellung zu, als eine enge Bindung des Säuglings an seine Pflegeperson (in der Regel die Mutter) als Basis jeglicher Entwicklung angesehen wird. Dies wird daraus verständlich, daß Entwicklung als sozialer Lernprozeß immer durch einen sozialen Partner, d.h. über von diesem ausgesendete soziale Stimuli bzw. triebreduzierende Verstärkungen vermittelt wird.

Entwicklung wird vom *Gegenstand* her gleichgesetzt mit *Persönlichkeits*entwicklung, diese wiederum mit den Veränderungen des Verhaltens in sozialen Interaktionen, also mit der Entwicklung des Sozialverhaltens. Für SEARS ist die Persönlichkeit das Produkt der lebenslangen dyadischen Handlungsabläufe, die die individuellen Bereitschaften für weiteres Handeln fortlaufend verändern (SEARS, 1951b, S. 476). Die Entwicklung der Persönlichkeit ist das Resultat der durch die soziale Umwelt erfahrenen Erziehung oder genauer: der Art der sozialen Interaktion und des Umgangs mit den kindlichen Bedürfnissen.

Das elterliche Erziehungsverhalten schlägt sich nieder als Lernerfahrung und zwar jeweils in dem Bereich, der gerade *sozialisiert* wird, z.B. im Bereich der Nahrungsaufnahme, der Sauberkeit, der sexuellen Schamhaftigkeit, der Einhaltung von Geboten und Verboten. Umwelt ist für das Kind das, was es im Zusammenhang mit den eigenen bedürfnisgeleiteten Verhaltensweisen erfährt. Zeitpunkt und Art der Sozialisation der einzelnen Verhaltensbereiche variieren zwischen verschiedenen Individuen. Daraus resultieren dann individuelle Unterschiede der Persönlichkeitsentwicklung.

Unterschiede der elterlichen Erziehungspraktiken lassen sich vor allem zwischen den sozialen Schichten feststellen. Derartige Schichtunterschiede führt SEARS im wesentlichen auf einen verschiedenen Grad der Zugänglichkeit von Informationen über die „richtige" Erziehung zurück.

Determinanten der Entwicklung

Die Ausbildung und Stabilisierung des Verhaltens im Laufe der Entwicklung erfolgt nach SEARS im Sinne der *secondary-drive*-Theorie HULLS in erster Linie auf dem Wege der Assoziation von Reizen und Reaktionen mit Triebreduktion. Im einzelnen stellt sich SEARS den Verhaltenserwerb durch soziales Lernen folgendermaßen vor.

Zu Beginn der Entwicklung, im Säuglingsalter, wird Verhalten generell durch biologisch verankerte, primäre Bedürfnisse (*primary drives*) aktiviert. Solche Primärbedürfnisse sind: Hunger, Durst, Bedürfnis nach Schlaf, Sauerstoff, Wärme, taktiler Stimulation und Schmerzvermeidung. Sowohl zusammen mit diesen Bedürfnissen – bzw. den durch sie ausgelösten Spannungszuständen – wie mit den durch sie aktivierten Verhaltensweisen (z.B. saugen, berühren, schreien, sich hin- und herbewegen) treten eine Vielzahl von internen und externen Reizen in raum-zeitlicher Kontiguität auf. Diejenigen Reize, die wiederholt mit Verhaltensweisen – oder auch anderen Reizen – verknüpft sind, die zu einer Befriedigung des betreffenden Bedürfnisses führen, z.B. das die Fütterung begleitende Sprechen der Mutter oder ihr Gesicht, erlangen sekundären Verstärkungswert. Das heißt, das Auftreten der mit Triebreduktion assoziierten Reize allein kann bereits zu einer Triebreduktion führen und wirkt in Zukunft auch außerhalb der Fütterungssituation wie ein Verstärker. Andererseits werden diese Reize selbst zum Ziel von Bedürfnissen. Es bildet sich ein Verhalten heraus, das die Herbeiführung oder das Aufsuchen der betreffenden Reize zum Ziel hat. Zum Beispiel wird die mit der Befriedigung des Hungers assoziierte Mutter allmählich selbst zum Objekt eines (erworbenen) Bedürfnisses oder *Motivs*: das Kind hat eine *emotionale Abhängigkeit* von der Mutter entwickelt und zeigt entsprechende Verhaltensweisen. Es schaut der Mutter nach oder fängt an zu schreien, wenn diese den Raum verläßt, es versucht ihre Hilfe und Unterstützung zu bekommen u.ä. Das heißt: das Kind hat *gelernt*, daß bestimmte Verhaltensweisen und bestimmte Stimuli eher zu einer Triebreduktion führen als andere. Durch bestimmte Hinweisreize (= Reize, die früher der Sequenz Triebspannung – Verhalten – Triebreduktion vorausgegangen sind), werden diese sekundären Bedürfnisse oder Motive ausgelöst. Die wiederholt verstärkten Verhaltensweisen und die damit assoziierten Reize, die zur Triebreduktion führen, werden zusammen als *belohnende Erfahrung* erlebt.

Der gesamte Ablauf der Verknüpfung von Reizen und Reaktionen mit Bedürfnissen bzw. ihrer Befriedigung läßt sich in folgendem Schema zusammenfassen (s. Abbildung 9.1).

Die wiederholte Koppelung von Reizen und Reaktionen mit Bedürfnissen bzw. ihrer Befriedigung hat drei Konsequenzen:

Primäres Bedürfnis
(z.B. Hunger)

ruft hervor
↓
Spannungszustand

aktiviert
↓
Verhalten
R_1 (hin- und herbewegen)
R_2 (schreien)
R_3 (das Bettchen explorieren)

Gleichzeitig auftretende interne oder externe Reize S_1 bis S_n (eine bestimmte Körperlage, Wachwerden, Dunkelheit im Zimmer etc.) werden mit dem Spannungszustand und dem durch ihn aktivierten Verhalten verknüpft.

hat einen bestimmten Effekt
↓
auf R_2 kommt z.B. die Mutter herbei und füttert das Kind; dabei spricht sie zu ihrem Kind, schaut es an, wiegt es usw.

führt zu
↓
Triebreduktion
(Stillung des Hungers, allgemeines Wohlbefinden)

Gleichzeitig mit der Triebreduktion auftretende interne oder externe Reize werden mit der Triebreduktion und dem vorangegangenen Verhalten verknüpft.

Abbildung 9.1: Entstehung sekundärer Motive und sekundärer Verstärker nach der Theorie von R. Sears

1. Das Wiederauftreten der dem Spannungszustand vorausgehenden oder ihn begleitenden Reize induziert den betreffenden Spannungszustand und erhöht gleichzeitig die Wahrscheinlichkeit, daß das zur Triebreduktion führende Verhalten wieder auftritt. Das Kind verspürt z.B. Hunger, wenn es wach wird, und schreit.

2. Das Wiederauftreten der früher mit Triebreduktion assoziierten Reize wirkt selbst bereits spannungsreduzierend, d.h., es wirkt als sekundärer Verstärker, und zwar für verschiedene Verhaltensweisen. Die Zuwendung der Mutter erwirbt Verstärkungswert.

3. Die mit Triebreduktion assoziierten Reize werden allmählich selbst zu Verhaltenszielen, d.h., sie werden Ziel sekundärer Bedürfnisse oder Motive. So schreit das Kind nun nicht mehr ausschließlich um gefüttert zu werden, son-

dern auch, um die Mutter in seiner Nähe zu haben. Das Kind ist bestrebt, von der Mutter geliebt zu werden.

Die gelernten Reiz-Reaktions-Sequenzen werden durch wiederholte gleichförmige Erfahrungen immer stabiler. Ursprüngliches Versuch-und-Irrtum-Verhalten wird zunehmend zielgerichtet. Das heranwachsende Kind lernt immer besser, sein eigenes Verhalten so zu steuern, daß sowohl seine eigenen Bedürfnisse als auch die Erwartungen der Umwelt zufriedengestellt werden.

Biologisch verankerte Triebbedürfnisse als Ausgangspunkt und Grundlage für die Verhaltensaktivierung und Persönlichkeitsentwicklung sind uns bereits in den psychoanalytischen Entwicklungsheorien begegnet (vgl. Kap. 7). Wie dort ist auch nach der Theorie des Sozialen Lernens von SEARS entscheidend, wie die soziale Umwelt mit den kindlichen Bedürfnissen umgeht. Neu bei SEARS ist der zugrunde gelegte Lernbegriff und die Konzeption des sekundären Lernens. Außerdem werden Lernen und Entwicklung nur in den Anfängen durch physiologische Stimulation und die Befriedigung physiologischer Triebzustände vorangetrieben. Mit fortschreitender Entwicklung rückt die Bedeutung sozialer Stimulation (sekundäres Lernen) immer stärker in den Vordergrund.

Von besonderer Bedeutung für die Entwicklung ist nach SEARS darüber hinaus der *Wechsel* von Verstärkung (Befriedigung) und Nichtverstärkung (Frustration), also der zeitweilige Entzug oder die vorübergehende Unterbrechung der Verstärkung eines Verhaltens. So kann sich die Abhängigkeit von der Mutter besonders stark entwickeln, wenn das Bedürfnis nach mütterlicher Zuwendung vorübergehend frustriert wird.

Die größere Intensität oder Stabilität eines Verhaltens bei vorübergehendem Entzug der Verstärkung läßt sich am besten mit der nachgewiesenen größeren Löschungsresistenz bei intermittierender gegenüber kontinuierlicher Verstärkung erklären (vgl. Kap. 2.4.2).

Das heranwachsende Kind lernt außerdem nicht nur, die Erwartungen der sozialen Umwelt angemessener zu beantworten. Entsprechend der dyadischen, d.h. der wechselseitigen Beeinflussung sozialer Verhaltensweisen lernt es gleichzeitig, durch sein eigenes Verhalten beim sozialen Partner (hier: der Mutter) bestimmte Verhaltensweisen hervorzurufen. Diese Auffassung kommt einem rollentheoretischen Ansatz nahe. Dort wird ebenfalls das Verhalten eines Rollenträgers in seiner wechselseitigen Beziehung zum Verhalten des Rollenpartners betrachtet (vgl. SADER, 1969).

Trotz dieser Tatsache sind die meisten Sozialisationsstudien einseitig auf die Aufdeckung des Einflusses der „unabhängigen" Variablen *Erziehungsstil* auf die „abhängige" Varibale *kindliches Verhalten* angelegt. Dies gilt auch für SEARS'eigene Untersuchungen. (Zum Problem der Asymmetrie oder Symmetrie der Sozialisation siehe BELL, 1968; vgl. auch Kap. 2.6).

Außer dem sekundären Lernen und den elterlichen Rollenerwartungen sind nach SEARS körperliche Reifungsvorgänge als eine wichtige Grundlage der Verhaltensentwicklung anzusehen. Die Bedeutung der physischen Reifung für die Persönlichkeitsentwicklung liegt jedoch in erster Linie darin, ähnlich wie es für die biologisch verankerten Primärbedürfnisse gilt, eigenes und fremdes Verhalten zu aktivieren und Lernvoränge in einem sozialen Kontext in Gang zu setzen. So werden die reifungsabhängigen physischen Geschlechtsunterschiede vornehmlich daraufhin betrachtet, welche Reaktionen sie in der sozialen Umwelt (einschließlich der eigenen Person) hervorrufen, d.h., welche geschlechtstypischen Erwartungen an Jungen und an Mädchen gestellt werden und welche Rolle das Geschlecht in sozialen Interaktionen spielt.

Entwicklungsverlauf

SEARS hat sich selten explizit zur Frage der Abgrenzung von Entwicklungsstadien geäußert. MAIER (1969/1983) erkennt jedoch implizit drei Phasen der Entwicklung:

(1) Verhaltensanfänge im Säuglingsalter, die auf angeborenen Bedürfnissen beruhen, und erstes Verstärkungslernen (die ersten 12 bis 18 Monate);

(2) Herausbildung sekundärer Motivsysteme in der familiären Sozialisation (zwischen 1 1/2 und 5 Jahren);

(3) Erwerb sekundärer Motivsysteme außerhalb der Familie (etwa ab dem 6. Lebensjahr).

In seinen eigenen Untersuchungen beschäftigte sich SEARS vor allem mit der zweiten Phase, dem Vorschulalter (vgl. SEARS, MACCOBY & LEVIN, 1957; SEARS, RAU & ALPERT, 1965).

Im Säuglingsalter bilden sich zunächst Vorläufer des Abhängigkeitsmotivs und der Aggression heraus. Ersteres ist eng verknüpft mit der Fütterungssituation. Das Kind lernt bald, nicht nur die Mutter herbeizusehnen, wenn es hungrig ist, sondern es lernt gleichzeitig, daß es die Mutter *braucht*. Vorläufer von Aggression entstehen als Antwort auf die ersten Frustrationen im Zusammenhang mit der Entwöhnung und vorübergehenden Trennungen von der Mutter. Der elterliche Umgang mit der kindlichen Abhängigkeit und Aggressivität legt den Grundstein für spätere Identifikationsprozesse.

In den nächsten Jahren findet dann eine fortschreitende Sozialisierung der kindlichen Bedürfnisse, d.h. eine Anpassung an die Forderungen der Umwelt, statt. Schritt für Schritt gelangt der Ausdruck von Bedürfnissen unter den elterlichen Sozialisationsdruck (vgl. CHILDS Trichtermodell der Sozialisation, Kap. 2.6). Bedürfnisbefriedigung und Zufriedenheit der Umwelt werden immer stärker miteinander assoziiert. Die Sauberkeitserziehung rückt nun in den Mittelpunkt der dyadischen Interaktion. Die mütterlichen Forderungen erfüllt das Kind anfänglich nur, damit es weiterhin akzeptiert wird bzw. keine Strafe erhält. Die Reaktion der Mutter wird zunächst auch noch eher mit der Abhängigkeitsbeziehung als mit der Ausscheidungsfunktion assoziiert. Erst allmählich entsteht ein Bedürfnis nach körperlicher Sauberkeit. Es zeigen sich ebenfalls erste Ansätze sexueller Schamhaftigkeit. Es kommt in dieser Zeit auch erstmals zu einer Auseinandersetzung mit den Geboten und Verboten der Umwelt. Dabei entstehen Konflikte zwischen eigenen Bedürfnissen und der Befriedigung von Umweltanforderungen, was schließlich über Lern- und Identifikationsprozesse zum Aufbau eines *Gewissens* führt. Identifikation unterscheidet sich nach SEARS insofern von anderen Lernvorgängen, als sie weder auf Versuch-Irrtum-

Lernen noch auf expliziten Erziehungsbemühungen beruht, sondern aus dem kindlichen Rollenspiel und der Abhängigkeit des Kindes entsteht (SEARS, 1957). Die vor allem durch vorübergehenden Liebesentzug geförderten Gewissensregungen beziehen sich zum einen auf das erwünschte oder verbotene Verhalten selbst, zum anderen auf den Aspekt des Gehorsams gegenüber den Eltern, unabhängig von dem speziell geforderten Verhalten. Auch die Aggressivität erfährt im Vorschulalter ihre grundlegende Ausformung. Aggressionen, die zum Erfolg führen, treten in Zukunft häufiger auf. Schließlich zeigen sich im kindlichen Wetteifer um Belohnung und Zielerreichung Vorläufer einer Leistungsmotivation. Im Spiel wird außerdem Phantasie-Aggression gelernt (SEARS, 1950, 1951c).

Mit dem Eintritt in Kindergarten und Schule kommen weitere Sozialisationsträger ins Spiel. Insbesondere die Bedeutung der Gruppe der Gleichaltrigen (peer group) wächst nun ständig an. Die eigene Bewegungsfreiheit erweitert sich und die Kontrolle über eigenes und fremdes Verhalten nimmt zu. Die neuen sozialen Interaktionspartner stellen neue Quellen für Nachahmung und Identifikation dar. Sie wirken aber weitgehend nur noch modifizierend auf die bisher eingeschlagene Entwicklungsrichtung ein.

Untersuchung 9.1 — *Frühe Sozialisationserfahrungen und Aggression in der mittleren Kindheit*

In einer Untersuchung an 76 Jungen und 84 Mädchen im Alter von 11 bis 12 Jahren überprüfte Robert SEARS (1961) den Zusammenhang von Sozialisationserfahrungen in der frühen Kindheit und verschiedenen Formen der Aggression in der mittleren Kindheit. Ausgehend von der Frustrations- Aggressions-Hypothese von DOLLARD, DOOB, MILLER, MOWRER und SEARS (1939), nach der elterliche Bestrafung beim Kind Frustration erzeugt, die zum Aufbau von Aggression führt, erwartete er einen positiven Zusammenhang zwischen Bestrafung und Aggression. Als aggressionsfördernd sah SEARS außerdem Permissivität gegenüber aggressivem Verhalten des Kindes an.

Die Kinder kamen überwiegend aus Familien der oberen Mittelschicht und besuchten alle die 6. Klasse von Schulen in zwei Kleinstädten von Massachusetts, USA. Es handelte sich um 160 von 379 Kindern, die sieben Jahre zuvor zusammen mit ihren Müttern an einer umfangreichen Studie über den Zusammenhang des mütterlichen Erziehungsstils und Identifikationsprozessen bei Kindergartenkindern teilgenommen hatten (SEARS, MACCOBY & LEVIN, 1957).

In der Ausgangsstudie (Kinder im Alter von 5 Jahren) waren die Mütter ausführlich zu ihren Erziehungseinstellungen und – praktiken befragt worden; z.B. zu ihrem Pflegeverhalten, zur Sauberkeitserziehung, zum Umgang mit abhängigem, aggressivem oder sexuellem Verhalten des Kindes und zu ihren Disziplinierungstechniken. Die Antworten der Mütter dazu wurden von Experten auf insgesamt 188 Rating-Skalen eingeschätzt. Im Hinblick auf ihren Zusammenhang mit der kindlichen Aggression sollten folgende 11 Variablen des mütterlichen Erziehungsstils betrachtet werden: (1) Permissivität bei Aggression gegen die Eltern; (2) Allgemeine Permissivität; (3) Bestrafung von Aggression gegen die Eltern; (4) Allgemeine Bestrafungshöhe; (5) Physische Bestrafung; (6) Entzug von Privilegien; (7) Materielle Belohnung; (8) Lob; (9) Liebesentzug; (10) Mütterliche Wärme; (11) Strenge der Sauberkeitserziehung. Zur Einschätzung der Ausprägung der Aggressivität des Kindes im Alter von 5 Jahren wurde auf die Angaben der Mütter über aggressives Verhalten in der häuslichen Umgebung zurückgegriffen.

In der Nachfolgeuntersuchung hatten die Kinder 48 Aussagen, die verschiedene Arten von Aggression thematisierten, auf einer fünfstufigen Skala danach zu beurteilen, inwieweit sie auf sie selbst zutreffen bzw. nicht zutreffen. Die Antworten wurden nach der Art der thematisierten Aggression auf fünf Aggressionsskalen zusammengefaßt: (1) Aggressionsangst (Aggressive Stimuli werden mit Vermeidungsverhalten, Schuldgefühlen, körperlichen Beschwerden o. ä. beantwortet, z.B.: „Ich fühle mich unwohl, wenn ich zwei meiner Freunde miteinander kämpfen sehe"); (2) Projizierte Aggression (Aggressionen werden anderen zugeschrieben, z.B.: „Es gibt so viele böse Menschen auf der Welt, daß man wie in einem Dschungel lebt"); (3) Selbstaggression (Aggression richtet sich gegen die eigene Person, z.B.: „Manchmal denke ich daran, mich umzubringen"); (4) Prosoziale Aggression (Sozial gebilligte Aggression, z.B: „Wenn jemand eine Vorschrift verletzt hat, sollte er dafür hart bestraft werden"); (5) Antisoziale Aggression (Sozial mißbilligte Aggression, z.B. „Manchmal läßt sich ein Streit nur mit roher Gewalt beenden").

Sears unterstellte, daß das Lesen einer Aussage ein Stimulus ist, der eine lebhafte Vorstellung des Beschriebenen hervorruft, auf die die Vp im Sinne einer Reaktionsgeneralisierung mit dem Ankreuzen eines bestimmten Skalenpunktes antwortet: „. . . the reading of a statement would arouse an imaginal representation of the act or feeling described, and that marking the scale would be, by response generalisation, an affirmation or rejection of that representation". (S. 471)

An der späteren Untersuchung zur Aggression in der mittleren Kindheit nahmen noch weitere 377 Sechsklässler teil (189 Jungen und 188 Mädchen), über die keine Daten aus der frühen Kindheit vorlagen. Für die Gesamtgruppe der Kinder (n=537) wurden außerdem noch zusätzliche Variablen erhoben, die im Kontext der vorliegenden Untersuchung nicht interessieren.

Für die Gesamtgruppe der 11- und 12jährigen (N=537) ergaben sich signifikante Geschlechtsunterschiede in der Aggressionsangst und bei der prosozialen Aggression (stärker bei Mädchen) sowie bei der antisozialen Aggression (stärker bei Jungen). Wegen dieser Geschlechtsunterschiede wurden die folgenden Ergebnisse zur Beziehung zwischen Variablen des mütterlichen Erziehungsstils und der Ausprägung aggressiver Tendenzen bei den Kindern getrennt für Jungen und Mädchen dargestellt. Als statistisches Maß für die Enge des Zusammenhangs von Sozialisationserfahrungen und Aggression verwendete Sears die Produkt-Moment-Korrelation (Pearsons r). Die Ergebnisse hierzu sind in der Tabelle 9.1 zusammengefaßt.

Aus der Tabelle 9.1 geht hervor, daß die Zusammenhänge zwischen Merkmalen des mütterlichen Erziehungsstils und der kindlichen Aggression durchgehend niedrig sind. Nur wenige Koeffizienten erreichen überhaupt die Signifikanzgrenze. Dies gilt nicht nur für die zeitlich auseinanderliegenden Korrelationen (Angaben der Mutter, als das Kind 5 Jahre alt war, und Antworten der Kinder mit 11 bis 12 Jahren), sondern auch für die Mutter-Kind-Korrelationen im Alter von 5 Jahren.

Tabelle 9.1: Korrelationen zwischen Merkmalen des mütterlichen Erziehungsstils und kindlicher Aggression; getrennt für Jungen und Mädchen (nach SEARS, 1961, S. 476; Übers. v. Verf.)

Kindliches Verhalten	Merkmale des mütterlichen Erziehungsstils										
	PA	P	BA	B	BP	E	MB	L	LE	MW	SS
	Mädchen (N = 84)										
Aggressivität-5Jahre	.19	−.04	.18	**.34**	**.23**	**.28**	.13	.18	−.07	**−.33**	.03
Aggressions-angst	−.20	−.13	**.24**	**.23**	.07	−.06	.03	.06	−.17	−.04	.10
Projizierte Aggression	**−.25**	**−.22**	−.08	−.12	−.09	.04	−.03	−.01	−.03	−.01	.09
Selbst-aggression	−.09	−.17	.11	.10	.12	.06	.19	.03	**−.40**	−.06	.12
Prosoziale Aggression	**−.23**	−.12	.18	**.21**	**.22**	−.08	−.04	−.02	−.14	−.13	.02
Antisoziale Aggression	.02	.03	−.13	−.15	−.06	.02	−.02	−.09	−.10	.19	.02
	Jungen (N = 76)										
Aggressivität-5 Jahre	**.27**	.20	.11	.11	.22	.00	.04	−.02	.14	−.18	.14
Aggressions-angst	−.17	**−.23**	.10	.04	−.03	.13	.04	−.08	.21	.09	.06
Projizierte Aggression	.17	.06	−.16	−.10	−.12	.18	.08	−.01	**.27**	.06	.08
Selbst-aggression	−.06	−.15	.03	.22	.11	**.24**	**.39**	−.14	**.48**	−.07	**.27**
Prosoziale Aggression	−.09	−.20	.04	−.05	−.04	.06	−.09	−.04	.10	.09	−.03
Antisoziale Aggression	.18	**.23**	−.20	−.15	−.08	.10	.04	−.14	−.01	.11	.04

PA = Permissivität bei Aggression gegen die Eltern
P = Allgemeine Permissivität
BA = Bestrafung von Aggression gegen die Eltern
B = Allgemeine Bestrafungshöhe
BP = Physische Bestrafung
E = Entzug von Privilegien
MB = Materielle Belohnung
L = Lob
LE = Liebesentzug
MW = Mütterliche Wärme
SS = Strenge der Sauberkeitserziehung

Signifikante Korrelationen ($p < .05$) halbfett

SEARS „erklärt“ die geringe Höhe der Korrelationen mit der multiplen Determination der untersuchten aggressiven Verhaltensweisen, interpretiert aber trotzdem die einzelnen Koeffizienten im Sinne bedeutsamer Zusammenhänge.

Unter diesem Vorbehalt lassen die Ergebnisse folgende Zusammenhangsmuster erkennen:

Im Alter von 5 Jahren korrelierte bei Mädchen ein hohes Maß an Bestrafung als auch hohe Permissivität gegenüber kindlichen Aggressionen (insbesondere der gegen die Eltern gerichteten Aggression) positiv mit der Aggression des Kindes. Bei den Jungen zeigte sich ein derartiger Zusammenhang nur hinsichtlich der mütterlichen Permissivität. Ein liebevoll zugewandter Erziehungsstil ging bei Mädchen außerdem mit eher geringer Aggression einher, während dies bei Jungen nur der Tendenz nach zutraf.

Die Zusammenhänge zwischen dem früheren mütterlichen Erziehungsstil und aggressiven Tendenzen des Kindes im Alter von 11 bis 12 Jahren sahen hingegen anders aus. Mütterliche Permissivität korrelierte nur bei Jungen weiterhin mit erhöhter antisozialer Aggression, nicht mehr bei Mädchen. Die übrigen Aggressionsskalen korrelierten eher negativ mit mütterlicher Permissivität, insbesondere bei Mädchen. Die Stärke der mütterlichen Bestrafung wies bei beiden Geschlechtern keinen Zusammenhang mit antisozialer Aggression des Kindes auf, korrelierte aber bei Mädchen positiv mit der Aggressionsangst und mit prosozialer Aggression. Liebesentzug als bevorzugte Disziplinierungstechnik reduzierte bei Mädchen die Selbstaggression, bei Jungen war unter dieser Bedingung hingegen die Selbstaggression und auch die projizierte Aggression höher.

SEARS interpretierte die gefundenen Zusammenhangsmuster in der Art, daß die erfolgreiche Unterdrückung früher Formen der Aggression durch strenge Bestrafung später ein erhöhtes Maß an Aggressionsangst, Selbstaggression und prosoziale Aggression hervorruft. Die Einzelkorrelationen lassen allerdings höchstens für die Mädchen einen derartigen Schluß zu (vgl. Tabelle 9.1).

Gegen die vorgestellte Untersuchung und den von SEARS praktizierten Umgang mit den Daten lassen sich eine Reihe von Einwänden vorbringen:

1. Die von SEARS präsentierten Daten (auf Rating- Skalen zusammengefaßte Angaben von Müttern über ihren Erziehungsstil, Selbsteinschätzungen von Kindern hinsichtlich aggressiver Verhaltenstendenzen) und deren Analyse (Korrelationen zwischen mütterlichen und kindlichen Variablen) lassen sich nur mit großer Mühe auf die von SEARS vertretene lerntheoretische Position (sekundäre Triebtheorie) beziehen.

2. Statt der Erklärung des Aufbaus und der Veränderung individuellen Verhaltens in der frühen und mittleren Kindheit wird – ein geringer Teil – Varianz von interindividuellen Differenzen von Kindern auf die Variation mütterlicher Erziehungsstile zurückgeführt.

3. Man erfährt nichts über die zwischen 5 und 12 Jahren wirksamen Erziehungseinflüsse und deren evtl. Veränderungen. Es könnte z.B. sein, daß die von SEARS festgestellte Nullkorrelation zwischen aggressivem Verhalten im Alter von 5 Jahren und im Alter von 12 Jahren etwas mit Veränderungen des mütterlichen Erziehungsstils zu tun hat.

SEARS, R. (1961). Relation of early socialization experiences to aggression in middle childhood. *Journal of Abnormal and Social Psychology, 63*, 466-492.

Zusammenfassung

SEARS' Position bezüglich des Gegenstands, des Verlaufs und der Determination der Entwicklung läßt sich folgendermaßen zusammenfassen.

Gegenstand der Entwicklung ist im wesentlichen die Herausbildung von Motiven gegenüber Personen der sozialen Umwelt und den von ihnen vertretenen Verhaltensstandards. Diese (sekundären) Motive machen das aus, was man Persönlichkeit nennt.

Hinsichtlich der Entwicklungs*determination* gilt: Eigenes Verhalten ist sowohl die Ursache als auch der Effekt des Verhaltens anderer. Biologische Bedürfnisse dienen nur der allgemeinen Verhaltensaktivierung, d.h., sie regen die Auseinandersetzung mit der sozialen Umwelt an. Die Umwelt ist aber dann entscheidend für die Verhaltensformung. Jedes verstärkte Verhalten mit triebäquivalenten Merkmalen bildet sich allmählich zu einem sekundären Motiv aus. Die gesamte weitere Entwicklung wird vor allem durch diese erworbenen Motive gesteuert.

Die steuernden Faktoren, die eine derartige Entwicklung hervorbringen, sind im wesentlichen die in dyadischen Interaktionen zum Ausdruck kommenden Pflege- und Erziehungsaktivitäten, zuallererst der Mutter. Die kindliche Entwicklung ist ein Spiegel des Interaktionstils der gegebenen sozialen Umwelt, der sich vor allem um die kindlichen Bedürfnisse und ihre Beantwortung zentriert. Der elterliche Erziehungsstil hängt wiederum von der Zugänglichkeit der Informationen über Kindererziehung ab. Diese variiert mit der Schichtzugehörigkeit. Außerdem ist die Erziehung meist abgestimmt auf Merkmale des Kindes, vor allem die Geschwisterposition und das Geschlecht des Kindes.

Die Entwicklungs*richtung* geht auf einen Anstieg der Genauigkeit, Wirksamkeit und Schnelligkeit aus, mit der eigenes Verhalten gesteuert wird bzw. mit anderen Personen interagiert wird. Von der anfänglichen biologisch-physiologischen Verankerung der Verhaltensaktivierung findet eine immer stärkere Ausrichtung auf die soziale Umwelt statt. D.h., soziale Stimuli gewinnen ständig an Hinweischarakter und Bekräftigungswert für das Verhalten. Die äußere Kontrolle des Verhaltens wird zudem allmählich durch Selbstkontrolle abgelöst. Eine gelungene Entwicklung beinhaltet nach SEARS die Abnahme von Selbstbezogenheit (autism) und bedürfnisgeleitetem Handeln zugunsten einer Zunahme des dyadischen, auf die soziale Umwelt bezogenen Verhaltens.

2.2 Sidney W. BIJOU (*1908) und Donald M. BAER (*1931)

Sidney BIJOU wurde 1908 in Baltimore (USA) geboren. Sein Psychologie-Studium absolvierte er an der Columbia Universität in New York und an der Universität von Iowa. Von 1948 – 1965 war er Direktor des Instituts für Kinderentwicklung an der Universität von Washington. Von 1965 – 1975 leitete er das Child Behavior Laboratory an der Universität von Illinois in Champaign.

Donald BAER wurde 1931 in St. Louis (USA) geboren. Seine Ausbildung erhielt er an der Universität von Chicago, wo er auch 1957 promovierte. Von 1957 – 1965 arbeitete er an der Universität von Washington. Seit 1965 ist Donald BAER Professor am Center for the Study of Human Development an der Universität von Kansas in Lawrence.

BIJOU und BAER stehen auf dem Boden eines streng empirischen Ansatzes SKINNERscher Prägung. Sie interessieren sich für die funktionalen Beziehungen zwischen dem Verhalten (R) eines Individuums und den jeweils gegebenen Reizbedingungen (S). Die Beschreibung von gesetzmäßigen S-R- Beziehungen (*funktionale Verhaltensanalyse*) dient der Vorhersage und Kontrolle individuellen Verhaltens. Auf eine Erklärung der gefundenen Zusammenhänge wird weitgehend verzichtet. Im Gegensatz zur HULLschen hypothetisch- deduktiven Methode gehen BIJOU und BAER analytisch- induktiv vor. Ihre Aussagen gründen sie vor allem auf die experimentelle Analyse individuellen Verhaltens im Labor. Dabei bedienen sie sich der Methoden des Operanten Konditionierens (s. hierzu Kap. 2.4.2).

In zahlreichen Schriften haben BIJOU und BAER zu grundlegenden Fragen der Entwicklungspsychologie, vor allem methodischen Fragen, Stellung genommen.

Die wichtigsten Schriften sind: *The laboratory- experimental study of child behavior* (BIJOU & BAER, 1960), *Some methodological contributions from a functional analysis of child development* (BIJOU & BAER, 1963), *Operant methods in child behavior and development* (BIJOU, 1968a), *Ages, stages, and the naturalization of human development* (BIJOU, 1968b), *The control of developmental process: why wait?* (BAER, 1973). Ihren eigenen Standpunkt hinsichtlich der Inhalte, Gesetzmäßigkeiten und Bedingungen der Verhaltensentwicklung haben sie in drei schmalen Bändchen zusammengefaßt: *Child development: A systematic and empirical theory* (BIJOU & BAER, 1961), *Child development: The universal stage of infancy* (BIJOU & BAER, 1965) und *Child development: The basic stage of early childhood* (BIJOU & BAER, 1972). Ein weiteres Bändchen zur Entwicklung im Jugend- und Erwachsenenalter steht noch aus. (Eine Revision des ersten Bandes aus 1961 erschien 1978 unter dem Titel: *Behavior analysis of child development*).

Gegenstand der Entwicklung

Als Untersuchungsgegenstand der Entwicklungspsychologie definieren BIJOU und BAER die fortschreitenden Veränderungen in der Art, wie ein sich biologisch verändernder (ein reifender, älter werdender) Organismus mit den auf ihn einwirkenden und sich ebenfalls fortlaufend verändernden Umweltbedingungen interagiert (BIJOU, 1968b, S. 420). Die funktionale Analyse dieser Interaktionen hat sich aus methodischen Gründen auf beobachtbare und zählbare Ereignisse zu beschränken. Das sind die Verhaltensweisen (Responses) eines Individuums und die in raum-zeitlicher Kontiguität damit auftretenden Reizgegebenheiten (Stimuli). Verhalten und Reize sind wechselseitig aufeinander bezogen, d.h., nicht nur werden Reaktionen durch Reize ausgelöst oder aufrechterhalten, sondern umgekehrt rufen Reaktionen selbst wiederum Reize hervor (in der eigenen Person oder in der Umwelt). Abstrahierend lassen sich drei Gegenstände einer Betrachtung von Entwicklungsvorgängen unterscheiden:

(1) das sich entwickelnde Kind bzw. sein Verhalten (Responsens),

(2) Ereignisse in der Umgebung des sich entwickelnden Kindes (Stimuli) und

(3) die Interaktion zwischen beidem (S-R-Beziehungen).

(1) Das sich entwickelnde Individuum definieren BIJOU und BAER als ein Bündel aufeinander bezogener Reaktionen, die mit Reizen interagieren (1961, S. 14 f.). Zahl und Art der Reaktionen, die zu einem bestimmten Entwicklungszeitpunkt geäußert werden können, hängen ab von a) der spezies- spezifischen Ausstattung, b) dem gegebenen Reifungsstand und c) den bislang abgelaufenen Interaktionen mit der Umwelt.

Auf *inhaltliche* Einteilungen der Reaktionsklassen, etwa in motorische, emotionale, verbale und soziale Reaktionen oder in abhängiges, aggressives, moralisches Verhalten usw. wird verzichtet, da alle diese Reaktionen den gleichen Gesetzmäßigkeiten unterliegen und es an eindeutigen Unterscheidungskriterien fehlt. Verhalten wird einzig nach seiner *Funktion* in die beiden Klassen der Respondenten und der Operanten unterteilt.

Das Individuum ist aber nicht nur Quelle von Verhalten, sondern auch eine Quelle von Stimulation. Zum einen erzeugt ein Individuum interne Reize, die wiederum auf das Verhalten zurückwirken (körperliche Empfindungen wie Schmerz oder Müdigkeit, Gedanken, das eigene Verhalten begleitende propriozeptive Reize). Zum anderen ruft es durch sein Verhalten in der Umwelt (bei Dingen und Personen) Reize hervor: das Bekritzeln der Wohnzimmerwand verändert deren Aussehen und führt unter Umständen zu einer Schimpfkanonade der Mutter. Ein Teil dieser vom Individuum hevorgerufenen internen oder externen Reize gründet in biologischen Strukturen und Funktionen, z.B. in individuellen physiologischen Erregungsniveaus, hormonellen Ausschüttungen oder – weniger direkt – in Begabungen oder Merkmalen der äußeren Erscheinung, die bei anderen Personen bestimmte Reaktionen hervorrufen.

(2) Kommt dem Verhalten in der funktionalen Verhaltensanalyse der Status der abhängigen Variable zu, so sind die auf das Verhalten wirkenden Reizbedingungen die unabhängigen Variablen. Jeder Reiz kann unter zwei Aspekten beschrieben werden: hinsichtlich seiner *physikalischen* Merkmale und hinsichtlich seiner *funktionalen* Merkmale. Physikalisch ist ein Reiz zu bestimmen nach seinen beobachtbaren und meßbaren Merkmalen, unabhängig von seiner Wirkung auf das Verhalten. Funktional ist ein Reiz definiert durch seine systematische Beziehung zu einem Verhalten bzw. einer Verhaltensänderung.

Die Äußerung der ins Spielzimmer tretenden Mutter „Bitte, räume Deine Spielsachen auf!“ und das Geräusch von in die Badewanne einlaufendem Wasser sind physikalisch als Muster von Lauten bzw. Anzahl von Worten und als Geräusch anzusehen. Funktional kann die mütterliche Aufforderung oder das Geräusch einlaufenden Wassers dadurch definiert werden, daß es regelmäßig von Protestgeschrei des Kindes gefolgt wird.

Der funktionale Wert eines Reizes (die Art der S-R- Beziehung) hat außerdem in der Regel eine Geschichte. In unserem Beispiel mag die Verknüpfung der Aufforderung, die Spielsachen wegzuräumen, und des Geräusches des laufenden Wassers mit dem Protestgeschrei des Kindes damit zusammenhängen, daß die Mutter das Kind nach dem Aufräumen regelmäßig badet und schlafen legt. Diese Art der Verknüpfung (Baden und Schlafengehen ist *aversiv*) hat selbst wiederum eine Geschichte usw.

Nur wenn eine Relation eines Umweltereignisses zu einem Verhalten gegeben ist, sprechen BIJOU und BAER von einem Reiz. Grundsätzlich sind drei Arten der Relation möglich: a) ein Reiz *löst ein Verhalten aus*, b) ein Reiz *verstärkt ein Verhalten* und c) ein Reiz setzt die Gelegenheit für ein Verhalten bzw. *zeigt eine Verhaltenskonsequenz an*. Es gibt also a)*Auslösereize*, b)*Verstärkungsreize* und c)*diskriminative Reize* (vgl. Kap. 2.4.2). Diese Dreiteilung liefert gleichzeitig die Grundlage für eine Gliederung der Vielfalt von Reizbedingungen. So gehört es zu den Aufgaben der Entwicklungspsychologie festzustellen, welche Reize im Laufe der Entwicklung Auslösefunktion, diskriminative Funktion und Verstärkungsfunktion besitzen oder erlangen.

Wie Verhalten primär unter funktionalem Aspekt allein in Respondenten und Operanten geschieden wird, unter Verzicht auf weitere inhaltliche Klassifikationen, so tritt auch bei der Reizklassifikation das inhaltliche Kriterium hinter dem funktionalen Kriterium zurück. Inhaltlich schlagen BIJOU und BAER vor, zwischen physikalischen, chemischen, organismischen und sozialen Reizen zu unterscheiden.

Physikalische Reize sind Dinge, wie ein Spielzeugauto, ein Stuhl, ein Bilderbuch. *Chemische* Reize sind Gase oder Lösungen, die aus der Entfernung (z.B. Geruch) oder auf der Hautoberfläche (z.B. Jod) wirken. *Organismische* Reize sind in den biologischen Strukturen und physiologischen Funktionen begründete Stimuli, wie z.B. nervöse Erregungen, die Erweiterung der Blutgefäße, Muskelempfindungen. *Soziale* Reize sind alle Stimulusbedingungen, die von der Anwesenheit, dem Verhalten oder der Interaktion von Personen (einschließlich der eigenen Person) ausgehen. (BIJOU & BAER, 1961, S. 17).

Von den eben beschriebenen Reizbedingungen zu unterscheiden sind die sogenannten *setting events*. Darunter verstehen BIJOU und BAER komplexere Ereignisse, die sich auf die Art nachfolgender S-R-Beziehungen auswirken. Besteht z.B. eine feste Verknüpfung zwischen der Reizsituation *zur Abendbrotzeit am gedeckten Tisch sitzen* und dem Verhalten *den Teller leer essen* und wird diese S-R-Beziehung dadurch verändert, daß kurz zuvor Süßigkeiten gegessen worden sind, so ist letzteres ein setting event: das vorherige Essen von Süßigkeiten hat die S-R-Sequenz *beim Abendessen den Teller leer essen* verändert. Wichtige setting events sind vorausgegangene Reizsättigung oder Reizdeprivation und verbale Instruktionen.

(3) Das sich entwickelnde Individuum ist eine Quelle von Reaktionen und Reizereignissen unter bestimmten Umgebungsbedingungen. Die Umwelt beinhaltet spezifische Reizbedingungen und setting events, die mit dem Verhalten eines Individuums interagieren. Die wechselseitige Beziehung von Reizen und Verhalten macht es notwendig, beides in seiner Interaktion zu betrachten. Aufgabe der psychologischen Forschung ist es, die funktionalen Beziehungen zwischen dem Verhalten und seinen Veränderungen auf der einen Seite, den Reizen

und setting events sowie deren Veränderungen auf der anderen Seite zu analysieren. Die Analyse der Verhaltensentwicklung kann sich folgerichtig nicht auf eine Beschreibung des Individuums und seiner Veränderungen beschränken, sondern hat die Beziehung zur Umwelt und deren Veränderungen mit einzubeziehen.

Untersuchungsgegenstände einer solchen funktionalen Verhaltensanalyse unter entwicklungspsychologischem Aspekt könnten sein: die Feststellung der primären Verstärker im Säuglingsalter; die Zeiten, zu denen einzelne Operanten erstmalig auftreten; die Mechanismen und Bedingungen, unter denen neutrale Reize eine Auslöse-, Diskriminations- oder Verstärkungsfunktion erwerben; die Analyse der gegebenen Verstärkungspläne; die Variation der funktionalen Merkmale von Reizereignissen im Laufe der Entwicklung (BIJOU, 1970, S. 22). Methodisch stellt sich dabei das Problem, in der komplexen Individuum-Umwelt-Interaktion die tatsächlich wirksamen Größen herauszufinden. Dies erfordert experimentelle Versuchspläne. (Zum Experiment in der Entwicklungspsychologie s. Kap. 5.5).

Den Vorgang der Veränderung der Individuum-Umwelt- Interaktion veranschaulichen BIJOU und BAER (1961, S. 10) am Beispiel der Veränderungen in den Eßgewohnheiten eines Kindes. Beim Säugling löst der Anblick und der taktile Kontakt von Mutterbrust oder Flasche Saugreaktionen aus. Eine Rolle für deren Stärke spielt auch, wie lange die letzte Fütterung zurückliegt (setting event). Durch das Saugen erhält der Säugling Nahrung (Milch). Die Nahrungsaufnahme führt allmählich zur Abnahme von Saugreaktionen und zur Aufnahme anderer Reaktionen (Umherschauen, Lächeln, Einschlafen). Für das einige Jahre ältere Kind sieht die Interaktion ganz anders aus. Nun ist an die Stelle des Anblicks und taktilen Kontakts der Mutterbrust oder der Flasche der Anblick, Geruch oder taktile Kontakt mit Brei, Milch, Saft, Teller, Tasse und Löffel gerückt. Die Reaktion auf diese Reize ist nicht mehr saugen, sondern eine längere Verhaltenskette des Greifens, Festhaltens, Zum-Mund-Führens, was schließlich zur Stimulation von Zunge und Gaumen und zu Kau- und Schluckbewegungen führt. Wieder wird der Hungerzustand durch einen Sättigungszustand abgelöst. Dieses Mal sind jedoch die folgenden Reaktionen komplexer: bestimmte Dinge gezielt anschauen, nach ihnen greifen, vokalisieren, schreien, um vom Stühlchen herunter zu dürfen, etc. Die Aufdeckung der Zwischenschritte von dem einen zum anderen Zustand und ihrer Bedingungen ist die Aufgabe einer funktionalen Verhaltensanalyse.

Determinanten der Entwicklung

BIJOU und BAER verfolgen eine *historische* Analyse der Verhaltensentwicklung. Verhaltensänderungen, d.h. Veränderungen in den funktionalen Beziehungen zwischen dem Verhalten des heranwachsenden Individuums und Umweltereignissen (externer oder interner Natur), werden auf vorausgegangene biologische Veränderungen (Reifung) oder auf vorausgegangenes Lernen bzw. auf ein Zusammenspiel von beidem zurückgeführt.

Biologische Variablen (anatomisch-physiologische Strukturen und Funktionen) beeinflussen die Verhaltensentwicklung auf verschiedene Art und Weise:

1. setzen sie die artspezifischen oder individuellen Möglichkeiten und Grenzen von Verhaltensäußerungen, wobei sich diese Möglichkeiten und Grenzen, soweit Reifungsprozesse beteiligt sind (z.B. Gehirnreifung, Funktionsfähigkeit von Drüsen), im Laufe der Entwicklung verschieben;

2. hängt von ihnen ab, welche Stimuli Auslösefunktion, diskriminative Funktion und Verstärkungsfunktion besitzen oder erlangen können;

3. erzeugen biologische Aktivitäten des Organismus (nervöse Erregungen, hormonelle Ausschüttungen etc.) interne Reize, die externen Reizen vergleichbare Funktionen übernehmen können, z.B. Verhalten auslösen, sich mit Reizen assoziieren;

4. liefern anatomische oder physiologische Merkmale eines Individuums Reize, die bei anderen Personen bestimmte Reaktionen auslösen (z.B. wie hübsch oder häßlich jemand aussieht, körperliche und hormonelle Veränderungen während der Pubertät u.ä.).

Umweltereignisse und ihre Veränderungen im Laufe der Entwicklung haben drei Funktionen: Verhaltensweisen beim Heranwachsenden auszulösen, zu verstärken oder Hinweisreize für ihr Auftreten oder Nichtauftreten zu liefern. Auf diese Art verändert sich die Auftretenswahrscheinlichkeit der im Verhaltensrepertoire eines Individuums vorhandenen Reaktionen. Die Veränderungen der Auftretenswahrscheinlichkeit sind damit jeweils an bestimmte Reizbedingungen gebunden. Der Entwicklungspsychologe hat sein Augenmerk insbesondere auf bedeutsame Veränderungen in der Art der Umweltstimulation im Laufe der Entwicklung und ihre funktionale Beziehung zu Verhaltensänderungen beim Heranwachsenden zu richten. Drastische Umweltveränderungen mit zahlreichen Auswirkungen sind etwa die Geburt und die Einschulung.

Kommt in den Anfängen der Entwicklung den biologischen Variablen noch ein erhebliches Gewicht als Grundlage von Verhaltensänderungen zu, so nimmt die Bedeutung soziokultureller Einflüsse im Laufe der Entwicklung ständig zu. Der Hauptanteil der Entwicklungsveränderungen nach dem Säuglingsalter geht laut Bijou und Baer auf soziale Reize, d.h. von sozialen Partnern gesetzte Einflüsse, zurück. Soziale Reize treten auf in Form von: Aufforderungen, der Schaffung von Gelegenheiten für eine Verhaltensäußerung, Belohnung, Lob, Bestrafung oder Tadel, der bloßen Anwesenheit oder dem Verhalten von anderen Personen, Vorschriften über angemessenes Verhalten in bestimmten Situationen, der Setzung von Aufgabenschwierigkeiten und Leistungskriterien sowie der Darbietung oder Vermittlung von Dingen und kulturellen Gütern in der Lebensumwelt des heranwachsenden Kindes (Bijou & Baer, 1961, S. 12).

Die relative Gleichförmigkeit der Entwicklung verschiedener Individuen ist zum einen biologisch fundiert (soweit artspezifisch verankerte Reifungsprozesse ablaufen), zum anderen gründet sie aber auch in der relativen Homogenität der physischen und sozialen Umwelten in einer Gesellschaft, z.B. in übereinstimmenden Vorstellungen und Praktiken der Kindererziehung, einem für alle gleichen Schulsystem etc.

Für das Auftreten homogener Entwicklungssequenzen gibt es außerdem sachliche Gründe (Baer, 1973): a) Einige Verhaltensweisen lassen sich leichter oder schneller erwerben als andere, sie treten daher früher auf (das Trinken aus einer Tasse lernt sich leichter als das Essen mit Messer und Gabel); b) einige Verhaltensweisen lassen sich leichter lernen, nachdem bereits anderes gelernt worden ist (Multiplizieren und Dividieren lassen sich leichter lernen, wenn man bereits Addieren und Subtrahieren kann); c) die Umwelt hat zum Teil feste Vorstellungen darüber, in welcher Reihenfolge bestimmte Dinge gelernt bzw. beigebracht werden sollen (z.B. Physik und Chemie werden später beigebracht als Fremdsprachen).

Entwicklungsverlauf

Vom Ansatz der funktionalen Verhaltensanalyse her liegt es nicht nahe, inhaltlich voneinander abgrenzbare Entwicklungsstadien zu unterscheiden. Entwicklung ist definiert als die kontinuierliche, fortschreitende Veränderung der Individuum-Umwelt-Interaktion. BIJOU und BAER lehnen entsprechend eine Untergliederung des Entwicklungsverlaufs nach Reifungsschritten, qualitativ unterscheidbaren Verhaltensklassen oder hypothetischen Konstrukten ab. In Anlehnung an KANTOR (1933) wählen sie vielmehr die Änderungen in den typischen funktionalen Charakteristika der Individuum-Umwelt-Interaktion als Kriterium für die Einteilung des Lebenslaufs in einzelne Abschnitte.

Sie gelangen dabei zu drei Entwicklungsstadien: dem Säuglingsalter *(foundational stage)*, der frühen Kindheit *(basic stage)* und der späten Kindheit, einschließlich des Jugend- und Erwachsenenalters *(societal stage)*. Eine ähnliche Dreiteilung des Entwicklungsverlaufs begegnete uns bereits bei SEARS (vgl. oben).

(1) *Säuglingsalter (foundational stage)*. Die früheste Entwicklungsphase zeichnet sich durch drei Merkmale des Verhältnisses von Individuum und Umwelt aus: a) Das Verhalten ist eng an biologische Funktionen geknüpft, und zwar an die Befriedigung von Primärbedürfnissen, an Reflexe, Wachstums- und Reifungsprozesse. Das Gehirn und die motorischen Funktionen sind noch nicht ausgereift. b) Es überwiegt respondentes Verhalten (Saugen, Blinzeln, Kopfdrehen etc.). Erst mit der ansteigenden Koordination der Bewegungen, z.B. der Augen-Hand-Koordination, bildet sich operantes Verhalten aus. c) Erworbene Auslöse- und Verstärkungsreize sind eng an ihre Kontiguität mit biologischen Funktionen geknüpft, z.B. Fütterung, Trockenlegen, taktile Stimulation.

Das Ende dieser Entwicklungsphase ist mit dem Aufkommen von sprachlicher Verständigung (Symbolfunktion) in der zweiten Hälfte des ersten Lebensjahres markiert. Diesem Entwicklungsabschnitt, der *universal stage of infancy*, ist der Band 2 von BIJOU und BAERS Buch *Child Development* gewidmet (BIJOU & BAER, 1965).

(2) *Frühe Kindheit (basic stage)*. Die zweite Entwicklungsphase bringt hinsichtlich der Individuum-Umwelt- Interaktion eine allmähliche Loslösung von biologischen Einschränkungen (z.B. hinsichtlich Schlaf, Fortbewegung, motorischer Geschicklichkeit) und eine größere Zielgerichtetheit und Effektivität des Verhaltens in der Auseinandersetzung mit der Umwelt. Die sozialen Interaktionen mit den Personen der nächsten Umgebung (Familie) rücken in den Vordergrund und führen zum Aufbau der Grundzüge der *Persönlichkeit*, d.h. der individuellen S-R-Beziehungen und ihrer Integration. Je nach der Art der späte-

ren Entwicklungsbedingungen können die typischen individuellen Verhaltensmuster allerdings auch wieder verändert werden. Die zeitliche Grenze der Beendigung dieses Stadiums ist fließend, sie liegt etwa um das sechste Lebensjahr (Einschulungsalter). Dieser Entwicklungsabschnitt ist Gegenstand des dritten Bändchens von BIJOU und BAERS *Child Development* (BIJOU & BAER, 1972).

(3) Das dritte Entwicklungsstadium *(societal stage)* umfaßt die gesamten weiteren Lebensabschnitte, beginnend mit der Einschulung, über das Jugend- und Erwachsenenalter bis zum Lebensende. Das Neue an der Individuum-Umwelt-Interaktion ist in der wachsenden Zahl und im ansteigenden Gewicht außerfamiliärer Kontakte zu sehen. Sie führen zu engen interpersonellen Bindungen und Gruppenbeziehungen. Das heranwachsende Individuum nimmt in den verschiedenen Gruppen jeweils bestimmte Positionen ein. Es übernimmt in seinem Verhalten die an die jeweilige Position geknüpften Erwartungen. Sein Verhalten ist immer stärker auf das Verhalten sozialer Partner bezogen.

Die *Entwicklungsrichtung* läßt sich allgemein durch folgende Merkmale kennzeichnen: Die Effektivität der Auseinandersetzung mit der Umwelt nimmt ständig zu. Die anfänglich einfachen Interaktionsmuster (einfache S-R- Beziehungen) werden zunehmend komplexer und wechselseitig integrierter. Das Verhalten ist immer stärker auf die soziale Umwelt (auf soziale Reize) ausgerichtet.

Untersuchung 9.2 — *Soziale Verstärkung der Vielfalt und Neuheit von Baukonstruktionen bei Kindern*

Das Bauen mit Bauklötzen ist ein alltägliches Spielverhalten von Kindern im Vorschulalter. Neben der feinmotorischen Geschicklichkeit fördert es das Verständnis von Raum, Form, Gleichgewicht, Hebelwirkung u.ä. Üblicherweise wird abwechslungsreiches, kreatives Bauen positiver bewertet als stereotypes, immer das Gleiche wiederholende Bauen. Der Abwechslungsreichtum des Bauens läßt sich objektiv definieren und ist gut von außen beobachtbar.

Aus diesen Gründen wählten Elizabeth GOETZ und Donald BAER das Bauen mit Bauklötzen als Zielverhalten für ein Experiment zum Bekräftigungslernen aus. Sie untersuchten, inwieweit Vorschulkinder durch soziale Verstärkung angeregt werden, die Vielfalt ihrer Baukonstruktionen zu erhöhen.

An dem Experiment nahmen drei Mädchen im Alter von vier Jahren teil (Sally, Kathy und Mary), die nach Auskunft ihrer Kindergärtnerin auffällig wenig kreativ mit Bauklötzen spielten. Z.B. legten sie die Klötze nur einfach nach der Größe oder der Anzahl sortiert nebeneinander, oder sie bauten immer wieder das Gleiche.

Eines der Mädchen kam aus einer sozial deprivierten Familie, die beiden anderen stammten aus besonders begüterten und stimulierenden Elternhäusern.

Über mehrere Wochen wurden die drei Mädchen täglich einzeln beim Spielen mit Bauklötzen in der Bauecke des Spielzimmers ihres Kindergartens beobachtet. Außer dem Beobachter war eine Kindergärtnerin anwesend. Eine Sitzung dauerte so lange, bis das Kind von sich aus das Spiel beendete (Sally und Kathy) oder alle Bauklötze (insgesamt 53) benutzt worden waren (Mary) und nicht mehr neu zusammengestellt wurden. Meist wurde in einer Sitzung eine einzige Konstruktion aufgebaut, manchmal aber auch mehrere.

Nachdem das Kind den Raum verlassen hatte, wurde jede gebaute Konstruktion von allen Seiten photographiert und später nach verschiedenen Auswertungskriterien von externen Beurteilern eingeschätzt. Das verwendete Auswertungssystem führte zu einer 100%igen Beurteilerübereinstimmung.

Vom Beobachter wurden außerdem während der Beobachtung alle Reaktionen der Kindergärtnerin, d.h. die Kontingenzen (auf welche vom Kind gebaute Konstruktion folgt welche Erzieherreaktion) notiert. Insbesondere interessierte, inwieweit die Kindergärtnerin beim Bauen neuer Formen mit der geforderten Begeisterung und verbalem Lob reagierte. Die Aufzeichnungen dienten aber nur zur Kontrolle der Realisierung des vom Versuchsplan geforderten Erzieherverhaltens.

Die Baukonstruktionen des Kindes wurden nach zwei Kriterien ausgewertet: der *Vielfalt* (form diversity score) und der *Neuheit* (new forms score). Als Bauform war der Gebrauch von zwei oder mehr Bausteinen zur Herstellung einer bestimmten Form oder Funktion definiert. Insgesamt 20 solcher Bauformen wurden unterschieden (z.B. *Turm* = zwei aufeinander gelegte Bauklötze, von denen jeder zweimal so hoch wie breit ist; *Bogen* = ein Baustein liegt auf zwei Bausteinen, die sich nicht berühren). Der *Vielfältigkeitswert* beinhaltete die Anzahl verschiedener Formen, die innerhalb einer Sitzung mindestens einmal gebaut worden waren. Der *Neuheitswert* war definiert durch die Anzahl von Formen, die im Verlauf des Experiments neu auftraten. Der Versuchsaufbau folgte dem bei SKINNERianern gebräuchlichen ABAB-Plan.

Während der ersten drei bis fünf Sitzungen wurde die Grundrate des Verhaltens ohne Verstärkung erhoben (A1-Phase). Das Kind erhielt nur am Schluß jeder Sitzung ein Gesamtlob.

Über wie viele Sitzungen sich diese Phase bei einem Kind erstreckte, hing davon ab, wie schnell sich der Vielfältigkeitswert stabil zeigte.

In den nächsten vier bis fünf Sitzungen wurden ausschließlich neue Formen innerhalb einer Sitzung verstärkt (B1-Phase; die Kindergärtnerin rief begeistert aus: „Oh, das ist sehr schön – es ist anders!“). Für etwas mehrmals Gebautes erhielt das Kind keine Verstärkung.

Es wurden so viele Sitzungen durchgeführt, bis es zu einem auffälligen Anstieg der Bauvielfalt kam.

In weiteren zwei bis vier Sitzungen wurden die Verstärkungskontingenzen der vorangegangenen Versuchsphase umgekehrt. D.h., kreatives Bauen wurde nun nicht mehr verstärkt (A2-Phase); stattdessen erhielt das Kind für gleichförmiges Bauen Verstärkung (die Kindergärtnerin rief aus: „Oh, wie schön – noch ein(e) . . .!“).

Die Anzahl der Sitzungen hing nun davon ab, ob es zu einer auffälligen Abnahme der Vielfalt von Bauformen kam.

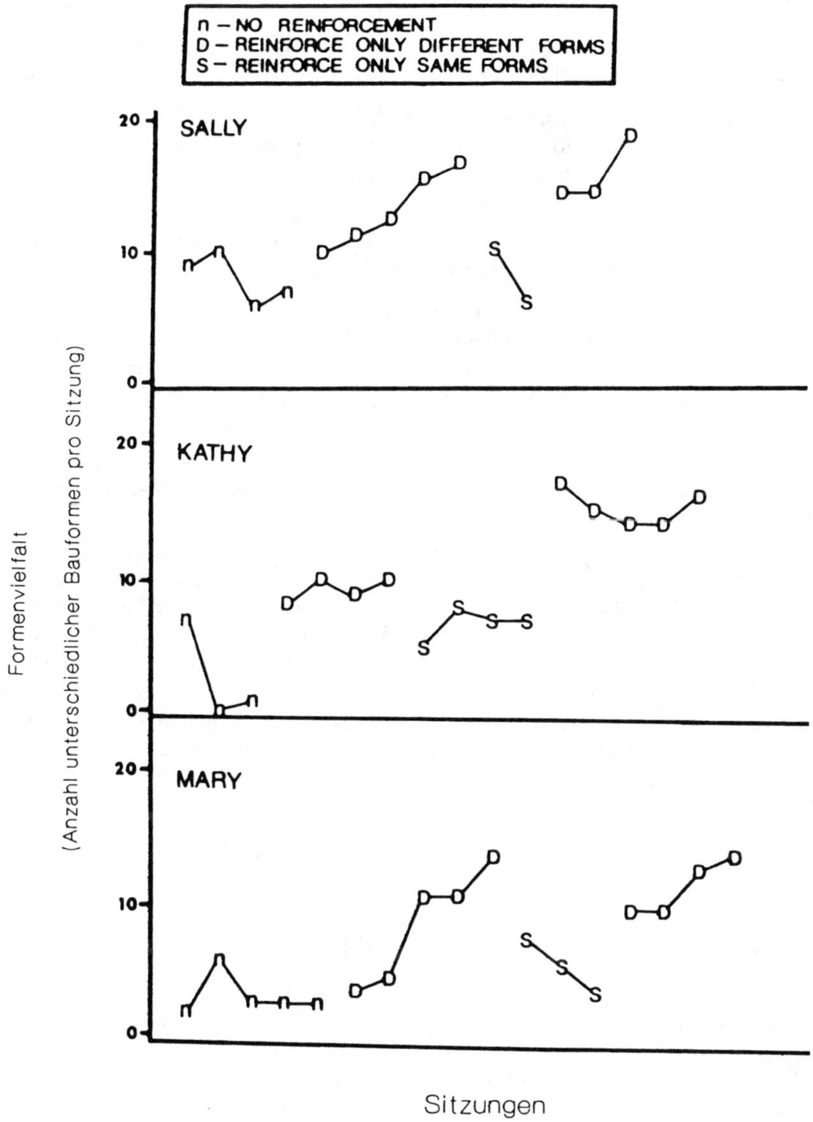

Abbildung 9.2: Vielfältigkeitswerte dreier Mädchen während vier aufeinander folgender Trainingsphasen; n = keine Verstärkung, D = Verstärkung unterschiedlicher Baukonstruktionen, S = Verstärkung gleichförmiger Baukonstruktionen (aus GOETZ & BAER, 1973, S. 213)

Schließlich wurden in den letzten drei bis fünf Sitzungen wieder nur neue Formen innerhalb einer Sitzung verstärkt (B2- Phase) und bereits zuvor gebaute Formen nicht verstärkt.

Zu beachten ist, daß die von Goetz und Baer festgelegten Verstärkungskontigenzen jeweils nur das Verhaltens*ziel* spezifizieren, nicht aber *wie* die verschiedenen Formen zu konstruieren sind.

Die *Ergebnisse* des Experiments belegen die Beeinflußbarkeit des beobachteten Verhaltens (Bauen mit Bauklötzen) durch eine kontingente Verstärkung. Der *Vielfältigkeitswert* lag bei allen drei Mädchen in den B-Phasen auffällig höher als in den jeweils vorausgehenden A- Phasen (vgl. Abbildung 9.2).

Bei einer Vp (Kathy) kam es allerdings trotz des zahlenmäßigen Unterschieds zwischen A- und B-Phasen nicht zu dem erwarteten kumulativen Anstieg innerhalb der beiden B- Phasen.

Auch das erstmalige Auftreten neuer Formen (*Neuheitswert*) zeigte sich als abhängig von sozialer Verstärkung. Fast sämtliche neue Formen waren ausschließlich in den beiden Verstärkungsphasen zu beobachten. Keine einzige neue Form trat in der Phase der Verstärkung alter Formen (A2- Phase) auf. Im Durchschnitt kamen in den B-Phasen pro Sitzung 1.5 neue Formen vor, bei einer Grundrate von 0.33.

Auch die durchschnittliche Dauer einer Sitzung, insbesondere bei freier Wahl der Anzahl der Bauklötze (Sally und Kathy), variierte auffällig mit der Verstärkung oder Nichtverstärkung unterschiedlicher Formen (Sally: 23 vs. 9 Minuten; Kathy: 22 vs. 12 Minuten).

Da die Art der angewendeten sozialen Verstärkung für das Kind auch eine Information über den Inhalt des erwünschten Verhaltens lieferte (Andersartigkeit vs. Wiederholung des Gebauten), kann in dem geschilderten Experiment nicht zwischen dem Anreizwert und dem Informationswert der Verstärkung unterschieden werden. Goetz und Baer schreiben diesem Problem eher theoretische als praktische Bedeutung zu und halten gerade die Kombination von beidem (Anreiz- und Informationswert) für am effektivsten.

Goetz, E. & Baer, D.M. (1973). Social control of form diversity and the emergence of new forms in children's blockbuilding. *Journal of Applied Behavior Analysis*, *63*, 209-217.

Die Entwicklungskonzeption von Bijou und Baer als Untersuchungsstrategie

Mit der systematischen Anwendung einer an Skinner orientierten funktionalen Verhaltensanalyse auf die Darstellung der Kindesentwicklung haben Bijou und Baer gleichzeitig eine Untersuchungsstrategie der empirischen Erforschung entwicklungspsychologischer Probleme geliefert. Verglichen mit ihrem inhaltlichen Beitrag der Beschreibung und Erklärung der Kindesentwicklung liegt in der Bereitstellung einer theoretisch fundierten Untersuchungsstrategie u.U. sogar der größere Wert ihrer Entwicklungskonzeption.

Die sich für die Entwicklungspsychologie ergebenden methodischen Implikationen der empirischen Untersuchung funktionaler Beziehungen zwischen dem Verhalten von Individuen und Umweltstimuli haben Bijou und Baer in zahlreichen Schriften dargelegt (s. oben S. 123). Sie plädieren darin mit Nachdruck für eine Übertragung der Vorgehensweisen in Konditionierungsexperimenten und in der Verhaltensmodifikation auf die Analyse der Gesetzmäßigkeiten und Bedingungen entwicklungspsychologisch relevanter Verhaltensänderungen. Dies sind traditionell diejenigen Verhaltensänderungen, die unter normalen oder typischen Entwicklungsbedingungen in einem systematischen Zusammenhang mit dem Alter stehen (zur Bedeutung der Altersvariable s. Kap. 1.2). Beispiele hierfür sind Veränderungen in der Auftretenshäufigkeit bestimmter Verhaltensgewohnheiten oder das Auftreten bestimmter Entwicklungssequenzen, z.B. die Abfolge verschiedener Arten der moralischen Beurteilung von Handlungen.

Zur Verbindung einer experimentellen Verhaltenskontrolle mit einer Verhaltensbeobachtung unter natürlichen Entwicklungsbedingungen schlägt BAER (1973) folgendes Drei-Schritte-Programm vor:

1. Jedes Verhalten, das als alterskorreliert und damit als entwicklungspsychologisch bedeutsam gilt, wird unter experimentell kontrollierten Bedingungen mit Hilfe von Verhaltensmodifikations-Techniken (Konditionierungsprinzipien) zu ändern versucht. Wie üblich wird dabei vor der eigentlichen Konditionierungs- oder Veränderungsphase festgestellt, welche Reaktionen mit welcher Häufigkeit, Stärke etc. ein Individuum in einer Reizsituation zeigt (Feststellung der *Grundrate*, engl.: *baseline*). Anschließend wird ein Zielverhalten (*target behavior*) ausgewählt und ein Leistungskriterium festgelegt, das durch ein Verhaltensmodifikations-Programm erreicht werden soll. Da die über das Alter auftretenden Veränderungen (Entwicklung) häufig einen Zuwachs an Schnelligkeit und Präzision, einen auffälligen Anstieg der Häufigkeit oder das Auftreten neuartiger Reaktionen beinhalten, setzt man das Leistungskriterium so fest, daß es einem Altersfortschritt entspricht (z.B. eine größere Zahl richtiger Aufgabenlösungen, das Auftreten „reiferer" moralischer Urteile usw.). Nun werden die Reizbedingungen (Auslösereize, diskriminative Reize, Verstärkungsreize) so mit den Reaktionen des Individuums oder mit anderen Reizen verknüpft, daß sich das Verhalten möglichst in Richtung des zuvor definierten Ziels verändert (=*Experimentelle Phase* oder *Konditionierungsphase*). Nach Abschluß der experimentellen Phase wird dann geprüft, ob eine Verhaltensänderung in der gewünschten Richtung eingetreten ist.

Um auszuschließen, daß derartige Veränderungen auf andere, gleichzeitig mit der Konditionierung wirksame Bedingungen zurückgehen, wird manchmal die *Reversionsmethode* nach dem Muster ABA angewendet (s. unsere Untersuchungsbeispiele 2.5 und 9.2). In einer dritten Versuchsphase wird die Ausgangssituation wiederhergestellt, d.h., es wird die Verhaltensrate unter Absetzung der zuvor eingeführten experimentellen Bedingungsvariation beobachtet und aufgezeichnet (= *Extinktionsphase*). Bewegt sich die Reaktionsrate wieder in Richtung der Ausgangsrate, läßt sich die Veränderung während der Experimentalphase auf die Konditionierung zurückführen.

Die Reversionsmethode ist allerdings für entwicklungspsychologische Zwecke nur bedingt geeignet, da Verhaltensänderungen im Laufe der Entwicklung häufig nur schwer wieder rückgängig gemacht werden können bzw. auch nach Absetzen vorausgegangener Bedingungen bestehen bleiben. So ist nicht schlüssig festzustellen, ob die beobachteten Veränderungen auf die experimentellen Bedingungen zurückgehen oder auf andere Bedingungen. In diesen Fällen schlagen Anhänger des Operanten Konditionierens die Methode der *multiplen Grundkurvenmessung* vor. Hierbei werden während der ersten Versuchsphase mehrere Verhaltensweisen gleichzeitig beobachtet und registriert. In der experimentellen Phase wird nur eine einzige dieser Verhaltensweisen einer experimentellen Bedingung unterworfen. Zeigt die Änderungsfunktion dieses einen Verhaltens auffällige Abweichungen vom Verlauf der übrigen Verhaltensweisen, liegt es nahe, eine Wirkung der experimentellen Bedingung anzunehmen. Dies kann zusätzlich noch dadurch geprüft werden, daß nacheinander auch die übrigen Reaktionen der gleichen experimentellen Bedingungskontrolle unterworfen werden (s. hierzu Risley & Wolf, 1973).

2. Der zweite Schritt der von Bijou und Baer vorgeschlagenen Untersuchungsstrategie besteht darin, die Verhaltensweisen, die auf Verhaltensmodifikations-Techniken in der beschriebenen Art ansprechen, unter den Umgebungsbedingungen zu beobachten und aufzuzeichnen, unter denen sie *normalerweise* auftreten. Die über die Zeit eintretenden Veränderungen in den betreffenden Verhaltensweisen sind dabei hinsichtlich ihrer Kontingenzen mit Ereignissen in der Umwelt zu betrachten. Speziell interessiert dabei, ob die in der natürlichen Lebensumwelt gegebenen Kontingenzen in ihrer Art und in ihrer zeitlichen Reihenfolge dem verkürzten Ablauf im Experiment ähnlich sind.

3. Treten solche experiment-analogen Kontingenzen in genügend großer Zahl auf, so ist eine experimentelle, d.h. eine gezielte und kontrollierte Veränderung der Bedingungen in der natürlichen Lebensumwelt vorzunehmen. Z.B. sind bestimmte diskriminative Reize aufzubauen, ist der Verstärkungsplan zu ändern u.ä. Wie beim ersten Schritt ist festzustellen, ob sich im Anschluß daran Verhaltensänderungen einstellen. Zur Absicherung der Gültigkeit der angenommenen Wirkungszusammenhänge kann hierbei wiederum auf die Reversionsmethode oder die Methode der multiplen Grundkurvenmessung zurückgegriffen werden. Damit ist dann nachgewiesen, daß die aus dem Labor stammenden Methoden der Verhaltensanalyse und Verhaltenskontrolle auch in der normalen Entwicklung eine Rolle spielen können (s. hierzu Risley & Baer, 1973; Tharp & Wetzel, 1969).

Anhänger einer S-R-Theorie Skinnerscher Prägung gehen sogar noch einen Schritt weiter. Aus der Abweichung des Verhaltens unter experimentellen Bedingungen und unter den natürlichen Lebensbedingungen und aus der längeren Dauer der Herbeiführung von Verhaltensänderungen unter normalen Entwicklungsbedingungen verglichen mit einer gezielten Verhaltensmodifikation leiten sie die Empfehlung ab, „natürliche" Entwicklungsvorgänge durch die Anwendung von Prinzipien der Verhaltensmodifikation zu „optimieren". Baer (1973) sieht das Verhältnis von Entwicklungspsychologie und Verhaltensmodifikation entsprechend so: „Die Entwicklungspsychologie zeigt, was schon natürlicherweise als Verhaltensmodifikation vorkommt, und Forschung und Praxis der Verhaltensmodifikation zeigen, wo und wie man auf die natürliche Entwicklung Einfluß nehmen kann." (Zit. n. Flammer, 1988, S.58f.).

Die Brauchbarkeit des eben skizzierten Programms entwicklungspsychologischer Forschung läßt sich insofern nicht abschließend beurteilen, da es bislang nicht systematisch auf die Untersuchung der normalen Entwicklung angewendet worden ist – auch nicht im Arbeitskreis um Bijou und Baer. Vor allem fehlt eine umfassende funktionale S-R-Analyse der normalen Verhaltensentwicklung in der natürlichen Umgebung (Schritt 2). Die überwiegende Mehrheit der vorliegenden Untersuchungen beschäftigt sich entweder mit der experimentellen Verhaltenskontrolle im Labor (Schritt 1) oder mit der Modifikation des Verhaltens (Schritt 3) bei psychisch gestörten, auffälligen, retardierten oder behinderten Probanden in einem institutionellen Rahmen (Erziehungsberatung, Schule, Strafanstalt etc.). Die Ergebnisse dieser Untersuchungen lassen es allerdings vielversprechend erscheinen, die von BIJOU und BAER vorgeschlagene Untersuchungsstrategie auch für die entwicklungspsychologische Grundlagenforschung fruchtbar zu machen.

Nach der kognitiven Wende in der Psychologie und der Abnahme der Bedeutung einer Lerntheorie SKINNERscher Prägung ist es allerdings wenig wahrscheinlich, daß die von BIJOU und BAER vorgeschlagene Untersuchungsstrategie in der Entwicklungspsychologie jemals systematisch erprobt werden wird.

3. Die Weiterentwicklung der S-R-Theorie zu einer Sozial-Kognitiven Lerntheorie

3.1 Entstehung einer Sozial-Kognitiven Lerntheorie

Bereits die in der Tradition der klassischen Lernpsychologie durchgeführten Versuche zum Diskriminationslernen und zum Umlernen hatten ergeben, daß Lernen ein *aktiver, kognitiv vermittelter Prozeß* ist, der sich außerdem mit fortschreitendem Alter *qualitativ verändert* (siehe dazu die Darstellung der Untersuchungen von LEVINSON & REESE, 1967, und von KENDLER & KENDLER, 1970, in Band 1). So wurde im Altersbereich von fünf bis sieben Jahren ein auffälliger Wechsel von einfachem Verstärkungslernen zu einem Mediationslernen festgestellt (vgl. Kap. 2.4.5). Ältere Kinder und Erwachsene zeigten eher ein aktives Problemlöseverhalten als ein passives Lernen verstärkter Reaktionen. Sie entwickelten Hypothesen, worauf sie achten müssen und was die richtige Lösung ist. Die beobachteten Veränderungen des Lernverhaltens ließen sich nicht als Ergebnis früheren S-R-Lernens erklären, sondern deuteten eher auf den Einfluß von Entwicklungsfortschritten in kognitiven Fähigkeiten (Aufmerksamkeit, Sprache, Denken) hin.

Mit der Aufgabe des „Alleinvertretungsanspruchs" assoziativen S-R-Lernens für menschliches Lernen allgemein und der Anerkennung der Bedeutung kognitiver Variablen für Lernprozesse beim Menschen wurde das Lernexperiment mit Tieren im Labor als Standardversuchssituation abgelöst von der *Beobachtung* des *(sozialen) Verhaltens von Personen* (meist Kindern) in *sozialen Situationen*. Als besonders wichtige Form des Lernens beim Menschen wurde das Lernen am Modell entdeckt, das zwar auf Prinzipien des S- R-Lernens aufbaut, aber darüber hinausgeht (s. dazu Kap. 2.4.3).

Es wurde auch erkannt, daß das Erlernen komplexen Verhaltens im Regelfall kein langwieriger Shaping-Prozeß ist, in dem jedes Element der Verhaltenssequenz bzw. jede Verknüpfung Stück-für-Stück nach dem Prinzip von Versuch- und- Irrtum gelernt werden muß, sondern daß auf dem Wege der Beobachtung und der symbolischen Repräsentation des Beobachteten der Verhaltenserwerb viel schneller vonstatten geht. Die Tatsache, daß der *Verhaltenserwerb auf der Ebene symbolischer Repräsentation* (verdeckt) stattfinden kann und nicht an die Äußerung des zu lernenden Verhaltens und dessen direkte Verstärkung gebunden ist, ermöglicht außerdem die Hervorbringung neuartiger, d.h. von der Umwelt in dieser Form bisher nicht vorgegebener Kombinationen von Verhaltenselementen.

In der Sozial-Kognitiven Lerntheorie steht nicht mehr das beobachtete Verhalten im Blickpunkt des Interesses, sondern im Zentrum stehen die *kognitiven Prozesse, die dem Lernen zugrunde liegen.* Kognitive Faktoren beeinflussen zum Beispiel beim Beobachtungslernen, was beobachtet wird, wie eine Person oder ein Ereignis wahrgenommen wird, und welche Auswirkungen das aktuelle Lernen in der Zukunft hat.

Schließlich beschränken sich die Untersuchungsgegenstände der Lernpsychologie nun nicht mehr auf Dinge wie die Unterscheidung bzw. unterschiedliche Beantwortung physikalischer Reize, sondern schließen zunehmend *soziale Verhaltensweisen* und *soziale Verstärker* ein. Mit der kognitiven Wende in der Psychologie wurden dann allmählich auch *Denken* und *Urteilen* (z.B. Invarianzbegriffe, moralische Urteile) zum Gegenstand der Betrachtung gemacht (s. dazu ROSENTHAL & ZIMMERMAN, 1978).

3.2 Sozial-Kognitive Theorie von Albert BANDURA

Person und Werk

Albert BANDURA wurde 1925 in der Provinz Alberta in Kanada geboren. Seine Ausbildung in Psychologie erhielt BANDURA an der Universität von British Columbia und an der Universität von Iowa, wo er mit Robert SEARS zusammentraf. 1952 ging BANDURA an die Stanford Universität, wo er bis heute lehrt.

BANDURAS Verdienst ist es, die Lerntheorie mit seinen Untersuchungen zum Lernen am Modell in einen sozialen Kontext gestellt zu haben und durch die Berücksichtigung kognitiver Variablen beim Beobachtungslernen eine Brücke zwischen Lerntheorie und kognitiver Theorie geschlagen zu haben. Außerdem war er beteiligt an der Umsetzung der Ergebnisse lerntheoretischer Grundlagenforschung in Anwendungsfeldern der Klinischen Psychologie und der Erziehungswissenschaften.

Seine wichtigsten Schriften sind: *Social learning through imitation* (BANDURA, 1962), *Social learning and personality development* (BANDURA & WALTERS, 1963), *Principles of behavior modification* (BANDURA, 1969), *Psychological modeling - Conflicting theories* (BANDURA, 1971), (*Lernen am Modell*, 1976). *Social learning theory* (BANDURA, 1977a), (*Sozial- kognitive Lerntheorie*, 1979), *Self-efficacy: Toward a unifying theory of behavioral change* (BANDURA, 1977b), *Social foundations of thought and action: A social cognitive theory* (BANDURA, 1986).

Beobachtungslernen als aktive Informationsverarbeitung

BANDURA hat in den 70er Jahren die kognitive Wende in der Psychologie mitvollzogen und die kognitiven Anteile seiner frühen Imitationstheorie (BANDURA, 1962, 1971/1976) wesentlich ausgebaut. Seine neue Theorie (BANDURA, 1977a/1979, 1986) kann als eine Synthese von S-R-Theorie und Informationsverarbeitungstheorie angesehen werden (s. auch Kap. 2.4.3).

BANDURA befaßt sich nun weniger mit der Nachahmung von Modellverhalten (Imitation im engeren Sinne) als mit dem *Beobachtungslernen* als einem allgemeinen Prozeß des *aktiven Informationserwerbs*, der überall stattfindet, wo man andere Personen beobachten (sehen, hören) kann, sei es real oder symbolisch (z.B. in Büchern oder Filmen). Man lernt, indem man Augen und Ohren offen hält.

Wie in seiner früheren Theorie unterscheidet BANDURA weiterhin zwischen dem *Erwerb* (Erlernen) und der *Äußerung* eines Verhaltens. Ebenso behält er die bereits 1971 formulierte Grundposition bei, daß Aufmerksamkeitsprozesse, Behaltensprozesse, motorische Übungsprozesse und motivationale Prozesse zwischen Modellreizen und Nachahmungsverhalten des Beobachters vermitteln. Neu ist, daß die vermittelnden Faktoren nun stärker in Begriffen der Informationsverarbeitungstheorie gefaßt und teilweise mehr differenziert werden.

Die kognitiven Teilprozesse des Beobachtungslernens nach BANDURA (1986) sind in Kap. 2.4.3 bereits ausführlich dargestellt worden. An dieser Stelle werden nur die für das Verständnis der weiteren Darstellung von BANDURAS Theorie notwendigen Punkte noch einmal zusammengefaßt.

Um durch Beobachtung zu *lernen*, muß der Beobachter als erstes seine *Aufmerksamkeit* auf das Modell bzw. auf relevante Aspekte dessen Verhaltens richten. Der Aufmerksamkeitsprozeß wird dabei sowohl von Merkmalen des Modells und seines Verhaltens (z.B. dessen Attraktivität und Bedeutsamkeit) als auch von Merkmalen des Beobachters (Vorerfahrungen, Erwartungen, emotionale Erregung) beeinflußt.

Als zweites müssen die beobachteten Handlungsabläufe – einschließlich der Situationsmerkmale und Verhaltenskonsequenzen – in *Symbole* (bildlicher oder sprachlicher Art) transformiert, in die bestehende kognitive Organisation integriert und im Gedächtnis *gespeichert* werden.

Die *Ausführung* des so gelernten Verhaltens hängt dann von *motorischen Übungsprozessen* und von den gegebenen *Anreizbedingungen* (Motivation) ab. Übung und Motivation waren schon immer zentrale Themen der Lerntheorie, sie werden durch BANDURA aber nun auch kognitiv aufgefaßt. Die *motorischen Übungsprozesse* unterteilt BANDURA in a) die kognitive Organisation der Reaktion als Integration verschiedener motorischer Einzelfertigkeiten, b) die Initiierung der Reaktion, c) die Überwachung (Monitoring) der Reaktion und schließlich, als Resultat eines Feedbacks, d) die Beurteilung des Grades der Übereinstimmung des gezeigten Verhaltens mit dem gewünschten Verhalten.

Der positive oder negative *Anreiz* zur Ausführung des Verhaltens wird durch die (positiven oder negativen) Verhaltenskonsequenzen bestimmt. Es wird davon ausgegangen, daß eher Verhalten nachgeahmt wird, das erfolgreich ist bzw. positive Konsequenzen hat.

Für den Erwerb und die Äußerung eines beobachteten Verhaltens sind somit unterschiedliche Faktoren verantwortlich. Lernen ist nicht an die Ausführung des Verhaltens und dessen Bekräftigung gebunden. Allerdings haben die Verhaltenskonsequenzen auch Rückwirkungen auf Aufmerksamkeits-, Behaltens- und Übungsprozesse, insofern als positive oder generell auffällige Verhaltensfolgen, die Aufmerksamkeit für das betreffende Verhalten erhöhen, das Behalten erleichtern und die Bereitschaft zur Übung des Verhaltens fördern.

Die bisherige Darstellung von BANDURAS Theorie bezog sich auf die allgemein für den Verhaltenserwerb und Verhaltensänderungen geltenden Gesetzmäßigkeiten des Beobachtungslernens. Die traditionelle Lerntheorie – und in dieser Tradition der frühe BANDURA – beschränkte sich weitgehend auf den Nachweis der allgemeinen Gültigkeit von Lerngesetzen über verschiedene (phylogenetische und ontogenetische) Entwicklungsniveaus hinweg. Unterschiede des Lernens auf verschiedenen Entwicklungsniveaus wurden auf nicht weiter analysierte Entwicklungsvariablen zurückgeführt. Demgegenüber beschreibt die aktuelle sozial- kognitive Theorie BANDURAS genauer, in welcher Art Lernprozesse von entwicklungsabhängigen Veränderungen beeinflußt werden.

Jüngere Kinder lernen durch die Beobachtung weniger oder langsamer aufgrund von Defiziten im Aufmerksamkeitsverhalten, Beschränkungen des Gedächtnisses, mangelnden Fähigkeiten zur Ausführung komplexer motorischer Verhaltensweisen sowie eines mangelnden Verständnisses der Konsequenzen eines Verhaltens. Mit wachsenden Fähigkeiten in den genannten Bereichen kann durch Beobachtung mehr und besser gelernt werden.

Die Aussage, daß mit steigendem Alter die Bedeutung des Beobachtungslernens beim Aufbau motorischer, sozialer und kognitiver Fähigkeiten eher zunimmt, scheint der weit verbreiteten Auffassung zu widersprechen, daß Imitationslernen jenseits der frühen Kindheit nur noch eine untergeordnete Rolle spielt. Was abnimmt, ist jedoch nur Imitationsverhalten im engeren Sinne der direkten Nachahmung von Modellverhalten, nicht die Bereitschaft und Fähigkeit, (verdeckt) durch Beobachtung von Modellen zu lernen (PERRY & BUSSEY, 1984).

Anreizwert und Informationswert von Verstärkung

Die Rolle der Verstärkung beim Lernen hat BANDURA von Anfang an anders gesehen als die Konditionierungstheorien (Klassisches und Operantes Konditionieren). Lernen findet nach BANDURA auch ohne eine Äußerung des Verhaltens und seiner direkten Verstärkung statt, allein aufgrund der Beobachtung des Verhaltens von Modellen und dessen Konsequenzen (stellvertretende Verstärkung). Dabei ist die Funktion auch der stellvertretenden Verstärkung begrenzt auf die Kontrolle der Ausführung des Verhaltens und – abgesehen von den möglichen Rückwirkungen auf Aufmerksamkeits-, Behaltens- und Übungsprozesse – ohne Bedeutung für den Verhaltenserwerb.

Inzwischen betont BANDURA, ähnlich wie kognitive Theoretiker, stärker den *Informationsgehalt* von Verstärkern: Verstärkung bzw. Bestrafung oder Nichtverstärkung zeigen an, ob ein Verhalten als angemessen, erwünscht oder als unangemessen, unerwünscht gilt.

Welches Verhalten für wen in welcher Situation angemessen oder unangemessen ist, legt die soziale Umwelt fest. Erst mit fortschreitender Sozialisation werden die externen Standards internalisiert und zu eigenen Wertmaßstäben. Das Individuum bewertet sein eigenes Verhalten im Hinblick auf diese Maßstäbe und belohnt sich oder bestraft sich für das Erreichen oder Verfehlen der gesetzten Ziele. Den in der sozialen Umwelt wahrgenommenen und später internalisierten Wertmaßstäben zu genügen, wohnt selbst eine intrinsische Motivation (Anreizsituation) inne. Insofern stellen Verstärker Anreizbedingungen dar, wenn auch abgeleitet aus der Konsistenz mit Verhaltenserwartungen.

Die Wirkung derartiger motivationaler Bedingungen wird z.B. in Leistungssituationen oder bei moralischen Entscheidungen deutlich. Je nach dem Grad der Verhaltens-Ziel- Übereinstimmung ist das Individuum mit sich zufrieden, ist stolz und belohnt sich vielleicht selbst, z.B. mit einem Kinobesuch oder mit einem Essen, oder es fühlt sich inkompetent oder schuldig und versagt sich vielleicht den eingeplanten Wochenendausflug.

Symbolische Repräsentation sozialer Erfahrung als Regellernen (*abstract modeling*)

In Übereinstimmung mit der lerntheoretischen Grundposition eines situationsspezifischen Lernens hält BANDURA daran fest, daß Beobachtungslernen nicht zum Aufbau genereller Persönlichkeitszüge oder Motive führt, sondern daß die für die soziale Umwelt des Individuums spezifischen Situations-Verhaltens-Verknüpfungen und Verhaltenskontingenzen gelernt werden. Dadurch, daß sich Lernen auf der kognitiven Ebene abspielt, und die über längere Zeiträume eingegangenen Informationen über systematische Zusammenhänge zwischen Situation, Verhalten und Konsequenzen kognitiv organisiert und symbolisch repräsentiert sind, werden jedoch nicht einfach situationsspezifische Verhaltensgewohnheiten gelernt, sondern allgemeine Regeln über situationsangemessenes Verhalten und die zu erwartenden Verhaltenskonsequenzen gebildet. So erkennt z.B. ein heranwachsendes Mädchen im Verhalten seiner Mutter, seiner Lehrerin, seiner großen Schwester und weiterer weiblicher Verhaltensmodelle eine Reihe von Gemeinsamkeiten, die es aufgrund der gleichen Geschlechtszugehörigkeit der Modelle als *weibliches Verhalten* anzusehen lernt und, da es selbst weiblich ist, als eigenes Verhalten übernimmt. BANDURA spricht hier von einem abstrahierenden Modellernen (*abstract modeling*).

Eine aufgrund von Beobachtungslernen induzierte Regel kann sich je nach eingehenden neuen Informationen stabilisieren oder verändern. Ein Mädchen, das als Kind eine ausgeprägte Geschlechtsrollen-Präferenz ausgebildet hat, da in seiner Umwelt feminine Kleidung, Spielzeug und Freizeitaktivitäten besonders verstärkt worden sind, kann später durchaus zu einer veränderten Bewertung der weiblichen Geschlechtsrolle gelangen, wenn es feststellt, daß die Wahl von mädchentypischen Ausbildungsgängen in seiner Umwelt wenig soziale Anerkennung findet.

Da verdecktes (*covert*) Lernen, also die mentale Manipulation von Situations-Verhaltens-Mustern unter Antizipation von Verhaltenskonsequenzen, mit steigendem Alter gegenüber dem offenen (*overt*) Lernen, also der Äußerung von Verhalten und seiner direkten Beantwortung, immer häufiger wird, gewinnt das *abstract modeling* im Sinne BANDURAS über Alter zunehmend an Bedeutung.

Die Konzeption der aktiven Bildung von Regeln (abstract modeling) hat Ähnlichkeit mit dem Schema-Begriff kognitiver Theoretiker (s. Kap. 10). Im Unterschied zu Anhängern einer kognitiven Theorie leitet BANDURA aber die vom Individuum induzierten Regeln aus den in der sozialen Umwelt des Individuums vorherrschenden Bedingungen ab und nicht aus einer im Prinzip für alle Umwelten gleichen vorgegebenen Abfolge von Entwicklungsschritten des Denkens. Während kognitive Theoretiker ihr Augenmerk auf den Entwicklungsstand des Denkens richten und diesen als Grundlage dafür ansehen, welche Modelle bevorzugt beobachtet werden und welche ihrer Verhaltensweisen wie übernommen werden, betrachtet BANDURA das Denken des heranwachsenden Individuums eher als abhängig von seinen sozialen Erfahrungen.

Reziproker Determinismus von Umwelt, Person und Verhalten

Zwar sind für BANDURA, wie für alle Lerntheoretiker, Umweltvariablen die wichtigsten Entwicklungsdeterminanten, denn Informationen über angemessenes und unangemessenes Verhalten werden von der sozialen Umwelt in Form direkter Aufforderungen oder Bekräftigungen und der Gelegenheit zur Beobachtung von Verhaltensmodellen vermittelt. BANDURA geht aber über ein Widerspiegelungsmodell hinaus, indem er Personvariablen und das Verhalten der Person als zwei weitere wichtige Einflußgrößen betrachtet. Mit Personvariablen sind dabei nicht trait-artige Prädispositionen gemeint, sondern aktuelle Interessen, Wertmaßstäbe, Erwartungen und Fähigkeiten der Person.

Die drei Faktoren Umwelt, Person und Verhalten stehen in einer wechselseitigen Beziehung zueinander derart, daß jeder Faktor die zwei anderen Faktoren beeinflußt und von den zwei anderen Faktoren beeinflußt wird. Die Person wirkt aktiv auf die Umwelt ein wie umgekehrt die Umwelt auf die Person einwirkt. Beides ist wechselseitig voneinander abhängig. BANDURA hat dafür den Begriff *reziproker Determinismus* geprägt (BANDURA, 1978). BANDURAS Auffassung geht insofern über das übliche Interaktionismuskonzept von Person x Umwelt hinaus, als nicht nur die Auswirkungen eines Faktors auf das Verhalten von der Ausprägung des anderen Faktors beeinflußt werden, sondern das Verhalten der Person aktiv dazu beiträgt, welche Erfahrungen mit der Umwelt resultieren, was wiederum auf die Person und ihr Verhalten zurückwirkt. Ein Kind, das in seiner Freizeit viel fernsieht, und ein Kind, das lieber mit Freunden spielt, schaffen sich ganz unterschiedliche Erfahrungen mit Verhaltensmodellen. Warum die beiden Kinder in ihren Freizeitinteressen so unterschiedlich sind, hat selbst wieder eine Lerngeschichte.

Das mit dem Begriff reziproker Determinismus Gemeinte wird durch das folgende Beispiel noch genauer illustriert: Ein Junge, der gerne Gewaltdarstellungen im Fernsehen anschaut (Personvariable), wird mit derartigen Fernsehsendungen häufig konfrontiert (Umweltvariable). Während des Anschauens solcher Filme (Verhaltensvariable) lernt der Junge eine Menge über aggressives Verhalten und dessen häufigen Erfolg. Dies wirkt sowohl auf seine Wertmaßstäbe (Personvariable) und auf sein Verhaltensrepertoire (Verhaltensvariable) – vermutlich aggressionssteigernd – als auch auf die Häufigkeit seiner Konfrontation mit Gewalttätigkeiten (Umweltvariable) zurück. Je nach der Reaktion der Umwelt auf sein Verhalten (Umweltvariable) wird sich dieses stabilisieren oder verändern, sich auf seine Fernsehgewohnheiten auswirken oder nicht usw.

Obwohl BANDURA den Menschen als ein aktives, seine Umwelt gestaltendes und sein eigenes Verhalten bewertendes Subjekt schildert, ist seine Theorie aus folgenden Gründen immer noch eher einem mechanistischen als einem organismischen Menschenbild zuzuordnen (vgl. dazu Kap. 6.3.2): Verhalten ist für BANDURA eher von vorausgehenden sozialen Erfahrungen (der Lerngeschichte) abhängig als von inhärenten Strukturen, Entwicklungsveränderungen werden eher quantitativ als qualitativ beschrieben, komplexes Verhalten wird als Integration elementarer Verhaltensweisen und nicht als ganzheitlich übernommen aufgefaßt, Wertmaßstäbe und motivationale Anreize gelten als primär extern gesetzt und werden erst später internalisiert (P.H. MILLER, 1989, S. 251).

Selbstregulation und persönliche Tüchtigkeit (self-efficacy)

In den letzten Jahren betont BANDURA immer stärker die Kontrolle menschlichen Verhaltens durch das Selbst (selbstreguliertes Verhalten). Menschen setzen sich Ziele und bewerten ihr Verhalten nach dem Erreichen oder Verfehlen der selbstgesetzten Standards. Die Selbstbewertungen (Selbstbelohnung oder Selbstbestrafung) müssen allerdings von der Umwelt unterstützt werden und/oder beim Individuum unmittelbar zu positiven Konsequenzen führen, damit das Verhalten auf Dauer aufrechterhalten wird. So wird ein Diätprogramm zur Gewichtsabnahme nur durchgehalten, wenn dünn sein in der Umwelt positiv beantwortet wird und tatsächlich eine Gewichtsabnahme eintritt. Selbstkontrolliertes Verhalten wird außerdem gefördert durch die Beobachtung von Modellen, die derartiges Verhalten zeigen.

Im Zusammenhang mit der Selbstregulation des Verhaltens gewinnt für BANDURA der Begriff der *persönlichen Tüchtigkeit (self-efficacy)* zunehmend zentrale Bedeutung (BANDURA, 1981). Individuen entwickeln Vorstellungen darüber, was sie können und was sie nicht können, wie sie sind und wie sie nicht sind. Diese Selbstwahrnehmungen bestimmen, was sich jemand zutraut und wieviel Energie jemand in etwas investiert. Selbstwahrnehmung und Kompetenz müssen nicht übereinstimmen, die tatsächlichen Leistungen werden jedoch stark vom Selbstkonzept beeinflußt (HECKHAUSEN, 1980). Informationen über die persönliche Tüchtigkeit erhält ein Individuum aus seinem eigenen bisherigen Verhalten, dem Vergleich eigenen Verhaltens mit dem Verhalten anderer, aus den sozialen Reaktionen auf eigenes Verhalten und aus den Attributionen, die man von anderen zur eigenen Person erhält (TRAUTNER & LOHAUS, 1985).

BANDURAS Überlegungen zur Entwicklung persönlicher Tüchtigkeit sind von besonderer Bedeutung für die Leistungsmotivationsforschung (s. dazu HECKHAUSEN, 1980).

Untersuchung 9.3 *Kognitive Vermittlungsglieder des sozialen Lernens von Aggression*

Nach BANDURAS sozial-kognitiver Lerntheorie wird die Äußerung eines Verhaltens wesentlich durch die von der Person sich selbst zugeschriebenen Fähigkeiten in dem betreffenden Verhaltensbereich (*self-efficacy*) und die von ihr antizipierten positiven oder negativen Verhaltenskonsequenzen (*response-outcome-expectancies*)beeinflußt. David PERRY, Louise PERRY und Paul RASMUSSEN überprüften die Gültigkeit dieser Theorie für aggressives Verhalten von Schulkindern. Sie gingen davon aus, daß aggressive Kinder im Vergleich zu nichtaggressiven Kindern a) sich hinsichtlich der Ausführung aggressiven Verhaltens für kompetenter halten, gleichzeitig ihre (nichtaggressiven) sozialen Fähigkeiten eher gering einschätzen und b) eher positive Konsequenzen aggressiven Verhaltens erwarten bzw. dessen negative Konsequenzen geringer einschätzen.

An der Untersuchung nahmen 80 Jungen und 80 Mädchen aus vierten bis siebten Schulklassen einer Schule für Kinder von Universitätsangehörigen in Florida, USA, teil. Die Kinder waren von ihren Mitschülern und Mitschülerinnen auf der Grundlage einer soziometrischen Befragung als eher hoch oder eher wenig aggressiv klassifiziert worden.

Zur Erfassung der *persönlichen Tüchtigkeit* (self- efficacy) hatten die Kinder einen Fragebogen zu beantworten, in dem für 46 soziale Situationen jeweils anzugeben war, wie leicht oder wie schwer es dem Kind nach seiner Selbsteinschätzung fiel, ein bestimmtes Verhalten zu zeigen.

Ein Item lautete z.B.: „Ein anderes Kind stört dich, als du am Ende der Schule eilig deine Sachen zusammenpackst. Das Kind wegzustoßen ist ..... für dich." Die Vp hatte eine von vier Antwortmöglichkeiten in die Lücke einzutragen: SCHWER! – schwer – leicht – LEICHT!

Nach diesem Muster abgefragt wurde die wahrgenommene Tüchtigkeit für: (1) *Ausführung aggressiven Verhaltens* (8 Items), (2) *Unterdrückung aggressiven Verhaltens* (8 Items), (3) *Verbale Überzeugungskraft* (22 Items), (4) *Prosoziales Verhalten* (8 Items). Für jede der vier Arten persönlicher Tüchtigkeit wurde durch Aufsummieren der Antworten (von SCHWER! = 1 bis LEICHT! = 4) ein Skalenwert berechnet.

Ca. einen Monat später bekamen die Kinder einen 48 Items umfassenden Fragebogen zu den *erwarteten Verhaltenskonsequenzen* vorgelegt. Das Kind sollte sich dabei für verschiedene Situationen vorstellen, daß es sich selbst in der beschriebenen Art gegenüber einem/einer bestimmten Mitschüler/Mitschülerin verhält.

Jungen bekamen männliche Zielpersonen, Mädchen weibliche Zielpersonen zugeteilt. Bei der Hälfte der Items wurde eine aggressive Zielperson, bei der anderen Hälfte eine nichtaggressive

Zielperson ausgewählt. Die Zuordnung von Items und Zielpersonen wurde über die Items und Vpn nach Zufall vorgenommen.

Für die vorgegebenen Situationen war jeweils anzugeben, wie sicher das Kind damit rechnet, daß eine spezifizierte Verhaltenskonsequenz eintritt oder nicht eintritt.

Ein Item lautete z.B.: „Während des Zeichenunterrichts nimmt dir X das Bild weg, an dem du gerade arbeitest. Du wirst wütend und schreist X an. Denkst du, daß X dir das Bild zurückgibt?" Die Vp hatte eine von vier vorgegebenen Antwortmöglichkeiten anzukreuzen, die – im obigen Beispiel - - von *völlig sicher, das Bild zurückzubekommen* (4 Punkte) bis zu *völlig sicher, das Bild nicht zurückzubekommen* (1 Punkt) reichten.

Nach diesem Muster wurden sechs Arten von erwarteten Verhaltenskonsequenzen (mit je 6 Items) abgefragt: (1) *Materielle Belohnung*, (2) *Anerkennung von Erwachsenen*, (3) *Anerkennung von Gleichaltrigen*, (4) *Beendigung aversiver Erfahrungen*, (5) *Leiden des Opfers*, (6) *Selbstbelohnung*. Die erzielten Punkte wurden pro Skala aufsummiert.

Wie vorhergesagt zeigte sich, daß aggressive Kinder im Vergleich zu nichtaggressiven Kindern mehr auf ihre aggressiven Fähigkeiten vertrauten und es schwieriger fanden, ihre Aggressionen zu unterdrücken. Hinsichtlich der wahrgenommenen persönlichen Tüchtigkeit in der verbalen Überzeugungskraft und in prosozialen Fähigkeiten unterschieden sich beide Gruppen hingegen nicht (vgl. Tabelle 9.2).

Tabelle 9.2: Mittelwerte und Standardabweichungen für den Grad des Selbstvertrauens in soziale Fähigkeiten bei aggressiven und nicht-aggressiven Jungen und Mädchen (nach PERRY et al., 1986, S. 704; Übers. v. Verf.)

Selbstvertrauen hinsichtlich	Aggressive Vpn	Nicht-aggressive Vpn
Äußerung von Aggression:		
Jungen	21.68 (6.29)	19.60 (4.75)
Mädchen	20.62 (5.31)	17.75 (4.63)
Unterdrückung von Aggression:		
Jungen	19.30 (4.54)	22.08 (3.61)
Mädchen	20.75 (3.83)	21.68 (4.36)
Verbale Überzeugungskraft:		
Jungen	67.60 (7.09)	66.80 (8.06)
Mädchen	67.95 (9.22)	64.62 (5.96)
Prosoziales Verhalten:		
Jungen	23.12 (3.74)	24.58 (3.27)
Mädchen	25.45 (3.26)	24.52 (4.20)

Aggressive Kinder waren auch eher als nichtaggressive Kinder der Überzeugung, daß sich aggressives Verhalten „lohnt". D.h., sie erwarteten eher, daß sie damit die Dinge bekommen bzw. behalten, die sie haben möchten, und daß sie aversive Erfahrungen damit vermeiden oder beenden können. Hingegen unterschieden sich aggressive und nichtaggressive Kinder nicht in ihren Erwartungen hinsichtlich der Anerkennung durch Erwachsene oder Gleichaltrige, der beim Opfer hervorgerufenen Leiden und der Selbstbelohnung als Folgen aggressiven Verhaltens (vgl. Tabelle 9.3).

Tabelle 9.3: Mittelwerte und Standardabweichungen der Erwartung bestimmter Konsequenzen aggressiven Verhaltens bei aggressiven und bei nicht-aggressiven Jungen und Mädchen; getrennt nach aggressiven und nicht-aggressiven Zielpersonen (AZ und NAZ) (nach PERRY et al., 1986, S. 705; Übers. v. Verf.)

	Aggressive Vpn		Nicht-aggressive Vpn	
Erwartung von	AZ	NAZ	AZ	NAZ
Materielle Belohnung:				
Jungen	8.0(2.0)	8.2(2.0)	7.8(1.8)	7.6(1.9)
Mädchen	7.3(2.2)	7.5(2.2)	6.7(1.8)	6.9(1.9)
Anerkennung von Erwachsenen:				
Jungen	5.5(1.7)	5.8(1.7)	6.2(1.7)	5.7(1.6)
Mädchen	5.7(2.0)	5.6(1.6)	5.4(1.6)	5.4(1.3)
Anerkennung von Gleichaltrigen:				
Jungen	8.1(2.0)	7.2(2.1)	8.0(1.5)	7.0(1.6)
Mädchen	6.5(1.9)	6.1(2.0)	6.4(1.6)	5.9(1.5)
Beendigung aversiver Erfahrungen:				
Jungen	8.2(2.0)	8.4(2.2)	7.2(2.1)	8.2(1.8)
Mädchen	8.2(2.1)	8.9(1.9)	6.8(1.8)	8.3(1.5)
Leiden des Opfers:				
Jungen	7.8(2.0)	8.0(2.2)	7.3(1.9)	8.5(1.9)
Mädchen	8.8(2.2)	9.5(2.0)	8.6(1.9)	8.8(1.9)
Selbstbelohnung:				
Jungen	6.8(1.8)	6.3(1.6)	6.3(1.9)	5.9(1.5)
Mädchen	5.7(1.9)	5.3(2.0)	5.0(1.4)	5.3(1.5)

Die wahrgenommene persönliche Tüchtigkeit und die erwarteten Konsequenzen für aggressives Verhalten korrelierten nicht miteinander. Beide Faktoren scheinen aggressive Tendenzen somit unabhängig voneinander zu beeinflussen.

Insgesamt weisen die Ergebnisse nach Auffassung der Autoren darauf hin, daß hoch aggressive Kinder ihre Aggressivität zu einem wesentlichen Teil dadurch erworben haben, daß sich aggressives Verhalten als erfolgreich zur Beendigung frustrierender und aversiver Erfahrungen erwiesen hat.

Signifikante Geschlechtsunterschiede gab es nur bei den erwarteten Konsequenzen aggressiven Verhaltens, nicht in Bezug auf die wahrgenommene persönliche Tüchtigkeit. Mädchen antizipierten mehr negative Sanktionen für Aggressionen als Jungen. Dies interpretierten PERRY et al. als Stützung der sozial-kognitiven Lerntheorie, die eher Performanz- als Kompetenzunterschiede zwischen den Geschlechtern annimmt, d.h. die Grundlage für Geschlechtsunterschiede eher in den Anreiz- und Verstärkungsbedingungen als in den den Erwerbsprozeß beeinflussenden Faktoren (Aufmerksamkeit, Gedächtnis, Verhaltensmöglichkeiten) sieht.

Bei der Beurteilung der Befunde der Untersuchung von PERRY et al. ist folgendes zu bedenken:

1. Die beobachteten signifikanten Mittelwertsdifferenzen zwischen aggressiven und nichtaggressiven Kindern sind durchgehend geringer als die Streubreiten innerhalb der beiden Gruppen. Sie liegen selten höher als 1/3 bis 1/2 der Standardabweichung. Das bedeutet, daß die Unterschiede zwischen aggressiven und nichtaggressiven Kindern bzw. der Erwerb aggressiven Verhaltens überwiegend durch andere Faktoren als die hier untersuchten kognitiven Variablen zu erklären sind.

2. Nach der sozial-kognitiven Lerntheorie sind Tüchtigkeitseinschätzungen und Konsequenzerwartungen kausale Einflüsse auf das Verhalten. Die von PERRY et al. vorgelegten Daten sind jedoch korrelativ. Wie NISBETT & WILSON (1977) nachgewiesen haben, stimmen die Angaben von Vpn über ihr Verhalten steuernde kognitive Variablen nicht unbedingt mit den tatsächlichen verhaltenssteuernden Faktoren überein.

3. Die Untersuchungsstichprobe von PERRY et al. deckt das natürliche Spektrum aggressiven Verhaltens bei amerikanischen Mittelschichtkindern aus vierten bis siebten Schulklassen ab. Es ist zu vermuten, daß bei der Untersuchung von extrem aggressiven Kindern andere Ergebnisse resultieren. Z.B. dürften diese eher auch im Bereich der selbstwahrgenommenen sozialen Fähigkeiten (verbalen Fähigkeiten, prosozialem Verhalten) auffällige Defizite aufweisen.

PERRY, D.G., PERRY, L.C. & RASMUSSEN, P. (1986). Cognitive social learning mediators of aggression. *Child Development*, *57*, 700-711.

---

4. Bewertung der S-R-Theorien der Entwicklung

Welche Bedeutung Gesetzmäßigkeiten des Lernens für die Entwicklungspsychologie zukommt, wurde bereits im Kap. 2.4 dargelegt. In den vorangegangenen Abschnitten 1. bis 3. dieses Kapitels wurde aufgezeigt, welche Aussagen über den Gegenstand, den Verlauf und die Determination der Entwicklung aus einer Anwendung der S-R-Theorien und ihrer modernen Variante einer sozialkognitiven Lerntheorie abzuleiten sind. Nun sollen die traditionellen S-R-Theorien und die sozial- kognitive Theorie der Entwicklung einer abschließenden Kritik unterzogen werden.

Die traditionellen S-R-Theorien der Entwicklung weisen vor allem in zwei Richtungen Mängel auf: 1. bezüglich der von ihnen vorgenommenen Eingrenzung des Untersuchungsgegenstands, 2. hinsichtlich der methodischen Grundlagen und der empirischen Absicherung ihrer Aussagen. In einzelnen Punkten gilt diese Kritik auch für die sozial-kognitive Lerntheorie.

Kritik an der Eingrenzung des Untersuchungsgegenstands

(1) Die aus methodischen Gründen der Objektivität und empirischen Überprüfbarkeit gewählte Beschränkung auf die Beobachtung und Registrierung zähl- und meßbaren Verhaltens unter spezifischen Reizbedingungen führt meist zur Auswahl sehr enger Verhaltensaspekte und Verhaltensklassen. Bevorzugte Analyseeinheiten sind: das Betätigen von Tasten und Hebeln an Apparaten im Lernexperiment, einzelne motorische Äußerungen (der Gebrauch bestimmter Worte oder Wortklassen). Wahrnehmungen, Vorstellungen, Denkprozesse, Gefühle oder Erwartungen werden als *subjektive* Größen von der Analyse ausgeschlossen oder nehmen nur den Status von hypothetisch angenommenen Variablen ein, die jedoch außerhalb ihrer Wirkungen im offenen Verhalten selbst nicht untersucht werden. Speziell die Bedeutung der Sprache als Medium für menschliches Lernen wird zu wenig beachtet.

Erst mit BANDURAS Theorie des Beobachtungslernens, die den eigentlichen Lernprozeß auf die Ebene der Informationsverarbeitung verlagert, wurden diese Beschränkungen aufgehoben. Allerdings werden die relevanten kognitiven Variablen (selektive Aufmerksamkeit, symbolische Repräsentation, Behaltensprozesse und Wissensorganisation) nur als allgemeine Voraussetzungen für ein Lernen durch Beobachtung konzipiert. Sind sie gegeben, so läuft Lernen quasi automatisch ab. Der Beobachter erwirbt ein mehr oder weniger genaues Abbild des Beobachteten. Wie die erforderlichen kognitiven Fähigkeiten im einzelnen aufgebaut werden und sich im Laufe der Entwicklung verändern, welche spezifischen kognitiven Variablen das Beobachtungslernen wie beeinflussen, wird nicht näher ausgeführt.

(2) S-R-Theoretiker beschäftigen sich mit Verhaltensänderungen nur so weit, als ihr Zustandekommen auf Lernprozesse (S-R-Verknüpfungen) zurückgeführt werden kann. Diese Position wird besonders deutlich in der funktionalen Definition der Begriffe Reiz und Reaktion bei BIJOU und BAER: Verhalten wird nur so weit analysiert, als es sich von Reizen abhängig zeigt, entweder in Form respondenten Verhaltens oder in Form operanten Verhaltens; gleichzeitig werden nur die Ereignisse als Reize bezeichnet, die eine funktionale Beziehung zu Verhaltensänderungen aufweisen, d.h., Verhalten auslösen, wahrscheinlich machen oder aufrechterhalten. Die Beteiligung von Anlagebedingungen und Reifungsprozessen an Verhaltensänderungen wird zwar ausdrücklich anerkannt, die biologischen Grundlagen der Verhaltensentwicklung werden aber nur unter dem Aspekt ihres funktionalen Zusammenhangs mit Lernprozessen berücksichtigt: entweder als Ausgangspunkt und Aktivierungsgrundlage für Lernen

(vgl. die Rolle von Reflexen und physiologisch verankerten Bedürfnissen bei SEARS) oder als die Lernkapazität begrenzende bzw. den Lernprozeß beeinflussende Faktoren (vor allem die gegebenen Rezeptor-und Effektorkapazitäten), die die Auslöse- und Verstärkungsfunktion von Reizen determinieren (vgl. oben S. 126f.).

Auch in der sozial-kognitiven Theorie von BANDURA sind Anlage- und Reifungsfaktoren nicht weiter analysierte Restgrößen, deren Bedeutung hauptsächlich in der Begrenzung (oder Erweiterung) motorischer, sprachlicher oder anderer Arten von Fertigkeiten gesehen wird.

Die von BIJOU und BAER vorgenommene Subsumierung der biologischen Grundlagen des Verhaltens unter die Stimulusbedingungen wäre nur dann zulässig, wenn die betreffenden biologischen Variablen alle Eigenheiten von Reizen hätten, d.h. mit anderen Reizen und mit Reaktionen beliebig verknüpfbar wären und unabhängig vom Verhalten objektiv gemessen und experimentell manipuliert werden könnten. Speziell letzteres ist nicht möglich.

(3) Eine Entwicklungstheorie hat immer auch eine Theorie des Erwerbs *neuen* Verhaltens zu sein. S-R-Theorien können den *Neuerwerb von Verhalten* aber nur unzureichend erklären bzw. vertreten eine eingeschränkte Auffassung von *neuem* Verhalten. Nach den Gesetzen des Klassischen Konditionierens baut jedes gelernte Verhalten auf einer per definitionem ungelernten (unkonditionierten) Reaktion auf, nämlich einem im Verhaltensrepertoire eines Individuums schon vorhandenen Reflex. „Neu" ist hier nur der Auslösereiz für das betreffende Verhalten (vgl. Kap. 2.4.1). Im Modell des Operanten Konditionierens bleibt die Herkunft eines Operanten offen. Was hier neu ist bzw. sich verändert, ist die Auftretenswahrscheinlichkeit einer bereits früher aufgetretenen Reaktion unter spezifischen Reizbedingungen.

Shaping (s. Kap. 2.4.2) als deus ex machina zur Erklärung neuen Verhaltens setzt eine programmierte Umwelt während des gesamten langwierigen Erwerbsprozesses voraus, eine Bedingung, die in der natürlichen Lebensumwelt eines Kindes kaum anzutreffen sein dürfte. Am ehesten kann die Entstehung neuen Verhaltens noch mit Beobachtungs- und Identifikationslernen erklärt werden (s. dazu Kap. 2.4.3 und 2.4.4). Dies gilt allerdings auch nur dann, wenn man die zur Aneignung oder Übernahme des beim Modell oder Identifikationsobjekt beobachteten Verhaltens notwendigen physischen Reifungsvoraussetzungen, kognitiven Fähigkeiten und motorischen Übungsprozesse als gegeben annimmt. Soweit Entwicklung das erstmalige Auftreten eines Verhaltensmerkmals umfaßt (der erste Mehrwortsatz, das erste Erkennen der Mengenkonstanz, erstmaliges Wetteifern usw.) sind Zusatzannahmen notwendig, die über einfaches Verknüpfungslernen hinausgehen.

Kritik an den methodischen Grundlagen und der empirischen Absicherung

(1) S-R-Theorien der Entwicklung bleiben teilweise hinter ihrem eigenen Anspruch der Objektivität und Überprüfbarkeit zurück. Die Begriffe Reiz (S)

und Reaktion (R) werden oft weit über ihre ursprüngliche Bedeutung hinaus ausgedehnt (vgl. oben S. 104).

In der Analyse des Sozialverhaltens werden S und R zu mehr oder weniger willkürlich gewählten Ausschnitten aus der gesamten untersuchten Situation, ohne objektive und präzise Kriterien für die Bildung von Reiz- und Reaktionseinheiten zu besitzen (vgl. auch EYFERTH, 1964b). Die Aufgabe einer strengen behavioristischen Position wird bei SEARS besonders deutlich: Variablen wie Abhängigkeit, Schuldgefühl, Absicht, mütterliche „Wärme“ u.ä. können nicht wie angestrebt in vollständig objektiver Weise definiert werden.

BALDWIN (1974b) bemerkt dazu mit Recht:

> Wärme ist aber weder theoretisch sauber als Reaktionen und Verhalten der Eltern definiert worden, noch als Reiz für das Kind. Man hat auf ganz allgemeine Weise angenommen, daß Kinder, die „warm“ von ihren Eltern behandelt werden, wahrscheinlich mehr Verstärkungen ihres Verhaltens erhalten: daß für sie das Lob der Eltern häufiger mit einer Triebreduktion verbunden ist, und daß sie wahrscheinlich weniger Perioden hohen Triebzustandes erfahren haben als Kinder in einem „kalten“ Milieu. Dies sind alles vernünftige Hypothesen darüber, wie eine warme Umgebung aussieht, aber die Wärme selbst ist niemals in der S-R-Sprache definiert worden, auch sind diese Hypothesen über die Begleiterscheinungen der Wärme niemals empirisch verifiziert worden. (S.203)

Überdies werden derartige Variablen, entgegen dem eigenen behavioristischen Standpunkt, häufig nicht direkt beobachtet, sondern erfragt (vgl. SEARS et al., 1957). Weiter ist festzustellen, daß die Ausdehnung der S-R-Terminologie auf nicht direkt beobachtbare *interne Ereignisse* (Wahrnehmungen, Gedanken, Gefühle, etc.) nur zulässig ist, wenn überprüft ist, daß diese Ereignisse den gleichen Gesetzmäßigkeiten unterliegen wie beobachtbare Reize und Reaktionen. Sie müßten also ebenfalls nach den gewöhnlichen Konditionierungsgesetzen gelernt und wieder verlernt werden können, durch Bestrafung gehemmt werden, beliebig kombinierbar sein usw. Ein Nachweis der Gültigkeit dieser Annahmen steht aus.

(2) Verhaltensunterschiede zwischen Kindern und Erwachsenen oder auch zwischen Individuen gleichen Alters werden von Lerntheoretikern hauptsächlich auf individuelle Unterschiede in der Lerngeschichte (die erfahrenen direkten Verstärkungen oder Bestrafungen und die an Modellen beobachteten Verhaltenskontingenzen) zurückgeführt. Die Lerngeschichte eines Individuums ist aber nicht aus dem gegenwärtigen Verhalten zu erschließen, da das gleiche aktuelle Verhalten unterschiedlich entstanden sein kann. Bei einem Kind, das sich wenig aggressiv verhält, kann entweder aggressives Verhalten in der Vergangenheit bestraft worden sein und ist nun gehemmt, oder es ist aufgrund des Fehlens entsprechender Verhaltensmodelle und Verstärkungen zu keiner Zeit aufgebaut worden. Um etwas über die Lerngeschichte eines Individuums zu erfahren, müßten daher fortlaufende Beobachtungen im Längsschnitt vorliegen. Dieser dem theoretischen Ansatz angemessene Weg wird jedoch meist nicht beschritten. Vielmehr wird nach folgendem Muster vorgegangen: Für ein bestimmtes Verhalten nimmt man hypothetisch eine *mögliche Lerngeschichte* an. Im Laborexperiment versucht man den angenommenen Prozeß des Ver-

haltenserwerbs zu (re)produzieren. Daraus schließt man dann, daß Individuen, die das betreffende Verhalten zeigen, dies ebenfalls auf die angenommene Art und Weise erworben haben, d.h. die postulierte Lerngeschichte hinter sich haben (BALDWIN, 1974b).

Die für die S-R-Theorie typische Untersuchungsstrategie, die Auslösung oder Auftretensrate eines aktuellen Verhaltens unter bestimmten Reizbedingungen im Konditionierungsexperiment gezielt zu verändern, erlaubt nur bedingt, auf Gesetzmäßigkeiten der Entwicklung zurückzuschließen. Daten aus solchen Untersuchungen zeigen nämlich nur, wie Verhaltensänderungen in den untersuchten Stichproben *kurzfristig* herbeigeführt werden *können*. Sie belegen weder, daß eine derartige Veränderung *nur auf diese Art* zustande kommen kann, noch, daß die *langfristigen Veränderungen* im Laufe der Entwicklung *tatsächlich so entstanden sind*.

Erst ein Vorgehen entsprechend der von BIJOU und BAER vorgeschlagenen Untersuchungsstrategie wäre geeignet, die Übertragbarkeit der experimentell gefundenen Ergebnisse auf langfristige Veränderungen in der natürlichen Lebensumwelt zu überprüfen.

(3) Die sekundäre Triebtheorie, wie sie von SEARS im Anschluß an HULL zur Erklärung des Erwerbs von Motiven und Verstärkern vertreten wurde, ist nicht durch Humanuntersuchungen belegt. Es fehlen Befunde, nach denen die im Laufe der Entwicklung sich ausbildenden komplexen sozialen Verhaltensmuster in der postulierten direkten Weise aus der Koppelung mit physiologischen Bedürfnissen wie Hunger, Durst oder Schmerzvermeidung abgeleitet werden können. Darüber hinaus stellt sich beim sekundären Lernen das Problem, daß praktisch jeder in Kontiguität mit triebreduzierenden Ereignissen auftretende Reiz nach einiger Zeit als sekundäre Belohnung wirken müßte bzw. zum Ziel eines erworbenen Motivs werden müßte (EYFERTH, 1964b). Die Zahl der sekundären Motive und Verstärker ist aber begrenzt.

Auch bleibt häufig unklar, was denn überhaupt konditioniert wird, d.h., welche Reaktion auf neue Reize übertragen wird. So ist aus der Koppelung der Mutter (neutraler Reiz) mit Nahrung (unkonditionierter Reiz) nach dem Prinzip des Signallernens zunächst nur eine Ausdehnung der mit Nahrungsaufnahme beim Säugling einhergehenden Reaktionen (Saugen, Schlucken, physiologische Reaktion usw.) auf die Mutter zu erwarten. Die Herausbildung gerade von Abhängigkeitsreaktionen gegenüber der Mutter, als von der Fütterungssituation abgeleitetes sekundäres Motiv, ist keine zwingende Folge dieser Lernerfahrung und läßt überdies evtl. bereits vorhandene ungelernte Abhängigkeits- oder Anhänglichkeitsreaktionen des Kleinkindes außer acht.

Von den meisten S-R-Theoreikern wird heute deshalb davon ausgegangen, daß Triebreduktion nur *eine* mögliche Verstärkungsgrundlage ist und daß Stimulusereignisse auf vielfältige Art Verstärkungsqualität besitzen können, z.B. aufgrund von bloßem Reizwechsel oder von Stimulation per se (GEWIRTZ, 1969; STEVENSON, 1972a).

BANDURA hat in seiner Theorie dem Rechnung getragen, indem er die Funktion von Verstärkern hauptsächlich darin sieht, daß diese über die Angemessenheit oder Unangemessenheit eines Verhaltens und die zu erwartenden Verhaltenskonsequenzen Aufschluß geben. Die Triebreduktionshypothese läßt sich am ehesten noch bei Lernvorgängen nachweisen, die über Angst bzw. Angstreduktion vermittelt sind (Vermeidungs- und Fluchtlernen).

(4) Die in den vorangegangenen Punkten (2) und (3) geäußerte Kritik läuft darauf hinaus, daß die Theoretiker des sozialen Lernens es bislang versäumt haben, eine auf empirische Untersuchungen gestützte Beschreibung der Beziehung zwischen Ereignissen in der natürlichen Umwelt von Kindern und Jugendlichen und der Verhaltensentwicklung in *S-R-Begriffen* zu liefern (s. auch Baldwin, 1974b, S. 212 f.) Statt der Beobachtung von S-R-Verknüpfungen, Verhaltensmodellen und Verhaltenskonsequenzen in der familiären Interaktion wurden Lernexperimente im Labor oder retrospektive Befragungen der Eltern durchgeführt. (Eine der wenigen Ausnahmen bildet die Untersuchung von Patterson und Reid, 1984). Die Übertragbarkeit der unter experimentell kontrollierten Bedingungen gefundenen Zusammenhänge auf die Verhältnisse in der viel komplexeren Lebensumwelt bleibt unklar.

Es ist z.B. anzunehmen, daß die experimentell gefundenen Effekte von Verhaltensmodellen weit größer sind als die in der natürlichen Lebensumwelt. Dies schon allein aus dem Grund, daß die übliche Versuchssituation (eine fremde Person führt das Kind in einen Versuchsraum, dort wird etwas vorgeführt, wenig später befindet sich das Kind in einer ähnlichen Situation) für das Kind den Aufforderungscharakter hat, darauf zu achten, was von ihm als „richtiges" Verhalten erwartet wird. Sich ähnlich zu verhalten wie das zuvor beobachtete Modell, ist hier die nächstliegende Alternative.

Die Erfassung der Eltern-Kind-Interaktion per (retrospektiver) Befragung, liefert Daten über den korrelativen Zusammenhang von elterlichen Interaktionsstilen und interindividuellen Differenzen in Verhaltenmerkmalen von Kindern. Wer auf wen reagiert, also die Richtung des Zusammenhangs, und unter welchen Bedingungen sich das individuelle Verhalten aufbaut und verändert, ist so nicht festzustellen.

Der Beitrag der Lerntheoretiker wäre weitaus überzeugender, wenn die Verhaltensmodelle und Verhaltenskontingenzen untersucht würden, so wie sie üblicherweise in der Umgebung von Kindern unterschiedlichen Alters vorgefunden werden. Auch wenn derartige Untersuchungen vor nicht zu unterschätzenden methodischen Problemen stehen, was die fortlaufende Beobachtung und Registrierung von Reizen und Reaktionen in der normalen Umgebung von Heranwachsenden betrifft, wäre von einer S-R-Theorie der Entwicklung zu verlangen, daß sie sich bei der empirischen Untersuchung von Entwicklungsvorgängen in der natürlichen Lebensumwelt möglichst eng an die eigenen Begriffe und Methoden anlehnt.

Die Fruchtbarkeit des S-R-Ansatzes für die Entwicklungspsychologie

Trotz der aufgezeigten Mängel weisen die traditionellen S- R-Theorien und Banduras sozial-kognitive Theorie eine Reihe von Merkmalen auf, die ihre

Anwendung auf entwicklungspsychologische Fragestellungen fruchtbar erscheinen lassen.

(1) Sie berücksichtigen die Tatsache, daß Entwicklung weitgehend ein Sozialisationsprozeß ist (s. Kap. 2.6). Dementsprechend werden Verhaltensänderungen nicht nur als Eigenheiten eines sich entwickelnden Organismus angesehen, sondern gleichzeitig als Eigenheit der Änderungen in den Umweltbedingungen. BANDURAS Konzept des reziproken Determinismus berücksichtigt darüber hinaus die wechselseitige Abhängigkeit von Umwelt, Person und Verhalten sowie das Zusammenspiel von Kognition und Umweltvariablen.

Eine weitere Stärke einer lerntheoretischen Betrachtung der Entwicklung ist, daß sie Erklärungsmöglichkeiten liefert für das Auftreten von Inkonsistenzen des Verhaltens über verschiedene Situationen und für interindividuelle Differenzen der Verhaltensentwicklung.

(2) Da von einem theoretischen Standpunkt aus weniger die Beschreibung von nicht weiter rückführbaren Verhaltensänderungen interessiert, sondern in erster Linie die Kenntnis von beobachtbaren und manipulierbaren Bedingungen, die eine Erklärung, Vorhersage und Kontrolle des Verhaltens erlauben, liegt es nahe, das Eintreten von Entwicklungsfortschritten nicht bloß abwartend zu registrieren, sondern die Entwicklung auch gezielt zu beeinflussen und zu optimieren. Entwicklungspsychologische Aussagen sind so formuliert, daß eine gezielte und kontrollierte Beeinflussung von Veränderungen möglich wird (s. BAER, 1973). Damit gewinnen lerntheoretische Ansätze eine große Bedeutung für die Anwendung entwicklungpsychologischen Grundwissens, vor allem im pädagogischen Bereich und in der klinischen Praxis (s. hierzu BANDURA, 1969b; KAZDIN, 1987; KUHLEN, 1973; O'LEARY & O'LEARY, 1972; ROHWER, 1974).

(3) Lerntheorien sind eher formale Systeme von allgemeingültigen Lernprinzipien als Systeme von detaillierten Lerninhalten und Entwicklungssequenzen. Sie sind deshalb *sparsam* in ihrem Aufbau und kommen mit wenigen Grundannahmen aus. Die Sparsamkeit oder Knappheit der Theoriebildung läßt sie unter ökonomischen Gesichtspunkten brauchbarer erscheinen als andere Theorien, die aufgrund ihrer inhaltlichen Reichhaltigkeit mehr Grundannahmen benötigen. Auch genügen die Lerntheorien am ehesten den wichtigsten Kriterien einer wissenschaftlichen Theorie: Systematisierung, Erklärungswert, Falsifizierbarkeit und Nachprüfbarkeit (vgl. Kap. 6.1).

(4) Lerntheorien sind schließlich aufgrund ihrer empirischen Ausrichtung, d.h. ihrer Bemühung, überprüfbare Hypothesen zu formulieren und empirisch abzutesten, sowie aufgrund ihrer geringen inhaltlichen Festlegung hinsichtlich von Lerninhalten und Entwicklungssequenzen relativ *offen* für Modifikationen und Weiterentwicklungen.

Zur Bedeutung der S-R-Theorien für die Entwicklungspsychologie läßt sich abschließend feststellen:

Verknüpfungslernen (S-R-Lernen im engeren Sinne und Beobachtungslernen) ist an fast allen Entwicklungsprozessen beteiligt. Die Frage ist jeweils, in welcher Art und in welchem Ausmaß. Vor allem ist zu klären, welche in einem S-R- Konzept unberücksichtigten Faktoren noch ins Spiel kommen (z.B. biologische Reifungsprozesse, Prozesse der kognitiven Organisation und Strukturierung) und wie diese mit Lernprozessen interagieren.

BANDURAS sozial-kognitive Theorie stellt einen Versuch der Integration von Umweltvariablen und kognitiven Variablen dar. Allerdings muß das Zusammenspiel der kognitiven Entwicklung und des Beobachtungslernens noch genauer analysiert werden, damit von einer entwicklungspsychologischen Theorie die Rede sein kann.

Lerntheorien der Entwicklung werden zunehmend differentielle Aspekte des Lernens, d.h. die über das Alter und zwischen verschiedenen Individuen unterschiedlichen Gesetzmäßigkeiten des Lernens, zu berücksichtigen haben. Nachdem der Nachweis gelungen ist, *daß* Lernen die Entwicklung beeinflussen kann, ist nun zu zeigen, *wie* unter den sich im Laufe der Entwicklung verändernden Umweltbedingungen und mit sich verändernden individuellen Merkmalen Lernen und Entwicklung miteinander zusammenhängen.

Mit Nachdruck ist eine genaue Analyse der Entstehung und Veränderung von Reiz-Reaktions-Verknüpfungen und des Lernens am Modell in der natürlichen Umwelt von Kindern, Jugendlichen und Erwachsenen zu fordern. Hierbei ist der ökologische Kontext (z.B. Schichtzugehörigkeit, Familienstruktur, Art der Kinderbetreuung etc.) zu beachten. Erst die direkte Untersuchung der Relation verschiedener Lernumwelten zum Verhalten von Individuen über längere Zeiträume hinweg wird zeigen, in welchen Bereichen Lerntheorien der Entwicklung für die Verhaltensänderungen von Kindern und Jugendlichen in ihrer natürlichen Lebensumwelt von Bedeutung sind.

5. Zusammenfassung

In den *S-R-Theorien der Entwicklung* sind die über die Zeit beobachtbaren und meßbaren *Verhaltensänderungen* in ihrer *gesetzmäßigen Beziehung* zu Ereignissen bzw. Veränderungen in der *Umwelt* der wesentliche Untersuchungsgegenstand. Hinsichtlich der Steuerung der Entwicklung findet aus methodischen Gründen eine absichtliche Einengung auf die Betrachtung der Auswirkungen von Umwelteinflüssen statt. Der Einfluß von Anlagebedingungen und Reifungsvorgängen auf die Entwicklung wird zwar nicht geleugnet, deren Auswirkungen werden aber nur so weit analysiert, als sie sich im Zusammenspiel mit Lernvorgängen zeigen. Unter Lernen wird dabei verstanden: die Selektion von im Verhaltensrepertoire bereits vorhandenen Reaktionen, ihre Verknüpfung mit Reizsituationen oder anderen Reaktionen und die Festigung dieser Verknüpfung. In den S-R-Theorien der Entwicklung wird kein Versuch unternommen, Verhaltensklassen in ihrer Entstehung und hinsichtlich ihrer zeitlichen Veränderungen an bestimmte Altersbereiche zu binden oder in einer festen Sequenz anzuordnen. Soweit Beziehungen zum Alter aufgefunden werden, wird der Grund eher in altersabhängigen Umweltveränderungen gesucht als in bestimmten, vom Kind „mitgebrachten" Entwicklungstendenzen. Entwicklung gilt als ein kontinuierlicher Prozeß der fortschreitenden Akkumulation spezifischer Verhaltenserwerbungen.

Innerhalb dieses gemeinsamen Rahmens lassen sich vier Gruppen von S-R-Theoretikern der Entwicklung unterscheiden: (1) die sekundären Triebtheoretiker, DOLLARD, MILLER, SEARS u.a., für die sich Entwickung im wesentlichen als Erwerb sekundärer Motive darstellt; (2) die an funktionalen S-R-Beziehungen interessierten SKINNERianer, insbesondere BIJOU und BAER, GEWIRTZ; (3) die Position des Imitationslernens von BANDURA, häufig als soziale Lerntheorie im engeren Sinne bezeichnet; (4) eine Gruppe von Forschern, die das S-R-Modell in Richtung auf kognitive Variablen erweitert hat, z.B. BERLYNE oder OSGOOD.

Ein wichtiger Vertreter der sekundären Triebtheorie ist Robert SEARS, der Entwicklung weitgehend als Erwerb sekundärer Motive im Kontext der Eltern-Kind-Interaktion betrachtet.

Hauptrepräsentanten eines SKINNERschen Ansatzes sind Sidney BIJOU und Donald BEAR, die die Methodik der funktionalen Verhaltensanalyse systematisch auf Entwicklungsprozesse übertragen haben.

Im Zentrum der sozialen Lerntheorie von Albert BANDURA steht das Imitations- oder Beobachtungslernen. In ihrer aktuellen Version einer sozial-kognitiven Lerntheorie rücken die zwischen (Modell-)Stimulus und (Beobachter-) Reaktion ablaufenden kognitiven Prozesse in den Vordergrund der Betrachtung.

S-R-Theorien der Entwicklung weisen vor allem Mängel auf a) bezüglich der von ihnen vorgenommenen operationalen Eingrenzung des Untersuchungsgegenstands, b) hinsichtlich der methodischen Grundlagen und empirischen Absicherung ihrer Aussagen. Vor allem haben es die S-R-Theoretiker bislang versäumt, eine auf empirische Untersuchungen gestützte echte Beschreibung der Beziehung zwischen Ereignissen in der Umwelt von Kindern und Jugendlichen und deren Verhaltensentwicklung in S-R-Begriffen zu liefern. Trotz ihrer Mängel weisen die S-R-Theorien jedoch eine Reihe von Merkmalen auf, die ihre Anwendung auf entwicklungspsychologische Fragestellungen fruchtbar erscheinen lassen. Sie werden in Zukunft aber zunehmend differentielle Aspekte, d.h. die über das Alter und zwischen verschiedenen Individuen unterschiedlichen Gesetzmäßigkeiten des Lernens, und das Zusammenspiel von (passiv) assoziativem Lernen und (aktiv) strukturierendem Lernen zu berücksichtigen haben (Zu letzterem s. HOROWITZ, 1987).

Zum Weiterstudium empfohlene Lektüre

Zur vertiefenden Beschäftigung mit SEARS' Entwickungskonzeption eignen sich:

SEARS, R.R., RAU, L. & ALPERT, R. (1965). *Identification and child rearing*. Stanford, CA: Stanford University Press.

MAIER, H.W. (1983). Die Verhaltenstheorie von Robert R. SEARS. In H.W. MAIER, *Drei Theorien der Kindheitsentwicklung* (S. 185-223). New York: Harper & Row (UTB).

Eine gut lesbare, knappe Zusammenfassung der Position der funktionalen Verhaltensanalyse findet sich in:

BIJOU, S.W. & BAER, D.M. (1978). *Behavior analysis of child development*. Englewood Cliffs, NJ: Prentice-Hall.

Etwas anspruchsvoller ist das Sammelreferat:

GEWIRTZ J.L. (1969). Mechanisms of social learning: some roles of stimulation and behavior in early human development. In D.A. GOSLIN (Ed.), *Handbook of socialisation theory and research* (S. 57-212). Chicago: Rand McNally.

Der aktuelle Stand der sozial-kognitiven Theorie ist zusammengefaßt in:

BANDURA, A. (1986). *Social foundations of thought and action: A social cognitive theory.* Englewood Cliffs, NJ: Prentice Hall.

Eine Sammlung von Studien zur kognitiven Entwicklung unter der Perspektive des sozialen Lernens enthält:

ROSENTHAL, T.L. & ZIMMERMANN, B.J. (1978). *Social learning and cognition*. New York: Academic Press.

Eher philosophische Hintergründe des behavioristischen Standpunkts von SKINNER erhellt:

SKINNER, B.F. (1973). *Jenseits von Freiheit und Würde*. Hamburg: Rowohlt.

Kapitel 10:

Kognitive Entwicklungstheorien – Entwicklung als Aufbau der Erkenntnis

1. Allgemeine Kennzeichen einer kognitiven Theorie

Das Studium der geistigen Entwicklung des Kindes, der Veränderungen seiner geistigen Funktionen und Leistungen (Intelligenz, Denken, Sprache), sowie der qualitativen Unterschiede zwischen dem „Geist" des Kindes und dem des Erwachsenen nahm bereits in den Anfängen der Entwicklungspsychologie einen breiten Raum ein (vgl. BINET & SIMON, 1905; K. BÜHLER, 1918; HALL, 1891; WERNER, 1926). Man beschränkte sich zunächst jedoch weitgehend auf die Sammlung von Daten zur Beschreibung der geistigen Entwicklung und auf die Darstellung lebensalterbezogener Entwicklungsreihen. Eine *kognitive Theorie*, die die geistige Entwicklung des Kindes nicht nur als wichtigen Ausschnitt des Entwicklungsprozesses ansieht, sondern die kognitiven Funktionen und ihre Entwicklung als wesentliche Grundlage jeglicher Entwicklung aufzuweisen versucht, ist erst mit den theoretischen Arbeiten und empirischen Untersuchungen Jean PIAGETS entstanden.

Ehe PIAGETS Entwicklungstheorie ausführlich dargestellt wird, sollen kurz diejenigen Merkmale genannt werden, die eine kognitive Betrachtungsweise generell kennzeichnen (s. auch AMMON, 1974; BALDWIN, 1969; VAN DE GEER & JASPARS, 1966).

Menschliches Verhalten läßt sich in kognitiver Sichtweise nicht, wie in den S-R-Theorien meist angenommen, vollständig in Begriffen von Reiz und Reaktion darstellen. Reaktionsänderungen sind auch nicht nur von außen, d.h. prinzipiell beliebig steuerbar. Entwicklung wird vielmehr als *aktiver* Prozeß eines mit Erkenntnisfunktionen ausgestatteten Subjekts verstanden, in dessen Verlauf das Individuum durch die aktive Auseinandersetzung mit der Umwelt fortschreitend Erkenntnis aufbaut. Ein Kind betrachtet einen Gegenstand, faßt ihn an, nimmt ihn in den Mund, wirft ihn hin usw. und lernt dabei sowohl etwas über die Beschaffenheit des Gegenstands als auch über die Auswirkungen seines Verhaltens auf diesen Gegenstand.

Jegliches Handeln gilt als entscheidend von Denkvorgängen bestimmt und nicht ausschließlich von den Gegebenheiten der Situation oder von Verhaltensgewohnheiten. Die in einer Situation gegebene Information beeinflußt das Verhalten nur soweit diese in irgendeiner Form assimilierbar ist, wobei die Art, in der die betreffende Information assimiliert wird, von den individuell gegebenen kognitiven Strukturen abhängt. Nur so ist auch zu verstehen, daß Kinder neue

Verhaltensweisen äußern, für die es in ihrer Umwelt kein Vorbild gibt und die bei ihnen nicht durch die Umwelt verstärkt worden sind.

Zwischen Umweltereignissen (Reizen) und Verhalten (Reaktionen) treten als Vermittlungsglieder die fortschreitend aufgebauten *kognitven Repräsentationen* der Außenwelt. Kognitive Repräsentation heißt dabei: die nicht unmittelbar an die Wahrnehmung gebundene Kodierung und Integration der Information von Umweltreizen in ein System von Symbolen, Vorstellungen, Bedeutungen und Regeln (s. dazu MANDLER, 1983). Umweltereignisse (Reize) werden also nicht einfach abgebildet oder reproduziert, wie es eine sensualistische Abbildtheorie annimmt, sie stehen auch nicht in einem unmittelbaren Zusammenhang mit bestimmten Verhaltensweisen, sondern sie steuern das Verhalten erst über ihre Erfassung, Bewertung und Integration mit Hilfe der jeweils gegebenen kognitiven Repräsentationssysteme.

Die kognitive Repräsentation von Umweltereignissen wird bestimmt durch a) den *Inhalt* der Kognition (z.B. Gegenstände der physikalischen Umwelt, Verhalten oder Gefühle einer Person), b) den *Informationskanal* des Inputs (optisch, akustisch, taktil etc.) und c) die *Art* der Repräsentation (bildhaft, handlungsmäßig, gedanklich oder sprachlich). Diese Unterscheidung weist darauf hin, daß der gleiche Informationsinhalt auf verschiedenen Informationskanälen und auf verschiedenen Abstraktionsniveaus innerhalb eines Informationskanals verarbeitet werden kann (AMMON, 1974; MANDLER, 1983). So kann etwa das Aufdutzen eines Tischtennisballs (Inhalt) optisch oder akustisch (Informationskanal) vermittelt werden. Darüber hinaus kann die kognitive Repräsentation dieses Vorgangs bildhaft sein, in Form von gedanklich oder tatsächlich vollzogenen Bewegungen ablaufen oder sprachlich repräsentiert sein (Art der Repräsentation).

BRUNER hat diese drei verschiedenen Arten der kognitiven Repräsentation *iconic* (bildhaft), *enactive* (handlungsmäßig) und *symbolic* (sprachlich) genannt. In der Reihenfolge *enactive representation*, *iconic representation* und *symbolic representation* stellen sie gleichzeitig drei aufeinanderfolgende Entwicklungsstufen der Umweltrepäsentation dar (BRUNER, OLVER & GREENFIELD, 1966).

Die Art der kognitiven Repräsentation wandelt sich mit dem Alter. Entwicklungsunterschiede im Denken jüngerer und älterer Kinder oder zwischen Kindern und Erwachsenen bestehen nicht nur quantitativ, sondern vor allem auch qualitativ. Die geistige Entwicklung beinhaltet nicht nur einfach eine Ansammlung von Wissen und Fertigkeiten, sondern eine zunehmend bessere Anpassung an die Umwelt auf dem Wege eines fortwährenden Restrukturierungsprozesses, einer Neuorganisation der vorhandenen und der neu herausgebildeten Strukturen.

Weiter gilt, daß der gesamte Informationsverabeitungsprozeß relativ unbeeinflußt von der Motivationslage des Individuums abläuft, jedenfalls mit zunehmendem Alter. Die derart charakterisierte Entwicklung ist sowohl Bedingung wie Resultat der fortschreitenden und sich ständig wandelnden Konstruktion der eigenen Erfahrung und Kenntnis über die Realität, wobei die eigene Person einen Teil der erfahrenen Realität ausmacht.

Mit den skizzierten Vorstellungen ist manchmal eine biologisch-evolutionistische Denkweise verbunden: der Aufbau und die Wandlung der Erkenntnis werden als biologisch fundierte, d.h. den Selektionsvorteil garantierende *Anpassungsleistungen des Organismus an seine Ökologie* verstanden. Dabei ändert sich entweder das eigene Verhalten und paßt sich der Umwelt an (*Akkommodation*) oder die Umwelt wird so gestaltet und verändert, daß sie mit den eigenen Bedürfnissen und Möglichkeiten übereinstimmt (*Assimilation*). Intelligentes Handeln und Denken gilt dabei als höchste und beweglichste Form der Anpassung von Organismen an ihre Umwelt. Außerdem wird zuweilen die Vorstellung vertreten, daß allem Verhalten und jeglicher Entwicklung ein Streben nach Gleichgewicht zugrunde liegt. Störungen dieses Gleichgewichts werden über Mechanismen der Selbstregulation wieder aufgehoben (s. dazu ausführlicher unter 2.1).

Mit der kognitiven Perspektive wurde eine neue Sicht des Kindes und seiner Entwicklung zum Erwachsenen begründet:

> Das Kind als ein *aktives* Wesen, das sich entwickelt, indem es in eine Auseinandersetzung mit der Welt eintritt, diese Welt strukturiert und dabei sie und sich selbst verändert; das Kind als ein *kompetentes* Wesen, das zunehmend über Fähigkeiten zur Weltaneignung verfügt und im Vergleich zum Erwachsenen nicht als mangelhaft, sondern als *qualitativ andersartig* angesehen werden muß; das Kind als ein *Interaktionspartner*, der nicht ausschließlich nach den Vorstellungen des Erwachsenen geformt, gebildet, „sozialisiert" wird, sondern seinerseits auch auf den Erwachsenen einwirkt und somit die Prozesse der Sozialisation und Erziehung aktiv mitgestaltet. (FATKE, 1983, S. 19 f.)

Aufgrund der herausragenden Bedeutung, die PIAGET für eine kognitive Betrachtungsweise der Entwicklung besitzt, und zur Vermeidung von Wiederholungen, dient die PIAGETsche Theorie als Grundlage der Darstellung der kognitiven Entwicklungstheorien (Abschnitt 2.1). Im Anschluß daran wird mit Lawrence KOHLBERG ein Vertreter der kognitiven Entwicklungstheorie vorgestellt, der die kognitive Sichtweise insbesondere auf die Entwicklung des Sozialverhaltens (Sozialisation) angewendet hat (s. Abschnitt 2.2). Die in den letzten Jahren immer stärker beachteten Informationsverarbeitungsansätze werden in Abschnitt 3. behandelt.

2. Bedeutende Vertreter einer kognitiven Entwicklungstheorie

2.1 Jean PIAGET (1896 – 1980)

Person und Werk

Jean PIAGET wurde 1896 in Neuchâtel (Schweiz) geboren. Sein Vater war Historiker und, wie sich später zeigen sollte, in seiner wissenschaftlichen Haltung ein großes Vorbild für den jungen PIAGET. Von seiner Mutter wird berichtet, daß sie intelligent, religiös und etwas neurotisch gewesen sei (PIAGET, 1976a).

Schon in den ersten Schuljahren zeigte PIAGET ein ausgeprägtes wissenschaftliches Interesse an der Beobachtung der Natur. Ein von ihm als Zehnjähriger verfaßter kurzer Bericht über einen Albino-Sperling wurde von einer lokalen Zeitschrift abgedruckt. Dem Direktor des heimischen Naturmuseums durfte er schon als junger Gymnasiast bei der Klassifizierung der Schnecken- und Muschelsammlung helfen. Bald machte er durch wissenschaftliche Aufsätze über Weichtiere (Mollusken) auf sich aufmerksam. Auf einen Artikel des 15jährigen PIAGET erhielt dieser den Posten eines Museumskonservators angetragen, was er seines Alters wegen ablehnen mußte. Seine zoologischen Interessen führten PIAGET zwangsläufig zum Studium der Zoologie, das er 1918 mit einer Promotionsarbeit über die Weichtiere im Wallis abschloß.

Neben seinen zoologischen Studien beschäftigte sich PIAGET schon früh mit soziologischen und philosophischen Fragen, insbesondere mit erkenntnistheoretischen Problemen und der Frage nach dem Sinn und Wert menschlichen Lebens. Die für ihn charakteristische Verbindung von Biologie und Erkenntnistheorie ist also schon früh vorhanden. CHAPMAN (1988) sieht das Bestreben, Wissenschaft (Wahrheit) und Religion (Werte) miteinander zu versöhnen, als die Haupttriebfeder von PIAGETS Lebenswerk an.

Die ersten zwei Jahre nach seiner Promotion verbrachte PIAGET in Zürich, wo er sich mit experimenteller Psychologie, Psychiatrie und Tiefenpsychologie auseinandersetzte, und in Paris, wo er – wie Sigmund FREUD über 30 Jahre zuvor – bei JANET an der Salpêtrière mit klinischen Fällen in Berührung kam.

PIAGET hatte sich schon als junger Mann mit der Psychoanalyse beschäftigt, eine Lehranalyse absolviert und zeitweise sogar als Psychoanalytiker praktiziert. 1920 veröffentlichte er einen Artikel über die Beziehung zwischen Psychoanalyse und Kinderpsychologie (s. GRUBER & VONÈCHE, 1977).

Seine Haupttätigkeit in Paris bestand jedoch darin, bei Th. SIMON am BINET-Laboratorium der Sorbonne Tests des Engländers Cyril BURT zum schlußfolgernden Denken an einer Stichprobe von Pariser Kindern zu standardisieren. Dabei entdeckte er, daß Kinder auf verschiedenen Altersstufen ganz typische Fehler machen und daß diese Fehler mehr Aufschluß über das Denken des Kindes geben als die bloße Auszählung richtiger und falscher Antworten.

Die Erfahrungen in Paris beeinflußten PIAGETS spätere Arbeiten in mehrfacher Hinsicht: a) eine sorgfältige Analyse falscher Antworten liefert wichtige Aufschlüsse über das Denken einer Person; b) zur Erforschung des Denkens ist eine klinische Befragungsmethode vonnöten, die sich an den Antworten der Person orientiert; c) die „fertige" Intelligenz des Erwachsenen kann nur aus ihrer Entwicklungsgeschichte verstanden werden.

1921 bekam PIAGET eine Stelle an dem von E. CLAPARÈDE geleiteten Jean-Jacques-ROUSSEAU-Institut in Genf angeboten. Die Ergebnisse seiner dortigen Untersuchungen über das kindliche Denken faßte er in seinen ersten fünf Büchern zusammen:

Le langage et la pensée chez l'enfant, 1923 (*Sprechen und Denken des Kindes*, 1972); *Le jugement et le raisonnement chez l'enfant*, 1924 (*Urteil und Denkprozeß des Kindes*, 1972); *La représentation du monde chez l'enfant*, 1926 (*Das Weltbild des Kindes*, 1978); *La causalité physique chez l'enfant*, 1927 (*Physikalische Kausalität beim Kinde*); *Le jugement moral chez l'enfant*, 1932 (*Das moralische Urteil beim Kinde*, 1954).

1924 heiratete PIAGET seine ehemalige Studentin Valentine CHATENAY. 1925 ging er als Dozent an die Universität seiner Heimatstadt Neuchâtel. Im gleichen Jahr wurde seine erste Tochter Jacqueline geboren. Zwei weitere Kinder, Lucienne (1927) und Laurent (1931) folgten. Das Verhalten seiner drei Kinder während der ersten Lebensjahre wurde von PIAGET zusammen mit seiner Frau sehr sorgfältig beobachtet und detailliert protokolliert. Diese Beobachtungen fanden ihren Niederschlag in drei Büchern:

La naissance de l'intelligence chez l'enfant, 1936 (*Das Erwachen der Intelligenz beim Kinde*, 1969); *La construction du réel chez l'enfant*, 1937 (*Der Aufbau der Wirklichkeit beim Kinde*, 1975) und *La formation du symbole chez l'enfant*, 1945 (*Nachahmung, Spiel und Traum*, 1969).

1929 ging PIAGET als Professor für die Geschichte des naturwissenschaftlichen Denkens und als Ko-Direktor des später an die Universität Genf angeschlossenen Jean-Jacques- ROUSSEAU-Instituts nach Genf. Nach dem Tod von CLAPARÈDE 1940 erhielt er den Lehrstuhl für Experimentelle Psychologie an der Universität Genf. Ab 1952 nahm er daneben eine Professur für Entwicklungspsychologie an der Sorbonne in Paris wahr.

In den 30er und 40er Jahren ergänzte PIAGET seine früheren verbalen Analysen des Denkens durch logisch-mathematische Analysen und wendete sich verstärkt der Untersuchung des Aufbaus der Grundkategorien menschlichen Denkens zu.

Daraus entstanden u.a. die Bücher: *La genèse du nombre chez l'enfant* (mit A. SZEMINSKA, 1941; *Die Entwicklung des Zahlbegriffs beim Kinde*, 1965); *Le développement des quantités physiques chez l'enfant* (mit B. INHELDER, 1942; *Die Entwicklung der physikalischen Mengenbegriffe beim Kinde*, 1969); *Le développement de la notion de temps chez l'enfant* (1946; *Die Bildung des Zeitbegriffs beim Kinde*, 1955); *Les notions de mouvement et de vitesse chez l'enfant* (1946) und *La représentation de l'espace chez l'enfant* (mit B. INHELDER, 1948; *Die Entwicklung des räumlichen Denkens beim Kinde*, 1971).

Mit der Gründung des *Centre Internationale d'Epistémologie* in Genf im Jahre 1956 erfüllte sich ein Lebenswunsch von PIAGET. Jedes Jahr kamen hier bedeutende Gelehrte aus aller Welt und aus den verschiedensten Disziplinen zusammen, um sich gemeinsam mit einem bestimmten erkenntnistheoretischen Problem zu befassen. Am Ende der interdisziplinären Arbeit stand jeweils eine Monographie, die die Ergebnisse der gemeinsamen Bemühungen zusammenfaßt. In der Reihe *Etudes d'épistémologie génétiques* sind bis heute über 30 Bände erschienen.

PIAGET wurden über 30 Ehrendoktorate sowie zahlreiche internationale Auszeichnungen verliehen. PIAGETS wissenschaftliche Produktivität blieb bis ins hohe Alter erhalten, trotz seiner zahlreichen Lehrverpflichtungen und sonstigen Aktivitäten (z.B. Tätigkeiten in internationalen Organisationen zu Entwicklungs- und Erziehungsfragen).

Als wichtige Spätschriften seien in Auswahl genannt: eine dreibändige *Introduction à l'épistémologie génétique* (1950; *Die Entwicklung des Erkennens I-III*, 1973); *Les mécanismes perceptifs* (1961); *Biologie et connaissance* (1967; *Biologie und Erkenntnis*, 1974); *Mémoire et intelligence* (mit B. INHELDER, 1968; *Gedächtnis und Intelligenz*, 1974); *Adaptation vitale et psychologie de l'intelligence: Selection organique et phénocopie* (1974); *L'équilibration des structures cognitives* (1975; *Die Äquilibration der kognitiven Strukturen*, 1976).

PIAGET vereinigte in seiner Person auf einzigartige Weise biologische, philosophische und entwicklungspsychologische Interessen. Die genetische Betrachtung diente ihm dabei als Brücke zwischen Biologie und Philosophie (vgl. PIAGET, 1967/1974). Seine Hauptfrage lautete: *Was ist Erkenntnis und wie kommt sie zustande?* Zur Beantwortung dieser Frage hat er versucht, die höchsten Erkenntnisleistungen des Menschen aus ihrer (phylogenetischen und ontogenetischen) Entwicklungsgeschichte heraus zu erklären. Dabei bediente er sich hauptsächlich biologischer Denkmuster. Zentral war für ihn die Annahme der (wechselseitigen) Passung zwischen dem Lebewesen und seiner Umwelt. „Lebewesen passen sich durch Lernen und Selektion (selektives Überleben) an die Umwelt an, aber sie passen auch ihre Umwelt durch aktive Gestaltung und durch Selektion an ihre Bedürfnisse und Möglichkeiten an" (FLAMMER, 1988, S. 134).

Die folgende Darstellung von PIAGETS Entwicklungstheorie stützt sich neben PIAGETS eigenen Schriften auf das Standardwerk von FLAVELL (1963) über PIAGET. Weitere wichtige Quellen sind BALDWIN (1974a), FLAVELL (1979) sowie GINSBURG & OPPER (1982). Was PIAGET selbst als grundlegend für seine Theorie ansah, hat er in einem knappen Handbuchartikel zusammengefaßt (PIAGET, 1970; in deutscher Übersetzung in FATKE, 1983). Leichter verständliche Einführungen in sein Werk finden sich außerdem in PIAGET (1948) und PIAGET & INHELDER (1972). Über sein Leben hat PIAGET (1976) einen Abriß geliefert.

Auch an die PIAGETsche Theorie der Entwicklung sind unsere drei Fragen nach dem Gegenstand, dem Verlauf und der Steuerung der Entwicklung zu richten.

Gegenstand der Entwicklung

Hauptanliegen von PIAGETS wissenschaftlichen Bemühungen ist es, wie zuvor skizziert, die Struktur und Leistungsfähigkeit des menschlichen Erkenntnisvermögens aus seiner Genese heraus zu erhellen. Entsprechend interessiert sich PIAGET vornehmlich für die allgemeinen Gesetzmäßigkeiten des Aufbaus von Erkenntnis und dessen regelhafte Abfolge über die Phylo- und Ontogenese (oder auch in der Wissenschaftsgeschichte). Auf welches Material sich die „Erkenntnisorgane" richten ist für ihn weniger wichtig.

Hauptsächlicher *Untersuchungsgegenstand* sind bei PIAGET somit die *qualitativen Veränderungen intellektueller Strukturen*, die als dem beobachtbaren Verhalten zugrundeliegend angenommen werden. Diese organisierten Strukturen bilden die Einheiten der Analyse der Entwicklung. Sie werden in gesetzmäßiger Stufenfolge angeordnet und aus den biologisch fundierten Anpassungsaktivitäten des Organismus an seine Umwelt abgeleitet. Die geistige Entwicklung als Hauptgegenstand der Entwicklungsanalyse beinhaltet nicht nur eine Ansammlung von Wissen und Fertigkeiten, sondern eine zunehmend bessere Anpassung an die Umwelt auf dem Wege einer fortwährenden Neuorganisation der vorhandenen und neu herausgebildeten kognitiven Strukturen.

PIAGETS Interesse an anderen Bereichen der Entwicklung, vor allem an der Wahrnehmung, dem Gedächtnis, aber auch der Motivation und an Werthaltungen ist demgegenüber eher sekundär. Deren Betrachtung dient mehr dem Vergleich und der Kontrastierung mit den Gesetzmäßigkeiten der kognitiven Entwicklung bzw. der Aufdeckung von deren Relation zu kognitiven Vorgängen.

So wird z.B. die Motivation vorwiegend behandelt unter den Aspekten und in den Ausschnitten, in denen Beziehungen zum Denken und intelligenten Handeln bestehen: in der intrinsischen, d.h. in der Sache selbst liegenden Motivation, sich mit der Umwelt auseinanderzusetzen, und als Bedürfnis nach Exploration und Aufgabenbewältigung (s. dazu S. 174f.). Die in psychoanalytischen Ansätzen oder in den S-R-Theorien im Vordergrund stehenden physiologischen Bedürfnisse (Hunger, Schlaf, Körperkontakt usw.) werden hingegen kaum berücksichtigt.

Entsprechend dem primären *genetischen* Interesse am Aufbau menschlicher Erkenntnis (wie sich menschliche Erkenntnis überhaupt entwickelt) treten überdies die *inter*individuellen Unterschiede innerhalb einzelner Entwicklungsstadien gegenüber den *intra*individuellen Unterschieden, also der *typischen* zeitlichen Abfolge der qualitativen Veränderungen, eindeutig zurück. PIAGET untersucht nicht die kognitive Entwicklung von Individuen, sondern die Entwicklung der Kognition (MAIER, 1969/1983).

Für ein Verständnis PIAGETS und seines Verhältnisses zu anderen Entwicklungstheorien erscheint es zunächst notwendig, die drei Hauptaspekte, unter denen er Verhalten betrachtet, zu definieren und voneinander abzugrenzen. Diese drei Aspekte sind: der *Inhalt*, die *Struktur*, und die *Funktion* des Verhaltens (vgl. BUGGLE, 1985; FLAVELL, 1963). *Inhalt* ist das von außen beobachtbare Verhalten: das, was getan oder gesagt wird, worauf sich das Denken richtet. *Funktion* bezeichnet die Art und Weise, wie ein Organismus in seiner kognitiven Entwicklung zu Fortschritten gelangt. *Struktur* ist die erschlossene organisierte Ganzheit, die erklärt, warum gerade dieses und nicht ein anderes Verhalten geäußert worden ist.

Inhalte können sowohl zwischen als auch innerhalb von Entwicklungsstufen und von Individuum zu Individuum verschieden sein. Strukturen verändern sich nach strengen Entwicklungsgesetzen, d.h., sie unterscheiden sich systematisch auf den einzelnen Entwicklungsstufen (und zwischen den Arten), sollten aber innerhalb einer Entwicklungsstufe eher invariant sein. Funktionen sind auf allen Entwicklungsstufen und bei allen Lebewesen gleich und bilden somit die invarianten Anteile der Entwicklung. Die drei Verhaltensaspekte, Inhalt, Struktur und Funktion des Verhaltens, sollen nun näher erläutert werden.

PIAGETS Inhaltsbegriff

Unter dem Verhaltens*inhalt* versteht PIAGET die *rohen, uninterpretierten Verhaltensdaten selbst*, also die spezifischen beobachtbaren Reaktionen eines Individuums: Bewegungen, Handlungen, sprachliche Äußerungen usw. Ein fünf Monate alter Säugling schüttelt eine Rassel, ein vierjähriges Kind zeichnet den Schornstein eines Hauses im rechten Winkel zum Dach, ein Jugendlicher äußert

Ideen über die Gestaltung einer gerechteren Welt. Dies kommt etwa dem gleich, was in den S-R-Theorien mit Verhalten gemeint ist und dort den Untersuchungsgegenstand der Entwicklungspsychologie darstellt (vgl. Kap. 9).

Verhaltensinhalte verändern sich im Laufe der Entwicklung. Z.B. werden die Bewegungen geschickter und gezielter, der Wortschatz erweitert sich, das Kind findet neue Problemlösungen. Die Verhaltensinhalte und ihre Veränderungen liefern für PIAGET aber nur den Ausgangspunkt einer Entwicklungsbetrachtung. Denn erst eine genaue Analyse der den beobachteten Verhaltensinhalten zugrundeliegenden kognitiven Strukturen erlaubt ein Verständnis und eine Erklärung dafür, daß a) bestimmte Inhalte auftreten und b) sich die Inhalte im Laufe der Entwicklung in einer bestimmten Art ändern.

Denken, Problemlösen oder Schlußfolgern werden nicht in ihren Inhalten, sondern in ihrem sich qualitativ wandelnden strukturellen Aufbau betrachtet. PIAGET interessiert sich deshalb in seinen Untersuchungen weniger dafür, *was* die Kinder im einzelnen *antworten* (z.B., wenn sie gefragt werden, ob zwei Flüssigkeitsmengen gleich oder verschieden sind oder welche von zwei Personen „schlimmer" ist) und ob diese Antworten *richtig* oder *falsch* sind, wie etwa bei den gängigen Intelligenztests. Er will vielmehr wissen, *wie* die Kinder *zu ihren Antworten und Urteilen kommen, welche Denkweisen den Antworten zugrunde liegen.* Damit hängt auch zusammen, daß PIAGET gerne die falschen Antworten analysiert (die sog. Kinderfehler) und nicht nur die richtigen Lösungen (s. den Abschnitt zu PIAGETS Untersuchungsmethoden).

Der Strukturbegriff PIAGETS

Dem beobachtbaren Verhalten (Inhalt) liegt also eine Struktur zugrunde. Die *Struktur* eines Verhaltens ist für PIAGET die interne und organisierte allgemeinste Form einer spezifischen Erkenntnistätigkeit, der generalisierbare Aspekt einer Klasse von gleichartigen Handlungssequenzen, die auf analoge Situationen angewandt werden können (PIAGET, 1970).

Ein Beispiel: Ein Kleinkind greift mehr oder weniger geschickt nach den verschiedensten Gegenständen (Flasche, Rassel, Ball, Seil etc.). Jede dieser Greifhandlungen enthält spezifische Elemente (z.B. wird die Rassel mit einer Hand, die Flasche mit beiden Händen ergriffen) und generelle Merkmale (z.B. tritt immer eine Abfolge auf von: Ausstrecken des Armes, Ausstrecken der Finger, Berühren und Umklammern des zu greifenden Gegenstandes, Heranziehen des Armes). Die letzteren, von den spezifischen Handlungsschemata abstrahierbaren allgemeinen Handlungscharakteristika bezeichnet PIAGET als Verhaltensstruktur.

PIAGET hatte ursprünglich gehofft nachweisen zu können, daß sich eine stufenspezifische Struktur über alle Inhaltsbereiche gleichartig manifestiert. Demnach sollte ein Kind, das in der Lage ist, einen Sachverhalt aus verschiedenen Perspektiven zu betrachten, dies in allen Situationen leisten können, die eine Perspektivenübernahme erfordern. Tatsächlich findet sich aber eine inhaltsabhängige Variation des Alters, in dem ein bestimmtes strukturelles Merkmal im Verhalten sichtbar wird (s. dazu weiter unten, S. 186 f.). CHAPMAN (1988) führt allerdings Belege an, daß PIAGET nicht unbedingt von einer stufenspezifischen (strukturellen) Synchronie der Entwicklung als Regelfall ausgegangen ist. Er zeigt darüber hinaus die Notwendigkeit auf, bei der Erörterung dieses Problems zwischen verschiedenen Arten der Synchronie bzw. Asynchronie von Entwicklung zu unterscheiden (vgl. CHAPMAN, 1988, S. 340-356).

Speziell in bezug auf die sensumotorische Intelligenz gebräuchlich ist der Begriff *Schema* (frz.: schème), z.B. Saugschema oder Greifschema. Teilweise wird zwischen Struktur und Schema in der Art unterschieden, daß unter einer Struktur eine organisierte und koordinierte Verbindung mehrerer Schemata (schèmes) verstanden wird. Strukturen wären somit Schemata (schèmes) höherer Ordnung. Meist werden allerdings der Schemabegriff und der Strukturbegriff mit der gleichen Bedeutung gebraucht. D.h., der Begriff Schema wird auch auf die dem Verhalten zugrundeliegenden Denkoperationen, die organisierten Anteile der Intelligenz, übertragen. Die Konzepte von Raum, Zeit, Geschwindigkeit und Zahl oder die Gesetze der Logik stellen solche kognitiven Schemata dar. Denkoperationen sind die allgemeinsten Schemata der operationellen Intelligenz (FURTH, 1972, S. 367).

PIAGET vermag dieselbe begriffliche Einheit (Schema oder Struktur) auf die Sensumotorik wie die Intelligenz im engeren Sinne anzuwenden, weil er kognitive Prozesse als *Handlungen* ansieht (z.B. optisches Wahrnehmen als ein Abtasten mit den Augen) bzw. weil für ihn die höchsten Formen der Intelligenz sich aus Handlungen ableiten, die erst im Laufe der Entwicklung fortschreitend internalisiert worden sind (BALDWIN, 1974a, S. 213).

Ein Schema kann somit einfach und einheitlich sein, wie der Saugreflex, oder in hohem Maße komplex, differenziert und flexibel, wie die höchsten abstrakten Leistungen auf der Stufe der formalen Operationen. Aber auch das einfachste Reflexschema umfaßt eine Vielzahl von Handlungsabläufen unter verschiedenen Umständen und ist nicht nur eine eng umrissene Reaktion auf einen spezifischen Reiz. „So ist das Schema ein komplexes Konzept, das sowohl offene motorische Verhaltensmuster als auch internalisierte gedankliche Prozesse umgreift. Es schließt einfache, vorhersagbare Reaktionen praktisch auf dem Reflexniveau, aber auch komplexe Situationen mit ein, wie etwa das Verständnis einer Person vom Zahlensystem“ (BALDWIN, 1974a, S. 214).

Die Benennung eines Schemas richtet sich meist nach dem Inhalt des Verhaltens bzw. Denkens (z.B. Saug-Schema, Greif- Schema, Raum-Schema). Es ist aber, wie zuvor erläutert, mehr als die bloße Kategorisierung oder Abstraktion verschiedener beobachtbarer Verhaltensweisen. Es ist vielmehr die wiederholbare und anwendbare Struktur einer Handlung, und zwar anwendbar auch auf Situationen und Gegenstände, die von denen verschieden sind, die ursprünglich zu ihrer Konstruktion geführt haben.

Von dem bislang beschriebenen Schemabegriff (frz.: schème) streng zu unterscheiden ist der Begriff Schema (frz.: schema). Letzterer bezeichnet den *figurativen* Aspekt der Realität, die Repräsentation der Wirklichkeit ohne den Versuch ihrer Transformation (Wahrnehmung, Vorstellung, Gedächtnis). Schema im zuerst beschriebenen Sinne hingegen bezieht sich auf den *operativen* Aspekt der Intelligenz, also die Tätigkeiten des Subjekts, die die Wirklichkeit zu transformieren versuchen.

Eine sprachliche Unterscheidung der beiden Schemabegriffe wie im Französischen (schème und schema) steht im Deutschen nicht zur Verfügung. In der Erstauflage dieses Lehrbuchs hatte ich über eine unterschiedliche Pluralbildung (*Schemas* als Plural von schème und *Schemata* als Plural von schema) versucht, zu einer sprachlichen Abgrenzung zu gelangen. Einen anderen Vorschlag hatte früher bereits FURTH (1972) gemacht, indem er zur deutlicheren Trennung der beiden Schemabegriffe als deutsche Übersetzungen *Plan* für den operativen Aspekt und *Schema* für den figurativen Aspekt einführte. Da sich diese sprachlichen Differenzierungen im Gebrauch nicht durchgesetzt haben, kehre ich zur im Deutschen üblichen einheitlichen Pluralbildung von Schemata (für schèmes und schemas) zurück. Im Zweifelsfall werden die französischen Pluralbildungen verwendet.

Funktion des Verhaltens: Organisation und Adaptation

Die dem Verhalten zugrundeliegenden intellektuellen Strukturen sind beweglich, also wie die Verhaltensinhalte veränderlich. Sie werden aufgebaut und verändert durch die aktive Auseinandersetzung des Organismus mit seiner Umwelt. Dabei wandeln sich die Strukturen selbst und die Beziehungen der Strukturen untereinander. Die Art der Aktivität des Organismus, d.h. der allgemeine Charakter intelligenter Handlungen, bleibt hingegen über alle Entwicklungsstufen gleich.

Diese gleichbleibenden Merkmale des Verhaltens sind gemeint, wenn PIAGET von der *Funktion* des Verhaltens spricht. Zur Kennzeichnung der *invarianten Funktionen* oder *funktionalen Invarianten* intelligenten Verhaltens übernimmt PIAGET Vorstellungen und Begriffe aus der Biologie: Intelligentes Verhalten ist auf allen Alterstufen *organisiert* und *adaptiv.*

Der Begriff *Organisation* drückt die schon erwähnte Tatsache aus, daß Verhaltensinhalte und die ihnen zugrundeliegenden Verhaltensstrukturen immer nur Teile von organisierten, d.h. wechselseitig aufeinander bezogenen und integrierten Ganzheiten sind. Biologische Organismen haben die Tendenz, ihre Aktivitäten und (physischen wie psychischen) Strukturen in ganzheitliche Systeme höherer Ordnung zu integrieren und zu koordinieren.

Fundamentaler für die PIAGETsche Entwicklungskonzeption ist der Begriff der *Adaptation* oder *Anpassung*. *Adaptation* oder *Anpassung* des Organismus an seine Umwelt hat immer zwei komplementäre Aspekte: zum einen ändert sich das eigene Verhalten (die eigene Struktur) und paßt sich den Anforderungen der Umwelt an (*Akkommodation*), zum anderen wird die Umwelt so gestaltet und verändert, daß sie mit den eigenen Bedürfnissen und Möglichkeiten (mit der eigenen Struktur) übereinstimmt (*Assimilation*). Je nach Anpassungsaktivität steht das eine oder das andere im Vordergrund (z.B. die Akkommodation bei der Nachahmung und die Assimilation im Illusionsspiel).

Ein Kind, das behauptet, ein Holzstück sei ein Schiff, assimiliert in PIAGETS Terminologie das Holzstück an seine kognitive Repräsentation von Schiffen. Daß es dazu etwas verwendet, was ungefähr eine Schiffsform aufweist und schwimmen kann, zeigt gleichzeitig die Akkommodationsleistung des Kindes an. Ein anderes Beispiel: Wenn jemand das, was er nach Programmschluß auf dem Fernsehschirm sieht, als *Schnee* bezeichnet, muß er eine bildliche Vorstellung von Schnee haben, an die er das aktuell Wahrgenommene assimilieren kann.

Durch das Zusammenspiel von Assimilation und Akkommodation kommen im Laufe der Entwicklung immer neue und höher organisierte Strukturen zustande. Der so charakterisierten Art der Interaktion zwischen Organismus und Umwelt kommt damit auch *erklärende* Bedeutung zu.

Assimilation und Akkommodation

Ein Objekt assimilieren heißt, mit den jeweils gegebenen Strukturen und den aus ihnen ableitbaren Verhaltens- und Denkmustern handelnd oder denkend auf dieses Objekt einwirken, es in Übereinstimmung mit den bisherigen Erfahrungen transformieren und ihm eine Bedeutung verleihen. Die Assimilation eines Umweltereignisses ist mehr als eine angepaßte Reaktion auf einen äußeren Reiz, sie ist immer auch die Reaktion einer zugrundeliegenden Struktur. Ein Stimulus ist damit nicht unabhängig von den Assimilationsschemata eines Organismus zu beschreiben, sondern erhält durch diese erst seine Bedeutung.

Der Begriff Assimilation weist auf die Korrespondenz oder Gleichheit zwischen Stimulus-Eigenheiten und Eigenheiten der Struktur innerhalb eines Organismus hin (Furth, 1972). Ein nicht assimilierbarer Stimulus kann nicht verarbeitet werden und löst deshalb auch keine Reaktion aus. Wir treffen hier auf eine ähnliche Konzeption wie in der Ethologie, wo eine wechselseitige Abgestimmtheit von Instinktverhalten und Auslösereiz angenommen wird (vgl. Kap. 7.3).

Assimilatorische Akte treten in drei Formen auf: als reproduktive, als generalisierende und als rekognitive Assimilation.

Assimilationsschemata sind *reproduktiv*, als ihnen die Tendenz innewohnt, sich zu wiederholen. Die Motivation dafür ist im Schema selbst bereits eingebaut (*inhärente* Motivation) und bedarf daher keiner *Belohnung* oder *Triebreduktion* außerhalb ihrer selbst (zur Bedeutung der Motivation bei Piaget siehe weiter unten S. 174f.). Die wiederholte Anwendung eines Schemas führt einerseits zu dessen Konsolidierung, andererseits ist die Wiederholung die notwendige Voraussetzung für eine Veränderung, nämlich im Falle der mangelnden Assimilierbarkeit eines Umweltereignisses an das vorhandene Schema. Assimilationsschemata besitzen außerdem eine Tendenz zu *generalisieren*, d.h. auch auf Objekte oder Ereignisse einzuwirken, an denen sie nicht ursprünglich erworben worden sind. Die Generalisierung eines Schemas bringt dann eine Ausweitung seines Anwendungsbereichs. Gleichzeitig findet eine zunehmende Diskrimination von Gegenständen statt, so daß nur ganz bestimmte Objekte und Ereignisse als assimilierbar an ein bestimmtes Schema erkannt werden. Piaget spricht im letzten Fall von einer *rekognitiven* Assimilation. Die wiedererkennende Unterscheidung von Gegenständen führt zur allmählichen Differenzierung des Ausgangsschemas.

Diese drei Merkmale von Assimilationsschemata, die für deren Funktion während der gesamten Entwicklung charakteristisch sind, hat Piaget insbesondere für die ersten Lebensmonate (die sensumotorische Phase) genauer beschrieben. Z.B. greift ein Säugling immer und immer wieder nach der in seinem Bettchen liegenden Rassel (reproduktive Assimilation). Der zuerst zufällig erzeugte Effekt der Hervorrufung eines Geräuschs durch Ergreifen und Hinundherbewegen der Rassel wird dann bald gezielt herbeigeführt. Die an der Erfahrung mit der Rassel gewonnene Handlungsfolge (Greifen – Hinundherbewegen) wird auch auf andere Gegenstände (etwa einen Ball, einen Ring u.ä.) ausgedehnt (generalisierende Assimilation). Die unterschiedlichen Erfahrungen beim Umgang mit den verschiedenen Gegenständen führen dann allmählich zur Differenzierung des Ausgangsschemas und zur Einschränkung der charakteristischen Handlungsfolge *Greifen – Hinundherbewegen* auf die Rassel (rekognitive Assimilation).

Über die drei grundlegenden Merkmale von Assimilationsschemata –Wiederholung, Generalisisierung und Wiedererkennung – hinaus können sich vorhandene, aber bisher getrennte Schemata gegenseitig assimilieren, d.h. zu übergeordneten komplexeren Strukturen integrieren und koordinieren. So vereinigen sich z.B. das Schema *einem Gegenstand mit den Augen folgen* und das Schema *nach einem Gegenstand greifen* zu einem übergeordneten integrierten Schema der Augen-Hand-Koordination. PIAGET spricht hier von *reziproker* Assimilation. Man könnte diese u.U. auch als Sonderfall der Akkommodation an Umweltanforderungen ansehen.

Die eben beschriebenen assimilatorischen Funktionsweisen von Schemata (Reproduktion, Generalisierung, Rekognition und gegenseitige Integration) reichen nicht aus, um die Modifikation bzw. Herausbildung neuer Schemata oder kognitiver Strukturen zu erklären. Hierzu zieht PIAGET den komplementären Prozeß der Akkommodation von Strukturen heran. Liegt die Motivation zur assimilatorischen Anwendung von Schemata in diesen selbst begründet, so kommt es zur Akkommodation immer dann, wenn entweder *Assimilationsversuche mißlingen*, d.h., Objekte sich nicht vollständig an die bestehenden Strukturen assimilieren lassen, oder wenn *verschiedene Assimilationsschemata miteinander in Konflikt geraten*.

Eine *mißlungene Assimilation* liegt vor, wenn aufgrund unzureichender Assimilationsschemata die Eigenheiten eines Gegenstandes, einer Situation oder einer Problemstellung nicht genügend berücksichtigt werden. Z.B. wenn nach etwas sehr weit Entferntem (einem nicht Greifbaren) gegriffen wird. Hier wird die räumliche Lage des Gegenstandes vernachlässigt. Oder wenn gefragt ist, wieviel Klötze auf dem Boden liegen, das gefragte Kind aber noch nicht zählen kann. Erforderlich ist hier die Modifikation des alten Schemas zu einem neuen, angepaßteren Schema. Wir werden später noch sehen, daß insbesondere bestimmte Grade der Abweichung vom Assimilierbaren, sog. *dosierte Diskrepanzen*, zu entwicklungsfördernden Akkommodationen führen.

Der Fall des *Konflikts zwischen verschiedenen Assimilationsschemata* liegt vor, wenn ihre Anwendung widersprüchliche Ergebnisse bringt. So wird vor der Ausbildung der Mengenkonstanz die Aufmerksamkeit bei der Formänderung einer bestimmten Menge einer Substanz (z.B. einer Plastilinkugel oder einer Flüssigkeit) abwechselnd immer nur auf eine einzelne Dimension gerichtet: auf die Länge, die Dicke, die Breite usw. Je nachdem erscheint die eine oder die andere veränderte Form als *mehr* im Vergleich zur (objektiv gleichen) Ausgangsmenge. Ein derartiger Konflikt kann nur gelöst werden durch gleichzeitige Berücksichtigung beider Dimensionen in ihrer wechselseitigen Abhängigkeit.

Ein spezieller Fall eines akkommodationsbedürftigen Ungleichgewichts liegt vor, wenn ein auf einem vorhandenen Assimilationsschema basierendes Urteil durch die Empirie widerlegt wird. Etwa wenn ein Kind die Annahme macht, daß große Gegenstände im Wasser untergehen, kleine Gegenstände hingegen auf dem Wasser schwimmen. Diese Annahme wird empirisch widerlegt, wenn das Kind sieht, daß ein großes Holzstück auf dem Wasser schwimmt, während ein viel kleineres Steinchen untergeht. Auf diese Weise können ständig neue Akkommodationen provoziert werden. In diesem Zusammenhang ist darauf hinzuweisen, daß nicht jedes ungelöste Problem einen Akkommodationsversuch auslösen muß. Dies gilt dann, wenn bereits die Problemstellung nicht verstanden wird. Wenn keine Diskrepanz zwischen dem (objektiv) unzulänglichen Lösungsversuch und dem subjektiven Verständnis der Frage existiert, dann ist für das Kind keine akkommodationsbedürftige Situation gegeben.

Letzteres ist unter didaktischem Aspekt von besonderer Bedeutung. Daraus folgt nämlich, daß man die unzureichenden Assimilationsschemata eines Kindes kennen muß, um ihm zu zeigen, was es falsch gemacht hat. Es reicht also nicht aus, die Rückmeldung *falsch* zu geben, um dem Kind die richtige Lösung klar zu machen. Es muß vielmehr dazu gesagt werden, inwiefern das Lösungsverhalten des Kindes falsch ist. Das Aufzeigen von Fehlern erfordert somit häufig eine Erklärung, die das Begriffs- und Verhaltensrepertoire verwendet, das dem Kind angemessen ist (vgl. MONTADA, 1970, S. 41).

In allen Fällen der mißlungenen Assimilation oder des Konflikts zwischen verschiedenen Assimilationsschemata kommt es zu einem *Ungleichgewicht* oder genauer: zu kognitiver Widersprüchlichkeit. Da für PIAGET die über Selbstregulationsmechanismen gesteuerte Beibehaltung bzw. Wiederherstellung von Gleichgewicht und die Widerspruchsfreiheit grundlegende Lebensgesetzlichkeiten sind, rufen Ungleichgewicht und Konflikte der geschilderten Art Anpassungsaktivitäten des Organismus hervor in Richtung einer Akkommodation der eigenen Struktur bis zur Wiederherstellung des Gleichgewichts zwischen Organismus und Umwelt. Ungleichgewicht bzw. die Tendenz zur Wiederherstellung des Gleichgewichts werden damit zum wesentlichen Auslöser von Entwicklungsprozessen. Akkommodation ist aber trotz des Anstoßes durch Umweltereignisse nicht etwas von außen Herbeigeführtes oder Ausgelöstes, sondern – wie die Assimilation – eine Aktivität des Subjekts. Wesentlich für die Aktivierung ist das *interne* Ungleichgewicht (s. weiter unten zur Äquilibration, S. ff.)

MONTADA (1970, S. 49 f.) weist bezüglich des Zustandekommens von Ungleichgewicht, speziell des Verhältnisses von Assimilation und Akkommodation, mit Recht auf einige logische Probleme hin: wenn die Umwelt nur in dem Maße erfahren werden kann, wie Assimilationsschemata zur Verfügung stehen, so fragt sich, womit die Fehlerhaftigkeit und Unzulänglichkeit dieser Assimilationsschemata erkannt wird. „How does an object object to the subject's schemata?" (VONÈCHE, 1985; zit. n. FLAMMER, 1988, S. 146). Logischerweise kann dies nur wiederum durch ein anderes Assimilationsschema erfahren werden. Man braucht also ein zweites Erkenntnisinstrument (ein zweites Assimilationsschema), um die Unzulänglichkeit des ersten erfahren zu können. Oder ein Assimilationsschema muß mehr als assimilieren können, nämlich auch noch feststellen, daß es einmal nicht assimilieren kann (FLAMMER, 1988, S. 146). Es stellt sich dann auch die Frage, warum nicht immer weiter assimiliert wird, d.h., warum überhaupt Widersprüchlichkeit entsteht und damit die Voraussetzung für einen Wandel durch Akkommodation.

Weiter ist in diesem Zusammenhang PIAGETS Ausdehnung des Gleichgewichtsgedankens auf das Verhältnis von Assimilation und Akkommodation zu kritisieren. PIAGET spricht häufig von einem Gleichgewicht oder Ungleichgewicht zwischen Assimilation und Akkommodation bzw. von einem Überwiegen des einen oder des anderen: z.B. vom Überwiegen der Assimilation im Spiel und im Traum, einem Überwiegen der Akkommodation in der Nachahmung. Dies setzt voraus, Akkommodation als einen der Assimilation entgegengesetzten, eigenständigen Prozeß zu definieren. Akkommodation ist strenggenommen aber immer auch Assimilation. Es gibt nach MONTADA (1970) lediglich unterschiedlich akkommodierte, d.h. einen Gegenstand mehr oder weniger deformierende Assimilationen. Von daher ist das Konzept des Gleichgewichts zwischen Assimilation und Akkommodation zumindest mißverständlich.

Die Determinanten der Entwicklung

Hinsichtlich der *Steuerung der Entwicklung* vertritt PIAGET einen *interaktionistischen* Standpunkt. Weder biologische Entfaltungsprozesse im Sinne einer *anatomisch-physiologischen Reifung*, noch die Auswirkungen der physikalischen Umwelt und der sozialen Umwelt im Sinne des *assoziativen Lernens* reichen zur Erklärung der Entwicklung aus. Entwicklung kommt vielmehr wesentlich zustande durch die selbstregulierte und selbstmotivierte ständige Auseinandersetzung zwischen dem Individuum und der dinglichen und sozialen Umwelt.

Entwicklung findet statt, indem das Individuum auf die Umwelt einwirkt (handelnd und erkennend) und dabei sich und die Umwelt verändert. Das Individuum *konstruiert* ständig seine eigene Realität, indem es durch seine Aktivität Objektmerkmale und Handlungseffekte kennenlernt und in seinen bisherigen Erfahrungsschatz integriert. Erfahrung beinhaltet für PIAGET immer eine organisierende und konstruktive Aktivität eines denkenden und handelnden Subjekts.

Die treibende Kraft hinter der kognitiven Aktivität des Individuums ist die *Äquilibration*, die Tendenz zur Gleichgewichtsherstellung und zur Ausbildung immer höherer und ausbalancierterer Gleichgewichtszustände. Im Prozeß der Äquilibration sind sowohl Reifen wie Lernen eingeschlossen. Zum besseren Verständnis der Äquilibrationstheorie erscheint es zunächst notwendig, PIAGETS Haltung gegenüber den klassischen Reifungs-und Lernbegriffen der Entwicklungspsychologie darzustellen.

PIAGETS Reifungsbegriff

Dem klassischen *Reifungskonzept* der biologisch vorprogrammierten Ausreifung anatomisch-physiologischer Strukturen (vgl. Kap. 2.2) räumt PIAGET nur die Bedeutung ein, die Möglichkeiten für den Aufbau kognitiver Strukturen in einem sehr allgemeinen Sinne zu begrenzen oder zu erweitern. Reifung, z.B. des Gehirns oder des motorischen Apparats, ist damit zwar eine notwendige aber keine hinreichende Grundlage für das Voranschreiten der kognitiven Entwicklung. Die kognitiven Strukturen selbst und ihre gesetzmäßige Abfolge sind nicht angelegt (präformiert), sondern sie müssen erst aufgebaut werden. Entscheidend sind hierbei die biologisch fundierten invarianten Anpassungsaktivitäten Assimilation und Akkommodation und die fortschreitende Organisation der Strukturen. Sie wirken auf allen Altersstufen gleich (deshalb: funktionale Invarianten), brauchen somit nicht erst auszureifen. Die Gesetzmäßigkeit der Abfolge von Entwicklungsstufen auch unter den verschiedensten Umweltbedingungen weist zwar auf eine genotypische Verankerung hin, genauere Beziehungen, z.B. zwischen der Gehirnentwicklung und der Entwicklung bestimmter kognitiver Strukturen, sind bis heute jedoch nicht bekannt.

An die Stelle einer endogenen Vorprogrammierung von Entwicklungssequenzen setzt PIAGET das Prinzip der *sachimmanenten Entfaltungslogik*. Darunter ist zu verstehen, daß frühere Entwicklungsstadien die sachlogische Voraussetzung für die weitere Entwicklung bilden. Dies besagt nicht mehr, als daß die Beherrschung einfacherer Leistungen die Voraussetzung für den Erwerb schwierigerer Leistungen ist. Die angetroffene Entwicklungssequenz ist jedoch nicht anatomisch-physiologisch begründet im Sinne einer autochthonen Entfaltung vorprogrammierter Strukturen.

Daß PIAGET trotz der Ablehnung des klassischen Reifungskonzepts manchmal als Reifungstheoretiker angesehen wird (vgl. etwa AEBLI, 1963; AUSUBEL, 1969), hängt mit seinem besonderen Begriff von Erfahrung zusammen, der dem Lernen unter sozialer Anleitung gegenüber einem sog. natürlichen oder spontanen Lernen nur eine untergeordnete Rolle einräumt.

PIAGETS Lernbegriff

Den gebräuchlichen Lernbegriff der S-R-Theoretiker hält PIAGET aus mehreren Gründen für ungeeignet, den Aufbau kognitiver Strukturen zu erklären. Dazu ist zunächst zu sagen, daß die Lerntheoretiker selbst diesen Anspruch gar nicht erheben, da sie sich vornehmlich mit der Selektion, Verknüpfung und Konsolidierung von beobachtbarem Verhalten (Verhaltensinhalten im PIAGETschen System) beschäftigen und nicht mit dem Erwerb kognitiver Strukturen (vgl. Kap. 9). Lernen im Sinne äußerer Umwelteinflüsse kann aber schwer die PIAGET interessierenden überindividuellen Gesetzmäßigkeiten der Abfolge von Entwicklungsstufen erklären. Für PIAGET ist Lernen außerdem kein blindes Probieren bereits gegebener Verhaltensmuster im Sinne von Versuch und Irrtum und deren mechanischer Verknüpfung mit Stimulus-Situationen, sondern immer der gezielte Versuch zur Problembewältigung auf dem Hintergrund biologischer Anpassungsfunktionen. Der Organismus ist dabei nicht bloß passiver Empfänger von Umweltreizen, Erfahrung ist nicht ohne eine organisierende und konstruktive Aktivität eines handelnden und denkenden Subjekts möglich. „Für den Empiristen bedeutet Erfahrungsaufnahme Abbilden der Wirklichkeit. Für PIAGET ist Erfahrungsaufnahme identisch mit Assimilation der Wirklichkeit, was die Möglichkeit der Diskrepanz zwischen verschiedenen Assimilationsversuchen eröffnet“ (MONTADA, 1970, S. 36). Erfahrung ist demnach nicht primär gegeben, sie kann vielmehr immer nur das bestätigen oder widerlegen, was vom Subjekt als Hypothese entwickelt worden ist und in die jeweilige Situation eingebracht wird. Ein angemessener Lernbegriff hat zu erklären, wie ein Individuum die Wirklichkeit aufbaut und erfindet, nicht bloß wie die Wirklichkeit wiederholt und abgebildet wird (PIAGET, 1970, S. 714).

PIAGET unterscheidet zwischen Erfahrungen mit der physikalischen Umgebung (durch den konkreten Umgang mit Dingen oder verinnerlichte Handlungen) und der sozialen Vermittlung von Erfahrungen. Er hält das erstere für wichtiger als das zweite.

Soziale Unterweisung und Anleitung von Lernprozessen als besondere Formen der Erfahrungsvermittlung sind an dem schrittweisen Aufbau kognitiver Strukturen nicht steuernd beteiligt, sie können nur das Eintreten von Entwicklungsstufen beschleunigen oder verlangsamen. Entscheidend für das Voranschreiten der Entwicklung ist in der kognitiven Theorie PIAGETS eine andere Form des Lernens, nämlich das *spontane strukturierende Lernen* in der ständigen Auseinandersetzung mit der natürlichen Umwelt. Durch gestufte Anregung entsprechend der sachimmanenten Entfaltungslogik kann dieses Lernen gefördert werden, es kann jedoch nicht in seinen Resultaten willkürlich beeinflußt werden.

HECKHAUSEN (1974b) hat die wesentlichen Unterschiede zwischen dem assoziativen Lernbegriff der S-R-Theorien und dem kognitiven Konzept des strukturierenen Lernens sehr präzise herausgearbeitet:

> Die drei Formen des verknüpfenden Lernens, nämlich Klassisches Konditionieren, Operantes Konditionieren und Beobachtungslernen, sind 1. in hohem Grade situationsspezifisch, d.h. an konkrete Situationsgegebenheiten gebunden. Das Kind lernt, welche konkreten Reaktionen in welchen konkreten Situationen zu welchen konkreten Handlungsfolgen führen. Verknüpfendes Lernen ist 2. grundsätzlich beliebig und umkehrbar, d.h., es kann wieder verlernt, ausgelöscht werden. Verknüpfendes Lernen liegt 3. dem zugrunde, was man *Sozialisation* nennt, d.h., das allmähliche Hineinfinden in die verhaltenssteuernden, soziokulturellen Überzeugungen, Normen und Wertinhalte seiner sozialen Umwelt, durch ungeplante und geplante Erziehung, durch soziale Kommunikation und die Medien der soziokulturellen Gehalte seines Kulturzeitraums. (Im Unterschied dazu ist das strukturierende Lernen) 1. situationsunspezifisch. Es ist in hohem Maße allgemein und beruht auf erfahrungshäufender Interaktion des Kindes mit seiner Nahumwelt; in ständigen Prozessen der Assimilation und Akkommodation zur Gleichgewichtsherstellung zwischen den jeweiligen Handlungs- und Denkmöglichkeiten des Kindes und den Rückwirkungen der Umwelt. Strukturierendes Lernen ist 2. nicht umkehrbar. Die sich herausdifferenzierenden kognitiven Strukturen nähern sich von Stufe zu Stufe der Umweltstruktur an und können, da sie im Person-Umwelt-Kontakt immer bessere Anpassungen ermöglichen, nicht mehr verlernt werden. Die Ergebnisse des strukturierenden Lernens stellen sich 3. als Stufen einer sachimmanenten Entfaltungslogik in fester Phasenabfolge dar. Die Phasenabfolge kann etwas schneller oder langsamer ablaufen, aber nicht einzelne Schritte vertauschen. Strukturierendes Lernen kann 4. nicht durch direkte Einwirkungen des verknüpfenden Lernens beschleunigt oder beeinflußt werden. Es ist unter den allgemeinen Erfahrungsbedingungen, die für das Kind in einem gegebenen soziokulturellen Entwicklungsraum bestehen, scheinbar an feste Lebensalterabschnitte gebunden; genauer betrachtet, werden die einzelnen Phasen in bestimmten Lebensalterabschnitten erreicht; und zwar nach Maßgabe der allgemeinen Erfahrungsmöglichkeiten des kulturellen Entwicklungsmilieus. Strukturierendes Lernen schafft 5. die Grundlagen dafür, daß das Kind sich zunehmend angemessener in der Welt zurechtfindet als ein handelndes, denkendes und sprechendes Wesen. (S. 122 f.)

Das Zusammenspiel von verknüpfendem Lernen und strukturierendem Lernen beim Vorantreiben der Entwicklung sieht HECKHAUSEN (1974b) als noch kaum geklärt an. Diese Feststellung gilt heute unverändert.

Entwicklung als Äquilibrationsprozeß

Die treibende Kraft hinter den Veränderungen im Laufe der Entwicklung ist nach PIAGET die *Äquilibration*: die dem Organismus innewohnende selbstregulatorische Tendenz zur Aufrechterhaltung oder Wiederherstellung eines Gleichgewichts (PIAGET, 1975/1976). Sie steht nicht im Gegensatz zu den Einflüssen von Reifung, Erfahrung und sozialer Anleitung, sondern umgreift diese. Äquilibration, und damit die Entwicklung neuer kognitiver Strukturen, resultiert aus der *Aktivität* des Kindes in seiner Auseinandersetzung mit der Umwelt. Dies wird durch Reifung, Erfahrung und soziale Anleitung zwar unterstützt, diese Faktoren beeinflussen die Entwicklung aber nur durch ihre Auswirkung auf die selbstregulatorische Aktivität des Kindes.

Der Äquilibrationsbegriff stammt aus der Physik. Er bezeichnet dort die gegenseitige Aufhebung einander entgegengesetzter Kräfte. Er ist außerdem gebräuchlich in der Biologie. Selbstregulation im Sinne einer regelkreisartigen Kompensation der Abweichungen von einem Sollwert ist ein allgemeines Kennzeichen von Lebewesen. Ähnliche Vorstellungen liegen auch einem homöostatischen Triebkonzept oder einem kybernetischen Regelkreismodell zugrunde.

Gleichgewicht ist nicht zu verwechseln mit Ruhezustand (*statisches Gleichgewicht*). Gemeint ist vielmehr ein *dynamisches* (mobiles) Gleichgewicht. Ständig findet ein Wechsel zwischen Gleichgewicht, Ungleichgewicht, Bestrebungen zur Wiederherstellung des Gleichgewichts, Gleichgewicht und so fort statt. Wie in den beiden Komponenten der Adaptation, Assimilation und Akkommodation, sind im Äquilibrationskonzept konservative und progressive Tendenzen vereinigt.

Je nach der Zeitspanne, über die sich die Äquilibration erstreckt, kann sich der Begriff Äquilibration a) auf den aktuellen Prozeß der Ausbalancierung von Assimilation und Akkommodation, b) auf den Zustand der Konsolidierung innerhalb einer Entwicklungsstufe oder c) auf die Erreichung der höchsten Entwicklungsstufe beziehen. PIAGET versteht unter Äquilibration also sowohl den *Zustand* einer aktuellen Gleichgewichtsherstellung als auch den fortschreitenden *Prozeß* der Ausbildung immer höherer Gleichgewichtszustände. In ihrer höchsten Form ist Äquilibration das *Ziel* der Entwicklung.

Bezogen auf strukturelle Gegebenheiten des Organismus unterscheidet PIAGET (1975/1976) zwischen vier Arten des Gleichgewichts: 1. Gleichgewicht des Ganzen; 2. Gleichgewicht zwischen Teilen und Ganzem; 3. Gleichgewicht zwischen den Teilen untereinander; 4. Gleichgewicht zwischen dem Ganzen und der Außenwelt.

Das Auftreten eines Ungleichgewichts ist gleichzeitig Störung und konstruktiver dynamischer Faktor für die Entstehung neuer Aufbauschritte. Der Äquilibrationsprozeß schafft einen Ausgleich zwischen Strukturerhaltung (Assimilation) und Umweltanpassung (Akkommodation). Ein Ungleichgewicht und darauf folgende Akkommodationsversuche treten unter den bereits genannten Bedingungen ein: wenn Assimilationsversuche mißlingen, wenn verschiedene Assimilationsschemata miteinander in Konflikt geraten, oder wenn ein Urteil durch ein empirisches Ereignis widerlegt wird (vgl. oben). Die Störung des Gleichgewichts wird zwar durch Umweltereignisse *ausgelöst* (nicht assimilierbare Eigenheiten eines Gegenstandes, die empirische Widerlegung eines Urteils oder bestimmte von der Umwelt gestellte Probleme), es handelt sich aber immer um ein *internes* Ungleichgewicht, d.h. um innere Widersprüche und Konflikte: eine Abweichung von Istwert und Sollwert *im Kind.* Entsprechend ist für die Aufhebung des Ungleichgewichts die selbstregulatorische Aktivität des Kindes entscheidend, ebenso wie diese zuvor überhaupt erst den Zustand des Ungleichgewichts hervorgerufen hat.

Der Äquilibrationsprozeß, die fortschreitende widerspruchsfreie Organisation von Wissen und Erkenntnis, spielt sich in der spontanen Aktivität des heranwachsenden Kindes in seiner natürlichen Umwelt ab. Durch verknüpfendes Lernen oder soziale Anleitung kann dieser Prozeß kaum wesentlich beschleunigt oder gar in seiner Abfolge verändert werden. Der Anstoß für Entwicklungsprozesse liegt im wesentlichen im Kind selbst.

Daß Äquilibration in der dargestellten Form und unter den genannten Bedingungen im Sinne eines Steuerungsmechanismus die Entwicklung vorantreibt, hat PIAGET nicht systematisch untersucht. Nur von einem einzigen Äquilibrationsprozeß, der Entwicklung der Mengenkonstanz, liegt von ihm eine detaillierte Beschreibung vor (PIAGET & INHELDER, 1969; PIAGET, 1970, 1976).

Am Beispiel der Herausbildung der Mengenkonstanz lassen sich die bisher genannten Merkmale der Äquilibration recht gut veranschaulichen (vgl. auch AMMON, 1974, S. 180-182; FLAVELL, 1963, S. 244-249).

Bevor ein Kind erkennt, daß eine Flüssigkeitsmenge trotz Variation der Form der Gefäße, in die sie hineingeschüttet wird, konstant bleibt, durchläuft es eine Entwicklungsstufe (die sog. vorbegriffliche Stufe, s. dazu S. 180), in der es nur jeweils *einen* Aspekt der Form eines Gefäßes bei seinem Urteil über die Flüssigkeitsmenge berücksichtigt: die Höhe *oder* (seltener) die Breite. Solange sich zwei Gefäße nur in einer der beiden Dimensionen unterscheiden, kommen die Kinder mit diesem Schema als Grundlage ihres Urteils auch gut zurecht. Irgendwann (spätestens wenn es an einem entsprechenden PIAGET-Versuch teilnimmt) macht das Kind jedoch die Erfahrung, daß sich zwei Gefäße in der Höhe *und* in der Breite unterscheiden. Nehmen wir an, das Ausmaß der Veränderung in der einen Dimension wird vom Ausmaß der Veränderung in der anderen Dimension kompensiert, d.h., das Fassungsvermögen eines zweiten Gefäßes ist gleich dem des ersten, insofern als seine Zunahme/Abnahme an Höhe von einer entsprechenden Abnahme/Zunahme in der Breite ausgeglichen wird. Solange diese gegenseitige Beziehung von Höhe und Breite nicht erkannt wird, kommt es zu einem kognitiven Konflikt; jedenfalls in einem Übergangsstadium, in dem das Kind zwar nicht beide Dimensionen gleichzeitig berücksichtigen kann, jedoch nacheinander jede der beiden Dimensionen für sich. Achtet das Kind nur auf den Anstieg in der Höhe, ist die Flüssigkeit mehr geworden. Achtet es hingegen nur auf die entsprechende Abnahme in der Breite, ist die Flüssigkeitsmenge weniger geworden. Aufgrund dieser sich widersprechenden Urteile ist ein internes Ungleichgewicht gegeben. Dies führt zu einer immer schnelleren Abfolge des Wechsels der Beachtung der Höhe und der Breite der Gefäße. Sehr schnelle Oszillationen führen schließlich irgendwann zur simultanen Berücksichtigung von Höhe *und* Breite. (Vgl. auch die Untersuchung 10.1).

An diesem Beispiel läßt sich zeigen, daß sowohl die Entstehung eines Ungleichgewichts als auch die Wiederherstellung eines Gleichgewichts von der Aktivität des Kindes ausgehen und nicht von „außen" stammen. Der Konflikt ist ja nur entstanden, weil die vom Kind in die Situation eingebrachten kognitiven Strukturen (die Zentrierung auf die Höhe *oder* die Breite bzw. deren sukzessive Beachtung) keine Assimilation der gegebenen Aufgabenstellung ermöglichten. Die Wiederherstellung des Gleichgewichts kommt dadurch zustande, daß das Kind seine Aufmerksamkeit immer schneller abwechselnd auf die eine und die andere Dimension richtet, bis es in der Lage ist, beide Dimensionen gleichzeitig zu berücksichtigen. Auch dies ist ein interner Prozeß.

Ebenso zeigt dieses Beispiel, wie PIAGET sich das Zusammenspiel der drei klassischen Entwicklungsfaktoren (Reifung, Erfahrung und soziale Anleitung) mit der Äquilibration vorstellt. Die Beobachtung verschiedener bzw. gleicher Flüssigkeitsmengen in verschiedenen Gefäßen (Erfahrung) ist eine notwendige Voraussetzung der kognitiven Aktivität des Kindes. Soziale Anleitung, etwa die Lenkung der Aufmerksamkeit des Kindes auf die gesetzmäßige (reziproke) Beziehung von Höhe und Breite kann die kognitive Bewältigung des Problems u.U. beschleunigen. Die Fähigkeit, wahrnehmungs- und/oder vorstellungsmäßig schnell zwischen Höhe und Breite hin und her zu wandern, hängt vielleicht mit somatischen Reifungsprozessen zusammen. Keiner dieser drei Faktoren allein kann aber das Phänomen der Erkenntnis der Mengenkonstanz hervorbringen. Hierzu ist die geschilderte kognitive Akivität des Kindes erforderlich, die im wesentlichen durch Selbstregulationsmechanismen der Aufrechterhaltung bzw. Wiederherstellung eines Gleichgewichts bestimmt ist.

Aber auch in der Beschreibung der Herausbildung der Mengenkonstanz findet man keine genaue Definition der Übergangsregeln oder präzise Angaben über die Faktoren, die *erklären*, wie es zur Ablösung der einen durch eine andere Stufe kommt. FLAVELL (1963) spricht deshalb bezüglich des Äquilibrationskonzepts von einem probabilistischen Erklärungsmodell, im Unterschied zu einem kausalen oder deterministischen. Das Äquilibrationsmodell führt ausschließlich den *logischen* Nachweis, daß vom Aufbau der kognitiven Strukturen her die Entwicklungsstufe 1 vor der Entwicklungsstufe 2 kommen muß und daß die wiederholte Anwendung der Schemata der Stufe 1 den Aufbau von Stufe 2 zunehmend wahrscheinlicher machen. Entsprechend schreitet die Entwicklung von Stufe 2 zu Stufe 3 fort usw.

Die Aufhebung von Ungleichgewicht und die ständige Verbesserung der erreichten Gleichgewichtszustände geht in vier Richtungen: Sie führt zu einer Vergrößerung des Handlungsfeldes, zu größerer Mobilität, Permanenz und einer ansteigenden Stabilität der kognitiven Strukturen (s. dazu unter Entwicklungsverlauf, S. 176).

PIAGETS Position bezüglich der Steuerung von Entwicklungsprozessen, speziell hinsichtlich der Rolle von Erfahrung und sozialem Lernen, läßt sich zusammenfassend folgendermaßen charakterisieren:

Entwicklung kommt im wesentlichen zustande durch die biologisch fundierten und selbstregulierten Anpassungsaktivitäten des Organismus an die Umwelt. Dabei wechseln Zustände des Gleichgewichts mit solchen des Ungleichgewichts. Ungleichgewicht entsteht aufgrund der mangelnden Assimilierbarkeit oder Integration von Erfahrungen, was zu Akkommodationsversuchen führt, die auf höherer Ebene wieder ein Gleichgewicht herstellen. Durch die Erfahrung der Unzulänglichkeit (Ungleichgewicht) wird Lernen nur angeregt, es greift aber darüber hinaus nicht steuernd in den Entwicklungsprozeß ein.

Die Abfolge aufeinander folgender Gleichgewichtszustände ist logisch notwendig und ergibt sich aus der Interaktion des Organismus mit seiner Umwelt. Erfahrung ist beim Aufbau der Erkenntnis nicht primär gegeben, sondern entsteht aus der intellektuellen Aktivität des Subjekts. Soziale Anleitung und Unterweisung können das spontane Lernen in der natürlichen Umwelt nur unwesentlich beschleunigen, nicht aber steuernd in die Entwicklung eingreifen. (Zur Rolle der Erfahrung in der kognitiven Theorie siehe WOHLWILL, 1966, 1973b).

Zum Verhältnis von Kognition und Motivation

Die Darstellung des Äquilibrationsprozesses hat deutlich gemacht, daß die kognitive Aktivität des heranwachsenden Kindes, also die Organisation und Adaptation der kognitiven Strukturen, ihre motivationale, energetische Grundlage in sich selbst besitzt. Zur Motivation von Aktivität und zur Bestätigung der Assimilationsschemata bedarf es im PIAGETschen Entwicklungsmodell keiner äußeren Anstöße, wie etwa der Verstärkung. Die von der Umwelt ausgehenden Erfahrungen und Anleitungen liefern nur das Material, an dem sich die kognitiven Strukturen betätigen und u.U. weiterentwickeln können. Die durch die bisherige Aktivität entstandenen kognitiven Strukturen besitzen eine intrinsische Tendenz sich zu betätigen. Diese ihnen immanente Tendenz zur Betätigung kann von der Betätigung selbst kaum getrennt werden. Im Unterschied zu einer Triebreduktionstheorie HULLscher Prägung spielt die Befriedigung physiologischer Bedürfnisse hierbei keine wesentliche Rolle. Die kognitiven Aktivitäten sind also selbstverstärkend. Sie werden von internen Verhaltenskonsequenzen (internen Zuständen des Gleichgewichts bzw. Ungleichgewichts) bestimmt.

Für PIAGET, wie für andere kognitive Theoretiker, sind Kognition und Motivation (Affekt) zwei Seiten einer Sache, wobei die Kognition den strukturellen Aspekt, die Motivation den energetischen Aspekt des Handelns beinhaltet. Durch motivationale Faktoren entstehen keine kognitiven Strukturen. Auf welche Aspekte der Realität die Strukturen einwirken und mit welcher Intensität dies geschieht, wird jedoch durch die Motivation des Individuums beeinflußt. Motivation ist demnach am ehesten für die Richtung und Intensität eines Verhaltens verantwortlich. Ob die gewählte Aktivität zum Verhaltensziel hinführt oder nicht, ist von kognitiven Mechanismen abhängig.

Für die Veränderungen im Laufe der Entwicklung wird ebenfalls eine Parallelität von Kognition und Motivation angenommen. So wie z.B. während des Vorschulalters die kognitive Repräsentation von Objekten an die unmittelbare Anschauung gebunden ist und nicht auf Unanschauliches oder zeitlich weiter Entferntes bezogen werden kann, so ist in diesem Stadium auch eine *Unmittelbarkeit* von Motiven oder Affekten gegeben. Das Aufschieben der Befriedigung eines Bedürfnisses gelingt nicht, da es noch keine kognitive Vorwegnahme des *morgen* gibt, sondern *morgen* gleichbedeutend ist mit *jetzt nicht*.

Ähnlich findet die ansteigende Reversibilität des Denkens in der moralischen Entwicklung ihre Entsprechung in einer Zunahme von Gerechtigkeit und Gegenseitigkeit als motivationalen Grundlagen moralischen Verhaltens (s. dazu Kap. 13). Auch die Entstehung einer Präferenz für Verhaltensmerkmale des eigenen Geschlechts und die Bemühungen zur Übernahme der Geschlechtsrolle werden parallel zu kognitiven Vorgängen des Aufbaus von Konzepten der Geschlechterdifferenzierung gesehen (s. dazu Kap. 12). Motivationale Grundlage ist hier die Aufrechterhaltung bzw. Herstellung kognitiver Konsistenz, das Bedürfnis, mit der physikalischen und sozialen Realität übereinzustimmen (vgl. KOHLBERG, 1966).

Die Parallelisierung von Kognition und Motivation in den kognitiven Entwicklungstheorien hängt damit zusammen, daß nicht-kognitive Quellen der Motivation (physiologische Bedürfnisse, erworbene Motive und Interessen) hier nicht berücksichtigt werden. Im Vordergrund der Betrachtung steht vielmehr die Frage, wodurch kognitive Aktivitäten motiviert sind. Mit der Entwicklung von Motiven selbst hat sich PIAGET hingegen kaum beschäftigt.

Aus dem bisher Gesagten wird auch der kognitive Standpunkt verständlich, daß die generelle Motivation zur Auseinandersetzung mit der Umwelt nicht erst im Laufe der Entwicklung aufgebaut werden muß, sondern von Anfang an als vorhanden vorausgesetzt wird. Was ist aber nun die Grundlage für diese intrinsische, von äußeren Verstärkungen und innerer Triebreduktion weitgehend unabhängige Motivation? Das eigentlich Motivierende scheint die *mittlere Abweichung vom Vertrauten* (Assimilierbaren) zu sein. Solche mittleren Abweichungen, man spricht auch von *dosierten Diskrepanzen* oder *Inkongruenzen*, sind in sich interessant und motivieren zur Beseitigung des durch sie entstandenen Ungleichgewichts. HECKHAUSEN (1974b, S. 125) nennt vier Fälle solcher Inkongruenz:

– Inkongruenz zwischen aufeinanderfolgenden Wahrnehmungen (Reizwechsel oder Neuigkeit);
– Inkongruenz zwischen Erwartungen und gegenwärtigen Wahrnehmungen, was Überraschung auslöst (Reizfremdheit);
– Inkongruenz zwischen verschiedenen Teilen des gegenwärtigen Erlebnisfeldes, die sich in der Komplexität unterscheiden (Reizkomplexität);
– Inkongruenz zwischen miteinander konkurrierenden Erwartungen oder Tendenzen (Ungewißheit oder Konflikt).

Der Entwicklungsverlauf

Auf dem Hintergrund der bis hierhin dargelegten Vorstellungen über den Gegenstand und die Steuerung der Entwicklung ist die aktuelle Folge der Entwicklungsschritte zu betrachten. Als hauptsächlicher Untersuchungsgegenstand PIAGETS wurden die qualitativen Veränderungen der dem Verhalten zugrundeliegenden bzw. aus ihnen erschlossenen organisierten Strukturen definiert (vgl. oben). Diese Veränderungen kommen zustande durch das Zusammenwirken von Assimilation und Akkommodation in der aktiven Auseinandersetzung des Organismus mit seiner Umwelt. PIAGET spricht hier von einem progressiven Äquilibrationsprozeß, der über einen ständigen Wechsel von Zuständen des Gleichgewichts und des Ungleichgewichts zu immer höheren Gleichgewichtsformen, zur immer besseren Ausbalancierung von Assimilation und Akkommodation bis hin zur logischen Kohärenz und Widerspruchsfreiheit führt.

Eine *Regression*, eine Rückkehr auf einen bereits überwundenen Entwicklungsstand, ist demnach ausgeschlossen. Denn ein Wiederauftauchen der für frühere Entwicklungsstufen charakteristischen und bereits überwundenen Widersprüche „müßte sofort zur Einleitung des gleichen (oder eines funktional äquivalenten) Äquilibrationsprozesses führen, der auch beim erstenmal die Widersprüche überwunden hat" (MONTADA, 1970, S. 41). Wie läßt sich der Verlauf der Entwicklung aber inhaltlich genauer beschreiben?

Die Entwicklungs*richtung* ist gekennzeichnet durch eine fortschreitende *Erweiterung des Handlungsfelds* sowie eine *ansteigende Mobilität*, *Permanenz* und *Stabilität* der kognitiven Strukturen, und zwar bei gleichzeitig zunehmender Organisation und Integration der Strukturen zu umfassenderen Gesamtstrukturen. Die höchste Form der Entwicklung ist erreicht, wenn die – nun verinnerlichten und vom Handeln unabhängigen – kognitiven Strukturen frei verfügbar, reversibel und dabei doch stabil sind.

Eine Struktur hat ein größeres *Handlungsfeld*, wenn mehrere Aspekte eines Gegenstandes gleichzeitig beachtet und verarbeitet (assimiliert und akkommodiert) werden können, etwa eine Flüssigkeitsmenge gleichzeitig in Relation zur Höhe *und* Breite eines Glases eingeschätzt werden kann. Mit der Vergrößerung des Handlungsfeldes geht notwendigerweise eine Erhöhung der *Mobilität* einher: die verschiedenen Dimensionen werden rascher erfaßt und kombiniert, was eine Beweglichkeit des Denkens, einen Wechsel von einem auf den anderen Aspekt eines Gegenstands oder ihre gegenseitige Integration erfordert. *Permanenz* und *Stabilität* sind miteinander verwandt. Ein permanenter Gleichgewichtszustand gerät auch beim Hinzufügen neuer Elemente nicht aus dem Gleichgewicht. Mit zunehmender Permanenz und Stabilität führt nicht jede neue Information sofort zu einer Störung des Gleichgewichts. Vielmehr wird es möglich, die neue Information mit zu berücksichtigen, ohne die bisherige Art der Informationsverarbeitung aufzugeben. Die „störenden" Dimensionen werden durch Integration aufgefangen.

Entwicklung ist für PIAGET ein kontinuierlicher Prozeß. Jeder neue Entwicklungsschritt baut auf dem vorherigen auf und löst diesen allmählich ab. Im Verlauf dieses kontinuierlichen Prozesses lassen sich nacheinander in gesetzmäßiger Abfolge qualitativ unterscheidbare *Entwicklungsniveaus* voneinander abgrenzen.

PIAGET unterteilt die Abfolge der Entwicklungsschritte in drei Hauptperioden: (1) die *Periode der sensumotorischen Intelligenz*, (2) die *Periode der Vorbereitung und Organisation konkreter Operationen*, (3) die *Periode der formalen Operationen*. Sie werden jeweils weiter unterteilt.

In der Sekundärliteratur wird häufig zwischen vier Hauptperioden der Entwicklung unterschieden (so z.B. bei BALDWIN, 1967/1974a; BUGGLE, 1985; GINSBURG & OPPER, 1969/1982; MONTADA, 1987), indem die zweite Periode in eine präoperationale und eine konkret-operationale Phase unterteilt wird. Unsere Einteilung folgt dieser gängigen Abgrenzung.

Die Bezeichnung der Hauptabschnitte der Entwicklung und ihrer weiteren Unterteilung als Perioden, Phasen, Stufen oder Stadien ist nicht einheitlich. Dies liegt nicht zuletzt daran, daß diese Begriffe in PIAGETS Entwicklungskonzeption weitgehend austauschbar sind. Im folgenden wird von Entwicklungsperioden oder Entwicklungsphasen gesprochen, wenn die Hauptabschnitte der Entwicklung gemeint sind, und von Entwicklungsstufen, wenn es um einzelne Unterabschnitte innerhalb einer Entwicklungsperiode geht. Dies kommt PIAGETS Begriffsgebrauch am nächsten.

Im folgenden werden die vier Hauptabschnitte der Entwicklung in ihren wesentlichen Merkmalen dagestellt. Die für eine Entwicklungsphase oder Entwicklungsstufe charakteristischen Verhaltensweisen und kognitiven Fähigkeiten markieren dabei jeweils die obere Leistungsgrenze der betreffenden Stufe. Sie müssen nicht immer vollständig oder in allen Situationen realisiert werden. Die Altersangaben sind ungefähre mittlere Werte.

Die Phase der sensumotorischen Intelligenz (0 bis 2 Jahre)

Mit diesem ersten Entwicklungsabschnitt hat sich PIAGET am ausführlichsten beschäftigt, vornehmlich auf der Grundlage der Beobachtung seiner eigenen drei Kinder, Jacqueline, Lucienne und Laurent (PIAGET, 1936/1969, 1937/1975, 1945/1969). Die Bezeichnung *sensumotorisch* weist darauf hin, daß sich das Entwicklungsgeschehen weitgehend auf der Ebene von Wahrnehmung und Motorik bzw. deren gegenseitiger Koordination abspielt. Im Laufe der sensumotorischen Phase bilden sich die ersten Vorformen des Denkens heraus. Vorformen deshalb, weil sie noch an die Sukzession und Koordination von Wahrnehmung und Bewegung, an „aufeinanderfolgende Wahrnehmungen und ebenfalls aufeinanderfolgende wirkliche Bewegungen" gebunden sind (PIAGET, 1966, S. 121).

Im Verlauf dieses Entwicklungsabschnitts macht die Undifferenziertheit von Ich und Umwelt und die Zentrierung der Wahrnehmung auf den eigenen Körper (Egozentrismus) allmählich einer relativen Geschiedenheit von Ich und Objekten Platz. Außerdem zeigen sich erste Ansätze von Imitation und Spiel. Sensorische und motorische Aktivitäten erreichen ein optimales Gleichgewicht. Am Ende dieser Phase bilden sich Rudimente von Vorstellungen aus, d.h. kognitive Repräsentationen von Gegenständen, die unabhängig von der unmittelbaren Wahrnehmung sind und ein verinnerlichtes Handeln erlauben. „Aus dem noch ganz konkreten *'Begreifen'* der sensomotorischen Periode wird das verinnerlichte erkennende Begreifen der späteren Stufen." (BUGGLE, 1985, S. 52). Allerdings ist letzteres nur in Form kurzzeitiger Vorwegnahmen möglich. Das kleine Kind beginnt aber immerhin die Fähigkeit zu erwerben, etwas zu erinnern, ohne das Betreffende wahrzunehmen oder motorisch wiederholen zu müssen.

Die sensumotorische Phase untergliedert PIAGET in sechs aufeinander aufbauende Organisationsstufen.

1. *Einfache Reflexhandlungen (0 bis 4 Wochen).* Im Vordergrund steht hier die weitgehend unveränderte Realisierung (Übung) angeborener Reflexe (z.B. Saugreflex, Greifreflex). Es kommt nur sehr begrenzt zur Akkommodation an spezifische Umweltbedingungen.

2. *Einfache Gewohnheiten, primäre Kreisreaktionen (1 bis 4 Monate).* Die Ausweitung der vorhandenen Assimilationsschemata auf immer neue Gegenstände führt zufällig zu differenzierend-angepaßten Verhaltensmodifikationen, die sich in der Folge durch ständige Wiederholung stabilisieren. Es beginnt nun auch die gegenseitige Assimilation verschiedener Schemata (z.B. Sehen und Greifen).

3. *Aktive Wiederholung von Handlungsfolgen, sekundäre Kreisreaktionen (4 bis 8 Monate).* Auf dieser Stufe entdeckt der Säugling den Zusammenhang zwischen seiner Aktivität und dadurch in der Umwelt ausgelösten Effekten (z.B. zwischen dem Schütteln einer Rassel und dem dadurch produzierten Geräusch). Es kommt zu Vorformen intentionalen Verhaltens (Mittel-Zweck-Relationen).

4. *Koordinierung sekundärer Kreisreaktionen und ihre Anwendung auf neue Situationen (8 bis 12 Monate).* Mittel- und Zielhandlungen treten nun deutlicher auseinander, die Zielsetzung kann *vor* der Realisierung der Mittelhandlung erfolgen (intentionales Verhalten). Das Kleinkind schiebt z.B. ein Hindernis beiseite, um einen dahinterliegenden Gegenstand zu greifen, oder es bedient sich eines Stocks, um an ein Objekt zu gelangen. Typisch ist auch die systematische Anwendung mehrerer Assimilationsschemata auf den gleichen Gegenstand, mit der Folge einer dem Gegenstand besser angepaßten Koordination der verschiedenen Schemata.

5. *Aktives Experimentieren, tertiäre Kreisreaktionen (12 bis 18 Monate).* Jetzt werden nicht mehr nur vorhandene Mittel-Schemata zur Zielerreichung angewendet bzw. miteinander kombiniert, sondern das Kind variiert bewußt sein Verhalten, um zu beobachten, welche unterschiedlichen Effekte dies hat. Es probiert z.B. systematisch aus, was mit einem Gegenstand passiert, wenn man ihn aus verschiedenen Höhen, aus unterschiedlichen Winkeln, auf verschiedene Unterlagen etc. fallen läßt. So kommt es zur Entdeckung neuer Mittel-Zweck-Beziehungen. Akkommodationen werden nicht mehr nur von der Umwelt erzwungen, sondern aktiv um ihrer selbst willen angestrebt.

6. *Erfinden von neuen Handlungsmustern durch verinnerlichtes Handeln (18 bis 24 Monate).* Diese letzte Stufe der sensumotorischen Intelligenz bringt einen qualitativen Sprung: Das Kind wird jetzt fähig, die Ergebnisse seines Handelns in der Vorstellung zu antizipieren, Handeln *geistig* auszuführen. Das kleine Kind kann nun etwas vorstellungsmäßig repräsentieren (erinnern), ohne das Betreffende aktuell wahrnehmen oder motorisch ausführen zu müssen. Damit ist der Übergang vom sensumotorischen (äußeren) Handeln zum (verinnerlichten) Denken vollzogen.

Eine überblicksartige Zusammenfassung der Entwicklung während der sensumotorischen Phase liefert die Abbildung 10.1 (nach Flavell, 1979, S. 54).

Individuelle, angeborene Reflexschemata (Stufe 1.)

↘

Modifikation dieser Schemata (der Stufe 1) in Abhängigkeit von Erfahrung und ihrer graduellen Koordination miteinander, einschließlich der Koordination visueller und manueller Aktivitäten (Stufe 2).

↙

Entwicklung einer Vielfalt von Schemata (die gewöhnlich die genannte Koordination von visuellen und manuellen Schemata einschließen), die interessante Umwelteffekte hervorbringen; dementsprechend sind sie stärker nach außen gerichtet, kognitiv stärker „extravertiert“ als die Schemata der vorangegangenen Stufe (Stufe 3).

↘

Koordination der Schemata der Stufe 3 in intentionale, „intelligent“ aussehende Mittel-Zweck-Verbindungen, wobei eines der Schemata der Stufe 3 einem anderen als Mittel dient (Stufe 4).

↙

Versuch und Irrtum als Verfahren; Modifikationen der Schemata der Stufe 3, was oft zum Entdecken neuer Mittel zu einem bestimmten Zweck (in der Art von Stufe 4) führt, was eine noch auffallendere akkommodative, nach außen gerichtete Anstrengung für ein Kennenlernen der Umwelt darstellt (Stufe 5).

↘

Erfindung solcher neuen Mittel, aber mit Hilfe von inneren, geistigen Kombinationen von symbolisch repräsentierten Schemata; allgemeiner noch der Übergang von einer sensomotorischen zu einer symbolischen Art der kognitiven Handlung (Stufe 6).

Abbildung 10.1: Schematische Darstellung von PIAGETS sensumotorischen Entwicklungsstufen (aus J.H. FLAVELL, Kognitive Entwicklung, 1979, S. 54)

Die Phase der vorbegrifflichen (präoperationalen) Intelligenz (2 bis 7 Jahre)

Diese Entwicklungsperiode wird manchmal noch weiter unterteilt in die Stufe des *symbolischen Denkens* und die Stufe des *anschaulichen Denkens.*

Symbolisches Denken (2 bis 4 Jahre). Aufgrund des Erwerbs rudimentärer Vorstellungen war das Kind bereits am Ende der sensumotorischen Phase in der Lage, aktuelle Tätigkeiten und vorgestellte Tätigkeiten voneinander zu trennen. Damit ist die erste Unterscheidung von Bezeichnetem (reales Objekt) und Bezeichnendem (Symbol) gegeben. Diese Unterscheidung wird während der Stufe des *vorbegrifflichen symbolischen Denkens* mit dem dort erfolgenden systematischen Spracherwerb weiter vorangetrieben. Die Wörter (Symbole) besitzen zunächst aber noch nicht den Charakter von Begriffen im Sinne einer klassifikatorischen, logischen Funktion (deshalb: vorbegrifflich). Z.B. werden Väter noch nicht als Teilmenge der Männer erkannt, die mit Müttern verheiratet sind bzw. mit ihnen Kinder haben.

Die Strukturen des symbolischen Denkens sind sehr ungefestigt. Deshalb handelt es sich auch eher um eine Übergangsstufe als um eine eigenständige Stufe, an deren Ende, wie bei anderen Stufen, ein neues ausbalanciertes Gleichgewicht besteht. Das symbolische vorbegriffliche Denken zeichnet sich u.a. aus durch *Animismus* (allem, was sich bewegt, wird Bewußtsein und Absicht – Leben – zugeschrieben), *Egozentrismus* (die Tendenz, alles bezogen auf die eigene Person wahrzunehmen und zu beurteilen) und *Irreversibilität* (die Nichtumkehrbarkeit beobachteter Abläufe).

Anschauliches Denken (4 bis 7 Jahre). Auf der Stufe des *anschaulichen Denkens* findet eine wachsende Verbegrifflichung statt. Die Begriffe sind aber an die Anschauung gebunden, und das Denken erfolgt in Bildern.

Z.B. ist die Zuordnung einer gleichen Anzahl von Gegenständen unter Einhaltung einer vorgegebenen Anordnung durchaus möglich. Piaget spricht hier von *Konfigurationen.* Wird die Gestalt der Anordnung der einen Gruppe von Gegenständen jedoch verändert, so wird die Äquivalenz der beiden Anzahlen nicht mehr erkannt.

Aufgrund seiner Anschauungsgebundenheit unterliegt das Denken einer Reihe von weiteren Einschränkungen: es ist eingleisig, d.h., es folgt dem tatsächlichen Ablauf beobachteter Ereignisse und kann diese nicht gedanklich umkehren, und es ermöglicht immer nur die Ausführung einer einzigen inneren Handlung. Auch wenn mehrere Aspekte eines Gegenstandes beobachtet werden können, so gelingt dies nur nacheinander, nicht gleichzeitig. Piaget nennt dies *Regulierungen.*

Die Phase der konkreten Operationen (7 bis 11 Jahre)

Etwa um das 7./8. Lebensjahr herum löst sich das Denken allmählich von den beobachteten realen Abläufen ab und wird beweglicher. Eine Handlung kann nun (gedanklich) rückgängig gemacht werden, und es können mehrere Aspekte eines Sachverhalts gleichzeitig berücksichtigt werden.

Gegenüber dem Denken des präoperationalen Kindes zeichnet sich das Denken des Kindes auf der Stufe der konkreten Operationen vor allem durch vier Merkmale aus: Erschließen der Wirklichkeit, Dezentrierung, Berücksichtigung von Transformationen und Reversibilität (s. FLAVELL, 1979, S. 103-110).

1. Das Kind beurteilt einen Sachverhalt nicht mehr primär auf der Grundlage der wahrgenommenen Erscheinungsform (*Aussehen*), sondern ist in der Lage, die wahren Verhältnisse (*Wirklichkeit*) zu erschließen. Es erkennt, daß manche Probleme ein begriffliches (logisches) Urteil und kein wahrnehmungsmäßiges Urteil verlangen.

2. Im Unterschied zum präoperationalen Kind, das seine Aufmerksamkeit auf einen besonders hervorstechenden Aspekt eines Sachverhalts *zentriert*, kann das ältere Kind mehrere Aspekte gleichzeitig beachten, d.h. seine Aufmerksamkeit *dezentrieren*.

3. Während auf der präoperationalen Stufe die Tendenz besteht, einen Sachverhalt nach dem gegenwärtigen *Zustand* zu beurteilen und demgegenüber die diesen Zustand hervorrufenden *Transformationen* zu vernachlässigen, ist das konkret-operationale Kind zur Berücksichtigung von Tranformationen in der Lage.

4. Das präoperationale Kind kann sich gedanklich noch nicht vom beobachteten Ablauf eines Geschehens lösen, sein Denken ist *irreversibel*. Hingegen beinhaltet konkret-operationales Denken die Fähigkeit, beobachtete Abläufe gedanklich umzukehren, das Denken ist *reversibel* geworden.

Die genannten vier Merkmale des konkret-operationalen Denkens lassen sich am Beispiel der Entwicklung der Mengeninvarianz veranschaulichen. Bei einer typischen Aufgabe wird z.B. vor den Augen des Kindes eine Plastilinkugel zu einer länglichen Wurst verformt. Das Kind wird gefragt, ob die Wurst aus genauso viel Plastilin besteht wie die Kugel oder ob es mehr oder weniger Plastilin ist. Die Invarianz der Plastilinmenge kann dadurch erkannt werden, daß das Kind sich in seinem Urteil nicht von dem hervorstechenden Aspekt des Aussehens der Plastilinmasse im Endzustand leiten läßt (lange Wurst), sondern daß es sich mit dem Problem gedanklich auseinandersetzt (*schließt*), indem es die Zustandsveränderungen (*Transformationen*) in mehreren Aspekten (abnehmende Dicke und zunehmende Länge) beachtet und zueinander in Beziehung setzt (*dezentriert*), sowie indem es in Gedanken die Verformung zur Wurst wieder in den Ausgangszustand (Kugel) zurückversetzt (*Reversiblität*).

Zur Formalisierung des konkret-operationalen Denkens bedient sich PIAGET mathematischer Begriffe, und zwar aus der sogenannten Gruppentheorie. Unter einer *Gruppe* versteht er dabei ein System von Operationen, bei deren Anwendung auf eine Menge von Elementen vier Eigenschaften gegeben sind: *Komposition, Assoziativität, Identität* und *Reversibilität*. Diese vier Eigenschaften des quantitativen, arithmetisch-mathematischen Begriffs der Gruppe ergänzt PIAGET durch eine fünfte Eigenschaft, die *Tautologie*, die beinhaltet, daß qualitative Elemente, wie z.B. logische Klassen, sich durch Iteration oder Addition mit sich selbst nicht verändern.

Die Bedeutung und das Zusammenwirken der fünf Gleichgewichtsbedingungen einer Gruppierung lassen sich am Beispiel einer Klassifizierungsoperation erläutern (nach OERTER, 1970, S. 360 f.). Man stelle sich vor, auf einem Tisch liegen acht braune (x) und zwei weiße (x') Holzperlen (y). Gefragt ist, ob mehr Holzperlen oder mehr braune Perlen auf dem Tisch liegen. An der richtigen

Lösung, *Es liegen mehr Holzperlen als braune Perlen auf dem Tisch*, sind die fünf Gleichgewichtsbedingungen in der folgenden Weise beteiligt:

Komposition: braune Perlen (x) und weiße Perlen (x') bilden zusammen alle Holzperlen (y) (x + x' = y).

Assoziativität: Man kann entweder zuerst die weißen Perlen (x') nehmen und dann die braunen (x) dazulegen oder erst die braunen (x) nehmen und die weißen (x') hinzufügen. In beiden Fällen hat man alle Holzperlen (y) beieinander (x + x' = x' + x = y).

Identität: Wenn man braune Perlen (x) nur mit braunen Perlen (x) kombiniert bzw. kein anderes Element (0) hinzufügt, erhält man wieder braune Perlen (x). Entsprechendes gilt für weiße Perlen oder für Holzperlen allgemein (x + x = x oder x + 0 = x).

Reversibilität: Nimmt man von allen Holzperlen (y) die (zuvor hingelegten) braunen (x) weg, so bleiben die weißen (x') übrig. Nimmt man von allen Holzperlen (y) die weißen weg, so bleiben die braunen übrig (y − x = x'; y − x' = x).

Tautologie: Vernachlässigt man den Unterschied zwischen Oberklasse (Holzperlen, y) und Unterklasse (braune oder weiße Perlen, x oder x'), verändert sich die Oberklasse nicht durch Addition einer ihrer Unterklassen (y + x = y).

Zur Beschreibung des Denkens des Kindes während der Phase der konkreten Operationen zieht PIAGET (1942) insgesamt neun verschiedene Gruppierungen heran (s. dazu auch BALDWIN, 1974a; FLAVELL, 1963), die hier aus Platzgründen nicht näher erläutert werden können.

Mit dem Erwerb der zuvor skizzierten Merkmale des konkret-operationalen Denkens bilden sich nun eine Reihe von Invarianzbegriffen heraus, nämlich die Begriffe von Menge, Gewicht, Volumen, Raum, Zeit usw. Invarianz eines Begriffs heißt dabei, daß trotz Veränderungen an einem Gegenstand dessen unveränderliche (invariante) Merkmale erkannt werden; z.B. trotz der Veränderung der Form einer Plastilinkugel deren unveränderte Menge oder unverändertes Gewicht. Einen Überblick über verschiedene gebräuchliche Invarianzaufgaben liefert die Abbildung 10.2.

Der Ausbildung von Invarianzbegriffen kommt sowohl für die Theorie wie für die Empirie bei PIAGET herausragende Bedeutung zu. An den Invarianzphänomenen interessieren PIAGET vor allem zwei Dinge: 1. Wie gelangen Kinder zum Erkennen von Invarianz? 2. Was am Denken des Kindes ist selbst invariant (stabil)? An der Herausbildung von Invarianzbegriffen kann PIAGET aufweisen, wie trotz der Änderung von Gegebenheiten Stabilität (Unveränderlichkeit) existiert.

Das kindliche Denken auf der Stufe der konkreten Operationen ist außerdem durch den Erwerb einer Reihe logischer und arithmetischer Operationen (Klassifikation, Seriation, Zahlsystem) sowie *infralogischer* (räumlicher und zeitlicher) Operationen gekennzeichnet (PIAGET, 1966).

Gegenüber dem präoperationalen Denken stellt das konkret-operationale Denken also einen wesentlichen Entwicklungsfortschritt dar. Trotzdem weist das Denken auf dieser Stufe noch eine Reihe von Begrenzungen auf. Die Operationen beziehen sich immer noch auf Gegenstände, die das Kind wirklich sieht und auf Handlungen, die es ausführt oder zumindest in der Vorstellung ausführen kann. Deshalb spricht PIAGET auch von *konkreten* Denkoperationen. Das Kind ist noch nicht in der Lage, seine Strukturen auf abstrakte, hypothetisch deduzierte Beziehungen anzuwenden. Dies ist erst auf der nächsten Entwicklungsstufe möglich.

Flüssigkeiten:

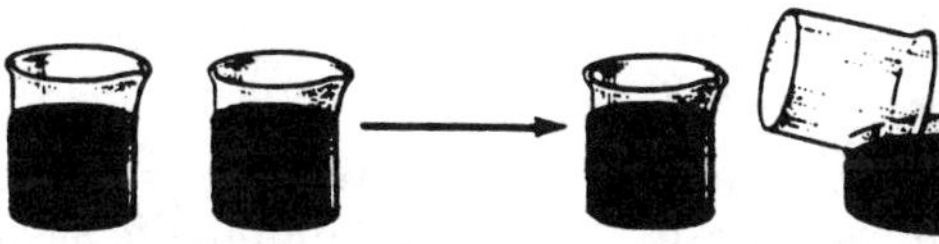

Zwei identische Becher werden mit gleichviel Wasser gefüllt und das Kind stimmt zu, daß beide die gleiche Flüssigkeitsmenge enthalten.

Der Inhalt einer der beiden Becher wird in ein anders geformtes Gefäß geschüttet, sodaß die beiden Wasserspiegel unterschiedlich hoch sind.

Das Kind erkennt, daß beide Gefäße die gleiche Wassermenge enthalten (Durchschnittsalter: 6 – 7 Jahre).

Menge:

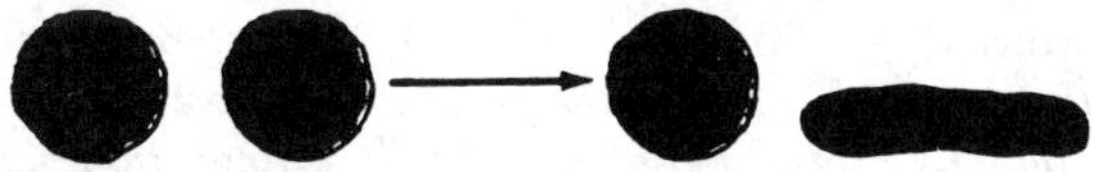

Zwei identische Kugeln aus Knetmasse werden dargeboten. Das Kind stimmt zu, daß beide aus gleichviel Knetmasse bestehen.

Eine der Kugeln wird zu einer Wurst verformt.

Das Kind erkennt, daß Kugel und Wurst die gleiche Menge Knetmasse besitzen (Durchschnittsalter: 6 – 7 Jahre).

Anzahl:

Das Kind sieht zwei Reihen von Perlen und stimmt zu, daß beide Reihen die gleiche Anzahl enthalten.

Eine der Reihen wird räumlich auseinandergezogen.

Das Kind erkennt, daß nach wie vor beide Reihen die gleiche Anzahl von Perlen enthalten (Durchschnittsalter: 6 – 7 Jahre).

Länge:

Zwei gleich lange Stöcke werden dargeboten und das Kind bestätigt, daß sie gleich lang sind.

Ein Stöckchen wird räumlich verschoben (oder verbogen, sodaß es eine andere Form annimmt).

Das Kind erkennt, daß die Stöckchen nach wie vor gleich lang sind (Durchschnittsalter: 6 – 7 Jahre).

Fläche:

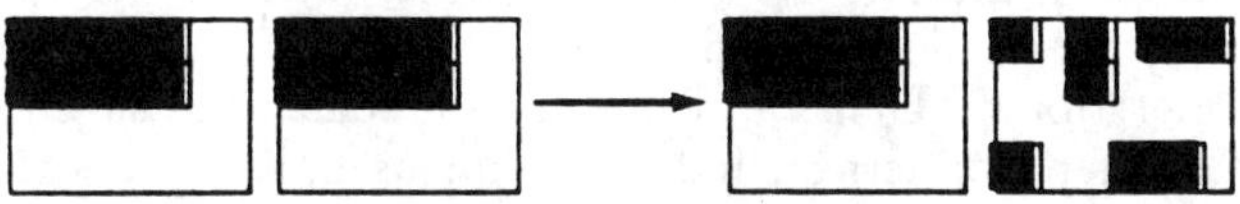

Das Kind sieht zwei identische Bögen, beide mit der gleichen Anzahl von Klötzchen bedeckt. Das Kind stimmt zu, daß beide Bögen eine gleichgroße freie Fläche besitzen.

Die Klötzchen auf einem der beiden Bögen werden anders angeordnet.

Das Kind erkennt, daß die Größe der freien Flächen auf jedem der Bögen gleich bleibt. (Durchschnittsalter: 9 – 10 Jahre).

Volumen (Wasserverdrängung):

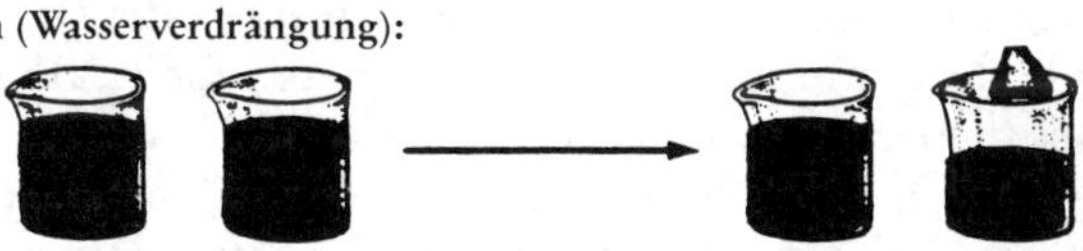

Zwei identische Kugeln aus Plastilin werden in zwei identische Gläser gelegt, die nach Beurteilung des Kindes jeweils die gleiche Flüssigkeitsmenge enthalten. Das Kind sieht, daß der Flüssigkeitsspiegel in beiden Gefäßen gleich hoch ansteigt.

Aus dem einen Glas wird die Plastilinkugel genommen, in ihrer Form verändert und über das gefüllte Glas gehalten. Das Kind wird gefragt, ob der Wasserspiegel höher, niedriger oder gleich hoch sein wird wie in dem anderen Glas, wenn die Kugel in ihrer veränderten Form wieder ins Wasser getaucht wird.

Das Kind erkennt, daß die beiden Wasserspiegel gleich hoch sein werden, das heißt, daß unabhängig von der Form der Kugel die gleiche Wassermenge verdrängt wird. (Durchschnittsalter: 9 – 12 Jahre).

Abbildung 10.2: Einige gebräuchliche Aufgaben zur Erfassung des kindlichen Invarianzverständnisses (nach SHAFFER, 1985, S. 348; Übers. v. Verf.)

Die Phase der formalen Operationen (ab 12 Jahre)

Auf dieser letzten und höchsten Entwicklungsstufe erfolgt ein *Operieren mit Operationen* bzw. ihren Ergebnissen. Gleichzeitig nimmt die Systematisierung und Integration der Operationen zu umfassenderen Gesamtstrukturen weiter zu.

Das formal-operationale Denken läßt sich vor allem durch die folgenden sieben Merkmale charakterisieren: *Abstraktheit*, *Beschäftigung mit dem Möglichen*, *hypothetisch-deduktives Schließen*, *Interpropositionalität*, *Kombination und Permutation von Möglichkeiten*, *Variablenkontrolle*, *Integration von Negations- und Reziprozitätsreversibilität*.

1. Das Denken löst sich von den einzelnen Inhalten, es wird *abstrakt*. Das bedeutet: Aussagen können von ihrer allgemeinen Form her, unabhängig vom konkreten Inhalt, als richtig oder falsch erkannt werden. Daß A < C wenn A < B und B < C, gilt z.B. für unterschiedlich große Menschen, Gegenstände etc. und muß nicht jedes Mal neu überprüft werden.

2. Das Denken geht über das konkret Gegebene hinaus und beschäftigt sich mit dem hypothetisch *Möglichen* (*Was wäre, wenn . . .* oder *Könnte es sein, daß . . .*). Das Wirkliche, was ist, wird zum Sonderfall des Möglichen, was sein könnte oder sollte.

3. Die Unterordnung des Wirklichen unter das Mögliche wird auch in der *hypothetisch-deduktiven Art des Schließens* sichtbar: Es werden zunächst Erwartungen oder Vorhersagen formuliert über das, was unter bestimmten Voraussetzungen in der Realität auftreten müßte, diese Erwartungen werden dann später in der Realität überprüft. Die Erwartungen hinsichtlich der Realität sind aus einer Theorie über die Realität abgeleitet.

4. Das formal-operationale Denken abstrahiert in seinen Aussagen nicht nur von einzelnen Inhalten, sondern stellt darüber hinaus logische Verknüpfungen zwischen Aussagen her (Aussagenlogik). PIAGET spricht hier von *Interpropositionalität*. Ein Beispiel wäre das Erkennen des Widerspruchs zwischen den Aussagen *A ist in allen Fällen wahr, wo B wahr ist* und *Wenn B wahr ist, kann A falsch sein*.

5. Wenn gleichzeitig viele Variablen zu berücksichtigen sind oder wenn eine Anzahl von Elementen in bestimmter Art zu kombinieren ist (z.B. ist ein Turnier auszurichten, bei dem zehn Mannschaften in zwei Gruppen jeweils jeder gegen jeden spielen sollen), ist es von Vorteil, eine systematische Methode zum Auffinden der möglichen *Kombinationen und Permutationen* anwenden zu können. Dies ist dem formal-operationalen Denker möglich.

6. Speziell bei der Kausalanalyse von Ereignissen (Was verursacht was?) ist eine Strategie brauchbar, bei der die angenommenen Wirkfaktoren (oder Faktorenkombinationen) systematisch variiert werden und die übrigen Faktoren jeweils konstant gehalten werden. Zu einem derartigen Vorgehen, einer *Variablenkontrolle*, ist der formal-operatorische Denker in der Lage.

7. Eine weitere Errungenschaft der formal-operationalen Phase ist die *Integration* der beiden Formen des reversiblen Denkens, *der Inversion (Rückgän-*

gigmachen einer Operation) und der Reziprozität (Kompensation einer Operation).

Untersucht wurden Inversion und Reziprozität vor allem in Waagebalkenversuchen. Hierbei geht es darum, durch Hinzufügen oder Wegnahme von Gewichten oder durch Verschieben von Gewichten in Relation zum Drehpunkt der Waage einen Ausgangszustand wiederherzustellen (vgl. dazu das Untersuchungsbeispiel 10.3).

Zur formalen Beschreibung der höchsten Denkleistungen hat PIAGET das logische Kalkül der *KLEINschen(INCR-) Vierergruppe* verwendet, in der durch spezifische Transformationen jedes Element in jedes andere Element der Gruppe überführt werden kann (vgl. Abbildung 10.3).

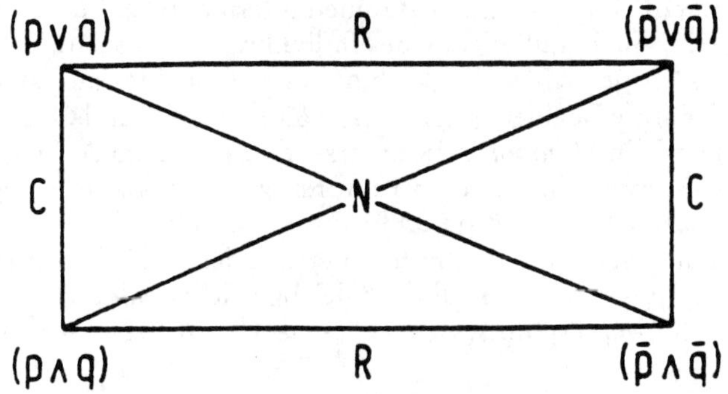

Abbildung 10.3: Schema einer INCR-Vierergruppe aus den 16 Fällen der Kombinationen zweier binärer Variablen (aus OERTER & MONTADA, 1987, S. 445)

Vier Transformationen von Aussagen können gebildet werden (nach BUGGLE, 1985, S. 97): *Identität* (die Aussage bleibt identisch): *Negation* (Bejahungen werden zu Verneinungen und umgekehrt, Konjugationen werden Disjunktionen und umgekehrt); *Reziprozität* (Bejahungen werden zu Verneinungen und umgekehrt, Konjunktionen und Disjunktionen bleiben unverändert); *Korrelativität* (Konjunktionen werden Disjunktionen und umgekehrt, Bejahungen und Verneinungen bleiben unverändert).

Darüber hinaus hat PIAGET noch weitere logisch-formale Strukturen zur Beschreibung von Merkmalen des formal-operationalen Denkens herangezogen (z.B. Proportionalität und Wahrscheinlichkeit), die hier jedoch nicht näher erläutert werden sollen (s. dazu PIAGET, 1952; PIAGET & INHELDER, 1977).

Allgemeine Merkmale des PIAGETschen Stufenkonzepts

PIAGETS Stufenkonzept ist durch folgende Merkmale gekennzeichnet:

1. Die Einzelstrukturen und Strukturelemente einer Entwicklungsstufe bilden ein *integriertes Ganzes* (PIAGET: *structure d'ensemble*). Die Stufen unterscheiden sich *qualitativ* voneinander (Veränderungen in der Art der Organismus-Umwelt-Interaktion) und nicht nur quantitativ (z.B. in der Häufigkeit, Intensität, Schnelligkeit oder Effizienz eines Verhaltens).

2. *Jede frühere Stufe bereitet den Weg für die folgende spätere Stufe.* Mit dem Aufbau der neuen Stufe verschwinden nicht einfach die früheren Strukturelemente, sondern werden reorganisiert, d.h. in die neue Stufe aufgenommen und integriert. Das Frühere geht dabei im Späteren nicht auf im Sinne einer Reduktion (das Spätere ist Resultat des Früheren), sondern stellt die logisch notwendige Voraussetzung für die Ausbildung der höheren Entwicklungsstufe dar.

3. Aus 2. läßt sich ableiten, daß die Phasen und Stufen in einer *invarianten Sequenz* durchlaufen werden. Das Überspringen einer Stufe und Rückschritte sind ausgeschlossen. Dies gilt *universell*, d.h. für alle Individuen und Umwelten (Kulturen). Die *Altersgrenzen* für die einzelnen Entwicklungsstufen sind hingegen nicht verbindlich festgelegt. Sie können interindividuell und interkulturell verschieden sein. Auch muß nicht jedes Individuum die höchste Entwicklungsstufe bzw. in allen Bereichen ein gleich hohes Entwicklungsniveau erreichen.

4. Auf jeder Stufe ist eine *Vorbereitungsphase* (Aufbau und Organisation der neuen Stufe) und eine *Endphase* zu unterscheiden. Die am Anfang einer Stufe nur lose organisierten, instabilen Strukturen zeigen bis zum Ende der Stufe eine immer stärkere Organisation und Konsolidierung.

5. Nicht nur innerhalb jeder Stufe unterscheiden sich die Aufbau- und die Konsolidierungsphase im Ausmaß des Gleichgewichts, sondern auch über die Stufenabfolge hinweg kommt es zu *zunehmend stabileren Gleichgewichtszuständen.*

Schließlich ist noch auf einen weiteren wichtigen Aspekt von PIAGETS Stufenkonzept hinzuweisen: auf den Begriff der *Verschiebungen.* Damit ist gemeint, daß auf verschiedenen Entwicklungsstufen ähnliche Entwicklungsphänomene zu beobachten sind oder innerhalb einer Stufe Entwicklungsveränderungen auftreten. Strenggenommen bedeutet das, daß keine feste Stufenabhängigkeit der Entwicklung gegeben ist. Das Konzept der Verschiebungen erlaubt letzten Endes die Aufrechterhaltung des Stufenkonzepts trotz Homogenität zwischen verschiedenen Stufen und Heterogenität innerhalb der einzelnen Stufen. Gleichzeitig kann die Annahme einer Kontinuität der Entwicklung trotz qualitativer Veränderungen beibehalten werden.

Zwei Klassen von Verschiebungen sind zu unterscheiden: die *horizontalen Verschiebungen* (décalage horizontal) und die *vertikalen Verschiebungen* (décalage vertical).

Bei den *horizontalen Verschiebungen* findet eine Zeitverschiebung von Entwicklungsschritten innerhalb einer Entwicklungsstufe statt: zu verschiedenen Zeitpunkten einer Stufe kann die gleiche kognitive Struktur auf verschiedene Aufgaben (Inhalte) angewendet werden. Ein häufig genanntes Beispiel für eine horizontale Verschiebung ist der zeitversetzte Erwerb der Invarianz der Menge, des Gewichts und des Volumens auf der Stufe der konkreten Operationen.

Bei den *vertikalen Verschiebungen* kehren formal ähnliche kognitive Strukturen auf verschiedenen Entwicklungsstufen wieder, und zwar bezüglich der gleichen oder zumindest ähnlicher Inhalte. Ein Beispiel hierfür ist die Entwicklung der räumlichen Orientierung. Am Ende der sensumotorischen Phase vermag das kleine Kind die in seiner unmittelbaren Umgebung vorhandenen räumlichen Beziehungen in seinem Verhalten zu berücksichtigen. Es kann sicher von einem Punkt A über einen Punkt B zu einem Punkt C und wieder zurück zu A gehen, es kann Hindernisse umgehen usw. Die räumlichen Beziehungen sind in dieser Phase aber noch eng an die eigene Bewegung im Raum gebunden (Handlungsraum). Auf der nächsten Entwicklungsstufe kann das Kind dann die räumlichen Beziehungen sich vorstellen (symbolisch repräsentieren). In beiden Fällen handelt es sich um den gleichen Wirklichkeitsaspekt und um formal ähnliche Strukturen, die *Art* der angewendeten Operationen ist jedoch unterschiedlich: im einen Fall motorisch, im anderen Fall symbolisch.

Die horizontalen Verschiebungen dienen der Erklärung, daß auf einer bestimmten Entwicklungsstufe nicht alle Aufgaben (verschiedenen Inhalts) trotz der gleichen erforderlichen Operationen gelöst werden können. Dagegen zeigen die vertikalen Verschiebungen, daß eine Uniformität dort besteht, wo qualitative Unterschiede (verschiedene Entwicklungsniveaus) gegeben sind.

PIAGETS Untersuchungsmethoden

PIAGETS Beschreibung des Gegenstands, der Steuerung und des Verlaufs der Entwicklung ist nicht zu trennen von seinem methodischen Vorgehen. PIAGET war der Auffassung, daß die Untersuchungsmethode dem Untersuchungsproblem und dem Alter der Probanden angepaßt sein muß. Da sein Hauptziel darin bestand, die dem Verhalten zugrundeliegenden Schemata und Operationen (Strukturen) aufzudecken und weniger, die einzelnen Verhaltensweisen und Leistungen (Inhalte) zu erfassen, mußte er dafür geeignete, dem Untersuchungsproblem und der Altersgruppe jeweils angemessene Methoden finden.

Die sorgfältige und detaillierte, jedoch nicht standardisierte *Beobachtung* seiner eigenen drei Kinder unter natürlichen Bedingungen bildete die Grundlage für PIAGETS frühe Werke über das Säuglingsalter (sensumotorische Intelligenz, Nachahmung, Spiel, Anfänge des Sprechens). Teilweise griff er auch in das Beobachtungsgeschehen ein, indem er bestimmte Bedingungen setzte oder variierte (z.B. Gegenstände an verschiedenen Orten versteckte). Diese Beobachtungen des spontanen oder von PIAGET provozierten kindlichen Verhaltens waren geleitet durch eine Reihe von Hypothesen über die frühkindliche Entwicklung. Sie dienten dazu, diese Hypothesen möglichst zu belegen, nicht sie systematisch zu überprüfen.

In seinen Untersuchungen zum präoperationalen und konkret-operationalen Denken verwendete PIAGET eine Methode der *Befragung*, die er in Anlehnung an seine Erfahrungen mit psychiatrischen Fällen an der Salpétrière in Paris *klinische Methode* nannte. Wesentliches Merkmal dieser Methode ist es, daß die Befragung nicht standardisiert ist. Es ist nur der allgemeine Rahmen der Befragung vorgegeben, d.h., mit welchen Problemen das Kind konfrontiert werden soll. Hierzu werden eine Reihe von Ausgangsfragen formuliert. Wie die Befragung im einzelnen abläuft, welche weiteren Fragen gestellt werden, inwieweit einzelne Fragen modifiziert oder ergänzt werden etc., hängt von den Antworten des Kindes bzw. von seinem (erkennbaren) Verständnis der Fragen ab. Festgelegt ist bei dieser Methode nur, worüber der Versuchsleiter etwas erfahren möchte, welche Fragen er beantworten möchte, nicht jedoch in welcher Form die dazu notwendigen Informationen eingeholt werden. Dabei versucht der Versuchsleiter dem kindlichen Denken möglichst genau zu folgen, ohne es suggestiv zu lenken oder ihm seinen Erwachsenenstandpunkt aufzuzwingen.

Einerseits muß der Versuchsleiter also bestimmte Hypothesen über die Art des kindlichen Denkens haben, andererseits dient seine Untersuchung dazu, die wesentlichen Merkmale des Denkens des Kindes erst herauszufinden. Beides zu vereinigen, erfordert ein besonderes Maß an Einfühlung, Kenntnis von Kindern und Fingerspitzengefühl im Umgang mit dem einzelnen Kind.

Zahlreiche Beispiele für das typische Wechselspiel zwischen Fragen und Antworten finden sich vor allem in PIAGET (1926/1978, 1927, 1932/1954). Zum Problem, was ein 8jähriges Kind für den Ursprung der Sonne hält, entwickelte sich z.B. folgender Dialog: „*Wie hat die Sonne begonnen* – Eine große Wolke hat sie gemacht. –*Woher ist die Wolke gekommen*? – Aus dem Rauch. –*Und woher ist der Rauch gekommen*? – Aus Häusern . . . –*Wie haben die Wolken gemacht, daß die Sonne scheint*? – Ein Licht macht, daß sie scheint. –*Was für ein Licht*? – Ein großes Licht; im Himmel ist einer, der hat es angezündet . . ." (PIAGET, 1926, S. 280; zit. nach GINSBURG & OPPER, 1982, S. 128).

Die Notwendigkeit dieses *klinischen* Vorgehens wird von PIAGET damit begründet, daß standardisierte Fragen die Richtung des Denkens beim Kind verfälschen könnten, insofern als sie suggestiv wirken oder in ihrer Formulierung etwas enthalten, womit sich ein Kind bisher noch nicht beschäftigt hat. So kann die Frage *Wodurch wird die Sonne bewegt?* einem Kind den Gedanken nahelegen, daß es wohl irgend etwas geben müsse, das die Sonne bewegt, obwohl es sich vorher eine solche Frage noch nie vorgelegt hat. Die reine Beobachtung und Registrierung der spontanen Antworten von Kindern, ohne klärende Zwischenfragen, läßt andererseits nur einen Teil dessen erfahren, was ein Kind wirklich weiß und glaubt. Aus diesen Gründen ist für PIAGET weder eine starre Experimentiertechnik noch die bloße Beobachtung spontaner sprachlicher oder motorischer Verhaltensweisen ausreichend.

Anfänglich beschränkte sich PIAGET fast ausschließlich auf die Verbalisierung von Fragen und die verbalen Antworten von Kindern zu Dingen oder Ereignissen, die in der Versuchssituation nicht gegenwärtig waren, sondern die sich das Kind vorstellen mußte (z.B. wenn Geschichten vorgelesen wurden und das Kind sagen sollte, wer von zwei Personen schlimmer ist und wie die Strafe für ein Vergehen aussehen soll). Später modifizierte er dieses Vorgehen in der Hinsicht, daß der Versuchsleiter vor den Augen des Kindes bestimmte Manipulationen vornahm (z.B. eine Plastilinkugel zu einer Wurst verformte) und dem Kind anknüpfend an die zuvor beobachteten konkreten Ereignisse eine Reihe von Fragen stellte. In anderen Versuchen hatten die Kinder selbst Gelegenheit, Dinge zu manipulieren (z.B. eine bestimmte Anzahl von Perlen in eine Reihe zu legen oder Gewichte auf einem Waagebalken zu verschieben). Anschließend hatten die Kinder dann zu erläutern, was sie gemacht hatten und warum sie etwas in einer bestimmten Art ausgeführt hatten.

Das spätere Vorgehen PIAGETS hat gegenüber der rein verbalen Methode eher *experimentellen* Charakter, insofern als eine Variation von Aufgabenbedingungen vorgenommen wird. PIAGET geht dabei allerdings nicht streng experimentell vor, insofern als die Art und Reihenfolge der gestellten Aufgaben nicht bei allen Probanden nach dem gleichen starren Schema abläuft. Vielmehr wird jede einzelne Aufgabe so gestellt, daß sie an den Ergebnissen der unmittelbar vorausgegangenen Problemstellung anknüpft.

PIAGET hat sein Vorgehen zuweilen als *kritische Methode* bezeichnet. Angewendet hat er diese Methode vor allem zur Untersuchung der Herausbildung invarianter Begriffe (wie Substanz, Gewicht, Volumen, Zahl, Zeit, Geschwindigkeit etc.). Die Benennung der Methode als *kritisch* bezieht sich darauf, daß das Kind während seines Versuchs, die gestellte Aufgabe zu lösen, an entscheidende, „kritische" Punkte gelangt, die zu einer Überwindung herausfordern oder, falls dem betreffenden Kind die zur Aufgabenlösung notwendigen kognitiven Strukturen fehlen, ungelöst bleiben.

Aus den Antworten des Kindes auf verbale Fragen oder aus seinem Umgang mit Material und den dies begleitenden Äußerungen hat PIAGET die wesentlichen Merkmale der individuell vorhandenen kognitiven Strukturen zu erschließen versucht. Und zwar nahm er an, daß mit seinen Versuchen die beim Kind bereits vorhandenen Strukturen *aufgedeckt* werden.

Nach AEBLI (1963) liefern PIAGETS Experimente allerdings weniger eine Aufdeckung vorhandener Strukturen als ein Bild des Prozesses ihrer *aktuellen Elaboration*. AEBLI bezweifelt, daß die mit PIAGETS Versuchsanordnung untersuchten Probanden sich mit den im Experiment gestellten Problemen irgendwann zuvor schon einmal auseinandergesetzt haben (z.B. mit der Frage, ob mehr Holzperlen oder mehr braune Perlen auf dem Tisch liegen oder ob eine zur Wurst geformte Plastilinkugel gleichviel, mehr oder weniger als vorher wiegt u.ä.). Daraus zieht AEBLI den Schluß, daß es unzulässig ist anzunehmen, die dem Verhalten im Experiment als zugrundeliegend gedachten kognitiven Strukturen seien bereits vor der Teilnahme an dem Experiment vorhanden gewesen. Vielmehr dürfte es so sein, daß das Verhalten der Probanden in der Versuchssituation *aktuell elaboriert* wird, d.h., aus den vorhandenen Elementen werden durch die gegebene Aufgabenstellung neue Strukturen aktuell aufgebaut. Wie AEBLI zeigen konnte, kommt dabei der Art bzw. der Schwierigkeit der Aufgaben eine besondere Bedeutung zu. Je nachdem können sich die Altersgrenzen für die Lösbarkeit einer Aufgabe zum Teil erheblich verschieben (s. dazu AEBLI, 1963).

So können nach PIAGET Kinder in der präoperationalen Phase (unter 7 Jahren) nicht begreifen, daß gilt: wenn $A < B$ und $B < C$, dann ist auch $A < C$. BRYANT (1974) konnte in einer einfallsreichen Versuchsanordnung nachweisen, daß bei Kindern unter 7 Jahren häufig nicht das Fehlen operatorischen (logischen) Denkens an dem Scheitern bei Aufgaben dieses Typs schuld ist, sondern das (mangelhafte) Gedächtnis der Kinder. BRYANT zeigte Kindern ab 4 Jahren verschieden lange, farbige Stöcke. Er steckte diese Stöcke dann in einen Halter, der alle Stöcke oben nur zwei Zentimeter herausschauen ließ. Die volle Länge der einzelnen Stöcke war nicht mehr zu sehen, nur das obere farbige Ende jedes Stockes, was von den Kindern als Gedächtnisstütze verwendet werden konnte. Bei dieser Versuchsanordnung konnten Kinder bereits im Alter zwischen 4 und 6 Jahren schließen, daß ein Stock A kleiner ist als ein Stock C, wenn Stock A kleiner ist als Stock B und Stock B kleiner als Stock C. Fehlt eine solche Gedächtnisstütze in der Aufgabenstellung, können die Kinder eine solche logische Operation nicht durchführen. Das Defizit der Kinder unter 7 Jahren liegt aber nicht im logischen Denken selbst, sondern auf seiten der Gedächtnisspanne.

Das Vorgehen bei einer typischen PIAGET-Studie veranschaulicht das folgende Untersuchungsbeispiel 10.1.

Untersuchung 10.1 *Zur Herausbildung der Invarianz der Substanz im Kindesalter*

PIAGET hat sich ausführlich mit dem Problem der Herausbildung invarianter Mengenbegriffe auf der Stufe der konkreten Operationen (ab etwa 7/8 Jahren) beschäftigt (s. dazu PIAGET und INHELDER, 1969). In einem typischen Versuch zur Erhaltung (Konservation) der Substanz werden einem Kind zunächst zwei Plastilinkugeln gleicher Größe gezeigt. Dann wird eine der beiden Kugeln vor den Augen des Kindes zu einer langen Wurst verformt, und das Kind hat anzugeben, ob Kugel und Wurst gleich viel Plastilin haben oder ob die Wurst nun aus mehr oder weniger Plastilin besteht als die Kugel.

PIAGET meint drei aufeinander folgende Stadien in der Entwicklung von Mengenbegriffen zu erkennen: fehlende Konservation, ein Übergangsstadium und vorhandene Konservation. Was PIAGET an dieser Entwicklungssequenz interessiert, sind weniger die Antworten der Kinder selbst (z.B. „sie sind gleich", „die Wurst hat mehr" usw.), als die den Antworten der Kinder zugrundeliegenden „Überlegungen" oder *Denkoperationen* (z.B. „die Wurst ist mehr, weil sie länger ist", „es ist gleich, denn es wurde ja nichts weggenommen oder hinzugetan", „es ist gleich, denn ich kann aus der Wurst ja wieder die Kugel formen" usw.). Ob die Erhaltung der Substanz erkannt wird oder nicht, soll nach PIAGET wesentlich davon abhängen, ob es dem Kind gelingt, sich von der unmittelbaren Wahrnehmung und einem eingleisigen Denken, der Zentrierung auf jeweils nur eine Dimension, zu lösen.

In einer Replikationsstudie an insgesamt 322 Kindern des ersten bis vierten Schuljahrgangs einer nordenglischen Grundschule untersuchten Kenneth LOVELL und Eric OGILVIE (1960), ob die Entwicklung in der von PIAGET postulierten Art abläuft und welche Begründungen die Kinder für ihre Antworten geben. Die Autoren erfaßten mit ihrer Stichprobe praktisch die gesamte Schülerpopulation der betreffenden Schule. Die Untersuchungen wurden im Rektorzimmer als Einzelversuche durchgeführt.

Vor Beginn des eigentlichen Konservations-Versuchs legte der Vl dem Kind sechs Plastilinkugeln vor; zwei davon waren gleich groß (mit einem Durchmesser von 5 cm), die übrigen vier Kugeln waren deutlich größer oder kleiner. Jede Kugel hatte eine andere Farbe. In die Untersuchungsstichprobe wurden nur solche Kinder aufgenommen, die sofort die zwei Kugeln mit 5 cm Durchmesser als gleich groß erkannten. Danach begann der eigentliche Versuch. Eine der beiden Kugeln wurde zu einer langen Wurst verformt: in der Regel tat dies der Vl, manchmal das Kind selbst. Dem Kind wurde nun vom Vl eine Reihe von Fragen gestellt, deren Beantwortung – neben dem Urteil über die Gleichheit oder Verschiedenheit der beiden Plastilinmengen – erkennen lassen sollten, welche Überlegungen dem jeweiligen Urteil des Kindes zugrunde liegen.

Es wurden u.a. folgende Fragen gestellt: Wer hat das meiste Plastilin? Warum meinst du das? Was macht dich so sicher? Wie kann das sein, daß die Wurst nicht mehr Plastilin hat, obwohl sie doch viel länger ist? Was passiert, wenn ich die Kugel zur Wurst verforme?

In der Gruppe von Kindern, die die Erhaltung der Substanz nicht erkannten, wurde der Versuch fortgeführt und durch Fragen versucht, die Aufmerksamkeit auf die gleichzeitigen Formveränderungen in den zwei Dimensionen zu lenken. Anschließend wurde demonstriert, wie die Wurst wieder in ihre Ausgangsform, die Kugel, verfomt werden kann. Dem Kind wurden wieder die oben aufgeführten Fragen gestellt. Schließlich wurde eine der beiden Kugeln erneut zu einer Wurst verformt und wieder nach der Gleichheit oder Verschiedenheit der Plastilinmengen gefragt sowie um Begründungen für die Antworten gebeten.

Die drei von Piaget postulierten Entwicklungsstadien ließen sich auffinden. Die Zahl der Kinder in den drei Stadien pro Schuljahrgang und Altersgruppe zeigt Tabelle 10.1. Danach sind 211 der 322 untersuchten Kinder im Stadium der Konservation.

Tabelle 10.1: Absolute Anzahl und Prozentanteile (in Klammern) der Kinder der einzelnen Schuljahrgänge in den drei Entwicklungsstadien der Konservation

Schuljahr (Durchschnittsalter)	Konservation vorhanden	Übergangs-stadium	Konservation nicht vorhanden	ges.
1 (7; 8)	30 (36)	27 (33)	26 (31)	83
2 (8;10)	44 (68)	8 (12)	13 (20)	65
3 (9; 9)	73 (74)	15 (15)	11 (11)	99
4 (10; 8)	64 (85)	7 (9)	4 (6)	75
	211 (65)	57 (18)	54 (17)	322

Als zweites interessierten sich Lovell und Ogilvie für die Begründungen invarianter Urteile. Teilweise abweichend von Piaget definierten sie sechs verschiedene Arten der Begründung.

(1) *Reversibilität* (Erkenntnis, daß die beiden Mengen vor der Verformung der einen Kugel gleich waren; dies wird bei Piaget allerdings eher als Identität bezeichnet); (2) *Identische Handlung* (die zweite Kugel könnte zu einer gleichen Wurst wie die erste verformt werden); (3) *Plus/Minus* (es ist während der Verformung nichts hinzugefügt oder weggenommen worden); (4) *Koordination von Beziehungen* (die größere Länge der Wurst wird durch die geringere Dicke kompensiert); (5) *Gewicht* (das Gewicht hat sich nicht verändert); (6) *Form* (nur die Form hat sich verändert).

Die Verteilung der verschiedenen für ein invariantes Urteil herangezogenen Begründungen geht aus Tabelle 10.2 hervor.

Danach ist in allen Altersstufen die Reversibilität – in der von den Autoren definierten Form – die häufigste Grundlage einer Konservation. Daß umgekehrt die Fähigkeit zur Reversibilität nicht notwendigerweise bedeutet, daß die Invarianz der Substanz erkannt wird, zeigt sich daran, daß 70 der 111 Kinder, die noch nicht im Stadium der Konservation waren, Zeichen von Reversibilität äußerten.

Tabelle 10.2: Prozentanteile verschiedener Arten von Begründungen für ein invariantes Urteil (Konservation) in den vier Schuljahren (da einzelne Kinder mehr als eine Begründung gegeben haben, addieren sich die Quersummen zu mehr als 100% auf)

Schuljahr	Reversibilität	Identische Aktion	Plus/ Minus	Koordination von Relationen	Gewicht	Form	weiß nicht
1	57	3	30	30	0	7	13
2	58	12	42	14	5	2	0
3	71	7	29	33	1	0	0
4	78	5	19	36	6	6	0

Bestätigt werden konnte, daß Kinder, die die Invarianz der Substanz noch nicht erkannten, jeweils auf nur eine Dimension der zu beurteilenden Gegenstände achteten (PIAGETS Zentrierung der Wahrnehmung).

Hinsichtlich der Herausbildung einer Substanz-Konservation leiten LOVELL und OGILVIE aus ihrer Untersuchung die folgenden Schlußfolgerungen ab:

1. Die drei von PIAGET postulierten Entwicklungsstadien der Invarianz-Ausbildung lassen sich zwar replizieren, die Grenzen zwischen diesen Stadien sind jedoch fließend.
2. Es wird nicht klar, inwieweit die von PIAGET für das Vorhandensein von Invarianz angenommenen Denkoperationen hinreichend sind, um Invarianz hervorzubringen.
3. Auffälligstes Merkmal der Kinder in der Übergangsphase ist ihre Entscheidungsunsicherheit.
4. Mit 7/8 Jahren, teilweise auch noch später, gibt es noch relativ viele Kinder, die die Invarianz der Substanz nicht eindeutig erkennen.
5. Die Durchführung der Untersuchung hat deutlich gemacht, welche Begriffsverwechslungen, etwa zwischen *länger*, *dicker*, *kürzer*, *größer*, *kleiner*, bei den Kindern des untersuchten Alters bestehen können. Dies beeinflußt mit Sicherheit die Antworten der Kinder.

LOVELL, K. & OGILVIE, E. (1960). A study of conservation of substance in the junior school child. *British Journal of Educational Psychology, 30*, 109-118.

2.2 Lawrence KOHLBERG (1927 – 1987)

Person und Werk

Lawrence KOHLBERG wurde 1927 als jüngstes von vier Kindern in Bronxville, New York, geboren.

Nach Beendigung seiner Highschool-Ausbildung an der renommierten Andover Academy in Massachusetts heuerte KOHLBERG im Herbst 1945 als unbezahlter Ingenieur auf dem amerikanischen Frachter *Paducha* an, auf dem jüdische Flüchtlinge aus Europa illegal durch die britische Blockade nach Palästina gebracht werden sollten. Das Schiff wurde aber von der britischen Marine beschossen und schließlich aufgebracht. KOHLBERG wurde in einem britischen Konzentrationslager auf Zypern interniert. Mit Hilfe der israelischen Organisation *Hagenah* konnte er mit anderen Internierten nach Palästina fliehen. Dort lebte er in einem Kibbutz, bis er, ausgestattet mit falschen Papieren, wieder in die USA zurückkehren konnte.

1948 schrieb er sich an der Universität von Chicago ein, wo er aufgrund seiner überdurchschnittlichen Leistungen innerhalb eines Jahres den Bachelor-Grad erwarb. Anschließend setzte er sein Studium in Chicago fort, zunächst mit dem Ziel, Klinischer Psychologe zu werden. Bald fing er jedoch an, sich intensiv mit Philosophie und Psychologie, insbesondere mit Fragen der Moral, zu beschäftigen.

Mit dem Problem der Gerechtigkeit bzw. den Ungerechtigkeiten in der Welt hatte sich KOHLBERG schon als Jugendlicher auseinandergesetzt. Seine Erfahrungen in und nach dem Zweiten Weltkrieg bestätigten ihn darin. Er schwankte nur, ob er der Sache der Gerechtigkeit besser als Klinischer Psychologe durch Einzelfallhilfe oder als Jurist durch Beeinflussung sozialer Verhältnisse dienen könnte. Er entschied sich zunächst für die Klinische Psychologie und belegte u.a. Kurse in Psychoanalyse bei Bruno BETTELHEIM und in Humanistischer Psychologie bei Carl ROGERS. Allmählich geriet er immer stärker unter den Einfluß der Schriften von Jean PIAGET, James Mark BALDWIN und George Herbert MEAD.

Nach zwei Jahren praktischer klinischer Tätigkeit in einem Psychiatrischen Krankenhaus begann KOHLBERG schließlich 1955 mit der Arbeit an einer Dissertation zum Thema *The development of modes of moral thinking and choice in the years 10 to 16*. Dies war der erste Schritt, PIAGETS frühere Untersuchungen zum moralischen Urteil bei Kindern wieder aufzunehmen und auf die Untersuchung von Jugendlichen und Erwachsenen auszuweiten (s. dazu Kap. 13).

KOHLBERG schloß seine Dissertation 1958 ab. Er stellte darin zum ersten Mal sein Stufenmodell der Moralentwicklung vor. Das Thema *Moral* sollte bis zu seinem Lebensende sein Hauptthema bleiben. Die in den 50er Jahren begonnenen Untersuchungen an den – damals – 10- bis 16jährigen Chicagoer Jungen wurden schließlich über mehr als zwei Jahrzehnte im Längsschnitt fortgesetzt (COLBY, KOHLBERG, GIBBS & LIEBERMAN, 1983).

KOHLBERG wird häufig ausschließlich mit seinem Stufenmodell der Moralentwicklung identifiziert. Er ist aber nicht nur der am häufigsten zitierte zeitgenössische Forscher und Theoretiker der Moralentwicklung. KOHLBERG hat darüber hinaus zahlreiche Arbeiten zu anderen Themen vorgelegt, über Geschlechtsrollenentwicklung, Sozialisation, egozentrische Sprache, Ich-Entwicklung, die Prognose geistiger Gesundheit. Einige dieser Arbeiten (z.B. KOHLBERG, 1966, 1969a; KOHLBERG, YAEGER & HJERTHOLM, 1968; KOHLBERG, LACROSSE & RICKS, 1972) haben, nicht zuletzt aufgrund ihres programmatischen Charakters und ihrer vom Mainstream der amerikanischen Psychologie abweichenden Positionen, wichtige neue Forschungsimpulse geliefert.

Kohlberg lehrte zunächst an der Yale Universität (1959-1962) und an der Universität von Chicago (1962-1968). 1968 wurde er Professor für Erziehungswissenschaft und Sozialpsychologie an der Graduate School of Education der Harvard Universität. Dort hatte er die Möglichkeit, mit einem großen Stab von Mitarbeitern/Mitarbeiterinnen Forschung zu Moralproblemen durchzuführen und ein Zentrum für Moralerziehung einzurichten.

Seine dortigen Erfahrungen brachten ihn zu der Überzeugung, daß eine ernsthafte Auseinandersetzung mit moralischen Problemen die Gestaltung des Zusammenlebens der Betroffenen einschließen muß. So entwickelte er Programme zur Schaffung „gerechter Gemeinschaften" (Just Community Programs), z.B. in Schulen oder Gefängnissen (Kohlberg, 1986). Mit Vehemenz wendete er sich gegen die in den USA vorherrschende Auffassung, daß Moralität nichts anderes sei als kulturrelative Gewohnheiten, Normen und Werte.

1971 wurde Kohlberg während eines Forschungsaufenthaltes in Belize von einem Parasiten befallen. Von dieser Erkrankung und ihren immer schmerzhafteren Folgen hat er sich nicht mehr erholt. Zum Schluß konnte er vor Schmerzen nicht mehr lesen und schreiben. Am 17. Januar 1987 verschwand Kohlberg spurlos. Er setzte seinem Leiden ein Ende. Erst am 6. April wurde seine Leiche im Bostoner Hafen gefunden.

Kohlbergs wichtigste Schriften sind: *The development of children's orientations toward a moral order: 1. Sequence in the development of moral thought* (1963), *Development of moral character and ideology* (1964), *A cognitive-developmental analysis of children's sex-role concepts and attitudes* (1966), *The impact of cognitve maturity on sex-role attitudes in the years four to eight, (zusammen mit E. Zigler, 1967), Early education: a cognitive developmental approach* (1968), *Private speech: four studies and a review of theories* (zusammen mit Yaeger und Hjertholm, 1968), *Stage and sequence: the cognitive-developmental approach to socialization* (1969a), *Stages in the development of moral thought and action* (1969b), *Continuities and discontinuities in childhood and adult moral development revisited* (1973), *Essays on moral development, Vol.1* (1981), *Vol.2 (1984), Child psychology and childhood education: the cognitive developmental view* (Kohlberg,1987). Eine Zusammenstellung wichtiger früher Arbeiten findet sich in leider schlechter deutscher Übersetzung in dem Buch *Zur kognitiven Entwicklung des Kindes* (1974).

Grundannahmen Kohlbergs

Kohlberg lehnt sich eng an Piagets Entwicklungskonzeption an. Auch für Kohlberg ist Entwicklung ein gerichteter, nicht umkehrbarer Prozeß intern organisierter struktureller Veränderungen, die den Veränderungen des beobachtbaren Verhaltens zugrunde liegen. Kohlberg hat diese kognitive Sichtweise auf die Analyse der langfristigen Veränderungen des sozialen Verhaltens (Sozialisation) ausgedehnt, insbesondere in den Bereichen der moralischen Entwicklung, der Geschlechtsrollenübernahme und der Herausbildung von Abbhängigkeit. Er nennt seinen Ansatz *cognitive developmental* (kognitiv-genetisch).

KOHLBERG erhebt nicht den Anspruch, eine umfassende Theorie der Entwicklung zu liefern. Er versteht seinen Ansatz eher als ein *Programm zur Analyse der gerichteten strukturellen Veränderungen der Verhaltensentwicklung*. Aussagen über reversible, situationsspezifische Lernprozesse, wie sie von den S-R-Theoretikern gemacht werden, strebt KOHLBERG hingegen nicht an.

KOHLBERG hat sein „Programm" allerdings nirgendwo systematisch dargestellt, was eine zusammenfassende Wiedergabe seiner Position erschwert. So können in diesem Abschnitt nur die in seinen Schriften erkennbaren Grundlinien seines Ansatzes herausgearbeitet werden. Eine ausführliche Würdigung von KOHLBERGS Beitrag zur Analyse der Entwicklung in den Bereichen Geschlechtstypisierung und Moral erfolgt in den Kapiteln 12 und 13 dieses Lehrbuchs.

Ausgangspunkt für KOHLBERGS Analyse der Sozialisation war das Ungenügen der Ergebnisse der traditionellen Sozialisationsforschung, insbesondere das Scheitern der Bemühungen, Zusammenhänge zwischen der Erziehung (Sozialisationseinflüssen) in der frühen Kindheit und dem späteren Verhalten in Kindheit und Jugend aufzufinden (KOHLBERG, 1969a, 1974; vgl. auch ZIGLER & CILD, 1969). Auch die Tatsache, daß verschiedene Studien meist zu widersprüchlichen Ergebnissen gelangten und daß die Interkorrelationen von Variablen des gleichen Verhaltensbereichs in der Regel relativ niedrig waren, ließ KOHLBERG nach anderen Wegen der Erforschung des Sozialisationsprozesses suchen.

Den wesentlichen Grund für den unbefriedigenden Status der traditionellen Sozialisationsforschung sah KOHLBERG darin, daß diese mit Hilfe von Querschnittuntersuchungen individuelle und kulturelle Unterschiede im elterlichen Erziehungsverhalten mit Unterschieden der Ausprägung von Verhaltensmerkmalen der Erzogenen korreliert und daraus Vorhersagen über langfristige Verhaltensänderungen abzuleiten versucht. Dieses Vorgehen basiert nach KOHLBERG auf dem Mißverständnis, Erklärungsmuster für quantitative interindividuelle Unterschiede des Verhaltens im Querschnitt auf die Erklärung der qualitativen intraindividuellen Veränderungen von Verhaltensstrukturen einfach übertragen zu können (vgl. auch TRAUTNER, 1983). Wählt man die langfristigen intraindividuellen Veränderungen als Gegenstand der Betrachtung aus, so hat man sich jedoch auf die den Verhaltensänderungen zugrundeliegenden strukturellen Veränderungen und deren Bedingungen zu konzentrieren. Dies wird nach KOHLBERG am ehesten von einem kognitiven Ansatz geleistet.

Zur Analyse von Entwicklungssequenzen im Bereich des Sozialverhaltens übernimmt KOHLBERG zunächst die grundlegenden Annahmen einer kognitiven Betrachtungsweise, die auf den vorangegangenen Seiten dieses Kapitels dargelegt worden sind. Als davon wichtigste formuliert KOHLBERG die folgenden vier Prämissen (KOHLBERG, 1969a, S. 348, Übers. v. Verf.):

1. Die grundlegenden Entwicklungsprozesse beinhalten Transformationen kognitiver Strukturen, die durch Prinzipien des strukturellen Lernens zu erklären sind (vgl. dazu S. 170). Der Strukturbegriff bezeichnet allgemeine Formen oder Muster von Handlungen. Dies ist streng zu trennen von Angaben über die Häufigkeit oder Intensität eines Verhaltens oder seiner Verknüpfung mit bestimmten Reizen.

2. Die Entwicklung kognitiver Strukturen resultiert aus der Interaktion zwischen der Struktur des Organismus und der Struktur der Umwelt. Sie ist weder das direkte Resultat des biologischen Reifungsprozesses noch die direkte Widerspiegelung von Umwelteinflüssen, etwa von Stimulus- Kontingenzen. Sie kommt vielmehr zustande im aktiven und selbstregulierten Austauschprozeß zwischen Organismus und Umwelt.

3. Kognitive Strukturen sind immer Handlungsstrukturen. Kognitive Aktivitäten von der sensumotorischen Stufe über die vorbegriffliche Stufe bis hin zur Stufe der formalen Operationen sind immer organisierte Handlungen in Bezug auf Objekte.

4. Die Entwicklungsrichtung kognitiver Strukturen geht auf ein immer höheres Gleichgewicht der Organismus–Umwelt- Interaktion, d.h. auf eine immer bessere Abgestimmtheit zwischen der Aktivität des Organismus gegenüber der Umwelt und der „Einwirkung“ (action) der Objekte in der Umwelt auf den Organismus. Dieses dynamische Gleichgewicht repräsentiert Wahrheit, Erkenntnis oder Anpassung. Dabei weitet sich das System von Transformationen, das Konstanz unter variierenden Bedingungen ermöglicht, ständig aus.

Als weiteres Kernstück eines kognitv-genetischen Ansatzes übernimmt KOHLBERG das Postulat von der Stufenfolge der geistigen Entwicklung (vgl. oben S. 176–187).

Diese Grundzüge charakterisieren die kognitive Entwicklung allgemein, sowohl was das Denken über physikalische Objekte betrifft als auch das Denken bezüglich sozialer Objekte. Sie gelten also ebenfalls für die soziale Entwicklung. Darüber hinaus sind zur Analyse des Sozialisationsprozesses aber eine Reihe zusätzlicher Annahmen notwendig. Ihnen wendet KOHLBERG seine besonderes Interesse zu.

Für KOHLBERG hat jede Beschreibung der Struktur eines sozialen Verhaltens eine Beschreibung davon zu umfassen, wie jemand seine Umwelt und sich selbst wahrnimmt und sieht. Die Wahrnehmung des Selbst und der sozialen Umwelt umschließt sowohl kognitive als auch affektive Aspekte. Wie PIAGET geht KOHLBERG davon aus, daß sich die kognitive und die affektive Entwicklung nicht voneinander trennen lassen bzw. letztere in starkem Maße von ersterer beeinflußt wird. Sie verlaufen weitgehend parallel und stellen bloß unterschiedliche Perspektiven und Kontexte strukturellen Wandels dar (vgl. oben S. 174f.).

Für den Zusammenhang von kognitiver und affektiver Entwicklung führt KOHLBERG zahlreiche Belege an, vorwiegend aus dem Bereich der moralischen Entwicklung (s. dazu KOHLBERG, 1969a, b; 1973). So haben Alterstrends in der moralischen Entwicklung eine formal-strukturelle Grundlage parallel zu den strukturellen Gegebenheiten der kognitiven Entwicklung. Z.B. hat das Eintreten für die Gegenseitigkeit und Reversibilität von Regeln sein Gegenstück in der Reversibilität des Denkens. Die mit der moralischen Entwicklung verbundenen Motive und Affekte (etwa Schuldgefühle, Widerstände gegen Versuchungen, Mitleid mit Geschädigten u.ä.) werden ebenso weitgehend durch Veränderungen in den vorherrschenden Denkstrukturen vermittelt. KOHLBERG vertritt den Standpunkt, daß die kognitive Definition einer moralischen Situation direkt den von dieser Situation ausgelösten Affekt bestimmt (KOHLBERG, 1969a, S. 393, s. dazu im einzelnen Kap. 13).

Selbstbeschuldigungen, als Indikator für Schuldgefühle, treten etwa um die gleiche Zeit auf wie konventionelle moralische Urteile. Zwischen Werten für die moralische Reife eines Urteils und Einstufungen des moralischen Verhaltens eines Individuums ergeben sich meist signifikante positive Zusammenhänge. Auch lassen sich interpretierbare Beziehungen zwischen den Stufen des moralischen Urteils und dem Grad des affektiven Widerstands in Versuchungssituationen aufzeigen (KOHLBERG, 1969a). Außerdem scheint die Sozialisation von moralischen Affekten weniger durch Belohnung und Strafe zu erfolgen, wie in den S-R-Theorien angenommen, sondern durch die Kommunikation über die Definition (Etikettierung) von Situationen und der ihnen als sozial angemessen angesehenen zugehörigen Affekte (vgl. auch SCHACHTER, 1964).

Einen weiteren Beleg für den Zusammenhang von Kognition und Affekt sieht KOHLBERG in dem sich immer wieder zeigenden positiven Zusammenhang zwischen dem Intelligenzquotienten und den Stufen des moralischen Urteils. Aber auch für andere Maße des sozialen Verhaltens zeigen sich nach KOHLBERG häufig relativ enge Beziehungen zum intellektuellen Entwicklungsstand (KOHLBERG, LACROSSE & RICKS, 1972).

Weiter gilt für KOHLBERG, daß die Einheit der Persönlichkeitsorganisation und Persönlichkeitsentwicklung vom *Ich* oder *Selbst* gebildet wird, und zwar in seiner Beziehung zur sozialen Umwelt. Soziale Entwicklung fällt für KOHLBERG im wesentlichen zusammen mit dem Aufbau und der Umstrukturierung des Selbstkonzeptes in seiner Relation zu den Konzepten anderer Personen innerhalb einer gemeinsamen sozialen Welt mit bestimmten gemeinsamen Normen und Standards. Analog zur geistigen Reifung wird so etwas wie eine Ichreifung angenommen.

Zentrales Kennzeichen der *Richtung* der Ichentwicklung ist das Zusteuern auf ein zunehmendes Gleichgewicht und eine Reziprozität zwischen dem eigenen Handeln und dem Handeln der anderen. In seiner allgemeinen Form ist dieses Gleichgewicht der Endpunkt der (moralischen) Entwicklung: das Erreichen eines Zustands von Gerechtigkeit, Gegenseitigkeit und Gleichheit. Die individuelle Form davon ist die Liebe, d.h. die gegenseitige, wechselseitige Intimität. Das Analogon zur Invarianz logischer und physikalischer Begriffe ist die Herstellung oder Aufrechterhaltung der Ichidentität, und zwar über die variierenden Transformationen der einzelnen Rollenbeziehungen hinweg. KOHLBERG kommt hier ERIKSONS Konzeption von der Identität und Gegenseitigkeit als Ziel der Ichentwicklung sehr nahe (vgl. Kap. 8.2.2).

KOHLBERG hat sich am ausführlichsten mit der moralischen Entwicklung auseinandergesetzt und PIAGETS Betrachtung der Moral wesentlich erweitert. (Eine ausführliche Würdigung von KOHLBERGS Stufenmodell der moralischen Entwicklung erfolgt in Kap. 13).

Identifikation und Imitation im kognitiv-genetischen Konzept KOHLBERGS

Wichtig für KOHLBERGS Entwicklungskonzeption ist auch seine Auffassung über die Rolle und die Bedeutung von Identifikation und Imitation, die er abweichend vom psychoanalytischen Identifikationskonzept und vom Identifikations- und Imitationskonzept der Theorien des sozialen Lernens definiert (vgl. KOHLBERG, 1969a).

Von einem psychoanalytischen Identifikationskonzept unterscheidet sich KOHLBERGS kognitiv-genetischer Identifikationsbegriff in folgenden Merkmalen (vgl. KOHLBERG, 1969a, S. 426):

1. Identifikation wird als kognitiv-strukturelle Stufe eines allgemeineren imitativen Prozesses oder eines Prozesses der sozialen Teilnahme (social-sharing process) angesehen.

2. Entsprechend ist Identifikation nicht ausschließlich an Bedürfnisse und Beziehungen aus der früheren Eltern–Kind- Interaktion gebunden.

3. Identifikationen sind nicht völlig fest, irreversibel oder *internalisiert*. Identifikationen sind vielmehr *Lösungen* von Entwicklungsaufgaben, die sich mit neuen Entwicklungsaufgaben verändern können.

Identifikation und Imitation werden nicht im Sinne dichotomer Prozesse getrennt, sondern als unterschiedliche Merkmale des strukturellen Entwicklungsstandes voneinander abgehoben. Unter den weiten Begriff der Identifikation oder der *Satellisation* (KOHLBERG verwendet diesen Begriff in Anlehnung an AUSUBEL, 1952) fallen die folgenden Komponenten:

- Tendenzen, die Eltern oder andere Modelle zu imitieren;
- die emotionale Abhängigkeit und Bindung an die Eltern;
- die Tendenz, mit den normativen Erwartungen der Eltern übereinzustimmen;
- die wahrgenommene Ähnlichkeit mit den Eltern;
- die Idealisierung der Eltern bzw. deren Fähigkeiten und Tugenden;
- die von der Kompetenz und vom Status der Eltern abgeleitete stellvertretende Selbstschätzung;
- die Fähigkeit, aus der elterlichen Anerkennung eine Selbstschätzung zu gewinnen und auf diese Art allmählich andere Quellen von Prestige und Kompetenz aufzubauen.

Vom Identifikations- bzw. Imitationskonzept der Theorien des sozialen Lernens hebt sich KOHLBERGS Konzeption in folgender Hinsicht ab:

1. Soziale Verstärkung, z.B. von Imitationsverhalten, baut auf der primär gegebenen intrinsischen Motivation zur Aufgabenbewältigung (competence bzw. effectance motivation) auf. Das Verhältnis zwischen dem Bedürfnis nach Aufgabenbewältigung und dem Bedürfnis nach sozialer Verstärkung ist so geartet, daß Belohnung oder Zustimmung ein Hinweis für die erfolgreiche Bewältigung von Aufgaben sind und nicht umgekehrt, daß Aufgaben bewältigt werden, um Belohnung oder Zustimmung zu erhalten. Die Bedeutung von Verstärkern sieht KOHLBERG somit primär darin, Erfolg oder Bewältigung in Form sozialer Standards kognitiv zu definieren (Informationswert) und weniger im Sinne einer direkten Stärkung damit assoziierter Verhaltensweisen (Anreizwert).

2. Mit fortschreitendem Alter, bis etwa 6/7 Jahre wird ein Anstieg in dem Bemühen des Kindes angenommen, über die *Richtigkeit* seines Verhaltens eine externe soziale Rückmeldung und soziale Zustimmung zu erhalten.

3. Schließlich wird angenommen, daß diese Entwicklung durch den Imitationsprozeß selbst vermittelt ist.

Zu den beiden letzten Punkten existieren aber zum Zeitpunkt von KOHLBERGS Analyse kaum empirische Untersuchungen. KOHLBERG (1969a/1974) belegt daher im einzelnen aussschließlich den Punkt (1) bezüglich der Rolle der sozialen Verstärkung für die Entwicklung. Erst in späteren Arbeiten hat man sich den Fragen (2) und (3) zugewendet (s. hierzu BANDURA, 1986; PERRY & BUSSEY, 1984; WALLER & PREIS, 1975).

Ausführlich setzt sich KOHLBERG vor allem mit den folgenden vier Punkten auseinander (KOHLBERG, 1969a, S. 440-446):

(1) Das Imitationsverhalten des Kindes wird durch soziale Verstärkung primär aufgrund des darin enthaltenen Informationswerts beeinflußt, d.h., durch die Rückmeldung über die „Richtigkeit" oder die Übereinstimmung mit Standards von Personen, die als kompetent angesehen werden. Gibt ein sozialer Verstärker keinen Hinweis bezüglich Normenkonformität, hört er nach KOHLBERG auf, das Verhalten zu beeinflussen.

(2) Eine plötzliche Löschung unter sozialer Verstärkung „gelernter" Imitation tritt ein, wenn Informationen gegeben werden, daß sich die Situation oder die situationsrelevanten Regeln geändert haben.

(3) In einigen Fällen wirkt soziale Verstärkung als das Äquivalent einer direkten Aufforderung zur Imitation. In Situationen, in denen die Verhaltensregeln mehrdeutig sind oder unklar sind, tritt Imitation als Vermittlungsmechanismus der erfolgreichen Aufgabenbewältigung ins Spiel.

(4) Die bei Kindern im Vorschulalter im allgemeinen angetroffene kognitive Unklarheit über situationsangemessene Verhaltensregeln unterstützt sowohl Imitation als auch eine Empfänglichkeit für Verstärkung, die für ältere Kinder oder Erwachsene keine derartige *normative* Funktion mehr einnehmen. Aufgrund des Fehlens von Information und kognitiver Klarheit über die Standards *korrekten* Verhaltens unterscheiden kleine Kinder nicht eindeutig zwischen *korrektem* Verhalten und *belohnt werden*, und erscheinen so abhängiger von extrinsischen und beliebigen sozialen Verstärkungskontingenzen als ältere Kinder und Erwachsene.

Untersuchung 10.2 — *Entwicklungspsychologische Bedingungen der Imitation. Eine Überprüfung des KOHLBERGschen Imitationskonzepts*

Ausgehend von KOHLBERGS kognitiv-genetischem Ansatz (KOHLBERG, 1969a/1974) untersuchten Manfred WALLER und Herbert PREIS (1975) das Imitationsverhalten von 120 Kindern im Alter von 5 bis 8 Jahren. Folgende Hypothesen unterzogen sie einer experimentellen Überprüfung: (1) Kompetentes Modellverhalten wird mit größerer Häufigkeit imitiert als nicht-kompetentes Modellverhalten. (2) Weiß der Beobachter, welches Verhalten in einer Situation erwartet wird, beeinflussen die mit dem Modellverhalten assoziierten externen Verstärker die Imitationshäufigkeit nicht. (3) Beherrscht der Beobachter bereits eine lösungsadäquate Verhaltensstrategie, wird das für die spezifische Aufgabe kompetente Modellverhalten mit geringerer Häufigkeit imitiert, als wenn er solche Verhaltensstrategien noch nicht gelernt hat. (4) Ältere Kinder imitieren kompetentes Modellverhalten mit geringerer Häufigkeit als jüngere Kinder. (5) Ältere Kinder orientieren sich weniger an den mit dem Modellverhalten assoziierten externen Verstärkern als jüngere Kinder.

Als *Aufgabe* war, ähnlich wie bei einem Flippergerät, eine Metallkugel durch Ziehen und Loslassen eines mit einem Federmechanismus ausgestatteten Zugknopfes in einer Leitschiene so hochzuschießen, daß sie in eine am oberen Ende befindliche Öffnung fiel (Treffer). Der dafür konstruierte Holzkasten enthielt an seiner Vorderseite zwei solcher Vorrichtungen, eine rechts und eine links. Die Trefferwahrscheinlichkeit konnte – für die Vp nicht erkennbar – durch Ein- und Ausschalten eines Elektromagneten vom Vl per Fernbedienung manipuliert werden. Die Art der Aufgabe gewährleistete, daß die Kinder der untersuchten Altersstufe einerseits nicht überfordert waren, andererseits möglichst homogen in ihrem Kompetenzstreben angeregt wurden.

Drei Faktoren wurden experimentell variiert: Die *Kompetenz des Modellverhaltens* (K+ vs. K-), die *stellvertretende Bekräftigung des Modellverhaltens* (R+ vs. R-) und die *Beherrschung einer adäquaten Verhaltensstrategie* (S+ vs. S-) zur Aufgabenlösung seitens der Vp. Außerdem ging das *Alter der Vpn* (A+ vs. A-) als unabhängige Variable ein.

Alle vier Variablen wurden zweistufig realisiert. Sämtliche Stufen wurden miteinander kombiniert, bis auf eine Ausnahme: Nicht-kompetentes Modellverhalten erfolgte nur unter der Bedingung R+ (stellvertretende Bekräftigung). Auf diese Art ergab sich ein mehrfaktorieller Plan mit 12 Zellen. Pro Zelle wurden 10 Vpn untersucht.

Der *Versuchsablauf* gestaltete sich wie folgt:

(1) *Vorphase*. In einer vorexperimentellen Spielphase wurde der Versuchsapparat demonstriert und den Kindern erklärt, daß es darauf ankommt, die Kugeln in der richtigen Reihenfolge von den Zugknöpfen auf der rechten (blaumarkierten) und der linken (gelbmarkierten) Seite aus in die Öffnungen hochzuschießen. Anschließend sollten die Kinder in Probeversuchen die richtige Reihenfolge herausfinden. Unter der Bedingung S+ manipulierte der Vl die Treffer so, daß die Kinder bei Einhalten der Sequenz blau/gelb bei jedem Versuch die Öffnung trafen. Unter der Bedingung S- gab es nur hin und wieder Treffer, die überdies nicht mit einer bestimmten Sequenz verbunden waren.

(2) *Beobachtungsphase*. Über Monitor wurde den Kindern ein dreiminütiger Film vorgeführt, in dem ein junger Mann in insgesamt 12 Versuchen viermal hintereinander die Sequenz blau/blau/gelb spielte und dabei zwölf Treffer erzielte (K+). In einem Parallelfilm schoß das Modell die Kugel jeweils mit so geringer Kraft, daß sie wieder zurückrollte (K-). Unter der Bekräftigungsbedingung (R+) erhielt das Modell nach jeder Dreier-Sequenz einen Mohrenkopf, den es demonstrativ vorzeigte. Unter der Bedingung R- (nur bei kompetentem Modell realisiert) erhielt das Modell keine Belohnung.

(3) *Testphase*. Nach einer Pausenbeschäftigung von ca. 10 Minuten gingen die Vpn selbst an den Versuchsapparat und versuchten die Kugeln in die Öffnung zu schießen. Die Imitationsrate eines Kindes bestimmte sich nach der Anzahl der in insgesamt 24 Versuchen auftretenden Modellsequenzen blau/blau/gelb (Maximalwert = 8).

An der Untersuchung nahmen 60 Kinder aus Grundschulklassen (Durchschnittsalter: 8;4 Jahre) sowie 60 Kinder aus dem Anmeldejahrgang für die erste Klasse (Durchschnittsalter: 6;3 Jahre) einer Grundschule in Speyer teil. Die Kinder wurden nach Alter, Geschlecht und Intelligenz gleichmäßig auf die Versuchbedingungen aufgeteilt.

Die *Ergebnisse* des Experiments stützen weitgehend die Position KOHLBERGS. Bis auf die Hypothese 4 (Abnahme der Imitationsbereitschaft über Alter) entsprechen die Befunde den Vorhersagen (vgl. Abbildung 10.4). Das Imitationsverhalten der Kinder wurde entscheidend dadurch beeinflußt, ob das beobachtete Modell kompetentes oder nicht- kompetentes Verhalten demonstrierte (unter letzterer Bedingung ging die Imitationsrate gegen Null) und ob die Vp zuvor eine adäquate Lösungsstrategie gelernt hatte oder nicht (unter der zweiten Bedingung lag die Imitationsrate höher; dies galt insbesondere für die jüngeren Kinder). Das Alter der Kinder und ob das Modell stellvertretend bekräftigt wurde, wirkte sich hingegen weniger auf das Imitationsverhalten aus.

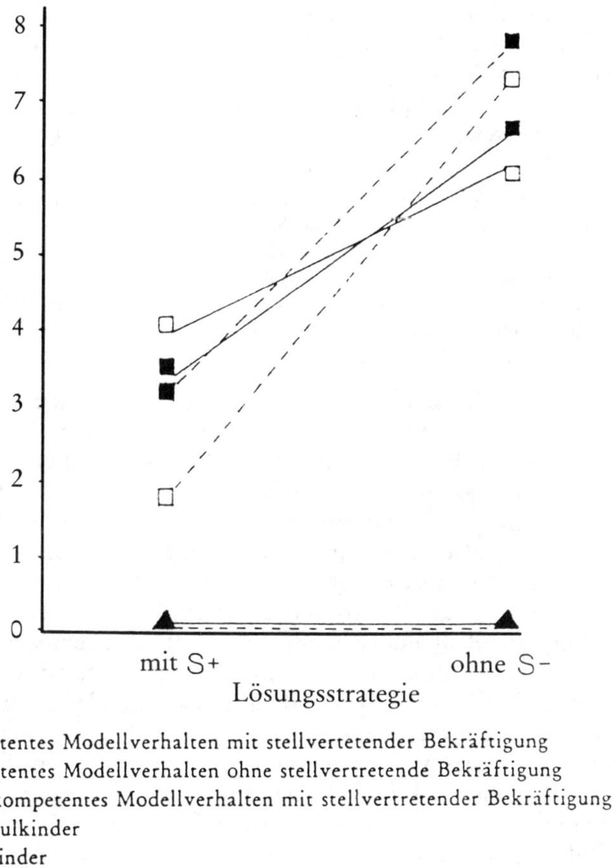

Abbildung 10.4: Mittlere Imitationsraten unter den Bedingungen einer stellvertretenden (R+) vs. nicht stellvertretenden Bekräftigung (R−), eines kompetenten (K+) vs. nicht kompetenten Modellverhaltens (K−) und der Vermittlung (S+) vs. Nichtvermittlung einer Lösungsstrategie (S−) (aus WALLER & PREIS, 1975, S. 81)

Insgesamt erwiesen sich somit das Kompetenzstreben des Kindes und der Informationswert des Modellverhaltens als bedeutsamer für das Imitationsverhalten der Kinder als der Anreizwert (stellvertretender) externer Verstärkung.

WALLER, M. & PREIS, H. (1975). Entwicklungspsychologische Bedingungen im Motivationseinfluß auf das Imitationsverhalten. Eine Überprüfung des KOHLBERGschen Erklärungsansatzes. *Zeitschrift für Entwicklungspsychologie und Pädagogische Psychologie*, *7*, 73-87.

Entwicklung als Rollenübernahme

KOHLBERG erweiterte die kognitiv-genetische Analyse des Sozialverhaltens durch die Einführung des Begriffs der *Rollenübernahme* (englisch: *role-taking*). Zusätzlich zu den Prozessen, die für die Kognition der physikalischen Welt gelten, beinhaltet die Kognition der sozialen Welt (der Interaktion mit Personen) immer Prozesse des Hineinversetzens in die Position des anderen und ein Erkennen komplementärer Rollenerwartungen, einschließlich der Gleichheit bzw. Verschiedenheit des Selbst und der anderen.

Diese Sichtweise läßt sich auf J.M. BALDWIN (1906) und insbesondere auf G.H. MEAD (1934) zurückführen. MEAD sah den wechselseitigen Zusammenhang von Selbst und anderen, indem er die beiden Seiten des Verhältnisses zwischen Selbst und anderen so beschrieb: auf die anderen als eigenständige Person (Selbst) reagieren und das eigene Verhalten gleichzeitig aus der Perspektive der anderen betrachten. Der Begriff des role-taking wurde später speziell auf entwicklungspychologische Probleme angewendet, so von MACCOBY (1959). Verstärkt in die Diskussion eingebracht wurde er dann vor allem von FLAVELL u.a. durch ihr Buch zur *Rollenübernahme und Kommunikation bei Kindern* (s. FLAVELL, BOTKIN, FRY, WRIGHT & JARVIS, 1968/1975).

Veränderungen des Selbst spiegeln entsprechend Veränderungen im Konzept der sozialen Welt wider. Eine wesentliche Funktion der sozialen Umwelt besteht darin, Gelegenheiten für die Übernahme von Rollen zu schaffen, sogenannte *role-taking opportunities*. Rollenübernahme schafft darüber hinaus erst die Voraussetzung für Imitation und Abhängigkeit. Um Rollen kennenzulernen, muß man einer Gruppe – oder verschiedenen Gruppen – angehören und mit den verschiedenen Gruppenmitgliedern kommunizieren. Sozialen Gruppen, z.B. auch der Familie, kommt dabei eher eine Bedeutung im Sinne der Bereitstellung zur Rollenübernahme zu als daß sie einen spezifischen Einfluß auf die Sozialisation ausüben, etwa im Sinne der differentiellen Bekräftigung oder des Imitationslernens. Das Vorhandensein von Gelegenheiten zur Rollenübernahme beschleunigt die Entwicklung, bietet aber noch keine Erklärung für spezifische qualitative Änderungen oder das Stehenbleiben auf einer bestimmten Entwicklungsstufe. Hier sind nach KOHLBERG Theorien des strukturellen Konflikts und der strukturellen Angleichung (structural match) vonnöten, die den Einfluß dosierter Diskrepanzen auf die Entwicklung berücksichtigen.

3. Informationsverarbeitungstheorie

In den letzten zwei Jahrzehnten hat der Informationsverarbeitungsansatz in der Psychologie der (kognitiven) Entwicklung zunehmend an Bedeutung gewonnen. Während sich in der Ausgabe von *CARMICHAEL's Manual of Child Psychology* aus dem Jahre 1970 kein einziges Kapitel mit der Informationsverarbeitungstheorie (im folgenden abgekürzt: IVT) befaßte, ist diese in der Ausgabe von 1983, d.h. nur 13 Jahre später, zur führenden Theorie der kognitiven Entwicklung avanciert (s. SIEGLER, 1983). Unter dem Etikett *IVT* verbirgt sich allerdings nicht eine einzelne kohärente Theorie, sondern ein allgemeiner Rahmen für eine Reihe miteinander verwandter Forschungsprogramme.

Die Wurzeln der IVT liegen in der *Allgemeinen Psychologie*. Angeregt durch Fortschritte in der Computertechnologie und in Ablehnung eines Neobehaviorismus, der sich weigerte, über Phänomene wie das menschliche Denken oder andere Bewußtseinsprozesse nachzudenken, wurden in den 50er und 60er Jahren bahnbrechende Forschungsarbeiten durchgeführt, die vom Menschen als einem informationsverarbeitenden System ausgingen. Zu nennen sind hier z.B. die Arbeit von George MILLER (1956), *The magical number seven, plus or minus two*, BROADBENTs Theorie über die Aufmerksamkeit und die Kapazitätsbegrenzung bei der Informationsverarbeitung (BROADBENT, 1958) oder die programmatische Schrift von MILLER, GALANTER und PRIBRAM (1960/1973) *Plans and the structure of behavior*, in der sie zeigten, daß Menschen Probleme lösen, indem sie Strategien benutzen, die aus Zielen und Unterzielen bestehen. Es bildete sich allmählich so etwas wie eine *Kognitionswissenschaft* (Cognitive Science) heraus, eine Verschmelzung von Kognitiver Psychologie, Computerwissenschaften und Psycholinguistik (z.B. NORMAN, 1981; PYLYSHYN, 1984).

Erst später haben derartige Ansätze Eingang in die Entwicklungspsychologie gefunden. Aus diesem Grund wird im folgenden auch häufig auf Daten zurückgegriffen, die bei Erwachsenen gewonnen wurden. Das ist nach Ansicht der IV-Theoretiker deshalb nicht weiter problematisch, da sich viele Merkmale des informationsverarbeitenden Systems nicht mit dem Alter verändern.

Entwicklungspsychologen, die sich der IVT verpflichtet fühlen, gehen meist von PIAGETs Theorie der kognitiven Entwicklung aus und versuchen diese zu erweitern, zu spezifizieren oder zu korrigieren. Im Mittelpunkt des Forschungsinteresses stehen dabei die Gegenstandsbereiche Gedächtnis, Aufmerksamkeit und Problemlösen.

Im folgenden werden zunächst die grundlegenden Gemeinsamkeiten und die Unterschiede der verschiedenen, unter dem Etikett IVT versammelten Theoretiker dargestellt. Anschließend werden die für die IVT charakteristischen Auffassungen über den Gegenstand, die Determinanten und den Verlauf der Entwicklung herausgearbeitet. Als exemplarische Bereiche der Beschreibung und Erklärung von Entwicklungsveränderungen werden dabei das Gedächtnis und die kognitiven Repräsentationen ausgewählt.

3.1 Grundannahmen der IVT

IV-Theoretiker gehen davon aus, a) daß geistige Aktivitäten im wesentlichen Prozesse der Manipulation von Symbolen beinhalten, b) daß diese Verarbeitungsprozesse in einem System ablaufen, das identifizierbare Eigenheiten, Begrenzungen und damit zusammenhängende Ergebnisse aufweist, und c) daß kognitive Entwicklung zu einem großen Teil auf dem Wege der Selbstmodifikation des informationsverarbeitenden Systems zustandekommt (Klahr, 1989).

Kognitive Psychologen, die einen IV-Ansatz verfolgen, setzen sich zur Aufgabe, den Fluß von Informationen durch das kognitive System des Menschen zu untersuchen. Dieser Weg beginnt mit einem *Input* (Stimulus) in das menschliche IV-System und endet mit einem *Output* (der in den Langzeitspeicher überführten Information, einer motorischen oder sprachlichen Reaktion, einer Entscheidung etc.). Der Input kann in ganz unterschiedlichen Formen erfolgen (z.B. sprachlich oder bildlich). Zwischen Input und Output wird die Information verschiedenen Bearbeitungsprozessen unterzogen: Aufmerksamkeit wird auf sie gerichtet, sie wird in eine bestimmte Art der mentalen Repräsentation transformiert (enkodiert), sie wird mit Informationen verglichen, die sich bereits im Langzeitspeicher befinden, vielleicht wird ihr eine Bedeutung zugeschrieben.

Diese geistigen Prozesse ähneln den Vorgängen in einem Computer, in den ebenfalls Informationen eingegeben werden, die übersetzt und abgespeichert werden. Sowohl der Mensch als auch ein Computer verarbeiten Symbole und transformieren einen Input in einen Output.

Die Analogie zwischen dem Menschen und einem Computer ist dabei allerdings nicht so zu verstehen, daß das menschliche Gehirn mit einem Computer gleichgesetzt wird. Die Theorie der IV wird zwar per Computer geprüft, muß aber nicht dem Computer entsprechen, auf dem sie bearbeitet wird. Die Comptersimulation eines Hurricane impliziert auch nicht, daß die Atmosphäre wie ein Computer arbeitet (Klahr, 1989, S. 153). Nicht der Computer (die Hardware) ist in diesem Zusammenhang wichtig, sondern das Modell, das auf dem Computer durchgespielt wird (die Software).

Ein allgemeines Kennzeichen der IVT ist auch die *Verwendung formaler Modelle* zur Abbildung von Denk- und Entscheidungsprozessen. Sie werden entweder als Flußdiagramme (z.B. Atkinson & Shiffrin, 1968), als Baumdiagramme (z.B. Siegler, 1981), als Skripts (z.B. Nelson & Gruendel, 1979) oder als Computerprogramme (z.B. Klahr, 1981) geschrieben.

Beispielhaft sei das Modell von Atkinson und Shiffrin (1968) vorgestellt. Sie haben in Form eines Flußdiagramms den genauen Weg beschrieben, den eine aufgenommene Information im menschlichen IV-System zurücklegt. Dabei gehen sie von der Existenz eines sensorischen Speichers, eines Lang- und eines Kurzzeitspeichers aus (s. Abbildung 10.5).

Der *sensorische Speicher* enthält alle Informationen, die durch die Sinnesorgane auf den Menschen einwirken, egal in welcher Modalität sie auftreten. Sie verbleiben allerdings hier nur für einen sehr kurzen Zeitraum von Sekundenbruchteilen bis zu wenigen Sekunden. Nur ein geringer Teil der Informationen wird weiterverarbeitet und gelangt in den *Kurzzeitspeicher.* Der Kurzzeitspeicher kann nur eine begrenzte Menge von Informationen gleichzeitig aufnehmen, nämlich 5 bis 9 Einheiten für 15 bis 30 Sekunden. Dieser Zeitraum kann durch Wiederholen (*Rehearsal*) oder sonstiges Bearbeiten der Information erheblich verlängert werden. Material des Kurzzeitspeichers,

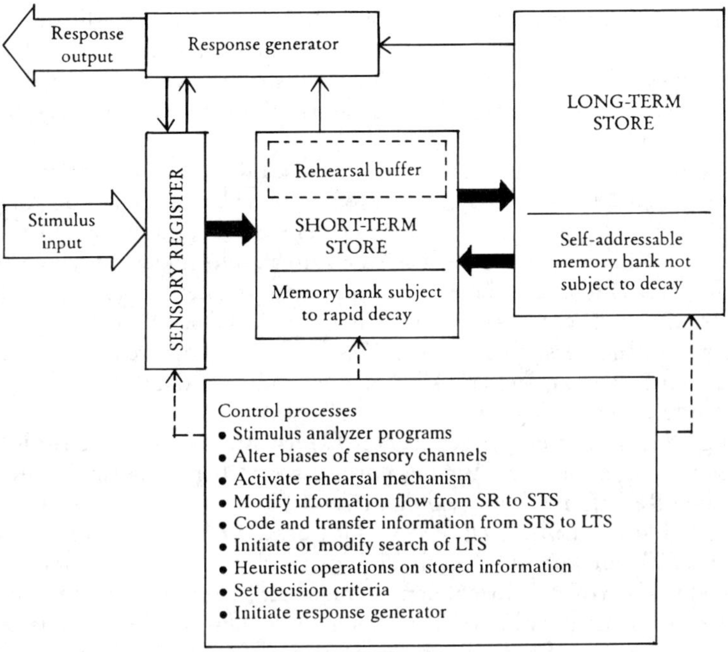

Abbildung 10.5: Ein Flußdiagramm des Gedächtnissystems (aus SHIFFRIN & ATKINSON, 1969, S. 180)

das nicht weiter beachtet wird, gelangt nicht in den Langzeitspeicher und ist für immer verloren. Wir müssen z.B. die Telefonnummer, die wir uns merken wollen, entweder sofort aufschreiben oder ständig wiederholen. Eine ausreichende Bearbeitung der Information kann dazu führen, daß diese in den *Langzeitspeicher* überführt wird. Dieser verfügt über eine große Kapazität und enthält das gesamte Wissen eines Individuums, das auf eine sehr komplexe Art und Weise organisiert ist. Muß auf bereits vorhandenes Wissen zurückgegriffen werden, können durch Abrufprozesse (*Retrieval*) Informationen vom Langzeit- in das Kurzzeitgedächtnis zurückgelangen und dort mit neuen Informationen zusammengeführt werden. Das Kurzzeitgedächtnis nennt man deshalb auch *Arbeitsspeicher.*

Eine besondere Bedeutung kommt den sogenannten *Kontrollprozessen* zu. Sie lenken die Abläufe auf jeder Ebene, haben den Überblick, was wo passiert und stellen sicher, daß alle Vorgänge harmonisch ablaufen. Diese Kontrollprozesse sind aber auch ein besonderer Ansatzpunkt für Kritik, die behauptet, hier würde doch wieder ein *Homunculus*, ein geheimnisvolles Wesen eingeführt, das der Analyse nicht zugänglich ist und den Erklärungswert der Theorie herabsetzt.

Später verließen einige Wissenschaftler (z.B. CRAIK & LOCKHART, 1972) den theoretischen Ansatz der Mehrspeichermodelle. Sie behaupten, daß eine Trennung von Lang- und Kurzzeitspeicher wenig effektiv ist, und sehen das Gedächtnis als eine Menge von möglichen Prozessen, die zu einer unterschiedlichen Tiefe der Verarbeitung führen, angefangen bei einer oberflächlichen Analyse der Wahrnehmungsmerkmale bis hin zu einer tiefen Analyse der Bedeutung. Allein die Tiefe der Verarbeitung, ohne daß verschiedene Speicher angenommen werden müssen, ist demnach für die Qualität der Gedächtnisleistung verantwortlich.

IV-Theoretiker untersuchen vornehmlich Inhaltsbereiche, die traditionell Untersuchungsgegenstände der Experimentellen Psychologie sind: Gedächtnis, Aufmerksamkeit, Sprache und Problemlösen. Ihr *methodisches Vorgehen* ist dabei meist durch eine *sorgfältige Aufgabenanalyse* und *sehr kurze Analyseeinheiten* gekennzeichnet.

Die sorgfältige Analyse von experimentellen oder alltäglichen Aufgaben erstreckt sich sowohl auf die Aufgabenanforderungen (zu beachtende Aufgabenmerkmale, Instruktionsverständnis, Aufgabenmaterial, zur Lösung erforderliche kognitive Fähigkeiten) als auch auf die Aufgabenlösungen (einzelne Schritte des Lösungsverhaltens, die detaillierte Aufzeichnung des verbalen oder motorischen Verhaltens, Blickbewegungsabläufe etc.). Aus der Art der Aufgabenbearbeitung wird dann versucht, Rückschlüsse auf die kognitiven Fähigkeiten der untersuchten Person zu ziehen. Wie bei PIAGET kommt dabei der Fehleranalyse eine besondere Bedeutung zu.

Häufig werden Zeitmessungen kurzer Dauer, im Millisekunden- bis Sekundenbereich, vorgenommen. Aus der chronometrischen Analyse der aufgabenspezifischen Reaktionszeiten wird dann auf die Verarbeitungsprozesse des Probanden geschlossen (z.B. KAIL, 1988). Gestützt wird dieses Vorgehen auf die Annahme, daß jede kognitive Aktivität eine bestimmte Zeit erfordert.

Neben den zuvor beschriebenen Gemeinsamkeiten gibt es zwischen verschiedenen Informationstheoretikern auch einige Unterschiede. Sie lassen sich im wesentlichen darauf reduzieren, welchen Stellenwert das Computermodell hat. Die einen modellieren das menschliche Denken mehr oder weniger stark nach der Arbeitsweise von Computern und stützen sich hauptsächlich auf die Methode der Computersimulation (z.B. KLAHR & WALLACE, 1976). Auf der anderen Seite finden sich diejenigen, für die der Computer nur eine lose Metapher ist. Diese Forscher benutzen zwar Begriffe, die der Computerwissenschaft entlehnt sind, verwenden sie aber nicht in ihrer dortigen formalen Bedeutung. So werden zwar die Begriffe *Information*, *Speicherkapazität* oder *Output* gebraucht, die damit charakterisierten kognitiven Prozesse werden aber nicht in die formale Sprache eines Computerprogramms übersetzt (vgl. A. BROWN, 1984; FLAVELL, BEACH & CHINSKY, 1966).

3.2 Informationsverarbeitungsansätze in der Entwicklungspsychologie

Erst in den späten 60er Jahren fand die IVT Eingang in die Entwicklungspsychologie. Die Attraktivität der IVT bestand vor allem darin, daß sie versprach, erklären zu können, was PIAGET nur beschrieben hatte, und daß sie ein kontrolliertes Experimentieren auf der Basis neuer Modelle und Methoden zur Entwicklung des Denkens ermöglichte.

Mit dem wachsenden Einfluß der IVT stieg die Anzahl der Studien über Themen wie Gedächtnis, Aufmerksamkeit und Problemlösefähigkeiten rapide an. Anfänglich wurden Studien an Erwachsenen einfach auf die Untersuchung von Kindern übertragen. Bald wurden jedoch eigenständige Methoden zur Analyse kognitiver Prozesse bei Kindern und ihrer Veränderungen über die Ontogenese entwickelt.

Obwohl die IVT in der Entwicklungspsychologie mehr oder weniger eng mit der Theorie PIAGETS verbunden ist, gibt es zwischen beiden Theorien jedoch viele Unterschiede. Während z.B. PIAGET hauptsächlich am Erwerb von Konzepten und Strukturen (z.B. an den Begriffen von Raum, Zeit, Menge etc., der Dezentrierung oder Reversibilität des Denkens u.ä.) interessiert ist, geht es der IVT eher darum, genauer zu analysieren, wie in einer ganz bestimmten Situation und bei einer ganz konkreten Aufgabe Informationen enkodiert und gespeichert werden, und nach welchen Regeln eine Aufgabe gelöst wird. Es werden eher bereichsspezifische als bereichsübergreifende Verarbeitungsprozesse angenommen.

Die bereits von PIAGET beobachteten Entwicklungsasynchronien (*horizontale Verschiebungen*) bei inhaltlich verschiedenen Aufgaben des gleichen Typs können nun, auf dem Wege sorgfältiger Aufgabenanalysen, besser verstanden und theoretisch eingeordnet werden. Entsprechendes gilt für die von PIAGET schwer zu erklärenden Entwicklungsbeschleunigungen durch Training.

Zur zentralen Aufgabe einer Entwicklungsanalyse wird nicht nur die Beschreibung aufeinanderfolgender Entwicklungsstufen gemacht. Vielmehr rükken die der beobachteten Entwicklungssequenz zugrundeliegenden Mechanismen in den Vordergrund des Interesses. Es wird dabei nach spezifischeren Erklärungsansätzen gesucht, als sie das Äquilibrationskonzept PIAGETS bietet.

Die Nähe oder Ferne zur Theorie PIAGETS variiert allerdings stark zwischen den einzelnen Vertretern der IVT. Ebenso sind die Grenzen zwischen den reinen IV-Theoretikern (z.B. STERNBERG, 1982, 1984) und denjenigen, die PIAGET enger verbunden sind, den sogenannten *Neo- PIAGETianern* (z.B. CASE, 1985; PASCUAL-LEONE, 1981) fließend. Eine Zusammenstellung verschiedener Ansätze innerhalb der IVT, von enger an PIAGET angelehnten Vertretern bis hin zu weiter von ihm entfernten, findet sich in STERNBERG (1984). Deutschsprachige Einführungen in die Theorien von CASE, FISCHER und KLAHR liefert FLAMMER (1988).

Der Gegenstand der Entwicklung

Hauptsächlicher Untersuchungsgegenstand der IVT sind die entwicklungsbedingten Veränderungen des informationsverarbeitenden Systems selbst und seiner Arbeitsweise. Dementsprechend stellen sich vor allem die folgenden Fragen:

(1) In welcher Art und Weise, soweit überhaupt, verändern sich die verschiedenen Komponenten der Informationsverarbeitung?

(2) Sind diese Veränderungen qualitativer oder quantitativer Natur?

(3) Was treibt die Entwicklung von einem Stadium in das nächste voran?

Für die Erklärung von Veränderungen in kognitiven Leistungen gibt es im Rahmen eines informationstheoretischen Ansatzes grundsätzlich zwei Möglichkeiten: Es ist einerseits möglich, daß die Kapazität des Arbeitsspeichers mit der Zeit anwächst oder daß Informationen schneller und ungestörter abgerufen werden können. Eine andere Möglichkeit wäre, daß sich im Laufe der Entwicklung allein der Wissensbestand (knowledge base) vergrößert, d.h. immer mehr Fakten- und Methodenwissen im kindlichen Gedächtnis gespeichert und dadurch verfügbar ist. In der Computeranalogie würde das heißen: Ändert sich die Hardware oder nur die Software? Läuft ein altes Programm auf einem neuen, schnelleren Computer oder führt man ein neues Programm ein?

ANDERSON (1985/1988) geht davon aus, daß nach dem Alter von ca. 2 Jahren keine reifungsbedingten Veränderungen oder sonstigen Verbesserungen der grundlegenden mentalen Fähigkeiten mehr stattfinden, sondern daß die besseren kognitiven Leistungen älterer Kinder und Erwachsener vor allem auf das Anwachsen des Wissens über die Welt zurückzuführen sind. KLAHR (1981) postuliert, daß die Struktur des menschlichen Verarbeitungssystems ab einem Alter von 5 Jahren keine systematischen Veränderungen mehr durchmacht. Mehr noch: „Es gibt keine bedeutsamen Veränderungen der Parameter der Systemkomponenten mit dem Alter, wie z.B. von Kapazitäts- oder Geschwindigkeitsparametern." (S.234). Die geringeren Leistungen von Kindern gehen nach KLAHR (1981) wohl eher auf ein geringeres Wissen über Sachverhalte und Ereignisse, über Verfahren und Strategien, sowie auf die ungenügende Kontrolle der Aufmerksamkeit und den mangelnden Einsatz von Suchstrategien und Einprägungstechniken zurück.

Um diese Annahmen zu belegen, wird häufig folgende Studie von CHI (1978) angeführt: CHI verglich die Gedächtnisleistungen von 10jährigen Kindern mit denen von Erwachsenen. Während die Erwachsenen den Kindern erwartungsgemäß in einer Standardgedächtnisaufgabe deutlich überlegen waren, zeigten die Kinder in einer Aufgabe, Schachpositionen zu behalten, weit bessere Leistungen als die Erwachsenen. Die Kinder waren geübte Schachspieler, während die Erwachsenen Laien in diesem Spiel waren. Dieses Ergebnis läßt sich so interpretieren, daß konkrete Erfahrung und nicht allgemeine Reife für die Entwicklung kognitiver (Gedächtnis-)Fertigkeiten verantwortlich ist. Da Kinder normalerweise in den meisten Bereichen über weniger Erfahrung verfügen dürften als Erwachsene, also „universelle Laien" sind, ist es plausibel, daß sie auch in den meisten Bereichen den Erwachsenen kognitiv unterlegen sind.

Die meisten IV-Theoretiker betrachten Entwicklung als ein Stufenkonzept (vgl. STERNBERG, 1984). Jede Stufe ist charakterisiert durch ein bestimmtes Verhältnis zwischen Input und Output. Der gleiche Input, z.B. die Beobachtung einer Invarianzaufgabe, führt bei Kindern unterschiedlichen Alters zu einem unterschiedlichen Output. Ausgehend von dem gezeigten Verhalten und von Berichten der Kinder selbst wird auf die in jedem Alter oder Stadium benutzten Regeln geschlossen. Eine Veränderung des Inputs und die Beobachtung der Veränderung des Outputs zu unterschiedlichen Alterstufen läßt eine Beschreibung der stattfindenden Informationsverarbeitungsprozesse für jedes Alter möglich werden.

Auf einer feineren Analyseebene ist es interessant, entwicklungsmäßige Veränderungen bei jedem einzelnen Schritt der Informationsverarbeitung zu analysieren. Wir werden später sehen, daß sich entwicklungsmäßige Veränderungen in beinahe jeder Phase der Informationsverarbeitung ereignen.

Die IVT der Entwicklung geht sowohl von qualitativen wie von quantitativen Veränderungen aus. Die meisten Vertreter der IVT legen jedoch nicht in dem Ausmaß den Nachdruck auf die qualitative Entwicklung, wie z.B. PIAGET und andere Stufentheoretiker, aber sie berücksichtigen qualitative Veränderungen doch weit mehr als z.B. die Lerntheoretiker. Beispiele von qualitativen Veränderungen wären der Erwerb von Strategien, um Dinge besser zu behalten, oder der Wechsel der vorherrschenden Repräsentationssysteme. Quantitative Veränderungen zeigen sich z.B. im Anwachsen der Anzahl behaltener Items oder in der immer effizienter werdenden Anwendung von Strategien.

Die Determinanten der Entwicklung

Das von der IVT vertretene maschinenähnliche Input-Output-Modell scheint einem reinen mechanistischen Menschenbild zu entsprechen. IV-Theoretiker verstehen den Menschen jedoch nicht als ein passives, auf den von der Umwelt vorgegebenen Input nur reagierendes System. Es trifft zwar zu, daß in den sogenannten *bottom-up* Prozessen auf einen Input (einen Stimulus) reagiert wird, und sich erst dann höhere kognitive Prozesse anschließen. Es gibt aber auch sogenannte *top-down* Prozesse, bei denen z.B. Informationen oder Regeln aus dem Langzeitgedächtnis abgerufen und auf neues Material angewendet werden. Insofern wird der Mensch auch als ein aktiver Organismus verstanden, der Information aktiv aufnimmt und verarbeitet.

Die aktive Beteiligung des Menschen an seiner Entwicklung kommt auch in der Vorstellung vom Menschen als einem sich, vornehmlich aufgrund von Feedback-Schleifen, selbst modifizierenden System zum Ausdruck. Strategien und Regeln, die sich als nutzlos erweisen, werden aufgegeben, brauchbare Strategien und Regeln werden beibehalten oder neu erworben.

Im Wettstreit zwischen miteinander konkurrierenden Verknüpfungen, Verhaltensweisen, Strategien etc. und dem Erfolg der am besten angepaßten – ähnlich wie in der Evolution der Arten – sieht SIEGLER (1989) den Hauptmechanismus des Zustandekommens von (kognitiven) Entwicklungsfortschritten.

Mit der Betonung der Selbstmodifikation wird die Wichtigkeit externer Einflüsse wie Unterweisung, Vorbilder, soziale Verstärkung allerdings nicht geleugnet. Es wird nur herausgestellt, daß alle Umwelteinflüsse letztlich vom informationsverarbeitenden System selbst, nach seinen ihm eigenen Regeln kategorisiert, enkodiert, gespeichert und weiterverarbeitet werden müssen (KLAHR, 1989).

Die Fähigkeit, sich selbst zu korrigieren und zu verändern, zeichnet auch in neuerer Zeit entwickelte Computerprogramme aus (z.B. WALLACE, KLAHR & BLUFF, 1987). Insofern lassen sich das Maschinenmodell (Computermodell) und das Modell eines aktiven Systems miteinander vereinen.

Zu der Frage, ob kognitive Fähigkeiten und deren Entwicklung eher anlageabhängig (reifungsabhängig) vorgegeben oder durch Lernen erworben werden, sagt die IVT wenig. Implizit scheint angenommen zu werden, daß Veränderungen durch die Interaktion beider Einflüsse produziert werden. Es wird davon ausgegangen, daß Umwelterfahrungen eine wesentliche Rolle spielen, aber daß es auch bestimmte Arten der Informationsverarbeitung gibt, die angeboren sind, wie z.B. die Tendenz, Information ökonomisch, nicht redundant und effektiv zu verarbeiten (KLAHR & WALLACE, 1976). Die Position der IVT zur Steuerung der Entwicklung läßt sich in dem Satz zusammenfassen: Zu Lernen und Entwicklung kommt es, unter Mithilfe der Umwelt, aus dem Menschen selbst heraus.

Der Entwicklungsverlauf

Vorstellungen der IVT über den typischen Verlauf der (kognitiven) Entwicklung sollen im folgenden exemplarisch an den zwei Inhaltsbereichen Gedächtnis und Repräsentationen dargestellt werden.

Zur Information über die Beschreibung und Erklärung aufeinanderfolgender Entwicklungsstadien des Denkens und Problemlösens bei den wichtigsten Vertretern der IVT wird auf STERNBERG (1984) und auf FLAMMER (1988) sowie die Originalarbeiten der IV-Theoretiker verwiesen. Die am weitesten ausgearbeiteten und anspruchvollsten Theorien stammen von Robbie CASE und von Kurt FISCHER. Sie sind in CASE (1985) und in FISCHER (1980) zusammengefaßt.

Gedächtnis

Ein für den IV-Ansatz in der Entwicklungspsychologie zentraler Bereich ist die Gedächtnisentwicklung. Die Untersuchung der Entwicklung des Gedächtnisses hängt eng zusammen mit Erkenntnissen über die Entwicklung der Sprache, der Aufmerksamkeit und anderer komplexer kognitiver Strukturen. Im folgenden sollen die vier wichtigsten Befunde zur Gedächtnisentwicklung dargestellt werden (nach P.H. MILLER, 1989, S. 289-301).

1. Der Erwerb von angemessenen Gedächtnisstrategien unterliegt den größten entwicklungsmäßigen Veränderungen.

Einige Gedächtnisaktivitäten geschehen quasi automatisch. Man kann Dinge wiedererkennen, ohne sie sich besonders eingeprägt zu haben oder sich beim Abruf anzustrengen. Diese Prozesse des Wiedererkennens (englisch: Recognition) sind keinem entwicklungsmäßigen Wandel unterworfen. Einfaches Wiedererkennen von vorher bereits gesehenen Objekten stellt auch kleine Kinder vor keine besonderen Probleme und verbesssert sich mit zunehmendem Alter nur unwesentlich.

Anders sieht es bei Aufgaben aus, die ein Wiedererinnern (englisch: Free-Recall) erfordern. Nur wenn das Erinnern in einen bedeutungsvollen Kontext eingebunden und ein Nebenprodukt einer anderen Aktivität ist (z.B. Behalten von Geschichten oder des bei einem Zirkusbesuch Gesehenen), zeigen sich auch hierbei kaum entwicklungsmäßige Veränderungen. Ist jedoch das Behalten das eigentliche Ziel der Aktivität, gilt es z.B. sich Telefonnummern, Einkaufslisten, Gruppen von unzusammenhängenden Objekten oder sogar sinnlose Silben einzuprägen, so zeigt sich eine deutliche Verbesserung in der Behaltensleistung mit zunehmendem Alter. Auf die notwendige Unterscheidung zwischen beiläufigem und absichtlichem Behalten und das Auftreten entwicklungsabhängiger Veränderungen nur bei letzterem, wo die Behaltensleistung durch den Einsatz von Strategien beeinflußt werden kann, hat insbesondere A.L. Brown (1975) hingewiesen.

Eine frühe Studie von Flavell, Beach & Chinsky (1966) zeigte, daß Vorschulkinder, die die Aufgabe erhielten, eine Reihe von Objekten zu behalten, spontan keine Hersage-Strategie (englisch: Rehearsal) anwendeten, während die 7jährigen es zu 50 Prozent und die 10jährigen es nahezu vollständig taten. Die Behaltensleistung verbesserte sich mit dem Einsatz von Rehearsal.

In einem weiteren Experiment konnten Keeney, Cannizzo & Flavell (1967) zeigen, daß die jüngeren Kinder, wenn sie die Aufforderung erhielten, die dargestellten Objekte jedesmal zu benennen, ihre Behaltensleistung ebenfalls verbesserten. Auch jüngere Kinder können also, wenn sie dazu aufgefordert werden, eine Rehearsal-Strategie anwenden und profitieren auch von ihr, sie benutzen diese Strategie aber nicht spontan. Flavell nennt dieses Phänomen *Produktionsdefizienz* (production-deficiency). Jüngere Kinder verfügen zwar über angemessene Strategien, aber sie wissen nicht, wann, wo und wie man sie effektiv einsetzt. Besonders Ann Brown (1978) betont die Bedeutung der Kontrolle über die Strategien als Entwicklungsvariable. Sie schlägt vor davon auszugehen, daß ein großer Teil der Entwicklung des Gedächtnisses mit der Nutzung von angemessenen Strategien zusammenhängt, die dafür sorgen, Informationen im Sinne von Craik und Lockhart (1972) auf einer tieferen, bedeutungsvollen Ebene zu verarbeiten.

2. Gedächtnisbegrenzungen können den Gebrauch von Problemlösefähigkeiten einschränken.

Gedächtnis und logisches Denken sind eng miteinander verbunden, logisches Denken hängt von Gedächtnisfähigkeiten ab. Das kann so weit gehen, daß mangelhafte Leistungen in bestimmten Problemlöseaufgaben aufgrund schlechter Gedächtnisleistungen zustandekommen und muß nicht bedeuten, daß das kindliche Denken noch nicht weit genug entwickelt wäre. So konnten z.B. Bryant und Trabasso (1971) zeigen, daß bei einer Kontrolle der Variable Gedächtnis die Fähigkeit zum transitiven Schlußfolgern viel früher beobachtet werden kann als es Piaget annahm. In Piagets Untersuchungen zeigten die jüngeren Kinder deshalb weniger transitive Fähigkeiten, weil sie bei Piagets Art der Aufgabenpräsentation sich an die für die Aufgabenlösung erforderlichen Informationen nicht mehr erinnern konnten (vgl. auch oben S. 189).

3. Die Entwicklung des Gedächtnisses ist eng verknüpft mit dem Erwerb von Wissen.

Das Gedächtnis ist nicht von anderen kognitiven Prozessen streng zu trennen, sondern im Gegenteil eng mit ihnen verknüpft. Mit zunehmendem Wissen wächst auch die Gedächtnisleistung. Das Wissen, das Kinder über die Welt haben, wächst ständig an, der Wissensspeicher wird immer mehr gefüllt mit Informationen über Dinge, Ereignisse und Menschen in der Welt.

Das Anwachsen des Wissens führt dazu, daß ein bedeutungsvoller Kontext für Informationen geschaffen wird, die ansonsten bedeutungslos und damit schwer zu behalten wären. So können Kinder, die im Schachspiel geübt sind, Schachpositionen besser erinnern als Erwachsene, die dieses Spiel nicht beherrschen (Chi, 1978).

Außerdem verbessert wachsendes Wissen über die Welt die Gedächtnisleistung, da mehr Wissen dem Kind erlaubt, Schlußfolgerungen zu ziehen, die über die ihm gebotene Information hinausgehen. Das erleichtert den Prozeß des Behaltens, denn die Gedächtnisinhalte sind mehr als eine einfache Kopie der Welt. Wenn Kinder das Wissen haben, das zu behaltende Material zu verstehen, können sie es ohne weiteres Hinzutun behalten, d.h., es wird mehr Situationen geben, in denen die Kinder *beiläufig lernen*. Das gespeicherte Wissen steuert die Verarbeitung weiterer Informationen, u.a. auch Behaltensprozesse, bis hin zu Verzerrungen des Input (SIGNORELLA & LIBEN, 1984).

4. Das Verständnis von Kindern über ihre eigenen Gedächtnisprozesse wächst mit dem Alter.

Das Wissen, das jemand über sein eigenes Denken hat, nennt man Metakognition, das Wissen über die eigenen Gedächtnisprozesse dementsprechend *Metagedächtnis*.

Während unserer Entwicklung erlangen wir ein Wissen darüber, daß es Dinge gibt, die leichter oder schwerer zu behalten sind, daß wir manchmal etwas tun müssen, um etwas Wichtiges zu behalten, und daß es Faktoren gibt, die das Behalten erleichtern oder erschweren. Diese Kenntnisse, ob sie nun Personen-, Aufgaben- oder Strategievariablen betreffen, machen unser Metagedächtnis aus. Das Metagedächtnis von Vorschulkindern ist, bis auf relativ einfache Aspekte, kaum ausgebildet. Trotzdem verbessern schon 4jährige ihre Gedächtnisleistung, wenn sie vor der Durchführung einer Aufgabe mitgeteilt bekommen, daß sie sich etwas merken sollen (ACREDOLO, PICK & OLSEN, 1975). Der Mangel an Wissen über eigene Gedächtnisprozesse ist eine mögliche Ursache für die Produktionsdefizienz bei der Benutzung von Strategien. Andererseits ist der Zusammenhang zwischen dem Wissen über Gedächtnisprozesse und dem tatsächlichen Verhalten längst noch nicht geklärt: Die Kenntnis einer Strategie veranlaßt auch einen Erwachsenen nicht immer dazu, sie auch tatsächlich zu benutzen.

Repräsentationen

Repräsentationen sind die Form oder der Modus, in dem das Wissen über die Welt mental gespeichert ist. Dinge können auf verschiedene Weise mental repräsentiert sein: als Worte, Handlungen, Bilder oder abstrakt. Für den Entwicklungspsychologen stellt sich die Frage, ob in der Tendenz oder der Fähigkeit die einzelnen Modi zu benutzen, Veränderungen mit dem Alter auftreten.

Schon BRUNER (1971) stellte fest, daß jüngere Kinder eher bildliche Repräsentationen, d.h. visuelle Vorstellungen, verwenden, während Erwachsene normalerweise symbolisch/abstrakt repräsentieren. KOSSLYN (1980) bestätigte diesen Befund, fand allerdings eine andere Erklärung als BRUNER dafür. Er konnte zeigen, daß auch die jüngeren Kinder über symbolische Repräsentationen verfügen, daß allerdings ihr deklarativer Wissensvorrat noch so gering ist, daß sie weitaus häufiger als Erwachsene auf bildliche Vorstellungen angewiesen sind. Um das an einem Beispiel zu verdeutlichen: Während ein Erwachsener aufgrund langjähriger Erfahrung weiß, daß ein Hund vier Beine hat, hat ein Kind diese Information vielleicht noch nicht in seinem semantischen Gedächtnis gespeichert. Trotzdem enthält sein Langzeitgedächtnis die bildliche Vorstellung eines Hundes. Um die Frage nach der Anzahl der Beine eines Hundes zu beantworten, kann es nun nicht auf das deklarative Wissen (Hunde haben vier Beine) zurückgreifen, sondern es muß das Vorstellungsbild eines Hundes absuchen, die Beine zählen und kann erst dann antworten. Durch diese „Prozedur“ ist das Wissen jedoch in das semantische Gedächtnis aufgenommen worden und steht beim nächsten Mal direkt zur Verfügung. Dieses Beispiel macht deutlich, daß die Bevorzugung von bildlichen Repräsentationen bei Kindern nicht in einer qualitativen Andersartigkeit der Verarbeitung, sondern nur in einer quantitativen Unterlegenheit bezüglich des Wissensvorrats begründet sein kann.

Lange Zeit haben Psychologen sich vor allem auf die Untersuchung sprachlicher Repräsentationen und deren Organisation innerhalb eines semantischen Netzwerks, dem Bedeutungssystem der Sprache, konzentriert. Man unterschied zwischen einem *semantischen Gedächtnis*, in dem die Informationen des sprachlichen Systems gespeichert sind, und einem *episodischen Gedächtnis*, das die Erinnerungen an selbst erlebte Ereignisse in Raum und Zeit enthält (TULVING, 1972). Es ist allerdings heute umstritten, ob diese Unterscheidung von semantischem und episodischem Gedächtnis und die Beschränkung des semantischen Gedächtnisses auf sprachliche Inhalte nützlich ist, oder ob das semantische Gedächtnis nicht unser gesamtes im Langzeitgedächtnis gespeichertes Wissen enhält.

Eine weitere, häufig getroffene Unterscheidung ist die oben bereits verwendete von deklarativem und prozeduralem Wissen. *Deklaratives Wissen* beinhaltet Faktenwissen über die Welt, das z.B. in semantischen Netzwerken angeordnet und in verschiedenen Situationen direkt zugänglich ist. Semantische Netzwerke wie das von GENTNER (1975) bestehen aus miteinander verbundenen Propositionen, wobei im Modell die räumliche Nähe zwischen einzelnen Propositionen ihrer inhaltlichen Nähe entsprechen soll.

Im Gegensatz dazu steht das *prozedurale Wissen*, das in Tätigkeiten eingebunden und deshalb nur über diese Tätigkeiten zugänglich ist. Ein Beispiel für eher prozedural angeordnetes Wissen sind die Produktionssysteme im Sinne von KLAHR und WALLACE (1976). Sie sind ein formales Beschreibungsgefüge, das angibt, wie sich ein informationsverarbeitendes System verhält. Elementare Einheit ist eine Produktion, die aus einer Bedingungs- und einer Aktionskomponente besteht. Wenn die Bedingung erfüllt ist, gelangt die Aktion zur Ausführung. Die Folge ist eine Veränderung des Wissensstandes des Systems. KLAHR und WALLACE verwenden diese Produktionssysteme zur Beschreibung von Problemlösevorgängen (s. dazu die Untersuchung 10.3).

Eine weitere Form von Repräsentationen sind *Skripts*. Mit diesem Begriff wird versucht, allgemeinere und weniger klar abgrenzbare Wissensbestände zu fassen, als es Netzwerke oder Produktionssysteme sind. SCHANK und ABELSON (1977) definierten Skripts als kohärente Rahmenvorstellungen über konsistente zeitliche Abfolgen von Ereignissen oder Handlungen, die nach der Alltagserfahrung für bestimmte Situationen charakteristisch sind. So untersuchten sie z.B., was Kinder über den Ablauf eines Besuchs in einem Restaurant wissen. Skripts stellen somit Situationen dar, in denen sowohl deklaratives als auch prozedurales Wissen benötigt wird.

P.H. Miller (1989, S. 304) nennt zwei Aspekte, warum der Skript-Ansatz besonders nützlich ist: 1. Sowohl linguistische als auch visuelle Repräsentationen sind in Skripts enthalten. Diese sind deshalb weniger statisch als – rein sprachliche – semantische Netzwerke. 2. Der Skript-Ansatz ist näher an der Repräsentation der komplexen Alltagswelt von Kindern als andere Ansätze und ist daher direkter auf die soziale Welt von Menschen anwendbar. Aus diesen Gründen ist der Skript-Ansatz eine echte Alternative zu den Ansätzen, die sich strikter an ein Computermodell anlehnen.

Untersuchung 10.3 — *Zur Repräsentation von Wissensbeständen bei Kindern*

In einem längeren Artikel über die Repräsentation von Wissensbeständen bei Kindern berichten David Klahr und Robert Siegler (1978) über die Ergebnisse einer Reihe von Experimenten zum Waagebalkenproblem.

Bei Waagebalkenaufgaben werden auf beiden Seiten des Drehpunkts einer Balkenwaage Gewichte in gleicher oder unterschiedlicher Anzahl und in gleichen oder unterschiedlichen Abständen vom Drehpunkt der (durch Stützen fixierten) Waage angebracht. Die Vp soll jeweils angeben, ob der Waagebalken (nach dem Entfernen der Stützen) im Gleichgewicht bleiben oder sich nach der einen oder der anderen Seite neigen wird. Dies ist seit Inhelder und Piaget (1955/1977) eine beliebte Aufgabe zur Untersuchung des kognitiven Entwicklungsstands von Kindern. Die Waagebalkenaufgabe ist in schematischer Form in Abbildung 10.6 wiedergegeben.

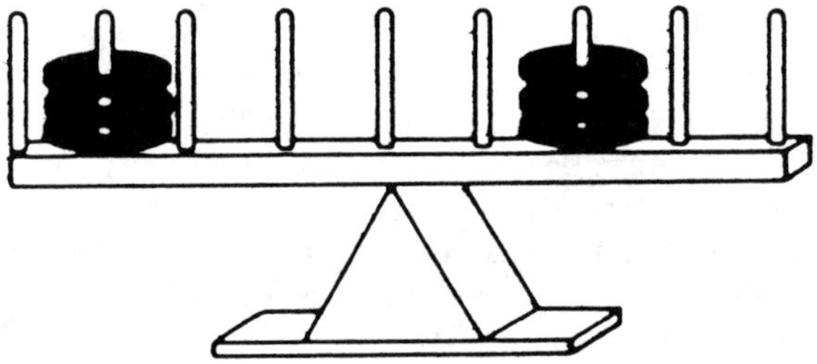

Abbildung 10.6: Die Waagebalkenaufgabe nach Inhelder und Piaget (aus J.R. Anderson, Kognitive Psychologie, 1988, S. 379)

Mit ihren Experimenten wollten Klahr und Siegler feststellen, was Kinder unterschiedlichen Alters über diese Aufgabe wissen, wie dieses Wissen bei ihnen kognitiv repräsentiert ist, wie sie die richtigen Lösungen lernen und warum einige Kinder mehr oder schneller lernen als andere. Das Experiment, über das im folgenden berichtet wird, ging speziell der Frage nach, wie die Wissensunterschiede bei Kindern und

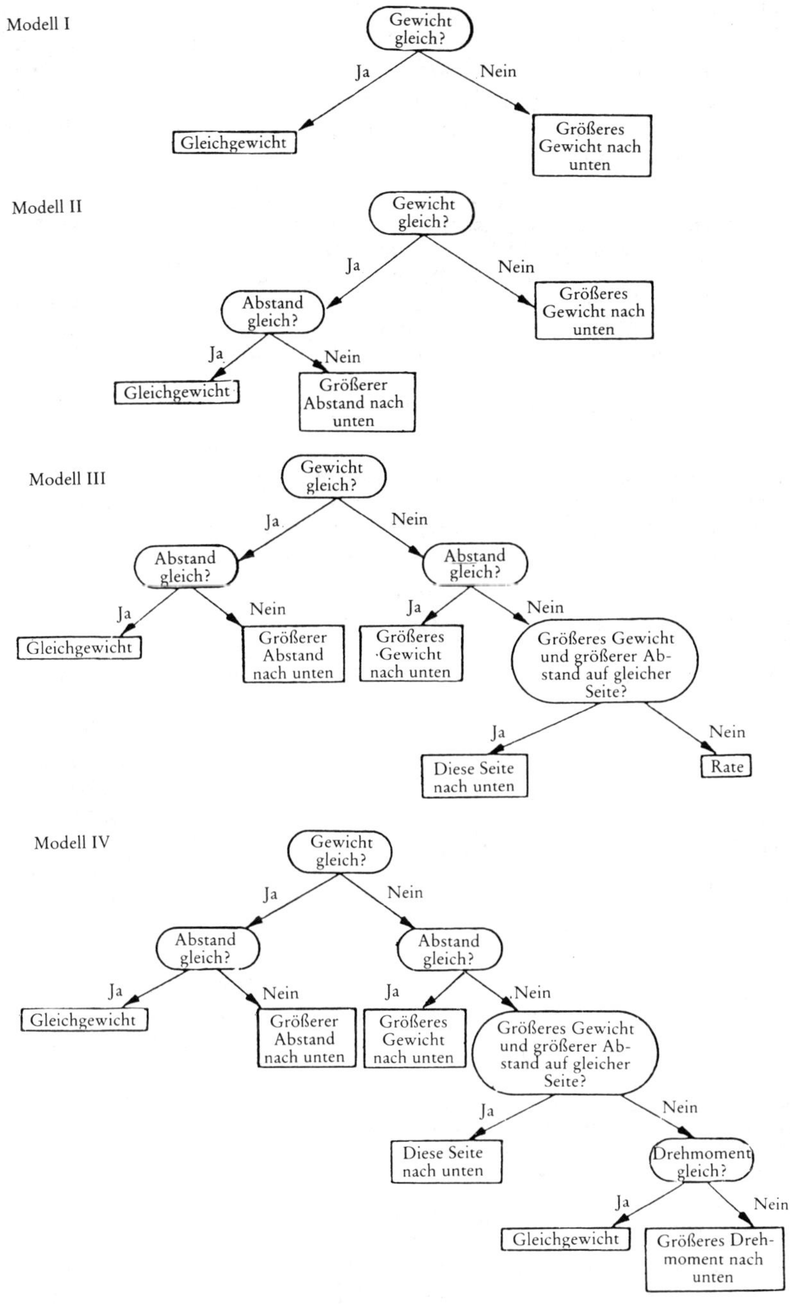

Abbildung 10.7: Vier Modelle zur Vorhersage des Lösungsverhaltens bei Waagebalkenproblemen formalisiert als Baumdiagramme (aus Kluwe & Spada, 1981, S. 242f.)

Jugendlichen im Altersbereich zwischen 5 und 17 Jahren aussehen und welche unterschiedlichen Aufgabenlösungen mit diesen Wissensunterschieden verbunden sind.

Auf der Grundlage von SIEGLERS *Rule-assessment approach* (SIEGLER, 1976) wurden die verschiedenen Möglichkeiten der Aufgabenbearbeitung zunächst in der Schreibweise von Baumdiagrammen formalisiert. Vier Regelsysteme oder Modelle wurden unterschieden (s. Abbildung 10.7).

Modell I. Berücksichtigt wird nur die Anzahl der Gewichte. Unterscheiden sich die Gewichte, wird die Seite mit mehr Gewichten gewählt, ansonsten bleibt die Waage im Gleichgewicht. *Modell II.* Bei gleichem Gewicht werden die Abstände zum Drehpunkt berücksichtigt. Sind die Gewichte ungleich verteilt, wird unabhängig von den relativen Abständen geurteilt. *Modell III.* Nun wird erkannt, daß sich der Waagebalken nur dann auf der Seite mit mehr Gewichten senken wird, wenn die Abstände zum Drehpunkt gleich sind, und daß bei gleichem Gewicht und ungleichen Abständen die Seite mit dem größeren Abstand zum Drehpunkt nach unten geht. Sind sowohl die Gewich-

Tabelle 10.3: Vorhersage der Prozentsätze korrekter Antworten und der Fehler im Nachtest für Kinder, die sich bei der Bearbeitung der sechs Aufgabentypen verschiedenen Modellen entsprechend verhalten (aus KLUWE & SPADA, 1981, S. 244)

Problemtyp	Modell I	II	III	IV	Vorhergesagter Entwicklungsverlauf
Gleichgewicht	100	100	100	100	Keine Veränderung; alle Kinder auf hohem Niveau
Gewicht	100	100	100	100	Keine Veränderung; alle Kinder auf hohem Niveau
Abstand	0 müßte „Gleichgewicht“ sagen	100	100	100	Dramatische Verbesserung mit dem Alter
Konflikt-Gewicht	100	100	33 Zufallsantwort	100	Abnahme mit dem Alter; möglicher Anstieg in der ältesten Gruppe
Konflikt-Abstand	0 müßte „rechts runter“ sagen	0 müßte „rechts runter“ sagen	33 Zufallsantwort	100	Verbesserung mit dem Alter
Konflikt-Gleichgewicht	0 müßte „rechts runter“ sagen	0 müßte „rechts runter“ sagen	33 Zufallsantwort	100	Verbesserung mit dem Alter

te wie die Abstände ungleich und das eine auf der einen Seite, das andere auf der anderen Seite größer, dann rät die Vp (*muddle through*). *Modell IV.* Hier gelingt es der Vp, die beiden Faktoren Gewicht und Abstand unter allen Bedingungen korrekt miteinander zu multiplizieren.

Sechs verschiedene Aufgabentypen zum Waagebalkenproblem wurden unterschieden: (1) *Balance*, gleiche Konfiguration von Gewichten auf beiden Seiten; (2) *Gewicht*, ungleiche Gewichtsverteilung bei gleichem Abstand zum Drehpunkt; (3) *Abstand*, gleiche Gewichtsverteilung bei ungleichem Abstand zum Drehpunkt; (4) *Konflikt Gewicht*, mehr Gewicht auf der einen Seite, größerer Abstand auf der anderen Seite, so daß die Seite mit mehr Gewicht nach unten geht; (5) *Konflikt Abstand*, wie (4), nur daß die Seite mit dem größeren Abstand nach unten geht; (6) *Konflikt Gleichgewicht*, wie (4) bzw. (5), nur daß der Balken im Gleichgewicht bleibt. Die sechs Aufgabentypen sind in der Tabelle 10.3 veranschaulicht.

Ausgehend von den Formalisierungen der vier Modelle lassen sich nun für jeden Aufgabentyp unter jedem Modell Vorhersagen über die zu erwartende Trefferquote machen und – da das Durchlaufen der Modelle I – IV als Entwicklungssequenz verstanden wird – die zu vermutenden Entwicklungstrends angeben (s. dazu Tabelle 10.3).

Die Autoren testeten ihre Vorhersagen in einem Experiment an 120 Mädchen zwischen 5 und 17 Jahren; je 15 aus acht Klassenstufen einer Privatschule in Pittsburgh, USA (nähere Angaben s. Tabelle 10.4).

Tabelle 10.4: Beobachtete und vorhergesagte Entwicklungsverläufe bei den sechs Aufgabentypen (Prozentsätze korrekter Antworten) (aus KLUWE & SPADA, 1981, S. 245)

Anzahl jedes Typs	Klasse Alter (Jahre)	K-1.* 5–6	4.–5. 9–10	8.–9. 13–14	11.–12. 16–17	Vorhergesagter Entwicklungsverlauf
	Problemtyp					
4	Gleichgewicht	94	99	99	100	Keine Veränderung; alle Kinder auf hohem Niveau
4	Gewicht	88	98	98	98	Keine Veränderung; alle Kinder auf hohem Niveau
4	Abstand	9	78	81	95	Deutliche Verbesserung mit dem Alter
6	Konflikt-Gewicht	86	74	53	51	Abnahme mit dem Alter; möglicher Anstieg in der ältesten Gruppe
6	Konflikt-Abstand	11	32	48	50	Verbesserung mit dem Alter
6	Konflikt-Gleichgewicht	7	17	26	40	Verbesserung mit dem Alter
	Gewichtetes Mittel (%)	46	61	62	67	

Als Versuchsmaterial wurde ein Waagebalken aus Holz von 80 cm Länge verwendet. Auf jeder Seite vom Drehpunkt waren in gleichen Abständen (7.6 cm) vier Holzstifte angebracht, auf die 40 g schwere Metallscheiben aufgesteckt werden konnten. Insgesamt gab es 10 verschiedenfarbige Gewichte, alle mit einem Durchmesser von 2.5 cm und einem Loch in der Mitte. Auf einen Holzstift konnten bis zu 6 Gewichte aufgesteckt werden. Zur Fixierung des Waagebalkens lag dieser auf zwei Holzstützen auf.

Jede Vp hatte im Einzelversuch 30 Aufgaben zu lösen, je 4 der drei einfachen Aufgabentypen und je 6 der drei Konflikttypen. Die 30 Aufgaben wurden für alle Vpn in der gleichen Zufallsreihenfolge dargeboten. Die Vp hatte bei jeder Aufgabe anzugeben, welche der beiden Seiten nach unten geht bzw. ob der Waagebalken im Gleichgewicht bleibt, wenn die Holzstücke weggenommen würden. Die Antwort war außerdem zu begründen.

Die *Ergebnisse* des Experiments sind in der Tabelle 10.4 zusammengefaßt. Aus der Tabelle geht hervor, daß die Antwortmuster der Vpn weitgehend den Vorhersagen entsprachen (wenn man – wie es die Autoren tun – die vier Altersstufen in etwa mit den vier Modellen parallelisiert).

Model I
P1: ((Same W) ⟶ (Say „balance"))
P2: ((Side X more W) ⟶ (Say „X down"))

Model II
P1: ((Same W) ⟶ (Say „balance"))
P2: ((Side X more W) ⟶ (Say „X down"))
P3: ((Same W) (Side X more D) ⟶ (Say „X down"))

Model III
P1: ((Same W) ⟶ (Say „balance"))
P2: ((Side X more W) ⟶ (Say „X down"))
P3: ((Same W) (Side X more D) ⟶ (Say „X down"))
P4: ((Side X more W) (Side X less D) ⟶ muddle through)
P5: ((Side X more W) (Side X more D) ⟶ (Say „X down"))

Model IV
P1: ((Same W) ⟶ (Say „balance"))
P2: ((Side X more W) ⟶ (Say „X down"))
P3: ((Same W) (Side X more D) ⟶ (Say „X down"))
P4: ((Side X more W) (Side X less D) ⟶ (get Torques))
P5: ((Side X more W) (Side X more D) ⟶ (Say „X down"))
P6: ((Same Torque) ⟶ (Say „balance"))
P7: ((Side X more Torque) ⟶ (say „X down"))

Transitional requirements

	Productions	Operators
I → II	add P3	add distance encoding and comparison
II → III	add P4, P5	
III → IV	modify P4: add P6, P7	add torque computation and comparison

Abbildung 10.8: Formalisierung der Modelle I–IV als Produktionssysteme (P); D = Distanz; W = Gewicht (aus Klahr & Siegler, 1978, S. 78)

Eine genaue Analyse der individuellen Antwortmuster ergab, daß 107 der 120 Mädchen konsistent einem der vier postulierten Modelle zugeordnet werden konnten. Bei den Erklärungen waren es sogar 117 von 120.

Einzelfallanalysen der Antwortprotokolle zeigten außerdem, daß viele jüngere Kinder die Abstandsunterschiede von Gewichten auf dem Waagebalken gar nicht bemerkten und daher auch nicht in ihrem Urteil berücksichtigen konnten. Wies man sie jedoch ausdrücklich auf diese Unterschiede hin, so waren sie nach relativ kurzer Zeit in der Lage, vom Regelsystem 1 zum Regelsystem 3 zu gelangen. Dies zeigt, wie entscheidend es für Fortschritte in der kognitiven Entwicklung sein kann, sich die richtigen Repräsentationen anzueignen.

Um nicht nur den logischen Aufbau der Entscheidungsregeln, nach dem die Vp reagieren kann, sondern die im einzelnen ablaufenden psychologischen Informationsverarbeitungsprozesse abzubilden, überführen KLAHR und SIEGLER an einer späteren Stelle ihres Artikels die Entscheidungsbäume (Regelsysteme) gemäß Abbildung 10.7 in vier Modelle, die nach dem Muster von KLAHRS *Produktionssystemen* formalisiert sind (vgl. Abbildung 10.8).

Produktionssysteme beinhalten eine Reihe von Wenn-Dann- Regeln (P1, P2, P3, usw.), die im Langzeitgedächtnis gespeichert sind. Ist die Bedingung einer Regel erfüllt, gelangt die entsprechende Aktion zur Ausführung, was wiederum die gegenwärtig im kognitiven System aktivierte Information verändert, worauf nach der nächsten Regel mit erfülltem Wenn- Teil gesucht wird usw. Bei dem geschilderten Experiment von KLAHR und SIEGLER gelangten beide Schreibweisen (SIEGLERS Entscheidungsbäume und KLAHRS Produktionssysteme) zu den gleichen Vorhersagen. Letztere modellieren nur genauer das informationsverarbeitende kognitive System eines Individuums und lassen sich leichter in Computersprache übertragen. Das sukzessive Durchlaufen des Produktionssystems hinterläßt im kognitiven System eine *Spur*, in der festgehalten ist, was es bei jedem Schritt wußte und tat. Für nähere Erläuterungen wird auf KLAHR und SIEGLER (1978) und KLAHR (1981) verwiesen.

KLAHR, D. & SIEGLER, R.S. (1978). The representation of children's knowledge. In H.W. REESE & L.P. LIPSITT (Eds.) *Advances in child development, Vol. 12.* New York: Academic Press. S. 61-116.

4. Bewertung der kognitiven Entwicklungstheorien

Unter dem Etikett *Kognitive Entwicklungstheorien* wurden in den vorangegangenen Abschnitten dieses Kapitels die Theorien PIAGETS und KOHLBERGS sowie der Informationsverarbeitungsansatz dargestellt. PIAGETS Theorie nahm dabei aufgrund ihrer herausragenden Bedeutung den bei weitem größten Raum ein. Mit ihr beginnt die kognitive Sichtweise der Entwicklung, und sie stellt auch den Ausgangspunkt und die Basis für KOHLBERG und – zum Teil – die Informationsverarbeitungstheoretiker dar.

Aus diesen Gründen bezieht sich die folgende Bewertung der kognitiven Theorien hauptsächlich auf PIAGET. Da KOHLBERG in den angesprochenen Punkten weitgehend mit PIAGET übereinstimmt, wird er, ohne dies extra zu vermerken, in die Kritik eingeschlossen. Soweit KOHLBERG nicht mitgemeint ist, wird darauf hingewiesen. Da die Informationsverarbeitungstheoretiker trotz ihrer teilweisen Nähe zu einigen Grundideen PIAGETS in vielen Aspekten von PIAGETS Theorie abweichen und neue Konzepte und Methoden eingeführt haben, erfolgt am Ende dieses Abschnitts eine gesonderte kritische Würdigung der Informationsverarbeitungstheorie.

4.1 Bewertung der traditionellen kognitiven Entwicklungstheorien

Grenzen und Mängel von PIAGETS Entwicklungstheorie

Grenzen und Mängel der Entwicklungstheorien von PIAGET und teilweise auch KOHLBERG lassen sich vor allem in vier Richtungen feststellen: 1. Die Theorie liefert eher eine Beschreibung als eine Erklärung der Entwicklung, 2. die methodischen Grundlagen der getroffenen Aussagen sind häufig unzureichend, 3. der Entwicklungsprozeß wird übertypisiert, 4. nicht-kognitive Aspekte der Entwicklung werden vernachlässigt.

Der fehlende Erklärungswert von PIAGETS Theorie

(1) PIAGETS Theorie beinhaltet eher eine *Deskription der „spontanen" Entwicklung kognitiver Strukturen als eine Erklärung, wie diese kognitiven Strukturen erworben werden.* Daß Entwicklung ein Prozeß der fortschreitenden Äquilibration kognitiver Strukturen ist, in dessen Verlauf immer höhere Strukturen logisch und notwendig aus der jeweils vorangegangenen Entwicklungsstufe hervorgehen, wird mehr beschrieben und demonstriert als tatsächlich nachgewiesen und überprüft. Die funktionalen Invarianten Assimilation und

Akkommodation und das Äquilibrationsprinzip „erklären" Entwicklung nur in einem sehr allgemeinen Sinne. Es fehlen Angaben über die speziellen Übergangsregeln, d.h., unter welchen Bedingungen welche spezifischen Entwicklungsveränderungen eintreten. So wird z.B. nicht erklärt, *wie* im einzelnen Kinder einen Objektbegriff erwerben, die Mengenkonstanz entdecken, zur Verwendung reversibler Denkoperationen gelangen, eine höhere Stufe des moralischen Urteils erreichen usw., sondern nur festgestellt, *daß* dies geschieht und welche Entwicklungsschritte dabei nacheinander auftreten. Die globale Rückführung von Entwicklungsfortschritten auf Erfahrungen mit der „natürlichen" Lebensumwelt, speziell solchen Erfahrungen, die ein akkommodationsbedürftiges Ungleichgewicht erzeugen, läßt im unklaren, welche Erfahrungen im einzelnen dies sind.

Zu einer Erklärung der gesetzmäßigen Abfolge von Entwicklungsschritten gehörten Angaben darüber, warum die früheren Schritte vor den späteren erfolgen müssen, warum keine Schritte übersprungen werden dürfen, unter welchen Bedingungen die jeweils nächste Entwicklungsstufe erreicht wird und wie die aufeinander folgenden Stufen miteinander zusammenhängen.

CHAPMAN (1988, S. 333-340) hat darauf hingewiesen, daß die Kritik an PIAGET, Entwicklung nur zu beschreiben und nicht zu erklären, PIAGET unausgesprochen nach den Kriterien des in der Psychologie vorherrschenden konditionalen oder kausalen (funktionalen) Erklärungsbegriffs beurteilt (vgl. dazu Kap. 3). PIAGET vertritt jedoch einen ganz anderen, nämlich einen genetischen (strukturellen) Erklärungsbegriff, dessen Anspruch es ist, die Entstehungs- und Veränderungsgeschichte von Zuständen, Handlungen und ihrer Potentialitäten zu rekonstruieren (so SEILER, 1977, S. 77). PIAGET war nicht daran interessiert, die Variation in spezifischen Verhaltensweisen auf die (vorausgehende) Variation in spezifischen Bedingungen zurückzuführen, er wollte vielmehr erklären, wie es generell zum Erwerb neuer Erkenntnisse (Strukturen) kommt bzw. kommen kann. Nicht einzelne Reifungs- oder Erfahrungsbedingungen können nach PIAGET Entwicklungsfortschritte erklären, sondern nur die diesen übergeordneten selbstregulatorischen Äquilibrationsprozesse.

(2) Obwohl dem Äquilibrationskonzept, wie gezeigt, eine zentrale Bedeutung für PIAGETS Entwicklungstheorie zukommt, findet sich nur eine einzige detaillierte Beschreibung eines Äquilibrationsprozesses, nämlich die Beschreibung der Entwicklung der Mengenkonstanz (vgl. oben, S. 172f.). Auch in dem Spätwerk PIAGETS, das ausschließlich dem Äquilibrationsproblem gewidmet ist (PIAGET, 1976), vermißt man konkrete Angaben darüber, woran in den einzelnen Entwicklungsstadien jeweils einigermaßen eindeutig festgestellt werden kann, ob oder inwieweit ein Gleichgewicht bzw. ein Ungleichgewicht gegeben ist. Die im Zusammenhang mit der empirischen Untersuchung des Äquilibrationskonzepts durchgeführten Trainingsstudien befassen sich fast ausschließlich mit dem Übergang vom sogenannten voroperationalen zum operationalen Denken, also dem Übergangsstadium, in dem sich die verschiedenen Invarianzbegriffe herausbilden (vgl. BARTMANN, 1969; BRAINERD & ALLEN, 1971; GELMAN, 1969; INHELDER, SINCLAIR & BOVET, 1974; SCHMALOHR & WINKELMANN, 1969; SMEDSLUND, 1961, 1962; einen Überblick liefert BEILIN, 1978).

(3) Zahlreiche Begriffe von PIAGETS Theorie sind vage und lassen sich nicht eindeutig auf bestimmte Verhaltensweisen oder aufeinander beziehen (FLAVELL,

1963). Dies gilt z.B. für die Begriffe *Schema*, *Assimilation* oder *Äquilibration*. Dieser Status der relativ vagen Begriffsdefinition ist speziell in den frühen Schriften PIAGETS anzutreffen. Mit der Einführung mathematischer Begriffe, wie *Gruppe* und *Gruppierung*, nimmt die Genauigkeit der Begriffsdefinition zu. Allerdings tritt nun die Schwierigkeit auf, eine Entsprechung der mathematischen Begriffe und der psychischen Prozesse herzustellen.

Auf letzteres hat AEBLI (1963) mit Nachdruck hingewiesen:

> PIAGET ... hat die logische Struktur der Begriffe und Operationen aufgewiesen, welche die Kinder vor den ihnen gestellten, konkreten Problemen ins Spiel führen ... (was) primär überhaupt keine Auskunft über die psychischen Prozesse (gibt), innerhalb derer die untersuchten logischen Strukturen vorkommen. Dann aber geschieht es in der Folge doch leicht, daß sich gewisse psychologische Vorstellungen in die Darstellung einschleichen und unausgesprochen mitgetragen werden, Vorstellungen, die der Wirklichkeit nicht entsprechen müssen. (S. 16)

Mängel der methodischen Grundlagen

(1) Neben den unbestreitbaren Vorteilen einer nicht-standardisierten Befragung von Versuchspersonen hat diese Methode auch ihre Grenzen. Die Befragung von Versuchspersonen und deren verbale Antworten im *klinischen Interview* stellen eine unzureichende Grundlage für die Analyse des Wissens und Denkens der Versuchspersonen dar (vgl. auch HUBER & MANDL, 1982).

In der Interviewmethode liegen eine Reihe von Fehlerquellen. Auch ein erfahrener Interviewer ist nicht davor gefeit, Suggestivfragen zu stellen, bestimmte Antworten zu provozieren und die Bedeutung einzelner Äußerungen falsch einzuschätzen oder zu übersehen. Auch wird stillschweigend vorausgesetzt, daß die Versuchspersonen die in den Fragen verwendeten Begriffe (z.B. *Menge*, *mehr-weniger*, *wirklich*) gleich und wie vom Versuchsleiter gemeint verstehen. Nicht eindeutig feststellbar ist, ob eine Versuchsperson etwas nicht weiß und versteht oder nur nicht sprachlich ausdrücken kann. In letzterem Fall wird das Wissen der Versuchsperson unterschätzt.

PIAGET hat allerdings bewußt mehr darauf geachtet, falsche positive Fehler zu vermeiden, d.h., einer Versuchsperson nicht fälschlicherweise eine Fähigkeit zuzuschreiben, die sie tatsächlich nicht besitzt, als falsche negative Fehler auszuschließen, d.h., eine tatsächlich vorhandene Fähigkeit einer Versuchsperson fälschlicherweise nicht zuzuerkennen. Aus diesem Grund wählte er häufig eher komplexe Versuchsanordnungen, stellte wiederholt Fragen zu einem Problem oder verlangte eine Begründung für eine gegebene Antwort.

(2) Die von PIAGET und anderen, methodisch ähnlich orientierten Forschern vorgelegten Untersuchungsberichte erlauben oft keine genauere Wertung der Absicherung der mitgeteilten Ergebnisse. Meist fehlen Angaben über den Stichprobenumfang, das Vorgehen bei der Stichprobenauswahl und die Zusammensetzung der Stichprobe nach Alter, Geschlecht, Schulbildung, sozialem Hintergrund oder weiteren bedeutsamen Charakteristika der Versuchspersonen. Man vermißt auch Angaben über Gruppenmittelwerte und Streuungsmaße oder wei-

tere statistische Auswertungen. Statt dessen werden wörtliche Ausschnitte aus (exemplarischen?) Versuchsprotokollen wiedergegeben und extensiv interpretiert, ohne daß die Repräsentativität des ausgewählten Materials abgeschätzt werden kann (vgl. auch KOHLBERG & ULLIAN, 1974). Generell ist ein Mißverhältnis zwischen dem Umfang und dem Niveau der gelieferten Daten und deren Interpretation und Kommentierung festzustellen. Die Daten werden oft überinterpretiert.

(3) Die Interpretation des entwicklungspsychologischen Versuchs als Mittel zur Aktivierung und Aufdeckung vorhandener kognitiver Strukturen, wie es von PIAGET und anderen kognitiven Theoretikern vertreten wird, ist nach den Untersuchungen von AEBLI (1963) kaum mehr aufrechtzuerhalten. AEBLI konnte zeigen, daß die kognitiven Strukturen erst während des Versuchs aktuell elaboriert werden und daß für die Art dieses Elaborationsprozesses die jeweilige Strukturierung der Aufgabe, z.B. der Grad der Anschaulichkeit, die Gelegenheit zum Hantieren, die Erklärung von Begriffen wie *gleich*, *größer als* usw., von entscheidender Bedeutung für die Antworten der Versuchspersonen und damit für die Zuordnung zu einer bestimmten Entwicklungsstufe ist.

Damit erweist es sich als unzulässig, von einer Art Substantialismus der kognitiven Strukturen auszugehen, eine Gefahr, der kognitive Theoretiker relativ leicht erliegen. Zur exakteren Erfassung des Entwicklungsstandes wäre es erforderlich, die Faktoren im aktuellen Elaborationsprozeß zu untersuchen, die die obere Grenze der erreichten logischen Strukturen bestimmen (s. z.B. FISCHER, 1980).

Kritik an der Übertypisierung der Entwicklung

(1) Es hat sich gezeigt, daß strukturell gleiche, d.h. für eine bestimmte Stufe charakteristische geistige Leistungen, je nach Aufgabenbereich teilweise früher oder später auftreten, also nicht gleichzeitig erworben werden. Teilweise kommt es zu derartigen zeitlichen Verschiebungen auch innerhalb eines Inhaltsbereichs oder gar bei der gleichen Aufgabe in verschiedenen Versionen (einen Überblick liefern GELMAN & BAILLARGEON, 1983). Die Bedingungen für das Auftreten solcher zeitlicher Verschiebungen hat PIAGET kaum näher spezifiziert, „er hat keine Theorie dieser Verschiebung ausgearbeitet" (MONTADA, 1987, S. 462). Aufgrund des Vorkommens solcher Verschiebungen ist es nur mit Einschränkung möglich, ein Individuum *allgemein* einer bestimmten Entwicklungsstufe zuzuordnen.

Die Verwendung des Stufenkonzepts und der von PIAGET gebrauchte Begriff *structure d'ensemble* suggerieren eine größere Homogenität innerhalb einer Stufe als tatsächlich gegeben.

CHAPMAN (1988, S. 340-356) hat in seiner sehr sorgfältigen Analyse des Werks von PIAGET gezeigt, daß aus PIAGETS Stufenkonzept und seinem Begriff *structure d'ensemble* nicht unbedingt abzuleiten ist, daß innerhalb einer Stufe bereichsübergreifend oder auch bereichsspezifisch völlige Entwicklungssynchronie herrscht. Entscheidend ist für PIAGET vielmehr die Abgrenzung der einzelnen Stufen voneinander. Dazu hat er die Gesamtstruktur jeder einzelnen Stufe idealtypisch charakterisiert.

(2) Die Gültigkeit der von Piaget angegebenen Altersnormen für das Erreichen bestimmter kognitiver Leistungen ist auch für Teilleistungen anzuzweifeln und höchstens unter Berücksichtigung einer erheblichen Variationsbreite gegeben (Nickel, 1975, S. 253). Eine Reihe von kognitiven Erwerbungen können, je nach Gestaltung der Aufgabensituation und den vom Kind bisher erfahrenen Lernanregungen, schon wesentlich früher beobachtet werden als es aufgrund der Altersangaben Piagets anzunehmen ist. Darauf weisen z.B. neuere Ergebnisse der Säuglingsforschung (Bower, 1977; Rauh, 1987) oder die Ergebnisse der zahlreichen Trainingsstudien zum Erwerb invarianter Begriffe hin (vgl. Beilin, 1978). Die von Piaget angegebenen Altersgrenzen der einzelnen Stufen sind zwar von ihm nur als Richtwerte und nicht als verbindliche Normwerte gedacht, es stellt sich aber – vor allem unter pädagogischem Aspekt – die Frage nach dem Sinn solcher Altersangaben, wenn die individuellen Schwankungen z.T. sehr erheblich sein können.

(3) Der kognitiv-genetische Ansatz vernachlässigt die Bedeutung kultureller und erfahrungsmäßiger Faktoren in der Entwicklung des Denkens. Trotz ausdrücklicher Herausstellung der Bedeutung des Individuums und seiner Umwelt sowie der Individuum-Umwelt-Interaktion werden sowohl das Individuum als auch die Umwelt quasi als Konstanten betrachtet (Zigler & Child, 1969, S. 460). Piagets erkennendes Subjekt gehört keiner sozialen Klasse, Kultur oder Nation an und hat kein Geschlecht und keine Persönlichkeit (P.H. Miller, 1989, S. 105). Dies hängt vor allem damit zusammen, daß es einem kognitiv-genetischen Ansatz mehr darum geht, typische Entwicklungssequenzen herauszuarbeiten und ihren theoretischen Zusammenhang darzulegen als individuelle Unterschiede auf einzelnen Entwicklungsstufen (im Querschnitt) zu erklären (vgl. dazu Kohlberg, 1969a). Für diesen Standpunkt dürfte nicht zuletzt auch das primär erkenntnistheoretische Interesse Piagets verantwortlich sein. Piaget interessierte sich nämlich in erster Linie für die Entwicklung des Denkens, weniger für die Entwicklung von Kindern (Kessen, 1962). Oder anders ausgedrückt: Piaget untersuchte die Entwicklung der Kognition und nicht die kognitive Entwicklung von Kindern (Maier, 1969/1983).

Eine stärkere Beachtung des Einflusses sozialer Faktoren auf die (kognitive) Entwicklung findet sich in neueren Arbeiten einiger Piaget-Schüler (z.B. Doise & Mugny, 1981; Perret-Clermont, 1980).

(4) Die Übertypisierung der Entwicklung zeigt sich auch in der Darstellung des Sozialisationsprozesses. So werden etwa bei der Beschreibung der Geschlechtsrollenentwicklung nur die allgemeinen kognitiven Voraussetzungen und Begleitprozesse einer Geschlechtsrollendifferenzierung geschildert und nicht die individuellen Unterschiede der inhaltlichen Ausfüllung dieser Rolle (Kohlberg, 1966). Fragen der Differentiellen Psychologie interessieren wenig. Die an das männliche und weibliche Geschlecht geknüpften Merkmale werden als weitgehend universell angenommen. Daß der Grad der Geschlechtstypisierung eines Individuums in bestimmten Bereichen in verschiedenem Ausmaß ausgeprägt sein kann, daß es innerhalb eines Geschlechts Variationen der Geschlechtstypisierung gibt und daß den Eltern hinsichtlich der individuellen Art

der Geschlechtstypisierung eine aktive Rolle zukommt, wird zu wenig berücksichtigt (s. hierzu Kap. 12).

Vernachlässigung nicht-kognitiver Aspekte der Entwicklung

Von PIAGET erhalten wir keine Antworten auf die meisten Fragen zur Entwicklung von Emotionen, zur Entwicklung des Sozialverhaltens oder zur Persönlichkeitsentwicklung. Nur mit Teilfragen der Kognition von Personen oder sozialen Sachverhalten (sozialer Kognition) hat sich PIAGET beschäftigt. So z.B. mit moralischen Urteilen, mit der Übernahme der Perspektive der anderen und mit der sprachlichen Kommunikation (s. dazu die Kap. 11 und 13).

Stärker als PIAGET hat KOHLBERG sich mit der sozialen Entwicklung von Individuen auseinandergesetzt, allerdings hauptsächlich in den beiden Bereichen der Moral- und der Geschlechtsrollen-Entwicklung (s. dazu die Kap. 12 und 13).

Die Fruchtbarkeit einer kognitiven Entwicklungstheorie

(1) PIAGET hat mit seiner Theorie des Aufbaus menschlicher Erkenntnis das gesamte Gebiet der Entwicklungspsychologie, welche Fragen gestellt werden, wie Untersuchungen angelegt sind usw. radikal verändert. Er hat neben die beiden großen Strömungen seiner Zeit, die Psychoanalyse und den Behaviorismus, etwas Neues, Eigenständiges gestellt und wesentlich dazu beigetragen, die kognitive Wende in der Psychologie zu vollziehen, d.h. sich (wieder) systematisch mit inneren, mentalen Prozessen zu befassen. Ohne die vom ihm ausgehenden Anregungen ist der größte Teil der gegenwärtigen Entwicklungspsychologie nicht denkbar. Die von PIAGET und anderen Vertretern einer kognitiv-genetischen Theorie betonte zentrale Rolle der Kognition in Entwicklungsprozessen hat sich insofern als heuristisch besonders fruchtbar erwiesen.

Über die Psychologie hinausgehend ist PIAGETS wesentlicher Verdienst darin zu sehen aufgezeigt zu haben, wie die höchsten geistigen Leistungen aus den einfachsten biologischen Anfängen entstanden sind.

(2) Als wesentlicher Vorteil einer kognitiven Entwicklungstheorie gegenüber anderen Entwicklungstheorien ist anzusehen, daß sie ein Begriffsinventar liefert, mit dem das, was zwischen Input (Stimulus) und Output (Reaktion) geschieht, theoretisch eingeordnet werden kann und daß sie qualitative Veränderungen in ihrem zeitlichen Zusammenhang klarzumachen versteht. Überdies erweist sich der gewählte Ansatz einer Strukturanalyse der Entwicklung gegenüber einer reinen Inhaltsanalyse in verschiedener Hinsicht als überlegen (vgl. MONTADA, 1970, S. 19 f.). Eine Strukturanalyse erlaubt eher treffsichere Voraussagen über noch nicht beobachtete Verhaltensinhalte, z.B. über die Wahrscheinlichkeit der Lösung bestimmter Aufgaben, als eine S-R-Analyse. Im letzteren Fall können nur Prognosen über Transfereffekte bei Ähnlichkeit oder Identität von Lerninhalten abgegeben werden. Eine Strukturanalyse hingegen ermöglicht ein besseres Verständnis der empirisch aufgefundenen Entwicklungsse-

quenzen, indem man aufzeigt, daß die späteren Entwicklungsschritte die jeweils vorhergehenden Schritte logisch notwendig voraussetzen (Prinzip der sachimmanenten Entfaltungslogik; vgl. oben S. 169).

(3) Aus einer kognitiven Entwicklungstheorie ergeben sich außerdem einige wichtige Implikationen für die pädagogische Praxis (s. auch AEBLI, 1951/1983; 1963; AMMON, 1974). Folgende pädagogisch-didaktische Schlußfolgerungen lassen sich aus einem kognitiv-genetischen Ansatz ableiten:

1. Prinzipiell ist bei Maßnahmen der Erziehung und Unterrichtung von den jeweils gegebenen Wissens- und Denkstrukturen des Kindes auszugehen.
2. Optimale Bedingung für Lernen ist die Gewährleistung mittlerer Grade der Abweichung vom Vertrauten.
3. Lernen ist nur in aktiver Auseinandersetzung mit den Lerninhalten möglich. Die Lehrperson kann hierbei nur Hilfestellungen geben.
4. Anstelle von oder zusätzlich zu verbalen Unterweisungen sollte möglichst viel Gelegenheit zur aktiven Manipulation mit Gegenständen gegeben werden.
5. Jeder hat möglichst nach seinem individuellen Tempo zu arbeiten.
6. Für das Lernen wichtiger als Lehrerfragen sind Schülerfragen.
7. Die geistige Entwicklung wird durch soziale Interaktion und Kommunikation gefördert. Frontalunterricht ist demach eine wenig förderliche Lernbedingung.
8. Große Bedeutung für die geistige Entwicklung kommt dem „spontanen" oder beiläufigen außerschulischen Lernen zu.

Zur abschließenden Beurteilung der traditionellen kognitiven Entwicklungstheorien ist festzustellen, daß diese sich teilweise immer noch eher im Stadium einer reichen Quelle für die Bildung von Hypothesen und zur Anregung empirischer Forschung befinden als im Stadium einer fortgeschrittenen Theorie. Entsprechend verzichtet z.B. KOHLBERG auf das Etikett *Entwicklungstheorie* und spricht bezüglich des kognitiv-genetischen Ansatzes von einem *Programm zur Analyse gerichteter struktureller Veränderungen* (vgl. oben S. 195).

4.2 Bewertung der Informationsverarbeitungstheorie

Mit den kognitiven Entwicklungstheorien von PIAGET, KOHLBERG und anderen hat die Informationsverarbeitungstheorie (IVT) gemeinsam, daß sie Entwicklung eher beschreibt als erklärt und daß sie den sozialen Kontext von Entwicklungsprozessen, wie überhaupt nicht-kognitive Aspekte der Entwicklung, gegenüber kognitiven Variablen vernachlässigt. Auf der positiven Seite zeichnet beide Ansätze aus, das, was zwischen (Informations-)Input und (Verhaltens-)Output geschieht und die hierbei im Laufe der Entwicklung auftretenden qualitativen Veränderungen theoretisch einordnen zu können. Ausreichend gewürdigt wird dabei auch die aktive Beteiligung des Individuums an seiner Entwicklung (Selbststeuerung).

Darüber hinaus weist die IVT einige ihr eigene Mängel und Vorzüge auf.

Mängel der IVT

(1) Die korrekte Vorhersage des Outputs eines Probanden mit Hilfe eines formalen Modells bedeutet nicht zwangsläufig, daß damit auf die bei der Aufgabenbearbeitung tatsächlich ablaufenden Prozesse rückgeschlossen werden kann. So läßt sich z.B. mit zwei völlig verschiedenen Computerprogrammen der gleiche Output produzieren. Die verwendeten Modelle haben eher den Charakter von Metaphern als daß mit ihnen etwas tatsächlich Existierendes beschrieben würde. So existiert z.B. nicht tatsächlich ein physikalischer Raum, in dem sich ein *Homunculus* fortbewegt, um sich auf die Suche nach Gedächtnisinhalten zu begeben oder die Distanz zwischen einzelnen Knotenpunkten des semantischen Netzwerks zu überwinden (P.H. MILLER, 1989, S. 325-326)

(2) Empirische Untersuchungen auf dem Boden der IVT sind bisher kaum über die Modellierung und Simulation einzelner kognitiver Leistungen und ihrer kürzerfristigen Veränderungen hinausgekommen. Es fragt sich, ob derartige kurzfristige Veränderungen, zumal wenn sie nur auf einem bestimmten Entwicklungniveau untersucht worden sind, ein geeignetes Modell für die Analyse der langfristigen Veränderungen des Denkens über die Ontogenese abgeben. Nur wenn die auffälligen qualitativen Veränderungen des Denkens als Summe einer Vielzahl kleinerer quantitativer Veränderungen aufgefaßt werden könnten, wäre ein solches Vorgehen gerechtfertigt.

Vorzüge der IVT

(1) Eine wesentliche Stärke der IVT ist, daß ihre Aussagen über kognitive Verarbeitungsprozesse nicht allgemein und vage formuliert sind, sondern sich auf die sorgfältige Analyse der spezifischen Anforderungen der verwendeten Aufgaben und des darauf bezogenen Lösungsverhaltens stützen. IV-Theoretiker versuchen die Frage zu beantworten, *wie* ein Proband in einer bestimmten Situation Schritt für Schritt seine kognitiven Fähigkeiten anwendet. Die IVT ist somit – ähnlich wie die Soziale Lerntheorie und im Unterschied zu PIAGETS Theorie – eine Theorie der *Performanz*.

(2) Die IVT ist am ehesten in der Lage, die Komplexität des menschlichen Denkens zum Ausdruck zu bringen. Sie vermag eine große Anzahl von kognitiven Prozessen, angefangen bei einfacher Signalentdeckung bis hin zum Anwenden von komplexen Regeln, in ein System zu integrieren. Darüber hinaus wird – zumindest in Ansätzen – aufgezeigt, wie die verschiedenen kognitiven Prozesse (Wahrnehmung, Aufmerksamkeit, Gedächtnis, Sprache, abstraktes Denken) miteinander in Beziehung stehen.

(3) Aufgrund der Spezifität und Individualisierung der angenommenen Verarbeitungsprozesse stellt die Einordnung interindividueller Differenzen für die IVT kein Problem dar.

(4) Ähnlich wie die experimentell orientierten Lerntheorien fühlt sich die IVT einer stringenten, am Ideal der exakten Naturwissenschaften orientierten

Methodologie verpflichtet. Angestrebt wird die objektive und reliable Messung genau definierter Variablen (z.B. Zeitdauer, Anzahl, Distanz) unter möglichst kontrollierten Bedingungen. Oder – in der Computersimulation – die explizite Angabe sämtlicher Größen und Abläufe in Form eines Computerprogramms.

Schlußbemerkung

Der IV-Ansatz wird aufgrund der genannten Vorzüge und wegen der zu erwartenden immer stärkeren Computerisierung der Wissenschaften in Zukunft vermutlich weiter an Bedeutung gewinnen. Dies dürfte nicht nur für die Kognitionsforschung im engeren Sinne gelten, sondern auch darüber hinaus (z.B. bei der Entwicklung von Lernprogrammen in der Erziehungswissenschaft, in der Entscheidungsforschung oder bei der sozialpsychologischen Analyse von Gruppenprozessen).

Die in den letzten Jahren von BANDURA ausgearbeitete sozial-kognitive Lerntheorie (vgl. Kap. 9.3) kann als ein erster systematischer Versuch angesehen werden, den IV-Ansatz mit den klassischen Themen der sozialen Lerntheorie in der Entwicklungspsychologie (Entwicklung der Persönlichkeit und des Sozialverhaltens) zu verbinden.

5. Zusammenfassung

Kognitive Entwicklungstheorien beschäftigen sich mit der fortschreitenden *Konstruktion von kognitiven Repräsentationen* der Außenwelt.

Die umfangreichste Darstellung einer kognitiven Sichtweise der Entwicklung stammt von Jean PIAGET. Hauptsächlicher Gegenstand der Untersuchung von Entwicklungsprozessen sind bei PIAGET die qualitativen Veränderungen der intellektuellen Strukturen, die als dem beobachtbaren Verhalten zugrundeliegend angenommen werden. Die Art der Aktivität, d.h. der allgemeine Charakter intelligenter Handlungen, bleibt hingegen während der gesamten Entwicklung gleich. Deshalb ist von den funktionalen Invarianten intelligenten Verhaltens, der Organisation und der Adaptation, die Rede. Intelligente Anpassung wird gekennzeichnet durch die komplementären Prozesse der Assimilation (der Transformation der Umwelt im Sinne einer Angleichung an die eigene Struktur) und der Akkommodation (der Veränderung der eigenen Struktur in Richtung einer Angleichung an die Umwelt). Eine Akkommodation der gegebenen kognitiven Strukturen und damit eine Weiterentwicklung wird dadurch angeregt, daß Assimilationsversuche mißlingen oder daß verschiedene Assimilationsschemata miteinander in Konflikt geraten. Es kommt dann zu einem internen Ungleichgewicht, zu kognitiver Widersprüchlichkeit. Die dem Organismus innewohnende selbstregulatorische Tendenz zur Aufrechterhaltung oder Wiederherstellung eines Gleichgewichts, die Äquilibration, ist die wesentliche Kraft, die die Entwicklung vorantreibt. PIAGET vertritt hinsichtlich der Steuerung der Entwicklung einen interaktionistischen Standpunkt, da im Prozeß der Äquilibration sowohl Reifen wie Lernen eingeschlossen sind.

Die Entwicklungsrichtung ist gekennzeichnet durch eine fortschreitende Erweiterung des Handlungsfeldes sowie eine ansteigende Mobilität, Permanenz und Stabilität kognitiver Strukturen. Die Entwicklungsabfolge unterteilt PIAGET in drei Hauptperioden: (1) die Periode der sensumotorischen Intelligenz, (2) die Periode der Vorbereitung und Organisation konkreter Operationen, (3) die Periode der formalen Operationen. Sie werden jeweils weiter unterteilt.

Lawrence KOHLBERG hat die kognitive Sichtweise der Entwicklung auf die Analyse der langfristigen Veränderungen des Sozialverhaltens ausgedehnt, insbesondere in den Bereichen der moralischen Entwicklung, der Geschlechtsrollenübernahme und der Herausbildung von Abhängigkeit. Dabei hat er die psychoanalytischen und lerntheoretischen Identifikations- und Imitationskonzepte aus kognitiver Sicht neu bewertet und Prozesse der Rollenübernahme als zentral für die Ichentwicklung herausgestellt.

Die in neuerer Zeit aufgekommenen Informationsverarbeitungsansätze verfolgen das Ziel, den Fluß von Informationen durch das kognitive System des Menschen zu untersuchen. Einige Vertreter stützen sich dabei auf die Computeranalyse. Im Mittelpunkt des Forschungsinteresses stehen hier die Bereiche Gedächtnis, Aufmerksamkeit und Problemlösen.

Grenzen und Mängel der kognitiven Entwicklungstheorien lassen sich in vier Richtungen erkennen: (1) dem fehlenden Erklärungswert theoretischer Aussagen, (2) unzureichenden methodischen Grundlagen der Aussagen, (3) der Übertypisierung des Entwicklungsgeschehens, (4) der Vernachlässigung nichtkognitiver Aspekte der Entwicklung. Der kognitive Ansatz beeinhaltet mehr eine Deskription der typischen Sequenz langfristiger struktureller Veränderungen als eine Erklärung von Verhaltensunterschieden zwischen Individuen des gleichen oder unterschiedlichen Alters. IV-Theoretiker sind bislang kaum über die Modellierung und Simulation einzelner kognitiver Leistungen und ihrer kurzfristigen Veränderungen hinausgekommen.

Das gewählte Vorgehen einer Strukturanalyse der Entwicklung besitzt aber auch einige Vorteile, vor allem im Hinblick auf pädagogische und didaktische Problemstellungen. Diese Vorteile werden noch stärker ins Gewicht fallen, wenn die von der IVT geforderten sorgfältigen Analysen von Aufgabenanforderungen und Lösungsschritten weiter vorangekommen sind.

Zum Weiterstudium empfohlene Lektüre

Ein gut lesbarer Text zur kognitiven Sichtweise der Entwicklung, der gleichzeitig in Grundgedanken PIAGETS einführt, ist:

FLAVELL, J. (1979). *Kognitive Entwicklung.* Stuttgart: Klett-Cotta.

Von PIAGETS Schriften eignen sich als Einführungslektüre:

PIAGET, J. (1983). *Jean PIAGET: Meine Theorie der geistigen Entwicklung*. Frankfurt: Fischer Taschenbuch Verlag.

PIAGET,J. & INHELDER, B. (1977). *Die Psychologie des Kindes*. Frankfurt: Fischer Taschenbuch Verlag.

Aus den zahlreichen Büchern über das Werk PIAGETS werden als Einführungslektüre besonders empfohlen:

BUGGLE, F. (1985). *Die Entwicklungspsychologie Jean Piaget's*. Stuttgart: Kohlhammer (UTB 368).

GINSBURG, H. & OPPER, S. (1982). *Piaget's Theorie der geistigen Entwicklung*. Stuttgart: Klett-Cotta. (3. Auflage).

Eine anspruchsvolle und sehr sorgfältige Analyse der Entstehung und Veränderung von PIAGETS Werk liefert:

CHAPMAN, M. (1988). *Constructive evolution. Origins and development of Piaget's thoughts*. Cambridge: Cambridge University Press.

Seine Grundideen über den Entwicklungsprozeß hat KOHLBERG niedergelegt in:

KOHLBERG, L. (1969). Stage and sequence: the cognitive developmental approach to socialization. In D.A. GOSLIN (Ed.), *Handbook of socialization theory and reseach* (S. 347-480). Chicago: Rand McNally,

Postum erschien:

KOHLBERG, L. (1987). *Child psychology and childhood education: the cognitive developmental view*. New York: Longman.

Eine systematische Darstellung und kritische Würdigung der Grundlagen und Ergebnisse der Informationsverarbeitungstheorie unter entwicklungspsychologischer Perspektive liefern:

SIEGLER, R.S. (1983). Information processing approaches to development. In P.H. MUSSEN (Ed.), *Handbook of child psychology, Vol. 1* (S. 129-212). New York: Wiley.

KLAHR, D. (1989). Information processing approaches to cognitive development. In R. VASTA (Ed.). *Annals of child development, Vol. 6: Six theories of child development* (S. 133-185). Greenwich, CT: JAI Press.

Verschiedene IV-Theoretiker stellen sich selbst vor in:

STERNBERG, R.J. (Ed.). (1984). *Mechanisms of cognitive development*. San Francisco: W.H. Freeman.

Teil IV:

Befunde der Entwicklungspsychologie

Dieser Teil liefert eine systematische Darstellung der Entwicklungsprozesse in den drei Bereichen *Sprache*, *Geschlechtstypisierung* und *Moral*. Anhand dieser drei Bereiche sollen exemplarisch die *wechselseitigen Zusammenhänge zwischen Theorien, Methoden und Befunden in der Entwicklungspsychologie* deutlich gemacht werden. Dies wird dadurch erreicht, daß die beobachteten Entwicklungsveränderungen zunächst variablenspezifisch, im Anschluß daran aus der Sicht der vier in den Kap. 7 bis 10 vorgestellten Entwicklungstheorien und schließlich in ihren wechselseitigen Zusammenhängen beschrieben werden.

Die einzelnen Kapitel sind in die folgenden Punkte untergliedert: (1) Bedeutung des Bereichs, (2) Verschiedene Aspekte und Forschungsperspektiven, (3) Entwicklung einzelner Komponenten, (4) Verschiedene Theorien, (5) Integrative Darstellung der wechselseitigen Zusammenhänge über die Ontogenese, (6) Zusammenfassung.

Kap. 11 beschäftigt sich mit den drei Hauptaspekten der *Sprachentwicklung*: der Form (Grammatik), der Bedeutung (Semantik) und der Mitteilungsfunktion (Kommunikation) sprachlicher Äußerungen. Nach der Erörterung des Aufbaus und der Veränderungen der grammatischen, semantischen und kommunikativen Fähigkeiten im Kindesalter werden die verschiedenen Theorien der Beschreibung und Erklärung von Spracherwerbsprozessen vorgestellt. Abschließend werden die wechselseitigen Zusammenhänge zwischen Grammatik, Semantik und Kommunikation während der Sprachentwicklung aufgezeigt.

Im Kap. 12 geht es um die *Entwicklung der Geschlechtstypisierung*. Vier Komponenten werden unterschieden: Geschlechtsidentität, Konzepte der Geschlechterdifferenzierung, geschlechtsbezogene Einstellungen und Präferenzen, geschlechtstypisches Verhalten. Anschließend werden die Beiträge der verschiedenen Entwicklungstheorien hinsichtlich der Beschreibung und Erklärung von Entwicklungsprozessen der Geschlechtstypisierung gewürdigt. Auf der Grundlage eines integrativen Modells werden abschließend der Aufbau und die Veränderungen der verschiedenen Komponenten der Geschlechtstypisierung im individuellen Entwicklungsverlauf idealtypisch beschrieben.

Kap. 13 ist der *Moralentwicklung* gewidmet. Drei Aspekte der Moralität werden unterschieden: Denken und Urteilen über moralische Sachverhalte, moralische Gefühle und Werthaltungen, moralisches Verhalten. Da in der Moralforschung eine enge Verknüpfung der einzelnen Moralkomponenten mit den verschiedenen Entwicklungstheorien vorzufinden ist, wird die Entwicklung der einzlenen Komponenten der Moral zusammen mit den jeweils dominanten theoretischen Ansätzen behandelt. Im Schlußabschnitt wird dargestellt, wie kognitive, affektive und verhaltensmäßige Komponenten der Moral miteinander zusammenhängen.

Kapitel 11:

Sprachentwicklung

1. Bedeutung der Sprache und Problemstellungen einer Sprachentwicklungspsychologie

„Der Besitz von Sprache unterscheidet den Menschen vom Tier“ (Hörmann, 1967, S. 1). Tiere können zwar untereinander und mit dem Menschen *kommunizieren*, aber nur mit Hilfe einer begrenzten Zahl isolierter Laute oder mimischer und gestischer Ausdrucksweisen. Auch den höchsten Tierarten fehlt es an den Voraussetzungen für die Ausbildung eines der menschlichen Sprache vergleichbaren Verständigungssystems. Im Verlauf von nur wenigen Jahren entwikkelt hingegen jedes normale menschliche Lebewesen aus einer geringen Anzahl für sich bedeutungsloser Laute Tausende von bedeutungshaltigen Lautmustern (Silben, Wörter), die nach den grammatischen Regeln der jeweils erlernten Sprache so kombiniert werden, daß aus ihnen eine unendliche Zahl von Aussagen gebildet werden kann. Diese Aussagen werden überdies von anderen, die die gleiche Sprache sprechen, verstanden.

Während sich die *Linguistik*, also die Wissenschaft von der Sprache, mit der formalen Beschreibung des Sprachsystems selbst beschäftigt, untersucht die *Sprachpsychologie*, speziell die *Sprachentwicklungspsychologie*, aufgrund welcher Voraussetzungen und in welcher Weise Menschen Sprache erwerben und wie sie ihre Sprache gebrauchen. Sie kann dabei von folgenden Beobachtungen ausgehen (vgl. Grimm, 1977, a, b; Szagun, 1986): Beginnend mit dem Schreien und Vokalisieren des Säuglings über das Lallen entstehen bald feste Beziehungen zwischen Lautkomplexen (Worten) und Gegenständen oder Handlungen, bis schließlich die sehr speziellen Regeln der jeweils erworbenen Sprache verstanden und angewendet werden. Verschiedene Kinder unterscheiden sich zwar in der Geschwindigkeit der Erwerbsprozesse, die Abfolge der Entwicklungsschritte scheint jedoch weitgehend gleich zu sein. (Ein Überblick über den allgemeinen Verlauf der Sprachentwicklung wird in Abschnitt 5. gegeben.)

In Anbetracht der enormen Zahl verschiedener Wörter und ihrer Bedeutungen sowie der Komplexität der grammatischen Regeln ist die Geschwindigkeit und scheinbare Mühelosigkeit des Erwerbs der Muttersprache erstaunlich. Man betrachte dazu im Vergleich das mühsame Erlernen einer Fremdsprache.

Die Sprachentwicklungspsychologie versucht u.a. folgende Fragen einer Beantwortung näher zu bringen: Sind Kleinkinder für den Spracherwerb biologisch vorprogrammiert oder lernen sie Sprache überwiegend auf dem Wege von Verstärkung und Nachahmung? Welche Art sprachlicher Informationen aus ihrer Umwelt brauchen Kinder für den Erwerb einer Sprache? Besteht eine Beziehung zwischen vorsprachlichen Äußerungen und der späteren Sprachentwicklung? Wie erlangen Worte Bedeutungen? Was müssen Kinder lernen, um sich anderen angemessen sprachlich mitteilen zu können? Durchlaufen alle Kinder die gleichen Stadien des Spracherwerbs? Sind die Prozesse beim Erwerb der Grammatik, der Entwicklung von Wortbedeutungen und dem Aufbau von Kommunikationsfähigkeiten universell oder interindividuell verschieden?

Diese und weitere Fragen werden in den folgenden Abschnitten dieses Kapitels ausführlich behandelt. Dabei wird deutlich werden, daß der frühe Erwerb der Muttersprache vom späteren Fremdsprachenlernen grundverschieden ist: Er ist schneller, müheloser und gründlicher. Außerdem zeigt sich, daß die Sprache von Kindern nicht bloß eine unvollkommene Erwachsenensprache ist, sondern eigenen Regeln folgt.

Sprache und Spracherwerb sind zu globale Gegenstände, um sich damit sinnvoll auseinandersetzen zu können. Zunächst sollen deshalb verschiedene Aspekte der Spracherwerbsforschung voneinander abgegrenzt werden. Anschließend wird erläutert, welche Untersuchungsgegenstände bei welchen Forschungsperspektiven im Vordergrund stehen.

2. Aspekte des Spracherwerbs und Forschungsperspektiven

Drei Aspekte der Sprache

Sprachliche Äußerungen lassen sich unter mindestens drei Aspekten betrachten: ihrer *Form*, ihres *Inhalts* und ihrer *Mitteilungsfunktion*. Mit der Form ist hauptsächlich die *grammatische Struktur* einer Sprachäußerung gemeint. Der Inhalt ist definiert durch die *Bedeutung* des Gesagten. Die Mitteilungsfunktion bezieht sich darauf, daß Sprache von einem Sprecher für einen Hörer produziert wird, also ein *kommunikativer Akt* ist.

Diese drei Aspekte fallen in etwa zusammen mit den drei Dimensionen, die in der Zeichentheorie der Sprache (*Semiotik*) unterschieden werden (s. Abbildung 11.1): a) *Syntax* = die Beziehung sprachlicher Zeichen untereinander; b) *Semantik* = das Verhältnis der Zeichen zur nichtsprachlichen Realität (Bezeichnetes); c) *Pragmatik* = das Verhältnis der Zeichen zu ihren Benutzern.

Die drei Aspekte sprachlicher Äußerungen, Form, Bedeutung und Gebrauch, gehören eng zusammen. Nur für Untersuchungszwecke lassen sie sich voneinander trennen.

Neben Syntax, Semantik und Pragmatik lassen sich als weitere Untersuchungsgegenstände der Spracherwerbsforschung außerdem noch nennen: Lautverständnis und Lautproduktion (*Phonologie*) und Wortschatz (*Lexikon*).

Die bisher genannten Aspekte sprachlicher Äußerungen entstammen einer *strukturellen Betrachtungsweise* der Sprache, bei der die Analyse des *Sprachsystems* im Vordergrund steht. Demgegenüber betont eine *funktionale Betrach-*

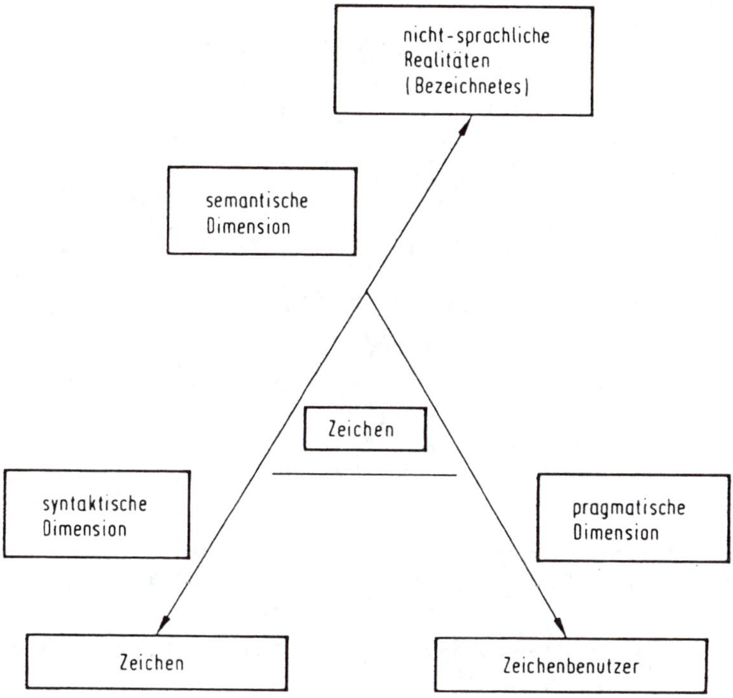

Abbildung 11.1: Drei Dimensionen der Sprache (nach MORRIS, 1972; aus OERTER & MONTADA, 1987, S. 579)

tungsweise der Sprache deren *kommunikativen* Aspekt. Nicht das Sprachsystem, sondern der *Sprechakt* (der Zweck sprachlicher Äußerungen) ist hier der zentrale Untersuchungsgegenstand. Eine derartige Sichtweise hat Karl BÜHLER schon 1934 in seinem *Organon* (Werkzeug)-Modell der Sprache vertreten (s. die Abbildung 11.2).

Danach gilt: „Das Zeichen ist Symbol kraft seiner Zuordnung zu Gegenständen und Sachverhalten (objektive Komponente), es ist Symptom kraft seiner Abhängigkeit von der Sprecherintention (subjektive Komponente), und es ist Signal kraft seines Appells an den Hörer, dessen Verhalten es steuert (intersubjektive Komponente)." (GRIMM, 1987, S. 584).

Anstelle von objektiver, subjektiver und intersubjektiver Komponente spricht BÜHLER selbst allerdings von Darstellung, Ausdruck und Appell (BÜHLER, 1934). Bei einzelnen Sprechhandlungen wird im Regelfall immer nur eine der drei Funktionen im Vordergrund stehen können.

Später und ohne Bezugnahme auf BÜHLER haben AUSTIN (1972) und SEARLE (1971) eine *Inhaltskomponente* (was sage ich dir?), eine *Beziehungskomponente* (wie sage ich es dir?) und eine *Interpretationskomponente* (wie verstehst du, was ich dir sage?) von Sprechhandlungen unterschieden. Damit ist erstmals auch die Reaktion des Hörers in die Analyse von Sprechakten mit einbezogen.

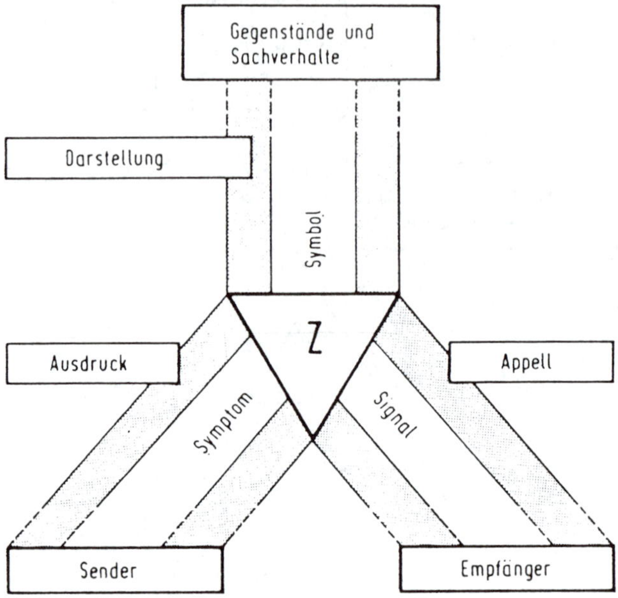

Abbildung 11.2: Organon-Modell der Sprache (nach Karl BÜHLER, 1934; aus OERTER & MONTADA, 1987, S. 584)

GRIMM (1987) stellt treffend fest: „Durch den Gebrauch von Sprache erwerben wir die Struktur, die wiederum neue Formen des Gebrauchs ermöglicht. Funktion und Struktur der Sprache sind nicht zu trennen; beide bedingen sich gegenseitig und machen zusammen die Sprache aus." (S. 582).

Phasen der Sprachentwicklungsforschung

Die im vorangegangenen Abschnitt unterschiedenen Aspekte des Spracherwerbs haben zu verschiedenen Zeiten der neueren Sprachentwicklungsforschung unterschiedlich starkes Interesse erfahren (vgl. GRIMM, 1987; SZAGUN, 1986).

Bis in die 50er Jahre hinein war eine *normativ-beschreibende* Sprachforschung vorherrschend, in der hauptsächlich Sprachdaten gesammelt und quantifiziert wurden (z.B. Altersnormen des Wortschatzumfangs, Häufigkeiten einzelner Wortklassen; vgl. McCARTHY, 1954). Seit den 60er Jahren dominiert eine psycholinguistische Sichtweise, in der der Spracherwerb des Kindes stärker theorieorientiert, d.h. ausgehend von bestimmten Sprachtheorien analysiert wird.

Nicht zuletzt ausgelöst durch die Kontroverse zwischen SKINNER (1957) und CHOMSKY (1959) konzentrierte man sich zunächst auf die grammatische Form sprachlicher Äußerungen (*formal-kategoriale Phase*). Man versuchte bei Kindern verschiedenen Alters Regelmäßigkeiten der Kombination von Wörtern, von Flexionen und weiterer grammatischer Formen herauszufinden und überprüfte, inwieweit die gefundenen Regelmäßigkeiten den syntaktischen Regeln der Erwachsenensprache entsprechen (s. dazu Abschnitt 3.1).

Als man feststellte, daß die syntaktischen Regeln der Kindersprache nur unter Einbeziehung der Bedeutungsrelationen adäquat erfaßt werden können, trat etwa ab Beginn der 70er Jahre der semantische Aspekt der Sprache in den Vordergrund des Interesses (*semantisch-relationale Phase*). Insbesondere die Bedeutungen von Zweiwortäußerungen und die Entstehung der Bedeutung einzelner Wörter und Begriffe wurden nun intensiv untersucht (s. dazu Abschnitt 3.2). Es zeigte sich u.a. dabei, daß Wortbedeutungen und Begriffe eng mit nichtsprachlichen Erkenntnissen zusammenhängen, die Kinder aus der Erfahrung mit den Dingen und Menschen ihrer Umwelt gewinnen.

Die Analyse der Bedeutung sprachlicher Äußerungen machte dann sehr bald deutlich, daß diese nur durch die Berücksichtigung ihres sozialen Kontextes (der Situation und der Gesprächspartner) voll verständlich werden (*funktional-kommunikative Phase*). Bedeutungen werden anderen Menschen mitgeteilt und von diesen verstanden (oder auch nicht). Die gebrauchte Sprache paßt sich dementsprechend mehr oder weniger den von der Situation oder dem Gesprächspartner geforderten Voraussetzungen an (s. dazu Abschnitt 3.3). Diese Anpassungsleistungen sind von beiden Seiten, dem Sprache lernenden Kind und seiner Mutter (oder anderen Interaktionspartnern), zu erbringen. Dabei stellte sich u.a. die Frage, ob die Interpretationen der Interaktionspartner wirklich dem entsprechen, was das Kind mitteilen will, oder ob Mütter und andere Interaktionspartner den Kindern, das, was sie sagen wollen, erst durch ihre Interpretationen beibringen.

Die angemessene Untersuchung der Sprachentwicklung erfordert die Berücksichtigung aller drei Aspekte sprachlicher Äußerungen: *Form*, *Inhalt* und *Gebrauch*.

3. Entwicklung der einzelnen Sprachfähigkeiten

3.1 Entwicklung der Grammatik

Um eine Sprache verstehen und sprechen zu können, genügt es nicht, die Wörter dieser Sprache und ihre Bedeutungen (das Lexikon) zu kennen. Hinzukommen muß die Kenntnis bzw. die Anwendung der formalen Regeln der Sprache, die festlegen, auf welche Art verschiedene semantische Beziehungen sprachlich korrekt auszudrücken sind (z.B. Subjekt-Prädikat-Objekt-Stellung, Kasus- und Tempusformen, Ausdruck von Frage, Verneinung, Besitzanzeige, Aktiv-Passiv etc.). So enthält der Satz *Zu spät gestern wir haben kommen ein halbes Stund* nach den Regeln der deutschen Sprache zahlreiche Fehler hinsichtlich der Wortstellung und der Flexionen. Richtig müßte es heißen: *Gestern sind wir eine halbe Stunde zu spät gekommen* oder: *Wir sind gestern eine halbe Stunde zu spät gekommen*. Das System von Regeln, das uns ermöglicht, aus dem Wortmaterial einer Sprache korrekte, logische und verständliche Sätze zu bilden, nennt man *Grammatik*.

Der Erwerb der sprachspezifischen formalen Regeln (Grammatik) ist ein wesentlicher Aspekt des Erlernens der Muttersprache im Kindesalter (wie auch des Fremdsprachenerwerbs). Dieser Aspekt, die Analyse der grammatischen Form sprachlicher Äußerungen, stand auch am Anfang der neueren Sprachentwicklungspsychologie im Vordergrund des Interesses. Dabei zeigte sich zweierlei: 1. die Kindersprache läßt eigenständige Regelbildungen erkennen, die von den Regeln der Erwachsenensprache in vielen Fällen (noch) abweichen; 2. der Grammatikerwerb von verschiedenen Kindern, auch in den verschiedenen Sprachen, verläuft über weite Strecken sehr ähnlich.

Phasen des Grammatikerwerbs im Kindesalter lassen sich am leichtesten nach der typischen Anzahl von Wörtern in einer Satzeinheit abgrenzen. Meist wird zwischen Einwort-, Zweiwort- sowie Dreiwort- und Mehrwortäußerungen unterschieden.

3.1.1 Einwortäußerungen

Es erscheint zunächst verwunderlich, Einwortäußerungen unter einem grammatischen Aspekt zu betrachten. Da Kinder in der Einwortphase jedoch häufig mit einem einzigen Wort einen ganzen Satz ausdrücken, ist dieses Vorgehen gerechtfertigt. So kann die Äußerung *Ball* je nach situativem Kontext und Motivationslage des Kindes z.B. bedeuten: „Da ist ein Ball“, „mein Ball ist verschwunden“, „gib mir den Ball!“ usw. Verschiedene Autoren sprechen deshalb auch von *Ein-Wort-Sätzen* (Stern & Stern, 1907/1965) oder *Holophrasen* (Werner, 1926).

Einwortäußerungen können den verschiedensten Wortklassen der Erwachsenensprache entstammen. Am häufigsten sind Nomen (z.B. Ball, Mama, Auto). Es kommen aber auch Verbpartikel (z.B. weg, runter, ab), und Adverbien (z.B. heiß, mehr, auch) vor. Dabei unterscheiden die Kinder vermutlich nicht nach den Wortklassen der Erwachsenensprache, sondern eher nach erfahrungsabhängigen und bedeutungshaltigen Kategorien. Nach Nelson (1973) verwenden sie hauptsächlich Wörter, die Klassen von Objekten (z.B. Ball, Auto) oder spezifische Objekte (z.B. Lassie, Mama) bezeichnen. Darüber hinaus machen sie Äußerungen, die Handlungen beschreiben oder begleiten (z.B. ada – ada, runter), die Eigenheiten von Gegenständen kennzeichnen (z.B. heiß, rot) oder die soziale Beziehungen betreffen (z.B. nein, danke). In seltenen Fällen gebrauchen sie auch Wörter, die eine grammatische Funktion haben (z.B. was, wo, für).

Wörter, die Objektklassen bezeichnen, machten nach einer Untersuchung von Nelson (1973) rund die Hälfte der gebrauchten Wörter aus. Nelson stellte außerdem fest, daß, von wenigen Ausnahmen abgesehen, nur solche Wörter vorkamen, die Objekte bezeichneten, die etwas tun (z.B. Menschen, Tiere, Autos oder Uhren) oder mit denen man etwas tun kann (z.B. Flaschen, Bälle, Schuhe).

Die meisten Autoren gehen davon aus, daß Kinder in der Einwortphase „schon weitgehend die relationalen semantischen Konzepte erworben haben, die sie später mit Zwei- und Dreiwortäußerungen sprachlich expliziter markieren" (GRIMM, 1987, S. 604).

Das Kind auf der Einwortstufe ist zwar schon damit beschäftigt, die Sprache, die es hört, syntaktisch zu analysieren, es ist aber selbst noch nicht in der Lage, zwei oder mehr Worte syntaktisch miteinander zu verbinden. Dies erfolgt erst auf der Stufe der Zweiwortäußerungen.

3.1.2 Zweiwortäußerungen

Mit dem Auftreten von Zweiwortäußerungen ist es zum ersten Mal möglich, Regelhaftigkeiten der Aneinanderreihung von Wörtern zu analysieren. Anfänglich werden zwei Wörter einfach nebeneinander gestellt. Allmählich werden dann Regelmäßigkeiten der Kombination von Wörtern erkennbar.

Solange nicht verschiedene Arten von semantischen Beziehungen (z.B. Subjekt Handlung und Handlung Objekt) durch entsprechende Wortstellung, durch Flexionen oder durch Funktionswörter ausgedrückt werden können, muß bei den meisten Zweiwortäußerungen der nonverbale Kontext zu ihrer Interpretation herangezogen werden. Derartige Zweiwortäußerungen sind daher strenggenommen nicht syntaktisch. Ein anderes Mittel des Kindes, verschiedene Bedeutungen mit dem gleichen Zweiwortsatz auszudrücken, ist im übrigen die Intonation (Prosodie) der Worte. So bedeutet „*gib* Mami", daß Mami etwas hergeben soll, hingegen „gib *Mami*", daß Mami etwas bekommen soll.

Syntaktische Relationen sind dann gegeben, wenn die beiden Wörter nicht einfach in willkürlicher Reihenfolge nebeneinander gestellt werden, sondern eine feste Wortstellung gewählt wird. Zur Charakterisierung der Regelmäßigkeiten der Wortkombinationen von Kindern auf der Stufe der Zweiwortäußerungen gelangten verschiedene Forschergruppen in den USA Anfang der 60er Jahre unabhängig voneinander zu ähnlichen Ergebnissen (BRAINE, 1963; R. BROWN & FRASER, 1963; W. MILLER & ERVIN, 1964). Diese frühen Erklärungsversuche der kindlichen Zweiwortäußerungen sind unter dem Stichwort *Angelpunkt-* oder *Pivot-Grammatik* (BRAINE, 1963) in die Literatur eingegangen.

Pivot-Grammatik

Auf der Grundlage der Auswertung von den im Längsschnitt erhobenen Sprachprotokollen dreier Kinder im Hinblick auf die Häufigkeit und die Position von Wörtern in Zweiwortäußerungen meinte BRAINE (1963) folgende Gesetzmäßigkeit der frühen Kindersprache zu erkennen: Es gibt einige Wörter, die häufig gebraucht werden, deren Anzahl aber eher gering ist; z.B.: mehr, an, mein, da, haben, fahren. Sie treten in fester Position auf, d.h., sie stehen *entweder* an erster *oder* an zweiter Stelle. Diese Wörter werden mit anderen Wörtern kombiniert, die nicht so häufig gebraucht werden, deren Anzahl aber wesentlich größer ist und auch rascher zunimmt. Viele dieser Wörter (die meisten davon Nomen) kamen früher in den Einwortsätzen der Kinder vor und werden auch jetzt noch manchmal alleine gebraucht. Beispiele sind: Mama, Auto, Tasse, haben, heiß. Die erste Klasse von Wörtern nannte BRAINE (1963) *Angelpunktwörter* (englisch: *pivots*, abgekürzt: P), die zweite Klasse von Wörtern nannte er *offene Wörter* (englisch: *open*, abgekürzt: O).

Am häufigsten kam die Kombination Pivot-Wort (P) am Anfang und offenes Wort (O) an zweiter Position vor. Weniger häufig war die Kombination O – P. Die Pivotwörter, die in Anfangsposition standen (P1), waren andere als die, die in Endposition standen (P2). Zusätzlich zu den beiden Kombinationen P1 – O und O – P2 gab es noch die Kombination von zwei Wörtern der offenen Klasse (O – O). Mit diesen Regeln sollten alle Zweiwortäußerungen beschrieben werden können. Demnach dürfte es nicht vorkommen, daß zwei Pivotwörter miteinander kombiniert werden (P - P). Einzelne Pivotwörter sollten auch nicht in variabler Position im Satz stehen können. Beispiele für die verschiedenen Arten der Kombination von Wörtern sind in Tabelle 11.1 aufgeführt.

Tabelle 11.1: Beispiele für zulässige und unzulässige Zweiwortkombinationen nach den Regeln der Pivot-Grammatik

Zulässige Kombinationen								
P_1	–	O	O	–	P_2	O	–	O
mehr		Milch	Milch		alle	Milch		Tasse
mein		Auto	Wau Wau		weg	Auto		Tür
mein		Buch	Hose		an	Mama		Hose
kein		Baby	Mama		auch			
			Tür		auf			
Unzulässige Kombinationen								
P	–	P	O	–	P_1	P_2	–	O
da		ein	heiß		nicht	auch		Pflaster
das		weg	Mama		da	alle		Milch
ander		auch						

Spätere Untersuchungen haben allerdings die Gültigkeit der Pivot-Grammatik in Frage gestellt und sie auf den simplen Tatbestand reduziert, daß sich Zweiwortäußerungen aus einem häufig gebrauchten Wort in Kombination mit einem beliebigen anderen Wort zusammensetzen (R. BROWN, 1973). Nach den Ergebnissen dieser Untersuchungen ist der Anspruch auf Allgemeingültigkeit der Pivot-Grammatik nicht aufrechtzuerhalten (Bowerman, 1973; R. Brown, 1973; M. Miller, 1976). Sie findet sich in der postulierten Form weder in allen Sprachen, noch trifft sie für alle englischsprachigen Kinder zu, und es gibt sie auch bei einem Kind nicht ausschließlich (Szagun, 1986). Soweit sie gültig ist, beschreibt sie außerdem nur die Produktion, nicht aber das Verstehen der Sprache (Grimm, 1977).

Telegrafische Sprache

Kinder der verschiedensten Sprachen (z.B. Deutsch, Englisch, Finnisch, Russisch) lassen bei ihren ersten Wortkombinationen systematisch bestimmte Satzelemente aus. In ihren Zweiwortäußerungen (später auch noch in einigen der Drei- und Mehrwortäußerungen) beschränken sie sich hauptsächlich auf Inhaltswörter (typischerweise Nomen, Verben und Adjektive) und lassen weitgehend Funktionswörter (Artikel, Konjunktionen, Präpositionen, Pronomen) aus. Dies gilt sowohl für spontane Sprachäußerungen als auch für die Nachahmung der Erwachsenensprache (zu letzterem siehe R. Brown & Bellugi, 1964). Die frühe Kindersprache ähnelt damit der verkürzten Sprache von Telegrammen, bei denen aus Kostengründen solche Wörter weggelassen werden, die vom Empfänger aus dem Kontext ergänzt oder erschlossen werden können. Dies veranlaßte R. Brown (1973), die frühe Kindersprache als *telegrafische Sprache* zu bezeichnen.

Für die *telegrafische Sprache* des Kleinkindes gibt es zwei verschiedene Erklärungen: Entweder kennt das Kind nicht die Bedeutung (die grammatische Funktion) der Funktionswörter (DeVilliers & DeVilliers, 1978) oder ihre Gedächtniskapazität reicht für die Bildung längerer Sätze nicht aus, so daß sie nur das Wichtigste (re-)produzieren (Glucksberg & Danks, 1975).

Der Vergleich der frühen Kindersprache mit dem Stil von Telegrammen von Erwachsenen ist aus folgenden Gründen nicht ganz treffend: 1. Der Inhalt eines Telegramms ist normalerweise aus sich heraus verständlich, während sich die Äußerungen der Kinder nur unter Berücksichtigung der Gesamtsituation eindeutig interpretieren lassen. Durch Erweiterung der kindlichen Äußerung (R. Brown & Bellugi, 1964) überprüfen die Erwachsenen (Eltern) ständig, ob sie die vom Kind intendierte Äußerung richtig verstanden haben. 2. Der Erwachsene, der ein Telegramm abfaßt, verkürzt den Text auf der Grundlage seines sprachlichen Wissens und seiner Kenntnis, was der Empfänger zum Verständnis der Botschaft unbedingt mitgeteilt bekommen muß. Das Kind stellt keine derartigen Erwägungen an. Kritik

Außerdem gibt es auch in der sog. telegrafischen Sprache des Kleinkindes einige Funktionswörter. Es sind Funktionswörter mit einem semantischen Eigengehalt wie *nicht*, *mein*, *das*, *auf*, *weg* (Wieczerkowski, 1982, S. 273).

3.1.3 Drei- und Mehrwortäußerungen

Wortstellung und grammatische Morpheme

Jenseits der Zweiwortäußerungen beginnt die Notwendigkeit, Sätze hierarchisch zu strukturieren. Die Sprachwelt des Kindes teilt sich auf in Personen, Dinge und Handlungen, in handelnde Subjekte und Empfänger oder Objekte von Handlungen. In Begriffen der traditionellen Grammatik entspricht das der Anordnung von Subjekt, Prädikat und Objekt. Die *Wortstellung* ist das erste grammatische Merkmal, das Kinder lernen. Sie folgen dabei meist der dominanten Wortstellung in der Erwachsenensprache.

Bereits in den Zweiwortäußerungen werden vereinzelt auch schon formale Markierungen, sogenannte *grammatische Morpheme* verwendet (z.B. Pluralformen, Genusmarkierungen der Artikel, Genitiv-s). Sie verleihen sprachlichen Aussagen eine genauere Bedeutung. Solche Morpheme können z.B. Flexionen sein, die die Anzahl eines Objekts anzeigen (z.B. *-e* in Hund-e und *-er* in Kind-er zeigen die Pluralformen an), Präpositionen, die eine Angabe über den Ort eines Objekts beinhalten (z.B. auf, unter, in) oder Konjugationen der Zeitformen von Verben (z.B. *-te* in mach-te zur Anzeige der Vergangenheitsform). Parallel zum Anstieg der Satzlänge werden nun allmählich die in der zu erlernenden Sprache vorkommenden grammatischen Morpheme erworben.

Untersuchung 11.1 — *Anzahl und Erwerbsreihenfolge grammatischer Morpheme in der frühen Kindersprache*

In einer Längsschnittuntersuchung wurden von Roger BROWN (1973) zwei oder mehr Stunden monatlich Sprachdaten dreier Kinder (spontanes Sprechen der Kinder mit der Mutter, manchmal auch mit dem Vater) erhoben. Als Maßstab für den Entwicklungsstand der Sprache (genauer: der Grammatikentwicklung) der drei Kinder Adam, Eve und Sarah verwendete BROWN die *mittlere Äußerungslänge* (englisch: *mean length of utterance*, abgekürzt: MLU) einer Sprachstichprobe. MLU wurde dabei durch die Anzahl der Morpheme definiert. Zum Beispiel enthält die Zweiwortäußerung *Baby weint* drei Morpheme: (1) *Baby* (2) *wein-* als Wortstamm von weinen und (3) *-t* als Anzeige der Präsensform dritte Person Singular.

Die Untersuchungen von BROWN konzentrierten sich auf den Entwicklungsabschnitt zwischen einem MLU von 1.74 und 4.00, der – relativ willkürlich – in fünf Stufen unterteilt wurde. Die Veränderungen des MLU-Maßes geben in etwa wieder, wie die Satzlänge im Verlauf des Vorschulalters zunehmend größer wird. Die Abbildung 11.3 zeigt den Anstieg der mittleren Äußerungslänge der drei von BROWN untersuchten Kinder. Aus der Abbildung wird deutlich, daß das Alter und die Geschwindigkeit der MLU-Zunahme interindividuell erheblich variieren können. So zeigte *Eve* mit 2 1/2 Jahren das gleiche Entwicklungsniveau, das *Adam* und *Sarah* erst mit ca. 4 Jahren erreichten.

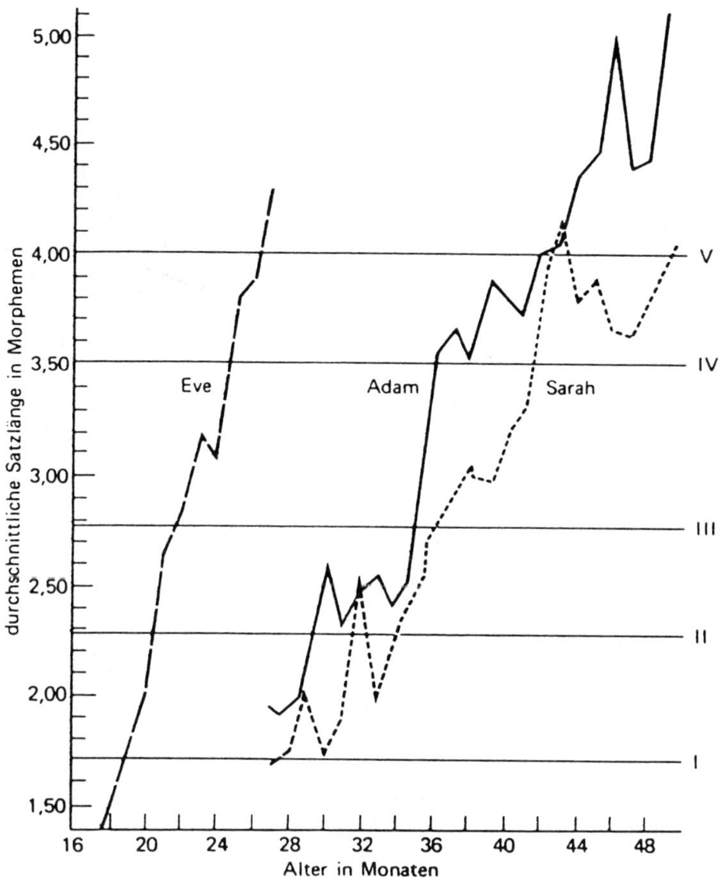

Abbildung 11.3: Anstieg der mittleren Äußerungslänge bei drei Kindern (nach R. Brown et al., 1968; aus Prillwitz, Jochens & Stosch, 1975, S. 145)

Aus dem Datenmaterial der gleichen Längsschnittuntersuchung an Adam, Eve und Sarah ergab sich außerdem, daß die Entwicklungsabfolge von vierzehn in der englischen Sprache häufig vorkommenden Morphemen nahezu invariant war und sich die drei Kinder nur im Alter bzw. der Schnelligkeit des Erwerbs der einzelnen Morpheme unterschieden. Als Kriterium für den Erwerb eines Morphems galt ein 90%iger Gebrauch in korrekter Form in drei aufeinander folgenden Sprachstichproben. Die vierzehn Morpheme sind in Tabelle 11.2 nach der Reihenfolge ihres Erwerbs aufgeführt und anhand von Beispielen erläutert (nach Shaffer, 1985, S. 305).

Auch in Querschnittuntersuchungen an größeren Stichproben von Kindern wurde eine ähnliche Abfolge im Erwerb grammatischer Morpheme beobachtet wie von R. Brown (vgl. DeVilliers & DeVilliers, 1973; James & Khan, 1982). Welche Morpheme früher und welche später erworben

Tabelle 11.2: Reihenfolge des Erwerbs von 14 Morphemen in der Englischen Sprache (nach CLARK & CLARK, 1977; aus SHAFFER, 1985, S. 305; Übers. v. Verf.)

	Morpheme	Bedeutung	Beispiel
1.	Verlaufsform Präsens: *–ing*	Andauernder Vorgang	He is sitting down
2.	Präposition: *in*	Beinhaltung	The mouse is in the box
3.	Präposition: *on*	Unterlage	The book is on the table
4.	Plural: *–s*	Anzahl	The dogs ran away
5.	Unregelmäßige Vergangenheitsform: z.B. *went*	Vorzeitigkeit in Relation zum Zeitpunkt des Sprechaktes	The boy went home
6.	Possesiv Genitiv: *–s*	Besitzanzeigung	The girl's dog is big
7.	be als Vollverb: z.B. *are, was*	Gruppenzugehörigkeit Vorzeitigkeit	Are they boys or girls? Was that a dog?
8.	Artikel: *the, a*	Bestimmt/unbestimmt	He has a book
9.	Regelmäßige Vergangenheitsform: *–ed*	Vorzeitigkeit	He jumped the stream
10.	3. Person Präsens Singular, regelmäßig: *–s*	Anzahl, Vorzeitigkeit	She runs fast
11.	3. Person Präsens Singular, unregelmäßig: z.B. *has, does*	Anzahl, Vorzeitigkeit	Does the dog bark?
12.	be als Hilfsverb: z.B. *is, were*	Anzahl, Vorzeitigkeit; andauernder Vorgang	Is he running? Were they at home?
13.	Kurzformen von be als Vollverb: z.B. *–'s, –'re*	Anzahl, Vorzeitigkeit	That's a spaniel
14.	Kurzformen von be als Hilfsverben: z.B. *–'s, –'re*	Anzahl, Vorzeitigkeit; andauernder Vorgang	They're running very slowly

werden, scheint im übrigen hauptsächlich von ihrer relativen Komplexität, d.h. ihrer leichten oder schweren Erkennbarkeit für das Kind, abzuhängen, weniger von der Häufigkeit ihres Gebrauchs in der Erwachsenensprache (R. BROWN, 1973).

BROWN, R. (1973). *A first language: the early stages.* London: Allen & Unwin.

Mit dem Auftreten von sprachlichen Äußerungen von vier und mehr Morphemen Länge ungefähr ab dem dritten bis vierten Lebensjahr erscheint es nicht mehr sinnvoll, den Stand der Sprachentwicklung ausschließlich quantitativ (durch Angabe der mittleren Anzahl von Worten oder Morphemen in einer Satzeinheit) zu messen. Vielmehr hat eine qualitative Analyse der Satzkonstruktionen zu erfolgen, wie sie bereits in der Auflistung vorkommender Morpheme angedeutet ist.

Mit dem Anwachsen der mittleren Äußerungslänge treten nun allmählich auch *komplexere Satzkonstruktionen* auf, wie Fragesätze, Relativsätze, Satzgefüge von Haupt- und Nebensätzen. Die Wortstellung und die formalen Markierungen von Kasus, Tempus etc. werden zunehmend korrekter gebraucht. Einen Überblick über den Grammatikerwerb deutschsprachiger Kinder liefern CLAHSEN (1982), MILLS (1986b) und SZAGUN (1986).

3.1.4 Schlußbemerkungen zum Erwerb grammatischer Regeln

Der Erwerb formaler Regeln der Sprache (Grammatik) erfolgt offensichtlich sowohl über das Verstehen der Bedeutung, die durch die betreffende Regel ausgedrückt wird, als auch teilweise auf dem Wege eines rein formal-sprachlichen Lernens. Letzteres scheint z.B. für den Erwerb des Genussystems in verschiedenen Sprachen zu gelten (MARATSOS, 1982, 1983; MILLS, 1986a).

Die verschiedenen Sprachen unterscheiden sich dabei danach, wie sie die gleiche Bedeutung formal-sprachlich ausdrücken. Ihre Muttersprache erlernende Kinder scheinen recht gut in der Lage zu sein, die an die Sprache ihrer Umwelt angepaßte Erwerbsstrategie anzuwenden. So beachten englischsprachig aufwachsende Kinder insbesondere die Wortstellung als Mittel des Ausdrucks von Bedeutungen, türkischsprachig aufwachsende Kinder hingegen achten stärker auf Flexionen (SLOBIN & BEVER, 1982).

Nicht selten folgt der Regelerwerb dem Muster a) assoziativ richtig, b) Übergeneralisierung einer entdeckten Regel, c) Verstehen der Regel und der Ausnahmen. Diese Sequenz läßt sich z.B. bei den Verbflexionen beobachten. Nachdem für einige Zeit die gehörten korrekten Flexionen der unregelmäßigen Verben (z.B. *kam*, *ging*, *dachte*) gebraucht wurden, wird nun vorübergehend die vorherrschende Vergangenheitsform der regelmäßigen Verben übergeneralisiert (z.B. *konnte*, *gehte*, *denkte*). Erst später wird richtig zwischen regelmäßigen und unregelmäßigen Verben unterschieden. Die Anwendung der richtigen und der falschen Formen kann dabei durchaus auch nebeneinander vorkommen. Vielleicht ist dem Kind auch nicht klar, daß eine korrekte grammatische Form, die *manchmal* verwendet wird, im Sinne einer Regel *immer* zu verwenden ist (MARATSOS, 1983). Im übrigen muß sich das Kind nicht notwendig der Regeln, die es benutzt, bewußt sein.

3.2 Erwerb von Wortbedeutungen

Mit Worten lassen sich Gegenstände, Personen, Handlungen, Relationen etc. sprachlich bezeichnen. Im Wort als sprachlichem Zeichen für etwas ist die Bedeutung des Bezeichneten zusammengefaßt. Die Bedeutung, die ein Sprecher und die ein Hörer mit einem Wort verbindet, muß dabei nicht identisch sein. Das Bedeutungsverständnis eines Wortes (das subjektive Wortlexikon) kann außerdem von der in einer Sprache festgelegten konventionellen Bedeutung dieses Wortes abweichen (SEILER & WANNENMACHER, 1985, 1987). Letzteres gilt insbesondere für Kinder als Sprecher bzw. Hörer.

Das Auftreten des ersten bedeutungshaltigen Wortes wird gemeinhin als der eigentliche Beginn der Sprachentwicklung angesehen. Am Anfang der Sprachentwicklung ist das Wort (der *Name*) noch ein integrativer Bestandteil des Objekts, wie etwa dessen Form oder Größe. Die Trennung zwischen Zeichen (Symbol) und Bezeichnetem (Objekt) ist noch nicht vollzogen. Oft ist der Gebrauch eines Wortes an einen ganz bestimmten Handlungs- und Situationskontext gebunden, Wort und Kontext bilden eine Einheit. So kann z.B. das Wort *Vogel* mit dem Blick in den Garten und den dort regelmäßig auftauchenden Vögeln verknüpft sein. Lange Zeit werden Wörter von kleinen Kindern anders verstanden und gebraucht als von Erwachsenen. Dabei kann ein Wort einerseits eine weitere Bedeutung aufweisen, d.h. auf Gegenstände und Ereignisse angewendet werden, für die in der Erwachsenensprache jeweils eigene Bezeichnungen existieren (z.B. dient das Wort *Ball* auch zur Bezeichnung von Kugeln, Knöpfen, überhaupt allem Runden). Andererseits kann der Bedeutungsumfang eines Wortes sehr viel enger sein als beim Erwachsenen (z.B. *Hund* nur für den vertrauten Hund des Nachbarn Verwendung finden).

Nachdem der Erwerb neuer Wörter anfänglich recht langsam verläuft, wächst der Wortschatz sehr bald exponentiell an und die Wortbedeutungen nähern sich denen der Erwachsenensprache an. Welche Arten von Wörtern nacheinander erworben werden bzw. in einzelnen Entwicklungsphasen vorherrschen, scheint bei den meisten Kindern relativ ähnlich zu sein (DEVILLIERS & DEVILLIERS, 1979; NELSON, 1973). Als erstes werden die (Eigen-)Namen von vertrauten Personen (z.B. Mama, Papa) – u.U. auch von Gegenständen – gelernt, für die es jeweils nur *einen* Referenten gibt. Parallel dazu werden Wörter erworben, die Objektklassen bezeichnen (z.B. Ball, Auto, Hund). Bald folgen Aktionswörter, die Handlungen beschreiben oder begleiten oder die auf Veränderungen von Objekten aufmerksam machen (z.B. *ada –ada* für weggehen, *bam* für hinwerfen oder hinfallen, *put* für etwas Zerbrochenes, *weg* für etwas Verschwundenes). Mit dem Auftreten von Zwei- und Mehrwortäußerungen werden nun auch Wörter gebraucht, die sich auf – gegenwärtige oder andauernde – Eigenschaften eines Objekts beziehen (z.B. groß, heiß, rot, schön). Erst später folgen relationale und deiktische Wörter (z.B. früher – später, hier – dort, ich – du), sowie Wörter, die bestimmte grammatische Funktionen erfüllen (Konjunktionswörter, Artikel etc.).

Was macht überhaupt die Bedeutung eines Wortes aus? Sind es vornehmlich perzeptuelle, funktionale, emotionale oder lokative Merkmale? Wie erlangt ein Wort seine Bedeutung, d.h., auf welcher Grundlage werden Wort und damit Bezeichnetes einander zugeordnet? Was führt dazu, daß Kinder allmählich die in ihrer Sprachumwelt vorherrschenden Wortbedeutungen erlernen? Mit diesen und ähnlichen Fragen beschäftigt sich die Forschung zur Entwicklung von Wortbedeutungen. Stärker als auf dem Gebiet des Grammatikerwerbs gibt es in der Forschung zur Wortbedeutungsentwicklung unterschiedliche theoretische Ansätze, die jeweils nur begrenzte Ausschnitte der Phänomene erklären.

Vor allem aber gibt es sehr viel mehr Forschungslücken. Die vorhandenen Daten und Theorien beziehen sich fast ausschließlich auf den Erwerb der Bedeutungen von Objektwörtern, Aktionsverben und relationalen Wörtern zu Beginn der Sprachentwicklung. Über die Bedeutungsentwicklung von Wörtern, die psychische Zustände, moralische Begriffe und Werte oder gesellschaftliche Sachverhalte bezeichnen, wissen wir hingegen wenig oder gar nichts (vgl. SZAGUN, 1983, 1986). Die verschiedenen Ansätze zur Erklärung der Entwicklung von Wortbedeutungen gehen jeweils von einer bestimmten Auffassung darüber aus, was ein Wort ist. Die vier wichtigsten theoretischen Ansätze werden in den folgenden Abschnitten vorgestellt.

3.2.1 Semantische Merkmalstheorie von Eve CLARK (1973)

In Fortführung des theoretischen Ansatzes von KATZ und FODOR (1963) ist für Eve CLARK (1973) die Bedeutung eines Wortes kein nicht weiter zerlegbares Ganzes, sie besteht vielmehr aus einer Ansammlung isolierbarer Elemente oder Merkmale (*features* genannt). Merkmale sind Bedeutungskomponenten oder -dimensionen, die ein Wort mit anderen Wörtern gemeinsam hat oder hinsichtlich derer sich Wörter voneinander unterscheiden. So haben die Wörter *Mann* und *Frau* die Merkmale *belebt*, *menschlich* und *erwachsen* gemeinsam, sie unterscheiden sich hingegen auf der Dimension *männlich – weiblich*.

Jedes Wort kann auf den zur Festlegung der Wortbedeutung relevanten Merkmalsdimensionen nach *trifft zu* (+) oder *trifft nicht zu* (-) eingestuft werden. Die positiven Glieder bezeichnen meist die Dimension als Ganzes (z.B. +groß = Größe, +viel = Menge), während die negativen Glieder noch zusätzlich eine Angabe über die Art der Ausprägung enthalten (z.B. -groß = geringe Größe/klein, -viel = geringe Menge/wenig). Erstere werden deshalb auch *unmarkiert*, letztere *markiert* genannt. Semantische Merkmale können außerdem danach unterschieden werden, wie allgemein oder speziell sie sind. Je allgemeiner ein Merkmal ist, desto umfassender ist die Klasse, die es beschreibt, je spezieller ein Merkmal ist, um so kleiner ist die beschriebene Klasse. So ist die durch das Merkmal *belebt* beschriebene Klasse breiter als die als *menschlich* beschriebene Klasse.

Die Ähnlichkeit oder Verschiedenheit von Wörtern eines Lexikons läßt sich demnach durch die Gleichheit oder den Kontrast der jeweiligen bedeutungsstiftenden Merkmale bestimmen. Die semantische Relation von Wörtern entspricht der Relation der sie definierenden Merkmalskonfigurationen. Zwei Wörter sind synonym, wenn ihre Bedeutungen die gleichen semantischen Merkmale in der gleichen Zusammensetzung aufweisen.

Die bisherige Darstellung gibt die allgemeine Auffassung der semantischen Merkmalstheorie wieder, was die Bedeutung eines Wortes konstituiert. Damit ist noch nichts über den Prozeß des Erwerbs von Wortbedeutungen ausgesagt. Den Erwerbsprozeß stellt sich CLARK so vor, daß das Kind zunächst nur eines oder zwei der semantischen Merkmale eines Wortes lernt und erst allmählich in additiver Weise sämtliche – gemäß der Bedeutung in der Erwachsenensprache – kritischen Merkmale des Wortes beachtet. So mag es mit dem Wort *Hund* anfänglich nur die Vierbeinigkeit oder das Fellartige des Hundes verbinden. Erst später kommen weitere charakteristische Merkmale hinzu, die den Hund von anderen Tieren unterscheiden (z.B. bellen Hunde, während Katzen miauen und fauchen, Kühe muhen und einen Euter haben, Hunde sind überdies kleiner als Kühe und Pferde usw.). Hinsichtlich der Erwerbsreihenfolge soll gelten, daß allgemeine Merkmale vor spezifischen Merkmalen und unmarkierte Formen vor markierten Formen auftreten.

Solange nur ein einziges Merkmal oder wenige Merkmale die Bedeutung eines Wortes ausmachen, läßt sich dieses Wort auf alle Objekte anwenden, die die betreffenden Merkmale gemeinsam haben, unabhängig von den Verschiedenheiten der Objekte hinsichtlich anderer Merkmalsdimensionen. D.h., die Wortbedeutung ist viel breiter als in der Erwachsenensprache. Solange z.B. mit dem Wort *Hund* nur die Vierbeinigkeit verbunden wird, fallen auch Kühe, Katzen und andere Vierbeiner unter die Kategorie *Hund*. Derartige *Bedeutungserweiterungen* oder *Überdehnungen* von Wörtern kommen tatsächlich häufiger in der frühen Kindersprache vor. Sie ermöglichen dem Kind über Dinge zu reden, deren richtige Bezeichnungen es noch nicht kennt. Nach der semantischen Merkmalstheorie müßte eigentlich jedes neu gelernte Wort vor seinem richtigen Gebrauch, d.h. vor der Berücksichtigung aller konstituierenden semantischen Merkmale, zunächst überdehnt werden.

Clark & Clark (1977) unterscheiden noch genauer zwischen vier Phasen beim Wortbedeutungserwerb: (1) Bedeutungsverengung: das Wort wird wie ein Eigenname gebraucht und nur für ein bestimmtes Objekt verwendet; (2) richtiger Gebrauch ohne Kenntnis der richtigen Bedeutung im Sinne eines assoziativen Zuordnungslernens; (3) Bedeutungserweiterung: Anwendung des Wortes auf alle Objekte, die das (die) beachtete(n) Merkmal(e) aufweisen; (4) richtiger Gebrauch unter Beachtung sämtlicher relevanter Merkmale.

Bedeutungserweiterungen können nach Clark (1973) auf ganz unterschiedlicher Basis zustande kommen: z.B. auf der Grundlage der Form, Größe, Bewegung, des Geräuschs, des Geschmacks oder der Oberflächenbeschaffenheit von Objekten. Gemeinsam ist den von Clark aufgeführten Überdehnungskategorien, daß sie *perzeptueller* Natur sind. Die unmittelbar gegebenen perzeptuellen Eigenschaften von Objekten sind nach Clark die einfachsten und daher zuerst erworbenen semantischen Merkmale.

Die Annahmen der semantischen Merkmalstheorie wurden von Clark hauptsächlich hinsichtlich des Erwerbs von relationalen Wörtern wie *bevor* und *nachdem* (*before – after*) oder *mehr* und *weniger* (*more – less*) empirisch überprüft (Clark, 1971, 1973).

Die semantische Merkmalstheorie von Clark (1973) besitzt nur eine sehr eingeschränkte Gültigkeit für die Beschreibung und Erkärung des Wortbedeutungserwerbs. Nur einige Objektwörter und einige relationale Wörter lassen sich in der von Clark beschriebenen Art in semantische Merkmale zergliedern. Die Herkunft, Auswahl und psychologische Realität der angegebenen semantischen Merkmale bleibt dabei häufig unklar (Szagun, 1986). Grundlage ist eine rein linguistische, sprachimmanente Analyse, die zu abstrakten Kategorien führt, die mit den erfahrungsabhängigen begrifflichen Kategorien heranwachsender Kinder nicht übereinstimmen müssen. Die beim Bedeutungserwerb tatsächlich ablaufenden Lern- und Entwicklungsmechanismen werden nicht genügend spezifiziert bzw. auf einen additiven Ausdifferenzierungsprozeß vorgegebener Merkmale reduziert.

3.2.2 Theorie des funktionalen Kerns von Katherine Nelson (1974)

Nelson (1974, 1978) unterscheidet grundsätzlich zwischen dem *Begriff (concept)* als kognitiver Erkenntnisstruktur und dem *Wort*, das den Begriff kodiert. Begriffe sind geistige Konstruktionen, die sich das Individuum aus dem Umgang mit Dingen und Personen der Umwelt bildet und die nicht unbedingt benannt werden müssen. Zunächst bildet das Kind einen Begriff von etwas, dann erst gibt es ihm einen Namen. Während Begriffe von der persönlichen Erfahrung abhängen, sind die zugehörigen Worte willkürliche Festlegungen der jeweiligen Sprache. Der Wortgebrauch muß mit der Sprache einer Kultur konform gehen, begriffliche Erkenntnisse müssen das nicht. Weil die kindliche Erkenntnis eine andere ist als die des Erwachsenen, hat das Kind eine andere Wortbedeutung. Die Bedeutung eines Wortes setzt Nelson demnach mit der Erkenntnisstruktur gleich, die mit dem betreffenden Wort verbunden wird.

Erklärungsbedürftig ist, wie das Kind begriffliche Erkenntnisse mit Wörtern verbindet. Die Verbindung zwischen beidem verändert sich im Laufe der Entwicklung. Während anfänglich die Wortbedeutungen den individuellen Erkenntnisstrukturen direkt angepaßt werden, ist die Verbindung zwischen den beiden Ebenen später weniger direkt. Die Wortbedeutungen passen sich nun immer mehr den gesellschaftlich verbindlichen Wortbedeutungen an. Ältere Kinder und Erwachsene können neue Wörter und deren Bedeutungen auch aus dem Umgang mit der Sprache allein lernen und diese Wörter erst anschließend mit den für sie bedeutsamen Erfahrungen (Erkenntnisstrukturen) verbinden. Schließlich können sie später Erkenntnisstrukturen über semantische Kategorien bilden, z.B. kann die Konfrontation mit Worten wie *Rassismus* und *Vorurteil* zu Erkenntnisstrukturen hinsichtlich der Beurteilung und des Umgangs mit Angehörigen anderer Völker führen.

Der Ursprung des Bedeutungserwerbs liegt für Nelson nicht – wie für Clark – in perzeptuellen Merkmalen von Dingen und Personen, sondern in der nichtsprachlichen Erkenntnis hinsichtlich der *funktionalen* Merkmale (Tätigkeiten, Veränderungen, räumliche Lage, Relationen) von Objekten. Die funktionalen Merkmale eines Objekts bilden den Kern des Begriffs von diesem Objekt und konstituieren damit den Kern der Wortbedeutung (deshalb: *funktionale Kernhypothese*).

Der Aufbau von Wortbedeutungen beinhaltet nach Nelson (1974, 1978) sowohl ganzheitliche als auch zerlegende Teilprozesse und vollzieht sich in vier

Schritten. Ihr Modell des Bedeutungserwerbs hat NELSON (1974) ausführlich am Beispiel *Ball* erläutert.

1. Schritt: Identifizierung eines einzelnen Ganzen. Das Kind richtet seine Aufmerksamkeit auf einen bestimmten Gegenstand (z.B. einen Ball) und nimmt diesen Gegenstand als perzeptuelles Ganzes wahr, nicht als Ansammlung isolierter Merkmale. Erkannt wird der Gegenstand aufgrund seiner funktionalen Beziehungen zu Personen, Orten, Tätigkeiten oder anderen Gegenständen. Anfänglich existiert der Gegenstand nur innerhalb der Ganzheit dieser Beziehungen und Aktivitäten.

So erfährt ein kleines Kind, das zusammen mit seiner Mutter mit einem Ball spielt, daß der Ball von der Mutter oder von ihm selbst geworfen werden kann, aufgehoben werden kann etc., daß er im Wohnzimmer unter die Couch rollt, daß er auf dem Boden hüpft usw. Diese ersten Erkenntnisse über das Objekt *Ball* bedürfen noch nicht des analysierenden Vergleichs mit anderen Objekten, sondern beruhen auf der Erfahrung mit dem *einen* Ball. Sie hängen auch nicht davon ab, ob der Ball benannt wird oder nicht.

2. Schritt: Identifizierung wichtiger und unwichtiger Beziehungen eines Objekts. Durch Erfahrungen mit weiteren Exemplaren einer Objektklasse und anderen Objekten, d.h. deren Ähnlichkeiten und Unterschieden hinsichtlich ihrer Beziehungen zu Personen, Orten, Tätigkeiten und Objekten, lernt das Kind allmählich, die funktionalen Kerneigenschaften des Objekts zu identifizieren, z.B. welche Funktionen Bälle im Unterschied zu anderen Objekten auszeichnen. Nun kann es neue Objekte mit dem funktionalen Kern seines bestehenden Konzepts vergleichen und als zum Begriff zugehörig integrieren oder davon ausschließen.

Das Kind identifiziert z.B. die Funktionen *rollen* und *hüpfen* als funktionalen Kern der Objektklasse *Ball*. Mithilfe dieses funktionalen Kerns können neue Bälle identifiziert werden und andere Objekte (z.B. Holzkugeln und Luftballons) als andersartig erkannt werden.

3. Schritt: Identifizierung eines Objekts als Beispiel für eine Objektklasse unabhängig vom funktionalen Kern. Nun kann das Kind einen Gegenstand auch dann als Beispiel für einen Begriff identifizieren, wenn es diesen Gegenstand unabhängig von dessen funktionalem Kern, allein anhand seiner statischen Charakteristika (z.B. perzeptueller Merkmale), wahrnimmt. Es hat eine Hierarchie kritischer Merkmale zur Identifikation von Objekten aufgebaut. Die Herausisolierung statischer Eigenschaften kann gleichzeitig oder abwechselnd mit dem Erkennen der dynamischen Funktionen stattfinden. Beides ergänzt sich gegenseitig.

Ein Ball wird auch dann als Ball erkannt, wenn er nur daliegt, d.h. nicht gerollt wird oder hüpft, oder wenn er in einem Bilderbuch gesehen wird. Das Bällen gemeinsame statische Merkmal der *Rundheit* wird z.B. bevorzugt zur Identifikation herangezogen.

4. Schritt: Namensgebung. Erst am Ende des gesamten Prozesses und eher akzidentell für den Bedeutungserwerb erfolgt die sprachliche Bezeichnung eines Begriffs mit einem Wort. Dabei kann die Bedeutung eines Wortes – bei abweichender Begriffs- oder Erkenntnisstruktur – von der Bedeutung des Wortes in der Erwachsenensprache abweichen. Solche Abweichungen sind um so wahrscheinlicher, je weniger fortgeschritten das Kind in der Identifizierung relevanter kritischer Merkmale funktionaler und perzeptueller Natur ist. Im übrigen gilt, daß zwar die Begriffsbildung Vorbedingung für das sprachliche Benennen ist, nicht aber jeder Begriff sprachlich (in einem Wort) ausgedrückt werden muß.

Entgegen ihrer früheren Darstellung sieht Nelson (1978) die Zuordnung eines Wortes zu einem Begriff (die Namensgebung) auch schon als möglich an, bevor der funktionale Kern des Begriffs aufgebaut ist.

Wenn das Kind andere in Anwesenheit eines Balles oder beim Betrachten eines abgebildeten Balles das Wort *Ball* äußern hört, lernt es eine Verbindung zwischen seinem Konzept des *Objekts Ball* und dem *Wort Ball* herzustellen und in Zukunft selbst das Wort *Ball* zur Benennung seines Konzepts zu benutzen.

Die Schematisierung des voll ausgebildeten Begriffs von *Ball* faßt Szagun (1986, S. 165) in Abwandlung eines Schemas von Nelson (1974) wie folgt zusammen (s. Abbildung 11.4).

Ball (
Funktionaler Kern: rollt, hüpft
implizierte Beziehungen, nicht zum Kern gehörig: Handelnder, Handlung, Lokalisierung
Mögliche Beziehungen: Besitzer ...
Beschreibende Merkmale: Form rund ..., hart (...), Beschaffenheit (...), Größe (...), Farbe (...)
Namen: Ball, baseball
)

Abbildung 11.4: Schematische Darstellung des voll ausgebildeten Begriffs ‚Ball' (nach Nelson, 1974; aus Szagun, 1986, S. 165)

Die Annahmen Nelsons bezüglich einer generell wichtigeren Rolle funktionaler Merkmale gegenüber perzeptuellen Merkmalen beim Bedeutungserwerb sowie einer ontogenetisch früheren Beachtung ersterer ließen sich empirisch nicht durchgängig bestätigen (Anglin, 1977; Bowerman, 1977). Die erstmalige Verwendung von Wörtern kann ebenso auf der Basis von perzeptuellen und lokativen Merkmalen erfolgen wie auf der Basis von funktionalen Merkmalen. Welche Arten von Merkmalen vorrangig beachtet werden, scheint im übrigen inhalts- und situationsabhängig zu variieren (Szagun, 1983; Thomson & Chapman, 1977).

Bei Nelsons Darstellung der Entwicklung des Bedeutungserwerbs in vier Teilschritten ist der zeitliche Ablauf der einzelnen Entwicklungsschritte stellenweise unklar. Z.B. wird nicht deutlich, ob die Herausisolierung statischer Eigenschaften eines Objekts (Schritt 3) u.U. auch vor dem Aufbau des funktionalen Kerns (Schritt 2) möglich ist und wie häufig der „Regelfall" gegeben ist, daß die Namensgebung am Schluß der Entwicklungssequenz steht. In der überarbeiteten Version ihres Entwicklungsmodells hat Nelson (1978) derartige Abweichungen der Entwicklungsabfolge nicht ausgeschlossen.

3.2.3 Prototyptheorie von Eleanor ROSCH (1975)

Im Gegensatz zu einer Merkmalstheorie der Wortbedeutung hat nach der Prototyptheorie nicht jedes Mitglied einer Begriffskategorie die gleichen Merkmale, von denen Kinder nur eines oder wenige beachten, Erwachsene hingegen alle, sondern innerhalb einer Begriffskategorie sind einige Mitglieder typischer für die Kategorie als andere. So entspricht eine Meise oder eine Amsel eher dem typischen Bild von einem Vogel als ein Huhn oder eine Ente. Es gibt also *prototypische Exemplare* einer Kategorie und weniger prototypische. Erstere haben viele Merkmale mit anderen Mitgliedern der Kategorie gemeinsam, letztere nur wenige Merkmale. Es gibt demnach nicht nur entweder die Zugehörigkeit zu einer Kategorie oder die Nichtzugehörigkeit, sondern es gibt die eindeutige und die weniger eindeutige Zugehörigkeit. Die weniger eindeutigen Mitglieder haben auch Merkmale mit Mitgliedern angrenzender Kategorien gemeinsam. Negativ ausgedrückt: Prototypische Mitglieder einer Kategorie weisen bezüglich gemeinsamer Merkmale mit anderen Kategorien die geringste Ähnlichkeit auf.

BOWERMAN (1977) hat die Bedeutung des Wortes *Mond* auf dem Hintergrund einer Prototyptheorie analysiert. Der Mond ist der Prototyp für *Mond*, da er alle Merkmale des Begriffs aufweist: Rundheit/Sichelförmigkeit/Halbrundheit/, gelbliche Farbe, Glanz. Die anderen Objekte, die mit *Mond* bezeichnet werden, haben demgegenüber nur ein oder zwei Merkmale mit dem Prototyp Mond gemeinsam (s. Abbildung 11.5).

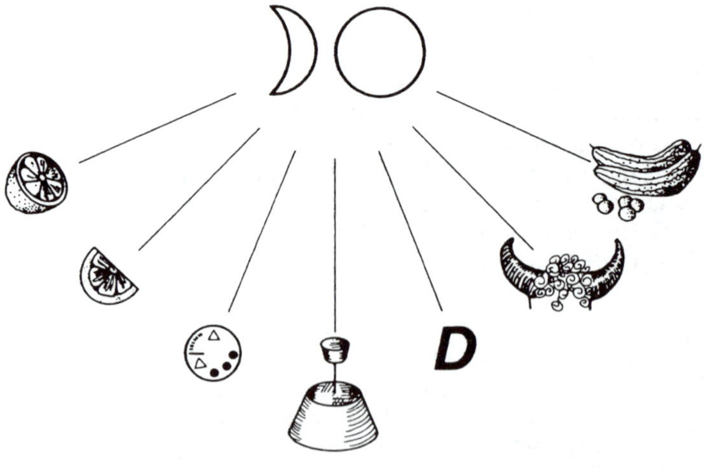

Abbildung 11.5: Prototypischer Begriffsaufbau am Beispiel ‚Mond' (aus SZAGUN, 1986, S. 183)

„Rundheit: Knopf an der Geschirrspülmaschine, Häufchen Spinat, Erbsen, rosa und violette Kreise des Wandbehangs; Sichelförmigkeit/Halbrundheit : Gurken, Stierhörner, Buchstabe D, nierenförmiges Stück Papier, Haken; Sichelförmigkeit/Halbrundheit und gelbliche Farbe: halbe Grapefruit von schräg unten, halbmondförmige Zitronenscheibe, halbrundes, gelbes Stück Papier, Innenseite eines Lampenschirmes bei angezündeter Lampe, oranges halbrundes Blinklicht; Rundheit und glänzende Farbe: glänzendes rundes Blatt." (SZAGUN, 1986, S. 183).

Der Prototyp ist meist das erste Objekt, auf das die Kinder mit dem betreffenden Wort Bezug nehmen (BOWERMAN, 1977). Auch die Zuordnung von Objekt und Wort erfolgt bei den prototypischen Exemplaren schneller als bei den weniger prototypischen Exemplaren (ROSCH, 1975).

ROSCH, MERVIS, GRAY, JOHNSON & BOYES-BRAEM (1976) haben die Prototyptheorie auf die Beschreibung der Bedeutungsentwicklung bei hierarchisch angeordneten Begriffen wie *Möbel – Tisch, Stuhl – Eßtisch, Küchenstuhl* angewendet. Sie fanden, daß Kinder Begriffe zumeist auf einem *mittleren* Niveau der Begriffshierarchie bilden (z.B. *Tisch, Stuhl* vor *Möbel* und vor *Eßtisch, Küchenstuhl*). ANGLIN (1978) ist zu ähnlichen Ergebnissen gelangt. So wurde *Hund* vor *Tier* und *Collie*, *Blume* vor *Pflanze* und *Rose* erworben. ROSCH et al. (1976) sprechen hier von *Basisniveau-Objekten* (basic level objects).

Die vorliegenden Daten zum Wortbedeutungserwerb legen nahe, daß Kinder bei verschiedenen Anwendungen eines Wortes jeweils unterschiedliche Aspekte (Merkmale) der Wortbedeutung herausgreifen. D.h., die relevanten Bedeutungsmerkmale können wechseln, je nachdem welche Merkmale an einem spezifischen Gegenstand der Umwelt gerade besonders auffallen. So kann nach BOWERMAN (1977) für die Anwendung des Wortes *Mond* das eine Mal die Rundheit eines Gegenstandes ausschlaggebend sein (z.B. bei einer Erbse oder einem Knopf), das andere Mal die Sichelförmigkeit oder/und die gelbe Farbe eines Gegenstandes (z.B. bei einer Gurke oder einer halben Grapefruit). Entsprechend können Bedeutungserweiterungen ein und desselben Wortes von Fall zu Fall auf der Grundlage unterschiedlicher Merkmale zustande kommen. Es gibt keine schrittweise erworbenen stabilen Bedeutungsmerkmale.

Mit einer Prototyptheorie ist auch eher als mit den zuvor genannten Erklärungsansätzen die *Unschärfe* unserer Alltagsbegriffe vereinbar. So sind Begriffe wie *Glück, Reichtum, Arbeit, Schönheit* etc. kaum in feststehende Einzelmerkmale zu zerlegen oder in Form eines stabilen funktionalen Kerns zu definieren.

3.2.4 Lexikalische Kontrasttheorie von Eve CLARK (1983)

In Reaktion auf verschiedene Kritikpunkte gegenüber ihrer ursprünglichen semantischen Merkmalshypothese und in Anbetracht der zahlreichen dieser Hypothese widersprechenden Befunde hat CLARK (1983) eine neue Theorie des Bedeutungserwerbs vorgelegt, die sie *lexikalische Kontrasttheorie* nennt.

CLARK unterscheidet nun auch – wie NELSON – zwischen Begriffen (concepts) und Wörtern und versucht herauszuarbeiten, wie Kinder lernen, welche Begriffe welchen Wörten zuzuordnen sind. Sie geht davon aus, daß nur ein Teil des begrifflichen Wissens durch ein Wort bezeichnet (*gemeint*) wird, d.h., Wörter greifen bestimmte Aspekte des gesamten begrifflichen Wissens heraus und „beflaggen" diese (CLARK, 1983).

Die Zuordnung von Wort und Begriff erfolgt nach CLARK hauptsächlich auf der Grundlage zweier linguistischer Prinzipien: 1. dem *Prinzip des Kontrasts* und 2. dem *Prinzip der Konventionalität*.

Das erste Prinzip besagt, daß die Bedeutungen zweier verschiedener Wörter eines Lexikons kontrastieren. Die Bedeutung eines Wortes erwerben heißt demnach, die Kontraste zwischen ihnen zu erwerben. Das Prinzip des Kontrasts soll auch gelten für das Erlernen der unterschiedlichen Bedeutungen ein und desselben Wortes (z.B. die Bank, auf der man sitzt und die Bank, auf der man sein Geld verwahrt).

Das zweite Prinzip stellt heraus, daß es konventionell festgelegt ist, in welcher Art zwei Wörter eines Lexikons kontrastieren (welche Bedeutungen Worte in einer Sprache haben). Dies ist eine Grundvoraussetzung für die Übereinstimmung des Wortverständnisses bei verschiedenen Sprechern/Hörern und damit für die Kommunikation von Bedeutungen.

Der frühe Spracherwerb (d.h. die Erweiterung des Wortschatzes im Kindesalter) wird nach CLARK vor allem durch das Bestreben des Kindes gefördert, Lücken in seinem Vokabular zu füllen, und über die Dinge (Begriffe) reden zu können, über die es etwas aussagen möchte. CLARK stellt sich das so vor, daß ein Kind, wenn es eine Lücke in seinem Vokabular bemerkt (ihm ein Wort für etwas fehlt), nach neuen Wörtern sucht. Es will wissen, wie etwas heißt. Außerdem nimmt CLARK an, daß ein Kind beim Hören eines neuen Wortes davon ausgeht, daß dieses neue Wort mit den Wörtern, die es schon kennt, kontrastiert. Es schließt daraus, daß das neue Wort bisher nicht bekannte (kontrastierende) Kategorien bezeichnet.

Um Lücken in ihrem Wortschatz zu füllen, sollen Kinder vor allem auf drei Strategien zurückgreifen: Sie *überdehnen* die Bedeutung eines ihnen geläufigen Wortes (vgl. dazu oben), sie verwenden sog. *Allzweckwörter* oder sie „erfinden" neue Wörter (*Wortneubildungen*).

Für das Auftreten von *Überdehnungen* sagt CLARKS lexikalische Kontrasttheorie voraus, daß diese nur vorkommen, solange das passende Wort für das zu Bezeichnende noch nicht gelernt ist. Z.B. wird das Wort *Hund* (oder: *Wau-Wau*) nur zur Bezeichnung der vierbeinigen Tiere oder der fellartigen Gegenstände verwendet, für die das Kind noch keine eigenen Namen hat.

Allzweckwörter wie *das da* oder *machen* helfen dem Kind ebenfalls, eine Lücke in seinem Wortschatz auszufüllen. Allerdings ist das vom Kind damit Gemeinte nur aus dem jeweiligen Kontext erschließbar (welcher Gegenstand im Blickfeld ist, worauf das Kind zeigt, was es gerade macht).

Wortneubildungen sind eine weitere Möglichkeit, ein fehlendes Wort zu ersetzen. Nach dem Prinzip des Kontrasts dürfen sie nur da vorkommen, wo das Kind die konventionelle Bezeichnung noch nicht kennt.

Eine kritische Beurteilung der lexikalischen Kontrasttheorie ist derzeit noch nicht möglich, da dieser Ansatz noch zu neu und zu wenig empirisch überprüft worden ist. Er scheint jedoch besser als die frühere semantische Merkmalstheorie von CLARK (1973) mit den vorliegenden empirischen Befunden vereinbar zu sein, insbesondere mit den Befunden zur Instabilität von Wortbedeutungen und zum Bedeutungswandel (ANGLIN, 1977, 1978; THOMSON & CHAPMAN, 1977).

Untersuchung 11.2 *Von der Referenz zur Bedeutung*

Ausgangspunkt für zwei Studien von Jeremy ANGLIN (1978) waren Zweifel an der unter Entwicklungspsychologen und Psycholinguisten üblichen Praxis, die Bedeutung eines Wortes (die es definierenden Eigenschaften) unmittelbar aus den Fehlern bei der Zuordnung von Referenten für das betreffende Wort, d.h. aus seiner Unter- oder Überdehnung, zu erschließen. ANGLIN hält dieses Vorgehen bei der Erfassung kindlicher Wortbedeutungen aus den folgenden Gründen für problematisch: 1. Die Fehler von Kindern sind weder so häufig noch so konsistent wie oft angenommen; 2. Art und Umfang von Fehlern hängen sehr stark von den Bedingungen ab, unter denen der Bedeutungsumfang eines Wortes getestet wird; 3. Was die Bedeutung eines Wortes konstituiert, unterscheidet sich grundsätzlich bei Kindern und Erwachsenen: Kinder definieren Wörter aktional, perzeptuell oder anhand von Beispielen, Erwachsene hingegen berücksichtigen eher, daß Wörter systematisch nach bestimmten Abgrenzungsmerkmalen in hierarchische Klassen geordnet werden können. Um diese Position zu belegen, hat ANGLIN (1978) zwei Studien durchgeführt.

In der *ersten Studie* wurden 2;8 bis 6;7jährige Kinder und zu Vergleichszwecken Erwachsene zu 12 Wörtern (*Collie*, *Hund*, *Tier*, *Rose*, *Blume*, *Pflanze*, *Volkswagen*, *Auto*, *Fahrzeug*, *Apfel*, *Frucht*, *Lebensmittel*) in nicht-standardisierten Interviews ausführlich befragt. Die Vpn sollten ihr Wissen über die Wörter so detailliert wie möglich beschreiben.

Es zeigte sich, daß bereits 3jährige über ein rudimentäres Wissen bezüglich der meisten untersuchten Wörter verfügen. Am leichtesten fiel den Kindern die Beschreibung der sogenannten Basisbegriffe (Hund, Blume, Auto, Obst). Etwas weniger gut kamen sie mit den Einzelexemplaren zurecht, und am meisten Mühe hatten sie mit den übergeordneten Klassenbegriffen. Die Basisbegriffe wurden hauptsächlich unter Bezug auf Aussehen, Funktion (was sie tun bzw. was man mit ihnen tun kann) oder durch konkrete Beispiele beschrieben. Die übergeordneten Begriffe (z.B. Lebensmittel) wurden fast ausschließlich durch Nennung von einzelnen Exemplaren (z.B. Corn-Flakes, Erbsen, Orangensaft etc.) „beschrieben".

Eine Reihe von Kindern war in der Lage, Unter- und Oberklassen zu bilden (z.B. *Hund – Tier*, *Apfel – Lebensmittel*) und ein Objekt durch seine Beziehung zu anderen Objekten, seine Grundbestandteile oder seine Herkunft zu charakterisieren. Sofern notwendige und hinreichende Eigenschaften für Begriffe (z.B. Eßbarkeit für Lebensmittel) genannt wurden, erfolgte dies jedoch nicht konsistent, auch war damit nicht unbedingt ein Verständnis der Eigenschaft als notwendig und hinreichend verbunden. So erwähnte ein 2;8jähriger Junge z.B., daß man Lebensmittel essen kann, nannte andererseits aber im Verlauf des Gesprächs auch Stühle als Beispiel für Lebensmittel.

Auf den in der Literatur ausführlich diskutierten Wortbedeutungserwerb von *Ball* (NELSON, 1974); vgl. oben S. 251) übertragen, läßt sich aus den Ergebnissen von ANGLINS Studie folgendes ableiten. Ein Kind kann durchaus so etwas wie ein funktionales Kernkonzept von *Ball* gebildet haben (Ball = hüpft, rollt, kann geworfen werden) und dieses bei der Beschreibung des Wortes *Ball* verwenden. Trotzdem muß es sich bei der Auswahl von Objekten, die mit *Ball* bezeichnet werden, nicht unbedingt davon leiten lassen. Es kann z.B. auch Objekte ohne die kritischen Eigenschaften als *Ball* bezeichnen, sofern gewisse perzeptuelle Ähnlichkeiten gegeben sind (z.B. die Rundheit bei Mond, Sonne, oder einer Dachkuppel). Derartige Befunde lassen sich gut in eine Prototyptheorie der Wortbedeutung einordnen (vgl. hierzu Abschnitt 3.2.3).

In der *zweiten Studie* wollte ANGLIN genauer überprüfen, inwieweit 2- bis 6jährige Kinder Eigenschaften von Exemplaren eines Begriffs, die sie in ihren Beschreibungen der Begriffsbezeichnungen verwenden, durchgehend als kritische, d.h. als notwendige und hinreichende Eigenschaften gebrauchen.

Er forderte Kinder dieses Altersbereichs und zu Vergleichszwecken Erwachsene auf, vier Begriffe zu umschreiben: *Tier, Lebensmittel, Kleidung, Vogel.* Gefragt wurden die Vpn jeweils *Was ist ein Tier? – Was ist Kleidung?* etc. Außerdem sollten die Vpn Bilder von Exemplaren und Nicht-Exemplaren des jeweiligen Begriffs nach ihrer Begriffszugehörigkeit klassifizieren. Hierzu wurde gefragt *Ist das ein Tier? – Ist das Kleidung?* etc.

Kinder und Erwachsene unterschieden sich sowohl in den Begriffsdefinitionen als auch in der Klassifizierung der Bilder. Besonders aufschlußreich war der Zusammenhang der Antworten auf die beiden Fragen zur Definition und zur Klassifikation. Im Vergleich zu den Erwachsenen zeigten die Kinder selten Konsistenz zwischen den von ihnen genannten Eigenschaften eines Begriffs und der Zuordnung von Referenten zu diesem Begriff. Nur 4 von 80 Definitionen der Kinder waren konsistent mit ihren Klassifizierungsantworten. Bei den Erwachsenen traf dies auf 33 von 40 Definitionen zu. Die Kinder hatten offensichtlich Schwierigkeiten, Begriffe allgemein zu definieren. Aber selbst im Falle angemessener Begriffsdefinitionen fiel es den Kindern schwer, die Begriffe konsistent – nach den eigenen Definitionsmerkmalen – zu gebrauchen. Wahrscheinlich ist das so, weil Kinder Sprache weniger bewußt, analytisch und reflektiert verwenden. Kinder liefern auch nicht spontan Begriffsdefinitionen, sondern nur nach Aufforderung.

Die Ergebnisse von ANGLINS Studien stützen die Auffassung, daß kindliche Wortbedeutungen nicht aus der Zuordnung des betreffenden Wortes zu damit bezeichneten Objekten abgeleitet werden können. Möglicherweise entwickeln sich Wortgebrauch (die Zuordnung eines Wortes zu Referenten) und Wortbedeutung (die Definitionsmerkmale für ein Wort) zunächst unabhängig voneinander, und es dauert bis zum Schuleintritt, daß Kinder versuchen, ihre Wortbedeutungen und ihren Wortgebrauch in Einklang zu bringen.

ANGLIN, J.M. (1978). From reference to meaning. *Child Development, 49*, 969-976.

3.2.5 Schlußbemerkungen zum Wortbedeutungserwerb

Alle vier erläuterten Theorien des Wortbedeutungserwerbs decken jeweils nur einen Teil der für den Erwerb von Wortbedeutungen relevanten Prozesse und Gesetzmäßigkeiten ab. Die Bedeutung eines Wortes kann durch perzeptuelle, funktionale, lokative oder emotionale Merkmale definiert sein. Welche Art von Merkmalen im Vordergrund steht, hängt vom Inhalt des Wortes und vom Kontext seiner individuellen Entstehungsgeschichte ab. So liegt es beim *Mond* näher, Form und Farbe, evtl. auch den Ort (am Himmel) zur Grundlage des Wortgebrauchs zu machen, als irgendwelche funktionalen Merkmale heranzuziehen. Beim *Ball* ist hingegen eher zu erwarten, daß in erster Linie das, was man mit ihm machen kann bzw. was er tut, wie rollen, werfen, hüpfen, dominant ist. Beim Erwerb der Bedeutung des *Nein* dürften im Unterschied zu den vorgenannten Beispielen hauptsächlich emotionale Aspekte bedeutungsstiftend sein (vgl. Abschnitt 4.2.2).

Wie wiederum eine bestimmte Art der Information gewichtet wird, ist überdies davon abhängig, in welchem Kontext die ersten/meisten Erfahrungen mit einem Objekt gemacht worden sind. Ob z.B. die Wahrnehmung von Monden und Bällen vornehmlich im natürlichen Kontext oder in Bilderbüchern, an einem bestimmten Ort oder an verschiedenen Orten, unter starker oder schwacher gefühlsmäßiger Beteiligung erfolgte, dürfte die Gewichtung von Bedeutungsmerkmalen beeinflussen.

Schließlich kann die Bedeutung eines Wortes, d.h. welche Merkmale vorrangig beachtet werden, auch intraindividuell von Mal zu Mal variieren, worauf bereits STERN & STERN (1907/1965) mit dem Begriff des Bedeutungswandels hingewiesen haben.

Nicht weiter aufrechterhalten lassen sich die früheren Annahmen, daß aus der Bedeutungserweiterung eines Wortes direkt auf dessen Bedeutung geschlossen werden kann (CLARK, 1973) und daß die Anwendung eines Wortes auf ein Objekt die innere geistige Repräsentation dieses Objekts direkt widerspiegelt (NELSON, 1974). Auch wenn das Kind zwischen *bevor* und *nachdem* noch nicht unterscheidet, bedeutet für es *bevor* und *nachdem* nicht das Gleiche. Ähnlich gilt, daß eine Kuh, die als *Hund* bezeichnet wird, deshalb nicht zwangsläufig auch geistig als *Hund* repräsentiert ist. Wäre dies so, müßten Bedeutungserweiterungen sowohl bei der Sprachproduktion wie beim Sprachverstehen auftreten. Dies ist jedoch nicht der Fall. Meist werden die Wörter nur bei der Sprachproduktion überdehnt, nicht aber beim Verstehen (ANGLIN, 1978; THOMSON & CHAPMAN, 1977).

Mit der Überdehnung von Wortbedeutungen wollen kleine Kinder offensichtlich nicht gleichbenannte Objekte mit gleicher Bedeutung versehen, sondern sie wollen nur auf gemeinsame Merkmale (Ähnlichkeiten) von Objekten hinweisen (BLOOM, 1973; NELSON, 1978). Sie gebrauchen deshalb das gleiche Wort, weil sie noch nicht über ein eigenes Wort zur Benennung des Andersartigen verfügen. Sie bezeichnen z.B. eine Kuh als Hund, weil sie einerseits die

Ähnlichkeit hinsichtlich der Vierbeinigkeit erkennen, andererseits aber über kein Wort zur Bezeichnung der kuhspezifischen Merkmale verfügen. Das Kind will also etwas bezeichnen, für das es noch kein eigenes Wort hat. Dabei weiß es u.U. wohl, daß es nicht das richtige Wort benutzt.

Eine alternative Erklärung für das Phänomen der Überdehnung von Wörtern bietet HUTTENLOCHER (1974) an. Bedeutungserweiterungen sollen auf eine Überlastung des kindlichen Informationsverarbeitungssystems bei der Sprachproduktion zurückgehen. Das Kind vermag sich das passende Wort nicht ins Gedächtnis zu rufen und wählt ein verwandtes Wort.

3.3 Entwicklung kommunikativer Fähigkeiten

Die Sprache ist nicht nur ein formales System von Regeln, die vorschreiben, welche Lautkombinationen (Wörter) welche Bedeutung haben und wie mehrere Wörter zur Bildung korrekter Sätze anzuordnen sind. Die Sprache hat auch eine *Mitteilungsfunktion*, d.h., sie wird von einem Sprecher (Sender) für einen Hörer (Empfänger) produziert. Das Mitgeteilte kann vom Empfänger richtig verstanden oder mißverstanden werden. Damit der Empfänger eine Mitteilung richtig versteht, muß sich der Sender mehr oder weniger den von der Situation und vom Gesprächspartner gegebenen Voraussetzungen anpassen. Der Empfänger muß in der Lage sein, die Äußerung auf dem Hintergrund des gegebenen Kontextes richtig zu interpretieren. Die Informationskanäle zur Vermittlung des Gemeinten bzw. – auf seiten des Empfängers – die Informationsquellen zum Verständnis des Mitgeteilten können linguistischer Natur (syntaktische und semantische Information), paralinguistischer Natur (Betonung, Sprachmelodie) und nonverbaler Art (Gesten, Gesichtsausdruck) sein (SHATZ, 1983).

Im Unterschied zu einer rein strukturellen Betrachtungsweise der Sprache stellt die der Sprechakttheorie von AUSTIN (1962) und SEARLE (1969) nahestehende funktionale Betrachtungsweise die *soziale Funktion* der Sprache heraus (vgl. oben S. 237). Es genügt demnach nicht, die Form einer Äußerung und ihren Bedeutungsgehalt unabhängig vom Kontext und Sprecher zu analysieren. Berücksichtigt werden muß auch die *Absicht*, die der *Sprecher* mit der Äußerung verfolgt, und die *Wirkung* der Äußerung auf den *Hörer*.

Die Fähigkeit eines Senders/Empfängers, sprachliche Äußerungen unter Einbeziehung ihres situativen und sozialen Kontextes zu produzieren bzw. zu verstehen, bezeichnet man als *kommunikative Kompetenz*. Nach GRIMM (1987) umfaßt kommunikative Kompetenz „das Wissen, in welchem sozialen Kontext, in welcher Weise und mit welcher Erwartung welchem Gesprächspartner etwas zu sagen und u.U. auch zu verschweigen ist" (S. 512). Kurz: Wann sage ich was zu wem? Zu den Regeln des Gebrauchs von Sprache im sozialen Kontext gehören nach BATES (1976) vor allem a) Informationen darüber, was der Sprecher beim Hörer bewirken will, ein Wissen um Sachverhalte, die in der Äußerung selbst nicht enthalten sind, für das Verständnis der Äußerung aber wichtig sind, und b) die Beherrschung von Regeln des Gesprächs, z.B. wie ein Gespräch aufrechterhalten und fortgeführt werden kann, wie man sich aufrichtig, ehrlich, sarkastisch etc. ausdrückt.

Die Untersuchung der Sprachentwicklung unter funktional-kommunikativem Aspekt ist noch relativ jungen Datums. Entsprechend wenig im Vergleich zur Grammatikentwicklung und zum Erwerb von Wortbedeutungen weiß man gegenwärtig noch über die Entwicklung von Kommunikationsfähigkeiten. Daß der Forschungsstand auf diesem Gebiet weniger weit fortgeschritten ist, hat auch damit zu tun, daß man lange Zeit stillschweigend davon ausging, Kinder verfügten bis zum Ende des Vorschulalters über eine nur geringe kommunikative Kompetenz. Gestützt wurde diese Auffassung hauptsächlich auf PIAGETS Charakterisierung des präoperationalen Kindes als egozentrisch und die Anwendung von PIAGETS Egozentrismuskonzept auf die frühkindliche Sprachentwicklung. Als man sich intensiver mit den kommunikativen Fähigkeiten kleiner Kinder beschäftigte, stellte man fest, daß diese sich schon teilweise am Anfang der Sprachentwicklung im zweiten/dritten Lebensjahr auszubilden beginnen. Dabei gerieten immer stärker die Rolle der Mutter als wichtigstem Dialogpartner des Kleinkindes und die besonderen Charakteristika der an das Kind gerichteten mütterlichen Sprache in den Blickpunkt des Interesses.

Im folgenden wird zunächst das Verhältnis von egozentrischem Denken und kommunikativen Fähigkeiten beleuchtet (Abschnitt 3.3.1). Anschließend werden einzelne kommunikative Fähigkeiten beschrieben, die sich während des Kindesalters herausbilden, und kurz auf spezielle kontextabhängige Sprachphänomene sowie den Aufbau metalinguistischer Fähigkeiten eingegangen (Abschnitt 3.3.2). Schließlich wird die Rolle der Mutter bei der Entwicklung kindlicher Kommunikationsfähigkeiten erläutert (Abschnitt 3.3.3).

3.3.1 Zum Verhältnis von egozentrischem Denken und kommunikativen Fähigkeiten bei Kindern

Das Egozentrismuskonzept von J. PIAGET

Unter Egozentrismus versteht PIAGET (1923/1972), daß das Subjekt in seinem Denken keine hinreichende Differenzierung zwischen sich und der Außenwelt/dem Anderen vornimmt. Dies führt u.a. dazu, daß der eigene Standpunkt, z.B. hinsichtlich der Wahrnehmung einer räumlichen Anordnung (PIAGET & INHELDER, 1948) oder der Beurteilung einer moralischen Norm (PIAGET, 1932), mit dem Standpunkt der anderen vermengt bzw. gleichgesetzt wird. Daß die Sichtweise anderer von der eigenen Sichtweise verschieden sein kann, wird nicht bemerkt und kann daher nicht in Rechnung gestellt werden. Egozentrismus im Denken sieht PIAGET als ein wesentliches Merkmal der Kognition des präoperationalen Kindes an.

Der Egozentrismus im Denken des kleinen Kindes drückt sich nach PIAGET auch in einer Selbstbezogenheit *sprachlicher* Äußerungen aus. Da keine unterschiedlichen Erfahrungen für die eigene Person und für andere angenommen werden, bedarf es in der Kommunikation mit anderen keiner besonderen Orientierung am Standpunkt und Vorwissen des Anderen.

PIAGET (1923) beobachtete das Sprachverhalten von Kindern im Kindergarten. Er fand, daß 35 bis 40% der Sprachäußerungen dieser Kinder egozentrisch waren, d.h. der Begleitung, Verstärkung oder Ersetzung des eigenen Handelns dienten. Die Kinder griffen das Thema ihrer Gesprächspartner nicht auf oder wechselten das Thema. PIAGET unterschied dabei drei Arten egozentrischer Sprache im Sinne einer nicht auf einen Hörer gerichteten Kommunikation mit sich selbst:

(1) *Wiederholung* von Worten oder Silben ohne offensichtlichen sozialen Bezug;

(2) *Monologe* (handlungsbegleitende Äußerungen, zu sich selber sprechen);

(3) *Kollektive Monologe* (eine andere Person dient zwar als Auslöser für die sprachliche Äußerung, diese ist aber nicht an die andere Person gerichtet).

60 bis 65% der Äußerungen der Kinder orientierten sich allerdings am Gesprächspartner, d.h. verfolgten in erster Linie den Zweck, sich anderen mitzuteilen und Wirkungen zu erzielen. Dies nannte PIAGET *sozialisierte* Sprache. Merkmale der sozialisierten Sprache sind z.B. Fragen, Antworten, Kritik, Spott, allgemein die an den inneren Zustand des Anderen angepaßten Informationen.

PIAGETS Konzept der egozentrischen Sprache des Kleinkindes wird häufig in zweierlei Art mißverstanden. Zum einen wird PIAGET unterstellt, er ginge davon aus, daß das Kind an den Bedürfnissen und Sichtweisen des Anderen *nicht interessiert* sei, zum anderen wird so getan, als ob PIAGET meint, daß *sämtliche* Sprachäußerungen des Vorschulkindes egozentrisch sind. Beides trifft nicht zu. Egozentrismus beinhaltet weniger eine mangelnde Beachtung des Anderen als eine mangelnde Trennung zwischen eigener und fremder Perspektive, wobei der Egozentrismus nur die dominante, nicht die einzige Denkhaltung ist. Außerdem sind egozentrische Sprachäußerungen bei jüngeren Kindern nur relativ häufiger verglichen mit der späteren Sprache, sie machen nach den Angaben von PIAGET (1923) aber schon bei den Dreijährigen nur noch etwa die Hälfte aller Sprachäußerungen aus.

Eine ausführliche Auseinandersetzung mit der Bedeutung des Egozentrismuskonzepts für die Entwicklung kommunikativer Fähigkeiten findet sich bei SZAGUN (1986).

Egozentrische und soziale Sprache nach L. WYGOTSKY

WYGOTSKY (1934) hat zu PIAGETS Konzept der egozentrischen Sprache des Kleinkindes eine Gegenposition vertreten. Für WYGOTSKY (1934) ist die Sprache des Kindes von Anfang an sozial und nicht egozentrisch (autistisch). Außerdem betrachtet WYGOTSKY die Sprache hauptsächlich in ihrer Funktion zur Verhaltenssteuerung. Durch die Sprache werden anderen Personen Bedürfnisse, Gefühle und Erfahrungen mitgeteilt und die Handlungen anderer beeinflußt. Die Sprache befreit das Individuum überdies von der Steuerung durch die unmittelbare Handlung.

Egozentrisches Sprechen (Selbstverbalisation) tritt erst später auf und hat eine positive Funktion: die der kognitiven Selbststeuerung des Verhaltens. Es ist vornehmlich dann zu beobachten, wenn die Kinder auf Schwierigkeiten bei der Lösung eines Problems stoßen. Egozentrisches Sprechen wird nach WYGOTSKY vom Kind bewußt zur Strukturierung und Analyse einer Problemsituation und zur Steuerung des Problemlöseverhaltens benutzt. Während das jüngere Kind dabei noch ausschließlich laut zu sich spricht, wird das laute Sprechen etwa bis zum sechsten Lebensjahr allmählich durch ein verdecktes „inneres" Sprechen (Denken) abgelöst. Die lauten Selbstverbalisationen des jüngeren Kindes bedeuten nach WYGOTSKY nicht, daß das Kind zur sozialen Kommunikation nicht in der Lage ist oder sich nicht der Perspektive des Anderen bewußt ist. Sie weisen lediglich darauf hin, daß das Sprechen nicht verinnerlicht wurde.

Egozentrische Sprache ist damit nicht, wie bei PIAGET, ein soziales Defizit, das später verschwindet, sondern ein Übergangsstadium auf dem Weg der verbalen Verhaltenssteuerung von „außen" nach „innen". Die so definierte egozentrische Funktion der Sprache bleibt auch weiterhin neben der sozial-kommunikativen Funktion der Sprache erhalten, nur eben später in Form des inneren Sprechens (Denkens). Während die von PIAGET postulierte Entwicklungssequenz von einer nicht-verbalen, autistischen Phase, über das egozentrische Sprechen zum sozial-kommunikativen, logischen Sprechen des älteren Kindes und Erwachsenen führt, nimmt WYGOTSKY eine Entwicklungssequenz von äußerem, lautem Sprechen über das egozentrische Sprechen zum inneren Sprech-Denken an.

3.3.2 Entwicklung einzelner kommunikativer Fähigkeiten im Kindesalter

Aufrechterhaltung eines Gesprächs

Eine Kommunikationsfähigkeit, die sich bereits relativ früh im Kindesalter herausbildet, ist die *Fähigkeit, ein Gespräch in Gang zu halten* oder zumindest kontingent auf sprachliche Äußerungen eines anderen zu antworten. Hierzu ist es erforderlich, die eigene Äußerung auf die vorangegangene Äußerung des Gesprächspartners abzustimmen, erst dann etwas zu sagen, wenn der Gesprächspartner seine Äußerung beendet hat, auf eine Frage eine Antwort zu geben oder eine zur vorangegangenen Äußerung passende, ergänzende Aussage zu machen. In Ansätzen sind Kinder am Ende des zweiten Lebensjahres dazu bereits in der Lage (BLOOM, ROCISSANO & HOOD, 1976; SHATZ, 1978). Am leichtesten scheint es zu fallen, auf Fragen des Erwachsenen zu antworten, die mit ja oder nein beantwortbar sind (BLOOM et al., 1976). Auch können Kinder in diesem Alter bereits unterscheiden, ob als Antwort auf eine Erwachsenenäußerung eine Handlung oder eine sprachliche Äußerung angemessen ist (SHATZ, 1983).

Die zuvor getroffene positive Einschätzung frühkindlicher kommunikativer Fähigkeiten gilt nur für die Analyse von zwei aufeinander folgenden Äußerungen nach dem Muster: (1) Erwachsenenäußerung, (2) Antwort des Kindes. Zur aktiven Aufrechterhaltung eines umfangreichen Gesprächs/Dialogs in dem Sinne, daß sie selbst Fragen stellen und Aufforderungen äußern, ein neues Thema initiieren etc., sind Kinder erst einige Zeit später (mit ca. vier bis fünf Jahren) in der Lage (SHATZ, 1983). Bei den Zwei- bis Dreijährigen sind es noch fast ausschließlich die Erwachsenen, die dafür sorgen, daß ein Gespräch weitergeht, z.B. indem sie nicht nur auf das Kind antworten, sondern mit ihrer Antwort eine Aufforderung verbinden, auf die das Kind wieder reagieren kann.

Referentielle Kommunikationskompetenz

Ein zentraler Aspekt kommunikativer Kompetenz ist, daß man weiß und bei der eigenen sprachlichen Äußerung berücksichtigt, was der andere bereits weiß und was er (noch) nicht weiß bzw. welche Informationen dem anderen zugänglich sind und welche nicht. FLAVELL, BOTKIN, FRY, WRIGHT & JARVIS (1968/1975) prüften in einer klassischen Untersuchung zur Rollenübernahme und Kommunikation das referentielle Wissen von Kindern aus zweiten und achten Klassen auf folgende Art: Sie brachten den Kindern zunächst auf dem Wege des wortlosen Miteinanderspielens ein Ratespiel bei. Anschließend sollten die Kinder mit Worten zwei Erwachsenen nacheinander das Spiel erklären, wobei ein Erwachsener sehen konnte und der andere verbundene Augen hatte. Während die Acht-Klässler sich in ihren Angaben an den unterschiedlichen Informationsbedürfnissen ihrer Partner orientierten, gaben die Zweit-Klässler in beiden Fällen praktisch dieselben Erklärungen. Bei einer einfacheren Objektidentifizierungsaufgabe waren allerdings schon Dreijährige zur Anpassung an den Wissensstand des Empfängers in der Lage (MARATSOS, 1972).

Auf das mit diesen Untersuchungen verbundene Problem der Trennung von Eigen- und Fremdperspektive (Egozentrismus versus Rollenübernahmefähigkeit) wurde bereits weiter oben eingegangen.

Zu referentiellem Wissen zählt auch, daß ein Sprecher Rückmeldungen des Zuhörers, die anzeigen, ob dieser etwas verstanden hat oder nicht, bemerkt und angemessen darauf reagiert. Auf der Seite des Zuhörers zeigt sich referentielles Wissen darin, daß dieser für Unzulänglichkeiten und Zweideutigkeiten einer Mitteilung sensibel ist und durch geeignete Rückfragen oder Rückmeldungen an den Sprecher eine Klarstellung herbeiführen kann. Derartige Fähigkeiten entwickeln sich aber erst im Laufe des Schulalters und können bei komplexen kommunikativen Situationen bis ins Erwachsenenalter hinein defizitär sein (FLAVELL, 1977/1979).

Sprachliche Äußerungen können auch dem Alter des Empfängers mehr oder weniger angepaßt sein. Einem kleinem Kind müssen Dinge (z.B. der Auftrag etwas einzukaufen) eher ausführlicher und in anderen Worten erklärt werden als einem Erwachsenen. Inwieweit Kinder im Vorschulalter in ihrem Sprachverhalten gegenüber jüngeren Kindern (Zweijährigen), Gleichaltrigen und Erwachsenen variieren, haben SHATZ & GELMAN (1973) als erste systematisch untersucht. Sie fanden, daß Vierjährige gegenüber Zweijährigen kürzere, weniger komplexe Sätze gebrauchen als gegenüber Gleichaltrigen und Erwachsenen.

Nachfolgende Untersuchungen gelangten zu ähnlichen Ergebnissen (SHATZ, 1983). Allerdings scheint die Variation des Sprachverhaltens weniger Ausdruck einer aktiven Anpassung an das jeweilige Alter der Gesprächspartner zu sein als durch deren unterschiedliche Reaktionen gesteuert zu werden.

Eine besondere Art referentieller Kommunikationskompetenz ist die richtige Einschätzung der Absichten eines Sprechers, z.B. ob dieser mit seiner Äußerung eine Frage, Aufforderung, Bitte oder Drohung verbindet. *Would you like to drive the car?* kann im Englischen je nach Situationskontext völlig Unterschiedliches bedeuten (SHATZ, 1983, S. 865): (1) *Hätten Sie Lust, den Wagen zu fahren?* (Informationsfrage); (2) *Sie können gern den Wagen fahren.* (Angebot); (3) *Wären Sie so nett, den Wagen zu fahren?* (Bitte); (4) *Sie fahren den Wagen!* (Befehl/Drohung).

Die richtige Interpretation von Sprecherabsichten berührt das Problem der Beziehung zwischen der Form und der Bedeutung einer Aussage. Während jüngere Kinder zunächst von einer Eins- zu Eins-Beziehung zwischen Form und Bedeutung ausgehen, also zum Beispiel eine in Frageform abgefaßte Aussage immer als Frage und nicht als Aufforderung oder Bitte verstehen, können später gleiche Bedeutungen durch verschiedene Formen und verschiedene Bedeutungen in gleicher Form ausgedrückt und verstanden werden. Wie schnell diese Entwicklung verläuft, hängt nicht zuletzt davon ab, ob ihre Mütter beispielsweise Aufforderungen immer in Befehlsform äußern (z.B. *Wasch dir die Hände!*) oder sie auch mal in indirekter Form ausdrücken (z.B. *Wärest du so freundlich und würdest dir die Hände waschen? – Hast du deine Hände schon gewaschen?*).

Benennungsflexibilität

Es gibt Kommunikationssituationen, in denen einer von mehreren Gegenständen so zu benennen ist, daß der Empfänger der Mitteilung den gemeinten Gegenstand im gegebenen Kontext eindeutig von den anderen Gegenständen unterscheiden kann. So muß ein Kind, das mit einem anderen Kind mit Bauklötzen spielt und von diesem einen bestimmten Bauklotz haben möchte, diesen Bauklotz nach seiner Farbe, Form, Größe oder nach sonstigen Attributen so benennen, daß das andere Kind genau weiß, welcher Bauklotz verlangt wird. Dabei ist es für die eindeutige Identifizierung des gewünschten Bauklotzes nicht nötig, dessen sämtliche Attribute zu nennen, es reicht aus, nur das Merkmal/die Merkmale anzusprechen, in dem/in denen sich dieser von den übrigen Bauklötzen unterscheidet. Je nach gegebenem Objektkontext variiert also die angemessene Wortwahl (OLSON, 1970).

Will das Kind z.B. einen roten runden Bauklotz von 5 cm Durchmesser und 8 cm Länge haben und liegen nur rote und gelbe runde Bauklötze mit entsprechendem Durchmesser und entsprechender Höhe da, so reicht es aus zu sagen: „Gib mir einen roten!“. Unterscheiden sich die daliegenden Bauklötze jedoch gleichzeitig im Durchmesser (3 cm und 5 cm) und in der Höhe (8 cm und 12 cm) bei identischer Form (rund) und Farbe (rot), ist die Aufforderung „Gib mir den kurzen (kleinen) dicken!“ angemessen.

Die Fähigkeit, dasselbe Objekt je nach Kontext variabel zu benennen und dabei (nur) diejenigen Attribute des Objektes sprachlich zu benennen, die für das Verständnis des Hörers unbedingt erforderlich sind, wurde von HERRMANN & DEUTSCH (1976) als *Benennungsflexibilität* bezeichnet.

Kontextgerechte Benennungsleistungen treten erst bei Schulkindern in nennenswerter Häufigkeit auf und entwickeln sich je nach Anzahl und Komplexität der Unterscheidungsmerkmale bzw. des Aufgabenmaterials weiter bis in die frühe Adoleszenz (HERRMANN & DEUTSCH, 1976).

Metalinguistische Fähigkeiten

Ein wichtiger Teil des Erlernens einer Sprache besteht im Erwerb des sprachspezifischen Lexikons. Man lernt, wie Dinge in der betreffenden Sprache benannt werden bzw. was ein Wort bedeutet (vgl. Abschnitt 3.2). Für das seine Muttersprache lernende Kind existiert zunächst – ganz unreflektiert – eine feste Beziehung zwischen dem willkürlichen Zeichen (Wort) und dem es bezeichnenden Gegenstand (Realität). Der Name ist ein Teil des Dinges. Es ist für ein kleines Kind z.B. unvorstellbar, daß Kuh und Pferd ihre Bezeichnungen vertauschen. Mit der Namensänderung, so die Überzeugung, ändern sich auch die zugehörigen Eigenschaften des Bezeichneten. Bis gegen Ende des Vorschulalters ist dem Kind nicht bewußt, daß die Verbindung von Wort und Gegenstand eine – von Sprache zu Sprache variierende – willkürliche Festlegung ist. Dieses vorübergehende *Überlernen* der Verbindung von Wort und Gegenstand (POTTER, 1979) verhindert das Verstehen oder gar Produzieren von Metaphern, Doppeldeutigkeiten und übertragenen Bedeutungen in Sprichwörtern, Sprachwitzen oder Worträtseln. Stattdessen werden Aussagen *wörtlich* genommen.

Begriffe lernen

Es dauert teilweise bis zum Alter von zehn bis zwölf Jahren – oder noch länger – bis Metaphern wie *Du bist ein Fuchs*, Sprichwörter wie *Wer im Glashaus sitzt, soll nicht mit Steinen werfen* oder der Witz *Warum geht ein alter Mann auf Zehenspitzen an der Hausapotheke vorbei? – Um die Schlaftabletten nicht aufzuwecken!* in ihrem Sinn verstanden bzw. für lustig befunden werden (MCGHEE, 1974).

Erst wenn die Konventionalität der Sprachzeichen erkannt worden ist, können Wörter und die Beziehungen zwischen Wörtern selbst zum Objekt der Betrachtung werden. Nun bildet sich die Fähigkeit heraus, über Äußerungen, die man macht oder empfängt, nachzudenken und sie im gegebenen Kontext zu bewerten. Man kann nun über die gegebenen *wörtlichen* Informationen hinausgehen und (als Empfänger) *zwischen den Zeilen lesen* bzw. (als Sender) mit Worten *spielen*. Kinder, die dazu fähig sind, besitzen *metalinguistische Fähigkeiten* (FLAVELL, 1981), ein Wissen über die variablen Möglichkeiten der Sprachverwendung.

3.3.3 Die Rolle der Mutter als Kommunikationspartner des Kindes

Für die kommunikative Kompetenz von Kindern gilt in besonderem Maße, mehr noch als für das syntaktische und semantische Wissen, daß der Erwerb sprachlicher Fähigkeiten in einen sozialen Kontext eingebunden ist. Kommunikative Kompetenz ist kein isolierbares individuelles Merkmal, sondern etwas, was sich zwischen (mindestens) zwei Personen abspielt. Damit rücken die Interaktionspartner des Kindes und ihre Sprache in den Blickpunkt des Interesses.

Da Kinder, jedenfalls während der ersten Lebensjahre, hauptsächlich mit ihren Müttern interagieren und in der Kleinkindforschung fast ausschließlich Mütter als Bezugspersonen untersucht werden, beschränken sich die Forschungsergebnisse zum Spracherwerb im sozialen Kontext weitgehend auf sprachliche Interaktionen von Müttern und ihren Kindern. Dabei wurden vor allem zwei Fragen intensiver untersucht: 1. Inwieweit hat sprachliche Kommunikation ihre Wurzeln in vorsprachlichen Interaktionsmustern? 2. Welche spezifischen Merkmale weist die von Müttern an ihre (kleinen) Kinder gerichtete Sprache auf und welche Bedeutung haben diese Merkmale für den Spracherwerb des Kindes?

Kontinuität zwischen vorsprachlicher und sprachlicher Kommunikation?

Schon vor dem Beginn des eigentlichen Spracherwerbs, praktisch von Geburt des Kindes an, findet zwischen Mutter und Kind eine vorsprachliche Kommunikation statt. Sie äußert sich zum Beispiel im gegenseitigen Anschauen und Wegschauen, in Zeigegesten, ausdrucksmäßigen Reaktionen wie Lächeln, Weinen, Überraschung zeigen, sich verstecken, Geben und Nehmen oder anderen gemeinsamen spielerischen Handlungen.

Mütter sprechen außerdem von Anfang an „mit“ bzw. zu ihrem Kind, obwohl dieses ihre Sprache (noch) nicht versteht, jedenfalls nicht sprachlich beantwortet. Den vorsprachlichen Äußerungen ihres Kindes unterstellen Mütter überdies bestimmte kommunikative Absichten, d.h., sie versehen die Äußerungen ihres Babys mit einer Bedeutung.

Der amerikanische Kinderpsychologe Jerome BRUNER hat in mehreren Arbeiten nachzuweisen versucht, daß die Sprache des Kindes ihre Wurzeln in der vorsprachlichen Kommunikation zwischen Mutter und Baby hat und direkt aus letzterer hervorgeht (BRUNER, 1975, 1977). Für ihn ist Sprache die Fortführung gewohnheitsmäßiger Handlungsmuster von Mutter und Kind. Dies soll nicht nur für den kommunikativen Aspekt der Sprache gelten, sondern auch und gerade für den Grammatikerwerb. Der aktive Part kommt dabei der Mutter zu. Sie vermittelt dem Kind durch die konsistente Interpretation seiner vorsprachlichen Äußerungen die Bedeutung dieser Äußerungen und ihres Handlungszusammenhangs. Die konsistente Reaktion der Mutter soll beim Kind bestimmte Erwartungshaltungen aufbauen, was wiederum die Konsistenz des kindlichen Verhaltens erhöht. So bildet sich ein wechselseitiges, gewohnheitsmäßiges Verhaltensmuster aus. Erst wenn solche konsistenten (vorsprachlichen) Bedeutungen gelernt worden sind, kann in einem nächsten Schritt auch die dazugehörige sprachliche Form gelernt werden.

Als Nachweis der Kontinuität zwischen vorsprachlichen und sprachlichen Formen der Kommunikation sieht BRUNER an, daß sich für bestimmte sprachliche Formen (wie Fragen, Bezugnahme auf äußere Ereignisse) vorsprachliche Vorläufer identifizieren lassen. So hat das Bezugnehmen auf äußere Ereignisse mit Worten (*sprachliche Referenz*) nach BRUNER (1977) seine Vorläufer in *verhaltensmäßigenHinweisen* (Lenken des Blickkontakts, Zeigegesten), in der *verhaltensmäßigen Deixis* (*Kuckuckspiel*, *Geben-Nehmen-Spiel*) und dem einfachen *Benennen*.

BRUNERS Argumentation hat einige Schwächen. Abgesehen davon, daß es schwierig ist, kommunikative Absichten anhand vorsprachlicher Äußerungen eindeutig zu identifizieren, läßt sich aus BRUNERS Daten kein kausaler Zusammenhang zwischen vorsprachlichen und sprachlichen Äußerungen im Sinne eines Auseinanderhervorgehens ableiten. Er liefert lediglich Beschreibungen der Abfolge kindlicher kommunikativer Äußerungen in ihrem jeweiligen sozialen Kontext. Außerdem belegen Daten aus Kulturen, in denen keine gemeinsamen vorsprachlichen Kommunikationsspiele zwischen Mutter und Kind üblich sind, daß derartige vorsprachliche Handlungsmuster keine notwendige Voraussetzung für den späteren Spracherwerb sind. Auch Kinder aus diesen Kulturen lernen sprechen und zu kommunizieren. Das schließt nicht aus, daß vorsprachliche Kommunikationserfahrungen und Interaktionen für den späteren Spracherwerb förderlich sind. Ob von den frühen vorsprachlichen Äußerungen eine direkte Linie zu sprachlichen Kommunikationsmustern führt, ist jedoch noch eine offene Frage (SHATZ, 1983).

Charakteristika der an kleine Kinder gerichteten mütterlichen Sprache und ihre Auswirkungen auf den Spracherwerb des Kindes

Wie sprechen Mütter mit Kindern, die gerade anfangen sprechen zu lernen? Ist die an kleine Kinder gerichtete Sprache genauso komplex und mit grammatischen Fehlern behaftet wie die Sprache gegenüber älteren Kindern oder von Erwachsenen untereinander und somit eine unzureichende Grundlage für den Spracherwerb des Kindes (CHOMSKY, 1965/1969)?

Aufzeichnungen der sprachlichen Äußerungen von Müttern gegenüber Kindern unterschiedlichen Alters ergaben, daß Mütter im sprachlichen Umgang mit Kindern, die am Anfang ihrer Sprachentwicklung stehen, ihre Sprache systematisch vereinfachen (SNOW, 1972,1977). Diese spezifische mütterliche Sprache wird häufig als *Mutterisch* (englisch: *motherese*) bezeichnet (SNOW & FERGUSON. 1977, VAN DER GEEST, 1978).

Untersuchung 11.3 — *Mütterliche Sprache gegenüber ihre Sprache lernenden Kindern*

In drei experimentellen Studien untersuchte Catherine SNOW (1972) den Sprachstil von Müttern und Nicht-Müttern gegenüber 2jährigen und 10jährigen Kindern. Sie interessierte sich dabei auch für die Abhängigkeit des Sprachstils von der Präsenz des Kindes und der Aufgabensituation.

An den Experimenten namen 36 weibliche Collegeabsolventen und ihre 2;0 bis 3;4 Jahre alten Kinder (N = 24) bzw. 9;5 bis 12;4 Jahre alten Kinder (N = 12) teil. 6 kinderlose Frauen mit seltenem Kontakt zu Kindern dienten als Vergleichsgruppe für die Mütter.

Auf der Grundlage der transkribierten Tonbandaufnahmen der experimentellen Sitzungen wurden folgende Maße der mütterlichen Sprache berechnet:

1. Gesamtzahl der gesprochenen Worte;
2. Mittlere Äußerungslänge;
3. Satzkomplexität (Anteil zusammengesetzter Verben und Nebensätze bezogen auf die Gesamtzahl der Äußerungen);
4. Mittlere Länge von Sätzen vor dem Hauptverb (ohne Imperativsätze);
5. Häufigkeit von Äußerungen ohne Verb;
6. Anteil der Personalpronomen (3. Person) an der Gesamtzahl der Wörter;
7. Anteil der Wiederholungen eines oder mehrerer Satzteile oder des gesamten Satzes bezogen auf die Gesamtzahl der Äußerungen.

Experiment 1

12 Mütter mit einem 2;0 bis 3;4jährigen Kind (2jährige) und 12 Mütter mit einem 9;5 bis 12;4jährigen Kind (10jährige) nahmen an dem Experiment teil. Jede Mutter hatte drei sprachliche Aufgaben unter vier verschiedenen Versuchsbedingungen durchzuführen. *Aufgabe 1*: Zu einem Bild ist eine Geschichte zu erzählen; *Aufgabe 2*: Das Kind ist anzuweisen, Plastikspielzeug nach bestimmten Vorgaben anzuordnen; *Aufgabe 3*: Ein physikalisches Phänomen ist zu erklären. Die vier *Versuchsbedingungen* für die Aufgaben waren: (1) ein abwesendes 2jähriges Kind, (2) ein anwesendes 2jähriges Kind, (3) ein abwesendes 10jähriges Kind, (4) ein anwesendes 10jähriges Kind. Die eine Hälfte der Mütter begann mit dem eigenen, die andere Hälfte mit einem fremden Kind.

Für alle Maße ergaben sich signifikante Unterschiede des mütterlichen Sprachstils in Abhängigkeit vom Alter der Kinder und ihrer Präsenz. Gegenüber jüngeren Kindern sprachen die Mütter auffällig mehr, insbesondere bei Anwesenheit des Kindes. Gleichzeitig vereinfachten sie ihre Sprache, was sich in einer geringeren mittleren Äußerungslänge, einer geringeren Satzkomplexität und häufigeren Wiederholungen ausdrückte. Die Präsenz des Kindes wirkte sich vor allem auf den Redeumfang (viel größer bei Anwesenheit) und die Komplexität der Äußerungen (geringer bei Anwesenheit) aus. Bezüglich aller Komplexitätsmaße der Sprache produzierten die Mütter unter der Bedingung *2jähriges anwesendes Kind* die bei weitem einfachste Sprache.

Beim Vergleich der mütterlichen Sprache gegenüber eigenen und fremden Kindern zeigte sich im übrigen, daß Mütter 2jähriger Kinder mehr zu ihrem eigenen als zu den (älteren) fremden Kindern sprachen, während Mütter 10jähriger Kinder zu – eigenen und fremden – Kindern beider Altersgruppen gleich viel sagten.

Experiment 2

In ihrem zweiten Experiment wollte Snow feststellen, 1. ob sich die Ergebnisse von Experiment 1 zum Einfluß der Präsenz des Kindes auf die mütterliche Sprache replizieren lassen und 2. inwieweit die vereinfachte Sprache der Mütter gegenüber 2jährigen durch die größere Schwierigkeit der Aufgaben für die jüngeren Kinder bedingt ist.

12 weitere Mütter führten dazu mit ihren 2jährigen Kindern eine Anzahl unterschiedlich schwieriger Auswahl- und Konstruktionsaufgaben sowohl unter Abwesenheits- wie Anwesenheitsbedingung durch.

Zur Erhöhung der Ähnlichkeit beider Bedingungen wurde den Müttern gesagt, daß die bei Abwesenheit des Kindes aufgezeichneten Äußerungen später dem Kind vorgespielt würden, was auch getan wurde.

Bei den *Auswahlaufgaben* war ein Holzklotz hinsichtlich seiner Größe und Farbe sowie darauf abgebildeter Tiere zu beschreiben. Das Kind sollte dann den beschriebenen kleinen Klotz mit einem Tier aus 12 ähnlichen Klötzen (leichte Aufgabe) bzw. den beschriebenen großen Klotz mit zwei Tieren aus 24 ähnlichen Klötzen (schwere Aufgabe) herausfinden.

Bei den *Konstruktionsaufgaben* hatte die Mutter eine Anordnung aus hellen und dunklen Klötzen unterschiedlicher Größe zu beschreiben, und das Kind sollte die Anordnung nachbauen. Entweder handelte es sich um 5 bis 6 Klötze mit einfachen, bekannten Formen (leichte Aufgabe) oder um 14 bis 16 Klötze mit teilweise ungewöhnlichen Formen.

Die Ergebnisse von Experiment 1 zum Faktor der Präsenz (größerer Redeumfang und geringere Komplexität der mütterlichen Sprache bei Anwesenheit des Kindes) konnten im großen und ganzen bestätigt werden. Die Effekte der Aufgabenschwierigkeit waren, mit Ausnahme eines auffällig größeren Redeumfangs bei schwierigen im Vergleich zu einfachen Konstruktionsaufgaben, nicht sehr ausgeprägt und uneinheitlich.

Experiment 3

In einem dritten Experiment wurde 6 kinderlosen Frauen die Aufgabe gestellt, Tonbandaufnahmen „für ein Experiment über die kognitive Entwicklung von 2jährigen Kindern“ zu erstellen. Es fanden die gleichen Aufgaben wie im Experiment 2 Verwendung (leichte und schwere Auswahl- und Konstruktionsaufgaben). Die Sprachdaten der Frauen wurden mit den unter der Abwesenheitsbedingung erhobenen Daten der Mütter 2jähriger Kinder aus Experiment 2 verglichen. Auf diese Art sollte festgestellt werden, inwieweit Vorerfahrungen im sprachlichen Umgang mit Kleinkindern einen wesentlichen Einfluß auf die in den vorangegangenen Experimenten gefundenen Sprachstile gegenüber Kleinkindern haben.

Zur Überraschung der Autorin fanden sich keine signifikanten Unterschiede im Sprachverhalten von Müttern und kinderlosen Frauen.

Eine genauere Betrachtung der Protokolle ergab allerdings, daß die Sprache der kinderlosen Frauen der Tendenz nach detaillierter, formaler, komplexer und weniger redundant war. Außerdem wirkte sich die unterschiedliche Aufgabenschwierigkeit bei den kinderlosen Frauen stärker auf das Sprachverhalten aus als bei den Müttern.

Die Ergebnisse der Experimente von Catherine Snow belegen, daß Kinder, die am Anfang ihrer Sprachentwicklung stehen, nicht einer mit Fehlern, Versprechern und

Inkonsistenzen durchsetzten hochkomplexen Sprache konfrontiert sind, sondern im Gegenteil eine relativ konsistente, vereinfachte und redundante Sprache hören.

SNOW, C.E. (1972). Mothers' speech to children learning language. *Child Development*, *43*, 549-565.

Eine ähnliche Beschreibung mütterlicher Sprachmerkmale im Umgang mit Kleinkindern wie SNOW (1972) lieferte bereits FERGUSON (1964). Außer den bereits genannten Merkmalen stellt FERGUSON (1964, 1977) die phonologischen Abweichungen von der Sprache unter Erwachsenen heraus, und zwar vor allem die Verwendung von Lautkombinationen und Wortschöpfungen, die in der Babysprache häufig vorkommen (wie z.B. *Wau Wau* für Hund oder *Ham* für Essen), und von Verkleinerungsformen (wie z.B. *Kittekätzchen*, *Bällchen*). Er nennt diese Art der Sprache deshalb auch *Baby-* oder *Ammensprache* (englisch: *babytalk*). Die Ammensprache kann man als eine Anpassung des Erwachsenen an die phonologischen Möglichkeiten des Babys ansehen.

Eine Zusammenstellung der von SNOW (1972) und von FERGUSON (1977) beschriebenen Charakteristika der Sprache von Müttern gegenüber ihren kleinen Kindern findet sich in Tabelle 11.3.

Warum sprechen Mütter mit ihren Kleinkindern in einer speziellen Sprache? Das *Mutterische* hat zum einen eine *kommunikative* Komponente, zum anderen eine *affektive* Komponente (R. BROWN, 1977). Ein kleines Kind wird als kognitiv und sprachlich wenig fähig eingeschätzt, deshalb die starken Vereinfachungen und klärenden Hinweise durch Wiederholungen, auffällige Betonung etc. Gleichzeitig ruft ein kleines Kind die Zuneigung der Mutter hervor, was seinen Ausdruck in den prosodischen Merkmalen und den Verkleinerungsformen der Babysprache findet.

Bisher wurde nur beschrieben, welche Art von Sprache Kinder am Anfang ihrer Sprachentwicklung hören und warum und unter welchen Bedingungen die beschriebenen systematischen Abweichungen der Erwachsenensprache gegenüber kleinen Kindern im Vergleich zur Sprache zwischen Erwachsenen auftreten. Damit ist noch nicht die Frage beantwortet, inwieweit die Modifikationen der Erwachsenensprache für den Spracherwerb des Kindes förderlich oder gar notwendig sind. Kommt dem *Mutterischen* eine Sprachlehrfunktion zu?

Die Untersuchungsbefunde zu dieser Frage sind uneinheitlich. In einzelnen Untersuchungen wurde ein positiver Zusammenhang zwischen der Ausprägung des *Mutterischen* und der Sprachentwicklung von Kindern gefunden (CROSS, 1977; FURROW, NELSON & BENEDICT, 1979; SNOW & FERGUSON, 1977). Andere Untersuchungen fanden keinen derartigen Zusammenhang (GLEITMAN, NEWPORT & GLEITMAN, 1984; NEWPORT, GLEITMAN & GLEITMAN, 1977). Soweit Zu-

Tabelle 11.3: Charakteristika der mütterlichen Sprache gegenüber Kleinkindern

Phonologische Merkmale
Ersetzung schwieriger Laute durch einfachere
Verwendung von Diminutiven
Prosodische Merkmale
Sprechen in höherer Tonlage
Größerer Frequenzbereich der Tonhöhenschwankungen
Hervorhebung neuer Informationen durch Betonung
Übertreibung der Betonung von Äußerungen
Langsamere Sprechgeschwindigkeit
Größere Flüssigkeit im Sprechen
Längere Pausen an Phrasen- und Satzgrenzen
Komplexitätsmerkmale
Geringere durchschnittliche Äußerungslänge MLU
Weniger komplexe Sätze
Einwortäußerungen
Teile von Äußerungen
Weniger Modifikationen
Weniger Vergangenheitsformen der Verben
Mehr starke als schwache Verben
Weniger Wörter vor dem Hauptverb
Weniger Konjunktionen
Ersetzen von Pronomen der 1. und 2. Person durch Eigennamen
Viele Imperative
Viele Fragen
Weniger Funktionswörter
Viele Inhaltswörter
Redundanzmerkmale
Wiederholungen von Wörtern, Satzteilen und ganzen Sätzen
Inhaltliche Wiederholungen
Geringerer Abstraktheitsgrad der Nomen
Durchführung ritualisierter Sprachspiele

sammenhänge existieren, sind sie korrelativer Natur und lassen offen, ob die Kinder vom vereinfachten mütterlichen Sprachgut profitieren oder ob sich die Mütter nur jeweils dem Entwicklungsstand ihres Kindes anpassen, also eher das Kind das mütterliche Sprachverhalten determiniert als umgekehrt. Die Beobachtungen von SNOW (1972) und von LIEVEN (1978) stützen eher die letztere Annahme.

Die für das *Mutterische* charakteristischen Vereinfachungen, Wiederholungen und prosodischen Muster ermöglichen dem Kind zwar ein besseres Verständnis der gehörten Sprache, die Sprachlehrfunktion scheint jedoch nicht das Primäre zu sein (GRIMM, 1987; SHATZ & GELMAN, 1977). Wichtiger ist, daß dadurch die Kommunikation zwischen Mutter und Kind aufrechterhalten wird, die Interaktion zwischen beiden gesteuert und Intimität hergestellt wird. Soweit das *Mutterische* den Spracherwerb fördert, geschieht dies eher nebenbei.

Der Lerneffekt ist außerdem nicht dann am größten, wenn die Mutter durchgehend vereinfacht spricht, sondern wenn sie sich in ihrem Sprachverhalten an den jeweiligen Entwicklungsstand des Kindes anpaßt, dabei aber in ihrem Sprachniveau dem Kind immer ein kleines Stück voraus ist. Sie muß dazu ihr Kind dahingehend richtig einschätzen, „wie kompliziert ein Gespräch mit ihm in semantisch-kognitiver Sicht sein darf" (VAN DER GEEST, 1978, S. 300). Es ist also weniger die Vereinfachung an sich als die Abstimmung auf das Kind, die bedeutsam ist.

Der Anteil des Kindes an dem Sprachlernprozeß wird darin sichtbar, daß es aus der mütterlichen Sprache nur das herausgreift und aufnimmt, was für seinen Lernprozeß gerade nützlich ist. Der Einfluß auf den Spracherwerb des Kindes hängt in erster Linie davon ab, mit welchen informationsverarbeitenden Strategien das *Kind* die gehörte Sprache verarbeitet (GLEITMAN et al., 1984). Das Kind profitiert im übrigen nicht nur von Vereinfachungen, sondern auch von der Erweiterung und Ergänzung seiner Sprachäußerungen durch die Mutter (R. BROWN & BELLUGI, 1964).

NELSON (1973) untersuchte bei 18 Kindern zwischen 1;0 und 2;6 Jahren und deren Müttern in längsschnittlichen Erhebungen, inwieweit unterschiedliche Sprachstile von Müttern mit der Sprachentwicklung ihrer Kinder zusammenhängen. Auf seiten der Mütter unterschied sie solche mit einem *direktiven* Sprachstil (viele direkte und fordernde Äußerungen, die auf das Verhalten des Kindes ausgerichtet sind) und solche mit einem *akzeptierenden* Sprachstil (viele an das Kind gerichtete Fragen und Zustimmung, die überwiegend sachbezogen sind). Die Kinder unterteilte sie nach ihrer Wortschatzentwicklung in eine *referentielle* Gruppe (verbale Äußerungen beziehen sich überwiegend auf Objekte in der Umwelt, Gebrauch von Nomen am häufigsten) und eine expressive Gruppe (verbale Äußerungen nehmen überwiegend Bezug auf Menschen und deren Verhaltensregulierung, Gebrauch von Pronomen und stereotypen Wendungen am häufigsten).

Mütter mit referentiellen Kindern sprachen häufiger über Objekte und deren Eigenschaften, Mütter von expressiven Kindern äußerten sich meist als Reaktion auf irgendwelche Verhaltensweisen ihrer Kinder oder um deren Verhalten zu lenken. Ein direktiver Sprachstil korrelierte negativ mit der Wortschatzentwicklung, ein akzeptierender Sprachstil stand in positiver Beziehung zur Vergrößerung des Wortschatzes und der mittleren Äußerungslänge. NELSON (1973) meinte außerdem, daß die Sprachentwicklung des Kindes positiv oder negativ beeinflußt wird, je nachdem ob der Interaktionsstil der Mutter und die kognitive Orientierung ihres Kindes zusammenpassen oder nicht (z.B. passen ein akzeptierender Sprachstil der Mutter und ein expressiver Sprachstil des Kindes zusammen) und ob die Mutter die Orientierung des Kindes unterstützt oder nicht.

Abschließend läßt sich zur Sprachumwelt des Kleinkindes und ihrer Bedeutung für dessen Sprachentwicklung folgendes feststellen: Es gibt so etwas wie eine speziell auf kleine Kinder ausgerichtete vereinfachte Sprache (das *Mutterische* oder die *Ammensprache*). Diese spezielle Sprache erfüllt aber eher kommunikative und affektive Funktionen als eine Sprachlehrfunktion. Allgemeine Fortschritte in der Sprachentwicklung des Kindes treten jedenfalls relativ unabhängig vom Ausmaß der erfahrenen Sprachvereinfachungen auf. Für die Sprachentwicklung förderlich sind eher die feine Abstimmung auf den jeweiligen Entwicklungsstand des Kindes und dessen Fähigkeit, das angebotene Sprachmaterial aufzunehmen und zu verarbeiten sowie ein entwicklungsangemessenes Sprachangebot beim älteren Gesprächspartner hervorzurufen.

4. Theorien der Sprachentwicklung

Die wesentliche Aufgabe einer Theorie der Sprachentwicklung ist, den Spracherwerb und die Veränderungen der Sprache im Laufe der Entwicklung zu beschreiben und zu erklären. Aus den vorangegangenen Abschnitten 1. bis 3. ist deutlich geworden, daß der Erwerb und die Veränderungen der Sprache eine Vielzahl von Komponenten beinhalten: Lautproduktion, Wortschatz, Wortbedeutungen, syntaktische und semantische Relationen von Wörtern, Mitteilungsfunktion von sprachlichen Äußerungen. Je nach dem Untersuchungsgegenstand wirft die Beschreibung und Erklärung der intraindividuellen Veränderungen und der interindividuellen Unterschiede der Entwicklung unterschiedliche Fragen auf.

Auf die Frage, wie es im Verlauf des Kindesalters zur Ausbildung der Sprachfähigkeiten kommt, gibt es gegenwärtig keine erschöpfende und endgültige Antwort. Dies ist bei der Vielfalt der Problemstellungen auch nicht zu erwarten. Aber auch hinsichtlich spezieller Merkmale der Sprachentwicklung (z.B. des Erwerbs von grammatischen Strukturen, von Wortbedeutungen oder von einzelnen kommunikativen Fähigkeiten) existieren unterschiedliche Auffassungen (s. hierzu FLAVELL & MARKMAN, 1983; SZAGUN, 1986). In den folgenden Abschnitten 4.1 bis 4.4 soll für die im ersten Teil dieses Bandes ausführlich erläuterten Entwicklungstheorien (Biogenetische Theorien, Psychoanalytische Theorien, Soziale Lerntheorien, Kognitive Entwicklungstheorien) dargestellt werden, welchen Beitrag jede dieser Theorien für die Beschreibung und Erklärung der Sprachentwicklung leistet. Es wird insbesondere aufgezeigt, welche Merkmale und Befunde der Sprachentwicklung sich gut und welche sich weniger gut mit der jeweiligen Theorie vereinbaren lassen.

4.1 Biologische Grundlagen des Spracherwerbs

Eine biogenetische Theorie der Sprachentwicklung im engeren Sinne existiert nicht. Es gibt nur eine Reihe von Ansätzen, die bei der Beschreibung und Erklärung von Spracherwerbsprozessen die biologischen Grundlagen des Spracherwerbs herausstellen (CHOMSKY, 1965/1969, 1972; LENNEBERG, 1967/1972, 1974; MCNEILL, 1970). Diese sogenannten *nativistischen* Ansätze beschäftigen sich hauptsächlich mit der allen Menschen gemeinsamen artspezifischen genetischen Ausstattung und den daraus resultierenden *Universalien der Sprachentwicklung*. Individuelle Unterschiede des Spracherwerbs treten demgegenüber in den Hintergrund.

Die naive Vorstellung, daß nicht nur die allgemeinen Voraussetzungen zum Aufbau einer artikulierten und hierarchisch strukturierten Sprache biologisch verankert sind, sondern auch welche Sprache sich im Verlauf der Entwicklung ausbildet (eine universelle Menschheitssprache oder eine angeborene Muttersprache) ließe sich nur überprüfen, wenn man – wie im Deprivationsexperiment – heranwachsenden Kindern von Anfang an jegliche sprachliche Stimulation vorenthielte. Aus der Geschichte sind uns einzelne derartige *Deprivationsexperimente* überliefert. Das Ergebnis dieser Experimente war meist, daß die von jeglicher sprachlicher Interaktion isolierten Kinder vor Erreichen des Alters, in dem sich die menschliche Sprache normalerweise ausbildet, verstarben (vgl. Grimm, 1987).

Angesichts der Vielfalt der existierenden Sprachen erscheint die Annahme einer universellen Menschheitssprache wenig plausibel. Die Vielfalt der Sprachen schließt allerdings nicht aus, daß es universelle, d.h. allen Sprachen gemeinsame linguistische Prinzipien gibt, die die (angeborenen) linguistischen Befähigungen des Kindes reflektieren. Diese genetischen Prädispositionen müssen sich im übrigen nicht vom Beginn der Sprachentwicklung an im Sprachverhalten manifestieren. Kinder sind jedoch dazu prädisponiert, diese Prinzipien herauszufinden – und zwar unabhängig von der Sprache, in die sie hineinwachsen.

Was für Universalien kann man in der Sprachentwicklung beobachten? Zum einen sind es phonologische Charakteristika der Sprache, wie die Verwendung von Konsonanten und Vokalen, die überdies bei allen Kindern der Welt in einer bestimmten Reihenfolge auftreten. Weiter zählt dazu, daß grammatische Morpheme ausgebildet werden und daß in jeder Sprache syntaktische Strukturen existieren, die unabhängig von den spezifischen grammatischen Regeln einer Sprache vergleichbaren Gesetzmäßigkeiten folgen, z.B. daß Aussagen in Form von Nominalphrasen und Verbalphrasen geordnet sind. Es sind also am ehesten *phonologische* und *syntaktische* Aspekte der Sprachentwicklung, die als biologisch fundiert angesehen werden können.

Die nativistischen Spracherwerbstheorien haben dementsprechend ihre Argumentation hauptsächlich auf die Ausbildung grammatischer Strukturen bezogen. Dies gilt auch für die beiden bekanntesten Vertreter einer nativistischen Theorie der Sprachentwicklung, den Biologen Erich H. Lenneberg und den Linguisten Noam Chomsky.

4.1.1 Erich H. Lenneberg: Biologisch-neurale Grundlagen des Spracherwerbs

Angeborene Sprachbereitschaft des Menschen

Lenneberg (1967/1972, 1974) hat die wohl umfassendste Ausarbeitung einer nativistischen Position des Spracherwerbs vorgelegt. Für ihn ist die Entstehung der Sprache ein biologisches Phänomen, das, wie die Ausbildung der fünf Finger an der Hand, wie die Entwicklung des Laufens auf zwei Beinen oder anderer vorwiegend angeborener Varianten der neuromotorischen Koordination, ein Ergebnis genetisch determinierter Veränderungen ist.

Lenneberg postuliert eine *angeborene Sprachbereitschaft* des Menschen, die im wesentlichen in dessen physiologischer und morphologischer Ausstattung sowie seiner Gehirnentwicklung begründet ist. So lassen sich die vom Kind schon früh spontan produzierten Sprachlaute auf die anatomischen und morphologischen Besonderheiten des menschlichen Stimmtraktes (z.B. Mundgröße, Muskelanatomie des Mundraums, Zahnstellung, Anatomie des Kehlkopfs) zurückführen. Ungefähr bis zum Ende des zweiten Lebensjahres soll bei allen normal entwickelten Kindern der Zustand der Sprachbereitschaft eintreten, in dem der eigentliche Spracherwerbsprozeß beginnen kann. Von Bedeutung hierfür sollen strukturelle Veränderungen des Gehirns und die beginnende Dominanz der linken Hirnhälfte für die Sprachfunktionen sein. Die von Lenneberg angenommene reifungsabhängige Bereitschaft zum Erwerb der Primärsprache soll dann mit dem Eintritt in die Pubertät, d.h. mit dem dort erreichten Abschluß des cerebralen Wachstums, enden.

Analog zur Beziehung von Ernährung und körperlichem Wachstum sieht Lenneberg die vom Kind gehörte Sprache der Umwelt als das Rohmaterial an, aus dem das Kind die Sprachstrukturen aufbaut. Wie die Information, nach welchen Regeln die verschiedenen Gewebe und Organe des Körpers aufgebaut werden, nicht in der Nahrung, sondern in den Zellen des Organismus enthalten ist, so kommt die Information, wie die gehörte Sprache assimiliert werden kann, nicht aus der Sprache der Umwelt, sondern sie ist dem Kind eigen. Die sprachliche Stimulation durch die Umwelt ist also nicht die Ursache des Spracherwerbs, sondern nur eine notwendige Voraussetzung dafür, daß die latente Sprachbereitschaft zur Entfaltung kommt, d.h. aktualisiert wird. Ein Kind, das keine Sprache hört, lernt nicht sprechen. Aber ein Organismus, der keine „reifen" inneren Strukturen hat, um die gehörte Sprache aufnehmen zu können, lernt ebenfalls nicht sprechen.

Drei zentrale Annahmen

Lennebergs Hauptargumente zur Stützung seiner biologischen Position enthalten drei zentrale Annahmen:

1. Spracherwerbsprozesse (d.h. die von ihm berücksichtigten Ausschnitte der phonologischen und grammatischen Entwicklung) sind *reifungsabhängig*. Insbesondere besteht eine Parallelität von Hirnreifung und Sprachentwicklung.
2. Die Sprachentwicklung steht im Zusammenhang mit der Entwicklung der Hemisphärendominanz (*Hirnlateralisation*).
3. Für den Erwerb der Primärsprache gibt es eine *kritische Periode*, die den Zeitraum von ungefähr zwei bis zwölf Jahren umfaßt.

Diese drei Annahmen hängen eng miteinander zusammen. Aus didaktischen Gründen erscheint es jedoch sinnvoll, jede dieser Annahmen für sich zu betrachten.

Ad 1.) Die *Reifungsabhängigkeit des Spracherwerbs* wird eher indirekt anhand des Zutreffens allgemeiner Kriterien für reifungsgesteuertes Verhalten begründet, als daß sie direkt untersucht worden wäre (vgl. auch Kap. 2.2). Lenneberg (1967/1972) führt in diesem Zusammenhang folgende Eigenheiten der Sprachentwicklung an:

Sprache tritt in Anfängen bereits auf, bevor das Kind sie unbedingt braucht, um sich verständlich zu machen. Daß es trotzdem zu sprechen beginnt und sich sein Wortschatz und seine Sprachkompetenz in relativ kurzer Zeit explosionsartig entwickeln, ist nach LENNEBERG nur mit einer reifungsabhängig erhöhten Sprachbereitschaft des Organismus zu erklären.

Es gibt keine Anzeichen dafür, daß intensives Üben und Training die Sprachentwicklung des Kindes wesentlich beschleunigen. Auch der Beginn der Sprachentwicklung und die schnellen Entwicklungsfortschritte, kommen ohne gezieltes Training durch Erwachsene zustande. Daß Kinder unter normalen Entwicklungsbedingungen in einem relativ eng begrenzten Altersbereich zu sprechen anfangen, deutet darauf hin, daß ein gewisser Reifezustand erreicht sein muß, bevor der Spracherwerb beginnen kann.

Das Kind macht sich seine Sprachumwelt, von der es von Anfang an umgeben ist, erst nutzbar, wenn es dazu reif ist. Wäre es nicht so, müßte einem Baby bereits viel früher Sprache beigebracht werden können. Diese Auffassung wird durch die Beobachtung gestützt, daß Kinder, die in einer verarmten sprachlichen Umwelt aufwachsen, nicht wesentlich später zu sprechen anfangen als Kinder in einer reichhaltigen sprachlichen Umwelt, daß erstere aber mit der Zeit hinter letzteren in ihrer Sprachentwicklung zurückbleiben.

Marksteine der Sprachentwicklung sind gewöhnlich mit anderen Entwicklungssequenzen verschränkt. Diese Gleichzeitigkeit von Entwicklungsveränderungen wird häufig auch im Falle einer generellen Entwicklungsverzögerung bewahrt.

Ad 2.) Für den angenommenen Zusammenhang zwischen *Hirnlateralisation* und Sprachentwicklung werden vor allem zwei Belege angeführt:

a) Die beiden Hirnhälften sind bei der Erkennung von sprachlichen und nicht-sprachlichen Stimuli unterschiedlich leistungsfähig.

b) Sprachstörungen durch Hirnverletzungen zeigen ein unterschiedliches Ausmaß der Reversibilität, je nachdem, ob die rechte oder die linke Hirnhälfte von der Verletzung betroffen ist und zu welchem Zeitpunkt die Verletzung erfolgte. Bereits seit BROCA (1861) ist bekannt, daß bei einer Verletzung der linken Hirnhälfte die Sprachfunktion beeinträchtigt werden kann.

Einschränkend ist allerdings festzustellen: Die Dominanz der linken Hirnhälfte für sprachliches Material gilt nur für den informativen Gehalt der Sprache, der affektive Gehalt wird eher in der rechten Hirnhälfte verarbeitet (GRIMM, 1987). Bei Linkshändern findet man im übrigen nicht die zu erwartende Rechtslateralisation der Sprachfunktionen, sondern eher eine bilaterale Repräsentation der Sprache (ZANGWILL, 1975). Schließlich ist fraglich, ob die meist zur Prüfung der Hemisphärendominanz verwendeten dichotischen Hörtests, die hauptsächlich phonetische Sprachmerkmale erfassen, etwas über höhere linguistische Fähigkeiten wie die Erkennung semantischer und syntaktischer Relationen aussagen (WIECZERKOWSKI, 1982).

Die Entwicklung der Hirnlateralisation soll nach LENNEBERG (1967) – parallel zur Hirnreifung – erst mit Beginn der Pubertät zum Abschluß kommen. Während der frühen Kindheit gelten die beiden Hemisphären als gleichwertig funktionsbereit. Er versuchte diese Auffassung durch klinische Befunde zu belegen, die auf einen Zusammenhang zwischen dem Zeitpunkt der Hirnschädigung und der Rückbildung von Sprachstörungen hinwiesen: Je früher die Verletzung der linken Hirnhälfte lag, desto eher und vollständiger konnte die rechte Hirnhälfte die verlorengegangenen Sprachfunktionen übernehmen. Bei einer Schädigung nach dem elften Lebensjahr bestand hingegen nur noch eine geringe Aussicht, daß die rechte Hirnhälfte kompensierend Sprachfunktionen übernahm.

Nach neueren Untersuchungen zeigt sich eine Hemisphärendominanz allerdings schon sehr viel früher als von LENNEBERG angenommen. Schon das vorsprachliche Kind reagiert links auf sprachliche und rechts auf nicht-sprachliche Reize (MOLFESE, 1975, 1977). Das individuelle Ausmaß der Hirnlateralisation ist u.U. schon bis zum Alter von fünf Jahren fixiert (CARTER & KINSBOURNE, 1979). Die Spezialisierung der Hirnhälften scheint somit *vor* dem Beginn der Sprachentwicklung einzusetzen. Ob der frühe Zeitpunkt der Hirnlateralisation auch für linguistische Prozesse höherer Ordnung gilt, muß allerdings gegenwärtig noch offen bleiben (MOSCOVITCH, 1977).

Ad 3.) Aufbauend auf den beiden Annahmen der Reifungsabhängigkeit und der allmählichen Linkslateralisation der Sprachfunktionen bzw. den zu ihrer Stützung herangezogenen Befunden hat LENNEBERG (1967) weiter postuliert, daß es für den Erwerb von Sprache eine *kritische Periode* gibt. Sie soll den Zeitraum zwischen etwa zwei bis zwölf Jahren umfassen. Während dieser kritischen Periode soll der Spracherwerb spontan und mühelos erfolgen, danach ist besonderes Üben und Training erforderlich bzw. kein vergleichbarer Spracherwerb mehr möglich. Dies gilt insbesondere für die phonologische Entwicklung und den Erwerb eines grammatischen Regelsystems, weniger für die Erweiterung des Wortschatzes.

Eine Stützung seiner Auffassung sieht LENNEBERG in dem Verlust der Fähigkeit, eine Fremdsprache ohne Akzent zu lernen, und in dem Stillstand der Sprachentwicklung bei schwer retardierten Kindern mit Beginn der Pubertät. Außerdem weist er darauf hin, daß in früher Kindheit der Erwerb der Muttersprache, aber auch der Erwerb einer zweiten Sprache, wesentlich leichter fallen als der spätere Fremdsprachenerwerb.

Insbesondere die Gültigkeit der von LENNEBERG behaupteten oberen Altersgrenze der Sprachbereitschaft ist in Zweifel gezogen worden. Sofern, wie es neuere Untersuchungen darlegen, die Entwicklung der Hirnlateralisation lange vor Erreichen der Pubertät abgeschlossen ist, muß die Existenz einer kritischen Periode des Spracherwerbs anders begründet werden. Der strenge Nachweis einer kritischen Periode ist allerdings schwierig, da er voraussetzt, daß ein normal begabtes und sinnestüchtiges Kind bis zur Pubertät ohne sprachliche Stimulation aufwächst und erst nach der Pubertät Gelegenheit zum Erlernen einer Sprache erhält. Ein derartiger experimenteller Nachweis verbietet sich aus ethischen Gründen. Annähernd vergleichbar sind die Verhältnisse bei den wenigen Fällen, wo Kinder unter extrem deprivierten Bedingungen aufgewachsen sind.

In jüngerer Zeit hat in diesem Zusammenhang der Fall des Mädchens *Genie* Aufsehen erregt. Genie war von ihrem 20. Lebensmonat an bis zum Alter von fast 14 Jahren in nahezu völliger Isolation aufgezogen worden. Sieht man sich die Sprachfortschritte von Genie in den fünf Jahren nach Aufhebung ihrer Isolation an, so finden sich einerseits zahlreiche Hinweise, daß bei Genie die Folgen ihrer völligen „Sprachlosigkeit" bis zur Pubertät nur mühsam und unvollständig aufgehoben werden konnten. Andererseits kann man die Tatsache, daß Genie nach der Pubertät überhaupt

Sprache erworben hat, als Beleg gegen LENNEBERGS Hypothese einer kritischen Periode werten. (Einen Überblick über die Sprachentwicklung von Genie liefern CURTISS, 1977, und DEVILLIERS & DEVILLIERS, 1978).

Bei der von LENNEBERG postulierten angeborenen Phase der erhöhten Sprachbereitschaft handelt es sich wohl eher um eine sensible Periode erhöhter Lernbereitschaft als um eine kritische Periode im engeren Sinne (vgl. dazu Kap. 2.5): Weder vorher noch nachher sind vergleichbare Effekte bei einem vergleichbaren Lernaufwand möglich, späteres Lernen ist jedoch nicht grundsätzlich ausgeschlossen. Für diese Auffassung spricht auch, daß trotz der größeren Mühe des späteren Fremdsprachenerwerbs Erwachsene in nur ca. 250 bis 500 Stunden intensiven Sprachtrainings ein gewisses Niveau der Sprachflüssigkeit erreichen können (CARROLL, 1969). Im Vokabellernen sind Erwachsene Kindern sogar überlegen (DIVESTA, 1974). Auch sind Erwachsene grundsätzlich noch in der Lage, eine fremde Sprache akzentfrei sprechen zu lernen.

Ob ein Individuum bestimmte Sprachleistungen erbringen kann, hängt schließlich auch von seinen Lernvoraussetzungen kognitiver und motivationaler Art und von den gewählten Lehrmethoden ab. Eine feste Beziehung der Lernbereitschaft zum Lebensalter ist somit nicht gegeben.

4.1.2 Noam CHOMSKY: Das Kind als mit einer angeborenen Spracherwerbsvorrichtung ausgestatteter kleiner Linguist

Wie für LENNEBERG ist für CHOMSKY der Mensch biologisch für den Spracherwerb prädisponiert. Dem Kind ist eine Spracherwerbsvorrichtung (*Language Acquisition Device – LAD*) angeboren, die es ihm ermöglicht, die Lautmuster, Wortbedeutungen und grammatischen Regeln der Sprache seiner Umwelt zu erschließen und zu übernehmen (CHOMSKY, 1965/1969, 1968/1970). Der LAD ist dabei nicht zu verstehen als eine bestimmte Struktur oder gar ein begrenztes Gebiet des Gehirns, sondern als ein theoretisches Konstrukt, das die angeborenen Fähigkeiten zur Verarbeitung sprachlichen Inputs bezeichnet. Mit dem LAD ist so etwas wie eine Sprachtheorie gemeint, die das Individuum in seinem Sprachverstehen und seinem eigenen Sprechen anleitet. CHOMSKY sieht das Sprache erlernende Kind wie einen kleinen Linguisten, der versucht, die Regeln einer ihm (noch) unbekannten Sprache zu entdecken. Mit diesen Regeln können Sprecher einer Sprache dann beliebig viele neue Äußerungen hervorbringen und verstehen. CHOMSKYS Modell des Spracherwerbs ist in der Abbildung 11.6 schematisch dargestellt.

Die Sprache entwickelt sich nach CHOMSKY (1965/1969) aus einem angeborenen (Vor-)Wissen um ihre universellen Grundstrukturen. Dabei ist nicht die sprachliche Kompetenz in fertiger Form angeboren, sondern nur die Prädisposition, auf der Grundlage der universellen Strukturprinzipien des Regelapparats LAD, diese Kompetenz auszubilden. Der Regelapparat legt die Grenzen fest, wonach die Kinder in der Sprache suchen. Ausreichend hierfür ist rein sprach-

Linguist. Input		**LAD**		**Sprach-theroie**		**Grammatische Kompetenz**
	geht ein in ⟶	Linguistische Verarbeitungs-fähigkeiten Vorhandenes Wissen	erzeugt eine ⟶	Phonologie Semantik Syntax	determiniert ⟶	Sprachverständnis Sprachproduktion

Abbildung 11.6: CHOMSKY's Modell des Spracherwerbs (nach SHAFFER, 1985, S. 289; Übers. v. Verf.)

liches Wissen, andere vor- oder nichtsprachliche kognitive Fähigkeiten des Kindes sind nicht notwendig.

Die Ausstattung mit dem LAD bedeutet, daß das Kind drei Dinge zum Spracherwerb mitbringt: 1. die Fähigkeit, Hypothesen über die Beschaffenheit des Regelsystems der Sprache seiner Umwelt zu bilden; 2. die Disposition zur Ausbildung sprachlicher Universalien; 3. die Fähigkeit, verschiedene Hypothesen miteinander zu vergleichen und zu bewerten.

Ad 1.) Hypothesenbildung. Die Entdeckung gleichbleibender Muster in der gehörten Sprache führt zur Konstruktion von Hypothesen über die Regeln der Sprache. Diese Hypothesen werden an neuem Material ständig getestet, wieder aufgegeben oder verändert, oder es werden neue Regeln gebildet.

Ad 2.) Sprachliche Universalien. Daß das Kind im groben weiß, was zu einer richtigen Sprache gehört und was nicht, daß es also von vornherein bestimmte Regeln gegenüber anderen theoretisch ebenfalls möglichen Regeln bevorzugt, wird durch angeborene sprachliche Universalien bewirkt. Sie sind in allen Sprachen der Welt anzutreffen. CHOMSKY (1965/1969) unterscheidet dabei zwischen *substantiellen* und *formalen* Universalien. Diese Universalien müssen sich nicht von Anfang an im Sprachverhalten manifestieren, Kinder sind jedoch prädisponiert, sie herauszufinden.

Substantielle Universalien sind z.B., daß alle Sprachen aus Vokalen und Konsonanten bestehen und daß Substantive und Verben in Einheiten wie Nominalphrase und Verbalphrase zu Sätzen kombiniert werden, die grammatische Funktionen wie Subjekt, Objekt, Prädikat erfüllen. Formale Universalien betreffen das Regelsystem der Grammatik. CHOMSKY geht davon aus, daß die Sprache hierarchisch strukturiert ist, und daß sie eine Tiefenstruktur und eine Oberflächenstruktur hat, die durch Transformationsregeln miteinander verbunden werden. Kinder sollen prädisponiert sein, zu verstehen, daß es bei der Umwandlung der Tiefenstrukturen in Oberflächenstrukturen gewisse Beschränkungen gibt.

Ad 3.) Hypothesenbewertung. Es kann vorkommen, daß Sprachdaten durch unterschiedliche Regeln erklärbar sind. Damit das Kind in der Lage ist, die „bessere“ Regel zu entdecken, muß es über ein Verfahren verfügen, die unterschiedlichen Hypothesen gegeneinander abzuwägen und zu bewerten. Wie dieses Verfahren im einzelnen abläuft, macht CHOMSKY allerdings nicht klar.

Ohne die Annahme einer angeborenen Spracherwerbsvorrichtung bzw. der drei damit verbundenen Prädispositionen zur Hypothesenbildung, zu sprachlichen Universalien und zur Hypothesenbewertung ist nach CHOMSKY (1965/1969) der schnelle und mühelose Spracherwerb von Kindern trotz eines oft ungrammatischen sprachlichen Inputs der Umwelt nicht zu erklären.

4.1.3 Bewertung der biologischen Theorien der Sprachentwicklung

Eine biologische Theorie der Sprachentwicklung wird durch folgende Tatsachen gestützt: Nur der Mensch verfügt über Sprache und alle in einer normalen Umwelt aufwachsenden Kinder erwerben relativ schnell, mühelos und ohne besonderes Training ihre Muttersprache. Erfolgreiches Sprachtraining bei Affen ist kein Gegenbeleg, sondern zeigt gerade, wie begrenzt die antrainierbaren Sprachfähigkeiten bei nichtmenschlichen Primaten sind und daß der Erwerb von Sprache (oder besser: Kommunikationsfähigkeiten) bei Affen eben nicht – wie beim Menschen – spontan und mühelos erfolgt (s. dazu Abschnitt 4.3.3). Ganz im Unterschied dazu sind in ihrer allgemeinen Entwicklung stark retardierte Kinder, die z.B. weder zählen können noch sich die Regeln einfacher Spiele merken können, durchaus in der Lage, grammatikalisch richtige Sätze zu formulieren und sich relativ gut sprachlich zu verständigen.

Übung und Training scheinen den Erwerb der Primärsprache, jedenfalls was den Gebrauch korrekter grammatischer Formen betrifft, nur wenig zu beeinflussen (CAZDEN, 1972). Sie können ihn u.U. sogar behindern (NELSON, 1973). Beobachtungen sprachlicher Mutter-Kind-Interaktionen haben außerdem gezeigt, daß Mütter in der Regel eher auf den Wahrheitsgehalt der kindlichen Äußerungen eingehen als daß sie darauf achten, ob die Äußerungen der Kinder grammatikalisch richtig oder falsch sind (R. BROWN & HANLON, 1970). Trotzdem entwickeln die Kinder eine korrekte Grammatik.

Die Argumentation von LENNEBERG und von CHOMSKY für eine biologische Fundierung der Sprachentwicklung weist aber auch eine Reihe von Mängeln auf. Das Hauptproblem einer biologischen Position ist, daß die angenommenen biologischen Reifungsprozesse und Spracherwerbsmechanismen – im Unterschied zu experimentell manipulierbaren Lernprozessen – nicht direkt beobachtbar sind, sondern nur aus Reifungsindikatoren erschlossen werden können. Daß dem Menschen so etwas wie ein Spracherwerbsapparat (LAD) angeboren ist, der die Verarbeitung sprachlicher Reize ermöglicht und lenkt, erscheint zwar plausibel, ist aber empirisch kaum zu belegen oder zu widerlegen. Nirgendwo ist spezifiziert, wie dieser Spracherwerbsapparat im einzelnen arbeitet, d.h. *wie* er aus Sprachdaten Regeln ableitet. Es wird nur konstatiert, *daß* diese Regeln (auf unbekannte Art und Weise) entdeckt werden und die eigene Sprachproduktion beeinflussen. Fortschritte sprachlicher Kompetenz auf das mysteriöse Wirken eines LAD zurückzuführen – ohne Spezifizierung seiner Arbeitsweise – ist etwa so wie zu sagen, daß körperliches Wachstum biologisch gesteuert ist, ohne die zugrundeliegenden Variablen (Ernährung, Hormone etc.) zu identifizieren. Bei der Annahme eines LAD (oder vergleichbarer „Vorrichtungen") handelt es sich also eher um eine Beschreibung als um eine Erklärung von Prozessen der Sprachentwicklung.

Die unbestreitbare Existenz einer artspezifischen genetischen Prädisposition zur Ausbildung von Sprache bedeutet im übrigen nicht, daß die Umwelt für den Erwerb der Sprache ohne wesentliche Bedeutung ist und der Spracherwerb des

Kindes unabhängig von seiner sprachlichen Umwelt betrachtet werden kann. Wie bei anderen Entwicklungsmerkmalen wirken auch beim Aufbau sprachlicher Kompetenz endogene und exogene Faktoren auf komplexe Art zusammen. Eine normale Sprachentwicklung ist ohne sprachliche Stimulation durch die Umwelt nicht denkbar. Da sich Anhänger einer biologischen Position vornehmlich für Universalien der Sprachentwicklung interessieren und demgegenüber interindividuelle Differenzen der Entwicklungsgeschwindigkeit und der Sprachqualität vernachlässigen, wird die Rolle der Umwelt (des sozialen Hintergrunds und der Reichhaltigkeit sprachlicher Anregungen) für das Erlernen der Primärsprache eher unterschätzt.

Die zuvor dargestellten Pro- und Kontra-Argumente hinsichtlich einer biologischen Theorie des Spracherwerbs beziehen sich fast ausschließlich auf den Erwerb von Phonemen und von grammatischen Strukturen. Der Erwerb von Wortbedeutungen und von Kommunikationsfähigkeiten ist demgegenüber kaum ein Diskussionsgegenstand. Das hat damit zu tun, daß die Vertreter einer biologischen Theorie sich hauptsächlich mit der formalen Struktur des Sprachsystems und kaum mit semantischen und pragmatischen Aspekten der Sprache beschäftigt haben.

4.2 Psychoanalytische Sichtweise des Spracherwerbs

In den psychoanalytischen Entwicklungstheorien spielt die Sprache keine bedeutende Rolle (vgl. Kap. 8). Nur sehr begrenzte Ausschnitte des Spracherwerbs in der frühen Kindheit werden zum Gegenstand der Betrachtung gemacht. Und auch diese begrenzten Ausschnitte interessieren den Psychoanalytiker weniger für sich genommen als in ihrem Zusammenhang mit der Triebentwicklung und der Ich-Reifung des Kindes (vgl. Cramer, 1974).

Die Sprache oder besser: das Sprechen des Kindes wird hauptsächlich als Mittel zur Äußerung (Kommunikation) von Triebbedürfnissen betrachtet. Die Fähigkeit zur sprachlichen Mitteilung von Triebbedürfnissen hilft dem Kind, vom unmittelbaren motorischen Ausdruck seiner Bedürfnisse unabhängiger zu werden. An die Stelle des *Lustprinzips* tritt das *Realitätsprinzip*.

In einem sehr engen Sinn haben sich Psychoanalytiker außerdem mit der Begriffsbildung befaßt, und zwar mit dem Erwerb von *Nein* und *Ja* (Spitz, 1957, 1965). Phonologie und Wortschatz, syntaktische, semantische und pragmatische Aspekte der Sprachentwicklung, wie sie in der neueren Sprachentwicklungspsychologie untersucht werden, sind nicht Gegenstand der psychoanalytischen Ansätze.

Eine Ausnahme bildet Lorenzer (1973, 1976), der den Aufbau der Bedeutung von Sprachsymbolen in der Tradition der Pschoanalyse aus der frühen Interaktion und Kommunikation zwischen Mutter und Kind abzuleiten versucht.

4.2.1 Sprechen als Sekundärprozeß

Nach einer vorsprachlichen Phase der spontanen Äußerung von Lauten und der Imitation gehörter Laute während des ersten Lebensjahres beginnt der eigentliche Spracherwerb mit dem Auftreten der ersten bedeutungshaltigen Worte ungefähr zu Anfang des zweiten Lebensjahres. Die frühesten Sprachäußerungen des Kleinkindes haben ausschließlich Ausdrucksfunktion. Ähnlich wie man *au* sagt, wenn man sich weh getan hat, drückt das Kleinkind seine Triebbedürfnisse rein reaktiv mit Worten aus. Analog zur Bühlerschen Unterscheidung von Ausdrucks-, Appell- und Darstellungsfunktion der Sprache (vgl. oben S. 235f.) gewinnen die sprachlichen Äußerungen des Kindes allmählich Signalfunktion (z.B. Bitte um Hilfe) und dienen schließlich auch zur Mitteilung von Bedeutungen (Darstellungsfunktion).

Das kleine Kind ist nun zur Kommunikation *aus der Distanz* in der Lage, d.h., es ist in seinen Möglichkeiten zum Ausdruck von Bedürfnissen nicht mehr darauf beschränkt, auf einen unmittelbar physisch auf ihn einwirkenden Stimulus mit einer motorischen Reaktion zu antworten, sondern kann seine Bedürfnisse und Absichten nun jemandem mitteilen, von dem es räumlich getrennt ist.

Der Besitz von Sprache als ein Teil der Ich-Struktur trägt zum Wechsel von sogenannten Primärprozessen (der Dynamik des Es unterliegende, unbewußte libidinöse und aggressive Triebe und Affekte) zu sogenannten Sekundärprozessen (im Ich verankerte Wahrnehmungs-, Bewußtseins- und Denkprozesse) bei. Während die Primärprozesse dem Lustprinzip gehorchen und auf unmittelbare Triebabfuhr drängen, folgen die Sekundärprozesse dem Realitätsprinzip, d.h., Bedürfnisse können aufgeschoben oder in verfeinerter Form ausgedrückt (sublimiert) werden (zu den Grundbegriffen der Psychoanalyse s. Kap. 8). Die Fähigkeit, Erfahrungen und Erinnerungen benennen zu können, bedeutet eine größere Präzision des Denkens und ermöglicht eine Realitätsanpassung bzw. Realitätsüberprüfung durch sogenanntes Probehandeln. Handeln kann durch Sprechen ersetzt werden.

4.2.2 Das *Nein* des Kleinkindes als erster Begriff

Die zuvor dargestellten Gedanken über den Spracherwerb des Kleinkindes und dessen Funktion beim Wechsel vom Lustprinzip (Es) zum Realitätsprinzip (Ich) sollen im folgenden am Beispiel des Erwerbs des *Nein* illustriert werden. Hiermit hat sich Spitz (1957, 1965) ausführlich beschäftigt.

Die ersten bedeutungshaltigen Symbole sind nach Auffassung der Psychoanalyse nicht die Worte *Mama* und *Papa*, sondern die Geste des Kopfschüttelns und das Wort *Nein*. Sie repräsentieren eine Vorstellung (einen Begriff) der Verneinung oder Verweigerung. Das Kopfschütteln ist dabei der Vorläufer des verbalen *Nein*.

Den Ursprung des Kopfschüttelns sieht SPITZ (1957) im reflexartigen Kopfdrehen und Mundsuchverhalten (englisch: *rooting*) des Säuglings, mit dem dieser auf taktile Stimulation der Mundwinkel hin die Brustwarze der Mutter sucht. Interessanterweise kehrt sich die Bedeutung dieses Verhaltens im Laufe der Zeit in sein Gegenteil um. Hat es anfänglich die Funktion, das Nähren durch die Mutter auszulösen, zeigt das Kind damit später an, daß es satt ist. Solange diese Geste reine Ausdrucksfunktion hat (den internen Zustand des Sattseins anzeigt), handelt es sich noch nicht um Kommunikation im engeren Sinne. Erst wenn das Kind mit dem Kopfschütteln einer anderen Person (der Mutter) anzeigt, daß es nicht weiter gefüttert werden möchte (Appellfunktion), kann man von einem kommunikativen Verhalten sprechen.

Das Wort *Nein* übernimmt das Kleinkind aus seiner Umwelt. Es hört seine Mutter wiederholt *Nein* sagen, wenn diese bestimmte Aktivitäten von ihm unterbinden will. Die Unterdrückung eigener Impulse wird frustrierend erlebt und löst beim Kind (entsprechend der gängigen Frustrations- Aggressions-Hypothese) Aggression aus. Auf diese Art erhält das *Nein* des Kindes die Bedeutung einer aggressiven Verweigerung (SPITZ, 1957). Das *Nein* ermöglicht dem Kleinkind von der passiven Unterwerfung unter eine unangenehme Situation oder dem physischen Widerstand dagegen auf das Niveau der verbalen Verweigerung zu gelangen. Vorlieben, Abneigungen und Aggressionen können nun nicht mehr nur motorisch sondern auch verbal ausgedrückt werden. Mit der neu erworbenen Fähigkeit der verbalen Verweigerung erlebt sich das Kleinkind außerdem als ein Individuum mit einem eigenen Willen.

Den Erwerb des *Nein* sieht SPITZ als einen wichtigen Indikator der kognitiven Entwicklung an, ähnlich wichtig wie früher den Erwerb des sozialen Lächelns und der Fremdenangst. Das *Nein* ist der erste abstrakte Begriff, den das Kind gebraucht. Abstrakt deswegen, weil das Kind im Gebrauch des *Nein* über eine bloße Nachahmung der Mutter (ihre Aufforderung etwas zu unterlassen oder zu beenden) hinausgeht und mit seinem *Nein* auch die aggressive Verweigerung ausdrückt, etwas zu *tun*. Damit fügt das Kind dem *Nein* eine neue Bedeutung hinzu und erkennt etwas Gemeinsames in Verschiedenem, d.h.: es abstrahiert.

Erst einige Monate nach dem Erwerb des *Nein* entwickelt sich das *Ja* (SPITZ, 1957). Als Vorläufer des *Ja* gilt das reflexartige *Kopfnicken* des drei bis sechs Monate alten Säuglings, mit dem dieser die Brustwarze der Mutter zu behalten bzw. sich ihr wieder anzunähern versucht. So wie die Geste des Kopfschüttelns und das *Nein* des Säuglings sich aus dem rooting-Reflex des Säuglings entwikkelt haben, gehen die zustimmende Geste des Kopfnickens und das verbale *Ja* auf das mit dem Stillvorgang verbundene Kopfnicken zurück.

Ein Unterschied in der Entwicklung des *Nein* und des *Ja* ist allerdings darin zu sehen, daß sich bei ersterem die ursprünglich positive (nahrungsaufsuchende) Bedeutung des Kopfschüttelns später in ihr Gegenteil (Essensverweigerung bzw. allgemeine Verweigerung) verkehrt, während im *Ja* bzw. im Kopfnicken die ursprünglich positive Bedeutung beibehalten wird.

4.2.3 Bedeutung der Sprache für die Entwicklung

Außer daß mit dem Erwerb von Sprache Sekundärprozesse gegenüber Primärprozessen gestärkt werden (vom *Es* zum *Ich*), ist damit eine Veränderung und Verbesserung der Gedächtnisorganisation verbunden. Neben dem bis dahin vorhandenen unbewußten Gedächtnis für Dinge und Ereignisse entwickelt sich nun im sogenannten Vorbewußten ein dem Bewußtsein zugängliches Gedächtnis für Worte (FREUD, 1915). Über die Assoziation mit Worten (Benennungen) können Dinge und Ereignisse ins Bewußtsein gehoben werden.

Mit der Fähigkeit zur verbalen Kommunikation anstelle der unmittelbaren Triebabfuhr wird außerdem die Beziehung des Kindes zu seiner Mutter (oder anderen Interaktionspartnern) von der Instinktebene auf die Ebene der sozialen Beziehung gehoben. Voraussetzung für die Entwicklung verbaler Kommunikationsfähigkeiten ist der Aufbau einer emotionalen Bindung zwischen Mutter und Kind. Auf der Basis einer sicheren Bindung an die Mutter lernt das Kind, Gefühle, Frustrationen, Wünsche etc. in Worten und nicht nur in Taten auszudrücken.

Die Psychoanalyse geht im übrigen davon aus, daß Kinder Schwierigkeiten haben, das verbal auszudrücken, zu fragen oder bereits zu denken, was sie sagen oder fragen möchten. Dies gilt insbesondere für Gefühle und Phantasien, weniger für die Welt der Dinge (CRAMER, 1974).

4.2.4 Bewertung der psychoanalytischen Sichtweise des Spracherwerbs

Bei der Begrenztheit der Perspektive, unter der die Psychoanalyse die Sprachentwicklung des Kindes betrachtet, ist eine Bewertung der psychoanalytischen Position nur auf dieser schmalen Basis möglich.

Positiv ist festzustellen, daß die Psychoanalyse, lange bevor die Sprachentwicklungspsychologie sich mit dem Erwerb von Bedeutungen und Kommunikationsfähigkeiten und ihrer Fundierung in der vorsprachlichen Mutter-Kind-Interaktion beschäftigt hat, auf diesen zentralen Aspekt des Spracherwerbs hingewiesen hat. Die Beschreibung der Entstehung des *Nein* liefert hierfür ein anschauliches Beispiel. Positiv ist auch, daß die Psychoanalyse den Zusammenhang zwischen der sprachlichen Bezeichnung von Dingen und Ereignissen und der Möglichkeit ihrer bewußten Verarbeitung herausgearbeitet hat.

Sprache und Sprechen werden in der Psychoanalyse aber zu sehr als ein aus trieb- und affektmäßigen Grundlagen des Verhaltens abgeleitetes Phänomen betrachtet und nicht als etwas Eigenständiges. Da zahlreiche Prozesse der Grammatikentwicklung und des Erwerbs von Wortbedeutungen, die Erweiterung des Wortschatzes u.ä. kaum in einen Zusammenhang mit der Trieb- und Affektentwicklung gebracht werden können, bleiben diese zentralen Gegenstände der Sprachentwicklungsforschung außer Betracht.

Die Auseinandersetzung der Psychoanalyse mit dem Spracherwerb des Kindes läßt sich eher als die Anwendung allgemeiner theoretischer Konzepte auf einen sehr begrenzten Ausschnitt der Sprachentwicklung und die Erläuterung der Funktion der Sprache in der Kindesentwicklung charakterisieren als daß es sich dabei um die empirisch überprüfbare Beschreibung und Erklärung von Prozessen des Spracherwerbs selbst handelte.

4.3 Soziale Lerntheorie der Sprachentwicklung

Sprache wird nach Auffassung von Lerntheoretikern – wie jedes andere Verhalten auch – nach den allgemeinen Gesetzen des Lernens erworben. Vor allem zwei Arten des Lernens werden beim Spracherwerb als bedeutsam angesehen: *Operante Konditionierung* und *Imitationslernen* (s. hierzu Kap. 2.4).

Erlernen der Sprache durch *operante Konditionierung* heißt: Aus der Vielzahl der vom Säugling spontan produzierten Laute und Lautfolgen bekräftigt oder verstärkt die Umwelt (insbesondere die Mutter) die Laute/Lautfolgen, die denen der Erwachsenensprache am stärksten ähneln. Für die jeweilige Sprache unübliche Laute/Lautfolgen bleiben hingegen unbeachtet oder werden „bestraft". Gemäß den Gesetzmäßigkeiten der operanten Konditionierung treten die verstärkten, der Erwachsenensprache ähnlichen Laute/Lautfolgen (Wörter) zunehmend häufiger auf, während die unbeachteten oder bestraften Laute/Lautfolgen (Wörter) allmählich aus dem Sprachrepertoire des Kindes verschwinden. Analoges soll für die Kombination von Wörtern zu Sätzen gelten.

Erlernen der Sprache durch *Imitation* heißt: Kinder hören in ihrer Umwelt eine bestimmte Sprache (bestimmte Laute, Wörter, Sätze) und ahmen diese Sprache der Umwelt nach. Durch dieses Lernen am Modell nähern sie sich immer stärker der Sprache der Erwachsenen an.

Unter Sprache werden in den Lerntheorien einzelne Wörter verstanden, mit denen Personen, Dinge, Tätigkeiten, Befindlichkeiten oder Relationen von Personen und Dingen benannt werden. Wörter sind dabei nichts anderes als willkürliche Kombinationen von Lauten. Die Wörter einer Sprache lassen sich wiederum durch Anordnung in einer bestimmten Reihenfolge zu Sätzen kombinieren. Aufgabe des eine Sprache erlernenden Kindes ist es, die zur Produktion von Lauten/Wörtern in dieser Sprache erforderlichen motorischen Fertigkeiten aufzubauen und die Wörter einerseits mit Bedeutungen zu verbinden, andererseits die Wörter so miteinander zu kombinieren, daß nach den Regeln der zu erlernenen Sprache sinnvolle Aussagen (Sätze) resultieren.

Die von Lerntheoretikern angenommenen beiden Hauptprinzipien des Spracherwerbs, Verstärkungslernen und Lernen am Modell, sollen im folgenden näher erläutert werden.

4.3.1 Burrhus F. Skinner: Entwicklung verbalen Verhaltens

Skinner (1957) unternahm mit seinem Buch *Verbal behavior* den anspruchsvollen Versuch, das Sprachverhalten des Menschen mit denselben Prinzipien zu erklären, mit denen er das motorische Verhalten von Ratten und Tauben in der Skinner-Box erklärt hatte, nämlich mit den von ihm beschriebenen Prinzipien des Operanten Konditionierens. Daß er sein Werk *Verbal behavior* betitelte und nicht *Language* oder *Language development* bringt zum Ausdruck, daß er sich eher mit dem Auftreten verbaler Äußerungen bei konkreten Sprechern beschäftigt als mit der formalen Analyse des Sprachsystems und seiner Entwicklung.

Die einzelne sprachliche Äußerung ist für Skinner ein operantes (d.h.: spontanes, nichtreaktives) Verhalten, dessen Auftretenswahrscheinlichkeit davon abhängt, wie oft es durch ein kontingent nachfolgendes Ereignis (z.B. ein Lob der Mutter oder andere positive Konsequenzen) verstärkt wurde, bzw. unter welchen Stimulusbedingungen es verstärkt und nicht verstärkt worden ist. Wie die sprachliche Reaktion erstmals in das Verhaltensrepertoire des Individuums gelangt ist, wird damit nicht erklärt. Hierfür gibt es zwei verschiedene Erklärungsmöglichkeiten: Grundlage sind entweder endogene Reifungsprozesse oder zufällig zustandegekommene Neukombinationen früher erworbener Verhaltenselemente (vgl. Kap. 2.4.2).

Zur Beschreibung und Erklärung verbalen Verhaltens reichen nach Skinner die drei Grundelemente Reiz, Reaktion und Verstärkung vollkommen aus. Verbale Äußerungen sind durch gegenwärtige Reize und die Verstärkungsgeschichte der jeweiligen Reiz-Reaktions-Verknüpfungen bedingt. Man muß nur die stimulusspezifische Verstärkungsgeschichte eines verbalen Verhaltens kennen, um sein Auftreten in einer bestimmten Situation vorherzusagen.

Skinners Position läßt sich an dem folgenden einfachen Beispiel illustrieren: Ein Kleinkind äußert irgendwann einmal – mehr oder weniger zufällig – die Silbenreduplikation *Papa*. Wenn es nun die Erfahrung macht, daß die Äußerung *Papa* (im Unterschied zu ähnlichen Lautproduktionen wie *gaga* oder *dada*) bekräftigt wird, und das darüber hinaus die Bezeichnung *Papa* zwar für den Stimulus *eigener Vater* bekräftigt wird, nicht jedoch für andere Personen, lernt es allmählich *Papa* immer häufiger richtig zu gebrauchen.

Wie im vorangegangenen Beispiel soll das gesamte verbale Repertoire eines Individuums nach den Grundprinzipien des operanten Konditionierens aufgebaut werden, und zwar angefangen von Lauten und Wörtern über kürzere und längere Sätze bis hin zu komplexen Satzkonstruktionen und Satzfolgen. Der Umwelt kommt dabei die Funktion der Verhaltenskontrolle zu. Im Sinne einer Shaping-Prozedur verstärkt sie anfänglich grobe Annäherungen an die Erwachsenensprache und setzt später immer strengere Kriterien für die Belohnung der verbalen Äußerungen des Kindes. Skinner setzt damit voraus, daß die Umwelt des Kindes dessen verbales Verhalten systematisch nach dem Maßstab der Korrektheit bekräftigt.

Als Alternative zu SKINNERS Annahme einer systematischen direkten Verstärkung der grammatischen Korrektheit kindlicher Äußerungen hat DALE (1976) eine sogenannte *Kommunikationsdruck-Hypothese* aufgestellt. Sie geht von der Beobachtung aus, daß Kinder ihre Bedürfnisse anderen (hauptsächlich ihren Pflegepersonen) mitteilen müssen, damit diese Bedürfnisse befriedigt werden. DALE meint nun, daß Erwachsene am ehesten bereit sind, auf kindliche Aufforderungen zu reagieren und die dadurch ausgedrückten Bedürfnisse zu befriedigen, wenn das Kind sich klar und grammatisch korrekt ausdrückt. Die Erwachsenen verstärken auf diese Art die interpretierbaren und korrekten Äußerungen der Kinder eher indirekt durch Bedürfnisbefriedigung.

4.3.2 Sprachtraining bei Affen

Basierend auf den Prinzipien des Operanten Konditionierens wurden seit Ende der 60er Jahre mehrere Trainingsprogramme zum Spracherwerb bei Affen durchgeführt (PREMACK & PREMACK, 1972; PREMACK, 1976; RUMBAUGH, 1977). Da Affen aufgrund der mangelnden morphologischen und physiologischen Voraussetzungen ihres Sprechapparats – auch bei intensivem Training – nicht in der Lage sind, eine der menschlichen Sprache vergleichbare Lautsprache auszubilden, wurde ihnen eine Zeichen- oder Symbolsprache beigebracht, die formale Ähnlichkeiten mit der menschlichen Lautsprache aufwies.

Untersuchung 11.4 *Sprachunterricht bei einem Affen*

Unter Anwendung von Prinzipien des Operanten Konditionierens versuchten Anne und David PREMACK Ende der 60er Jahre der Schimpansin *Sarah* eine künstliche Sprache beizubringen, die formal der englischen Sprache ähneln sollte. Sie wollten damit herausfinden, wo die Grenze zwischen den Mensch und Tier gemeinsamen und den nur dem Menschen eigenen Sprachfähigkeiten verläuft. Das Trainingsprogramm gestalteten die PREMACKS so, daß die zu erlernende Sprache sich möglichst eng an die bei Schimpansen vorhandenen kognitiven und sozialen Fertigkeiten anlehnte. Beim Beginn des Trainings war Sarah fünf Jahre alt.

Als „Wörter", mit denen Personen, Gegenstände, Eigenschaften oder Relationen zu bezeichnen waren, dienten Plastikchips von verschiedener Farbe, Form und Größe, die auf ihrer Rückseite mit einem Magnet versehen waren (s. Abbildung 11.7). Die Bedeutung eines Wortes wurde durch wiederholte Assoziation des betreffenden Chips (Zeichens) und des damit bezeichneten Objekts bzw. der Eigenschaft oder Handlung hergestellt. Durch Aneinanderreihung von Wörtern konnten „Sätze" gebildet werden. Entsprechend einer natürlichen Präferenz von Sarah wurden zum „Schreiben" von Sätzen die einzelnen Chips von oben nach unten an eine Metalltafel geheftet. Nach dieser Methode waren die Aufforderungen zu „lesen" und zu befolgen, Fragen zu beantworten oder auch spontane Äußerungen „niederzuschreiben". Jede richtige Antwort bei einem Lernschritt wurde mit Nahrung belohnt.

Abbildung 11.7: Aufforderung an Sarah „Sarah insert apple pail banana disk“ und Gegenstände zu ihrer Ausführung (aus PREMACK & PREMACK, 1972, S. 92)

Einführung von Wörtern

Da Schimpansen von Natur aus zu sozialen Transaktionen (Geben und Nehmen) fähig sind, wurde mit dem Aufbau von sprachlichen Symbolen in diesem Bereich begonnen. Zunächst wurde durch raum-zeitliche Kontiguität eine Assoziation zwischen verschiedenen realen Gegenständen (z.B. Banane, Apfel) und den Symbolen dafür hergestellt. Sarah erhielt die außerhalb ihrer Reichweite liegende Frucht nur, wenn sie das vor ihr liegende entsprechende Symbol an die Magnettafel heftete.

Nun wurde das Symbol für *Geben* eingeführt. Sarah erhielt die Frucht nur noch, wenn sie *Gib Banane* oder *Gib Apfel* an die Tafel heftete. Durch Einführung von weiteren Verben (z.B. waschen, schneiden), deren Koppelung mit Banane oder Apfel nicht zur Belohnung führte, wurde Sarahs Verständnis des Verbs *geben* geprüft. Schließlich mußte Sarah, um die Frucht zu bekommen, auch noch die Symbole für die Namen des Gebers und des Empfängers verwenden und dabei die im Englischen korrekte Wortstellung einhalten (z.B.: *Mary give apple Sarah*).

Einführung von Fragen

Fragen wurden mit Hilfe von Symbolen für *gleich* (*same*) und *ungleich* (*different*) eingeführt. Nachdem das Sortieren von zusammengehörigen (gleichen) und verschiedenen (ungleichen) Gegenständen klappte, lernte Sarah zunächst die Symbole für *same* und *different* zwischen die entsprechenden Gegenstände zu legen (z.B.: *apple different banana*). Dann wurden Gegenstandspaare präsentiert, in deren Mitte jeweils das Symbol für *?* lag. Sarah mußte jeweils das *?* durch *same* oder *different* ersetzen. In einer nächsten Stufe wurde dann ein Gegenstand mit zwei Symbolen präsentiert und die Frage erweitert in: *Was ist gleich/ungleich Gegenstand A?*, geschrieben: *Gegenstand – gleich/ungleich – ?*. Das *?* mußte nun durch einen gleichen bzw. ungleichen Gegenstand ersetzt werden.

Einführung der Symbolfunktion der Sprache

Durch wiederholte Darbietung des Symbols für einen Gegenstand zusammen mit dem realen Gegenstand bei gleichzeitiger Plazierung des Symbols für *name of* zwischen Symbol und Gegenstand lernte Sarah die Bezeichnungen von Dingen auch außerhalb sozialer Austauschprozesse. Auf diese Art konnte der Wortschatz von Sarah sehr schnell vergrößert werden. Analog dazu wurden falsche Bezeichnungen durch das Symbol für *not name of* zwischen nicht zusammengehörigen Symbolen und Gegenständen gelernt.

Einführung von 'Wenn-Dann-Beziehungen'

Zunächst wurde Sarah in einer Wahlsituation konsistent für eine Alternative belohnt. Wählte sie z.B. den Apfel und nicht die Banane, bekam sie als Belohnung Schokolade. Diese 'Wenn- Dann-Beziehung' wurde später in sprachlicher Form präsentiert (*Sarah take apple – ? – Mary give chocolate Sarah* und *Sarah take banana – ? – Mary no give chocolate Sarah*) und Sarah sollte das *?* durch das Symbol für *if-then* ersetzen. Im ersten Fall führte das zur Belohnung (Apfel und Schokolade), im zweiten Fall bekam sie nur die Banane, keine Schokolade. Nachdem sie das *?* konsistent durch *if-then* ersetzt hatte, wurden ihr eine Reihe von ähnlichen Sätzen zur Beurteilung nach richtig oder falsch dargeboten. Bei richtigen Antworten wurde sie entsprechend belohnt.

Anfänglich machte Sarah dabei sehr viele Fehler. Um die richtige Antwort zu finden, mußte sie deshalb sehr genau auf das Verhalten ihrer Trainer achten.

Erwerb von Klassenbegriffen

Nachdem sich Sarah in der Lage gezeigt hatte, Gegenstände nach gemeinsamen Eigenschaften (gleiche Farbe, Form oder Größe) konsistent zu klassifizieren, wurden Symbole für die Klassenbegriffe *color of*, *shape of* und *size of* eingeführt und mußten an die Stelle von *?* gesetzt werden. Z.B. mußte in dem Satz *red ? apple* das *?* durch *color of* ersetzt werden.

So wie Sarah durch Einführung des Symbols *name of* sehr schnell neue Substantive gelernt hatte, lernte Sarah durch Verwendung von *color of* sehr schnell die Bezeichnungen neuer Farben. Ähnlich war es mit Form- oder Größenbezeichnungen.

Daß die erworbenen Begriffe, auch wenn der damit bezeichnete Gegenstand nicht präsent war, mental repräsentiert waren, zeigten die folgenden Beobachtungen. Auf die Anweisung *take brown* konnte Sarah aus vier Scheiben die braune herausfinden, obwohl der Begriff *braun* für sie nur aus dem Satz *brown color of chocolate* bekannt war und keine Schokolade präsent war. Ähnlich zu interpretieren ist die Fähigkeit Sarahs, dem Symbol für Apfel die gleichen (zutreffenden) Eigenschaften zuzuordnen, wie einem richtigen Apfel.

Prüfung des Textverständnisses

Anhand der Befolgung komplexer Aufforderungen wurde geprüft, inwieweit bei Sarah ein Verständnis für den hierarchischen Aufbau von Sätzen vorhanden war. Eine Aufforderung lautete z.B. *Sarah insert apple pail banana dish* (s. Abbildung 11.7). Um die Anweisung richtig auszuführen, mußte sie verstehen, daß *apple* und *pail* zusammen gehören und *banana* und *dish*, weiter daß sich *insert* sowohl auf *apple* als auch auf *banana* bezieht, und daß sie (Sarah) diese Handlung ausführen soll.

Welche Sprachfähigkeiten hat Sarah durch das Trainingsprogramm der PREMACKS erworben? Sarah erwarb ein Vokabular von ca. 130 Wörtern, die sie mit einer Zuverlässigkeit von 75-80% gebrauchte. Ihr „Wortschatz" umfaßte die Namen von Personen ihrer Umgebung (z.B. die Namen ihrer Trainer, aber auch ihren eigenen Namen), die Bezeichnungen von Gegenständen (z.B. verschiedenen Nahrungsmitteln), verschiedenen Handlungen (z.B. geben, nehmen, hereintun), Eigenschaften (z.B. Farben und Formen) und grammatischen Merkmalen (z.B. Plural, Verneinung, Frageform, Konditional). Im Verlauf von zweieinhalb Jahren lernte Sarah durch Aneinanderreihung der betreffenden Chips Hunderte sinnvoller „Sätze" zu bilden bzw. konnte sie entsprechende Sätze ihrer Trainer von der Tafel „ablesen". Sie war in der Lage, Fragen nach der Bezeichnung von Objekten richtig zu beantworten, festzustellen, ob zwei Gegenstände gleich oder nicht gleich sind, und zu verstehen, daß die inhaltliche Aussage eines Satzes über die Bedeutungen der einzelnen Wörter hinausgeht, d.h., sie zeigte ein rudimentäres Verständnis für syntaktische Beziehungen.

Zusammenfassend stellen die Autoren fest, daß Sarah eine einfache Sprache gelernt hat, die einige charakteristische Merkmale der menschlichen Sprache aufweist. Sie war dazu in der Lage, weil komplexe Begriffe auf eine Reihe elementarer und aufeinander aufbauender Lernschritte reduziert wurden. Das Ergebnis des Lernprozesses läßt sich natürlich nicht mit der Sprache eines älteren Kindes oder gar eines Erwachsenen vergleichen, es kann sich aber durchaus mit der Sprache eines ungefähr zweijährigen Kindes messen.

Ähnliche Ergebnisse wie die PREMACKS erzielten RUMBAUGH und Mitarbeiter (RUMBAUGH, 1977; RUMBAUGH & GILL, 1976) mit einer computerähnlichen Sprachmaschine, deren mit Zeichen bedruckte Tasten Wörter repräsentierten.

PREMACK, A.J. & PREMACK, D. (1972). Teaching language to an ape. *Scientific American*, *227*, 92-99.

Was haben die von den Affen in den geschilderten Trainingsversuchen gezeigten sprachlichen Leistungen mit der von Kindern in ihrer natürlichen Lebensumwelt erlernten Sprache gemeinsam? Was unterscheidet die Sprache der Affen von der Kindersprache?

Was jede Sprache auszeichnet, ist die Unterscheidung von Zeichen und Bezeichnetem. Mit Hilfe von Zeichen oder Symbolen werden Aussagen über Dinge gemacht. Welche Zeichen dabei für welche Dinge gewählt werden (beim Menschen sind es bestimmte Lautfolgen, bei den Affen waren es Gesten oder z.B. Plastikchips bestimmter Form und Farbe) ist relativ willkürlich, es kommt nur darauf an, daß eine feste Zuordnung zwischen Zeichen und Bezeichnetem besteht. Diese Leistungen wurden von den trainierten Affen eindeutig erbracht. Obwohl zu keiner Lautsprache fähig, waren die Affen außerdem in der Lage, sprachliche Laute zu erkennen und zu unterscheiden. Es waren auch, wie bei Kindern, kreative Wortschöpfungen zu beobachten (z.B. *Wasser – Vogel* für Ente oder *Gesicht – Hut* für Maske). Über diese im engeren Sinne sprachlichen Fähigkeiten hinaus zeigten die Affen in ihren sprachlichen Äußerungen eine Reihe kognitiver Fähigkeiten, wie z.B. Klassifikation, Abstraktion, Generalisierung, die eine notwendige Voraussetzung für den Spracherwerb, insbesondere für die Begriffsbildung, sind. Insofern lassen sich vor allem in den Anfängen der Sprachentwicklung, eine Reihe von Gemeinsamkeiten zwischen der Kindersprache und der Sprache bei den Affen feststellen.

Es gibt aber auch eine Reihe von grundlegenden Unterschieden zwischen dem Spracherwerb beim Menschen und bei Affen (TERRACE, 1979). Affen lernen keine Sprache von selbst und relativ mühelos in ihrer natürlichen Umwelt, sondern nur unter intensiver Anleitung durch den Menschen und mit viel Mühe. Ihre Sprachentwicklung kommt trotz intensivstem Training relativ früh zum Stillstand, d.h., sie bleiben bald hinter der Entwicklung von Kindern, auch der geistig zurückgebliebener Kinder, zurück. Ihre Äußerungen sind häufig redundant. Sobald es über Zweiwortäußerungen hinausgeht, wird die Syntax äußerst instabil. Im Unterschied zu kleinen Kindern machen Affen von sich aus wenig Gebrauch von der ihnen beigebrachten Sprache. Sie benötigen dazu Anstöße und Belohnungen von außen. Ein relativ hoher Prozentsatz der Äußerungen von Affen sind ganz oder teilweise Imitationen der Äußerungen ihrer Lehrer. Dieser Prozentsatz steigt im Laufe des Lernprozesses eher noch an (auf ca. 50%) Bei Kindern liegt der Prozentsatz von Imitationen schon gegen Ende des zweiten Lebensjahres unter 20 % und sinkt bis zum Ende des dritten Lebensjahres gegen Null.

Trotz der Begrenztheit des Spracherwerbs bei Affen sind die geschilderten Erfolge der verschiedenen Trainingsversuche der letzten Jahrzehnte sehr eindrucksvoll. Sie belegen, daß die Kluft zwischen Mensch und Tier hinsichtlich der Sprachfähigkeit erheblich geringer ist als früher angenommen. Neben der physiologisch und morphologisch bedingten Unfähigkeit zur Ausbildung einer Lautsprache scheinen es vor allem Begrenzungen der geistigen Fähigkeiten zu sein und weniger das Fehlen eines angeborenen Spracherwerbsapparats, die den Erwerb einer der menschlichen Sprache ähnlichen Sprache bei den Affen unmöglich machen (PREMACK, 1976). Eine offene Frage ist allerdings, warum Menschenaffen ihr in den Trainingsversuchen bewiesenes Potential zum Spracherwerb nicht von sich aus anwenden.

4.3.3 Spracherwerb durch Imitation

Wendet man die Prinzipien des Imitationslernens auf den Spracherwerb des Kindes an, so findet eine sukzessive Angleichung der Sprache des Kindes an die Sprache der Umwelt aus zwei Gründen statt: 1. weil das Kind Gelegenheit hat, die zu erlernende Sprache von anderen (Modellen) zu hören; 2. weil das Kind für die Nachahmung der gehörten Sprache bekräftigt wird (direkte Bekräftigung) bzw. beobachtet, wie das Verhalten des Modells Bekräftigung erfährt (stellvertretende Bekräftigung). Darüber hinaus müssen folgende Voraussetzungen erfüllt sein: Das Kind muß seine Aufmerksamkeit auf die sprachliche Stimulation richten, es muß das Gehörte behalten, und es muß über die zur Wiedergabe des Gehörten erforderlichen (sprech)motorischen Fertigkeiten verfügen. (Zu den Prinzipien des Imitationslernens s. Kap. 2.4.3).

Will man die Rolle der Nachahmung beim Spracherwerb richtig einschätzen, muß man unterscheiden, ob Kinder eine sprachliche Form *spontan* nachahmen oder ob sie zum Nachsprechen *aufgefordert* werden. Spontane Imitationen lassen erkennen, welche neuen Sprachaspekte das Kind von sich aus aufgreift (WIECZERKOWSKI, 1982, S. 254).

WIECZERKOWSKI (1982, S. 254 f.) unterteilt die spontanen und die nichtspontanen Imitationen ferner nach dem Grad des Verständnisses für die vorgegebene Sprachform, nach ihrer Übereinstimmung mit dem gehörten Muster und nach dem Zeitpunkt ihres Auftretens. Er gelangt so zu sechzehn Imitationsformen, die qualitativ unterschiedliche Aspekte des Sprachverhaltens abbilden.

R. BROWN & BELLUGI (1964) haben darauf hingewiesen, daß kleine Kinder, wenn sie Erwachsenenäußerungen nachahmen, diese in der Regel nicht vollständig übernehmen, sondern sie *verkürzen*, meist indem sie Funktionswörter (Artikel, Präpositionen, Hilfsverben, Konjunktionen) weglassen. Der Erwachsene sagt z.B.: *Das Baby kommt ins Bett*, worauf das Kind wiederholt: *Baby Bett*. Oder der Erwachsene sagt: *Nein, du kannst nicht auf Mr. Cromers Schuh schreiben*, worauf das Kind sagt: *Cromer Schuh schreiben*. (Beispiele aus SZAGUN, 1986, S. 43 f.). Derartige vereinfachende Verkürzungen sind vor allem bei Sätzen mit mehr als drei bis vier Morphemen zu beobachten.

Im Dialog mit dem Kind tun die Erwachsenen genau das Gegenteil: Sie imitieren oft eine kindliche Äußerung, indem sie diese *erweitern*, d.h., sie fügen etwas hinzu. Und zwar fügen sie meist das hinzu, was das Kind ausläßt, nämlich Funktionswörter. Zum Beispiel sagt das Kind: *Brot abbeißt*, was der Erwachsene erweitert zu: *Ja, du hast ein Stück Brot abgebissen*. Oder das Kind sagt: *Baby Stühlchen*, was der Erwachsene ergänzt zu: *Baby ist im Stühlchen* (Beispiele aus SZAGUN, 1986, S. 44).

Die beiden sich ergänzenden Prozesse nannten BROWN & BELLUGI (1964) *Nachahmung und Verkürzung* und *Nachahmung mit Erweiterung*. In BROWN und BELLUGIS Sprachdaten waren etwa 30% der Erwachsenenäußerungen derartige Erweiterungen von kindlichen Äußerungen. Welche Erweiterungen der Erwachsene wählte, war im übrigen nicht nur grammatikalisch bedingt, sondern auch abhängig vom außersprachlichen Kontext (BROWN & BELLUGI, 1964). Die Erweiterungen kindlicher Äußerungen geben dem Kind Gelegenheit, neue sprachliche Formen nach dem Modell der Erwachsenensprache auszuprobieren.

Untersuchung 11.5 — *Imitation in der Sprachentwicklung: Ob, Wann und Warum*

Um die Bedeutung der Imitation für den frühen Spracherwerb zu bestimmen, untersuchten Lois BLOOM, Lois HOOD und Patsy LIGHTBOWN (1974) die spontanen und imitativen Sprachäußerungen von sechs Kleinkindern vom Stadium der Einwortäußerungen bis zum Auftreten von Zweiwortsätzen. Alle Kinder waren Erstgeborene und hatten Eltern mit College-Bildung.

Die sechs Kinder (4 Mädchen und 2 Jungen) wurden verteilt über einen Zeitraum von maximal sechs Monaten mehrmals in ihrer häuslichen Umgebung von einer der Autorinnen besucht. Ein Besuch dauerte meist mehrere Stunden. Die Experimentatorin und das Kind spielten und redeten während dessen miteinander. Die Eltern waren ebenfalls anwesend, interagierten mit ihrem Kind aber nur zeitweise. Sämtliche Äußerungen der beteiligten Personen wurden per Tonband aufgezeichnet und später ausgewertet.

Die sechs Kinder machten im Verlauf der Untersuchung insgesamt über 17 000 Äußerungen. Jede Äußerung wurde danach klassifiziert, ob sie imitativ oder nichtimitativ war. Eine Äußerung galt als imitativ, 1. wenn sie eine vollständige oder teilweise Wiederholung einer vorausgegangenen Erwachsenenäußerung war, 2. wenn der Erwachsenenäußerung nichts hinzugefügt wurde, 3. wenn zwischen Erwachsenenäußerung und Äußerung des Kindes nicht mehr als fünf andere Äußerungen lagen und 4. wenn die kindliche Äußerung spontan, d.h. nicht als Antwort auf eine Frage oder Aufforderung des Erwachsenen erfolgte. Außerdem wurde unterschieden zwischen Einwortäußerungen (lexikalischen Items) und Mehrwortäußerungen (semantisch-syntaktischen Strukturen).

Tabelle 11.4: Zusammenfassende Beschreibung der Sprachstichproben von sechs Kindern nach formalen Merkmalen und nach den Anteilen spontaner (Sp), imitativer (Im) und sowohl spontaner wie imitativer Äußerungen (Sp + Im) (nach Bloom et al., 1974, S. 384 u. S. 386)

Kind	Erhebung	Alter (Monate, Wochen)	Mittlere Äußerungslänge	Anzahl verschiedener Arten von Äußerungen (pro Stunde)	Gesamtzahl aller Äußerungen	Anteil von spontanen, imitativen und spontanen und imitativen Äußerungen		
						Sp	Im	Sp + Im
Allison	I	16,3	1,06	70	283	.85	.04	.11
	II	19,2	1,02	77	321	.88	.06	.06
	III	20,3	1,13	157	379	.92	.04	.04
	IV	22,0	1,73	224	271	.94	.04	.02
Eric	I	19,1	1,10	24	296	.71	.17	.12
	II	20,2	1,19	30	615	.73	.15	.12
	III	22,0	1,42	52	1043	.73	.17	.10
	IV	23,2	1,69	104	629	.76	.17	.07
Gia	I	19,2	1,12	37	1045	.69	.14	.17
	II	20,2	1,34	85	933	.87	.07	.06
	III	22,1	1,58	65	804	.88	.06	.06
	IV	23,3	1,79	143	601	.96	.04	–
Jane	I	18,2	1,29	70	1144	.38	.42	.20
	II	20,0	1,27	96	438	.60	.32	.08
Kathryn	I	21,0	1,32	86	917	.53	.36	.11
	II	22,3	1,89	260	697	.86	.11	.03
	III	24,2	2,83	279	642	–	–	–
Peter	I	21,1	1,04	59	610	.30	.42	.28
	II	21,3	1,09	59	418	.48	.31	.21
	III	22,2	1,37	65	1052	.58	.27	.15
	IV	23,1	1,41	82	1166	.54	.34	.12
	V	23,2	1,33	83	583	.55	.27	.07
	VI	24,1	1,75	133	1364	.58	.34	.08
	VII	25,0	2,39	152	1195	–	–	–

Gezählt wurde sowohl die Anzahl aller Äußerungen als auch die Anzahl verschiedener Arten von Äußerungen. D.h., unabhängig davon, wie oft ein Kind eine bestimmte Äußerung tat, ging diese Äußerung in die Gesamtzahl der Äußerungen ein. Bei der Anzahl verschiedener Arten von Äußerungen wurde sie jedoch nur einmal gezählt.

1. Ausmaß und Konsistenz der Imitation. Der Anteil imitativer Äußerungen über alle Kinder und Sitzungen schwankte zwischen 4 und 42 % (alle Äußerungen) bzw. 3 und 50 % (nur Mehrwortäußerungen). Die intraindividuelle Konsistenz der Imitationsraten über die Zeit war beeindruckend hoch. Ein Kind (die Tochter der Erstautorin) imitierte nie mehr als 6 %, während die Imitationsrate eines anderen Kindes immer bei 27 % oder höher lag. Die Daten für die einzelnen Kinder sind in der Tabelle 11.4 wiedergegeben.

Die Ergebnisse sahen nicht wesentlich anders aus, wenn eine kindliche Äußerung auch bei bis zu 10 dazwischenliegenden Äußerungen als Imitation gezählt wurde. Auffällig war, daß die viel imitierenden Kinder signifikant häufiger unmittelbar imitierten.

2. Vergleich der spontanen und der imitativen Sprachäußerungen. Einzelne Wörter oder Mehrwortäußerungen, die sowohl spontan als auch imitativ gebraucht wurden, waren äußerst selten (vgl. Tabelle 11.4). Die Regel war, daß sie entweder spontan oder imitativ vorkamen. Außerdem gab es einen klaren Trend, daß einzelne Äußerungen, die ursprünglich imitativ auftraten, später (nur noch) spontan benutzt wurden.

Warum das eine Kind viel imitiert und ein anderes wenig, kann die Untersuchung von Bloom et al. nicht beantworten. Zu vermuten ist, daß dafür überdauernde Merkmale des Kindes und der Eltern-Kind-Interaktion eine Rolle spielen. *Wenn* imitiert wird, scheint es sich in jedem Fall um einen aktiven Prozeß der Auswahl aus dem Sprachangebot der Umwelt zu handeln. Und zwar wird das bevorzugt imitiert, was ein Kind gerade zu verstehen beginnt. Weder völlig fremde noch völlig vertraute Sprachäußerungen (bezogen auf die eigene Sprachproduktion) werden übernommen. Kennt das Kind ein Wort gut bzw. beherrscht es eine Form, dann gebraucht es diese spontan und nicht (mehr) imitativ.

Einzelbelege für diese Aussagen liefern Bloom et al. im zweiten, umfangreicheren Teil ihrer Arbeit.

Bloom, L., Hood, L. & Lightbown, P. (1974). Imitation in language development: If, when, and why. *Cognitive Psychology*, 6, 380-420.

4.3.4 Bewertung der Lerntheorien der Sprachentwicklung

Ohne die Prinzipien der selektiven Verstärkung und des Lernens am Modell ließe sich nicht erklären, warum sich das universelle Lautpotential des Kleinkindes immer stärker auf das Lautrepertoire der Sprache der Umgebung einschränkt und daß Kinder gerade die Sprache lernen, die in ihrer Umgebung gesprochen wird. Auch beim Aufbau von Sprache bei sprachgestörten oder autistischen Kindern haben sich diese Lernprinzipien als wirksam erwiesen (Lovaas, 1977). Der Aufbau grammatischer Formen und der Erwerb von Kommunikationsfähigkeiten in der natürlichen Lebensumwelt, vor allem auch die Schnelligkeit dieser Entwicklungsprozesse, sind mit den Gesetzmäßigkeiten des Verstärkungs- und Imitationslernens jedoch kaum befriedigend zu erklären.

Der ehrgeizige Versuch SKINNERS (1957), zur Beschreibung und Erklärung sprachlichen (verbalen) Verhaltens mit den drei Grundelementen des operanten Konditionierens Stimulus, Reaktion und Verstärkung auszukommen, kann seit der überzeugenden Kritik von CHOMSKY (1959) als gescheitert angesehen werden. Während es im Tierexperiment relativ einfach ist, Stimuli, Reaktionen und Verstärker eindeutig zu bestimmen und ihre funktionalen Beziehungen zu kontrollieren, gelingt es nicht, diese Variablen in menschlichen Sprechsituationen zu identifizieren und in einen festen Zusammenhang mit Spracherwerbsprozessen zu bringen.

Es läßt sich kaum präzise angeben, was ein kleines Kind beim Sprechenlernen bzw. bezüglich einer bestimmten sprachlichen Äußerung *verstärkt*. CHOMSKY (1959) legt dar, daß Kinder ihre Muttersprache nicht durch systematisches Lob bzw. ausbleibendes Lob erlernen.

Auch die Identifikation der spezifischen *Stimuli* für sprachliche Äußerungen bereitet Schwierigkeiten. Abgesehen von gewohnheitsmäßigen Reaktionen wie „Au!" bei einem Schmerzreiz oder feststehenden Begrüßungsformeln beim Anblick einer bekannten Person ist es bisher nicht gelungen zutreffend vorherzusagen, welche Äußerung auf welchen Reiz folgt. Man kann höchstens *nach* erfolgter Reaktion erschließen, was der steuernde Stimulus gewesen sein könnte.

Schließlich bleibt unklar, wie ein verbaler Operant, die *Reaktion*, zu definieren ist. Sind Operanten einzelne Worte, Antwortklassen, inhaltliche Aussagen oder Satzstrukturen? Ist ein Operant definiert (z.B. auf der Grundlage seiner funktionalen Beziehung zu einem Stimulus und zu einem Verstärker), so steht eine Erklärung aus, wie er ursprünglich entstanden ist.

Selektive Verstärkung als Hauptprinzip des Spracherwerbs würde eine Lernumwelt voraussetzen, die auf die Sprachproduktion des Kindes systematisch im Sinne einer Shaping-Prozedur eingeht, d.h., sprachliche Äußerungen des Kindes müßten von der Umwelt nach dem Kriterium der sukzessiven Annäherung an die Erwachsenensprache systematisch bekräftigt werden. Dies scheint aber nicht der Fall zu sein. Empirische Untersuchungen, die sich mit den elterlichen Reaktionen auf kindliche Sprachäußerungen beschäftigten, stellten fest, daß eher der *Wahrheitsgehalt* (die ausgedrückte Bedeutung) als die sprachliche (grammatische) Korrektheit der kindlichen Äußerungen verstärkt bzw. korrigiert wurde (BROWN, CAZDEN & BELLUGI, 1968). Trotzdem erwerben Kinder allmählich die korrekten grammatischen Regeln ihrer Sprache.

Kinder lernen also nicht jedes einzelne Wort und jeden einzelnen Satz als verstärkte Reaktion auf einen bestimmten Stimulus, sondern entnehmen der in ihrer Umwelt gehörten Sprache aktiv Regeln. Diese Regeln wendet das Kind in seiner eigenen weiteren Sprachproduktion und in seinem Sprachverständnis kreativ an. Diese aktive, kreative Seite des Spracherwerbs zeigt sich u.a. darin, daß die Sprache des Kindes nicht einfach ein defizitäres Abbild der Erwachsenensprache ist und sich dieser nur immer stärker annähert, sondern daß die Kindersprache eigenen, sich qualitativ von der Erwachsenensprache unterscheidenden Regeln folgt.

Auch das Nachahmungslernen erfolgt nicht rein rezeptiv. Vielmehr weicht die Sprache des Kindes schöpferisch vom Modell der Erwachsenensprache ab. Kleinere Kinder übernehmen Sprachmuster nicht vorbildgetreu, sondern vereinfachen sie vornehmlich, indem sie – wie bei einer telegrafischen Sprache – Funktionswörter auslassen (R. Brown & Bellugi, 1964). Bloom et al. (1974) konnten zeigen, daß Kinder nur solche grammatischen Regeln imitativ übernehmen, die sie zuvor mindestens einmal spontan gebraucht haben. Das heißt, die gehörte Sprache wird nur soweit nachgeahmt, als das Kind von seinen Voraussetzungen her dazu bereit ist.

Whitehurst & Vasta (1975) sehen die Imitation sprachlicher Formen als mittleres Glied eines dreistufigen Prozesses an: Der erste Schritt ist das Verstehen der Form der gehörten Äußerungen. Solche verstandenen Formen werden nachgeahmt. Erst anschließend an die Nachahmung der Form folgt deren aktiver, konstruktiver Gebrauch in der eigenen Sprachproduktion. Die Imitation der vorgegebenen Formen fördert auf diese Weise die aktive Rekonstruktion gerade gelernter Sprachformen. Nachahmungslernen erweitert im übrigen nicht unbedingt den Sprachhorizont, sondern reduziert ihn vielmehr auf die Äußerungen der jeweiligen Umwelt (Ervin-Tripp, 1964). Allerdings geben von einem Modell geäußerte neue Formen, sofern sie nicht allzuweit von der erreichten Sprachkompetenz des Kindes entfernt sind, dem Kind Gelegenheit, neue sprachliche Formen auszuprobieren und in sein Verhaltensrepertoire aufzunehmen.

Nach allem scheint Nachahmung dem Kind zu helfen, Regeln, die es bereits versteht und gerade aktiv zu gebrauchen beginnt, richtig anzuwenden. Nachahmung scheint jedoch nicht der Mechanismus zu sein, durch den diese Regeln ursprünglich gelernt worden sind.

Abschließend ist festzustellen, daß Verstärkung und Nachahmung für den Spracherwerb nicht überflüssig sind (für Phonologie und Wortschatz sind sie sogar von zentraler Bedeutung), sie vermögen aber die Vielfalt der Spracherwerbsprozesse, vor allem die eigenständigen Wortschöpfungen und Regelbildungen des Kindes, die in der Erwachsenensprache nicht vorkommen, nicht hinreichend zu erklären. Die Rolle der Lernumwelt beim Spracherwerb ist hauptsächlich darin zu sehen, durch eine auf den kindlichen Entwicklungsstand abgestimmte Stimulation und Konversation die aktive Auseinandersetzung des heranwachsenden Kindes mit seiner Muttersprache anzuregen und zu fördern und dem Kind Gelegenheit zu geben, sein Sprachverständnis und seine Sprachproduktion auf dem Hintergrund der von der Umwelt gelieferten Sprachdaten ständig zu erproben und zu verbessern. Welche Gesetzmäßigkeiten des Lernens, außer Verstärkung und Nachahmung, hierbei eine Rolle spielen, läßt sich derzeit noch nicht beantworten. Soweit Mechanismen der kognitiven Entwicklung beteiligt sind, wird darauf im nächsten Abschnitt eingegangen.

4.4 Kognitive Theorien der Sprachentwicklung

Anhänger einer kognitiven Theorie der Sprachentwicklung betrachten den Spracherwerb des Kindes im Kontext der allgemeinen geistigen Entwicklung (CROMER, 1974; MCNAMARA, 1972, 1977; NELSON, 1973; PIAGET, 1923; SLOBIN, 1973). Das heranwachsende Kind verarbeitet nicht isoliert Sprachdaten aus seiner Umgebung, d.h., es erwirbt seine sprachlichen Fähigkeiten nicht auf der Grundlage eines rein linguistischen Inputs, sondern es setzt sich geistig mit seiner gesamten dinglichen und sozialen Umwelt auseinander. Die auf dieser Basis aufgebauten Erkenntnisse sind nicht primär sprachliche Erkenntnisse, sondern gedankliche Erkenntnisse, die (teilweise) sprachlich ausgedrückt werden (können). Dabei werden nur *die* sprachlichen Formen verstanden bzw. produziert, für die die entsprechenden kognitiven Fähigkeiten vorhanden sind. Die „Weltkenntnis" bestimmt die Sprachkenntnis (HÖRMANN, 1978).

In der Sicht kognitiver Theoretiker sind kognitive Fähigkeiten in mindestens zweierlei Hinsicht von Bedeutung für die Sprachentwicklung:

1. Allgemeine kognitive Fähigkeiten (z.B. Invarianzverständnis, Raum- und Zeitbegriffe, Reversibilität des Denkens) sind *notwendige Voraussetzungen* für den Erwerb bestimmter sprachlicher Fähigkeiten.

2. Bestimmte sprachliche Formen stellen bestimmte *kognitive Anforderungen* an den Sprecher/Hörer. So setzt z.B. der richtige Gebrauch der Präpositionen *auf, unter, in, hinter* ein Verständnis der entsprechenden räumlichen Beziehungen von Objekten, die Verwendung von *bevor* und *nachdem* ein Verständnis für zeitliche Verhältnisse voraus.

Daß kognitive Erwerbungen entsprechenden sprachlichen Erwerbungen vorausgehen, steht im Zentrum einer kognitiven Theorie der Sprachentwicklung. Es handelt sich also weniger um eine Sprachtheorie in Begriffen einer kognitiven Theorie als um den Nachweis der kognitiven Fundierung der Sprache.

Mit der Gegenüberstellung von sprachlichen und kognitiven Fähigkeiten rückt die Frage nach dem Zusammenhang von Sprache und Denken in den Blickpunkt des Interesses.

In den folgenden Abschnitten werden zunächst die verschiedenen Positionen zur Beziehung zwischen Sprache und Denken dargestellt (4.4.1). Anschließend wird aufgezeigt, in welcher Art kognitive Variablen die Sprachentwicklung beeinflussen (4.4.2 und 4.4.3). Im Schlußabschnitt (4.4.4) wird die Position einer kognitiven Sichtweise der Sprachentwicklung kritisch bewertet.

4.4.1 Sprache und Denken

In welchem Verhältnis Sprache und Denken zueinander stehen, ist ein altes wissenschaftliches Problem: Kommt eher dem Denken oder eher der Sprache das Primat zu? Kann das eine unabhängig vom anderen funktionieren oder ist beides aneinander gebunden?

Wenn es ohne Sprache kein Denken gäbe, müßte man dem vorsprachlichen Kleinkind jegliche Intelligenz im Sinne kognitiver Fähigkeiten absprechen. Auch die Entwicklung taubstummer Kinder (FURTH, 1966) oder die Intelligenzleistungen von Menschenaffen (KÖHLER, 1924) zeigen, daß Denken nicht an die Sprache gebunden ist, jedenfalls nicht an die übliche Lautsprache. Sprache ohne Denken scheint hingegen kaum vorstellbar, wenn man von einem „gedankenlosen" Nachplappern oder der bloßen Aneinanderreihung von Worten absieht.

Daß Individuen dadurch, daß sie über keine Sprache verfügen, nicht daran gehindert werden zu denken, umgekehrt jedoch Sprache ohne Denken kaum vorkommt, bedeutet nicht zwangsläufig, daß das Denken die Sprache bestimmt und nicht (auch) die Sprache das Denken. Die Sprache scheint durchaus auch das Denken zu beeinflussen, indem sie es erleichtert, präzisiert oder in bestimmte Bahnen lenkt.

Die unterschiedlichen Auffassungen über das Verhältnis von Sprache und Denken lassen sich auf drei Grundpositionen reduzieren: 1. Das Denken bestimmt die Sprache, 2. Sprache und Denken beeinflussen sich gegenseitig, 3. Die Sprache determiniert das Denken. Diese drei Grundpositionen verbinden sich hauptsächlich mit den Namen von PIAGET, WYGOTSKY und SAPIR/WHORF.

Jean PIAGET: Primat des Denkens gegenüber der Sprache

Nach PIAGET ist der Spracherwerb nicht unabhängig von der allgemeinen geistigen Entwicklung zu sehen (PIAGET, 1923). Sprache ist für ihn nur *eine* Form der Repräsentation von geistigen Inhalten. Sprache ist nur ein Teil der allgemeinen Fähigkeit, zwischen Zeichen und Bezeichnetem zu trennen und die erkannte Realität mit Hilfe von Symbolen zu repräsentieren (vgl. oben Kap. 10.2.1). Dies nennt PIAGET *Symbolfunktion*. Sie reicht weit über die Sprache hinaus. Nichtsprachliche Formen der geistigen Repräsentation sind z.B. die internalisierte Nachahmung, Spiel, Malen, Gesten (vgl. auch BRUNERS Unterscheidung einer bildhaften, handlungsmäßigen und sprachlichen Repräsentation; BRUNER, 1964). Sprachliche Symbole begleiten oder unterstützen höchstens Denken, bestimmen es aber nicht.

Von dieser Position aus erscheint es folgerichtig, keine merkliche Verbesserung von Denkleistungen durch ein Sprachtraining zu erwarten, sofern der zur Erbringung der betreffenden Denkleistungen erforderliche kognitive Entwicklungsstand noch nicht erreicht ist (SINCLAIR, 1967, 1969). Ebenso ist anzunehmen, daß ein gezieltes Sprachtraining zu keinem besseren Verständnis der durch die Sprache repräsentierten Konzepte verhilft, solange die kognitiven Voraussetzungen dafür nicht gegeben sind (Furth, 1970).

Allerdings sieht Piaget die Sprache auf der Stufe des formal-abstrakten Denkens als notwendig zum Aufbau von Denkstrukturen an, weil sich die hypothetisch-deduktiven Operationen auf dieser Stufe nicht auf die Objekte selbst, sondern auf allein sprachlich Formuliertes beziehen (Piaget, 1963; Furth & Youniss, 1976).

Daß nach Auffassung Piagets Sprache von der Entwicklung operativer Strukturen abhängig ist und nicht umgekehrt, macht es verständlich, daß Piaget keine Sprachtheorie im engeren Sinn entwickelt hat. In seinen Schriften kommt Sprache hauptsächlich als Datenquelle (verbale Daten) vor und nicht als Gegenstand der Entwicklung (vgl. hierzu Kap. 10.2.1). Soweit Piaget sich mit Sprache beschäftigt hat, geht es eher um sprachliche Universalien bzw. allgemeine Aspekte der Symbolfunktion, weniger um sprachspezifische Einzelmerkmale, wie z.B. den Erwerb grammatischer Morpheme oder das Verständnis von Aktiv- und Passivsätzen.

Mit *einem* Merkmal der Sprachentwicklung hat sich Piaget allerdings etwas ausführlicher auseinandergesetzt, nämlich mit der egozentrischen oder sozialen Orientierung der Sprache des Kindes (Piaget, 1923). Dies betrifft den kommunikativen Aspekt der Sprache und wurde im Abschnitt 3.3.1 bereits dargestellt.

Lew Wygotsky: Sprache und Denken beeinflussen sich gegenseitig

Hinsichtlich des Verhältnisses von Sprache und Denken hat Wygotsky (1934) eine Gegenposition zu Piaget vertreten. Für Wygotsky entspringen Sprache und Denken phylogenetisch und ontogenetisch verschiedenen Wurzeln und entwickeln sich zunächst unabhängig voneinander. Bis etwa zum Alter von zwei Jahren durchläuft das Kind ein vorsprachliches Stadium in der Entwicklung des Denkens und ein vorintellektuelles Stadium in der Entwicklung der Sprache. Dann erfolgt eine Verbindung der beiden Entwicklungslinien (Konvergenzhypothese). Die Folge ist: Die Sprache wird intellektuell, das Denken wird versprachlicht. Sprache und Denken beeinflussen sich nun wechselseitig. Auslöser bzw. Anzeichen für diese Entwicklungsveränderung sind die in diesem Alter verstärkt auftretenden Fragen nach den Bezeichnungen neuer Dinge und die damit verbundene sprunghafte Erweiterung des Wortschatzes. Das Kind hat die Symbolfunktion der Sprache entdeckt.

Wygotskys theoretischer Standpunkt hinsichtlich des Verhältnisses von Sprache und Denken ist eng verknüpft mit seiner Auffassung vom Denken als innerem Sprechen und der von ihm betonten Funktion der Sprache als Mittel der Verhaltenssteuerung (siehe dazu oben 3.3.1).

Edward Sapir / Benjamin Whorf: Sprache determiniert das Denken

Von auffälligen Unterschieden zwischen verschiedenen Sprachen ausgehend gelangten Sapir (1921) und Whorf (1956/1984) zu zwei Thesen, die als Sapir/Whorf-Hypothese in die Literatur zum Verhältnis von Sprache und Denken eingegangen ist: 1. In der Verschiedenheit von Sprachen bildet sich eine unterschiedliche Wahrnehmung der Umwelt ab (*linguistische Relativität*); 2. die einer Sprache eigentümlichen Ausdrucksformen (Sprachstrukturen) determinieren das Denken (*linguistischer Determinismus*).

Es wird also angenommen, daß die Sprache festlegt, wie ein Sprecher die Welt sieht und über sie denkt (Sprache bestimmt die „Weltanschauung" und Weltkenntnis). Whorf (1956/1984) versuchte diese Hypothese anhand des Studiums einiger außereuropäischer Sprachen (insbesondere der Sprache der Hopi-Indianer) bzw. durch den Vergleich außereuropäischer und europäischer Sprachen zu untermauern. Die von ihm angeführten empirischen Belege stammen überwiegend aus dem lexikalischen Bereich.

Ein bekanntes Beispiel für die Sapir/Whorf- Hypothese ist die im Vergleich zu europäischen Sprachen weit größere Vielfalt der Bezeichnungen für *Schnee* bei den Eskimos. Eskimos verwenden unterschiedliche Wörter für Schnee, je nach seiner Beschaffenheit, dem Zeitpunkt des Schneefalls usw. Andere Beispiele sind das Fehlen von Zeitformen in der Sprache der Hopi-Indianer oder die Feinheit der sprachlichen Markierung von Farbunterschieden (während Farbunterschiede in den europäischen Sprachen sehr differenziert benannt werden, unterscheiden z.B. die Dani auf Neu-Guinea nur zwischen schwarz/dunkel und weiß/hell).

Ist aus den genannten Beispielen zu schließen, daß Eskimos und Europäer unterschiedliche Zustände von *Schnee* verschieden wahrnehmen und gedanklich klassifizieren, daß Hopi-Indianer keine oder doch von unserem Zeiterleben sehr verschiedene Vorstellungen von Vergangenheit, Gegenwart und Zukunft haben, und daß die Dani keine Farben wahrnehmen, sondern nur schwarz und weiß? Was den Zusammenhang von Farbbenennungen und Farbwahrnehmungen angeht, trifft die Sapir/Whorf-Hypothese nachweislich nicht zu. Wieviele und welche Farben benannt werden, ist von Sprache zu Sprache verschieden. Trotzdem werden bestimmte Farben des Farbspektrums (die sogenannten Fokalfarben) von allen Menschen gleichermaßen wahrnehmungsmäßig hervorgehoben und am besten erinnert, unabhängig davon, ob die betreffende Sprache für sie Worte hat oder nicht (Rosch, 1973). Allerdings erleichtert der Besitz eines Wortes für eine Farbe das Wiedererkennen der Farbe (Zimmer, 1988, 136-141).

Auch für die anderen Beispiele scheint zu gelten, daß der Zusammenhang zwischen sprachlicher Bezeichnung auf der einen Seite und Wahrnehmung und Denken auf der anderen Seite weniger eng ist als es die Sapir/Whorf-Hypothese behauptet. Die Sprachverschiedenheiten legen offensichtlich nur fest, wie treffend ein Sachverhalt mit einem Wort oder einer Umschreibung ausgedrückt werden kann (Hockett, 1954). Übersetzungen des gleichen Sachverhalts von der einen in die andere Sprache sind durchaus möglich.

Zwei weitere Dinge lassen sich mit der These der linguistischen Determiniertheit des Denkens nicht vereinbaren: 1. Wortbedeutungen unterliegen einem kulturellen Wandel; 2. Erkenntnisse (Wissen und Denken) können zum Wortgebrauch in Widerspruch geraten; z.B. geht die Sonne in der Sprache immer noch *auf* und *unter*, obwohl wir inzwischen wissen, daß sich die Erde um die Sonne dreht und nicht umgekehrt (HÖRMANN, 1967).

Mit der Kritik an der SAPIR/WHORF-Hypothese soll nicht geleugnet werden, daß verschiedene Worte für den gleichen Sachverhalt unterschiedliche Assoziationen und Bewertungen auslösen können. Bezeichnungen werden häufig bewußt so gewählt, daß bestimmte Assoziationen naheliegen, andere weniger wahrscheinlich sind. So beinhalten *Antibabypille* in der BRD und *Wunschkindpille* in der (nun nicht mehr existierenden) DDR eine unterschiedliche konnotative Bedeutung. Die Begriffe *Berufsverbot* und *Isolationsfolter* lassen bestimmte Assoziationen anklingen, die z.B. die Begriffe *Nichtbeschäftigung im öffentlichen Dienst* und *strenge Einzelhaft* nicht aufkommen lassen. Das Denken und die Bewertung der Sachverhalte wird jedoch durch die jeweiligen Bezeichnungen (Worte) nicht streng determiniert und vollständig abgebildet. Die jeweils gewählten Benennungen sind eher Anzeichen als Determinanten gesellschaftlicher Erfahrung und individueller Gedanken. Sprache kodiert nur sozial bedeutsame Information.

4.4.2 Sensumotorische Intelligenz und Anfänge der Sprachentwicklung

Sprache ist für PIAGET ein Teil der Symbolfunktion, also der Fähigkeit, zwischen Zeichen (Symbol) und Bezeichnetem (Gegenstand) zu unterscheiden und Erkanntes durch Symbole zu repräsentieren. Die Entstehung von – sprachlichen und nichtsprachlichen – Symbolen leitet er direkt aus der sensumotorischen Intelligenz des Kleinkindes ab, die eine „praktische“ Erkenntnis der Welt durch sinnliche Wahrnehmung und motorische Tätigkeit beinhaltet (PIAGET, 1945). Insofern ist eine Kontinuität zwischen vorsprachlicher und sprachlicher Entwicklung gegeben.

Für den Aufbau der Symbolfunktion während der sensumotorischen Phase sind nach PIAGET vor allem drei Entwicklungsphänomene von Bedeutung: der Erwerb der *Objektpermanenz*, die *zeitlich verzögerte Nachahmung* und die *Symbolhandlungen* (PIAGET, 1936, 1937, 1945; vgl. hierzu Kap. 10.2.1).

Der Begriff *Objektpermanenz* bezeichnet das Wissen, daß Objekte auch außerhalb der eigenen Wahrnehmung und Tätigkeit existieren. Als Anzeichen für das Vorhandensein der Objektpermanenz dient meist die aktive Suche des Kindes nach einem versteckten Gegenstand. Das Suchverhalten des Kindes weist darauf hin, daß es eine innere Repräsentation des Gegenstandes hat. Das Kind, das über die volle Objektpermanenz verfügt, hat ein Vorstellungsbild (Image) des Gegenstandes. Es zeigt damit die früheste Form eines Symbols.

Eine Schlüsselrolle bei der Entstehung von Vorstellungsbildern und Symbolen kommt der *zeitlich verzögerten Nachahmung* zu. Wie für die Objektpermanenz ist auch für die Nachahmung eines beobachteten Verhaltens eine innere Repräsentation (ein Vorstellungsbild) – hier: des Modellverhaltens – Voraussetzung. Ohne innere Repräsentation des Modellverhaltens, sei es in korrekter oder in fehlerhafter, unvollständiger Form, ist keine Nachahmung möglich. Dies gilt insbesondere für die in Abwesenheit des Modells und einige Zeit nach dessen Beobachtung auftretende Nachahmung, zu der das Kind gegen Ende der sensumotorischen Phase in der Lage ist.

Zur Entstehung der Symbolfunktion tragen schließlich auch jene Aktivitäten des Kindes bei, die eine symbolische Darstellung von Handlungen (*Symbolhandlungen*) beinhalten. Damit meint Piaget solche Handlungen, die eine deutliche Absicht erkennen lassen, eine bestimmte Art von Handlung (z.B. essen, schlafen) durch sie repräsentierende (Teil-)Handlungen (z.B. Mundbewegungen, den Kopf auf ein Kissen legen) darzustellen. Dies geschieht meist in spielerischer Form.

Das Vorstellungsbild der sensumotorischen Phase ist die früheste Form eines Symbols. Es ist insofern primitiv, als es noch an das konkrete einzelne Erfahrungsobjekt gebunden ist und häufig auch noch die ursprünglich mit ihm assoziierten Aktivitäten des Kindes auslöst. Es bleibt außerdem völlig innerlich und hat noch keine äußere Form. Allmählich entstehen jedoch auch Symbole, die eine äußere Form haben, wie Spielsymbole und Wörter (Piaget, 1945). Wichtig ist dabei Piagets Unterscheidung zwischen *individuellen* und *kollektiven* Symbolen. (Piaget verwendet nur für erstere den Begriff *Symbol*, während er letztere *Zeichen* nennt).

Für *individuelle Symbole* gilt, daß die Beziehung zwischen dem Symbol und dessen Bedeutung nicht verbindlich und gesellschaftlich festgelegt ist. Das individuelle Symbol ist von innen motiviert. Durch was ein Gegenstand repräsentiert wird bzw. die Bedeutung eines Symbols kann sich von mal zu mal ändern. Zwischen Gegenstand und Symbol muß es allerdings irgendeine Art von Ähnlichkeit (eine Assimilierbarkeit von Gegenstand und Symbol) geben. Individuelle Symbole sind charakteristisch für das Spiel und den Traum (Piaget, 1945).

Kollektive Symbole (Zeichen) haben hingegen mehr oder weniger verbindliche, gesellschaftlich festgelegte Bedeutungen. Sie sind von außen angeboten. Gleichzeitig ist es relativ willkürlich, welches Zeichen für welchen Gegenstand steht. Die Sprache als System von gesellschaftlich verbindlichen Symbolen, deren festgelegte, kollektive Bedeutungen das Kind erlernen muß, beinhaltet demnach kollektive Symbole. Kinder gebrauchen Wörter allerdings zunächst überwiegend als individuelle Symbole. Dies erklärt auch Abweichungen der Bedeutung der Wörter von ihrer Bedeutung in der Erwachsenensprache. Erst im Laufe der Sprachentwicklung werden Wörter zunehmend als kollektive Symbole gebraucht.

Durch die Einordnung des frühen Spracherwerbs in den allgemeinen Entwicklungsprozeß der Entstehung der Symbolfunktion gelingt es Piaget, die Sprache als Teilaspekt der kognitiven Entwicklung dieser Phase darzustellen. Die Wurzeln der Sprache liegen in den Vorstellungsbildern, der zeitlich verzögerten Nachahmung und den Symbolhandlungen der sensumotorischen Phase.

Die Kontinuität zwischen vorsprachlicher (sensumotorischer) und sprachlicher Entwicklung hat vor allem die Piaget-Schülerin Hermine Sinclair (1971, 1973) an zahlreichen Parallelen zwischen sensumotorischen Strukturen und syntaktischen Sprachstrukturen herausgearbeitet. So entspricht der sensumotorischen räumlichen und zeitlichen Ordnung von Dingen auf der sprachlichen Ebene die Fähigkeit, sprachliche Elemente aneinanderzureihen. Das sensumotorische Kind kann ein Handlungsschema an einer Klasse von Objekten und umgekehrt eine Klasse von Handlungsschemata an einem Objekt anwenden. In der Syntax der Sprache äußern sich diese Leistungen in der Klassifikation sprachlicher Elemente in Nominalphrase und Verbalphrase. Der Unterscheidung von Handelndem, Handlung und Objekt der Handlung entsprechen die grammatischen Funktionen von Subjekt, Prädikat und Objekt.

Aus den genannten Beispielen wird deutlich, daß die Parallelität von sensumotorischen und sprachlichen Strukturen nicht mit einer zeitlichen Parallelität von beidem einhergehen muß. Vielmehr scheinen sich Entwicklungsschritte der sensumotorischen Phase erst später in der Sprachentwicklung zu wiederholen (Sinclair, 1973). So lernt das Baby nach einem anfänglich undifferenzierten Zustand während der sensumotorischen Phase allmählich zwischen Selbst, Objekt und Handlung zu unterscheiden und nicht nur sich selbst, sondern auch andere als Handlungsträger zu begreifen. Ähnlich verläuft die spätere sprachliche Entwicklung: Von den holophrastischen Einwortäußerungen, mit denen das Kind ein auf sich selbst bezogenes Handlungsmuster ausdrückt, in dem Handelnde, Handlung und Objekt ungeschieden sind, gelangt das Kind zu Mehrwortäußerungen, die eine Unterscheidung von Handelndem, Handlung und Objekt erkennen lassen und auch andere Personen als Handlungsträger einführen.

4.4.3 Kognitive und linguistische Faktoren in der Grammatikentwicklung

Wenn man von einer kognitiven Fundierung der Sprache ausgeht, erscheint es plausibel, sprachliche Äußerungen als Ausdruck gedanklicher Inhalte anzusehen. Der Erwerb formaler Regeln der Sprache (der Grammatik) erfolgt entsprechend über das Verstehen der gedanklichen Inhalte (der Bedeutung), die diese Formen ausdrücken. „Man lernt das auszudrücken, was man versteht" (Szagun, 1986, S. 48). Erst wenn man z.B. versteht, daß die Schilderung von Ereignissen sich auf die Gegenwart, die Vergangenheit oder die Zukunft beziehen kann (Verstehen zeitlicher Verhältnisse), ist man zu einer sprachlichen Differenzierung von Gegenwart, Vergangenheit und Zukunft in der Lage. Eine korrekte formal-sprachliche Differenzierung erfolgt dann, wenn man erkannt hat, welche zeitlichen Bedeutungen in welcher Form auszudrücken sind.

Mit der Frage, welche kognitiven Voraussetzungen gegeben sein müssen, damit Kinder den formalen Aufbau einer Sprache lernen, hat sich Slobin (1973) ausführlich auseinandergesetzt. (Die folgende Darstellung stützt sich wesentlich auf Szagun, 1986, S. 48-57).

Slobin unterscheidet zwischen zwei Arten von kognitiven Voraussetzungen: 1. das Kind muß den Inhalt verstehen, den es ausdrückt; 2. das Kind muß sprachliche Informationen verarbeiten und im Gedächtnis speichern können.

Slobin (1973) trennt zwischen der *Bedeutung* einer grammatischen Struktur (z.B. der Gegenwart, Vergangenheit oder Zukunft einer Handlung) und ihrem *formal-korrekten Ausdruck* (z.B. durch Flexion des Verbs *gehen* in Form von *geht*, *ging*, *wird gehen*). Die Bedeutung entsteht in enger Abhängigkeit von der kognitiven Entwicklung. Da diese als universell angenommen wird, verläuft auch die Entwicklung von Bedeutungen, die mit sprachlichen Strukturen ausgedrückt werden, in allen Sprachen gleich. Nur die formal-sprachlichen Mittel des Ausdrucks der Bedeutungen variieren von Sprache zu Sprache. Gemäß dem Primat der kognitiven Entwicklung wird weiter angenommen, daß der Erwerb der Bedeutung einer grammatischen Struktur dem Erwerb ihres korrekten formal-sprachlichen Ausdrucks vorausgeht. SLOBIN stützt sich dabei auf das alte Entwicklungsprinzip von WERNER & KAPLAN (1963), wonach neue Formen zunächst alte Funktionen ausdrücken, während neue Funktionen zunächst durch alte Formen ausgedrückt werden. Er formuliert dieses Entwicklungsprinzip für die Sprachentwicklung in der Art um, daß Kinder mit neuen sprachlichen Formen nur Bedeutungen ausdrücken, die sie schon kennen, und neue Bedeutungen zunächst durch bekannte Formen ausdrücken (SZAGUN, 1986, S. 49).

In welcher Reihenfolge Bedeutungen erworben werden, soll von ihrer *begrifflichen Komplexität* abhängen. So wird ein Kind z.B. zuerst über Ort, dann über Zeit reden und Aussagesätze vor Konditionalsätzen erwerben. Als Indikator für die *formale Komplexität* einer grammatischen Struktur sieht SLOBIN die Zeitspanne zwischen dem Auftreten einer Bedeutung und dem Erwerb ihrer korrekten formalen Markierung an. Um so länger es dauert, bis die korrekte Form einer grammatischen Struktur erlernt ist, obwohl die Bedeutung da ist, desto komplexer ist die sprachliche Form – und umgekehrt. Die Erwerbsreihenfolge formal-korrekt markierter grammatischer Strukturen wird demnach sowohl durch die begriffliche Komplexität dieser Strukturen (die Bedeutung) als auch durch ihre formal-sprachliche Komplexität bestimmt. Überprüft hat SLOBIN diese Annahmen bei zweisprachig aufgewachsenen Kindern, in deren beiden Sprachen die gleichen Bedeutungen durch unterschiedlich schwierige grammatische Formen ausgedrückt werden.

Untersuchung 11.6 — *In, Auf und Unter: Zur Beziehung zwischen kognitiven und sprachlichen Fähigkeiten*

In einer Untersuchung an 75 Kindern zwischen 1;2 und 2;6 Jahren gingen Esther HALPERN, Roberta CORRIGAN und Ora AVIEZER (1983) der Frage nach, in welcher Reihenfolge das Verständnis für die räumlichen Beziehungen *in*, *auf* und *unter* und für die entsprechenden sprachlichen Begriffe erworben werden und wie die kognitiven und sprachlichen Konzepte im Erwerbsprozeß miteinander zusammenhängen.

Um diese Frage zu beantworten, entwickelten sie eine Reihe unabhängiger nonverbaler und verbaler Maße für das Verständnis bzw. die Anwendung von *in*, *auf* und *unter*. Aufgrund der Ergebnisse früherer Untersuchungen erwarteten sie die Erwerbsreihenfolge *in – auf – unter*. Außerdem nahmen sie an, daß das Verstehen der räumlichen Beziehungen dem sprachlichen Verständnis jeweils vorausgeht.

Die Autoren unterschieden außerdem zwischen zwei Typen von *unter*. *Unter$_I$* beinhaltet ein Objekt, das sich unter einem anderen, räumlich getrennten Objekt befindet (z.B. *ein Ball unter* *einem Tisch*); *Unter*$_2$ beinhaltet die räumliche Beziehung zweier angrenzender Objekte mit geraden Oberflächen (z.B. *ein Klotz unter einem anderen Klotz*). Im zweiten, schwierigeren Fall muß der Raum erst mental konstruiert werden.

An der Untersuchung nahmen 75 israelische Mittelschichtkinder der Altersgruppen 14, 18, 22, 26 und 30 Monate teil. Jedem Kind wurden alle räumlichen und sprachlichen Aufgaben gestellt.

Räumliche Aufgaben

Vl und Kind erhielten identische Sätze von Bauklötzen, mit denen drei Arten von Aufgaben durchzuführen waren.

Spontane Konstruktion räumlicher Beziehungen. Die Kinder wurden aufgefordert, irgendetwas mit den Klötzen zu bauen (freies Spiel). Bewertet wurde, inwieweit sie bei der räumlichen Anordnung der Klötze eine *In-*, *Auf-* oder *Unter-Relation* realisierten.

Vorstrukturierte Anordnungen. Bei diesem Aufgabentyp wurde durch die Auswahl von Material und die Reihenfolge seiner Darbietung versucht, die Realisierung bestimmter räumlicher Beziehungen anzuregen. Zur *In-Relation* wurden den Kindern eine Schachtel und zwei Bauklötze mit der Aufforderung, damit etwas zu bauen, gegeben (Erfolg: Klotz in die Schachtel legen). Zur *Auf-Relation* wurden den Kindern drei Bauklötze verschiedener Größe gereicht (Erfolg: Bewegung in Richtung Aufeinanderstapeln von Klötzen). Zur *Unter*$_1$*-Relation* erhielten die Kinder eine Brücke und zwei Klötze (Erfolg: ein Klotz wird unter die Brücke gelegt). Zur *Unter*$_2$*-Relation* bekamen die Kinder drei Klötze vom Vl und einen unvollständigen Satz aus ihren eigenen Bauklötzen mit der Instruktion, den unvollständigen Satz mit einem dritten Klotz zu einer identischen Anordnung zu ergänzen (Erfolg: Hochheben der unvollständigen Konstruktion, so daß der Vl den fehlenden Klotz in die Lücke setzen kann).

Nachahmung. Anhand des gleichen Materials wie bei den vorstrukturierten Anordnungen baute der Vl etwas vor, und das Kind sollte das Gleiche nachbauen.

Sprachliche Aufgaben

Sprachverständnis. Acht nacheinander vom Vl gereichte Spielzeugtiere (x) sollten vom Kind auf verbale Aufforderung des Vl in, auf bzw. unter sechs Referenzobjekte (Brücke, Tisch, Krippe, Lastwagen, Klotz, Tunnel) plaziert werden. Eine Präposition galt als richtig verstanden, wenn alle entsprechenden Aufträge richtig ausgeführt worden waren.

Sprachproduktion. Eine Aufgabe bestand darin, unter Verwendung des Materials aus den Verständnisaufgaben, den Vl zu instruieren, das Spielzeugtier in, auf oder unter das entsprechende Referenzobjekt zu setzen. Als richtig wurde der richtige Gebrauch einer Präposition im Hinblick auf das zutreffende Referenzobjekt gewertet. Als zweite Aufgabe wurde den Vpn eine Reihe von Bildern vorgelegt, die jeweils ein Kind zeigten, wie es eine der vier räumlichen Beziehungen durch Manipulation von Objekten herstellte. Zu den Bildern wurde gefragt: *Wo ist x?* und *Was macht das Kind?* Der richtige Gebrauch der dargestellten Präposition wurde als Erfolg gezählt.

Ergebnisse

Die Ergebnisse zu den *räumlichen Aufgaben* bestätigten die vermutete Entwicklungsabfolge von *in – auf – unter*$_1$ – *unter*$_2$. 74 der 75 Kinder zeigten nach einer Skalogrammanalyse eine Übereinstimmung mit den vorhergesagten Antwortmustern. Dabei war nur bei etwa der Hälfte der Kinder ein Verständnis für die Relation *unter* zu beobachten.

Auch beim Sprachverständnis und in der Sprachproduktion ergab sich die gleiche Enwicklungsabfolge wie beim räumlichen Verständnis. Allerdings wichen 3 bzw. 7 der 75 Kinder von der postulierten Reihenfolge ab und mehr als die Hälfte der Vpn (N = 48) gebrauchte keine der Präpositionen in der Sprachproduktion konsistent richtig.

Welche Beziehung zwischen dem Verstehen der räumlichen Konzepte und dem Verständnis bzw. dem richtigen Gebrauch der sprachlichen Bezeichnungen gegeben war, zeigt Tabelle 11.5. Wie erwartet, geht das räumliche Verständnis dem sprachlichen Verständnis voraus und das Sprachverständnis war wiederum weiter fortgeschritten als die Sprachproduktion.

Tabelle 11.5: Häufigkeiten von Antwortmustern der Entwicklungsabfolge kognitiver und sprachlicher Kompetenzen hinsichtlich der räumlichen Beziehungen „in“ und „auf“; +/− Kompetenz vorhanden/nicht vorhanden (nach Halpern et al., 1983, S. 163)

Stufe	**Kognitive Konstruktion**	**Sprachliches Verständnis**	**Sprachproduktion**	**N**
		Räumliche Beziehung „in“		
0	−	−	−	3
1	+	−	−	7
2	+	+	−	38
3	+	+	+	26
Sonstiges	−	+	−	1
Insgesamt				75
		Räumliche Beziehung „auf“		
0	−	−	−	11
1	+	−	−	21
2	+	+	−	32
3	+	+	+	10
Sonstiges	+	−	+	1
Insgesamt				75

Die Antwortmuster zu *unter*$_1$ und *unter*$_2$ wurden in der vorliegenden Arbeit nicht mitgeteilt. Es wurde nur festgestellt, daß auch die Daten zu *unter*$_1$ der Entwicklungshypothese entsprachen, während die Daten zu *unter*$_2$ – aufgrund der geringen Anzahl zutreffender Antworten bereits bei den räumlichen Aufgaben – nicht skalierbar waren.

Insgesamt belegen die Ergebnisse der Untersuchung von Halpern, Corrigan und Aviezer die Hypothese, daß bereichsspezifische kognitive Fähigkeiten eine notwendige Entwicklungsvoraussetzung für den Erwerb entsprechender sprachlicher Fähigkeiten sind. Darüber hinaus scheint zu gelten, daß verbalen räumlichen Begriffen und dem nichtsprachlichen Verständnis für räumliche Beziehungen ähnliche Fähigkeiten zugrunde liegen.

HALPERN, E., CORRIGAN, R. & AVIEZER, O. (1983). In, on, and under: Examining the relationship between cognitive and language skills. *International Journal of Behavioral Development*, 6, 153-166.

Um die Frage zu beantworten, *warum* eine grammatische Struktur formalsprachlich komplex ist oder nicht, hat sich SLOBIN (1973) mit den informationsverarbeitenden Strategien beschäftigt, die Kinder anwenden, wenn sie die Erwachsenensprache hören und dekodieren. Welche informationsverarbeitenden Strategien wirksam werden, versucht SLOBIN daraus zu erschließen, wie lange Kinder brauchen, um die korrekte sprachliche Form zu erwerben und welche Fehler sie dabei machen. Die so erschlossenen Informationsverarbeitungsstrategien nennt SLOBIN *Operationsprinzipien* (*operating principles*). Sie sollen für alle Sprachen gelten. Die wichtigsten Operationsprinzipien nach SLOBIN erläutert SZAGUN (1986, S. 54-57). Dazu zählen z.B. die folgenden Strategien: *Achte auf das Wortende*, *Beachte die Ordnung von Wörtern* oder *Vermeide Ausnahmen*.

CROMER (1976) hat gegen SLOBIN (1973) eingewendet, daß die direkte Ableitung semantischer Bedeutungen von kognitiven Strukturen und die Gleichsetzung von *kognitiv* und *semantisch* problematisch ist. CROMER (1976) schlägt stattdessen vor, zumindest zwischen kognitiven Strukturen, Kognitionen und semantischen Bedeutungen zu unterscheiden.. Im übrigen verändert sich nicht nur der formal-sprachliche Ausdruck im Laufe der Entwicklung, sondern auch Bedeutungen verändern sich und zwar u.U. auch dann noch, wenn die sprachliche Form bereits vollständig erworben ist (vgl. SZAGUN, 1980, S. 168 f.).

4.4.4 Bewertung einer kognitiven Theorie der Sprachentwicklung

Kognitive Theoretiker haben überzeugend nachgewiesen, daß weder angeborene Sprachfähigkeiten noch der von der Umwelt gelieferte linguistische Input den Spracherwerb des Kindes angemessen erklären können, sondern daß der Erwerb der Muttersprache ein aktiver Prozeß der Konstruktion sprachlicher Fähigkeiten ist. „Sprachlernen heißt, sich schon strukturiertes Erfahrungsmaterial nachkonstruierend über die Bildung eigener kreativer Konstruktionen anzueignen." (GRIMM, 1982, S. 565).

Dieser Aneignungsprozeß ist nicht isoliert von der allgemeinen kognitiven Entwicklung des Kindes zu betrachten. Die Entwicklung der Kognition ist vielmehr der Sprachentwicklung sachlogisch und im zeitlichen Verlauf vorgeordnet. Hierfür wurden in den vorangegangenen Abschnitten zahlreiche Belege angeführt. Insbesondere läßt sich zeigen, daß sprachliche Strukturen aus vorsprachlichen (sensumotorischen) Strukturen abgeleitet werden können und daß die Erwerbsreihenfolge einiger sprachlicher Fähigkeiten derjenigen der entsprechenden kognitiven Fähigkeiten entspricht.

Das Verhältnis von kognitiver und sprachlicher Entwicklung ist dabei so zu sehen, daß kognitive Fähigkeiten zwar eine notwendige, aber keine hinreichende Voraussetzung für den Erwerb sprachlicher Fähigkeiten darstellen. Bevor nicht die Begriffe von Raum und Zeit verstanden werden, können räumliche und zeitliche Verhältnisse auch nicht sprachlich ausgedrückt werden. Mit dem Verständnis von Raum und Zeit sind die Formen des sprachlichen Ausdrucks aber nicht automatisch gegeben, sondern müssen erst gelernt werden. Dies kann, wie SLOBIN (1973) gezeigt hat, u.U. recht lange dauern. Die kognitiven Voraussetzungen legen somit nur die Grenzen des Erlernbaren fest.

Was genau geschieht, wenn Kinder Sprachdaten verarbeiten, d.h., welche Denkoperationen und informationsverarbeitenden Prozesse dabei im einzelnen ablaufen, ist bisher nur auf einer sehr allgemeinen Ebene beschrieben. Dies hat nicht zuletzt damit zu tun, daß keine kognitive Theorie der Sprachentwicklung im engeren Sinne, d.h. im Sinne der Beschreibung und Erklärung des Erwerbs einzelner sprachlicher Fähigkeiten, existiert. Von Vertretern einer kognitiven Theorie wurde bisher nur allgemein und ausschnitthaft die kognitive Fundierung der Sprachentwicklung bzw. der Zusammenhang von Kognition und Sprache aufgezeigt.

Zu bemängeln ist auch der häufig unklare Gebrauch des Terminus *kognitiv* bei der Gegenüberstellung von kognitiven und linguistischen Faktoren der Sprachentwicklung. Oft wird nicht spezifiziert, ob damit breitere kognitive Strukturen, bestimmte Kognitionen (Erkenntnisse), bestimmte Bedeutungen oder spezifische Informationsverarbeitungsstrategien gemeint sind.

In der kognitiven Theorie der Sprachentwicklung wird außerdem zu wenig berücksichtigt, daß es neben kognitiv fundierten Spracherwerbsprozessen auch ein rein formal-sprachliches Regellernen gibt, das nicht durch Änderungen auf der Bedeutungsebene erklärt werden kann (CROMER, 1976, 1981). So scheinen z.B. deutsche Kinder das grammatische Geschlecht der Substantive sehr früh, relativ mühelos und nicht wesentlich beeinflußt durch die inhaltliche Bedeutung der Substantive zu erlernen (MILLS, 1986a). CROMER (1976, 1981) vertritt daher eine „schwache" Kognitionshypothese: Kognitive Voraussetzungen allein können nicht den Erwerb sprachlicher Ausdrucksmittel erklären; damit die Bedeutungen sprachlich ausgedrückt werden können, müssen spezifische sprachliche Fähigkeiten hinzukommen.

KARMILOFF-SMITH (1979) geht über den von CROMER vorgebrachten Einwand gegen die Kognitionshypothese noch hinaus, wenn sie feststellt, daß der Erwerb spezifischer formal-sprachlicher Strukturen auch eine Rückwirkung auf den Erwerb kognitiver Strukturen hat und daß nicht nur die Bedeutungen, sondern auch die formalen Regeln der Sprache ein Objekt der kognitiven Aktivität des Sprache erlernenden Kindes sind.

Entsprechend der für die kognitive Entwicklungstheorie charakteristischen Zentrierung auf die kognitiven Prozesse *im* sich entwickelnden Kind und der Ausblendung der sozialen Lernumwelt werden außerdem die sozialen Interaktionsmuster, die den Spracherwerb beim Kind anregen und unterstützen, vernachlässigt. Eine sorfältigere Analyse der Informationsverarbeitungsprozesse beim Sprachelernen und die Einbeziehung des sozialen Kontextes sprachlicher Interaktionen wird die Brauchbarkeit einer kognitiven Theorie der Sprachentwicklung und ihre Überlegenheit gegenüber anderen theoretischen Ansätzen weiter erhöhen.

5. Verlauf und Determinanten des Spracherwerbs – ein integrativer Überblick

5.1 Zusammenhänge zwischen Grammatik, Semantik und Kommunikation

In den vorangegangenen Abschnitten wurde durchgehend zwischen der Form, dem Inhalt und dem Gebrauch sprachlicher Äußerungen, d.h. zwischen Grammatik, Semantik und Kommunikation, im Sinne von drei eindeutig abgegrenzten Aspekten der Sprachentwicklung unterschieden. Diese Unterscheidung hat sich zur Systematisierung der verschiedenen Untersuchungsgegenstände und Fragestellungen der Sprachentwicklungspsychologie und zur theoretischen Einordnung der Einzelbefunde als durchaus nützlich erwiesen, (vgl. auch Flavell & Markman, 1983; Szagun, 1986). Betrachtet man aber den Spracherwerbsprozeß beim Kind, so stellt sich gerade die Entdeckung und Herstellung von Beziehungen zwischen den sprachlichen Formen auf der einen Seite und den Bedeutungen und Funktionen, die durch diese Formen repräsentiert und ausgedrückt werden können auf der anderen Seite, als die Hauptaufgabe für das Sprache lernende Kind dar (Deutsch, 1981, S. 5). Wie das geschieht, d.h., auf welcher Grundlage das Kind aus den Sprachdaten seiner Umgebung ein Sprachsystem aufbaut, das den sprachspezifischen Regeln der Beziehungen zwischen Formen und Inhalten/Funktionen entspricht, wird je nach theoretischer Orientierung unterschiedlich beantwortet.

Im großen und ganzen gibt es zwei gegensätzliche Grundauffassungen. Nach der einen Auffassung werden die formalen Regeln der Sprache über das Verstehen der Bedeutungen, die durch die betreffenden Regeln ausgedrückt werden, gelernt (McNamara, 1972; Slobin, 1973). Die Semantik ist die Basis für die Grammatik (Szagun, 1986). Nach der anderen Auffassung ist das formalsprachliche Lernen primär, und die entsprechenden Bedeutungen werden aus den sprachlichen Formen erschlossen (Van der Geest, 1978), oder es findet sogar ein rein formal-sprachliches Lernen ohne bedeutungstragende Elemente statt (Maratsos, 1982, 1983; Karmiloff-Smith, 1979). Für beide Arten des Lernens lassen sich Beispiele finden.

Das Primat der Semantik gegenüber der Grammatik zeigt sich z.B. beim Erwerb der formal korrekten Unterscheidung von Subjekt und Objekt in einem Satz. Lange bevor das Kind zu einer eindeutigen *sprachlichen* Unterscheidung von Subjekt und Objekt in der Lage ist (z.B. für *Peter haut Fritz* und *Peter wird von Fritz gehauen Peter hauen* sagt), hat es den *Bedeutungs*unterschied von *hauen* und *gehaut werden* im Sinne von Handlungsträger und Objekt der Handlung bereits verstanden.

In der Kindersprache kommen aber auch Fälle vor, wo eine (neue) grammatische Form mit einer (früheren) falschen Bedeutung gebraucht wird und sich die der Form entsprechende Bedeutung erst später herausbildet. So berichtet VAN DER GEEST (1978) von seinem 3 1/2 jährigen Sohn Mark, daß dieser, als er anfing Passivformen zu verwenden, damit eine Aktivbedeutung ausdrücken wollte. Er sagte z.B *Zuerst müssen die Blumen weiter gewachsen werden*, meinte damit aber *Zuerst müssen die Blumen weiter wachsen*. Das Verstehen der richtigen Bedeutung der Passivform kam erst nach ihrem Gebrauch.

Schließlich scheint es auch ein rein formal-sprachliches Lernen zu geben, bei dem sprachspezifische formale Regeln ohne Rückgriff auf korrespondierende Bedeutungsinhalte erworben werden. Dies hat z.B. MARATSOS (1982, 1983) für den Erwerb des Genussystems in der deutschen Sprache behauptet (s. dazu auch MILLS, 1986a).

Anhand der Analyse der vorliegenden Forschungsergebnisse kommt VAN DER GEEST (1978) zu dem Schluß, daß die Priorität semantischer oder syntaktischer (formal-sprachlicher) Kategorien im Verlaufe der Sprachentwicklung systematisch variiert. Ein Primat der Semantik sieht VAN DER GEEST für die Anfänge des Spracherwerbs, bis etwa zum Alter von drei Jahren gegeben. Die frühe Kindersprache läßt sich demnach am ehesten in Form semantischer Kategorien und Relationen beschreiben, die sich direkt aus den auf der Erfahrung aufgebauten kognitiven Strukturen ableiten lassen (MARATSOS, 1983). In diesem Stadium fehlen grammatische Formen und syntaktische Relationen oder sind der Semantik untergeordnet. Zwischen drei und fünf Jahren gewinnt allmählich das formal-sprachliche Lernen an Bedeutung. Zunächst kommt es nur zusätzlich zum semantischen Lernen hinzu. Ab dem sechsten/siebten Lebensjahr werden dann die syntaktischen Probleme des Spracherwerbs größer als die semantischen, und das Kind orientiert sich immer stärker an den syntaktischen Merkmalen der gehörten Sprache.

Ob semantische oder syntaktische Aspekte beim Spracherwerb im Vordergrund stehen, soll nach VAN DER GEEST (1978) außer von der erreichten Entwicklungsstufe noch abhängen von individuellen Unterschieden und der Art und Komplexität des zu erlernenden sprachlichen Phänomens.

Im Unterschied zu der ausführlichen Beschäftigung mit dem Problem des Zusammenhangs von Grammatik und Semantik ist die Auseinandersetzung mit der Frage des Zusamenhangs der Entwicklung von Kommunikationsfähigkeiten und grammatischen und semantischen Aspekten der Sprachentwicklung noch wenig fortgeschritten. Entsprechend sind auch keine generellen Schlußfolgerungen möglich.

Die fehlende Basis für derartige Schlußfolgerungen hat auch folgenden Grund. Die den Kommunikationsaspekt herausstellende funktionale Betrachtungsweise der Sprachentwicklung betont mehr die Notwendigkeit – oder zumindest die Vorteile – der Analyse der Form und der Bedeutung einer sprachlichen Äußerung unter Einbeziehung ihres sozialen Kontextes, als daß die Enge und Richtung des Zusammenhangs zwischen kommunikativen Aspekten und grammatischen/semantischen Aspekten von sprachlichen Äußerungen direkt untersucht würden. Zu den wenigen Ausnahmen gehören Untersuchungen zur Beziehung zwischen vorsprachlicher Kommunikation und grammatischen Kategorien, zu Schichtunterschieden in Sprachstilen (Bernstein, 1961; Oevermann, 1972) sowie zur Variation des Wortgebrauchs in Abhängigkeit von der Referenzgruppe bzw. Situation, in der die sprachlichen Interaktionen stattfinden (Herrmann, 1978). (Mehrere Beiträge, die das Problem des Zusammenhangs von Kommunikation und Grammatik/Semantik tangieren, finden sich in Deutsch, 1981).

5.2 Entwicklungsphasen des Spracherwerbs

Die folgende Beschreibung der Hauptlinien der Sprachentwicklung von Kindern liefert einen grob nach Altersstufen geordneten zusammenfassenden Überblick der Spracherwerbsprozesse im Kindesalter. Dabei werden nicht erneut die einzelnen, im Abschnitt 3. bereits ausführlich behandelten Sprachfähigkeiten beschrieben. Vielmehr wird aufgezeigt, welche Grundfähigkeiten in welcher Reihenfolge im Spracherwerbsprozess auftreten bzw. welche Erwerbsprozesse auf den einzelnen Altersstufen jeweils im Vordergrund stehen. Teilweise wird auch darauf eingegangen, wodurch es zu den einzelnen Entwicklungsschritten kommt. Das Problem der Determinanten des Spracherwerbs wird dann noch einmal gesondert im Abschnitt 5.3 behandelt.

Vorsprachliche Phase

Die vorsprachliche Phase umfaßt den Zeitraum von der Geburt bis zur Produktion der ersten bedeutungshaltigen Worte im Alter von etwa 10 bis 13 Monaten.

Die erste Lautäußerung ist der *Geburtsschrei* des Neugeborenen, der rein physiologisch bedingt ist. Schon während der ersten Lebenswochen differenziert sich diese Lautäußerung in verschiedene Arten von *Schreien*. Das Schreien des Säuglings klingt unterschiedlich, je nachdem ob er/sie hungrig ist, eine nasse Windel hat, Bauchweh oder andere Schmerzen verspürt, sich langweilt oder „ärgerlich“ ist. Jedenfalls interpretieren Mütter und andere *Hörer* Variationen des Schreiens so, als ob der Säugling damit Unterschiedliches mitteilen wolle. Durch die Reaktion der Pflegeperson (z.B. Stillen, Windel wechseln) erhält das Schreien des Säuglings einen bestimmten Signalwert und wird so zu einem ersten sozialen Kommunikationsmittel (Wolff, 1969). Schreien ist somit weniger eine sprachliche Äußerung im engeren Sinne als eine Form der Kommunikation.

Mit ca. sechs Wochen fängt der Säugling an *Laute* (Phoneme) zu produzieren (z.B. *ah*, *ää*, *ae*, *gu*, *nga*, *gr*), die sich wie Vokale oder Vokal-Konsonant-Kombinationen anhören, die sich aber von den Vokalen und Konsonanten der Erwachsenensprache im Klangbild teilweise unterscheiden. Im Unterschied zu den Phonemen der Erwachsenensprache, die ja immer einer bestimmten Sprache (z.B. Deutsch, Englisch oder Chinesisch) oder einem speziellen Dialekt (z.B. Bayerisch oder Schwäbisch) angehören, umfaßt das Lautrepertoire von Säuglingen während der ersten sechs Monate Phoneme, die in den verschiedensten Sprachen vorkommen, nicht nur in der jeweiligen Muttersprache. Das Lautrepertoire von Säuglingen ist insofern universell. Dabei werden zunächst Vokale (meistens – in deutscher Schreibweise – a, e, u) und später Konsonanten (zunächst – in deutscher Schreibweise – h, g, k und r, später dann p, b, m, t, d und n) geäußert. In der zweiten Hälfte des ersten Lebensjahres wird die Lautproduktion dann allmählich auf die etwa 20 bis 40 Phoneme der jeweiligen Muttersprache eingeschränkt.

Mit ca. sechs Monaten produziert das Kind vorwiegend *Reduplikationen* von Konsonanten- und Vokalfolgen wie: *dada*, *tata*, *nana*, *mama*, *didi* u.ä. Einige Autoren sprechen von *Lallen* oder von *Lallmonologen* (STERN & STERN, 1907/1965) des Kindes. Einige dieser Lautfolgen werden von der Umwelt als sinnhaft interpretiert und Personen und – seltener – Gegenständen zugeordnet. So werden im Deutschen z.B. die Lautfolgen *Mama* und *Papa* so aufgenommen, als ob das Kleinkind damit Mutter und Vater anreden möchte. Auch diese Lautverdoppelungen treten weitgehend universell auf. Sprachabhängig variieren nur die Sinngebungen dieser Lautfolgen. So bedeuten z.B. im Georgischen *Mama* = Vater und *Dada* = Mutter, also Gegensätzliches wie im Englischen oder Deutschen.

Die beibehaltenen Vokalisierungen entwickeln sich nun immer stärker in Richtung der Sprache, die in der Umwelt des Kindes gesprochen wird und die es später lernen wird. Die Häufigkeit der kindlichen Vokalisierungen steigt an, zum einen aufgrund von Selbstbekräftigung (Freude an der eigenen Lautproduktion) und wiederholender Nachahmung der selbst produzierten Laute, zum anderen aufgrund der Bekräftigung durch die Umwelt (vgl. RHEINGOLD, GEWIRTZ & ROSS, 1959). Nun setzt das Lernen durch Nachahmung der Lautäußerungen der Bezugspersonen ein. Dabei scheint die optische Imitation (das Beobachten der Mundbewegungen) anfänglich eine wichtigere Rolle zu spielen als die akustische Imitation. Dies zeigt sich z.B. daran, daß es zunächst blind geborene Kinder sind, die in der Sprachentwicklung zurückbleiben, während taub geborene Kinder in den Anfängen des Spracherwerbs kaum Unterschiede zu normal hörenden Kindern aufweisen (KAINZ, 1964).

Ungefähr im Alter von acht Monaten läßt sich eine Melodisierung und Rhythmisierung der Babbel- und Gurrlaute beobachten. Das Kleinkind produziert *Intonationsmuster* (melodische Muster). Dabei ahmt es häufig die mütterliche Sprachmelodie (Prosodie) nach.

Kleinkinder produzieren nicht nur vom ersten Tag an selbst Laute, sondern sie scheinen von Anfang an, trotz der eigenen Unfähigkeit Worte zu produzieren, sehr empfänglich für die Sprache in ihrer Umwelt zu sein. Die Empfänglichkeit des vorsprachlichen Kleinkindes für Sprachreize zeigt sich sowohl in dessen *Fähigkeiten zur Unterscheidung sprachlicher Reize* als auch in seinen *Reaktionen auf Sprache*. So kann ein Baby bald nach der Geburt Sprache von anderen Geräuschen unterscheiden (MOLFESE, 1977). Mit zwei Monaten unterscheidet es die Stimme der Mutter von der einer anderen Frau, Männer- und Frauenstimmen, die Intonationen der Freude und der Wut, steigende und fallende Satzmelodien (BOWER, 1977). Wenn ein Baby angesprochen wird, öffnet es die Augen und schaut den Sprecher an (ROSENTHAL, 1982). Eine auffällige Veränderung beim Vokalisieren ist um den 7./8. Lebensmonat herum zu beobachten. Während Kinder bis dahin meist gleichzeitig mit einer zu ihnen sprechenden Person vokalisierten und babbelten, lernen sie nun zu schweigen, wenn die andere Person spricht und zu „reden", wenn diese zu sprechen aufhört (ROSENTHAL, 1982).

Die genannten *Sprachfähigkeiten* der vorsprachlichen Phase sind eingebettet in die wechselseitige Mutter-Kind-Interaktion und die durch die soziale Umwelt auch nicht-sprachlich vermittelten Erkenntnisinformationen (z.B. durch Gesten, emotionalen Ausdruck, eigenen Umgang mit Gegenständen). BRUNER (1975) sieht die sozialen Handlungsmuster der frühen Mutter-Kind-Interaktion als die direkten Vorläufer des späteren symbolischen (sprachlichen) Verhaltens an (vgl. Abschnitt 3.3.3).

Wie in der Sprachentwicklung allgemein das Verständnis für Sprache größer ist als ihr aktiver Gebrauch, gilt für Kinder am Ende der vorsprachlichen Phase, daß sie mehr an Bedeutungen der Sprache in ihrer Umgebung verstehen als sie selbst sprachlich ausdrücken können.

Anfänge der Sprachentwicklung

Wann der Beginn der Sprache gesetzt wird, hängt vom gewählten Kriterium ab. Nimmt man, wie meist üblich, das *Auftreten des ersten bedeutungshaltigen Wortes*, so kann man als ungefähren Zeitpunkt des Sprachbeginns die erste Hälfte des zweiten Lebensjahres angeben. Die Entstehung des ersten wortartigen Gebildes geht dabei nicht so vonstatten, daß das Kind aus seiner Umwelt irgendeinen interessanten Menschen oder Gegenstand auswählt und seine Benennung lernt. Vielmehr greift der Erwachsene (meist die Mutter) aus der Zufallsproduktion des Kindes gewisse, in der jeweiligen Sprache sinnhaltige Lautkombinationen heraus und bringt das Kind dazu, diese zu wiederholen, zu isolieren und mit etwas zu assoziieren (KONOPCZYNSKI, 1978).

Der Erwerb neuer Wörter verläuft anfänglich recht langsam. Es kann drei bis vier Monate dauern, bis der aktive Wortschatz von einem auf zehn Worte angewachsen ist (NELSON, 1973). Danach wächst der Wortschatz immer schneller. Mit 20 Monaten verfügen die meisten Kinder über einen Wortschatz von 50 oder mehr Wörtern, und am Ende des zweiten Lebensjahres umfaßt der Wortschatz bereits 200 Wörter (NELSON, 1973).

Die anfänglich begrenzten Artikulationsfähigkeiten führen in der Regel zu Vereinfachungen der Aussprache von Worten wie *Ba* für Ball oder *Nüni* für Schnürriemen. Derartige Vereinfachungen sind nicht auf unvollständige Wortrepräsentationen im Gedächtnis oder ein begrenztes Kurzzeitgedächtnis zurückzuführen.

Mit dem Auftreten der ersten Worte beginnt das Kind, die *Darstellungs-* oder *Nennfunktion* der Sprache zu erfassen, d.h., es lernt, Verbindungen zwischen einem Sprachsymbol und den es bezeichnenden Personen und Gegenständen zu erkennen. Nachdem das Kind begriffen hat, daß alle Dinge einen Namen haben, fragt es verstärkt nach den Namen der Dinge.

In dieser frühen Phase der Sprachentwicklung ist das Kind zwar schon damit beschäftigt, die Sprache, die es hört, syntaktisch zu analysieren, es kann jedoch selbst noch keine zwei (oder gar mehr) Worte syntaktisch verbinden. Statt dessen begnügt es sich mit sogenannten *Einwortsätzen* (STERN & STERN, 1907/1965), d.h., es drückt mit einem einzigen Wort einen ganzen Satz aus (z.B. mit dem Wort *Ball*, je nach Motivationszustand und Situation, den Satz *Gib mir den Ball!* oder *Da ist ein Ball*).

Parallel zum sprunghaften Anwachsen des Wortschatzes gegen Ende des zweiten Lebensjahres treten nun auch allmählich *Zweiwortäußerungen* auf (z.B. *Mami weg*, *mehr Milch*, *Tür auf*, *Ball haben*). Da es hier zum ersten Mal möglich wird, Regelhaftigkeiten der Aneinanderreihung von Wörtern zu analysieren, hat die Phase der Zweiwortäußerungen bei Forschern, die etwas über die frühe Grammatikentwicklung (Syntax) bei Kindern erfahren wollten, besonderes Interesse gefunden (vgl. dazu Abschnitt 3.1.2).

Sprachentwicklung im Vorschulalter

Vom dritten bis zum sechsten Lebensjahr sind in der Sprachentwicklung folgende auffällige Veränderungen zu beobachten: Der *Wortschatz* erweitert sich enorm, es werden eine Reihe *grammatischer Morpheme* erworben, die mittlere *Satzlänge* wird zunehmend größer, und es können allmählich *komplexere Satzstrukturen* gebildet und verstanden werden.

Zwischen zwei und dreieinhalb Jahren wächst der *Wortschatz* des Kindes im Durchschnitt von unter 200 auf über 1.200 Wörter an. Bis zum Ende des Vorschulalters liegen die Schätzungen für den mittleren Wortschatzumfang zwischen etwa 2.600 und über 20.000 Wörtern. Dabei ist von einer interindividuellen Streubreite von unter 2.000 bis über 50.000 auszugehen (vgl. McCARTHY, 1954; SMITH, 1926).

Während in der Anfangsentwicklung des Wortschatzes noch relativ einfach alle von einem Kind gesprochenen Worte (aktiver Wortschatz) festgehalten werden können, ist mit der rapiden Erweiterung des Wortschatzes jenseits des zweiten Lebensjahres nur noch eine grobe Schätzung der Anzahl von Wörtern möglich, die ein Kind kennt bzw. dessen Bedeutung es versteht (passiver Wortschatz). So beziehen sich die zuvor genannten Zahlenangaben für das Vorschulalter auch auf den passiven Wortschatz von Kindern.

Die Veränderung des Wortschatzes beinhaltet nicht nur eine quantitative Zunahme, sondern auch eine Reihe von qualitativen Veränderungen in den *relativen Häufigkeiten verschiedener Wortklassen*. Waren anfänglich Substantive und nach ihnen Verben und Adjektive die am häufigsten vorkommenden Wortklassen, so treten nun auch mit zunehmenden Anteilen Adverbien, Pronomen, Präpositionen und Konjunktionen auf. Die Wortklassenverteilung der Kindersprache gleicht sich an die der Erwachsenensprache an, was vor allem mit der ansteigenden Fähigkeit des Kindes zusammenhängt, syntaktisch komplexere Sätze bilden zu können. Eine weitere auffällige Veränderung der Sprache im Verlauf des Vorschulalters ist der Erwerb sogenannter grammatischer

Morpheme, also der kleinsten Einheiten, die sprachlichen Aussagen eine genauere Bedeutung verleihen, wie z.B. Flexionen, die die Anzahl eines Objekts anzeigen (z.B. *-e* in Hunde-e und *-er* in Kind-er).

Schließlich nimmt im Verlauf des Vorschulalters die Komplexität und Vielfalt der vom Kind verwendeten und verstandenen *Satzkonstruktionen* auffällig zu. Es können z.B. Fragesätze und Verneinungsformen verstanden und gebildet werden, Haupt- und Nebensätze kommen vor, Kasusmarkierungen, korrekte Wortstellungen, Passivformen und andere grammatische Fertigkeiten werden erworben.

Weitere Entwicklung im Schulalter

Die (grammatischen) Grundregeln und die wichtigsten Ausnahmeregeln der Sprache werden von den meisten Kindern bis zum Alter von ca. fünf Jahren erworben. Die weitere Entwicklung der Sprache während der darauffolgenden Jahre ist eher durch den *Ausbau* und die *Verbesserung* der *früher erworbenen Sprachfähigkeiten* gekennzeichnet als durch den Erwerb neuer Fähigkeiten. Im Vordergrund der Sprachentwicklung im Schulalter stehen der Ausbau der Grammatik und das ansteigende Verständnis für feinere Unterschiede in syntaktischen und semantischen Relationen.

Daß zum Beispiel in den beiden Sätzen *Manche Menschen sind schwer zu verstehen* und *Manche Menschen sind unfähig zu verstehen manche Menschen* im ersten Satz Objekt, im zweiten Subjekt der Handlung sind, wird erst gegen Ende des Grundschulalters verstanden. Noch schwerer dürfte es sein, in den beiden Sätzen *Hans fragte Peter, was er tun solle* und *Hans sagte Peter, was er tun solle* zu erkennen, wer etwas tun soll: Hans (im ersten Satz) oder Peter (im zweiten Satz). In dem gewählten Beispiel ist außerdem, bei entsprechender Kontextinformation, denkbar, daß (im ersten Satz) Hans Peter fragt, was Peter tun soll und (im zweiten Satz) Hans Peter nicht auffordert, etwas zu tun, sondern ihm berichtet, was er (Hans) tun soll.

Auch im Verständnis für semantische Relationen sind im Verlauf des Vorschulalters weitere Fortschritte zu beobachten. So werden immer besser Bedeutungen von Aussagen auch über die rein sprachliche Information hinaus erkannt. Zum Beispiel wird aus der sprachlichen Information *Peter ging die Straße entlang; er sah nicht den Stein auf der Straße liegen; Peter fiel hin* richtig erschlossen, daß Peter über den Stein gestolpert ist. Es werden nun auch sprachliche Doppeldeutigkeiten, Metaphern, Sprachwitze, Sprichwörter, Sarkasmus u.ä. verstanden. Die Kinder fangen an, über die Sprache selbst nachzudenken und mit ihr zu „spielen". Das heißt, sie erwerben *metalinguistische* Fähigkeiten (DeVilliers & DeVilliers, 1979; Gleitman, Gleitman & Shipley, 1972; vgl. Abschnitt 3.3.2).

Ausgehend von der Unterscheidung des Systemaspekts und des Handlungsaspekts der Sprache lassen sich während des Vorschulalters zwei gegenläufige Tendenzen der Sprachentwicklung beobachten (Grimm, 1987): eine zunehmende Kontextunabhängigkeit der Sprache und eine Elaboration kontextspezifischer Formen sprachlichen Handelns.

Jenseits des Vorschulalters werden die interindividuellen Differenzen gegenüber den universellen Veränderungen immer bedeutsamer. Dabei unterscheiden sich verschiedene Individuen nicht nur in der Entwicklungsgeschwindigkeit, sondern auch in den von ihnen letztlich erreichten Fähigkeitsniveaus und ihren Sprachstilen. Für derartige interindividuelle Differenzen sind hauptsächlich die spezifischen Erfahrungen in der familiären und schulischen (Sprach-)Umwelt verantwortlich (Bernstein, 1961; Dittmar, 1973; Oevermann, 1972). Spätestens mit dem Eintritt in die Pubertät kann der Erwerb der Muttersprache als abgeschlossen gelten. Wurde bis dahin keine Primärsprache erlernt, ist nach Auffassung einiger Autoren kein Spracherwerb mehr möglich (Lenneberg, 1967; McNeill, 1970).

Die Schilderung der Sprachentwicklung im Schulalter und darüber hinaus ist zwangsläufig weniger genau als die für die ersten Lebensjahre, da sich der größte Teil der Untersuchungen zur Sprachentwicklung auf den Altersbereich zwischen etwa einem und drei Jahren beschränkt. Zur Sprachentwicklung ab dem 4./5. Lebensjahr existieren hingegen sehr viel weniger Untersuchungen.

5.3 Schlußfolgerungen hinsichtlich der Determinanten des Spracherwerbs

Die unterschiedlichen Auffassungen darüber, welche Faktoren zum Primärspracherwerb im Kindesalter führen, lassen sich im großen und ganzen danach klassifizieren, ob sie eher *Anlage-* oder eher *Umwelt*bedingungen betonen und ob dem Kind im Erwerbsprozeß eher eine *aktive* oder eine *passive* Rolle zugeschrieben wird.

Biologische Ansätze betrachten den Spracherwerb hauptsächlich als anlagebedingt, wobei allerdings die sprachliche Stimulation durch die Umwelt und die sprachliche Aktivität des Kindes Voraussetzungen für die Entfaltung der Anlagen sind. Anhänger der *Sozialen Lerntheorie* sehen den Spracherwerb eher durch die Umwelt determiniert, dem Kind als Empfänger von Umweltstimulation kommt dabei eine eher passive Rolle zu. In der Sichtweise der *Kognitiven Entwicklungstheorie* ist die aktive Verarbeitung der nichtsprachlichen und der sprachlichen Erfahrung von ausschlaggebender Bedeutung.

Daß Anlage und Umwelt keine sich ausschließenden Faktoren sind, haben bereits Stern & Stern (1907/1965) in ihrem Konvergenzprinzip ausgedrückt. Sprachliche Fähigkeiten werden demnach durch die Interaktion eines angeborenen Potentials mit der Auswirkung von Umweltfaktoren aufgebaut. Analoges gilt für die Gegenüberstellung von aktiv und passiv. Das Kind ist Umwelteinflüssen insofern passiv ausgeliefert, als es sich im Spracherwerbsprozeß den konventionellen Regeln der Sprache seiner Umgebung anpassen muß. Andernfalls kann es sich nicht verständlich machen bzw. versteht seine Mitmenschen nicht. Auf der anderen Seite ist das Kind am Entwicklungsprozeß aktiv beteiligt, indem es die in seiner Sprachumwelt vorherrschenden Regeln der Bestimmung von Form, Bedeutung und Sprachgebrauch entdeckt bzw. seine eigenen

Hypothesen hinsichtlich der Beziehungen zwischen den Formen, Bedeutungen und Funktionen des vorgefundenen Sprachsystems entwickelt und testet (Deutsch, 1981, S. 1 f.).

Die Tatsache, daß nur der Mensch über eine differenzierte Lautsprache verfügt, die Universalität einzelner Entwicklungsschritte, ihre Schnelligkeit und ungefähre zeitliche Begrenzung, all dies läßt sich nur mit der biologischen Ausstattung des Menschen erklären. Auch die relativ geringe Bedeutung von Übung und Training für den Grammatikerwerb – über die Gelegenheit zum Hören von Sprache und die eigene sprachliche Äußerung in der sozialen Interaktion hinaus – belegt den Einfluß der Anlagen. Damit ist allerdings noch nicht beschrieben, *wie* die Anlagen ihre Wirkungen ausüben und *warum* die Spracherwerbsprozesse in der beobachteten Art und Reihenfolge ablaufen.

Gemäß dem oben erwähnten Konvergenzprinzip bedeutet das Vorhandensein biologischer Grundlagen des Spracherwerbs nicht, daß dieser von der Sprachumwelt unabhängig ist. Im Gegenteil: die Einschränkung des (universellen) Lautpotentials auf das Lautrepertoire der Sprachumwelt und die Übernahme der Muttersprache, bis hin zu regionalen Dialektfärbungen und Worten, lassen sich nur mit umweltgesteuerten Prozessen des Verstärkungs- und Imitationslernens erklären. Auch die Art der – prinzipiell willkürlichen – Zuordnung von Objekten und ihrer sprachlichen Bezeichnung sowie der Erwerb konnotativer Bedeutungen (vgl. hierzu Kap. 2.4.5) ist mit Prinzipien des assoziativen Lernens darstellbar. In Schwierigkeiten gerät ein an der Umwelt orientierter passiver Lernansatz erst, wenn er den Aufbau grammatischer Regeln, insbesondere auch die Schnelligkeit ihres Erwerbs, und die eigenständigen, von der Sprachumwelt abweichenden (nicht verstärkten oder vorgegebenen) Wortschöpfungen und Regelbildungen erklären soll.

An diesem Punkt setzt die Kognitive Entwicklungstheorie an. Weder die biologische Disposition zum Spracherwerb noch die Einflüsse der Sprachumwelt allein liefern eine ausreichende Grundlage für den Spracherwerb des Kindes. Hinzukommen müssen aktive Verarbeitungsprozesse auf seiten des Kindes, die – wie im Abschnitt 4.4 dargelegt – in enger Beziehung zur allgemeinen kognitiven Entwicklung stehen. Daß Kinder darauf aus sind, Regelhaftigkeiten in der Sprache ihrer Umwelt zu finden und daraus eigene Regeln entwickeln, die sie von nun an kreativ auf neues Sprachmaterial anwenden, ist gut dokumentiert (Clark, 1983; Deutsch, 1981; Maratsos, 1983). Der Lernumwelt kommt dabei hauptsächlich die Rolle zu, durch eine auf den Entwicklungsstand des Kindes abgestimmte Stimulation und Konversation die aktive Auseinandersetzung mit der Sprache zu fördern. Die vorgefundene Ähnlichkeit der Spracherwerbsprozesse bei verschiedenen Kindern ist auf die Ähnlichkeit der kognitiven Entwicklung von Kindern und die Gemeinsamkeiten entwicklungsabhängiger Erfahrungen zurückzuführen.

6. Zusammenfassung

Die *Sprachentwicklung* läßt sich hauptsächlich unter drei Aspekten betrachten: der *Form* (Grammatik), der *Bedeutung* (Semantik) und der *Mitteilungsfunktion* (Kommunikation) sprachlicher Äußerungen.

Der *Grammatikerwerb* im Kindesalter wird meist nach der Anzahl von Wörtern in einer Satzeinheit in die Phasen der Einwort-, der Zweiwort- und der Dreiwort- und Mehrwortäußerungen untergliedert. Die Anfänge der Sprachentwicklung wurden in der frühen Sprachentwicklungspsychologie vor allem als den Regeln der sog. *Pivot-Grammatik* und der *telegraphischen Sprache* folgend betrachtet. Weitere Untersuchungsgegenstände sind der Anstieg der *mittleren Äußerungslänge* und der *Erwerb grammatischer Morpheme*. Generell scheint zu gelten, daß Kinder die formalen Regeln ihrer Muttersprache sowohl über das Verstehen der Bedeutung, die durch die betreffende Regel ausgedrückt wird, als auch auf dem Wege eines rein formal-sprachlichen Lernens erwerben.

Was die einzelnen Wörter in einer Sprache bedeuten, wird zu einem großen Teil zwischen dem zweiten und sechsten Lebensjahr gelernt. Dabei werden viele Wörter von kleinen Kindern anders, d.h. weiter oder enger, verstanden und gebraucht als von Erwachsenen. Zur Erklärung des *Wortbedeutungserwerbs* im Kindesalter gibt es vier verschiedene Ansätze: die *semantische Merkmalstheorie*, die *Theorie des funktionalen Kerns*, die *Prototyptheorie* und die *lexikalische Kontrasttheorie*. Alle vier Theorien decken jeweils nur einen Teil der für den Erwerb von Wortbedeutungen relevanten Prozesse und Gesetzmäßigkeiten ab. Je nach dem Inhalt des Wortes und nach dem Kontext seiner individuellen Entstehungsgeschichte können verschiedene Arten von Merkmalen (perzeptuelle, funktionale, lokative oder emotionale) im Vordergrund stehen. Auch intraindividuell kann die Bedeutung eines Wortes von Mal zu Mal variieren.

Zur Sprachentwicklung gehört auch der Erwerb *kommunikativer Fähigkeiten*, d.h. der Kompetenz, sprachliche Äußerungen unter Einbeziehung ihres situativen und sozialen Kontexts zu produzieren bzw. zu verstehen. Wichtige kommunikative Fähigkeiten, die sich im Kindesalter herausbilden, sind: die *Aufrechterhaltung eines Gesprächs*, die *richtige Einschätzung und Berücksichtigung des Wissens und der Absichten anderer* (referentielle Kommunikationskompetenz), *Benennungsflexibilität* und verschiedene *metalinguistische Fähigkeiten*. Eine besondere Bedeutung für den Erwerb kommunikativer Fähigkeiten kommt der Mutter als wichtigstem Interaktions- und Kommunikationspartner des Kindes zu. Die speziellen Charakteristika der an kleine Kinder gerichteten mütterlichen Sprache (Vereinfachungen, Wiederholungen, Betonungen) scheinen eher kommunikative und affektive Funktionen als eine im engeren Sinne Sprachlehrfunktion zu erfüllen.

Biologische Theorien des Spracherwerbs beschäftigen sich hauptsächlich mit den aus der genetischen Ausstattung beim Menschen resultierenden *Universalien der Sprachentwicklung*. Sie beziehen sich fast ausschließlich auf die formale Struktur des Sprachsystems (Grammatikerwerb). Die Bereitschaft zum

Spracherwerb und zur Verarbeitung sprachlicher Informationen gilt als dem Menschen angeboren. Sie ermöglicht ihm, die Lautmuster, Wortbedeutungen und formalen Regeln der Sprache seiner Umwelt zu erschließen und zu übernehmen. Die Umwelt liefert dabei nur das Rohmaterial, an dem sich die Sprachbereitschaft des Kindes betätigt. Der Hauptmangel der nativistischen Position ist, daß die Arbeitsweise des angenommenen angeborenen Spracherwerbsapparats, d.h., wie aus bestimmten Sprachdaten Regeln abgeleitet werden, einer empirischen Untersuchung kaum zugänglich ist.

In den *psychoanalytischen Entwicklungstheorien* spielt die Sprache keine bedeutende Rolle. Nur sehr begrenzte Ausschnitte des Spracherwerbs in der frühen Kindheit geraten ins Blickfeld; so z.B. der Erwerb von *Nein* und *Ja*. Diese Phänomene interessieren den Psychoanalytiker außerdem weniger für sich genommen als in ihrem Zusammenhang mit der Triebentwicklung und der Ichreifung. Das Sprechen des Kindes wird in erster Linie als Mittel zur Äußerung von Triebbedürfnissen betrachtet, das ihm hilft, vom unmittelbaren motorischen Ausdruck seiner Bedürfnisse unabhängiger zu werden (*Sprache als Sekundärprozeß*).

Nach Auffassung der *Sozialen Lerntheorie* wird Sprache vor allem nach den Gesetzmäßigkeiten des Operanten Konditionierens und des Imitationslernens erworben. Unter Sprache verstehen Lerntheoretiker dabei im wesentlichen einzelne Wörter, mit denen Personen, Dinge, Tätigkeiten, Befindlichkeiten oder Relationen von Personen und Dingen benannt werden. Wörter werden als willkürliche Kombinationen von Lauten aufgefaßt, Sätze als Kombinationen von Wörtern. Untersuchungsgegenstand ist eher das *Auftreten verbaler Äußerungen bei konkreten Sprechern* (verbal behavior) als der formale Aufbau des Sprachsystems und seiner Entwicklung (language development). Den Nachweis, daß Sprache nach den Gesetzmäßigkeiten der sozialen Lerntheorie erlernt wird, hat man u.a. mit verschiedenen Sprachtrainingsprogrammen bei Affen zu erbringen versucht. Verstärkung und Nachahmung sind am ehesten für die Lautentwicklung und den Wortschatz von Bedeutung. Sie vermögen jedoch die eigenständigen Wortschöpfungen und Regelbildungen der Kindersprache nicht hinreichend zu erklären.

Anhänger einer *Kognitiven Theorie* betrachten den Spracherwerb des Kindes im Kontext der allgemeinen geistigen Entwicklung. Der Erwerb der Muttersprache ist ein *aktiver Prozeß der Konstruktion sprachlicher Fähigkeiten.* Es werden nur die sprachlichen Formen und Bedeutungen verstanden bzw. produziert, für die die entsprechenden kognitiven Voraussetzungen gegeben sind. Damit rückt die Frage nach dem Verhältnis von *Sprache und Denken* in den Blickpunkt des Interesses. Nach Auffassung der kognitiven Theorie ist die Entwicklung des Denken der Sprachentwicklung sachlogisch und im zeitlichen Verlauf vorgeordnet. Beim Erlernen des formalen Aufbaus der Sprache trennen einige Autoren zwischen der *Bedeutung einer Form* (z.B. Gegenwart einer Handlung) und ihrem *formal-korrekten Ausdruck* (z.B.: *Er geht*). Die – zuerst gelernten – Bedeutungen werden als universell angesehen, nur die formalsprachlichen Ausdruckformen sollen von Sprache zu Sprache variieren.

Welche Denkoperationen und informationsverarbeitenden Prozesse im einzelnen beim Sprachverstehen und bei der Sprachproduktion ablaufen, ist bisher nur auf einer sehr allgemeinen Ebene beschrieben. Außerdem wird zu wenig berücksichtigt, daß es neben kognitiv fundierten Spracherwerbsprozessen auch ein rein formal-sprachliches Regellernen gibt. Schließlich werden von kognitiven Theoretikern die sozialen Interaktionen, die den Spracherwerb beim Kind anregen und unterstützen, vernachlässigt.

Betrachtet man die verschiedenen Spracherwerbsprozesse in ihrem Zusammenhang, so stellt sich die Entdeckung und Herstellung von Beziehungen zwischen den sprachlichen Formen einerseits und den Bedeutungen und Funktionen, die durch diese Formen ausgedrückt werden können, andererseits als Hauptaufgabe für das Sprache lernende Kind dar.

Die Sprachentwicklung im Kindesalter zeigt folgenden *typischen Verlauf*: nach einer *vorsprachlichen Phase* beginnt mit dem Auftreten des *ersten bedeutungshaltigen Wortes* der eigentliche Spracherwerb. Bis zum Ende des zweiten Lebensjahres wächst der *Wortschatz* sprunghaft an, und es treten die ersten *Zweiwortäußerungen* auf. Vom dritten bis zum sechsten Lebensjahr nimmt der Wortschatz weiter auffällig zu, es werden eine Reihe *grammatischer Morpheme* erworben, die mittlere *Satzlänge* wird zunehmend größer, und es können allmählich *komplexere Satzstrukturen* gebildet und verstanden werden. Die weitere Entwicklung der Sprache im Schulalter ist eher durch den *Ausbau* und die *Verbesserung* der *früher erworbenen Sprachfähigkeiten* gekennzeichnet als durch den Erwerb neuer Fähigkeiten.

Zum Weiterstudium empfohlene Lektüre

Eine gut lesbare Einführung zum aktuellen Forschungsstand der Sprachentwicklungspsychologie unter den drei Hauptaspekten Grammatik, Semantik und Kommunikation liefert:

SZAGUN, G. (1986). *Sprachentwicklung beim Kind. Eine Einführung*. 3. Aufl. München: Psychologie-Verlags-Union.

Theorien und Ergebnisse der Sprachentwicklungspsychologie bis Mitte der 70er Jahre, ebenfalls nach den drei Hauptaspekten untergliedert, werden zusammenfassend dargestellt in:

GRIMM, H. (1977a,b). *Psychologie der Sprachentwicklung. Bd. I: Allgemeine Grundlagen und Entwicklung grammatischer Formen. Bd. II: Entwicklung der Semantik und der sprachlichen Kommunikation*. Stuttgart: Kohlhammer.

Beiträge, die den funktionalen Aspekt der Sprache betonen und die wechselseitigen Zusammenhänge zwischen sprachlichen Formen, Bedeutungen und dem Sprachgebrauch deutlich machen, enthält der Sammelband:

DEUTSCH, W. (Ed.). (1981). *The child's construction of language*. New York: Academic Press.

Sammlungen wichtiger Beiträge der Sprachentwicklungspsychologie, darunter viele „klassische" Arbeiten amerikanischer Forscher in deutscher Übersetzung, finden sich in:

BÜHLER, H. & MÜHLE, G. (Hrsg.). (1974). *Sprachentwicklungspsychologie*. Weinheim: Beltz.

PRILLWITZ, S., JOCHENS, B. & STOSCH, E. (Hrsg.). (1975). *Der kindliche Spracherwerb*. Braunschweig: Westermann.

Eine reichhaltige Quelle für Anschauungsmaterial zur Kindersprache ist das auf detaillierten Tagebuchaufzeichnungen über die Entwicklung der eigenen drei Kinder basierende Buch des Ehepaars STERN:

STERN, C. & STERN, W. (1907). *Die Kindersprache: eine psychologische und sprachtheoretische Untersuchung*. Leipzig: Barth. (Nachdruck 1965, Darmstadt: Wissenschaftliche Buchgesellschaft).

Kapitel 12:

Entwicklung der Geschlechtstypisierung

1. Die Bedeutung der Geschlechtsvariable

Die Geschlechterdifferenzierung in männlich und weiblich ist ein grundlegendes *biologisches* Faktum und ein wesentliches Merkmal der *sozialen* Realität. Für das Individuum ist die Geschlechtszugehörigkeit von herausragender Bedeutung. Die beim Neugeborenen vorgenommene Einordnung in männlich oder weiblich – sprachlich fixiert in einem Jungen- oder Mädchennamen – wird ein Leben lang beibehalten, sie bestimmt nicht nur die spätere sexuelle Orientierung und das Sexualverhalten im engeren Sinne, sie beeinflußt auch wesentliche Teile der Persönlichkeitsentwicklung und den Ablauf sozialer Interaktionen.

Zur Bezeichnung sämtlicher Phänomene, die mit der biologischen, sozialen und psychischen Geschlechterdifferenzierung verknüpft sind, eignet sich am besten der Begriff *Geschlechtstypisierung* (englisch: *sex-typing*). Er umfaßt sowohl Geschlechtsunterschiede in physischen Merkmalen, in der äußeren Erscheinung und im Verhalten, als auch Kognitionen, Einstellungen und Verhaltensmuster, die sich auf die vom Individuum wahrgenommene Geschlechterdifferenzierung in diesen Merkmalen beziehen.

Während das biologische Geschlecht eines Individuums invariant ist, bilden sich Geschlechtsunterschiede in physischen und psychischen Merkmalen im Laufe der Entwicklung erst heraus (oder verschwinden auch wieder). Was es bedeutet, männlich oder weiblich zu sein, also die Wahrnehmung und Verarbeitung der eigenen Geschlechtstypisierung und der Geschlechtstypisierung der sozialen Umwelt, unterliegt ebenfalls einer Entwicklung.

Biologische Bedeutung der Geschlechterdifferenzierung

Eine Differenzierung in männlich und weiblich hat sich im Laufe der *Phylogenese* herausgebildet. Sie entwickelt sich in jeder Generation neu in der individuellen *Ontogenese*. Die Entstehung von zwei Geschlechtern wird von Biologen auf den Evolutionsvorteil der geschlechtlichen Fortpflanzung zurückgeführt (vgl. Bischof, 1980; Merz, 1979). Die dadurch jeweils entstehenden Neukombinationen von Erbinformationen (Genmischungen) scheinen am besten die von der Art zu erbringenden Anpassungsleistungen zu gewährleisten.

Die primäre Determination des Geschlechts ist in den *Geschlechtschromosomen* verankert (XX = weiblich; XY = männlich). Der spezielle genetische Mechanismus, der bei verschiedenen Arten die Geschlechterdifferenzierung bewirkt, ist jedoch recht unterschiedlich. Auch hängt der geschlechtliche Phänotyp bei verschiedenen Arten unterschiedlich stark von Umwelteinflüssen ab (MERZ, 1979). Nicht artspezifisch scheint hingegen die Wirkung der Sexualhormone zu sein (NEUMANN, 1980).

Die biologisch determinierte Differenzierung der Geschlechter drückt sich beim Menschen in einer Reihe geschlechtsspezifischer anatomischer und physiologischer Merkmale aus. So haben Frauen im Regelfall weibliche innere und äußere Geschlechtsorgane, sie haben Brüste, sie menstruieren, sie können schwanger werden und gebären, und sie können ein Baby nähren. Männer haben im Regelfall männliche innere und äußere Geschlechtsorgane, sie haben Bartwuchs, sie ejakulieren, und sie können eine Frau schwängern.

Soziale Bedeutung der Geschlechterdifferenzierung

Welchem Geschlecht jemand angehört, ist neben dem Alter das wichtigste zur allgemeinen Charakterisierung eines Menschen herangezogenene Merkmal. Die Geschlechtszugehörigkeit wird im Paß festgehalten, sie geht in die soziale Anrede ein und bestimmt das menschliche Zusammenleben in vielerlei Hinsicht. Sie ist nicht nur für das Sexualverhalten im engeren Sinne und das Verhältnis der Geschlechter zueinander von Bedeutung. Schon vor der Geburt eines Kindes beschäftigt die werdenden Eltern besonders die Frage, ob *es* ein Junge oder ein Mädchen wird. Verwandte und Bekannte wollen zuerst das Geschlecht eines Neugeborenen erfahren, ehe sie sich für den Gesundheitszustand von Mutter und Kind oder für andere Charakteristika des Babys interessieren (INTONS-PETERSON & REDDEL, 1984).

Mit dem Geschlecht sind eine Vielzahl von *Rollenerwartungen* und *Rollendifferenzierungen* verknüpft. So variieren z.B. das Spielzeugangebot für Kinder, Kleidungsvorschriften, Ausbildungsgänge und Berufstätigkeiten mehr oder weniger stark mit der Geschlechtszugehörigkeit. Die gesamte gesellschaftliche Arbeitsteilung ist eng mit der Geschlechterdifferenzierung verbunden (EKKERT, 1979; ROSALDO & LAMPHERE, 1974).

Die auf das Geschlecht bezogenen Rollenerwartungen könnten eine soziale Reaktion auf biologisch oder sozio-ökonomisch bedingte Geschlechtsunterschiede sein, die diesen Unterschieden nachträglich normativen Charakter verliehen haben. Die geschlechtstypischen Rollendefinitionen bzw. ihre Weitergabe im Sozialisationsprozeß könnten aber auch erst zu den beobachteten Verhaltensunterschieden zwischen den Geschlechtern geführt haben.

Die gesellschaftliche Brisanz der sozialen Geschlechterdifferenzierung rührt vor allem daher, daß die traditionellen Geschlechtsrollen gegen den Gleichheitsgrundsatz verstoßen, indem (überwiegend) Frauen benachteiligt werden (z.B. weniger Führungspositionen einnehmen oder schlechter bezahlt werden). Im Zusammenhang damit ist auch zu sehen, daß – zumindest in den industrialisierten Ländern – die für die männliche Population typischen Merkmale einen höheren Prestigewert besitzen als die für die weibliche Population typischen Merkmale.

Unbestritten ist, daß die Entstehung zweier biologischer Geschlechter phylogenetische Grundlagen hat. Unbestreitbar ist aber auch, daß – abgesehen von den biologisch bedingten geschlechtsspezifischen Merkmalen – keine sachlogische Notwendigkeit besteht, soziale Differenzierungen an das biologische Geschlecht zu binden.

Individuelle Bedeutung der Geschlechterdifferenzierung

Aufgrund des hohen biologischen und sozialen Stellenwerts der Geschlechtsvariable ist es nicht verwunderlich, daß dem Geschlecht für die individuelle Entwicklung eine besondere Bedeutung zukommt. Eine angemessene Beschreibung der intraindividuellen Veränderungen und der interindividuellen Unterschiede der Geschlechtstypisierung ist nur dann möglich, wenn diese in ihrem Zusammenhang mit den biologischen und sozialen Grundlagen der Geschlechterdifferenzierung gesehen werden.

Das Verhältnis zwischen Geschlecht und Individuum läßt sich vorrangig entweder unter einer differentiell- psychologischen Perspektive oder unter einer entwicklungspsychologischen Perspektive betrachten (TRAUTNER, 1987b). Im ersten Fall wird das Geschlecht als unabhängige Variable gesetzt und primär nach Unterschieden zwischen den Geschlechtern gefragt. Dies ist der Gegenstand der Forschung über *Geschlechtsunterschiede*. Im zweiten Fall interessiert man sich für Gesetzmäßigkeiten des Erwerbs und der Veränderungen geschlechtsbezogener Kognitionen, Einstellungen und Verhaltensmuster bei männlichen und weiblichen Individuen. Dies wird in der Psychologie meist unter dem Stichwort *Geschlechtsrollenentwicklung* abgehandelt. Der Begriff *Geschlechtsrolle* bezeichnet dabei die für das männliche bzw. weibliche Geschlecht als angemessen betrachteten, kulturell erwarteten oder vorgeschriebenen Fähigkeiten, Interessen, Einstellungen und Verhaltensweisen (TRAUTNER, 1989).

2. Differentiell-psychologische und entwicklungspsychologische Fragestellungen

2.1 Geschlechtsunterschiede

Definition von Männlichkeit und Weiblichkeit

Seit dem Altertum wurden Männer und Frauen als in ihrem Wesen grundverschieden angesehen. Die – von Männern verfaßten – historischen Darstellungen beschäftigten sich vor allem mit dem Wesen der Frau bzw. ihrer Verschiedenheit vom Mann (vgl. BÖNNER, 1973; LERSCH, 1974; WEININGER, 1903). Die angenommenen Geschlechtsunterschiede wurden als natürlich und gottgegeben betrachtet.

Auch in der empirischen Psychologie stand am Anfang die Frage nach dem typisch Männlichen und dem typisch Weiblichen im Vordergrund. Zur Untersuchung dieser Frage hatten die Versuchspersonen entweder vorgegebene Eigenschaften danach zuzuordnen, ob sie eher auf den typischen Mann oder eher auf die typische Frau zutreffen, oder sie hatten sich selbst hinsichtlich als maskulin oder feminin geltender Eigenschaften einzuschätzen. Der erste Forschungsansatz beinhaltet die Feststellung von *Geschlechtsrollenstereotypen* (BASOW, 1986; BROVERMAN, VOGEL, BROVERMAN, CLARKSON & ROSENKRANTZ, 1972; WILLIAMS & BEST, 1982). Der zweite Forschungsansatz richtet sich auf die Untersuchung des *Selbstkonzepts eigener Maskulinität – Femininität* (HEILBRUN, 1976; SPENCE & HELMREICH, 1978; TERMAN & MILES, 1936).

Einige in der Literatur häufig angetroffene Beschreibungsmerkmale der Maskulinität – Femininität sind in der Tabelle 12.1 aufgeführt (entnommen aus TRAUTNER, 1987a).

Tabelle 12.1: Typische Beschreibungsmerkmale von Maskulinität und Femininität in gebräuchlichen M-F-Skalen (aus TRAUTNER, 1987a, S. 31).

Maskulinität	Femininität
aggressiv, aktiv, dominant, ehrgeizig, erfolgreich, grob, kompetent, leistungsorientiert, mutig, rational, selbständig, selbstsicher, sorglos, stark, unternehmungslustig	ängstlich, beeinflußbar, emotional, empfindsam, freundlich, passiv, redefreudig, sozial orientiert, schüchtern, schwach, submissiv, unselbständig verträumt, warmherzig, zärtlich

Während Maskulinität – Femininität ursprünglich in Übereinstimmung mit der klassischen Vorstellung von der Polarität der Geschlechter als gegensätzliche Pole einer Dimension konzipiert worden waren (FAHRENBERG, SELG & HAMPEL, 1973; TERMAN & MILES, 1936), ist heute eher ein Untersuchungsansatz gebräuchlich, der Maskulinität und Femininität als zwei voneinander unabhängige Dimensionen auffaßt, also davon ausgeht, daß Menschen gleichzeitig sowohl maskuline als auch feminine Eigenschaften besitzen können (BEM, 1974; BIERHOFF-ALFERMANN, 1989; HEILBRUN, 1976; SPENCE & HELMREICH, 1978).

Parallel dazu vollzog sich ein Wandel in der Beurteilung des Verhältnisses zwischen der Art maskuliner – femininer Selbstbeschreibung und einer adaptiven, gesunden Persönlichkeit. Nicht mehr die mit dem biologischen Geschlecht übereinstimmende, ausgeprägt maskuline *oder* feminine Selbstbeschreibung wird als adaptiv angesehen (vgl. BILLER, 1971; KAGAN, 1964; ROSENKRANTZ, VOGEL, BEE, BROVERMANN & BROVERMAN, 1968), sondern die Vereinigung (positiver) maskuliner *und* femininer Eigenschaften in einer Person (psychische *Androgynität*; vgl. BEM, 1974; BIERHOFF-ALFERMANN, 1989; SPENCE & HELMREICH, 1978). BEM (1983, 1985) geht inzwischen noch einen Schritt weiter, indem sie die Loslösung der Selbst- und Fremdwahrnehmung vom Kriterium der Geschlechtsbezogenheit als erstrebenswertes Entwicklungsziel propagiert.

Die Gründe für den Wandel der Beurteilung der Maskulinität – Femininität für die Persönlichkeitsentwicklung sind vielfältig (z.B. methodische Unzulänglichkeiten der klassischen M-F-Skalen, empirische Unabhängigkeit von Maskulinität und Femininität, Konfundierung von Maskulinität mit sozialer Erwünschtheit, Abbau traditioneller Geschlechtsrollen) und können an dieser Stelle nicht weiter diskutiert werden (s. hierzu Huston, 1983; Keller, 1978, 1979b; Spence & Helmreich, 1978).

Auch die neueren methodischen Ansätze der unabhängigen Erfassung von Maskulinität und Femininität haben sich als problematisch erwiesen. So scheint Androgynität zumindest teilweise mit sozialer Erwünschtheit konfundiert zu sein (Helmreich, Spence & Wilhelm, 1981; Taylor & & Hall, 1982). Insbesondere maskuline Aspekte der Androgynität erwiesen sich als mit psychischer Gesundheit und Selbstwertschätzung assoziiert (Bem, 1977; Heilbrun, 1976; Jones, Chernovetz & Hansson, 1978). Außerdem sind Maskulinität und Femininität selbst nicht unidimensional, sondern enthalten jeweils mehrere Dimensionen (Ashmore & Del Boca, 1979; Ruble, 1984).

Geschlechtsspezifische und geschlechtstypische Verhaltensvariation

Die Erforschung von Geschlechtsunterschieden als Teilgebiet der Differentiellen Psychologie ist im wesentlichen auf die Beantwortung der folgenden beiden Fragen ausgerichtet: 1. Hinsichtlich welcher psychischen Merkmale (Fähigkeiten, Interessen, Persönlichkeitseigenschaften etc.) lassen sich Geschlechtsunterschiede feststellen und in welchem Ausmaß bzw. in welchem Zusammenhang sind solche Unterschiede nachweisbar? 2. Auf welche Faktoren (z.B. chromosomale, hormonelle, soziokulturelle Faktoren) lassen sich die beobachteten Geschlechtsunterschiede zurückführen? Während die im vorangegangenen Abschnitt erörterten Ansätze zur Erforschung der psychischen Maskulinität – Femininität sich ausschließlich auf (erfragte) subjektive Beurteilungen und Überzeugungen bezüglich der Unterschiede zwischen den Geschlechtern stützen, geht es bei den im folgenden behandelten Ansätzen um die objektive Feststellung beobachtbarer Verhaltens- und Leistungsunterschiede zwischen den Geschlechtern. Ein Geschlechtsunterschied wird dabei im Regelfall dann als bedeutsam angesehen, wenn sich zwischen den Geschlechtern eine signifikante Mittelwertsdifferenz ergibt (vgl. Maccoby & Jacklin, 1974; Merz, 1979).

In diesem Zusammenhang ist es notwendig, zwischen geschlechtstypischen und geschlechtsspezifischen Merkmalen zu unterscheiden. *Geschlechtsspezifisch* sollte ein Merkmal nur dann genannt werden, wenn es *ausschließlich* bei einem Geschlecht vorkommt. Dies trifft nur auf die wenigen direkt mit der Fortpflanzungsfunktion verbundenen Merkmale zu. *Geschlechtstypisch* sind alle Merkmale, die *relativ* häufiger oder intensiver bei einem Geschlecht angetroffen werden, statistisch ausgedrückt: die zwischen den Geschlechtern deutlich stärker variieren als innerhalb eines Geschlechts (s. die Abbildung 12.1).

Psychische Variablen (Fähigkeiten, Interessen, Einstellungen, Persönlichkeitsmerkmale) sind, soweit überhaupt nachweisbare Geschlechtsunterschiede auftreten, geschlechtstypisch und nicht geschlechtsspezifisch verteilt. Dies schließt nicht aus, daß an bestimmte psychische Voraussetzungen gebundene Rollendifferenzierungen, z.B. im Bereich von Berufsrollen, geschlechtsspezifisch verteilt sein können. Dies ist z.B. immer dann der Fall, wenn aufgrund entsprechender strikter sozialer Normen nur eine Geschlechtsgruppe zu einem Beruf zugelassen ist (z.B. nur Männer Soldaten oder Flugzeugpiloten sein dürfen, nur Frauen als Schreibkräfte oder Kinderbetreuer in Frage kommen). Auch außerhalb von Berufsrollen scheinen Gesellschaften dahin zu tendieren, anstelle des tatsächlich gegebenen gleitenden *Mehr-oder-Weniger* ein rigoroses *Entweder-Oder* zu setzen (Bischof, 1980). Sind Frauen z.B. im Mittel *etwas* stärker an der Pflege des Nachwuchses orientiert, Männer *etwas* ausgeprägter an außerfamiliären Dingen, so wird daraus die Erwartung oder gar die Forderung abgeleitet, *nur* Frauen sollten sich um Nachwuchspflege, *nur* Männer sollten sich um Außerfamiliäres kümmern. Die psychische Realität und das soziale Stereotyp weichen also auffällig voneinander ab (vgl. Abbildung 12.1).

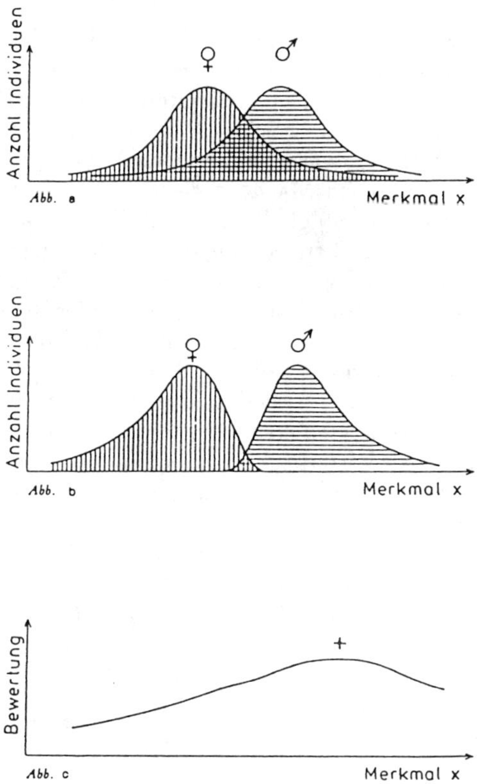

Abbildung 12.1: Psychische Realität (a), soziales Stereotyp (b) und soziale Bewertung (c) von Geschlechtsunterschieden (aus Bischof & Preuschoft, 1980, S. 40)

Um nicht bereits durch die sprachliche Formulierung beobachteter Geschlechtsunterschiede zu dieser Fehlinterpretation beizutragen, schlägt Bernard (1976) vor, anstelle der üblichen Formulierung *Frauen/Männer haben höhere Werte in Variable X*, zu sagen: *mehr Frauen (Männer) als*

Männer (Frauen) haben hohe Werte in Variable X. Letztere Formulierung macht die Überlappung der Werteverteilungen für Männer und Frauen deutlich, während die übliche Formulierung suggeriert, daß *alle* Frauen (Männer) höhere Werte als *alle* Männer (Frauen) haben.

Reale und vermeintliche Geschlechtsunterschiede

Die bekannteste und umfangreichste Zusammenstellung von Untersuchungen über Geschlechtsunterschiede findet sich in dem von Eleanor Maccoby & Carol Jacklin 1974 vorgelegten Buch *The Psychology of Sex Differences.* Die Autorinnen berücksichtigten über 2000 Studien zu Geschlechtsunterschieden in intellektuellen Fähigkeiten und in Persönlichkeitsmerkmalen, die seit dem von Maccoby (1966) herausgegebenen Buch *The Development of Sex Differences* bis etwa 1973 veröffentlicht worden waren. Für jeden Variablenbereich zählten sie die Häufigkeit der Ergebnisse *signifikante Mittelwertsdifferenzen zugunsten des einen oder anderen Geschlechts* und *keine signifikanten Mittelwertsdifferenzen* aus. Auf dieser Basis gelangten sie zu Schlußfolgerungen hinsichtlich des Vorhandenseins oder Nichtvorhandenseins von Geschlechtsunterschieden in den verschiedenen Variablenbereichen.

Gut nachgewiesen sind nach Maccoby & Jacklin (1974) Geschlechtsunterschiede in mathematischen Fähigkeiten, visuell-räumlichen Fähigkeiten und Aggressivität (jeweils höhere Werte bei Jungen bzw. Männern) sowie in verbalen Fähigkeiten (höhere Werte bei Mädchen bzw. Frauen). Entgegen weit verbreiteten Annahmen konnten sie keine konsistenten Geschlechtsunterschiede finden in analytischen Fähigkeiten, Leistungsmotivation, Selbstwertschätzung, Konformität und sozialem Interesse. Aufgrund der widersprüchlichen Befunde oder einer zu schmalen Datenbasis ließ sich für Maccoby & Jacklin (1974) die Frage nach Geschlechtsunterschieden hinsichtlich der folgenden Variablen nicht abschließend beantworten: Aktivitätsgrad, Wettbewerbsorientierung, Dominanzstreben, Nachgiebigkeit, Fürsorglichkeit, Schüchternheit, Furcht und Ängstlichkeit.

Die Schlußfolgerungen von Maccoby & Jacklin (1974), vor allem was die Zurückweisung der Annahme von Geschlechtsunterschieden betrifft, blieben allerdings nicht unwidersprochen (Block, 1976a, 1976b; L. Hoffman, 1977).

Insbesondere drei Merkmale des Vorgehens von Maccoby & Jacklin (1974) wurden kritisiert:

– Studien von unterschiedlicher methodischer Qualität wurden mit dem gleichen Gewicht in die Ergebnisanalyse einbezogen;

– Die Definition der Variablenbereiche ist zu breit und faßt unzulässigerweise unterschiedliche Variablen, die mit unterschiedlichen Erhebungsmethoden erfaßt worden sind, unter einem Konstruktbegriff zusammen;

– 75% der berücksichtigten Arbeiten beziehen sich auf Kinder im Alter bis zu 12 Jahren, obwohl das Ausmaß von Geschlechtsunterschieden im Jugend- und Erwachsenenalter, auch nach der Analyse von Maccoby & Jacklin selbst, wesentlich größer sein dürfte.

Ein grundsätzliches Problem der Interpretation von Geschlechtsunterschieden, das nicht nur die Darstellung von Maccoby & Jacklin (1974) betrifft, besteht in folgendem: Es ist schwer zu entscheiden, ob die aufgefundenen Unterschiede auf überdauernde Dispositionen hinweisen oder nur als Reaktionen auf spezifische Anforderungen der jeweiligen Versuchssituation anzusehen sind. So variiert das Ausmaß der Geschlechtsunterschiede z.B. mit dem Geschlecht des Versuchsleiters, der Vertrautheit der Versuchsperson mit der Situation, dem Interesse der Versuchsperson am Untersuchungsgegenstand und der Geschlechtsangemessenheit des untersuchten Verhaltens (Eagly & Carli, 1981; Karabenick, 1983; Rudinger & Bierhoff- Alfermann, 1979). Eine für Männer auffällig stärkere Asymmetrie von Leistungsattributionen in Richtung interner Attributionen nach Erfolg und externer Attributionen nach Mißerfolg ließ sich z.B. nur dann finden, wenn die verwendeten Aufgaben eher dem männlichen Geschlechtsrollenstereotyp entsprachen. Handelte es sich um Aufgaben, die eher mit der weiblichen Rolle assoziiert sind, so zeigte sich das betreffende Attributionsmuster auch bei Frauen (Deaux, 1976; Krahé, 1987; Rosenfield & Stephan, 1978).

Anstelle des von Maccoby & Jacklin (1974) verwendeten Verfahrens der einfachen Auszählung signifikanter und insignifikanter Mittelwertsdifferenzen (sogenannter *Box score*) stützen sich neuere Übersichtsarbeiten meist auf die Technik der *Metaanalyse* (Cohen, 1977; Glass, McGaw & Smith, 1981). Hierbei erfolgt die Integration von Forschungsergebnissen auf der Basis einer genaueren statistischen Analyse einer großen Zahl von Einzelstudien (z.B. Cooper, 1979; Hyde, 1981, 1984; Hyde & Linn, 1985; Linn & Petersen, 1985). Derartige Analysen gelangten im allgemeinen zu der Schlußfolgerung, daß das Ausmaß der Geschlechtsunterschiede im Vergleich zu den unabhängig vom Geschlecht auftretenden interindividuellen Differenzen als relativ gering einzuschätzen ist. Dies gilt auch für Variablenbereiche, in denen konsistente Geschlechtsunterschiede nachgewiesen werden konnten, wie z.B. in räumlichen und verbalen Fähigkeiten (Hyde, 1981; Plomin & Foch, 1981).

Wenn psychologische Untersuchungen statt nach Geschlechtsunterschieden nach Ähnlichkeiten der Geschlechter suchten, würde noch deutlicher, daß die meisten psychischen Variablen bei beiden Geschlechtern ein weit höheres Maß an Ähnlichkeit als an Verschiedenheit aufweisen (Degenhardt & Trautner, 1979).

Die auf der Basis der vorliegenden psychologischen Untersuchungen heute vorherrschende eher geringe Einschätzung der Bedeutsamkeit von Geschlechtsunterschieden darf allerdings nicht darüber hinwegtäuschen, daß die gesellschaftliche Rollenverteilung immer noch sehr eng mit dem Geschlecht assoziiert ist und Abweichungen von den traditionellen Geschlechtsrollen weiterhin eher die Ausnahme darstellen. Die Geschlechterdifferenzierung, die das heranwachsende Individuum in seiner sozialen Umwelt erfährt, hat – trotz der offensichtlich nur geringen Fähigkeits- und Persönlichkeitsunterschiede der Geschlechter – einen wesentlichen Einfluß auf die individuelle Entwicklung (s. dazu Abschnitt 5.).

Der scheinbare Widerspruch zwischen psychologischen Befunden und sozialer Realität hat nicht nur mit der bereits erwähnten Tendenz der gesellschaftlichen Verstärkung tatsächlich geringer Unterschiede zu tun, sondern dürfte auch damit zusammenhängen, daß die Differentielle Psychologie sich vermutlich nicht mit den für die Geschlechterdifferenzierung in der sozialen Realität entscheidenen Variablen beschäftigt. Das Hauptinteresse psychologischer Untersuchungen richtet sich, wie wir gesehen haben, auf Unterschiede in kognitiven Fähigkeiten und Persönlichkeitsmerkmalen. Offenkundige Unterschiede, wie die Zuständigkeit des Mannes für den Beruf und der Frau für Haushalt und Kinder, woraus viele weitere Differenzierungen resultieren (z.B. hinsichtlich Freizeitaktivitäten und Interessen), gehen in diese psychologischen Analysen nicht ein.

2.2 Entwicklungspsychologische Fragestellungen

Die Beschäftigung mit der Geschlechtstypisierung erfolgte in der Psychologie lange Zeit überwiegend unter der im vorangegangenen Abschnitt skizzierten differentiell-psychologischen Perspektive der Erforschung von Geschlechtsunterschieden. Entwicklungspsychologische Überlegungen kamen dabei nur soweit ins Spiel als man sich dafür interessierte, in welchen Entwicklungsabschnitten sich einzelne Geschlechtsunterschiede herausbilden und wie es jeweils zu diesen Unterschieden kommt.

Unter entwicklungspsychologischer Perspektive ist nicht nur die Verhaltensdifferenzierung der Geschlechter von Interesse, sondern auch, wie männliche und weibliche Individuen im Laufe der Ontogenese ihre eigene Geschlechtstypisierung und die Geschlechtstypisierung in ihrer sozialen Umwelt wahrnehmen und verarbeiten (TRAUTNER, HELBING, SAHM, PENNIG & DEGENHARDT, 1989a). Jedes heranwachsende Individuum erwirbt die Erkenntnis, daß die Menschheit in zwei Geschlechter aufgeteilt ist und daß die Geschlechtszugehörigkeit invariant ist. Es lernt darüber hinaus, mit der Geschlechtszugehörigkeit bestimmte Merkmale bzw. Merkmalsausprägungen zu verbinden, und es erwirbt positive oder negative Einstellungen zu geschlechtstypischen Merkmalen und zu den beiden Geschlechtern generell. Die Analyse der Veränderungen geschlechtstypischen Verhaltens ist demnach nur einer von mehreren Aspekten der Entwicklung der Geschlechtstypisierung.

In der Entwicklung der Geschlechtstypisierung wirken biologische, soziokulturelle und individuelle Faktoren auf komplexe Weise zusammen (s. Abschnitt 5.). Für den Entwicklungspsychologen sind in diesem Zusammenhang die für beide Geschlechter gemeinsam geltenden Gesetzmäßigkeiten der Entwicklungsprozesse von größerem Interesse als Unterschiede in der Entwicklung von männlichen und weiblichen Individuen.

Entwicklungsmerkmale der Geschlechtstypisierung

In der Literatur trifft man auf unterschiedliche begriffliche Einteilungen von Dimensionen oder Merkmalen der Entwicklung der Geschlechtstypisierung.

In Anlehnung an HUSTON (1983) erscheint die Unterscheidung der folgenden vier Entwicklungsmerkmale der Geschlechtstypisierung heuristisch am brauchbarsten:

(1) *Identität* oder *Selbstwahrnehmung* als männlich (maskulin) oder weiblich (feminin);

(2) *Konzepte* und *Überzeugungen* hinsichtlich der (physischen und psychischen) Geschlechterdifferenzierung;

(3) *Einstellungen* und *Präferenzen* bezüglich geschlechtstypischer Eigenschaften oder Aktivitäten sowie der Zugehörigkeit zu einer Geschlechtsgruppe;

(4) Manifestierung *geschlechtstypischen Verhaltens.*

Jedes Entwicklungsmerkmal (HUSTON spricht von Konstrukten) kann sich wiederum auf verschiedene Inhaltsbereiche richten: 1. biologische oder physische Variablen, 2. Fähigkeiten und Interessen, 3. Persönlichkeitseigenschaften und Sozialverhalten, 4. soziale Beziehungen oder 5. stilistische und symbolische Merkmale.

Aus der Unterscheidung von vier Entwicklungsmerkmalen und fünf Inhaltsbereichen ergibt sich die in Tabelle 12.2 dargestellte 4 x 5 Matrix von Variablen der Geschlechtstypisierung (mit geringfügigen Änderungen entnommen aus HUSTON, 1983, S. 390f.; Übers. v. Verf.).

Für die einzelnen Felder der Matrix hat die Entwicklungspsychologie folgende drei Fragen zu beantworten:

(1) *Wie* erwirbt das heranwachsende Individuum das betreffende Entwicklungsmerkmal? (2)*Wann* finden die einzelnen Erwerbsprozesse statt? (3)*Wie hängen* die Entwicklungsveränderungen in den verschiedenen Entwicklungsmerkmalen miteinander *zusammen*? Antworten auf diese Fragen finden sich im Abschnitt 3. dieses Kapitels.

Es ist HUSTON (1983) in ihrer Einschätzung zuzustimmen, daß widersprüchliche Befunde und Schlußfolgerungen in der Literatur zur Entwicklung der Geschlechtstypisierung sich zu einem großen Teil darauf zurückführen lassen, daß die verschiedenen Untersuchungen jeweils unterschiedliche Entwicklungsmerkmale und/oder Inhaltsbereiche zum Gegenstand haben, ohne dies durch Verwendung entsprechend spezifizierter Begriffe kenntlich zu machen. Der häufigste Fall ist eine unzulässige Verallgemeinerung von einem Feld der Matrix (z.B. Spielzeugpräferenzen) auf ein anderes Feld (z.B. maskuline/feminine Geschlechtsidentität) oder auf mehrere Felder (z.B. Geschlechtsrollenpräferenzen in anderen Inhaltsbereichen).

Traditionelle und neuere Sichtweise der Entwicklung der Geschlechtstypisierung

Lange Zeit wurde die Entwicklung der Geschlechtstypisierung in der Psychologie weitgehend gleichgesetzt mit der Herausbildung geschlechtstypischer Verhaltensmuster und Einstellungen im Rahmen der familiären Sozialisation von Kindern. Genannt wurde dieser Prozeß *Geschlechtsrollenübernahme* oder – noch enger – *Geschlechtsrollenidentifikation* (vgl. HETHERINGTON, 1965; 1967; MUSSEN, 1969; SEARS, RAU & ALPERT, 1965; WARD, 1969).

Mit dieser Sichtweise sind drei grundlegende Annahmen verbunden:

(1) Der Erwerb der von der Elterngeneration vorgegebenen soziokulturellen

Tabelle 12.2: Eine Matrix von Entwicklungsmerkmalen der Geschlechtstypisierung über verschiedene Inhaltsbereiche (nach HUSTON, 1983, S. 390f.; Übers. v. Verf.)

	Entwicklungsmerkmal			
Inhaltsbereich	A. Konzepte, Überzeugungen	B. Identität, Selbstwahrnehmung	C. Präferenzen, Einstellungen, Werthaltungen	D. Manifestierung im Verhalten
1. Biologisches Geschlecht	A1. Geschlechtskonstanzerkennenen, einschließlich ihrer biologischen Fundierung	B1. Geschlechtsidentität als Junge/Mann oder Mädchen/Frau	C1. Präferenz für eine (die eigene) Geschlechtsgruppe verbunden mit größerer Wertschätzung eines Geschlechts	D1. Zeigen geschlechtsspezifischer körperlicher Merkmale (einschließlich Figur, Frisur, Kleidung etc.)
2. Aktivitäten und Interessen (Spielaktivitäten, berufliche und häusliche Aufgaben, Leistungsbereich)	A2. Wissen über Geschlechtsstereotypen, Geschlechtsrollenkonzepte hinsichtlich Aktivitäten, Interessen und Fähigkeiten	B2. Selbstkonzept eigener Maskulinität-Feminität bezüglich Interessen und Fähigkeiten	C2. Positive Bewertung/Bevorzugung geschlechtstypisierter Spielzeuge, Spiele, Leistungsbereiche und anderer Aktivitäten	D2. Beteiligung an geschlechtstypisierten Spielen, Aktivitäten, Beschäftigungen, Tätigkeiten
3. Persönlichkeitsmerkmale und Sozialverhalten	A3. Konzepte hinsichtlich geschlechtstypischer Persönlichkeitsmerkmale und sozialer Verhaltensweisen	B3. Selbstkonzept der Maskulinität-Femininität bezüglich von Persönlichkeitsmerkmalen und Sozialverhalten	C3. Präferenzen oder Bewertungen hinsichtlich geschlechtstypisierter Persönlichkeitsattribute und sozialer Verhaltensweisen	D3. Äußerung geschlechtstypischer Persönlichkeitszüge und sozialer Verhaltensweisen (z.B. Aggression, Abhängigkeit)

4. Geschlechtsabhängige soziale Beziehungen (Geschlecht von Freunden, Sexualpartnern, des bevorzugten Elternteils, von Vorbildern und geliebten Personen)	A4. Kenntnis geschlechtstypischer Normen für soziale Beziehungen auf der Basis des Geschlechts	B4. Selbstwahrnehmung der Geschlechtstypisierung eigener Muster von Freundschaft, sozialen Beziehungen oder sexueller Orientierung	C4. Bevorzugung männlicher oder weiblicher Freunde, Partner, Vorbilder; Einstellungen bezüglich geschlechtsbezogener Interaktionsmuster anderer	D4. Beteiligung an sozialen oder sexuellen Aktivitäten auf der Basis der Geschlechtszugehörigkeit der Beteiligten
5. Verhaltensstil und symbolischer Ausdruck (Nonverbales Verhalten, Sprache und Sprechweise, Spielweise, Phantasie, Zeichnungen, Tempo etc.)	A5. Erkennen geschlechtstypischer Verhaltensstile und Ausdrucksweisen	B5. Wahrnehmung der Geschlechtstypisierung des eigenen Verhaltensstils, verbaler sowie nonverbaler Ausdrucksweisen	C5. Einstellungen und Präferenzen hinsichtlich persönlicher Verhaltensstile und Ausdrucksweisen sowie verbaler und nonverbaler Verhaltensmuster	D5. Manifestierung geschlechtstypischer verbaler und nonverbaler Verhaltensstile, Phantasie, Art zu zeichnen etc.

Standards von geschlechtsangemessenen Verhaltensmustern und Einstellungen gilt als quasi naturgegebenes, für die psychische Gesundheit notwendiges *Entwicklungsziel* (*Anpassungshypothese*).

Der *Inhaltsaspekt* (welche Standards erworben werden) dominiert dabei gegenüber dem *strukturellen Aspekt* (z.B. der Flexibilität der Standards).

(2) Theorie und Empirie sind auf Entwicklungsprozesse im *Kindesalter* zentriert, mit dem Schwerpunkt Vorschulalter. In diesem Entwicklungsabschnitt sollen die entscheidenden, die gesamte weitere Entwicklung prägenden Prozesse stattfinden, z.B. was die spätere psychische Maskulinität – Femininität und die (hetero-)sexuelle Orientierung betrifft (*Früherfahrungshypothese*).

(3) Den *Eltern* kommt für den Aufbau der Geschlechtstypisierung ihrer Kinder die entscheidende Bedeutung zu, sei es aufgrund der von ihnen gegebenen Bekräftigungen, ihres eigenen Modellverhaltens oder ihrer gefühlsmäßigen Beziehung zum Kind (*Identifikationshypothese*).

Zwei weitere Charakteristika der klassischen Betrachtungsweise der Geschlechtstypisierung erscheinen erwähnenswert:

(4) Theorie und Empirie beschäftigen sich vorrangig mit der *männlichen* Entwicklung.

(5) Anstelle einer entwicklungspsychologischen Analyse intraindividueller Veränderungen werden meistens differentiell-psychologische Fragen *interindividueller Differenzen* untersucht.

Auf eine vorrangige Beschäftigung mit der männlichen Entwicklung trifft man im übrigen auch in anderen psychologischen Problemfeldern, z.B. in der Moral- und Leistungsmotivationsforschung. In der Forschung über Geschlechtsunterschiede und Geschlechtsrollen ist dieser lange vorherrschende männliche Bias inzwischen allerdings ins Gegenteil umgeschlagen. Nun beherrschen „Frauenfragen" die Diskussion. Um dem Rechnung zu tragen, wurde z.B. 1973 innerhalb der Amerikanischen Psychologenvereinigung APA eine eigene Sektion *Psychology of Women* gegründet. In vielen Ländern, so auch in der BRD, wurden sogenannte Leitstellen für Frauenfragen, Frauenbeauftragte, Zentren für Frauenforschung u.ä. eingerichtet.

Vor allem bedingt durch die Frauenbewegung und die Bemühungen zur Aufhebung der Benachteiligung von Frauen haben sich seit den 70er Jahren in der entwicklungspsychologischen Auseinandersetzung mit Problemen der Geschlechtstypisierung eine Reihe auffälliger Veränderungen vollzogen. An die Stelle der Übernahme traditioneller Geschlechtsrollenstandards als universellem Entwicklungsziel ist die Vereinigung positiver maskuliner und femininer Eigenschaften in einer Person, also Androgynität, oder gar die völlige Loslösung von einer Geschlechtsbezogenheit der Entwicklung getreten. Außerdem rückt der Inhaltsaspekt (welche Standards erworben werden) gegenüber strukturellen Aspekten der Entwicklung (z.B. wie rigide oder flexibel mit Geschlechtsrollen umgegangen wird) in den Hintergrund. Probleme des Jugend- und Erwachsenenalters, vor allem im Zusammenhang mit der Übernahme von familiären und beruflichen Aufgaben, geraten stärker in den Blickpunkt und werden nun nicht mehr als zwangsläufige Derivate der Kindheitsentwicklung angesehen. Die Eltern gelten nur noch als einer unter mehreren wichtigen Sozialisationseinflüssen.

3. Entwicklung der einzelnen Merkmale der Geschlechtstypisierung

Die Untersuchung von Entwicklungsprozessen der Geschlechtstypisierung kann sich entsprechend der im Abschnitt 2.2 vorgenommenen Einteilung auf vier verschiedene Entwicklungsmerkmale beziehen: die *Geschlechtsidentität*, *Konzepte der Geschlechterdifferenzierung*, *geschlechtsbezogene Einstellungen* und *Präferenzen* sowie *geschlechtstypisches Verhalten*. Die wichtigsten Entwicklungsveränderungen dieser Merkmale werden in den folgenden Abschnitten 3.1 bis 3.4 dargestellt.

3.1 Entwicklung der Geschlechtsidentität (Geschlechtskonstanz)

Der *Identitätsaspekt* der Geschlechtstypisierung beinhaltet die überdauernde Selbstwahrnehmung als männlich oder weiblich. Die Geschlechtsidentität eines Individuums gründet in der Wahrnehmung der Geschlechterdifferenzierung in der sozialen Umwelt und dem darauf bezogenen Vergleich mit Merkmalen der eigenen Person.

Es erscheint sinnvoll, zwischen einer globalen und einer inhaltlich umschriebenen Geschlechtsidentität zu unterscheiden (Trautner, 1987a). Im ersten Fall handelt es sich um die bloße *Selbstkategorisierung als männlich* oder *weiblich*, im zweiten Fall geht es um die Art und den Grad der Selbstzuschreibung männlicher und weiblicher Merkmale (*Selbstkonzept eigener Maskulinität – Femininität*).

Das Interesse der Entwicklungspsychologie hat sich vornehmlich auf die globale Geschlechtsidentität gerichtet und hier wiederum auf den Teilaspekt der *Geschlechtskonstanz*. Das von Kohlberg (1966) für die Entwicklung der Geschlechtstypisierung als zentral angesehene Konzept der Geschlechtskonstanz bezieht sich allerdings nicht nur auf die Selbstwahrnehmung, sondern auch auf die Wahrnehmung der Identität anderer Personen.

Das Selbstkonzept eigener Maskulinität – Femininität wurde fast ausschließlich bei Jugendlichen und Erwachsenen untersucht. Für das Kindesalter liegen hierzu nur wenige Untersuchungen vor (Hall & Halberstadt, 1980; Spence, Helmreich & Stapp, 1975; Trautner et al., 1989a; Vroegh, 1971), sodaß keine fundierten Aussagen über Entwicklungsverläufe des Selbstkonzepts eigener Maskulinität – Femininität über das Kindes- und Jugendalter möglich sind. Die vorliegenden Untersuchungen stellen jedoch alle relativ einheitlich fest, daß Jungen bevorzugt maskuline Merkmale in ihr Selbstkonzept aufnehmen, während sich Mädchen eher feminine Merkmale zuschreiben. Erst ab ca. acht bis neun Jahren kommen häufiger Selbstattribuierungen sowohl von femininen als auch von maskulinen Eigenschaften (ein androgynes Selbstkonzept) vor (Stericker & Kurdek, 1982).

Die Geschlechtszugehörigkeit eines Individuums ist, von den seltenen Fällen einer operativen Geschlechtsumwandlung abgesehen, ein unveränderliches, über die gesamte Lebensspanne beibehaltenes Merkmal. Nach der in unserem Kulturkreis gültigen, biologisch orientierten Definition bleibt sie auch bei einer Anpassung der äußeren Erscheinung an das Gegengeschlecht (z.B. hinsichtlich Haartracht, Kleidung oder anderer äußerlicher geschlechtstypischer Merkmale) oder bei Abweichungen vom normativen Geschlechtsrollenverhalten (z.B. der Wahl eines gleichgeschlechtlichen Sexualpartners) erhalten. Im ersten Fall sprechen wir von Transvestismus, im zweiten Fall von Homosexualität, ohne jedoch eine Veränderung der Geschlechtszugehörigkeit des betreffenden Individuums vorzunehmen.

Stufen der Geschlechtskonstanz-Entwicklung

Nach Kohlberg (1966) und darauf aufbauenden späteren Untersuchungen (Eaton & Von Bargen, 1981; Emmerich, Goldman, Kirsh & Sharabany, 1977; Marcus & Overton, 1978; Slaby & Frey, 1975) durchlaufen alle Kinder bis zum Grundschulalter folgende Stufen des Geschlechtskonstanz-Verständnisses: Etwa mit zwei bis drei Jahren beginnen die Kinder, sich selbst und andere Personen zuverlässig dem richtigen Geschlecht zuzuordnen (*Identität*). In der nächsten Entwicklungsstufe wird die zeitliche Konstanz des Geschlechts in Vergangenheit und Zukunft erkannt (*Stabilität*). Trotz der Erkenntnis der zeitlichen Invarianz der Geschlechtszugehörigkeit glauben einige Kinder aber noch, daß der Wunsch, dem anderen Geschlecht anzugehören, erfüllbar ist. Ebenso sind sie noch nicht sicher, daß bei der Übernahme von Attributen des anderen Geschlechts (z.B. bei Verkleidungen oder im Rollenspiel) das ursprüngliche Geschlecht beibehalten wird. Die Erkenntnis der Invarianz des Geschlechts unter diesen Bedingungen (*Konsistenz* oder *Konstanz* im engeren Sinne) steht am Ende der von Kohlberg angenommen Stufenabfolge.

In Anlehnung an Kohlberg (1966) und DeVries (1969) entwickelten Emmerich & Goldman (1972) und Slaby & Frey (1975) Frageninventare, mit denen die Entwicklung der Geschlechtskonstanz einer empirischen Untersuchung zugänglich gemacht werden sollte. Hierbei werden der Versuchsperson zu wechselnden Stimuli Fragen gestellt, deren Beantwortung zeigen soll, ob ein Erkennen der zeitlichen und situativen Geschlechtskonstanz gegeben ist.

Zum Beispiel wird zu einer eindeutig als männlich identifizierten Puppe oder einem Photo von einem Jungen gefragt: *Wenn dieser Junge sich ein Kleid anzieht und Zöpfe macht, ist er dann noch ein Junge?* Oder es wird zur eigenen Person gefragt: *Wenn du groß bist, bist du dann ein Vater oder eine Mutter?* Kontrollfragen und Zusatzfragen nach Antwortbegründungen (z.B. *Warum bist du später ein Vater und keine Mutter?* oder *Warum bleibst du ein Junge, auch wenn du ein Kleid anziehst und dir Zöpfe machst?*) sollen die genaue Einstufung der Versuchsperson erleichtern.

Je nach der verwendeten Erhebungsmethode sowie der Art und Zahl der stufenspezifischen Fragen variiert das Alter, in dem die einzelnen Stufen von der Mehrheit der Kinder erreicht werden. Während frühere Untersuchungen, die eine der beiden Standardmethoden zur Erfassung der Geschlechtskonstanz verwendeten (die *Boy-Girl-Identity-Task* von EMMERICH & GOLDMAN, 1972, oder das *Gender-Constancy-Interview* von SLABY & FREY, 1975), die obere Altersgrenze für das Erreichen der höchsten Geschlechtskonstanzstufe mit etwa sechs bis sieben Jahren ansetzten, fanden spätere Untersuchungen mit zum Teil abgewandelten Methoden (z.B. EATON & VON BARGEN, 1981; TRAUTNER, 1982, 1985; TRAUTNER et al., 1985, 1989a; WEHREN & DELISI, 1983) ein volles Verständnis der Geschlechtskonstanz bei einer Reihe von Kindern erst am Ende des Grundschulalters.

Welche Altersnormen resultieren, scheint davon abzuhängen, ob nur die *Urteile* über Geschlechtskonstanz oder zusätzlich auch die *Urteilsbegründungen* herangezogen werden, ob sich die Fragen auf das Kind *selbst*, auf die *eigene Geschlechtsgruppe* oder auf Angehörige des *anderen Geschlechts* beziehen, ob *Photographien*, *Zeichnungen* oder *lebende Personen* als Stimuli dienen, ob die Fragen rein *verbal* oder auch *bildlich* dargeboten werden und ob die Art der Fragenformulierung (z.B. durch Verwendung von Namen oder Personalpronomen) *sprachliche Assoziationen* in Richtung der Geschlechtskonstanz nahelegt (s. dazu auch INTONS-PETERSON, 1988a).

Abgesehen von den unterschiedlichen Altersangaben besteht jedoch weitgehend Einigkeit darüber, daß die Entwicklung der Geschlechtskonstanz einer festen Sequenz qualitativ unterscheidbarer Entwicklungsschritte folgt. Darauf weisen Skalogrammanalysen von Querschnittdaten hin (EATON & VON BARGEN, 1981; MARCUS & OVERTON, 1978; SLABY & FREY, 1975), wobei die Skalierbarkeitskoeffizienten allerdings nur mäßig hoch sind. Aus den Längsschnittdaten von TRAUTNER et al. (1985, 1989a) läßt sich nur eine teilweise Bestätigung der KOHLBERGschen Sequenzhypothese ablesen.

Kognitive Voraussetzungen des Geschlechtskonstanz-Erkennens

Eine genaue Analyse der verwendeten Aufgaben ergibt, daß zum vollen Verständnis der Geschlechtskonstanz zwei kognitive Leistungen erforderlich sind: 1. die Unterscheidung zwischen (vorübergehender) *äußerer Erscheinungsform* und (bleibender) *erschlossener Wirklichkeit*; 2. die Erkenntnis der biologischen *(genitalen) Grundlage* der Geschlechtszugehörigkeit und ihrer Invarianz. Ohne diese beiden kognitiven Voraussetzungen sind zwar auch „richtige" Antworten möglich, sie sind aber entweder nur sprachlich vermittelt (z.B. aufgrund der Assoziation von Junge und Vater, Mädchen und Mutter), oder es handelt sich um Pseudokonstanzurteile (z.B. wenn das Konstanzurteil mit einem irrelevanten Merkmal – wie Schuhe oder Haarlänge – oder durch Rekurs auf soziale Normen begründet wird).

Die Definition der Geschlechtskonstanz als Erkennen der realen Invarianz des Geschlechts trotz wahrnehmbarer Veränderungen des Aussehens und Verhaltens legt nahe, die Fähigkeit zur Unterscheidung von Aussehen und Wirklichkeit als zentral für das Geschlechtskonstanz-Verständnis anzusehen. Trotzdem ist die Bedeutung dieses Aspekts im Zusammenhang mit der Geschlechtskonstanz erst vor kurzem herausgestellt und systematisch überprüft worden (MARTIN & HALVERSON, 1983; TRAUTNER, 1982, 1985). Es konnte gezeigt werden, daß die Unterscheidung zwischen äußerem Anschein und zu erschließender Wirklichkeit tatsächlich eine notwendige, wenn auch nicht hinreichende Voraussetzung für das Geschlechtskonstanz-Erkennen ist (Trautner, 1982, 1985).

Die Bedeutung der Genitalien für Geschlechtskonstanz-Urteile ist bisher nur in einer Untersuchung von McConaghy (1979) an schwedischen Kindern überprüft worden. McConaghy fand, daß das Verständnis der genitalen Grundlage der Geschlechtskonstanz einen eigenständigen Entwicklungsschritt darstellt, der – zumindest bei einigen Kindern – erst nach konsistenten Geschlechtskonstanz-Urteilen zu beobachten ist. Trautner et al. (1985, 1989a) gelangten in ihrer Längsschnittuntersuchung zu ähnlichen Ergebnissen.

Bei dem üblichen Verfahren zur Erfassung der Geschlechtskonstanz werden den Versuchspersonen keine Informationen über die Genitalien der zu beurteilenden Personen gegeben, sondern nur über die kulturell definierten Merkmale Haartracht und Kleidung. Man geht stillschweigend davon aus, daß mit der Bezeichnung einer Ausgangsfigur als Junge oder Mädchen (bzw. Mann oder Frau) eine damit übereinstimmende Vorstellung hinsichtlich der Genitalien bzw. des biologischen Geschlechts mitgegeben ist, und daß bei Veränderungen, z.B. in Haartracht oder Kleidung, Versuchspersonen, die die Geschlechtskonstanz erkennen, auch die Genitalien als unverändert betrachten.

In der Tradition Kohlbergs wird die Geschlechtskonstanz und ihre Entwicklung analog zu physikalischen Invarianzbegriffen betrachtet. Dabei wird übersehen, daß zwischen der Geschlechtskonstanz und z.B. der Mengen- oder Gewichtskonstanz ein grundlegender Unterschied besteht. Während das Gleichbleiben der Flüssigkeitsmenge oder des Gewichts eines Gegenstandes logisch erschlossen und daher kaum anders definiert werden kann, handelt es sich bei der Festlegung der Geschlechtszugehörigkeit und ihrer Konstanz auf der Grundlage der invarianten biologischen Ausstattung mit XX- oder XY-Chromosomen und den daraus hervorgehenden inneren und äußeren Geschlechtsorganen um eine soziale Bestimmungsleistung (Hofstätter, 1963) und nicht um eine unmittelbar logisch ableitbare Tatsache (vgl. auch Kessler & McKenna, 1978).

3.2 Entwicklung von Konzepten der Geschlechterdifferenzierung – Geschlechtsrollen-Stereotype

Definition und Erfassung

Konzepte der Geschlechterdifferenzierung beinhalten Vorstellungen darüber, in welchen Merkmalen bzw. Merkmalsausprägungen sich die beiden Geschlechter unterscheiden. Da die Merkmalszuschreibungen aufgrund der Gruppenzugehörigkeit (Geschlechtsgruppe) einer Person – ohne Berücksichtigung individueller Charakteristika – vorgenommen werden, und da die Geschlechtstypisierung der Merkmale kulturell normiert ist, spricht man meistens von Geschlechter- oder Geschlechtsrollen-*Stereotypen*.

Die mit dem klassischen Stereotypbegriff der Sozialpsychologie verbundenen negativen Assoziationen eines realitätsverzerrenden, erfahrungsunabhängigen Vorurteils (BRIGHAM, 1971; HOFSTÄTTER, 1960; LILLI, 1982) gelten für die Prozesse des Aufbaus und der Veränderung von Geschlechtsrollen-Stereotypen nur bedingt. Zutreffender ist es, Geschlechtsrollen-Stereotype als generalisierte Regeln oder kognitive Schemata (MARTIN & HALVERSON, 1981) oder als mit dem Geschlecht verknüpfte differentielle Wahrscheinlichkeitsaussagen (MCCAULEY, STITT & SEGAL, 1980) aufzufassen, die immer dann abgerufen werden, wenn die Kategorien männlich und weiblich zur Urteilsbildung heranzuziehen sind.

Zur Erfassung der *Akzeptanz* oder der *Kenntnis* verbreiteter Geschlechtsrollen-Stereotype (diese beiden Aspekte werden selten getrennt) werden die Versuchspersonen meistens aufgefordert, verbal oder bildlich dargebotene Merkmale dem Geschlecht zuzuordnen, für das sie am ehesten passen. Je nach Fragestellung der Untersuchung werden Kinder oder Erwachsene als Zielgruppe verwendet. Die angesprochenen Inhalte weisen eine große Vielfalt auf. Einige Verfahren versuchen einen möglichst breiten Bereich der Aktivitäten, Interessen und Persönlichkeitsmerkmale von Personen zu berücksichtigen (z.B. MASTERS & WILKINSON, 1976; TRAUTNER, HELBING, SAHM & LOHAUS, 1988; TRAUTNER et al., 1989; WILLIAMS & BEST, 1982). Andere decken nur einen sehr speziellen Bereich ab, z.B. Berufsrollen (GARRETT, EIN & TREMAINE, 1977; SCHERESKY, 1977) oder das Sprachverhalten von Erwachsenen (FILLMER & HASWELL, 1977).

Entwicklungsverlauf

Aufgrund der Dichotomie, der Invarianz und der sozialen Bedeutung der Geschlechtszugehörigkeit ist es nicht verwunderlich, daß Geschlechtsrollen-Stereotype sich bereits im Alter von etwa zwei bis drei Jahren auszubilden beginnen (BLAKEMORE, LARUE & OLEJNIK, 1979; DANNHAUER, 1973; INTONS-PETERSON, 1988b; KUHN, NASH & BRUCKEN, 1978). Bis zum Beginn des Grundschulalters haben sich die Geschlechtszuordnungen von Kindern hinsichtlich Spielzeugen, Aktivitäten und Berufsrollen den kulturellen Geschlechtsrollenstandards weitgehend angenähert. Etwas langsamer entwickelt sich das Wissen über geschlechtstypische Persönlichkeitseigenschaften (MASTERS & WILKINSON, 1976; NADELMAN, 1970, 1974; PAYNE, 1981; REIS & WRIGHT, 1982; WILLIAMS & BEST, 1982). Bedingt durch die Tendenz zur Höherbewertug der eigenen Geschlechtsgruppe werden Geschlechtsunterschiede außerdem dort als besonders markant wahrgenommen, wo das eigene Geschlecht günstiger abschneidet (MERZ, 1979; SILVERN, 1977).

Welche weiteren Entwicklungstrends beobachtet werden, hängt im wesentlichen davon ab, ob die eingesetzte Untersuchungsmethode eine Entscheidung (forced choice) zwischen männlich oder weiblich verlangt oder ob feinere Abstufungen und *beide* – Antworten möglich sind (vgl. INTONS-PETERSON, 1988a). Im ersten Fall nimmt die Geschlechtsrollen-Stereotypisierung (definiert durch die Anzahl stereotypgemäßer Zuordnungen) bis zum Erreichen einer Asymptote etwa zu Beginn der Adoleszenz kontinuierlich zu. Im zweiten Fall zeigt sich gegen Ende des Grundschulalters, bis in die Adoleszenz hinein, eine allmähliche Abnahme der rigiden Stereotypisierung zugunsten einer realitätsnäheren, nur relativen Differenzierung der Geschlechter (definiert durch eine nur graduell stärkere Zuordnung von Merkmalen zu einem Geschlecht).

MACCOBY (1980) erklärt die bei jüngeren Kindern beobachtete Rigidität von Geschlechtsrollen-Stereotypen mit dem in diesem Alter besonders starken Bedürfnis nach kognitiver Eindeutigkeit. Ein weiterer Faktor könnte das Bemühen zur Stärkung der eigenen Geschlechtsidentität sein.

Untersuchung 12.1 — *Unkenntnis – Rigidität – Flexibilität: Ein Entwicklungsmodell der Geschlechtsrollen-Stereotypisierung*

In einer Längsschnittstudie untersuchten der Autor und seine Mitarbeiter die Entwicklung von Geschlechtsrollen-Stereotypen zwischen vier und zehn Jahren (TRAUTNER et al., 1988a,b). An der Untersuchung, die im Rahmen eines umfangreicheren Längsschnittprojekts zur Entwicklung der Geschlechtstypisierung im Kindesalter stattfand (TRAUTNER et al., 1989), nahmen 43 Mädchen und 39 Jungen aus den Geburtsjahrgängen 1976 bis 1978 teil. Die Stichprobe entstammte verschiedenen Kindergärten bzw. Grundschulen im Rhein-Main-Gebiet.

Ziel der Studie war, die Gültigkeit des von den Autoren postulierten Entwicklungsmodells der Geschlechtsrollen-Stereotypisierung zu überprüfen, das von einer gesetzmäßigen Abfolge dreier Entwicklungsphasen ausgeht: (1) Zunächst besteht relative *Unkenntnis* bzw. *Unsicherheit* bezüglich der Zuordnung von Fähigkeiten, Aktivitäten und Persönlichkeitseigenschaften zu einem Geschlecht. Dies äußert sich in eher zufälligen Geschlechtszuordnungen. (2) Das zunehmende Wissen über die kulturell vorherrschenden Geschlechtsrollenstandards, verbunden mit dem wenig fortgeschrittenen Entwicklungsstand der Klassifikationsfähigkeiten, zeigt sich zunächst in einer *rigiden* Geschlechtsrollen-Stereotypisierung in Form exklusiver (geschlechtsspezifischer) Merkmalszuordnungen. (3) Im weiteren Verlauf der Entwicklung wird diese rigide Form der Stereotypisierung zugunsten *flexibler* (geschlechtstypischer) sowie *geschlechtsneutraler* Zuordnungen aufgegeben.

Jedes Jahr hatten die Kinder 38 Aussagen zu geschlechtstypischen Aktivitäten und Persönlichkeitseigenschaften von Kindern und Erwachsenen auf einer fünfstufigen Skala danach zu beurteilen, ob sie nur für Angehörige eines Geschlechts, für mehr Angehörige des einen als des anderen Geschlechts oder für beide Geschlechter in gleichem Maße zutreffen.

Dazu wurden dem Kind Aussagen nach folgendem Muster vorgelesen: *Es gibt Kinder, die immer bestimmen wollen, was gemacht werden soll. Wer will immer bestimmen, was gemacht werden soll?* Oder: *Es gibt Leute, die reparieren, was in der Wohnung kaputt gegangen ist. Wer repariert, was in der Wohnung kaputt gegangen ist?* Vor der Vp waren fünf mit einem Einwurfschlitz versehene Postfaltschachteln aufgestellt. Auf der Vorderseite der Schachteln aufgeklebte Personengruppen (männlich – weiblich im Verhältnis 8/0, 6/2, 4/4, 2/6, 0/8) veranschaulichten die nach der Geschlechtszugehörigkeit unterschiedlich zusammengesetzten Kinder- bzw. Erwachsenengruppen. Zur Beantwortung jeder Frage hatte das Kind ein Kärtchen in die Schachtel zu werfen, die seiner Meinung nach am besten paßt. Die Fragen zur Kinderrolle und die Fragen zur Erwachsenenrolle wurden an zwei getrennten Untersuchungsterminen im Abstand von ca. zwei Wochen gestellt. Die Befragung erfolgte jeweils im Einzelversuch durch einen Vl des gleichen Geschlechts wie die Vp. Ein zweiter Vl des anderen Geschlechts protokollierte die Antworten der Vp. Die abgefragten Inhalte gehen aus der Auflistung in Tabelle 12.3 hervor.

Tabelle 12.3: 38 Items der Geschlechtsrollen-Stereotypisierung (aus TRAUTNER et al., 1988, S. 111)

Erwachsenenrolle (E)	*Kinderrolle (K)*
‚feminine' Verhaltensitems	*‚feminine' Verhaltensitems*
Es gibt Leute, die – zu Hause häkeln und stricken – zu Hause putzen und saubermachen – zu Hause kochen und backen – im Kaufhaus an der Kasse sitzen – bei ihrer Arbeit viel auf der Schreibmaschine schreiben	Es gibt Kinder, die – Kaufladen spielen – mit Puppen spielen – viel malen – mit Halsketten und Armbändern spielen – der Mutter bei der Hausarbeit helfen – Gummitwist spielen
‚maskuline' Verhaltensitems	*‚maskuline' Verhaltensitems*
Es gibt Leute, die – zu Hause den Rasen mähen – einen Bus steuern – bei ihrer Arbeit viel mit Werkzeugen zu tun haben – zu Hause das Auto waschen – reparieren, was in der Wohnung kaputtgegangen ist	Es gibt Kinder, die – Cowboy und Indianer spielen – mit Lastautos spielen – Fußball spielen – mit Hämmern und Schraubenziehern spielen – Schiffe und Modellflugzeuge basteln – dem Vater beim Handwerken helfen
‚feminine' Persönlichkeitsitems	*‚feminine' Persönlichkeitsitems*
Es gibt Leute, die – oft weinen – schön aussehen und anderen gefallen wollen – oft Angst haben – zärtlich sind	Es gibt Kinder, die – oft weinen – schön aussehen und anderen gefallen wollen – oft Angst haben – zärtlich sind
‚maskuline' Persönlichkeitsitems	*‚maskuline' Persönlichkeitsitems*
Es gibt Leute, die – stark sind – mutig sind – immer bestimmen wollen – grausam sind	Es gibt Kinder, die – stark sind – mutig sind – immer bestimmen wollen – grausam sind

Das postulierte Entwicklungsmodell schließt aus, daß nach dem Auftreten stereotypgemäßer (rigider oder flexibler) Geschlechtszuordnungen gegenstereotype Zuordnungen und nach dem Auftreten flexibler (relativierter oder neutraler) Geschlechtszuordnungen rigide (exklusive) Zuordnungen auftreten. Zur Überprüfung dieser Annahmen wurden auf der Ebene der intraindividuellen itemspezifischen Antwortmuster Sequenzwerte berechnet, in die jeweils die Antwortkombinationen sämtlicher Meßzeitpunktpaare eingingen.

In Abbildung 12.2 sind die Veränderungen der Häufigkeiten der verschiedenen Antwortkategorien über Alter wiedergegeben. Es wird deutlich, daß *gegenstereotype* Zuordnungen von Anfang an unter dem Zufallsniveau liegen und über Alter eine kontinuierliche Abnahme gegen Null zeigen. *Rigide* Sterotypisierungen nehmen zunächst bis zu einem Maximalanteil von 2/3 der Antworten bei den 6jährigen stetig zu. *Flexible* Antworten liegen erstmals bei den 8jährigen deutlich über dem Zufallsniveau. Spiegelbildlich zur Abnahme der rigiden Antworten nehmen die flexiblen Antworten in den folgenden Jahren weiter zu.

Der Übergang von einer relativen Unsicherheit (Phase 1) zu einer rigiden Stereotypisierung (Phase 2) ist bis zum Ende des Kindergartenalters weitgehend abgeschlossen. Bei einer Reihe von Kindern scheint sich dieser Übergang bereits vor dem 4./5. Lebensjahr abzuspielen.

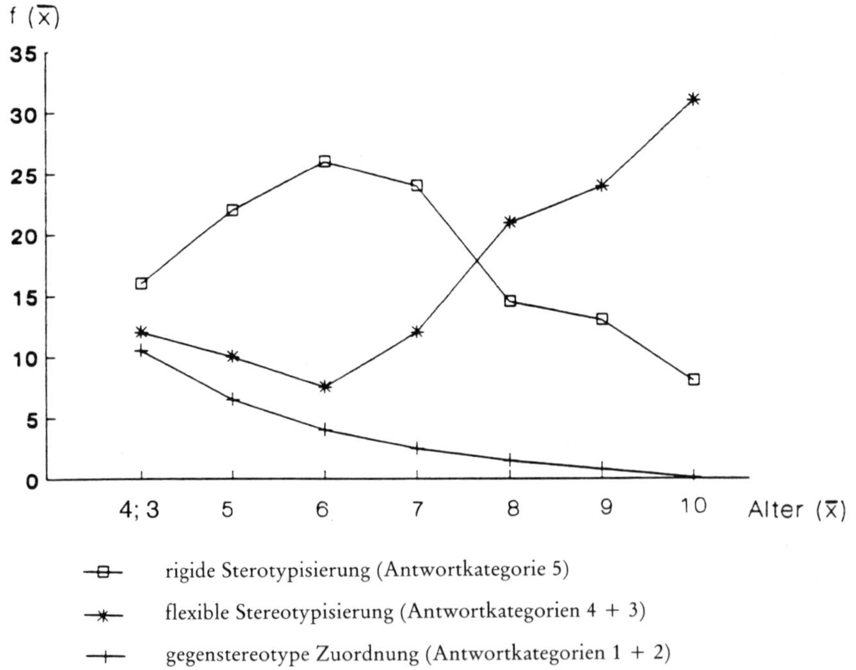

Abbildung 12.2: Häufigkeiten rigider, flexibler und gegenstereotyper Geschlechtszuordnungen bei 4- bis 10jährigen (nach Trautner et al., 1988, S. 113)

Die bei den jüngsten Vpn vorhandenen Anteile „flexibler" Antwortkategorien dürften eher als Zufallsantworten denn als Ausdruck flexibler Geschlechtsrollen-Stereotypisierung zu betrachten sein. Diese Einschätzung wird durch die parallel zum Anstieg der rigiden Antworten zu beobachtende vorrübergehende Abnahme dieser Antwortkategorien gestützt.

Die genaue Analyse der zeitlichen Abfolgen der Antwortmuster auf der Ebene der einzelnen Vpn und der einzelnen Items erbrachte in beiden Fällen eine klare Bestätigung der Sequenzhypothese der Autoren. 80 der 82 Kinder der Untersuchungsstichprobe erreichten einen Anteil modellkonformer Antwortmuster, der den Zufallswert signifikant übersteigt. Auf Itemebene lagen sämtliche Sequenzwerte hochsignifikant über dem Zufallswert.

Bei Gruppierung der Items aufgrund ihrer geschlechtstypischen Polung (feminine und maskuline Geschlechtsrolle), der Zielgruppe (Kinder- und Erwachsenenrolle) sowie des angesprochenen Iteminhalts (Verhaltensweisen und Persönlichkeitseigenschaften) zeigte sich lediglich zwischen den beiden zuletztgenannten Itemgruppen ein bedeutsamer Unterschied: Items, die Verhaltensweisen thematisieren (z.B. *mit Puppen spielen, mit Lastautos spielen*) erreichten höhere Übereinstimmungswerte mit dem Sequenzmodell als solche, die Persönlichkeitseigenschaften beschreiben (z.B. *zärtlich sein, mutig sein*).

Die Autoren führen dies darauf zurück, daß Verhaltensweisen in größerem Maße unmittelbar wahrgenommen werden können, während die Zuordnung von Persönlichkeitseigenschaften den zusätzlichen Schluß von beobachtetem Verhalten auf „dahinterliegende" psychologische Konstrukte erfordert.

Abschließend weisen die Autoren darauf hin, daß mit der bei den 9- und 10jährigen allmählich dominierenden flexiblen Beantwortung (Phase 3) nicht unbedingt der Endpunkt der Entwicklung der Geschlechtsrollen-Stereotypisierung erreicht sein muß. Möglicherweise nimmt mit der in der Pubertät im Vordergrund stehenden Suche und Festlegung einer sexuellen Geschlechtsidentität sowie der Antizipation von Rollendifferenzierungen in Beruf und Familie die Abgrenzung der Geschlechter wiederum an Bedeutung zu (Katz, 1979).

Trautner, H.M., Helbing, N., Sahm, W.B. & Lohaus, A. (1988). Unkenntnis – Rigidität – Flexibilität: Ein Entwicklungsmodell der Geschlechtsrollen- Stereotypisierung. *Zeitschrift für Entwicklungspsychologie und Pädagogische Psychologie*, *20*, 105-120.

Kognitive Grundlagen von Geschlechtsrollen-Stereotypen

Die weitgehende Übereinstimmung der kindlichen Geschlechtsrollen-Stereotype mit den kulturellen Geschlechtsrollenstandards weist darauf hin, daß die *Inhalte* von Geschlechtsrollen-Stereotypen wesentlich durch die Geschlechtsrollendifferenzierung in der sozialen Umwelt bedingt sind, sei es in Form von Geschlechtsrollenerwartungen, direkt (selbst) oder stellvertretend (an Modellen) erfahrenen Verhaltenskontingenzen oder durch Rollendifferenzierungen in Büchern, im Fernsehen etc. Die soziale Gewichtung von Geschlechterdifferenzen beeinflußt außerdem das Ausmaß der Stereotypisierung. Wie diese sozialen Erfahrungen im einzelnen zur Urteilsbildung über die Geschlechterdifferenzierung verarbeitet werden, und welche Veränderungen hierbei im Laufe der Ontogenese beobachtet werden können, hängt jedoch sehr eng mit der kognitiven Entwicklung zusammen.

Die Unterscheidung von Verhaltensmerkmalen nach männlich oder weiblich kann als eine *Klassifikationsleistung* angesehen werden. Auf dem niedrigsten Niveau erfordert sie das konsistente und erschöpfende Sortieren nach diesem Kriterium. Auf höherem Niveau kommen Klassifikationsfähigkeiten hinzu, die die Erkenntnis der Variation innerhalb eines Geschlechts und der Gemeinsamkeiten zwischen den Geschlechtern einschließen (z.B. die Unterscheidung von *alle*, *viele* und *einige*, *Mehrfachklassifikation* und *Klasseninklusion*). Entsprechend ist ein positiver Zusammenhang zwischen den Klassifikationsfähigkeiten und der Entwicklung zu flexiblen Geschlechtsrollen-Stereotypen anzunehmen. In Übereinstimmung mit dieser Annahme beobachteten TRAUTNER, SAHM & STEVERMANN (1983b) flexible Geschlechtsrollen-Stereotype erst dann, nachdem zumindest einige der höheren Klassifikationsfähigkeiten vorhanden waren (s. auch LEAHY & SHIRK, 1985).

Zusammenhänge zwischen Geschlechtsrollen-Stereotypen und kognitiven Variablen werden vor allem deutlich, wenn man die Versuchspersonen die von ihnen wahrgenommene Geschlechterdifferenzierung begründen läßt (DAMON, 1977; TRAUTNER et al., 1985, 1989a; ULLIAN, 1976). ULLIAN (1976) fand im Verlauf des Kindes- und Jugendalters eine gesetzmäßige Abfolge der Rückführung von Geschlechtsunterschieden auf biologische, soziale und innerpsychische Faktoren. TRAUTNER et al. (1985, 1989) untersuchten, ob als Grundlage für Geschlechtsunterschiede eher unterschiedliche Fähigkeiten, eine unterschiedliche Motivation oder soziale Normen angegeben werden. Kinder im Vorschulalter stellten hauptsächlich den normativen Aspekt und den Fähigkeitsaspekt heraus. Mit zunehmendem Alter wurde dann stärker die eigene Motivation herangezogen. Dabei waren allerdings auffällige Unterschiede der Argumentation zu beobachten, je nachdem, ob es um die Erklärung fehlender maskuliner Eigenschaften bei Mädchen und Frauen oder um die Erklärung fehlender femininer Eigenschaften bei Jungen und Männern ging. Jungen und Mädchen begründeten ihre Antworten im ersten Fall eher mit mangelnden Fähigkeiten, im zweiten Fall hingegen eher mit fehlender Motivation. Diese Antwortkonstellation kann als Ausdruck einer Höherbewertung und größeren Attraktivität der männlichen Rolle in unserer Gesellschaft interpretiert werden.

In den vergangenen Jahren hat man sich verstärkt der Frage zugewandt, welchen *Verbindlichkeitscharakter* Geschlechtsrollen-Stereotype für Kinder und Jugendliche verschiedenen Alters besitzen und ob sich in dieser Hinsicht charakteristische Entwicklungsveränderungen beobachten lassen, die mit Entwicklungsgesetzmäßigkeiten der sozialen Kognition – auch außerhalb der Geschlechtstypisierung – in Zusammenhang stehen (CARTER & PATTERSON, 1982; DAMON, 1977; LOHAUS & TRAUTNER, 1985; STODDART & TURIEL, 1985; TURIEL,

1978, 1983). Es läßt sich zeigen, daß die Entwicklung von Geschlechtsrollen-Stereotypen ein Teilbereich der Entwicklung sozialer Konventionen ist (Carter & Patterson, 1982; Turiel, 1983). Während anfänglich soziale Konventionen, ähnlich wie moralische Prinzipien und teilweise sogar stärker als Naturgesetze, verabsolutiert werden, wird zwischen diesen drei Bereichen im Verlaufe der Entwicklung immer stärker differenziert, und es wird die Relativität und Flexibilität von Geschlechtsrollen-Stereotypen (und anderen sozialen Konventionen) erkannt. Gleichzeitig nimmt das Verständnis für die Allgemeingültigkeit von Naturgesetzen zu.

Die zuletzt erwähnten Untersuchungen bekräftigen noch einmal die Notwendigkeit, zwischen individuellen Geschlechtsrollenkonzepten (der Akzeptanz) und der Kenntnis der kulturellen Geschlechtsrollenstandards zu unterscheiden. Ältere Kinder und Jugendliche wissen über Geschlechtsrollen-Stereotype besser Bescheid als jüngere Kinder, sie sind sich gleichzeitig aber auch eher darüber im klaren, daß es Ausnahmen und graduelle Unterschiede gibt und daß die Rollendifferenzierung der Geschlechter sozialen Konventionen entspricht.

Daß die Kenntnis von Geschlechtsrollen-Stereotypen sich nicht unbedingt auf die Wahrnehmung und Beschreibung persönlich bekannter Jungen und Mädchen auswirken muß, konnten Lohaus & Trautner (1985) in einer Untersuchung an 10-bis 17jährigen Schülerinnen und Schülern nachweisen. Zwischen den Eigenschaftsattributionen für den typischen Jungen/das typische Mädchen und den Beschreibungen realer, persönlich bekannter Jungen und Mädchen gab es nur geringe Übereinstimmungen.

Neben der Trennung der Kenntnis sozialer Normen und der eigenen Überzeugung ist bei der Beurteilung von Ergebnissen zur Entwicklung von Geschlechtsrollen-Stereotypen noch eine weitere Unterscheidung wichtig, nämlich inwieweit die von der Versuchsperson vorgenommenen Geschlechtszuordnungen auf persönlicher Erfahrung gründende Konzepte reflektieren oder eher als Ausdruck bewertender Einstellungen zu den Geschlechtern anzusehen sind. Den Einstellungsaspekt der Geschlechtstypisierung behandelt der folgende Abschnitt 3.3.

3.3 Entwicklung von Einstellungen zur Geschlechtstypisierung – Geschlechtsrollen-Präferenzen

Definition und Erfassung

Das Verständnis für die Geschlechtskonstanz und die Kenntnis der kulturell vorherrschenden Geschlechtsrollen-Stereotypen sind primär kognitive Aspekte der Geschlechtstypisierung. Die mit der Geschlechtszugehörigkeit verbundenen Tätigkeiten und Eigenschaften sowie die Geschlechtsgruppen selbst erfahren aber auch eine *Bewertung*. Dieser Bewertungs- oder Einstellungsaspekt kann sich zum einen in der allgemeinen *Höherbewertung* männlicher oder weiblicher Rollenmerkmale bzw. einer Geschlechtsgruppe äußern, zum anderen kann er sich in der *Bevorzugung* von Geschlechtsrollenmerkmalen bzw. der Geschlechtszugehörigkeit *für die eigene Person* ausdrücken. Beides wird in der Entwicklungspsychologie unter den Begriff *Geschlechtsrollen-Präferenz* subsumiert, wobei im engeren (Wort-)Sinne damit eher die persönliche Bevorzugung (der Wunsch, geschlechtstypische Merkmale zu besitzen) als die allgemeine Höherbewertung geschlechtstypischer Merkmale gemeint ist (Biller, 1971; Connor & Serbin, 1977; Edelbrock & Sugawara, 1978; Nadelman, 1970, 1974; Trautner et al., 1985, 1989a). Zwischen Bewertung und Bevorzugung muß im übrigen keine Kongruenz bestehen.

Im Regelfall geht man davon aus, daß sich im Laufe der Entwicklung eine Präferenz für Merkmale des eigenen Geschlechts bzw. der eigenen Geschlechtsrolle ausbildet. Die Präferenz für Merkmale der eigenen Geschlechtsgruppe erhält ihre Bedeutung erst auf dem Hintergrund der Ablehnung (Abwertung) oder zumindest einer indifferenten Haltung gegenüber Merkmalen der anderen Geschlechtsgruppe. Das Konstrukt Geschlechtsrollen-Präferenz beinhaltet demnach sowohl die Bevorzugung als auch die Ablehnung geschlechtsbezogener Merkmale.

Mehr als bei der Geschlechtsidentität und bei Geschlechtsrollen-Stereotypen herrscht zwischen verschiedenen Forschern Uneinigkeit über die Definition, die Erfassung sowie den Stellenwert von Geschlechtsrollen-Präferenzen in der Entwicklung. Der kleinste gemeinsame Nenner ist die operationale Definition der Geschlechtsrollen-Präferenz durch das Ausmaß der Bevorzugung von (für das eigene Geschlecht) typischen gegenüber geschlechtsuntypischen Verhaltensmerkmalen oder Objekten.

Geschlechtsrollen-Präferenzen werden meist aufgrund von Wahlentscheidungen zwischen verbal, bildlich oder real dargebotenen geschlechtstypisierten Items festgestellt. Als Item-Inhalte werden überwiegend Spielzeuge und Spielaktivitäten von Kindern, seltener Gegenstände oder Tätigkeiten aus der Erwachsenensphäre ausgewählt (Connor & Serbin, 1977; Croissier, 1979; DeLucia, 1963; Nadelman, 1970, 1974; Rabban, 1950; Rosenberg & Sutton-Smith, 1964; Trautner et al., 1985, 1989a). Das bekannteste Verfahren zur Erfassung von Geschlechtsrollen-Präferenzen, das inzwischen wegen seiner zahlreichen Mängel allerdings kaum noch verwendet wird, ist die *It-Scale* von Brown (1956).

Entwicklungsverlauf

Eine eindeutige Geschlechtsrollen-Präferenz zeigt sich hinsichtlich von Spielzeugen und Spielaktivitäten bereits mit zwei bis drei Jahren (Blakemore et al., 1979; Eisenberg, Murray & Hite, 1982; Maccoby & Jacklin, 1974). Auf berufliche und häusliche Tätigkeiten bezogene Geschlechtsrollen-Präferenzen konnten bei Vier- bis Fünfjährigen festgestellt werden (Edelbrock & Sugawara, 1978; Nadelman, 1970, 1974; Trautner et al., 1985, 1989a).

Eine nennenswerte Zunahme der Präferenzwerte ist – für die bislang hauptsächlich untersuchten Aktivitäten und Interessen – lediglich bis zum Beginn des Grundschulalters zu beobachten (Kohlberg, 1966; Trautner et al., 1985, 1989a). Vergleichbare Untersuchungen im Jugendalter liegen nicht vor, so daß über den weiteren Verlauf von Geschlechtsrollen-Präferenzen keine gesicherten Aussagen möglich sind (vgl. Emmerich & Shepard, 1982; Katz, 1979). Die Befunde zu Geschlechtsrollen-Präferenzen im Kindesalter deuten jedoch darauf hin, daß generalisierbare Alterstrends mit Erreichen des Grundschulalters gegenüber interindividuellen Differenzen in den Hintergrund treten (Trautner et al., 1985, 1989a; vgl. Abbildung 12.3).

Das in früheren Untersuchungen mit der It-Scale von D.G. Brown (1956) gefundene Ergebnis eines U-förmigen Verlaufs der Geschlechtsrollen-Präferenz bei Mädchen im Altersbereich zwischen drei und zehn Jahren (Kohlberg, 1966) ließ sich in Untersuchungen mit anderen Verfahren nicht replizieren (DeLucia, 1963; Nadelman, 1974; Trautner et al., 1985, 1989a).

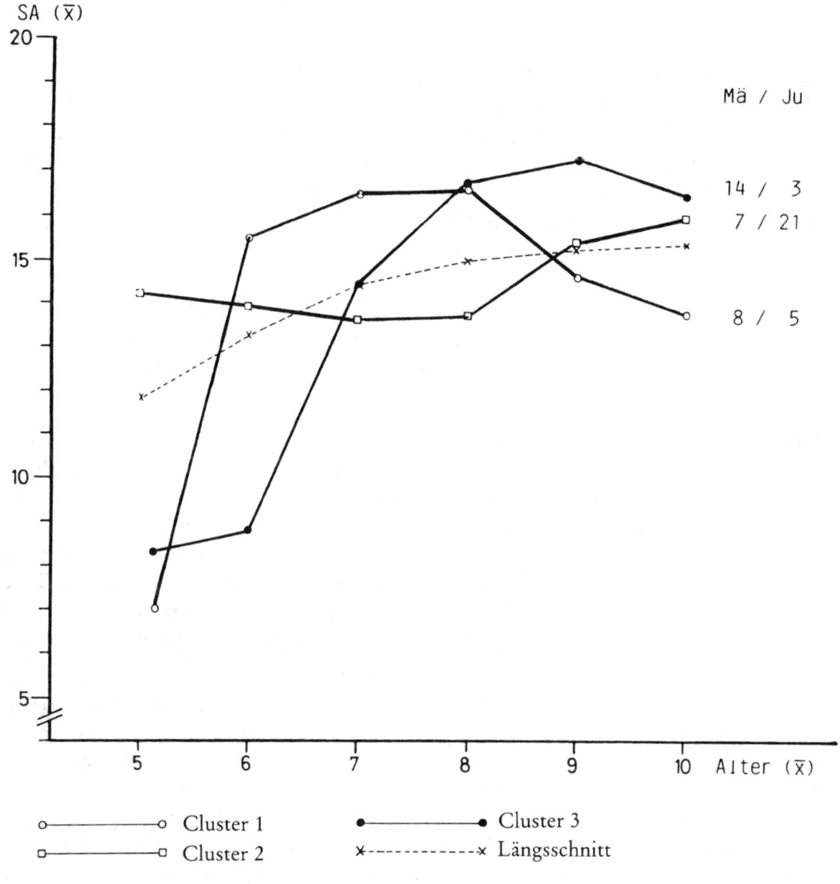

Abbildung 12.3: Altersveränderungen von Spielaktivitäten-Präferenzen (SA) im Längsschnitt

Soweit Geschlechtsunterschiede im Ausmaß der Geschlechtsrollen-Präferenz auftreten, liegen die Werte für Jungen eher höher. Dieses Ergebnis scheint aber an den in der Forschung im Vordergrund stehenden Spielzeugbereich gebunden zu sein (EDELBROCK & SUGAWARA, 1978; EISENBERG, MURRAY & HITE, 1982; TRAUTNER et al., 1985, 1989a). Hinsichtlich anderer Rollensegmente (z.B. häusliche und berufliche Aktivitäten) unterscheiden sich Jungen und Mädchen nicht im Ausmaß ihrer Geschlechtsrollen-Präferenz (EDELBROCK & SUGAWARA, 1978; NADELMAN, 1974; TRAUTNER et al., 1985, 1989a). Manchmal weisen sogar Mädchen die höheren Werte auf (SILVERN, 1977; TRAUTNER et al., 1985, 1989a).

Untersuchung 12.2 *Der Erwerb geschlechtstypischer Präferenzen bei Vorschulkindern*

Craig EDELBROCK und Alan SUGAWARA führten an insgesamt 119 Vorschulkindern eine Untersuchung durch, in der auch die individuellen Geschlechtsrollen-Konzepte als Basis von Geschlechtsrollen-Präferenzen erfaßt wurden und Aktivitäten und Objekte sowohl aus der Kindersphäre als auch aus der Erwachsenensphäre zur Wahl standen. Ersteres erscheint insbesondere bei Vorschulkindern unabdingbar, deren Wissen über die kulturellen Geschlechtsrollenstandards noch unvollständig ist. Letzteres erlaubt eher verallgemeinerungsfähige Aussagen als die ausschließliche Erfassung von Spielzeugpräferenzen.

Die teilnehmenden 63 Jungen und 56 Mädchen waren zwischen 2;11 und 5;5 Jahren alt und besuchten Universitäts- oder städtische Kindergärten in Oregon, USA. Ihre Intelligenz war durchschnittlich bis überdurchschnittlich. Ihre Eltern gehörten der oberen Mittelschicht oder der Oberschicht an.

Jedem Kind wurden insgesamt 40 Bildkarten dargeboten (9 x 10 cm große schwarzweiße Umrißzeichnungen). Auf 20 Karten waren einzelne Objekte abgebildet, 10 davon waren feminin, 10 waren maskulin stereotypisiert. Jeweils die Hälfte der Objekte war mit der Kinderrolle oder mit der Erwachsenenrolle assoziiert. 20 weitere Bildkarten zeigten entweder ein Kind oder einen Erwachsenen bei der Ausübung einer Aktivität im Zusammenhang mit einem der zuvor dargebotenen Objekte (z.B. ein Kind mit Baseball und Baseballschläger, ein Erwachsener mit einem Bügeleisen). Um nicht sozial erwünschte Antworten hervorzurufen, hatten die gezeigten Personen (Kind oder Erwachsener) immer das gleiche Geschlecht wie das befragte Kind.

Die 20 Bildkarten mit Objekten wurden jeweils gesondert dargeboten. Die 10 Bildvorlagen zu den Kinderitems und die 10 Bildvorlagen zu den Erwachsenenitems wurden in unsystematischer Anordnung jeweils zusammen auf einen 40 x 35 cm großen Karton gelegt. Eine Hälfte der Kinder wurde von einem männlichen Vl, die andere Hälfte wurde von einem weiblichen Vl getestet.

Erfassung des Geschlechtsrollen-Wissens. Als erstes hatte das Kind die 20 Objekte bzw. was man damit tun kann als *für Jungen*, *für Mädchen* oder *für Jungen und Mädchen* zu klassifizieren. Dazu hatte es die Frage verbal zu beantworten und außerdem die Bildkarte in eines von drei vor ihm aufgestellten Kästchen zu werfen, die vorher entsprechend etikettiert worden waren. Am Schluß wurden die in das Kästchen *für Jungen und Mädchen* eingeworfenen Karten entnommen und zu ihnen gefragt: *Dies ist etwas für Jungen und Mädchen. Aber wer gebraucht x (Objekt) eher um y (Aktivität) zu tun, eher Jungen oder eher Mädchen?*

Erfassung der Geschlechtsrollen-Präferenzen. Zunächst wurden die 10 Bildkarten mit den Kinderitems gezeigt und dazu gefragt: *Wenn du etwas davon machen könntest, was würdest du am liebsten machen?* Das gewählte Bild wurde entfernt und die gleiche Frage gestellt. Diese Prozedur wurde so lange wiederholt, bis nur noch eine Bildkarte übrig blieb. Die Reihenfolge der Bildwahlen wurde festgehalten. Mit den 10 Bildkarten zu den Erwachsenenitems wurde entsprechend verfahren. Die Frage lautete nun: *Was von diesen Dingen würdest du gerne tun, wenn du erwachsen bist?*

Folgende drei Maße wurden berechnet:

1. *Geschlechtsrollen-Wissen (GRW).* Dies war definiert durch den Grad der Übereinstimmung der kindlichen Zuordnungen von Objekten zu Jungen und Mädchen mit den kulturellen Geschlechtsrollen-Stereotypen.

2. *Stereotypgemäße Präferenz (SPR).* Sie wurde definiert durch den Grad der Bevorzugung geschlechtsangemessener gegenüber geschlechtsunangemessenen Objekten und Aktivitäten gemäß den kulturellen Geschlechtsrollen-Stereotypen.

3. *Individuelle Präferenz (IPR).* Sie wurde definiert durch den Grad der Bevorzugung geschlechtsangemessener gegenüber geschlechtsunangemessenen Aktivitäten gemäß den individuellen Geschlechtsrollen-Konzepten. Items, die als angemessen für beide Geschlechter klassifiziert worden waren, wurden dabei als geschlechtsangemessen gezählt.

Beide Arten von Präferenzwerten (SPR und IPR) wurden unter Berücksichtigung der Reihenfolge der Wahlen und der Wahrscheinlichkeiten für die Wahl eines geschlechtsangemessenen Items berechnet. Letztere sind eine Funktion der jeweiligen Anzahlen geschlechtsangemessener Items. Wurden viele Items als geschlechtsangemessen klassifiziert bzw. standen relativ viele derartige Items zur Wahl, erhielt die Wahl eines solchen Items ein geringeres Gewicht als wenn nur wenige Items als geschlechtsangemessen klassifiziert wurden bzw. nur noch wenige solcher Items zur Auswahl standen. Aus diesem Verfahren und der Anpassung der unterschiedlichen Werteverteilungen für unterschiedliche Anzahlen geschlechtsangemessener Items an eine Normalverteilung (Mittelwert 50, Standardabweichung +/- 10) resultierten Werte zwischen 20 und 80, wobei der Wert 50 eine zufällige Geschlechtsrollen-Präferenz ausdrückt.

Tabelle 12.4 liefert einen Überblick über die *Ergebnisse* der Untersuchung getrennt für Jungen und Mädchen und für jüngere und ältere Kinder.

Wie zu erwarten, nahm über Alter nicht nur das Geschlechtsrollen-Wissen (GRW) zu, sondern auch das Ausmaß der Geschlechtsrollen-Präferenz (SPR und IPR). Dabei unterschieden sich die Werte für die beiden Arten von Präferenzen in allen Gruppen kaum voneinander. Sie lagen – mit Ausnahme der älteren Mädchen bei der Kinderrolle – bei den gruppenbezogenen Präferenzwerten eher höher.

Jungen und Mädchen unterschieden sich auffällig im Ausmaß des Wissensunterschieds bezüglich der eigenen Geschlechtsrolle und der des anderen Geschlechts. Während Jungen über das andere Geschlecht weit weniger wußten als über das eigene Geschlecht, gab es bei Mädchen keinen Unterschied zwischen beidem. Dies läßt sich so interpretieren, daß Mädchen besser über die maskuline Rolle Bescheid wissen als Jungen über die feminine Rolle.

Die meist postulierte stärkere Ausprägung von Geschlechtsrollen-Präferenzen bei Jungen im Vergleich zu Mädchen fand sich nur bei den Kinderitems. Bei den Erwachsenenitems unterschieden sich Jungen und Mädchen hingegen nicht. Innerhalb der

Tabelle 12.4: Mittelwerte und Standardabweichungen für Geschlechtsrollenwissen (GRW), die stereotypgemäße Präferenz (SPR) und die individuelle Präferenz (IPR) bei 3- bis 5jährigen Jungen und Mädchen (A = Alter in Monaten) (nach EDELBROCK & SUGAWARA, 1978, S. 618)

	Jungen			Mädchen		
Inhalt	Jüngere n = 31 $\bar{x}_A = 43{,}7$	Ältere N = 32 $\bar{x}_A = 58{,}0$	Gesamt n = 63 $\bar{x}_A = 51{,}0$	Jüngere n = 28 $\bar{x}_A = 45{,}1$	Ältere n = 28 $\bar{x}_A = 58{,}7$	Gesamt n = 56 $\bar{x}_A = 51{,}9$
GRW						
eigenes G.	88,1 (2,5)	94,7 (1,4)	91,4 (1,5)	84,3 (3,5)	94,6 (1,7)	89,5 (2,6)
anderes G.	72,2 (3,7)	87,8 (2,6)	80,1 (2,4)	83,2 (3,3)	94,7 (1,5)	88,9 (1,9)
SPR						
Kinderrolle	59,8 (2,3)	64,2 (2,3)	62,0 (1,6)	51,1 (2,4)	55,6 (1,6)	53,3 (1,4)
Erwachsenen-rolle	57,0 (1,6)	59,9 (1,8)	58,4 (1,4)	57,5 (2,3)	60,2 (2,1)	58,9 (1,6)
IPR						
Kinderrolle	58,3 (1,9)	62,6 (2,2)	60,5 (1,5)	50,4 (2,0)	59,9 (1,9)	55,1 (1,5)
Erwachsenen-rolle	56,8 (1,7)	57,8 (2,0)	57,3 (1,5)	55,7 (1,9)	57,5 (2,5)	56,6 (1,6)

Geschlechtsgruppen galt, daß bei Jungen eher die Geschlechtsrollen-Präferenz bei den Kinderitems höher war als bei den Erwachsenenitems, während in der Mädchengruppe gerade das Umgekehrte zutraf. Mädchen haben unter Umständen bereits im Vorschulalter eine klare Vorstellung von der (femininen) Erwachsenenrolle (weil sie mehr feminine Modelle um sich haben?) und passen sich dieser Rolle früh an, sind aber in ihren kindlichen Aktivitäten weniger auf die traditionelle Geschlechtsrolle festgelegt.

Ein Nebenergebnis der Untersuchung war, daß Kinder, wenn sie von einem Versuchsleiter des anderen Geschlechts getestet worden waren, weniger reliable Daten und weniger geschlechtsangemessene Antworten lieferten.

Obwohl die Untersuchung von EDELBROCK und SUGAWARA für stereotypgemäße und auf die individuellen Geschlechtsrollen-Konzepte bezogene Präferenzen ähnliche Ergebnisse erbrachte, erscheint eine Trennung von beidem weiterhin sinnvoll. Zum einen beinhaltet das Konstrukt Geschlechtsrollen-Präferenz einen Bezug auf das individuelle Geschlechtsrollen-Wissen, zum anderen kann in anderen Altersstufen als der von EDELBROCK und SUGAWARA untersuchten und/oder bei anderen Inhalten durchaus eine Diskrepanz der beiden Arten von Präferenzen auftreten.

EDELBROCK, C. & SUGAWARA, A.I. (1978). Acquisition of sex-typed preferences in preschool-aged children. *Developmental Psychology, 14*, 614-623.

Ob Jungen oder Mädchen höhere Präferenzwerte aufweisen, dürfte nicht zuletzt davon abhängen, inwieweit die jeweilige Untersuchung Unterschiede der Bewertung und der sozialen Erwünschtheit männlicher und weiblicher Rollenmerkmale kontrolliert (SILVERN, 1977). Die größere Attraktivität und Höherbewertung der traditionellen männlichen Rolle gepaart mit einem größeren Sozialisationsdruck auf Jungen, feminine Merkmale zu vermeiden, im Vergleich zur Vermeidung maskuliner Merkmale bei Mädchen, erhöhen die Tendenz zur Geschlechtsrollen-Präferenz bei Jungen. Die stärkere Einschränkung von Jungen in ihren Wahlmöglichkeiten wird aus einer Untersuchung von RICHARDSON & SIMPSON (1982) über Spielzeugwünsche von Kindern deutlich. Jungen wählten viel seltener Mädchenspielzeug als Mädchen Jungenspielzeug (s. Tabelle 12.5).

Tabelle 12.5: Spielzeugwünsche von Kindern in Briefen an den Nikolaus (nach RICHARDSON & SIMPSON, 1982; aus SHAFFER, 1985, S. 525)

	% Jungen-Wünsche	% Mädchen-Wünsche
Männliche Items		
Fahrzeuge, Autos, Lastwagen	43,5	8,2
Sportausrüstung	25,1	15,1
Technik (Baukasten, Uhren u.ä.)	24,5	15,6
Rennwagen	23,4	5,1
Richtige Fahrzeuge (Dreirad, Fahrrad, Motorrad)	15,3	9,7
Weibliche Items		
Puppen (Erwachsene, Barbie u.ä.)	0,6	27,1
Puppen (Babys)	0,6	23,4
Haushaltssachen	1,7	21,7
Puppenhaus	1,9	16,1
Stofftiere	5,0	5,4

In der Längsschnittuntersuchung von TRAUTNER et al. (1989a) ergab sich eine relativ hohe, mit dem Alter (vier bis zehn Jahre) ansteigende intraindividuelle Stabilität der Präferenzwerte. Die Stabilität der individuellen Präferenzwahlen war bei denjenigen Kindern am größten, die sich durch eine ausgeprägte Geschlechtsrollen-Präferenz auszeichneten. Dies kann so interpretiert werden, daß eine starke Geschlechtstypisierung der Präferenzen aufgrund einer über die Zeit stabilen Orientierung an vorherrschenden Geschlechtsrollen-Stereotypen zustandekommt, während weniger geschlechtstypsierte Präferenzen eher das Ergebnis wechselnder, situationsabhängiger Urteilsdimensionen sind. Hohe und über die Zeit stabile Präferenzwerte waren außerdem vor allem dann zu beobachten, wenn die geschlechtsuntypischen Items eindeutig abgelehnt wurden. Daß insbesondere die für das eigene Geschlecht als unpassend empfundenen Inhalte den stabilen Kern von Geschlechtsrollen-Präferenzen ausmachen, deutet darauf hin, daß die Zurückweisung von geschlechtsunangemessenen Inhalten für den Aufbau von Geschlechtsrollen-Präferenzen vermutlich bedeutsamer ist, als die Übernahme geschlechtsangemessener Inhalte (HARTUP & MOORE, 1963; TRAUTNER et al., 1985, 1989a). Dafür spricht auch, daß die Umwelt eher auf Abweichungen von traditionellen Geschlechtsrollen als auf die Anpassung an solche Standards reagiert, und zwar insbesondere bei Jungen (CROISSIER, 1979).

Offene Fragen und Probleme

Individuumzentrierte Definition. Obwohl der Begriff Geschlechtsrollen-Präferenz beinhaltet, daß die von einer Versuchsperson geäußerten Präferenzen Ausdruck ihres Bestrebens nach Übereinstimmung mit Merkmalen der eigenen Geschlechtsrolle sind, werden Präferenzmaße nur selten auf der Basis der *individuellen* Geschlechtsrollen-Konzepte definiert (EDELBROCK & SUGAWARA, 1978; TRAUTNER, SAHM & STEVERMANN, 1983a; TRAUTNER et al., 1985, 1989a). Stattdessen wird üblicherweise das Ausmaß der Geschlechtsrollen-Präferenz einer Versuchsperson ausschließlich durch den Vergleich ihrer Wahlen mit den Geschlechtsrollendefinitionen einer Beurteilergruppe bestimmt. Auf diese Art erhält eine Versuchsperson einen niedrigen Präferenzwert, wenn sie Items wählt, die sie selbst als typisch oder angemessen für ihr Geschlecht ansieht, die jedoch von der Beurteilergruppe als geschlechtsuntypisch eingestuft werden.

Von einigen Autoren wird der Begriff Geschlechtsrollen-Präferenz noch mehr ausgeweitet, indem auch Geschlechtsunterschiede im beobachtbaren Verhalten, z.B. hinsichtlich der Dauer von einzelnen Spielaktivitäten, zur Bestimmung der Geschlechtsrollen-Präferenz dienen, ohne daß das Kind selbst die Geschlechtstypisierung der Spielzeuge kennen oder beurteilen muß (z.B. BLAKEMORE et al., 1979; CONNOR & SERBIN, 1977).

Bereichsspezifität der Präferenz. Geschlechtsrollen umfassen ganz *verschiedene Aspekte* wie Spielinteressen, Verhalten in sozialen Situationen, häusliche und berufliche Aktivitäten oder Persönlichkeitsmerkmale (vgl. Tabelle 12.2). Sie können nicht nur interindividuell, sondern auch intraindividuell im Grad ihrer Bevorzugung oder Ablehnung variieren, so daß nicht von einer Präferenz für *die* männliche oder *die* weibliche Geschlechtsrolle schlechthin gesprochen werden kann. Um festzustellen, ob es gerechtfertigt ist, von einer generellen Geschlechtsrollen-Präferenz zu sprechen, sind die Zusammenhänge zwischen den Bevorzugungen und Ablehnungen bereichsspezifischer Präferenzwerte zu analysieren. Die intraindividuellen Korrelationen zwischen verschiedenen Präferenzbereichen scheinen eher gering zu sein (TRAUTNER et al., 1985, 1989).

Einschränkung der Wahlmöglichkeiten. Obwohl Kinder- und Erwachsenenrollen nur teilweise durch geschlechtstypisierte Merkmale definiert sind und daneben eine Vielzahl von *geschlechtsneutralen* Merkmalen beinhalten, stellen bisherige Untersuchungen zur Entwicklung von Geschlechtsrollen-Präferenzen in der Regel nur geschlechtstypisierte Items zur Wahl. Da die Versuchsperson sich hier nur für oder gegen ihre Geschlechtsrolle bzw. die für ihr Geschlecht typische Wahl entscheiden kann, wird die Wahrscheinlichkeit des Auftretens von Geschlechtsrollen-Präferenzen künstlich erhöht.

Kriterien für Präferenzwahlen. Was die *Grundlage* für geäußerte Geschlechtsrollen-Präferenzen abgibt, ist noch weitgehend unerforscht. Sind es z.B. spezifische Anforderungsmerkmale von Objekten und Situationen, wie die zu ihrer Bewältigung erforderliche Geschicklichkeit und Ausdauer, ihr Neuigkeitswert oder ihr möglicher Sozialbezug? Steht dahinter die Anpassung an soziale Normen, z.B. die Norm, sich übereinstimmend mit Geschlechtsrollenstandards oder mit gleichgeschlechtlichen Modellen zu verhalten, oder ist es das Bestreben nach kognitiver Konsistenz mit dem individuellen Geschlechtsschema (MARTIN & HALVERSON, 1981)? Oder spielen biologisch verankerte Prädispositionen eine Rolle, z.B. hormonelle Unterschiede zwischen den Geschlechtern? Ebenfalls unbekannt ist, inwieweit sich die Bedeutung der verschiedenen Determinanten von Geschlechtsrollen-Präferenzen im Laufe der Entwicklung verändert.

3.4 Entwicklung geschlechtstypischen Verhaltens

Neben den zuvor behandelten drei Komponenten *Identität*, *Konzepte* und *Einstellungen* läßt sich die Entwicklung der Geschlechtstypisierung auch unter dem Aspekt der Manifestierung offenen (beobachtbaren) *Verhaltens* betrachten. Der Verhaltensaspekt steht im Vordergrund der biologischen und der lerntheoretischen Ansätze der Erklärung der Geschlechtstypisierung (s. dazu 4.1 und 4.3).

Geschlechtstypisches Verhalten umfaßt alle Verhaltensmerkmale, die relativ häufiger oder stärker ausgeprägt bei einem Geschlecht vorkommen. So definiert würde die Behandlung des Verhaltensaspekts die gesamte Literatur über Geschlechtsunterschiede einschließen. Dies geht über die Intention und die Möglichkeiten dieses Kapitels weit hinaus. Die wichtigsten Ergebnisse der differentiell-psychologisch ausgerichteten Forschung über Geschlechtsunterschiede wurden außerdem bereits in anderem Zusammenhang dargestellt (vgl. Abschnitt 2.1). An dieser Stelle soll nur exemplarisch auf einen speziellen Ausschnitt geschlechtstypischen Verhaltens eingegangen werden, der in den – vornehmlich an jüngeren Kindern durchgeführten – entwicklungspsychologischen Untersuchungen im Vordergrund steht, das Spielverhalten.

Spielverhalten von Kindern

Die Beobachtung des Spielverhaltens wurde deshalb häufig zum Gegenstand von Untersuchungen gemacht, weil Spielen ein wesentlicher Teil des Alltagsverhaltens von Kindern ist und sich gut zur Beobachtung eignet, sei es im Labor, in Institutionen oder in der häuslichen Umgebung. Vor allem zwei Fragen interessieren bei der Analyse des Spielverhaltens von Jungen und Mädchen : 1. Welche Spielzeuge werden von Jungen und welche von Mädchen bevorzugt? 2. Inwieweit spielen Jungen und Mädchen mit dem gleichen Spielzeug in unterschiedlicher Art?

Unterschiedliches Spielverhalten von Jungen und Mädchen läßt sich spätestens im Alter von zwei bis drei Jahren beobachten (BIRNS, 1976; GOLDBERG & LEWIS, 1969; O'BRIEN, HUSTON & RISLEY, 1983). Dabei ist allerdings zu differenzieren zwischen der *Auswahl unterschiedlichen Spielmaterials* und dem *unterschiedlichen Umgang* mit den *gleichen Spielsachen*. Ersteres wird im Regelfall überwiegend von den Eltern bestimmt, jedenfalls bei jüngeren Kindern (RHEINGOLD & COOK, 1975). Erst später folgt das Spielzeugangebot stärker den Wünschen der Kinder selbst. Nach KARPOE & OLNEY (1983) wird die Art des Spiels von Jungen und Mädchen weniger durch das Geschlecht des spielenden Kindes als durch das Ausmaß der Geschlechtstypisierung des zur Verfügung stehenden Spielmaterials bestimmt.

Untersuchung 12.3 *Der Einfluß von Jungen- oder Mädchenspielzeug auf geschlechtstypisches Spielverhalten*

In zwei Experimenten überprüften Kelly KARPOE und Rachel OLNEY den Einfluß der Geschlechtstypisierung von Spielzeugen auf die Spielzeugwahl und die Art des Spiels bei 9- bis 12jährigen Jungen und Mädchen. Ihre Hypothese war, daß die Spielzeugpräferenzen und die Spielcharakteristika eher vom Spielzeugangebot (Jungen- oder Mädchenspielzeug) als vom Geschlecht des spielenden Kindes abhängen.

Experiment 1

Am ersten Experiment nahmen 15 Jungen und 15 Mädchen zwischen 9;4 und 12;8 Jahren teil. Sie fanden in einem Spielzimmer ein umfangreiches Angebot an geschlechtstypisierten und geschlechtsneutralen Spielsachen vor: Puppen, Puppenmöbel, Autos und Flugzeuge, Tiere und Bauklötze in großer Zahl und Variabilität. Die Spielsachen lagen sortiert nach Gruppen auf einem Tisch. Jedes Kind wurde im Einzelversuch von einer weiblichen Vl aufgefordert, auf dem Tisch eine ausgedachte, spannende Szene aufzubauen („an imaginary exciting scene that he or she would like to see in a movie", S. 509) und zu beschreiben. Die Anordnungen der Kinder wurden photographiert und die Beschreibungen auf Band aufgezeichnet.

Die Auswertung der Photos und Beschreibungen erfolgte nach quantitativen Aspekten (*Anzahl* der verwendeten Puppen, Puppenmöbel, Fahrzeuge, Tiere und Bauklötze) und nach qualitativen Aspekten gemäß einem an ERIKSONS Theorie (ERIKSON, 1951) orientierten Auswertungssystem von CRAMER & HOGAN (1975). Danach wurden die verwendeten Spielmaterialien und ihre Anordnung in einer Spielszene nach drei Aspekten beurteilt: 1. *Konfigurationen* (maskulin = Türme, Ruinen, Gebäude, Straßen, Kreuzungen, Bürgersteige, Autobahnen, Tunnel; feminin = freistehende Mauern, räumliche Unterteilungen, Umzäunungen, Türen, verzierte Tore, Bögen; geschlechtsneutral = Fenster, sonstige Strukturen); 2. *Funktionen* (maskulin = Bahnungen, aufragende Konstruktionen, außerhäusliche Welt; feminin = umschließende Konstruktionen, innerhäusliche Welt); 3. *Themen* (maskulin = hoch-niedrig, Aktivität, Äußeres, Vorsicht im Haus, Gefahr und Gewalttätigkeit, erstarrte Bewegung; feminin = offen-geschlossen, eindringen, Passivität, Inneres, Geborgenheit im Haus, innere Erregung). 1. wurde nur aufgrund der Anordnungen der Bauklötze, 2. und 3. aufgrund der Bauklötze und der Spielzeugverwendung eingeschätzt.

Erwartungsgemäß spielten die Mädchen mehr mit Puppen und Puppenmöbeln als die Jungen. Eine entsprechende Präferenz *maskuliner* Spielzeuge (insbesondere Autos, Flugzeuge) trat bei Jungen, entgegen der Erwartung, nicht auf (vgl. Tabelle 12.6).

Tabelle 12.6: Mittlere Anzahl (M) verwendeter Bauklötze und Spielzeuge im freien Spiel von Jungen und Mädchen (s = Standardabweichung) (nach KARPOE & OLNEY, 1983, S. 510; Übers. v. Verf.)

	Bauklötze (n = 141)	Fahrzeuge (n = 12)	Puppenmöbel (n = 36)	Tiere (n = 15)	Puppen (n = 11)
Jungen (n = 15)					
M	14,80	1,40	4,80	2,53	1,93
s	16,97	1,50	7,74	3,11	2,99
Mädchen (n = 15)					
M	8,27	1,53	12,80	1,93	5,87
s	9,99	2,45	10,01	2,74	2,75

Die realisierten Spielszenen und Beschreibungen waren bei Jungen und Mädchen, mit Ausnahme einer signifikant größeren Häufigkeit maskuliner Funktionen bei Jungen bzw. femininer Funktionen bei Mädchen, recht ähnlich. D.h., beide Geschlechter assoziierten in ähnlicher Art Jungenspielzeug mit maskulinen Themen und Mädchenspielzeug mit femininen Themen.

Experiment 2

Um die im ersten Experiment konfundierten Faktoren Wahl von maskulinem oder femininem Spielzeug und maskuliner oder femininer Charakter des Spiels auseinanderhalten zu können, wurde das Spielzeugangebot für die Kinder in einem zweiten Experiment auf ein Geschlecht begrenzt. Jungen und Mädchen fanden – neben den geschlechtsneutralen Bauklötzen – entweder nur Jungenspielzeug (Autos und Flugzeuge) oder nur Mädchenspielzeug (Puppen und Puppenmöbel) vor. Die Instruktionen und die Art der Datenerhebung waren ansonsten die gleichen wie im ersten Experiment. An dem Experiment nahmen 22 Jungen und 22 Mädchen zwischen 9 und 12 Jahren teil. Die Spielszenen und Beschreibungen wurden nach dem Überwiegen maskuliner oder femininer Konfigurationen, Funktionen und Themen eingeschätzt.

Die Ergebnisse sind in der Tabelle 12.7 zusammengefaßt. Aus der Tabelle ist zu ersehen, daß bei fehlender Wahlmöglichkeit zwischen maskulinem und femininem Spielzeug die Spielcharakteristika (Funktionen und Themen) eindeutig vom Spielzeugangebot und nicht vom Geschlecht des spielenden Kindes determiniert wurden. Je nachdem ob Jungen- oder Mädchenspielzeug zur Verfügung stand, wurde *maskulin* oder *feminin* gespielt. Lediglich die mit den (geschlechtsneutralen) Bauklötzen realisierten Konfigurationen ergaben ein anderes Bild. Hier zeigten die Mädchen unter beiden Bedingungen (Jungenspielzeug und Mädchenspielzeug) eine ausgeprägte Tendenz zu femininen Konfigurationen. Bei den Jungen waren unter beiden Spielzeugbedingungen maskuline und feminine Konfigurationen gleich häufig (s. Tabelle 12.7).

Die Untersuchung von KARPOE und OLNEY unterstreicht die Notwendigkeit, zwischen geschlechtstypischen Spielzeugpräferenzen und geschlechtstypischem Ver-

Tabelle 12.7: Anzahl von Vpn, die bei eingeschränktem Spielzeugangebot (nur Jungenspielzeug oder nur Mädchenspielzeug) maskuline oder feminine Konfigurationen, Funktionen und Themen realisierten (n = 11 pro Geschlecht und Bedingung) (nach KARPOE & OLNEY, 1983, S. 515, Übers. v. Verf.)

	Jungen		Mädchen	
	Jungenspielzeug	Mädchenspielzeug	Jungenspielzeug	Mädchenspielzeug
Konfigurationen				
Maskulin	4	2	1	0
Feminin	5	3	9	6
Nicht auswertbar	2	6	1	5
Funktionen				
Maskulin	10	2	9	1
Feminin	0	7	1	6
Nicht auswertbar	1	2	1	4
Themen				
Maskulin	11	2	11	0
Feminin	0	9	0	10
Nicht auswertbar	0	0	0	1

halten mit Spielzeugen zu unterscheiden. Letzteres wird u.U. stärker von der Geschlechtstypisierung des betreffenden Spielzeugs determiniert als von maskulinen oder femininen Prädispositionen des spielenden Kindes. Die relative Leichtigkeit, mit der Jungen und Mädchen bei einem geschlechtsuntypischen Spielzeugangebot Spielcharakteristika des anderen Geschlechts übernahmen, läßt vermuten, daß die im Alltag oft beobachtete Vermeidung geschlechtsuntypischen Spielverhaltens eher auf die üblicherweise vorgefundene geschlechtstypische Begrenzung des Spielzeugangebots als auf die Unfähigkeit oder den Unwillen zu geschlechtstypischem Spiel zurückgeht.

KARPOE, K.P. & OLNEY, R.L. (1983). The effect of boys' or girls' toys on sex-typed play in preadolescents. *Sex Roles*, *9*, 507-518.

Vergleichbare Analysen zum Entwicklungsverlauf geschlechtstypischen Spielverhaltens, wie für die zuvor behandelten drei Komponenten der Geschlechtstypisierung, liegen nicht vor. Aussagen über alterstypische Veränderungen, z.B. die Zunahme oder Abnahme der Geschlechtstypisierung des Spielverhaltens, sind daher nicht möglich. Stärker als die kindlichen Geschlechtsrollen-Stereotype und Geschlechtsrollen-Präferenzen hängt das Spielverhalten von situativen Faktoren und sozialen Reaktionen ab, z.B. den zur Auswahl stehenden Spielmaterialien oder der Anwesenheit und dem Verhalten bestimmter Spielpartner (FAGOT & PATTERSON, 1969; LISS, 1983; KARPOE & OLNEY, 1983; SERBIN, CONNOR, BURCHARDT & CITRON, 1979). In dem bereits erwähnten Forschungsprojekt von TRAUTNER et al. (1985, 1989a) wurden vier- bis zehnjährige Jungen und Mädchen u.a. auch in einer standardisierten Spielsituation (Solitärspiel mit Playmobilmaterialien) beobachtet. Spielmaterialien und Spielsituation ermöglichten den Kindern, zwischen *maskulinen*, *femininen* und *geschlechtsneutralen* Spielgegenständen auszuwählen und in ihren eigenen Spielhandlungen bzw. den durch die männlichen und weiblichen Spielfiguren ausgeführten Handlungen mehr oder weniger stark kulturellen Geschlechtsrollenstandards zu entsprechen. Das Spiel jedes Kindes wurde per Video aufgezeichnet.

Mädchen spielten mehr mit den Erwachsenen- und Kinder*figuren* des Spielsets, während Jungen in der Anzahl der *Objekt*kontakte deutlich höher lagen. Dieses Ergebnis entspricht der Erwartung einer stärkeren Personenorientierung bei Angehörigen des weiblichen Geschlechts und einer stärkeren Objektorientierung bei Angehörigen des männlichen Geschlechts (Expressivität versus Instrumentalität nach PARSONS, 1955). Jungen und Mädchen bezogen außerdem bevorzugt *gleich*geschlechtliche Figuren in ihr Spiel ein, d.h., Jungen spielten mehr mit der Mann- und der Jungenfigur als mit der Frau- und der Mädchenfigur, Mädchen umgekehrt mehr mit der Frau- und der Mädchenfigur als mit der Mann- und der Jungenfigur. Hinsichtlich der Gestaltung des Spiels (welche Objekte welchen Figuren zugeordnet wurden und welche Handlungen männliche und weibliche Figuren zeigten) ergab sich hingegen ein ausgesprochen hoher Konsensus zwischen Mädchen und Jungen. Auffällig war, wie stark die Spielhandlungen der Kinder traditionelle Geschlechtsrollen-Stereotype zum Ausdruck brachten.

Daß sich die untersuchten Kinder der von ihnen im Spiel geäußerten Geschlechtsrollen-Stereotypen durchaus bewußt waren, zeigte sich darin, daß sie im Anschluß an die Aufforderung, so zu spielen wie ein Kind des anderen Geschlechts, ihr Spiel teilweise in Richtung des typischen Spiels der anderen Geschlechtsgruppe änderten (TRAUTNER, 1987a; TRAUTNER et al., 1985).

Probleme der Interpretation geschlechtstypischen Verhaltens

In der Literatur wird die Äußerung geschlechtstypischen Verhaltens manchmal mit der Geschlechtsrollenannahme gleichgesetzt (BILLER, 1971; LYNN, 1966). Damit ist jedoch eine spezifische Hypothese über das Zustandekommen von geschlechtstypischem Verhalten impliziert: Die Wahrnehmung und Verarbeitung der eigenen Geschlechtsidentität und der Geschlechtstypisierung in der sozialen Umwelt soll dazu führen, daß sich das heranwachsende Kind aktiv bemüht, sein Verhalten dem geschlechtstypischen Standard seiner Umgebung anzupassen. Einige Befunde zum Spielverhalten von Kindern sind mit dieser Hypothese gut vereinbar.

Geschlechtstypischem Verhalten können aber auch andere Faktoren als das kognitiv induzierte Bestreben zur Übereinstimmung mit Geschlechtsrollenstandards zugrunde liegen (z.B. biologische Faktoren oder soziale Einflüsse).

Andererseits gilt, daß die Annahme der Geschlechtsrolle sich zwar in einem entsprechenden Verhalten zeigen kann, dies aber nicht notwendigerweise so sein muß. Der Rückschluß von beobachtbarem Verhalten auf geschlechtsbezogene Einstellungs- oder Motivationsstrukturen bleibt auf jeden Fall hypothetisch.

4. Theorien der Entwicklung der Geschlechtstypisierung

Jede Theorie der Geschlechtstypisierung hat es mit der Beschreibung und Erklärung von *drei Untersuchungsgegenständen* zu tun:

1. *typischen intraindividuellen Veränderungen* in Entwicklungsmerkmalen der Geschlechtstypisierung;
2. *interindividuellen Differenzen zwischen den Geschlechtern*;
3. *interindividuellen Differenzen innerhalb der Geschlechter.*

Diese drei Gegenstände der Betrachtung werden häufig nicht klar genug auseinandergehalten. Faktoren, die für eine Varianzart verantwortlich sind, können zwar unter Umständen auch für die Erklärung der beiden anderen Varianzarten gelten, dies muß aber nicht so sein (TRAUTNER, 1980).

Dazu ein Beispiel: SEARS, RAU & ALPERT (1965) fanden, daß Erziehungsmerkmale elterlicher Strenge positiv mit Merkmalen von hoher *Femininität* bei Mädchen und geringer *Maskulinität* bei Jungen korrelierten. Elterliche Strenge femininisierte sowohl Jungen wie Mädchen. Daraus zu schließen, daß Eltern gegenüber Mädchen strenger sind als gegenüber Jungen und daß elterliche Strenge ein Faktor ist, der zur stärkeren Ausprägung weiblicher Verhaltensmerkmale bei Mädchen verglichen mit Jungen beiträgt, wäre aber völlig verkehrt. Ganz im Gegenteil scheinen Eltern gegenüber Jungen eher strenger zu sein als gegenüber Mädchen.

Abgesehen von der eher *formalen* Unterscheidung von Untersuchungsgegenständen gibt es unterschiedliche Möglichkeiten der *inhaltlichen* und *methodischen* Definition von Untersuchungsgegenständen, deren Vielfalt in der Tabelle 12.2 zum Ausdruck kommt. Am Beispiel des Problemfeldes Geschlechtstypisierung läßt sich besonders gut die im Theorienteil (Kap. 6 bis 10) festgestellte Selektivität der verschiedenen Entwicklungstheorien verdeutlichen. Die einzelnen Theorien sind weniger widersprüchlich in dem Sinne, daß sie die gleichen Untersuchungsgegenstände auf unterschiedliche Art betrachten, als daß sie jeweils verschiedene *theorienahe* Gegenstände auswählen. Sämtliche der im folgenden beschriebenen Theorien sind dementsprechend dadurch charakterisiert, daß sie nur einzelne Ausschnitte der Entwicklung der Geschlechtstypisierung gut abbilden, andere Ausschnitte jedoch außer acht lassen.

In den folgenden Abschnitten 4.1 bis 4.4 wird nacheinander dargestellt, wie *biologische Ansätze*, die *Psychoanalyse*, die *Soziale Lerntheorie* und die *Kognitive Entwicklungstheorie* die Entwicklung der Geschlechtstypisierung beschreiben und erklären. Es wird jeweils erörtert, durch welche Befunde die Theorie gestützt wird und welche Daten sich schlecht in sie einordnen lassen bzw. anders besser erklärt werden können.

4.1 Biologische Ansätze

4.1.1 Allgemeine biologische Grundlagen der Geschlechterdifferenzierung

Eindeutig nachweisbar ist der Einfluß der Differenzierung der *Geschlechtschromosomen* (Heterosomen) in *XX* und *XY* auf die Entwicklung des Sexualdimorphismus der Fortpflanzungsorgane. Zygoten mit zwei X-Chromosomen bilden die genetische Grundlage für eine weibliche Entwicklung, solche mit einem X- und einem Y-Chromosom führen zu einer männlichen Entwicklung des Organismus (MERZ, 1979; NEUMANN, 1980).

In den ersten sechs Wochen der vorgeburtlichen Entwicklung unterscheiden sich die Gonaden (Keimdrüsen) bei beiden Geschlechtern noch nicht. Ab der siebten Schwangerschaftswoche führt dann die im Y-Chromosom verankerte Erbinformation beim männlichen Embryo zur Hodenausbildung. Die Ausbildung eines Ovars bedarf hingegen keiner zusätzlichen genetischen Induktion, sie erfolgt in allen Fällen des Fehlens eines Y-Chromosons.

Mit der Ausbildung der Gonaden ist der direkte Einfluß der Geschlechtschromosomen auf die somatische Geschlechterdifferenzierung beendet. Die weitere Steuerung erfolgt über die von den Gonaden produzierten *Hormone*. In Abhängigkeit von der Art der Sexualhormone, ihrer Menge und der Sensitivität der Empfängerorgane entwickeln sich die äußeren Geschlechtsorgane zu männlichen (Penis und Scrotum) oder zu weiblichen (Klitoris, Labia und Vagina).

Analog zur Wirkung des Y-Chromosoms gilt: Androgene sind notwendig, um die männliche Entwicklung in Gang zu setzen und die weibliche Entwicklung zu unterdrücken, während es für eine weibliche Entwicklung in diesem Stadium keiner besonderen Hormonsekretion bedarf. Das heißt: beim Ausbleiben einer ausreichenden Zufuhr männlicher Hormone oder einer Insensitivität der Empfängerorgane bilden sich in jedem Fall weibliche innere und äußere Geschlechtsorgane aus.

Sexualhormone steuern auch die körperliche Entwicklung in der Pubertät. Je nach dem Verhältnis und der Menge von Androgenen und Östrogenen sowie der Bereitschaft des Organismus, auf diese zu reagieren, bilden sich (besonders) männliche oder weibliche sekundäre Geschlechtsmerkmale aus.

Inwieweit Sexualhormone während der Fötalzeit und während der Pubertät sich nicht nur entscheidend auf die Differenzierung der äußeren Geschlechtsmerkmale auswirken, sondern auch auf das Zentrale Nervensystem (Gehirn) und – darüber vermittelt – auf das Verhalten, läßt sich derzeit noch nicht abschließend beantworten. Experimentelle Tierversuche und klinische Studien am Menschen stützen teilweise diese Position (vgl. MERZ, 1979).

Da die Geschlechter sich chromosomal und hormonell unterscheiden, liegt die Schlußfolgerung nahe, daß auch die Verhaltensdifferenzierung zwischen den Geschlechtern zumindest teilweise chromosomal oder hormonell bedingt ist. Analog könnte die Verhaltensdifferenzierung innerhalb der Geschlechter erklärt werden. Die bisher bekannten Zusammenhänge zwischen biologischen Faktoren und der Verhaltensdifferenzierung der Geschlechter sind aber viel geringer als die zuvor aufgezeigten Zusammenhänge zwischen der chromosomalen, hormonellen und morphologischen Geschlechterdifferenzierung. Noch weniger eindeutig sind Zusammenhänge zwischen biologischen Faktoren und der Geschlechtsidentität, Konzepten der Geschlechterdifferenzierung und Geschlechtsrolleneinstellungen.

Von den wenigen geschlechtstypisch verteilten Verhaltensmerkmalen wurden bislang am häufigsten *räumliche Fähigkeiten* (bzw. das individuelle Verhältnis von räumlichen und verbalen Fähigkeiten) sowie *Aggressivität* mit biologischen Erklärungshypothesen in Zusammenhang gebracht (MACCOBY, 1980; MCGEE, 1979; OLWEUS, 1979; WITTIG & PETERSEN, 1979).

Die theoretische Frage nach dem Zusammenhang zwischen biologischen Faktoren und geschlechtstypischen Verhaltensmerkmalen läßt sich empirisch auf zwei Arten angehen: 1. angenommene biologische Faktoren werden experimentell manipuliert und variiert; 2. natürlich vorkommende Variationen in biologischen Faktoren werden auf ihren Zusammenhang mit der Verhaltensvariation geprüft. Nur ersteres erlaubt kausale Schlüsse. Aus ethischen und praktischen Gründen ist dieser Weg aber auf Tierversuche (hier meistens an Ratten und Mäusen) beschränkt (vgl. auch Kap. 3.5 in Band 1). Damit stellt sich die Frage nach der Übertragbarkeit tierexperimenteller Befunde auf den Menschen (VON CRANACH, 1979). Es ist davon auszugehen, daß der Zusammenhang zwischen genetischen und biochemischen Faktoren und dem Verhalten beim Menschen variabler und stärker erfahrungsabhängig ist als beim Tier. Auswirkungen natürlich vorkommender Variationen biologischer Faktoren können sowohl in klinischen Studien (z.B. Stichproben mit Chromosomenaberrationen oder hormonellen Störungen) als auch in Untersuchungen an der Normalpopulation analysiert werden.

4.1.2 Spezielle biologische Faktoren der Entwicklung der Geschlechtstypisierung

Die biologischen Faktoren, die zur Erklärung der Geschlechtstypisierung herangezogen werden können, lassen sich in vier Gruppen einteilen:
- Chromosomale Einflüsse
- Hormonelle Einflüsse
- Hirnlateralisation
- Reifungsgeschwindigkeit

Wie diese verschiedenen biologischen Faktoren ihre Wirkung ausüben, soll hauptsächlich am Beispiel räumlicher Fähigkeiten erläutert werden. Hierzu liegen die meisten Untersuchungen vor (vgl. MCGEE, 1979; POTEGAL, 1982; WITTIG & PETERSEN, 1979).

Chromosomale Einflüsse

Ob man zwei X-Chromosomen oder ein X- und ein Y-Chromosom besitzt, ist nicht nur für die gonadale und morphologische Ausstattung von Bedeutung, sondern kann, je nach Erbgang (dominant oder rezessiv) weitere Unterschiede zwischen den Geschlechtern hervorbringen (MERZ, 1979).

Da männliche Individuen nur *ein* X-Chromosom haben, manifestiert sich ein rezessives Gen auf diesem Chromosom auf jeden Fall im Phänotyp. Bei weiblichen Individuen zeigt sich ein X-rezessiv vererbtes Merkmal hingegen nur dann im Phänotyp, wenn das betreffende Gen auf beiden X-Chromosomen vorhanden ist. Hierfür ist die Wahrscheinlichkeit gemäß den Vererbungsgesetzen weitaus geringer (MERZ & STELZL, 1977). Dies erklärt z.B., daß männliche Individuen viel stärker von X-rezessiven Störungen wie Farbenblindheit oder Bluterkrankheit betroffen sind.

Aus den Vererbunsgesetzen lassen sich auch theoretische Vorhersagen über die relativen Ähnlichkeiten der Phänotypen von Familienmitgliedern ableiten. Für X-rezessiv vererbte Merkmale gilt: Da Söhne ihr X-Chromosom nur von ihrer als Merkmalsträger in Frage kommenden Mutter, nicht vom Vater haben können, muß die Korrelation zwischen Vätern und Söhnen Null betragen. Die Korrelationen zwischen Müttern und Söhnen sowie Vätern und Töchtern müssen gleich hoch sein, und die Korrelation zwischen Müttern und Töchtern muß dazwischen liegen (MERZ, 1979, S. 139).

Gestützt auf modellkonsistente Verteilungsformen und Familienkorrelationen wurde von einigen Autoren die Hypothese der X-rezessiven Vererbung zur Erklärung der männlichen Überlegenheit in räumlichen Fähigkeiten herangezogen (BOCK & KOLAKOWSKI, 1973; HARTLAGE, 1970; STAFFORD, 1961; YEN, 1975). Nach neueren Untersuchungen an größeren Stichproben läßt sich die Hypothese der X-rezessiven Vererbung räumlicher Fähigkeiten allerdings nicht mehr aufrechterhalten (BOLES, 1980; BOUCHARD & MCGEE, 1977; LOEHLIN, SHARAN & JAKOBY, 1978; THOMAS, 1983; VANDENBERG & KUSE, 1979).

Dagegen sprechen auch die Befunde an Individuen mit dem sogenannten *Turner*-Syndrom. Sie haben nur ein X-Chromosom und kein korrespondierendes X- oder Y-Chromosom (XO). Die gonadal und morphologisch weiblichen Individuen weisen normale intellektuelle Fähigkeiten auf, schneiden jedoch speziell bei räumlichen Aufgaben schlecht ab (REINISCH, GANDELMAN & SPIEGEL, 1979; ROVET & NETLEY, 1982). Würden sich räumliche Fähigkeiten rezessiv vererben, erwartete man das Gegenteil.

Hormonelle Einflüsse

Die Untersuchung hormoneller Faktoren steht im Mittelpunkt biologischer Theorien der Geschlechterdifferenzierung. Das Hauptinteresse der tierexperimentellen Untersuchungen und der klinischen Studien im Humanbereich richtet sich dabei auf die Frage der Auswirkungen pränataler Hormoneinflüsse auf das spätere Sozial- und Sexualverhalten. Außerdem beschäftigt man sich mit hormonellen Prozessen in der Pubertät und ihrer Bedeutung für die Entwicklung kognitiver Fähigkeiten, insbesondere räumlicher Fähigkeiten.

Tierversuche haben gezeigt, daß ein hoher Androgenspiegel während kritischer Perioden der vorgeburtlichen Entwicklung – vermutlich vermittelt über die Prägung neuraler Zentren (McEwen, 1976, 1981; Merz, 1979) – das Sexualverhalten und das Sozialverhalten der erwachsenen Tiere entscheidend beeinflußt (Goy, 1968, 1975; Hoyenga & Hoyenga, 1979; Phoenix, 1974; Neumann, 1980). Bleiben maskulinisierende Androgeneinflüsse aus, entwickeln sich männliche und weibliche Tiere in weiblicher Richtung (Hines, 1982; Neumann, 1980). Eine erhöhte Konzentration von Östrogenen und Progesteronen im fetalen Organismus scheint hingegen keinen determinierenden Einfluß auf die Entwicklung auszuüben.

Aufschlüsse über die Auswirkungen pränataler Hormone beim *Menschen* liefern Untersuchungen von klinischen Gruppen, die während der vorgeburtlichen Entwicklung von hormonellen Störungen betroffen waren. Bei (chromosomal und gonadal) weiblichen Individuen sind vor allem zwei Arten von Fehlentwicklungen bekannt geworden: der *gestagen-induzierte Hermaphroditismus* und das *adrenogenitale Syndrom* (Ehrhardt, 1969; Ehrhardt & Baker, 1974; Money & Ehrhardt, 1975).

Im Fall des gestagen-induzierten Hermaphroditismus sind – damals unbekannte – androgene Nebenwirkungen einer Gestagen-Therapie zur Verhinderung einer drohenden Fehlgeburt die Grundlage der Störung. Töchter von Müttern, die in einem bestimmten Stadium der Schwangerschaft mit den schwangerschaftserhaltenden Gestagenen behandelt worden waren, wurden mit vermännlichten äußeren Genitalien geboren. Beim adrenogenitalen Syndrom (AGS) produzieren die Nebennierenrinden statt Cortison ein maskulinisierendes Androgen, das beim Mädchen die Ausbildung der äußeren Genitalien in männlicher Richtung beeinflußt, so daß ein Neugeborenes unter Umständen für einen Jungen gehalten wird. Während beim gestagen-induzierten Hermaphroditismus gegebenfalls nur eine chirurgische Korrektur der äußeren Genitalien erforderlich ist, muß bei AGS-Mädchen darüber hinaus zur Normalisierung der Hormonproduktion der Ovarien eine langfristige Cortisontherapie durchgeführt werden.

Die Frage des Einflusses pränataler Hormone auf das Verhalten läßt sich mit Hilfe des Vergleichs der beschriebenen klinischen Gruppen mit klinisch unauffälligen Kontrollgruppen beantworten. Anhand der Ergebnisse von umfangreichen Interviews mit Müttern und Töchtern gelangten Ehrhardt (1969, 1975) sowie Ehrhardt & Baker (1974) zu folgenden Schlüssen: Androgenisierte Mädchen zeigen im Vergleich zur Kontrollgruppe mehr physische Aktivität („Wildfang"-Verhalten), weniger Interesse an typischem Mädchenspielzeug und mädchenhafter Kleidung, eine geringere Neigung, sich mit Babys und ihrer Pflege zu beschäftigen, und sie bevorzugen eher männliche Spielgefährten. Die genannten Abweichungen waren jedoch nicht so groß, daß sie von der Umwelt der Mädchen als abnorm angesehen wurden, sondern bewegten sich noch im Spektrum des in unserer Kultur von Mädchen erwarteten Verhaltens. Die subjektive Geschlechtsidentität und die spätere sexuelle Orientierung dieser Mädchen wurden im übrigen von der Hormonstörung nicht tangiert.

Bei männlichen Individuen ist als hormonelle Störung besonders die *testikuläre Feminisierung* bekannt geworden.

Hier sprechen die Körperzellen des chromosomal und gonadal männlichen Individuums nicht auf Testosteron an. Obwohl Hoden angelegt sind, sehen die äußeren Genitalien weiblich aus. Die von dieser Störung betroffenen Menschen werden bei der Geburt dementsprechend als Mädchen eingestuft und auch so erzogen. Ihr Körper entwickelt sich in der Pubertät weiblich, sie bekommen jedoch keine Menstruation und sind unfruchtbar.

In ihrem Verhalten und in ihren Interessen sind testikulär feminisierte Männer nach Ergebnissen von Money & Ehrhardt (1975) weiblich. In der Kindheit haben sie gerne mit Mädchenspielzeug gespielt, als Erwachsene zeigen sie großes Interesse an ihrer äußeren Erscheinung und bejahen ihre Frauenrolle. Da hormonelle Einflüsse, äußere Erscheinung und Erziehung hier sämtlich in weiblicher Richtung ausgeprägt sind, sagen die Befunde nichts über die determinierenden Wirkungen von Hormonen auf das Verhalten aus, „..sie zeigen aber, daß chromosomales Geschlecht und Differenzierung der Gonaden keinen unmittelbaren Effekt auf psychologische Merkmale haben, wenn die fetalen Hormone wirkungslos bleiben" (Merz, 1979, S. 67).

Nachdem der Level von Sexualhormonen über die gesamte Kindheit relativ niedrig – und zumindest was die Östrogene und Progesterone betrifft – für beide Geschlechter ähnlich ist, kommt es im Verlauf der Pubertät zu dramatischen Veränderungen im hormonellen Geschehen. Bei Jungen steigt der Testosteronspiegel stark an, bei Mädchen der Level der Östrogene und Progesterone. Damit gehen auffällige körperliche Veränderungen einher, z.B. Brustbildung und Menstruation bei Mädchen, Vergrößerung des Penis, Bartwuchs und Pollution bei Jungen. Da die biologischen Veränderungen in diesem Entwicklungsstadium untrennbar mit Veränderungen des sozialen Status, der Wahrnehmung durch andere und mit weiteren soziokulturellen Variablen verbunden sind, ist es kaum möglich, die unmittelbare Wirkung der Sexualhormone auf die Verhaltensdifferenzierung der Geschlechter während der Adoleszenz einzuschätzen. Sofern ein Zusammenhang zwischen Sexualhormonen und Verhalten existiert, müßte auf jeden Fall gelten, daß die Geschlechtsunterschiede in der Adoleszenz wesentlich größer werden oder gar in diesem Entwicklungsstadium erstmals auftreten. Dies scheint bei den geschlechtstypisch verteilten Fähigkeiten teilweise der Fall zu sein (vgl. Maccoby & Jacklin, 1974).

Ein bedeutsamer Einfluß hormoneller Faktoren wurde – außer für die größere Aggressivität männlicher Individuen – vor allem für Geschlechtsunterschiede in räumlichen Fähigkeiten postuliert und empirisch nachzuweisen versucht (Broverman, Klaiber, Kobayashi & Vogel, 1968; McGee, 1982; Nyborg, 1981; Petersen, 1976). Räumliche Fähigkeiten scheinen dabei weniger durch den absoluten (hohen) Androgenspiegel gefördert zu werden, sondern durch ein optimales Androgen-Östrogen-Verhältnis (Nyborg, 1981), das sich bei beiden Geschlechtern physisch in einer mittleren Ausprägung der Geschlechtstypisierung (Androgynität) ausdrückt.

Eine hormonelle Erklärung der Geschlechtsunterschiede in räumlichen Fähigkeiten bzw. des Verhältnisses von räumlichen und verbalen Fähigkeiten ist auf der Grundlage der Ergebnisse der zuvor beschriebenen Untersuchungen allerdings nur mit Vorbehalten möglich. Die Hormone wurden nicht direkt gemessen, sondern es wurde nur indirekt von physischen Merkmalen der Maskulinität – Femininität auf den Hormonlevel geschlossen. Physische Maskulinität – Femininität wurde überdies nur anhand von Photographien eingeschätzt (Petersen, 1976). Außerdem ist es kaum möglich, die Hormonwirkungen von Einflüssen der Reifungsgeschwindigkeit und des Körperbaus zu trennen. Jede dieser Einflußgrößen hat wiederum sowohl biochemische als auch soziale Implikationen. Solange nicht an größeren Stichproben vorgenommene direkte Hormonmessungen systematisch mit der Variation von Testwerten in räumlichen Fähigkeiten (oder auch anderen geschlechtstypischen Variablen) in Beziehung gesetzt worden sind, muß die Frage nach dem Zusammenhang zwischen hormonellen Faktoren und räumlichen Fähigkeiten bzw. der geschlechtstypischen Verhaltensdifferenzierung in diesem Merkmal als offen angesehen werden.

Hirnlateralisation

Die beiden Hirnhälften sind beim Menschen hinsichtlich ihrer Funktionen spezialisiert. Bei Erwachsenen dominiert die *linke* Hirnhälfte bei *verbalen* und *analytischen* Verarbeitungsprozessen, die *rechte* Hirnhälfte bei *visuell-räumlichen* und *ganzheitlichen* Verarbeitungsprozessen (KIMURA, 1973; NEBES, 1974; SPERRY, 1973; ZANGWILL, 1976).

Die Spezialisierung der Hirnhälften (Hirnlateralisation genannt) und Befunde zur Geschlechtstypisierung, vor allem die Geschlechtsunterschiede in verbalen und visuell-räumlichen Fähigkeiten, wurden in zweierlei Art miteinander in Zusammenhang gebracht. Zum einen wurde postuliert, daß das Ausmaß der Hirnlateralisation bzw. die Spezialisierung der rechten Hemisphäre für visuell-räumliche Prozesse bei Männern größer ist als bei Frauen (LEVY, 1972). Zum zweiten nahm man an, daß die Entwicklung der Hirnlateralisation, entsprechend dem späteren Eintritt der Pubertät, bei männlichen Individuen länger dauert und deshalb eine stärkere Ausprägung erreicht (WABER, 1977). Beides soll die Überlegenheit von Männern bei visuell-räumlichen Aufgaben erklären.

Relativ gut gesichert ist die erste Annahme (LEVY & REID, 1976; MCGEE, 1979; MCGLONE, 1980; WITELSON, 1976). In Übereinstimmung mit der angenommenen geringeren Spezialisierung der rechten Hirnhälfte bei Frauen fand sich bei diesen ein größeres Ausmaß an bilateralen Verarbeitungsprozessen. Dies zeigte sich z.B. darin, daß Frauen eher als Männer dazu neigten, für alle Arten von Stimuli, d.h. auch für visuell-räumliche Stimuli, verbale Verarbeitungsstrategien zu benutzen (BRYDEN, 1979; MCGEE, 1979; MCGLONE, 1980). Einige Befunde stützen allerdings auch die Gegenposition einer stärkeren Hirnlateralisation für verbale und/oder visuell-räumliche Stimuli bei weiblichen Individuen (BINDEL, 1979; BUFFERY & GRAY, 1972; HARRIS, 1978).

Noch stärker umstritten ist die Frage, wann die Entwicklung der Hirnlateralisation abgeschlossen ist und ob dies mit dem Zeitpunkt des Eintritts in die Pubertät korreliert (ECCLES-PARSONS, 1982; HUSTON, 1983; LENNEBERG, 1969; vgl. auch Kap. 11.4.1). Während WABER (1977,1979) die Entwicklung der Hirnlateralisation erst mit dem Erreichen der Pubertät als abgeschlossen ansieht, kommen CARTER & KINSBOURNE (1979) zu dem Ergebnis, daß das individuelle Ausmaß der Hirnlateralisation bereits mit fünf Jahren festliegt. Entsprechend widersprüchlich sind die Befunde zu Geschlechtsunterschieden im Ausmaß der Hirnlateralisation während des Kindesalters (HUSTON, 1983).

Die fehlende Eindeutigkeit der Befunde dürfte auch mit der mangelnden Validität und Reliabilität der Meßverfahren zur Erfassung der Hirnlateralisation, insbesondere bei Kindern, zusammenhängen (HUGHES & WHEELER, 1981; HUSTON, 1983). Aufgrund der gegebenen uneinheitlichen Forschungslage sind endgültige Schlußfolgerungen über die Rolle der Hirnlateralisation bei der Entstehung von Geschlechtsunterschieden in kognitiven Fähigkeiten gegenwärtig noch verfrüht.

Ein theoretisches Problem für die Hirnlateralisationshypothese ist im übrigen darin zu sehen, daß nachweisbare Geschlechtsunterschiede nur in einem Teil der Fähigkeiten existieren, für die die beiden Hemisphären spezialisiert sind (Maccoby & Jacklin, 1974). Eigentlich wäre eine generelle Überlegenheit im analytisch-sequentiellen Denken (linke Hirnhälfte) bei Frauen und im ganzheitlich-intuitiven Denken (rechte Hirnhälfte) bei Männern zu erwarten.

Reifungstempo

Mädchen besitzen gegenüber Jungen in einer Reihe von Entwicklungsmerkmalen einen Entwicklungsvorsprung und die körperliche Entwicklung kommt bei ihnen früher zum Abschluß (Maccoby, 1980; Merz, 1979; Tanner, 1962, 1970). Am auffälligsten wird dies an den körperlichen Veränderungen in der Pubertät. Die hormonellen Umstellungen und die damit einhergehende Ausbildung der sekundären Geschlechtsmerkmale erfolgen bei Mädchen im Schnitt eineinhalb bis zwei Jahre früher als bei Jungen.

Schon bei Neugeborenen findet sich ein Reifungsvorsprung der Mädchen (Taylor & Ounsted, 1972). Die Überlegenheit der Mädchen im Grundschulalter bei feinmotorischen und sprachlichen Leistungen, im Lesen und Schreiben, hängt u.U. auch mit einer beschleunigten Entwicklung zusammen (Anastasi, 1958; Merz, 1979).

Es liegt daher nahe, Geschlechtsunterschiede im Verhalten mit Unterschieden der Entwicklungsgeschwindigkeit bzw. des Reifungstempos in Zusammenhang zu bringen. Waber (1976, 1977, 1979) hat geprüft, inwieweit Geschlechtsunterschiede in verbalen und räumlichen Fähigkeiten sich als abhängig vom Tempo der körperlichen Reifung und dem Zeitpunkt des Eintritts der Geschlechtsreife erweisen. Sie untersuchte dazu 80 Jungen und Mädchen der Altersstufen 10 1/2 und 13 1/2 Jahre (bei Mädchen) bzw. 13 1/2 und 15 bis 16 Jahre (bei Jungen), die nach ihrem körperlichen Reifegrad als akzeleriert oder retardiert klassifiziert worden waren, hinsichtlich verbaler und räumlicher Fähigkeiten. Die Gruppe der Langsamentwickler zeigte bei beiden Geschlechtern bessere Leistungen bei den räumlichen Aufgaben als die Gruppe der Schnellentwickler. In den verbalen Leistungen unterschieden sich die beiden Gruppen hingegen nicht. Ähnlich fand Sherman (1979), daß Mädchen mit überdurchschnittlichen räumlichen Fähigkeiten ihren Wachstumsschub später hatten als solche mit unterdurchschnittlichen räumlichen Fähigkeiten. Warum gerade räumliche Fähigkeiten mit der Reifungsgeschwindigkeit (negativ) korrelieren und was dem Zusammenhang zwischen beidem zugrunde liegt, läßt sich aus den vorliegenden Untersuchungen nicht beantworten.

Die Ergebnisse der Untersuchung von Petersen (1976) zur Beziehung zwischen physischer Maskulinität – Femininität und verbalen und räumlichen Leistungen, die als Beleg für die Bedeutung eines optimalen Androgen-Östrogen-Verhältnisses interpretiert worden sind, könnten u.U.

auch unter die Reifungshypothese eingeordnet werden. Demnach wären langsamer reifende Jungen und Mädchen, d.h. in Bezug auf die Altersnorm noch weniger ausgeprägt maskuline Jungen und feminine Mädchen, in räumlichen Fähigkeiten überlegen.

Zu beachten ist im übrigen, daß in den zuvor beschriebenen Untersuchungen aus Querschnittdaten über Zusammenhänge *innerhalb* der Geschlechter auf Faktoren geschlossen wird, die für (Entwicklungs-)unterschiede *zwischen* den Geschlechtern verantwortlich sind.

Die Reifungsgeschwindigkeit eines Individuums ist eng mit anderen biologischen Faktoren (hormonellen Einflüssen, Körperbau, evtl. Hirnlateralisation) verknüpft, so daß die Verhaltensdifferenzierung der Geschlechter nur schwer auf den isolierten Faktor Reifungstempo zurückgeführt werden kann. Darüber hinaus löst die Akzeleration oder Retardierung von Entwicklungsprozessen soziale Reaktionen aus, die wiederum auf die Entwicklung des Individuums zurückwirken (vgl. EWERT, 1983). Außerdem ist es zu vereinfacht, von einem generellen Reifungstempo eines Individuums zu sprechen (vgl. Kap. 2.2 in Band 1). Verschiedene Funktionen reifen intraindividuell unterschiedlich schnell und ihre Reifungsgeschwindigkeiten müssen interindividuell nicht eng miteinander korrelieren (MACCOBY, 1980, S. 211). Dies ist bei der Beurteilung der Ergebnisse der einzelnen Untersuchungen in Rechnung zu stellen.

4.1.3 Bewertung der biologischen Ansätze

Bei der Beurteilung des Einflusses biologischer Faktoren auf die Entwicklung der Geschlechtstypisierung ist folgendes zu beachten:

1. Die Beziehung zwischen biologischen Faktoren und Verhaltensmerkmalen ist *indirekt*, d.h. durch zahlreiche Zwischenglieder vermittelt (vgl. Kap. 3.4.2).

Wenn z.B. ein hoher Androgenspiegel zu einem athletischen Körperbau führt, was wiederum sportliche Aktivitäten und physische Auseinandersetzungen mit Gleichaltrigen anregt, so ist der in diesem Fall gegebene Zusammenhang zwischen Androgenspiegel und physischer Aktivität insofern indirekt, als er durch die mit einem athletischen Körperbau verbundenen Möglichkeiten und Konsequenzen vermittelt ist.

2. Biologische Faktoren und Verhalten beeinflussen sich wechselseitig.

Verhalten wird nicht nur durch Hormone gesteuert, sondern Hormonausschüttungen werden bekanntermaßen auch vom Verhalten und von der Erfahrung beeinflußt. In Experimenten an männlichen Rhesusaffen fand man z.B., daß deren Testosteronspiegel nach erfolgreichem Kampf anstieg und nach einer physischen Niederlage absank (ROSE, BERNSTEIN & GORDON, 1975). Ganz offensichtlich ist die wechselseitige Beeinflussung von Hormonen und Verhalten im Bereich sexueller Reaktionen.

3. Auch wenn biologische Einflüsse auf das Verhalten gegeben sind, können diese durch soziale Einflüsse überlagert und modifiziert werden.

Die Tatsache, daß die subjektive Geschlechtsidentität auch in Fällen abweichender chromosomaler und gonadaler Ausstattung mit dem Erziehungsgeschlecht übereinstimmt (MONEY & EHRHARDT, 1975), ist ein besonders markantes Beispiel für die Überlagerung biologischer Faktoren durch soziale Einflüsse.

4.2 Psychoanalytische Theorie der Entstehung einer Geschlechtstypisierung

Biologische Orientierung

Sigmund FREUD versuchte als erster die Frage zu beantworten, wie aus biologisch männlichen und biologisch weiblichen Individuen maskuline und feminine Persönlichkeiten werden (FREUD, 1905, 1924, 1925). Er tat dies im Rahmen des von ihm begründeten psychoanalytischen Theoriegebäudes (s. dazu Kap. 8).

Kindesentwicklung stellt sich für FREUD dar als reifungsabhängige Abfolge der Manifestierung sexueller Triebenergie in verschiedenen sogenannten erogenen Zonen. Die Entwicklung der Geschlechtstypisierung wird von ihm weitgehend gleichgesetzt mit der Übernahme der Geschlechtsrolle und der Festlegung der (hetero-)sexuellen Orientierung. Beides soll zeitlich gebunden während der sogenannten phallischen Phase (im Alter von ca. 3;0 bis 6;0 Jahren) erfolgen, in der die Genitalien zur wichtigsten Quelle der Triebbefriedigung werden. Durch die erhöhte Aufmerksamkeit für die Genitalien entdeckt das Kind die anatomischen Geschlechtsunterschiede. Die Penislosigkeit des Mädchens erscheint Kindern in diesem Alter als Folge einer Kastration, was bei Jungen und Mädchen zu einer unterschiedlichen Entwicklung der Geschlechtsrollenübernahme führt.

Trotz der Betonung biologischer Faktoren ist die Psychoanalyse aber kein rein biogenetischer Ansatz. Vielmehr vertritt FREUD einen interaktionistischen Standpunkt bezüglich biologischer und soziokultureller Entwicklungseinflüsse. Das individuelle Triebschicksal, d.h. der individuelle Verlauf der Entwicklung der Geschlechtstypisierung, hängt entscheidend von der Art der emotionalen Eltern-Kind-Beziehung und den konkreten Sozialisationserfahrungen ab.

Unterschiedliche Entwicklung bei Jungen und Mädchen

Beim *Jungen* richten sich die sexuellen (phallischen) Triebregungen auf die Mutter. Der Vater wird als Rivale erlebt, der den Jungen mit Kastration für seine unerlaubten Triebwünsche gegenüber der Mutter zu bestrafen droht. Wegen dieser Beziehungskonstellation gebraucht FREUD den Begriff *Ödipuskomplex*. Die dadurch entstehende Kastrationsangst bewältigt der Junge, indem er sich mit den Forderungen des als *Aggressor* wahrgenommenen Vaters *identifiziert* (sie verinnerlicht) und seine libidinösen Impulse gegenüber der Mutter aufgibt und in Zärtlichkeit verwandelt. Die auf diese Art in der frühen Kindheit aufgebaute heterosexuelle Orientierung wird dann in der Pubertät mit der Aufnahme sexueller Beziehungen zum anderen Geschlecht manifest.

Nach FREUD kommt es später zu Störungen der Geschlechtsidentität oder zu homosexuellen Neigungen, wenn der Vater kein angemessenes maskulines Modell ist, häufig von zu Hause abwesend ist oder nicht bedrohlich genug ist, um eine starke Identifikation auszulösen.

Beim *Mädchen* ist der Entwicklungsprozeß etwas komplizierter. Die Triebwünsche richten sich auf den Vater, und die Mutter wird als Rivalin erlebt. Da das Mädchen keinen Penis hat, braucht es auch keine Kastrationsangst zu entwickeln. Statt dessen empfindet es Penisneid und lastet diesen Mangel der Mutter an. Zunächst wünscht es den Penis des Vaters zu besitzen, was später dann durch den Wunsch ersetzt wird, vom Vater ein Kind zu bekommen. Die Zuwendung zum Vater und die Loslösung von der Mutter als primärem Liebesobjekt der frühen Kindheit werden durch die Identifikation mit der Mutter erleichtert. Wie beim Jungen ist die Identifikation mit dem gleichgeschlechtlichen Elternteil *defensiv*. Beim Mädchen erfolgt sie aber aus Angst vor Liebesverlust und Strafe seitens der Mutter. Einen direkten Anstoß für die Auflösung des Ödipuskomplexes wie ihn der Junge mit der Kastrationsangst erlebt, gibt es bei Mädchen also nicht. Deshalb meint FREUD, daß Mädchen den Ödipuskomplex nie völlig bewältigen, sondern ihn nur langsam verdrängen.

Ein Mädchen soll später mangelhaft mit seiner Geschlechtsrolle identifiziert sein, wenn die Mutter kein angemessenes feminines Modell abgibt oder wenn es sich mit dem Vater überidentifiziert hat.

FREUD hat im übrigen Minderwertigkeitsgefühle, Masochismus und Eifersucht als grundlegende Merkmale der Weiblichkeit aus dem kindlichen Erleben des Penismangels abgeleitet. Karen HORNEY (1967) meint allerdings, analog zum Penisneid beim Mädchen, Belege für einen Gebärneid beim Jungen zu finden.

Wesentliche Grundlage der Geschlechtsrollenübernahme ist bei beiden Geschlechtern somit die *Identifikation mit dem gleichgeschlechtlichen Elternteil* als Ergebnis der Bewältigung des Ödipuskomplexes. Damit sind die Geschlechtsidentität, die zukünftige heterosexuelle Orientierung und die späteren Geschlechtsrollenattribute festgelegt.

Die angenommenen emotionalen Beziehungsmuster zwischen Kind und Eltern sind allerdings insofern noch komplexer, als sich Jungen und Mädchen teilweise auch mit ihrem gegengeschlechtlichen Elternteil identifizieren sollen. Außerdem kommt der Mutter insofern eine Sonderstellung zu, als sie in den vorangegangenen Entwicklungsphasen (orale und anale Phase) für beide Geschlechter das primäre Liebesobjekt war.

Mit der Übernahme der Geschlechtsrolle ist für FREUD außerdem die Internalisierung der grundlegenden Normen und Moralvorstellungen der Gesellschaft verbunden (s. dazu Kap. 13). Da die gesellschaftlichen Normen noch eher durch den Vater als durch die Mutter repräsentiert werden, und weil bei Mädchen der Ödipuskomplex nie vollständig aufgelöst worden ist, wird die Stärke des weiblichen Über-Ichs (Gewissens) als eher gering angesehen.

Auf wichtige Konsequenzen der psychoanalytischen Hypothesen für die Männer- und Frauenrolle geht ZAHLMANN-WILLENBACHER (1979) ausführlich ein.

Bewertung der psychoanalytischen Theorie

Die psychoanalytische Theorie spielt in der gegenwärtigen psychologischen Literatur und in der empirischen Forschung zur Entwicklung der Geschlechtstypisierung keine wesentliche Rolle mehr. In einigen rezenten Übersichtsartikeln wird die Psychoanalyse nicht einmal mehr erwähnt (vgl. HUSTON, 1983; RUBLE, 1984). Die Gründe liegen zum einen in den theoretischen und methodischen Mängeln der Psychoanalyse (vgl. hierzu Kap. 8.4), zum anderen darin, daß die Psychoanalyse wenig zu den heute im Vordergrund des Interesses stehenden kognitiven Verarbeitungsprozessen beitragen kann.

Außer den allgemein für die psychoanalytische Theorie geltenden Kritikpunkten sind speziell gegen die psychoanalytische Beschreibung und Erklärung der Entwicklung der Geschlechtstypisierung die folgenden Einwände vorzubringen:

1. Die Annahme einer konstitutionellen Bisexualität aller Kinder ist durch das heutige Wissen über physiologische und biochemische Prozesse während der vorgeburtlichen Entwicklung überholt.

2. Für die von der Psychoanalyse angenommene zentrale Bedeutung der Entdeckung genitaler Unterschiede für die Geschlechtsrollenübernahme gibt es keine empirischen Belege. Geschlechtsidentität, Konzepte der Geschlechterdifferenzierung und Geschlechtsrollenpräferenzen im frühen Kindesalter orientieren sich im Gegenteil zuerst an anderen geschlechtstypischen Merkmalen (z.B. Haartracht, Kleidung, Größe, Stimmlage), bevor genitale Unterschiede besonders beachtet werden (KATCHER, 1955; THOMPSON & BENTLER, 1971; TRAUTNER et al., 1985, 1989a). Außerdem dürfte eine im Vorschulalter wahrgenommene Penislosigkeit nicht als so bedrohlich erlebt werden, da nur wenige Kinder in diesem Alter ein Verständnis für die genitale Grundlage der Geschlechtskonstanz zeigen (MCCONAGHY, 1979; TRAUTNER et al., 1985, 1989a).

3. Das für die psychoanalytische Theorie der Geschlechtstypisierung zentrale Konstrukt des Ödipuskomplexes läßt sich nach heutigem Wissen nicht mehr aufrecht erhalten (BISCHOF, 1985). Die Gültigkeit der FREUDschen Schilderung der emotionalen Beziehungskonstellation in der ödipalen Situation ist mit den empirischen Methoden der Psychologie kaum zu prüfen, da die Erlebnisse dieser Phase, wie FREUD selbst feststellt, später verdrängt werden.

4. Die Identifikation des Kindes mit dem gleichgeschlechtlichen Elternteil ist, unter Berücksichtigung der Identifikations- bzw. Imitationsprozesse, die sich auf andere gleichgeschlechtliche Modelle beziehen, nicht von so großer Bedeutung für die Geschlechtsrollenentwicklung wie von der Psychoanalyse angenommen (MACCOBY & JACKLIN, 1974; KATZ, 1979).

5. Für einen defensiven Charakter der kindlichen Identifikationsprozesse gibt es keine überzeugenden empirischen Belege. Zwar scheinen väterliche Strenge und Macht eine gewisse Rolle für die maskuline Identität bei Jungen zu spielen, aber nur wenn sie mit einer fürsorglichen, liebevollen Zuwendung des Vaters verknüpft sind (FTHENAKIS, 1985; HETHERINGTON & FRANKIE, 1967; MUSSEN & DISTLER, 1959; MUSSEN, 1961).

6. Kinder haben zu einem früheren Zeitpunkt als FREUD annahm, d.h. auch schon vor dem vierten/fünften Lebensjahr, eine feste Geschlechtsidentität. Sie verfügen auch früher über Konzepte der Geschlechterdifferenzierung, und sie zeigen bereits ab dem dritten Lebensjahr Geschlechtsrollenpräferenzen (vgl. Abschnitt 3.3). Die Geschlechtsrollenentwicklung ist andererseits mit dem Vor-

schulalter (bei FREUD: mit der Bewältigung des ödipalen Konflikts) noch lange nicht abgeschlossen. Die spätere Entwicklung im Jugend- und Erwachsenenalter läßt sich dabei nicht als bloßes Wiederaufleben der frühkindlichen Entwicklungsergebnisse ansehen. (Zu den Veränderungen der Geschlechtstypisierung über die Ontogenese s. Abschnitt 5.).

4.3 Soziale Lerntheorie der Entwicklung der Geschlechtstypisierung

Entsprechend dem behavioristischen Grundansatz der Sozialen Lerntheorie ist das geschlechtstypische *Verhalten* in seiner gesetzmäßigen Beziehung zu Ereignissen in der Umwelt Gegenstand der Entwicklungsbetrachtung (vgl. Kap. 9.1). Soweit Konzepte oder Einstellungen überhaupt Berücksichtigung finden, werden sie wie Verhaltensreaktionen behandelt.

Die Ausbildung einer Geschlechtstypisierung beim heranwachsenden Individuum wird auf die geschlechtsbezogenen Erziehungspraktiken und Verhaltensdifferenzierungen der sozialen Umwelt zurückgeführt (MISCHEL, 1966, 1970). Intraindividuelle Veränderungen und interindividuelle Unterschiede sind erlernt und spiegeln die jeweils gegebene Umweltstimulation bzw. ihre Variation direkt wider. Würde die soziale Umwelt das Geschlecht nicht zur Grundlage von Verhaltenskontingenzen machen, käme es auch nicht zur Ausbildung einer Geschlechtstypisierung beim heranwachsenden Individuum.

Für die Entwicklung geschlechtstypischen Verhaltens gelten die gleichen Lerngesetze wie für andere Verhaltensklassen auch (z.B. direkte und stellvertretende Verstärkung, Reizgeneralisierung und Reizdiskriminierung, Lernen durch Beobachtung), und zwar über alle Altersstufen und Kulturen. Lernen ist außerdem situationsspezifisch. Das heißt: Jungen zeigen nicht in jeder Situation ein als maskulin klassifiziertes Verhalten, Mädchen nicht in jeder Situation ein als feminin klassifiziertes Verhalten. Es gibt bei Jungen im Vergleich zu Mädchen nur mehr Situationen, in denen sich maskulines Verhalten beobachten läßt, entsprechend tritt bei Mädchen im Vergleich zu Jungen feminines Verhalten in mehr Situationen auf.

Der Aufbau geschlechtstypischen Verhaltens verläuft *kontinuierlich* und läßt sich als (quantitative) Annäherung des Verhaltens an die Standards der umgebenden Kultur ausdrücken. Da Lernen grundsätzlich als *reversibel* angesehen wird (was erlernt wurde, kann auch wieder verlernt werden), ist die Entstehung der Geschlechtstypisierung weder natürlich noch zwangsläufig, wie in den zuvor dargestellten biologischen und psychoanalytischen Ansätzen angenommen. Ist geschlechtstypisches Verhalten einmal aufgebaut, kann es auch wieder abgebaut werden. Die *Modifizierbarkeit* geschlechtstypischen Verhaltens ist zwar durch Anlagen und Reifungsbedingungen begrenzt, in der empirischen Analyse werden diese biologischen Faktoren jedoch nicht direkt untersucht, sondern nur hinsichtlich ihres Einflusses auf den Ablauf und das Ergebnis von Lernvorgängen berücksichtigt (vgl. Kap. 9.2.2).

Die Soziale Lerntheorie vereint in sich Prinzipien des Operanten Konditionierens und des Lernens am Modell (s. dazu Kap. 2.4.2 und 2.4.3). In ihrer kognitiven Variante bezieht sie überdies interne Vermittlungsprozesse ein. Je nach den schwerpunktmäßig herausgestellten Lernprinzipien lassen sich innerhalb der Sozialen Lerntheorie hauptsächlich zwei Erklärungsansätze der Geschlechtstypisierung unterscheiden: 1. eine Bekräftigungstheorie und 2. eine Imitationstheorie.

4.3.1 Bekräftigungstheorie der Geschlechtstypisierung

Grundannahmen

Nach der Bekräftigungstheorie läßt sich die Entstehung geschlechtstypischer Verhaltensunterschiede auf differentielle Verhaltenskontingenzen zurückführen: Gleiches Verhalten wird in Abhängigkeit vom Geschlecht unterschiedlich beantwortet bzw. Jungen und Mädchen (Männer und Frauen) werden für unterschiedliches Verhalten bekräftigt (Gewirtz, 1969; Mischel, 1966, 1970; Mussen, 1969).

Man geht davon aus, daß von der Geburt eines Kindes an dessen Eltern – später auch andere Personen (z.B. Spielkameraden, Mitschüler, Lehrer) – geschlechtsangemessenes Verhalten unterstützen und belohnen, hingegen geschlechtsunangemessenes Verhalten ignorieren oder gar bestrafen. Dadurch lernen die heranwachsenden Kinder die Konsequenzen ihrer Verhaltensweisen zu antizipieren, und sie beginnen geschlechtsangemessenes Verhalten wegen der erfolgenden Bekräftigung positiv, geschlechtsunangemessenes Verhalten wegen der zu erwartenden Bestrafung negativ zu bewerten. Die Bekräftigungstheorie postuliert folgende Kausalkette (Kohlberg, 1966): Es gibt das primäre Bedürfnis nach Bekräftigung – geschlechtstypisches Verhalten wird bekräftigt – um bekräftigt zu werden, verhalten sich Individuen geschlechtstypisch. Je mehr das Individuum für geschlechtstypisches Verhalten verstärkt, für geschlechtsuntypisches Verhalten bestraft wird, desto stärker wird es sich der Geschlechtsrollennorm anpassen. *Wer* belohnt oder bestraft, ist dabei – wenn man keine Zusatzannahmen einführen will – zu vernachlässigen. Auch die Geschlechtstypisierung des Verhaltens von Personen, die differentiell bekräftigen, gilt als sekundär. Eine geschlechtstypische Rollendifferenzierung in der sozialen Umwelt wird allerdings als förderlich angesehen, da hierdurch geschlechtsbezogene Unterscheidungsleistungen erleichtert werden.

Der Kerngehalt der Bekräftigungstheorie der Geschlechtstypisierung ist im folgenden Schema zusammengefaßt (entnommen aus Trautner, 1979, S. 55):

Drei Hypothesen

Genauer betrachtet beinhaltet die Bekräftigungstheorie drei aufeinander aufbauende Einzelhypothesen, die in der empirischen Forschung allerdings sehr unterschiedlich repräsentiert sind (Trautner, 1979, S. 56-60):

m	R_1 = WV——	C− o. C_o		R_1 wird seltener
	R_2 = MV——	C+	führt	R_2 wird häufiger
			zu	
w	R_1 = WV——	C+		R_1 wird häufiger
	R_2 = MV——	C− o. C_o		R_2 wird seltener

Es bedeuten:
m = männliches Individuum w = weibliches Individuum
R = Verhaltensweisen
WV = weiblich typisiertes Verhalten MV = männlich typisiertes Verhalten C+ = Belohnung C− = Bestrafung
C_o = keine Verhaltenskonsequenz

Abbildung 12.4: Schematische Darstellung der Bekräftigungstheorie der Geschlechtstypisierung (aus DEGENHARDT & TRAUTNER, 1979, S. 55)

(1) Eltern bzw. andere Personen in der sozialen Umwelt erwarten von Jungen und Mädchen unterschiedliches Verhalten (Hypothese *differentieller Erwartungen*);

(2) Eltern und andere Interaktionspartner verhalten sich Jungen und Mädchen gegenüber unterschiedlich, d.h., sie bekräftigen sie für verschiedenes Verhalten (Hypothese *differentieller Bekräftigungen*);

(3) Durch die erfahrenen Bekräftigungsmuster nimmt die Geschlechtstypisierung des Verhaltens zu (Hypothese *differentieller Bekräftigungseffekte*).

Die Hypothese *differentieller Erwartungen* für beide Geschlechter ist durch zahlreiche Untersuchungen gut belegt (ABERLE & NAEGELE, 1952; CONDRY & CONDRY, 1976; HUSTON, 1983; MACCOBY & JACKLIN, 1974; MEYER & SOBIESZEK, 1972). Auch darin, wie Kinder gekleidet werden, wie ihr Zimmer ausgestattet ist, welche Spielsachen oder welche Bücher ihnen angeboten werden, generell in den kulturellen Geschlechtsrollen-Stereotypen, kommen geschlechtsbezogene differentielle Erwartungen sichtbar zum Ausdruck. Männer (wegen ihres geringeren Kontakts mit Kindern?) heben dabei die Rollendifferenzierung zwischen den Geschlechtern stärker hervor als Frauen (MACCOBY & JACKLIN, 1974).

Getrennt werden muß allerdings zwischen allgemeinen Geschlechtsrollenerwartungen und den speziellen Erwartungen, die sich auf die eigenen Kinder richten. In den vergangenen Jahren scheinen die elterlichen Erwartungen bezüglich „natürlicherweise" gegebenen Geschlechtsunterschieden und die Erziehungsziele für die eigenen Kinder stärker als früher auseinanderzufallen (MACCOBY & JACKLIN, 1974; RUBLE, 1984; TRAUTNER et al., 1989b). Während weiterhin davon ausgegangen wird, daß sich Mädchen und Jungen in einer Reihe von Merkmalen dispositionell unterscheiden, sind die Erziehungsmaßnahmen häufig darauf gerichtet, beide Geschlechter gleich zu erziehen und so die Unterschiede zwischen den Geschlechtern zu verringern.

Die Belege für die Hypothese *differentieller Bekräftigungen* sind weniger eindeutig. Zwar gibt es eine Reihe von Untersuchungen, vor allem an Kindern im Vorschulalter, die differentielle elterliche Reaktionen gegenüber dem Verhalten von Jungen und Mädchen feststellen konnten (BIRNS, 1976; EMMERICH, 1962;

FAGOT, 1977, 1978; LEWIS, 1972; ROTHBART & MACCOBY, 1966). Insbesondere Spielverhalten von Kindern scheint differentiell beantwortet zu werden (FAGOT, 1974; GOLDBERG & LEWIS, 1969; TAUBER, 1979b). Die Zahl der Untersuchungen, die zu dem Ergebnis kommen, daß die Bekräftigungskontingenzen für beide Geschlechter sehr ähnlich sind, überwiegt jedoch nach MACCOBY & JACKLIN (1974).

Eine stärkere geschlechtsbezogene Differenzierung der Bekräftigungsmuster folgerten hingegen BLOCK (1978) und HUSTON (1983) aus ihren Literaturanalysen. Dies galt vor allem, wenn Väter berücksichtigt wurden (JACKLIN & MACCOBY, 1983; LANGLOIS & DOWNS, 1980; TAUBER, 1979b). Danach unterstützen Väter und Mütter bei Jungen stärker Leistungs-und Wettbewerbsverhalten, Unabhängigkeit sowie Affektkontrolle, und sie strafen Jungen generell mehr. Gegenüber Mädchen zeigen sie mehr Zuwendung und Zärtlichkeit, sie unterstützen Sauberkeit und unterbinden wilde Spiele. Mädchen werden in ihrer Bewegungsfreiheit mehr eingeschränkt und stärker kontrolliert.

Die Beobachtung geschlechtsabhängiger differentieller Reaktionen allein reicht zur Stützung der Bekräftigungstheorie nicht aus, da sie genauso als *Reaktion* der Eltern auf (anders zustande gekommene) Geschlechtsunterschiede wie als deren Ursache interpretiert werden können. *Differentielle Bekräftigungseffekte* als Grundlage einer geschlechtstypischen Verhaltensdifferenzierung (*Hypothese 3*) sind aber bislang nicht systematisch untersucht worden. Die Anlage der meisten Untersuchungen läßt hierüber keine eindeutigen Schlüsse zu. Erforderlich wären Beobachtungen im Längsschnitt, die erlauben, zeitliche Veränderungen der Verhaltensraten von Jungen und Mädchen als abhängig von differentiellen Verhaltenskontingenzen nachzuweisen. Stattdessen werden Eltern in der Regel einmalig über ihr Erziehungsverhalten befragt. Die Datenauswertung richtet sich dann meist auf Zusammenhänge zwischen elterlichem Verhalten und der Geschlechtstypisierung kindlichen Verhaltens *innerhalb* der Geschlechter (z.B. CROISSIER, 1979).

Untersuchung 12.4 — *Elterliches Bekräftigungsverhalten und kindliche Spielzeugpräferenzen*

In einer umfangreichen Untersuchung, deren Ziel es war, die Bedeutung kognitiver und sozialer Faktoren in der Entwicklung kindlicher Geschlechtsrollen-Präferenzen vergleichend gegenüberzustellen, beschäftigte sich Sigrun CROISSIER (1979) u.a. mit dem Zusammenhang zwischen elterlichem Bekräftigungsverhalten und den Spielzeugpräferenzen der Kinder. Die Untersuchungsstichprobe bestand aus 60 Jungen im Alter zwischen 3;2 und 6;10 Jahren und ihren Eltern. Die Jungen besuchten verschiedene Kindergärten im Raum Heidelberg. Die Familien gehörten überwiegend der Mittelschicht an.

Die Autorin erwartete, daß die „Jungen umso geschlechtstypischere Spielzeugpräferenzen zeigen, je stärker der Vater, die Mutter oder beide geschlechtsatypische Spielzeugpräferenzen bei ihrem Sohn negativ bekräftigen" (CROISSIER, 1979, S. 185), d.h. negativ darauf reagieren.

Zur Erfassung der *Spielzeugpräferenzen* wurden den Jungen sechs Sätze mit jeweils neun schwarz-weiß Fotos (15 x 10 cm) von Spielzeugen vorgelegt, die nach Vorstudien zu je einem Drittel als typisch für Jungen, typisch für Mädchen und geschlechtsneutral anzusehen waren. Jeder Satz von neun Fotos (je drei maskuline, feminine und geschlechtsneutrale Spielzeuge) wurde dem Jungen mit der Aufforderung vorgelegt, das Spielzeug herauszusuchen, mit dem er am liebsten spielen möchte. Nach Beiseitelegen des ausgewählten Fotos wurde diese Prozedur noch zweimal wiederholt. Aus den verbleibenden sechs Spielzeugfotos sollte der Junge dann nacheinander die drei heraussuchen, mit denen er nicht gerne spielen möchte. Getrennt ausgezählt wurde, wieviele maskuline und wieviele feminine Spielzeuge bevorzugt bzw. abgelehnt wurden.

Elterliches *Bekräftigungsverhalten* wurde im Rahmen eines Elterninterviews erfragt. Zu insgesamt sechs hypothetischen Situationen, in denen ihr Junge ein geschlechtsuntypisches Spielzeuginteresse zeigte, hatten Vater und Mutter getrennt anzugeben, inwieweit sie das Verhalten ihres Kindes positiv oder negativ beantworteten (mehr oder weniger tolerierten). Die Antworten der Eltern wurden von zwei unabhängigen Beurteilern auf einer dreistufigen Skala von uneingeschränkter elterlicher Akzeptierung (0) bis strikter Ablehnung (2) eingeschätzt. Durch Aufsummierung konnten sich pro Elternteil Werte zwischen 0 und 12 ergeben.

Die Erwartung, daß die Spielzeugpräferenzen der Jungen um so geschlechtstypischer sind, je weniger die Eltern geschlechtsuntypische Spielzeuginteressen bei ihren Söhnen tolerieren, erfüllte sich nicht. Sowohl für die Bevorzugung maskuliner Spielsachen als auch für die Ablehnung femininer Spielsachen ergaben sich Nullkorrelationen mit dem (angegebenen) väterlichen und mütterlichen Bekräftigungsverhalten. Das Ausmaß der elterlichen Toleranz bzw. Intoleranz gegenüber geschlechtsuntypischen Spielzeuginteressen ihrer Söhne war vom Alter der Jungen unabhängig. Die Korrelation zwischen mütterlichem und väterlichem Bekräftigungsverhalten betrug $r = .51$, was auf eine nur teilweise Übereinstimmung innerhalb der Elternpaare hindeutet. Für den von Croissier (1979) untersuchten Ausschnitt des elterlichen Bekräftigungsverhaltens und der kindlichen Geschlechtsrollen-Präferenzen ist somit keine Stützung einer Bekräftigungstheorie der Entwicklung der Geschlechtstypisierung zu finden.

Bei der Einordnung der Ergebnisse von Croissier (1979) sind allerdings folgende Merkmale ihrer Untersuchung zu berücksichtigen:

1. Elterliches Bekräftigungsverhalten wurde durch die Befragung zu hypothetischen Situationen, nicht durch die Beobachtung tatsächlicher Verhaltenskontingenzen erfaßt.

2. Es liegen nur Daten zur Toleranz oder Intoleranz gegenüber geschlechtsuntypischen Spielzeugpräferenzen vor. Über eine evtl. Bekräftigung geschlechtstypischer Spielzeuginteressen sind keine Aussagen möglich.

3. Schlußfolgerungen hinsichtlich von Bekräftigungseffekten wurden auf der Grundlage der Korrelation zwischen elterlichen Reaktionen und kindlichem Verhalten getroffen. Es fehlt eine Kontingenzanalyse der Eltern-Kind-Interaktionen über die Zeit.

Es ist denkbar, daß – zumindest bei einem Teil der Jungen – die Eltern geschlechtsuntypische Interessen tolerieren, deren Söhne selten geschlechtsuntypische Interessen zeigen, während gerade die Eltern intolerant sind, deren Söhne von der maskulinen Rolle abweichen. Die einen sind vielleicht aufgrund früherer Bekräftigungserfahrung bereits an ihre Geschlechtsrolle angepaßt, während die anderen u.U. später noch dahin gelangen. Dieses Befundmuster stünde durchaus in Übereinstimmung mit einer Bekräftigungstheorie.

Croissier, S. (1979). *Kognitive und soziale Faktoren in der Entwicklung kindlicher Geschlechtsrolleneinstellungen*. Weinheim: Beltz.

Bewertung der Bekräftigungstheorie

Bekräftigungslernen umfaßt nur einen Teil der nach der Sozialen Lerntheorie für die Verhaltensentwicklung bzw. für Verhaltensunterschiede wichtigen Lernprozesse. Außer den allgemein für die Bewertung dieses Ansatzes zu beachtenden Gesichtspunkten (vgl. Kap. 9.4) ist speziell zur Bedeutung der Bekräftigungstheorie für die Entwicklung der Geschlechtstypisierung folgendes festzustellen:

Es gibt zahlreiche geschlechtsabhängige differentielle Verhaltenserwartungen. Diese Erwartungen werden aber nur zum Teil in Form entsprechender differentieller Bekräftigungsmuster verhaltenswirksam.

Einige Verhaltensweisen, in denen Geschlechtsunterschiede auftreten, werden von der sozialen Umwelt differentiell beantwortet. Dies gilt nach Fagot (1978) zum Beispiel für die Reaktion auf das Spiel mit Puppen, Tanzen, Kleider anprobieren, um Hilfe bitten (Verstärkung bei Mädchen), die Reaktion auf das Spiel mit Bauklötzen, das Explorieren von Gegenständen oder das Spiel mit Transportfahrzeugen (Verstärkung bei Jungen). Kinder zeigen aber auch geschlechtstypische Verhaltensweisen, für die sie nicht systematisch bekräftigt worden sind (z.B. gilt dies wahrscheinlich für aggressives Verhalten bei Jungen) bzw. sie vermeiden geschlechtsuntypisches Verhalten, das bei ihnen nicht bestraft worden ist.

Nicht nur das Geschlecht des Kindes, sondern auch das jeweilige Geschlecht des Interaktionspartners beeinflußt die Art der Verhaltenskontingenzen. So hängt das Verhalten eines Elternteils auch davon ab, ob das Kind dem gleichen oder dem anderen Geschlecht angehört (Maccoby & Jacklin, 1974; Huston, 1983). Eltern scheinen gegenüber Kindern des eigenen Geschlechts generell strenger zu sein als gegenüber Kindern des anderen Geschlechts (Lamb, 1977; Rothbart & Maccoby, 1966).

Der überwiegende Teil der einschlägigen Untersuchungen beschäftigt sich nur mit drei Bereichen geschlechtstypischen Verhaltens: Aggressivität, Abhängigkeit und Spielverhalten. Dies deckt nur einen kleinen Ausschnitt der Entwicklung der Geschlechtstypisierung ab.

Ein für die Bekräftigungstheorie günstigeres Bild ergibt sich u.U. dann, wenn Personengruppen untersucht werden (z.B. Väter und Unterschichtsangehörige), die zu ausgeprägteren Geschlechtstypisierungen neigen als die bisher bevorzugt untersuchte Gruppe von Müttern aus der Mittel- und Oberschicht.

4.3.2 Imitationstheorie der Geschlechtstypisierung

Nach der Imitationstheorie ist es weniger die direkte Bekräftigung des geschlechtstypischen Verhaltens von Jungen und Mädchen als die *Beobachtung* des Verhaltens von *männlichen* und *weiblichen Modellen*, die zum Aufbau der Geschlechtstypisierung führt. In Anlehnung an die Bekräftigungstheorie wird außerdem als wichtig erachtet, welche Verhaltenskonsequenzen ein Modell erfährt, d.h., ob es für sein Verhalten belohnt oder bestraft wird. Die am Modell beobachtete Bekräftigung (stellvertretende Bekräftigung genannt) bestimmt darüber, ob das durch Beobachtung latent gelernte Verhalten später in einer ähnlichen Situation tatsächlich geäußert wird (vgl. Kap. 2.4.3). „Menschen lernen Geschlechtsrollen durch ihre Augen und Ohren, indem sie andere Personen und Ereignisse beobachten. Sie lernen sie nicht nur durch die Konsequenzen, die sie unmittelbar für ihr eigenes, konkretes Verhalten erfahren." (MISCHEL, 1970; zit. n. DEGENHARDT, 1978, S. 20).

Auf diese Art können nicht nur *reale* Personen (Eltern, Geschwister, Freunde, Lehrer) sondern auch *symbolische* Modelle (in Büchern, im Fernsehen) die Entwicklung beeinflussen. Mit dem Imitationslernen läßt sich außerdem die Schnelligkeit und Komplexität von Prozessen des Verhaltenserwerbs besser erklären als mit einfachen Prinzipien der direkten Bekräftigung und Unterweisung. Im Unterschied zur Bekräftigungstheorie wird im übrigen der Geschlechtstypisierung des Verhaltens der Eltern oder anderer männlicher und weiblicher Verhaltensmodelle eine besondere Bedeutung für den Erwerb der Geschlechtsrolle beigemessen. *Kernannahme* der Imitationstheorie ist: Obwohl das heranwachsende Individuum im Laufe seiner Entwicklung Gelegenheit hat, eine Vielzahl von Verhaltensweisen bei den verschiedensten (männlichen und weiblichen) Modellen zu beobachten, übernimmt es eher das Verhalten gleichgeschlechtlicher Personen und geschlechtstypisches Verhalten als das Verhalten gegengeschlechtlicher Personen und geschlechtsuntypisches Verhalten. Hierfür werden neben der Gelegenheit zur Beobachtung einer Verhaltensdifferenzierung der Geschlechter eine Reihe kognitiver Vermittlungsprozesse auf Seiten des Beobachters sowie moderierende Merkmale von Beobachter, Modell und ihrer Beziehung zueiander verantwortlich gemacht (vgl. Kap. 2.4.3).

Der substantielle Gehalt der Imitationstheorie der Geschlechtstypisierung ist vereinfacht in dem folgenden Schema dargestellt (entnommen aus TRAUTNER, 1979, S. 62):

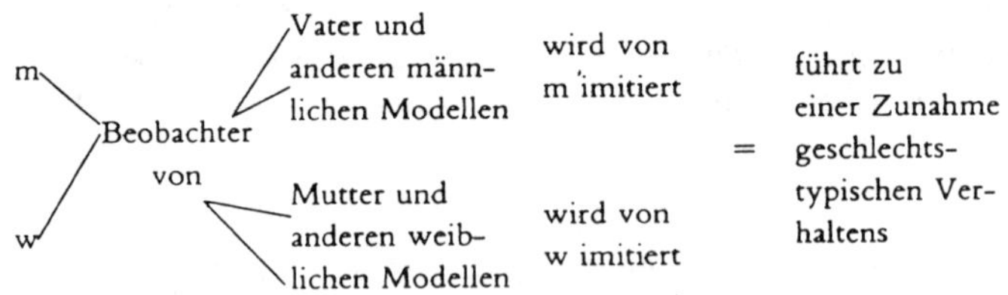

Abbildung 12.5: Schematische Darstellung der Imitationstheorie der Geschlechtstypisierung (aus DEGENHARDT & TRAUTNER, 1979, S. 62)

Drei Hypothesen

Beobachtungslernen kann auf dreierlei Art zum Aufbau einer Geschlechtstypisierung führen:

(1) Kinder haben mehr Gelegenheit zur Beobachtung gleichgeschlechtlicher Modelle als zur Beobachtung gegengeschlechtlicher Modelle (Hypothese der *differentiellen Beobachtungshäufigkeit*);

(2) Wenn männliche und weibliche Modelle beobachtet werden können, werden eher Modelle des eigenen Geschlechts nachgeahmt (Hypothese der *selektiven Nachahmung*);

(3) Der gleichgeschlechtliche Elternteil ist das am meisten nachgeahmte Modell (Hypothese der *Elternidentifikation*).

Im Unterschied zu den drei aufeinander aufbauenden Hypothesen der Bekräftigungstheorie handelt es sich hier um unabhängig voneinander prüfbare Hypothesen.

Sind Jungen überwiegend männlichen Modellen, Mädchen überwiegend weiblichen Modellen konfrontiert (*Hypothese 1*)? Für einige wenig industrialisierte Gesellschaften trifft dies nach der frühen und mittleren Kindheit zu. In den westlichen Industriegesellschaften findet aber keine klare Trennung von männlichen und weiblichen Gruppen statt, sieht man einmal von den teilweise geschlechtshomogenen Spielgruppen ab. Insgesamt haben Jungen und Mädchen bei uns gleichviel Gelegenheit männliche und weibliche Modelle zu beobachten. Dies gilt insbesondere, wenn man Personen außerhalb der Familie und aus Fernsehen, Büchern etc. mit einbezieht. In den ersten Lebensjahren sind überdies *beide* Geschlechter länger und häufiger mit weiblichen Erwachsenen (Mutter, Kindergärtnerin, Lehrerin) zusammen. Wäre allein die Kontakthäufigkeit ausschlaggebend, müßten nicht nur Mädchen, sondern auch Jungen bis ins Schulalter hinein bevorzugt Verhaltensweisen von weiblichen Modellen übernehmen, zumal diese eine Reihe von imitationsfördernden Eigenschaften besitzen (z.B. Zuwendung, Macht). Jungen zeigen aber in ihrem Verhalten, trotz des anfänglich relativ seltenen Kontakts mit männlichen Modellen, früher und stärker Anzeichen einer Geschlechtstypisierung als Mädchen.

Entgegen der Hypothese 1 haben Kinder (oder zumindest Jungen) somit nicht mehr Gelegenheit zur Beobachtung gleichgeschlechtlicher Modelle. Allerdings können Kinder auch bei gleicher Beobachtungsfrequenz sehen und lernen, hinsichtlich welcher Verhaltensweisen sich die Geschlechter unterscheiden und wofür sie jeweils bekräftigt werden. Daraus allein läßt sich aber nicht ableiten, daß sie sich selbst geschlechtstypisch verhalten.

Bis zu dem Alter, in dem sich bei uns die Kontakthäufigkeit zugunsten gleichgeschlechtlicher Modelle verschiebt, sind in der Regel geschlechtstypische Interessen und Verhaltensweisen bereits vorhanden. Diese geschlechtstypischen Interessen und Verhaltensmuster sind wahrscheinlich eher die Grundlage für eine unterschiedliche Häufigkeit der Beobachtung von männlichen und weiblichen Verhaltensmodellen (z.B. durch die Wahl bestimmter Spielkameraden oder bestimmter Fernsehsendungen) als deren Ergebnis.

Soll die Imitationstheorie der Geschlechtstypisierung brauchbar sein, muß es auch bei gleicher Konfrontationshäufigkeit Mechanismen der *selektiven Nachahmung* von gleichgeschlechtlichen Verhaltensmodellen geben (*Hypothese 2*).

Für Erwachsene läßt sich die Hypothese, daß die Beobachtung und Nachahmung sich stärker auf gleichgeschlechtliche Personen richtet, stützen (MACCOBY, WILSON & BURTON, 1958). Entscheidend scheint hierfür die vom Beobachter wahrgenommene Ähnlichkeit zwischen sich und dem Modell zu sein. Die Ähnlichkeit kann sich im übrigen auch auf andere Merkmale als das Geschlecht beziehen (MISCHEL, 1970).

Bei Kindern läßt sich eine derartige Selektivität der Nachahmung erst mit dem wachsenden Geschlechtskonstanzverständnis etwa ab dem Ende des Vorschulalters feststellen, und zwar insbesondere bei Jungen (GRUSEC & BRINKER, 1972; MACCOBY & JACKLIN, 1974; RUBLE, BALABAN & COOPER, 1981; SLABY & FREY, 1975). Zur Erklärung früherer geschlechtstypischer Verhaltensunterschiede ist die Hypothese der selektiven Nachahmung demnach nicht brauchbar. Vorschulkinder scheinen sich viel stärker an der Geschlechtstypisierung des beobachteten Verhaltens als am Geschlecht des Modells zu orientieren (MASTERS, FORD, AREND, GROTEVANT & CLARK, 1979; EMMERICH & SHEPARD, 1982). Auch bei Kindern im Schulalter finden sich nur wenig Hinweise auf eine spontane selektive Nachahmung gleichgeschlechtlicher Modelle (BRYAN & LURIA, 1978; MACCOBY & JACKLIN, 1974).

Wenn man die Hypothese der selektiven Nachahmung getrennt für die verschiedenen Phasen des Imitationslernens (Aufmerksamkeit, Informationsaufnahme und -speicherung, Motivation und Äußerung) prüft, so zeigt sich eine selektive Bevorzugung für Modelle des eigenen Geschlechts eher in der Äußerungs- als in der Erwerbsphase (HUSTON, 1983). Für die Aufnahme und Speicherung ist hingegen eher die Konsistenz zwischen Modellgeschlecht und Geschlechtstypisierung des Modellverhaltens als das Modellgeschlecht allein entscheidend. Dies zeigt sich zum Beispiel darin, daß inkonsistente Informationen verzerrt (in Richtung der Geschlechterstereotypen) wahrgenommen und wiedergegeben werden (siehe Abschnitt 4.4.2).

Für die vier möglichen Kombinationen von Modellgeschlecht und Geschlechtstypisierung des Verhaltens ergibt sich eine systematische Abnahme der Imitationstendenz in folgender Reihenfolge: Ein gleichgeschlechtliches Modell zeigt geschlechtstypisches Verhalten – ein gegengeschlechtliches Modell zeigt (für das Geschlecht des Beobachters) geschlechtstypisches Verhalten – ein gleichgeschlechtliches Modell zeigt geschlechtsuntypisches Verhalten – ein gegengeschlechtliches Modell zeigt (für das Geschlecht des Beobachters) geschlechtsuntypisches Verhalten (HUSTON, 1983).

Bei der gegebenen Forschungslage ist die generelle Hypothese der selektiven Nachahmung gleichgeschlechtlicher Modelle aufzugeben. Stattdessen ist zu untersuchen, unter welchen spezifischen Bedingungen (auf Seiten des Modells, des Beobachters und der Situation) das Modellgeschlecht den Prozeß des Imitationslernens entscheidend determiniert.

Untersuchung 12.5

Der Einfluß des Modellgeschlechts und der Geschlechtsrollenorientierung des Bebobachters auf das Beobachtungslernen bei Kindern

David und Louise Perry (1975) beschäftigten sich in einer experimentellen Untersuchung mit der Frage, inwieweit Kinder bei gleichzeitiger Konfrontation mit einem männlichen und einem weiblichen Modell eher das vom gleichgeschlechtlichen Modell gezeigte Verhalten lernen bzw. imitieren. Ausgangspunkt für die Untersuchung waren folgende aus der Imitationstheorie abgeleitete Annahmen: Bevorzugt beachtet und imitiert werden die Modelle bzw. Modellverhaltensweisen, die von der sozialen Umwelt beim Beobachter verstärkt werden. Was geschlechtstypisches Verhalten angeht, sind dies im Regelfall gleichgeschlechtliche Modelle und geschlechtstypische Verhaltensweisen. In Ausnahmefällen (bei sozialer Verstärkung gegengeschlechtlicher Modelle/Verhaltensweisen) können dies aber auch gegengeschlechtliche Modelle und geschlechtsuntypisches Verhalten sein. Je nach der individuellen Lerngeschichte hat ein Kind eher maskuline oder feminine Verhaltensweisen und Präferenzen aufgebaut.

Aus diesen Überlegungen leiteten Perry und Perry folgende Hypothese ab, die sie in ihrer Untersuchung experimentell überprüfen wollten: Unabhängig von ihrem biologischen Geschlecht (Junge oder Mädchen) lernen und imitieren maskulin typisierte Kinder mehr von männlichen Modellen, feminin typisierte Kinder mehr von weiblichen Modellen.

An der Untersuchung nahmen 96 Jungen und Mädchen aus dritten und vierten Klassen einer Schule in Brisbane, Australien teil (Durchschnittsalter: 8;11 Jahre). Sie waren nach den Ergebnissen in einem projektiven Test zur Geschlechtsrollen-Präferenz aus insgesamt 188 Kindern ausgewählt worden.

Bei diesem Test werden der Vp nacheinander 60 Bildkarten dargeboten, auf denen ein Spielzeug, ein Spiel, eine Aktivität oder ein Gegenstand abgebildet ist. Für jedes Bild hat die Vp für ein fiktives *Es* anzugeben, ob es mit dem Spielzeug oder dem Spiel spielt, die Aktivität ausübt bzw. den Gegenstand benutzt oder nicht. 30 Items sind typisch maskulin, 30 Items typisch feminin. Durch Aufsummierung der Antworten in/gegen die Richtung des eigenen Geschlechts ergibt sich der individuelle Maskulinitäts- bzw. Femininitätswert. Ausgewählt wurden die je 12 Jungen und Mädchen aus der dritten und der vierten Klasse mit den höchsten Maskulinitäts- und Femininitätswerten.

Das Experiment wurde im Einzelversuch von einem Vl des gleichen Geschlechts wie die Vp durchgeführt. Jedem Kind wurde zunächst gesagt, daß es gleich einen Film sehen werde, in dem zwei Personen vorkommen. Dann zeigte der Vl dem Kind die in dem Film vorkommenden Gegenstände und benannte sie. Anschließend wurde der Film gezeigt.

Die Vpn wurden auf zwei Versuchsbedingungen aufgeteilt: (1) *Freie Verbalisierung*. Die Vp wurde aufgefordert, während der Betrachtung des Films laut zu verbalisieren, was die Personen im Film tun. (2) *Passive Beobachtung*. Die Vp sollte den Film nur anschauen.

In dem Film war ein erwachsenes männliches Modell und ein erwachsenes weibliches Modell zu sehen, jeweils auf der linken bzw. der rechten Seite der Leinwand. Jedes Modell zeigte zeitlich parallelisiert nacheinander sechs Verhaltenssequenzen. Nach jeder Verhaltenssequenz wechselten die Modelle ihre Position. Um den Faktor Modellgeschlecht ohne Konfundierung mit der Geschlechtsangemessenheit des Verhaltens zu erfassen, waren sämtliche Verhaltenssequenzen geschlechtsneutral. Es gab zwei Filmversionen, die sich nur in der Aufteilung der je sechs Verhaltenssequenzen auf das männliche oder weibliche Modell unterschieden. Jeweils die Hälfte der Vpn jeder Gruppe sah die erste bzw. die zweite Filmversion. In der Verbalisierungsgruppe wurden die verbalen Äußerungen der Vpn per Tonband aufgezeichnet.

Unmittelbar im Anschluß an die Filmvorführung wurden die Vpn aufgefordert, alle Verhaltensweisen der Modelle im Film, die sie erinnern, vorzuführen. Unterstützt wurde die Erinnerung durch Hinweise des Vl auf die während der Verhaltenssequenz vom Modell benutzten Gegenstände (*cued recall*). Jede richtige Antwort wurde gelobt und mit einem Punkt belohnt. Die erreichten Punkte konnten später gegen Süßigkeiten eingetauscht werden.

Durch ein standardisiertes Vorgehen (Darbietung der Hinweisreize und Abfragen des Erinnerten in der im Film vorkommenden Reihenfolge der Verhaltenssequenzen) wurde gewährleistet, daß die Reihenfolge der reproduzierten Inhalte bei allen Vpn gleich war.

Für die Vpn der Verbalisierungsbedingung wurde zusätzlich ausgezählt, wieviele Verben während der Filmdarbietung zur richtigen Beschreibung der Modellverhaltensweisen vorkamen. Die Anzahl richtiger Verben wurde getrennt nach dem Modellgeschlecht festgehalten.

Die Hypothese, daß die als maskulin klassifizierten Jungen und Mädchen sich an mehr Verhaltensweisen des männlichen Modells als des weiblichen Modells erinnern, konnte bestätigt werden. Allerdings war die Erinnerungsleistung der feminin klassifizierten Jungen und Mädchen für das weibliche und das männliche Modell nicht entsprechend verschieden (vgl. Tabelle 12.8).

Das gleiche Resultat zeigte sich bei den Verbalisierungsraten. Maskulin klassifizierte Kinder verbalisierten Verhaltensweisen des männlichen Modells signifikant häufiger als solche des weiblichen Modells, während das Umgekehrte für die feminin klassifizierten Kinder nicht galt (vgl. Tabelle 12.8).

Für beide gemessenen Variablen (Erinnern und Verbalisieren) gab es keinen Zusammenhang mit dem biologischen Geschlecht der Kinder.

Ob ein Kind aufgefordert worden war, während der Filmdarbietung die Modellverhaltensweisen zu verbalisieren oder nicht, wirkte sich nicht auf die Erinnerungsleistung aus.

Die fehlenden Unterschiede zwischen der Verbalisierungsgruppe und der passiven Gruppe erklären die Autoren damit, daß auch unter der letzteren Bedingung eine verbale Enkodierung, allerdings in verdeckter Form, stattgefunden hat.

Als Grund für die fehlende Bestätigung der Hypothese einer bevorzugten Nachahmung bzw. Erinnerung des weiblichen Modells bei feminin klassifizierten Kindern sehen die Autoren die generell größere Macht und Attraktivität männlicher Modelle in unserer Gesellschaft an. Auch war das männliche Filmmodell körperlich auffällig größer und „mächtiger" als das weibliche Filmmodell.

Zur Einordnung der Ergebnisse ist zu beachten, daß an dem Experiment von Perry und Perry nur extrem maskuline und feminine Jungen und Mädchen teilgenommen

Tabelle 12.8: Mittlere Rate erinnerter Verhaltensweisen und gebrauchter Verben (nur unter Verbalisierungsbedingungen) in Abhängigkeit vom Modellgeschlecht und der Maskulinität-Femininität des Beobachters bei Jungen und Mädchen unter verschiedenen experimentellen Bedingungen (n = 12 pro Zelle) (nach PERRY & PERRY, 1975, S. 1086)

	Männliches Modell	Weibliches Modell
Freie Verbalisierung		
	Erinnerte Verhaltensweisen	
Maskuline Jungen	13,6	13,3
Maskuline Mädchen	14,6	12,3
Feminine Jungen	12,5	12,4
Feminine Mädchen	13,5	12,6
	Gebrauchte Verben	
Maskuline Jungen	17,4	15,4
Maskuline Mädchen	17,2	15,0
Feminine Jungen	17,8	16,6
Feminine Mädchen	16,3	17,5
Passive Beobachtung		
	Erinnerte Verhaltensweisen	
Maskuline Jungen	13,9	11,0
Maskuline Mädchen	12,4	11,2
Feminine Jungen	13,7	12,3
Feminine Mädchen	12,3	13,8

haben. Nach der von den Autoren vertretenen Imitationstheorie ist zu vermuten, daß die aufgrund ihrer Lerngeschichte im mittleren Bereich der Maskulinität/Femininität liegenden Kinder beim Prozeß des Modellernens eher noch geringer zwischen männlichen und weiblichen Modellen differenzieren werden.

Anzumerken ist außerdem, daß in der vorliegenden Untersuchung Imitationslernen (operationalisiert durch das Verbalisieren und Behalten von Modellverhaltensweisen) als *abhängige Variable* von der gegebenen Geschlechtstypisierung untersucht wurde und nicht – wie in der Imitationstheorie der Geschlechtstypisierung formuliert – als *unabhängige Variable*, die zum Aufbau der Geschlechtstypisierung geführt hat. Letzteres wurde nur in dem Konstrukt der individuellen Lerngeschichte *postuliert*, war jedoch selbst kein Gegenstand der Untersuchung. Inwieweit und ob überhaupt die Geschlechtstypisierung der untersuchten Kinder durch Lernen am Modell zustande gekommen ist, wurde nicht geprüft und kann prinzipiell durch ein Imitationsexperiment nicht festgestellt werden. Unberührt von dieser Einschränkung bleibt, daß – zumindest bei maskulin typisierten Kindern – die Geschlechtstypisierung als „Filter" für die Aufnahme und Verarbeitung geschlechtstypisierter Informationen in Übereinstimmung mit der eigenen Geschlechtsrolle wirkt.

PERRY, D.G. & PERRY, L.C. (1975). Oberservational learning in children: Effects of sex of model and subject's sex role behavior. *Journal of Personality and Social Psychology*, *31*, 1083-1088.

Die *Hypothese 3* der bevorzugten Nachahmung des *gleichgeschlechtlichen Elternteils* kann als Spezifizierung der zuvor behandelten Hypothese der selektiven Nachahmung gleichgeschlechtlicher Modelle angesehen werden. Sie lehnt sich an identifikationstheoretische Konzepte an, die in der Sozialisationsforschung der 50er und 60er Jahre dominierten (vgl. Bronfenbrenner, 1960; Zahlmann-Willenbacher, 1979), die in der heutigen Entwicklungspsychologie aber, vor allem wegen einer Reihe methodischer Probleme, weitgehend aufgegeben worden sind (zur Identifikation s. Kap. 2.4.4).

Identifikationstheorien gehen davon aus, daß die Entwicklung der Geschlechtstypisierung entscheidend auf der gefühlsmäßigen Beziehung zwischen den Eltern und den aus dieser Beziehung gespeisten Interaktionen basiert. Daraus soll dann die Verinnerlichung eines umfassenden Musters von geschlechtsangemessenen Werthaltungen, Gefühlen und Verhaltensweisen resultieren. Identifikationstheoretische Ansätze der Erklärung einer Geschlechtstypisierung sind ausführlicher dargestellt in Hetherington (1965, 1967), Sears, Rau & Alpert (1965), Trautner (1979) und Zahlmann-Willenbacher (1979).

Für die Hypothese der selektiven Nachahmung des Vaters durch den Sohn bzw. der Mutter durch die Tochter gelten die gegenüber der generellen Hypothese der selektiven Nachahmung getroffenen Einschränkungen analog. Die Belege für eine Vater-Sohn und eine Mutter-Tochter-Ähnlichkeit sind eher noch schwächer (Maccoby & Jacklin, 1974). Zwischen der Maskulinität von Vätern und Söhnen und der Femininität von Müttern und Töchtern fanden sich keine signifikanten Korrelationen (Croissier, 1979). Im großen und ganzen sind die aufgefundenen Ähnlichkeiten von Kindern mit ihrem gleichgeschlechtlichen Elternteil nicht größer als die mit ihrem gegengeschlechtlichen Elternteil. Auch wenn das Nachahmungsverhalten der Kinder direkt beobachtet wurde, zeigte sich ein ähnliches Bild (Hetherington, 1965).

Bewertung der Imitationstheorie

Eine ausführliche Einschätzung der Bedeutung des Imitationslernens für Entwicklungsprozesse wurde bereits in den Kapiteln 2.4.3 und 9.4 vorgenommen. An dieser Stelle soll die Rolle des Imitationslernens speziell für die Entwicklung der Geschlechtstypisierung beurteilt werden (s. dazu auch Bussey, 1983; Perry & Bussey, 1979).

Wie häufig Gelegenheit gegeben ist, gleichgeschlechtliche und gegengeschlechtliche Modelle zu beobachten, scheint für sich genommen in keinem systematischen Zusammenhang mit dem Erwerb geschlechtstypischen Verhaltens zu stehen.

Durch die Beobachtung realer und symbolischer Modelle lernen Jungen und Mädchen gleichermaßen, hinsichtlich welcher Verhaltensmerkmale sich die Geschlechter typischerweise unterscheiden und wofür Angehörige der beiden Geschlechter jeweils bekräftigt bzw. bestraft werden. Eine Differenzierung der Entwicklung von Jungen und Mädchen im Sinne einer aktiven selektiven Nachahmung gleichgeschlechtlicher Modelle zeigt sich aber erst in einem Alter, in dem bereits die Geschlechtsidentität, geschlechtsbezogene Präferenzen und geschlechtstypisches Verhalten des Individuums vorhanden sind. Die selektive Nachahmung kann demnach nicht die Grundlage der ursprünglichen Ausbildung einer Geschlechtstypisierung sein, sondern sie ist eher als ein *Ergebnis kognitiver Verarbeitungsprozesse* anzusehen (z.B. des Aufbaus von Konzepten geschlechtsangemessenen Verhaltens, der Erwartungen hinsichtlich von Verhaltenskonsequenzen, der geschlechtsbezogenen Selbstkategorisierung und Selbstbewertung; s.dazu den nächsten Abschnitt 4.4).

Ist die Tendenz zur selektiven Nachahmung einmal vorhanden, so verstärkt sie die Orientierung an gleichgeschlechtlichen Modellen. Dabei ist die Konsistenz zwischen Modellgeschlecht und Geschlechtstypisierung des Modellverhaltens wichtiger als das Modellgeschlecht allein (BUSSEY, 1983).

Modellmerkmale wie *liebevolle Zuwendung*, *soziale Macht*, *Dominanz* beeinflussen die Nachahmungstendenz des Beobachters u.U. stärker als die Geschlechtszugehörigkeit des Modells.

4.4 Kognitive Entwicklungstheorie der Geschlechtstypisierung

In ausdrücklicher Abgrenzung von der Psychoanalyse und der Sozialen Lerntheorie hat KOHLBERG (1966) auf der Grundlage der Entwicklungstheorie von PIAGET eine kognitive Theorie der Entwicklung der Geschlechtstypisierung entworfen. Danach ist die Entwicklung der Geschlechtstypisierung nicht primär das Resultat eines ödipalen Konflikts, der Bekräftigung, Imitation oder Identifikation, sondern basiert auf der Wahrnehmung und fortschreitenden Urteilsbildung bezüglich der Geschlechtstypisierung der sozialen Umwelt und der eigenen Person. Im Mittelpunkt dieser Theorie stehen das wachsende *Verständnis* des Kindes für die biologische, soziale und psychische Geschlechterdifferenzierung und die damit verbundenen *Einstellungen* (KOHLBERG, 1966; KOHLBERG & ULLIAN, 1974). Situationsspezifisches, geschlechtstypisches *Verhalten* ist demgegenüber sekundär. Außerdem interessieren in erster Linie die universellen, irreversiblen intraindividuellen Veränderungen und nicht die interindividuellen Unterschiede.

Gemäß der kognitiven Natur des menschlichen Organismus sucht dieser aktiv nach distinkten Merkmalen und Regelmäßigkeiten in seiner Umwelt. Das Geschlecht als biologisch und sozial herausgehobenes Merkmal eignet sich hierfür in besonderem Maße. Wie der Erwerb von Erkenntnissen über die physikalische und soziale Umwelt allgemein, folgt auch die Entwicklung der Geschlechtstypisierung universellen, sachlogischen Gesetzmäßigkeiten der kognitiven Entwicklung (z.B. Klassifikation, Dezentrierung, Invarianzverständnis).

Die zentralen Aussagen der KOHLBERGschen Theorie sowie die dazu vorliegenden empirischen Befunde werden im folgenden Abschnitt 4.4.1 dargestellt. Anschließend (4.4.2) werden kurz noch neuere, die Theorie KOHLBERGS weiterführende informationstheoretische Ansätze der Entwicklung der Geschlechtstypisierung behandelt.

4.4.1 Kohlbergs Theorie der Entwicklung der Geschlechtstypisierung

Kohlbergs Theorieentwurf von 1966 basierte im wesentlichen auf einer Reanalyse von Daten bis dahin vorliegender Untersuchungen, weniger auf eigenen Untersuchungen (zu letzterem s. Kohlberg & Zigler, 1967; Kohlberg & Ullian, 1974). Der Prozeß der Entwicklung der Geschlechtstypisierung vollzieht sich nach Kohlberg (1966) in drei Schritten.

Der *erste Schritt* ist das Erkennen der eigenen Geschlechtszugehörigkeit oder Geschlechtsidentität (*ich bin ein Junge* bzw. *ich bin ein Mädchen*) zwischen zwei und drei Jahren. Diese Selbstkategorisierung erfolgt auf der Basis der wahrgenommenen Ähnlichkeit zwischen Merkmalen der eigenen Person und geschlechtstypischen Merkmalen anderer Personen. Die Kategorisierung auf der Dimension *männlich-weiblich* orientiert sich in diesem Anfangsstadium an Merkmalen der äußeren Erscheinung (z.B. Kleidung, Haartracht, Stimme), die anatomischen Unterschiede der Genitalien spielen noch keine Rolle (vgl. oben S. 336–338).

In einem *zweiten Entwicklungsschritt* bilden sich geschlechtsbezogene Bewertungssysteme und Einstellungen mit dem Resultat einer (im Regelfall) höheren Bewertung und positiven Einstellung bezüglich der eigenen Geschlechtsgruppe aus (sogenannter *same-sex bias*; vgl. Abschnitt 3.3). Wesentliche Grundlage dafür soll die zunehmende Stabilisierung der Geschlechtsidentität (Geschlechtskonstanz) im Sinne eines Verständnisses der Invarianz des Geschlechts über die Zeit und unabhängig von akzidentellen Veränderungen (z.B. Verkleidungen, geschlechtsuntypischen Aktivitäten) sein (s. dazu Abschnitt 3.1). Ein volles Geschlechtskonstanzverständnis entwickelt sich nach Kohlberg parallel zum Erwerb anderer Invarianzbegriffe mit dem Erreichen der Stufe konkreter Denkoperationen nach Piaget (1966).

Das Geschlechtskonstanzerkennen ist für Kohlberg der *grundlegende Organisator* des Aufbaus einer Geschlechtstypisierung beim Kind. Kohlberg nimmt an, daß Kinder, sobald sie von der Unveränderlichkeit ihrer Geschlechtszugehörigkeit überzeugt sind, sich hinsichtlich ihres Verhaltens und seiner Bewertung vorrangig am Kriterium der Geschlechtsangemessenheit orientieren. Aufgrund des Strebens nach kognitiver Konsistenz gewinnt die Geschlechtsidentiät in dreierlei Hinsicht motivierenden Charakter:

1. es werden weitere Informationen über geschlechtsbezogene Merkmale gesucht;

2. was die wahrgenommene Geschlechterdifferenzierung bestätigt, wird positiv bewertet;

3. die Übereinstimmung mit geschlechtsangemessenen Standards gewinnt verhaltenssteuernde Bedeutung.

Die zuvor geschilderten Entwicklungsprozesse führen schließlich in einem *dritten Entwicklungsschritt* zur Bindung an den gleichgeschlechtlichen Elternteil oder auch andere gleichgeschlechtliche Verhaltensmodelle, mit der Folge einer selektiven Nachahmung von und einer Identifikation mit gleichgeschlechtlichen Personen.

In dieser Sichtweise sind der Bekräftigungswert geschlechtstypischen Verhaltens und die Imitation gleichgeschlechtlicher Verhaltensmodelle eher die *Folge* des Aufbaus der eigenen Geschlechtsidentität als – wie in der Sozialen Lerntheorie angenommen – deren Ursache. Beobachtung, Bekräftigung und Unterweisung erleichtern nur das Auffinden relevanter geschlechtsbezogener Informationen.

Die Bekräftigungstheorie postuliert, wie früher dargelegt, folgende Kausalkette: Es gibt das primäre Bedürfnis nach Belohnung – geschlechtstypisches Verhalten erfährt Belohnung – um belohnt zu werden, verhalten sich Individuen geschlechtstypisch (vgl. S. 371). KOHLBERG argumentiert anders: Am Anfang steht die Erkenntnis der eigenen Geschlechtsidentität – sie organisiert aufgrund des Bedürfnisses nach kognitiver Konsistenz das Verhalten in Richtung einer Übereinstimmung mit der eigenen Geschlechtsidentität – die Gelegenheit, Dinge zu tun, die mit dem eigenen Geschlecht übereinstimmen, ist in sich selbst bekräftigend. Bekräftigung wird hier also eher in ihrer informatorischen Rückmeldungsfunktion gesehen und nicht in ihrer Funktion der Bedürfnisbefriedigung.

In schematischer Darstellung läßt sich KOHLBERGS Theorie wie folgt zusammenfassen (entnommen aus TRAUTNER, 1979, S. 73):

m w

Erkenntnis der Differenzierung der sozialen Umwelt nach männlich und weiblich

|

Vergleich mit eigener Person (wahrgenommene Ähnlichkeit)

|

Ausbildung der eigenen G-Identität (Selbstkategorisierung)

|

Bevorzugung von Personen und Situationen, die die eigene G-Identität bestätigen; wirkt in sich bekräftigend

|

Sekundäreffekt:
Bindung an den gleichgeschlechtlichen Elternteil o. andere gleichgeschlechtliche Verhaltensmodelle (Identifikation u. Imitation)

Abbildung 12.6: Schematische Darstellung von KOHLBERG's Theorie der Geschlechtstypisierung (aus DEGENHARDT & TRAUTNER, 1979, S. 73)

Drei Hypothesen

KOHLBERGS Theorie der Entwicklung der Geschlechtstypisierung enthält die folgenden drei zentralen Annahmen:

(1) Die Selbstkategorisierung als männlich oder weiblich (Geschlechtsidentität) bildet die wesentliche Grundlage der Entwicklung der Geschlechtstypisierung (Hypothese der *Geschlechtsidentität als kognitivem Organisator*);

(2) Geschlechtsidentität, Geschlechtsrollenpräferenz und Geschlechtsrollenannahme fallen weitgehend zusammen (Hypothese der *Konsistenz von Kognition, Motivation und Verhalten*);

(3) Die Entwicklung geschlechtsbezogener Kognitionen und Einstellungen verläuft parallel zur allgemeinen kognitiven Entwicklung (Hypothese der *strukturellen Parallelität von kognitiver und sozial-affektiver Entwicklung*).

Ist die kognitive Selbstkategorisierung als männlich oder weiblich (Geschlechtsidentität) die wesentliche dynamische Grundlage der Entwicklung der Geschlechtstypisierung (*Hypothese 1*)? Gesichert ist, daß Kinder sich und andere Personen ab dem Alter von zwei bis drei Jahren konsistent als männlich oder weiblich kategorisieren (vgl. Abschnitt 3.1). Sie beginnen in diesem Alter auch bereits, Gegenstände und Aktivitäten gemäß den kulturellen Geschlechtsrollen-Stereotypen einem der beiden Geschlechter zuzuordnen (vgl. Abschnitt 3.2). Wenig später ist die subjektive Geschlechtsidentität resistent gegenüber Änderungsversuchen von außen (MONEY & EHRHARDT, 1975). Ein volles Verständnis der Konstanz der Geschlechtsidentität (Geschlechtskonstanz) und ihrer biologischen Fundierung entwickelt sich aber erst im Verlauf des Schulalters (vgl. Abschnitt 3.1), also einige Jahre nachdem ausgeprägte Geschlechtsrollenpräferenzen und eine Geschlechtstypisierung des Verhaltens beobachtet werden können (vgl. dazu die Abschnitte 3.3 und 3.4).

Zur Bedeutung des Geschlechtskonstanzverständnisses für die Ausbildung der verschiedenen Indikatoren der Geschlechtstypisierung liegen einige Untersuchungen vor. Eine positive Korrelation zwischen der Stufe der Geschlechtskonstanz und der selektiven Aufmerksamkeit für die Beobachtung und Nachahmung gleichgeschlechtlicher Modelle stellten SLABY & FREY (1975) sowie RUBLE, BALABAN & COOPER (1981) fest. Zu einem abweichenden Befund gelangten BUSSEY & BANDURA (1984). MARCUS & OVERTON (1978) fanden keinen positiven Zusammenhang zwischen dem Geschlechtskonstanzverständnis und den Geschlechtsrollen-Präferenzen der Kinder (vgl. auch SMETANA & LETOURNEAU, 1984). In der Längsschnittuntersuchung von TRAUTNER et al. (1985, 1989a) korrelierte das Verständnis für die Geschlechtskonstanz enger mit Geschlechtsrollen-Stereotypen als mit Geschlechtsrollen-Präferenzen. Zusammenhänge ließen sich außerdem eher für frühere als für spätere Entwicklungsstadien feststellen.

Insgesamt läßt sich die Befundlage zur Hypothese 1 so zusammenfassen, daß mit der Ausbildung der frühen Geschlechtsidentität eine erhöhte Aufmerksamkeit für geschlechtsbezogene Merkmale einhergeht, daß aber die Entstehung von Geschlechtsrollen-Präferenzen und geschlechtstypischem Verhalten und ihre individuelle Ausprägung relativ unabhängig vom gegebenen Geschlechtskonstanzverständnis sind. Bedeutsamer als die Geschlechtskonstanz sind hierfür wahrscheinlich die jeweils gegebenen Geschlechtsrollenkonzepte und sozialen Einflußgrößen (vgl. auch HUSTON, 1983; RUBLE, 1984). Eine kognitive Fundierung der Entwicklung der Geschlechtstypisierung ist – in Übereinstimmung mit KOHLBERGS Theorie – gegeben, der Geschlechtsidentität bzw. Geschlechtskonstanz scheint dabei jedoch nicht die zentrale Bedeutung zuzukommen, die ihr KOHLBERG zuspricht.

Inwieweit fallen Kognition, Motivation und Verhalten bei der Entwicklung der Geschlechtstypisierung zusammen (*Hypothese 2*)? KOHLBERG nimmt einen quasi automatischen Mechanismus des Strebens nach kognitiver Konsistenz an: Die Erkenntnis der eigenen Geschlechtszugehörigkeit (Geschlechtsidentität) geht mit einer Höherbewertung des eigenen Geschlechts einher (Geschlechtsrollenpräferenz) und führt zur Akzeptierung der Geschlechtsrolle (Geschlechtsrollenannahme).

Da sich die kognitive Theorie der Geschlechtstypisierung fast ausschließlich mit Kognitionen und Einstellungen beschäftigt, kann die Gültigkeit der KOHLBERGschen Hypothese der Konsistenz von Kognition, Motivation und Verhalten nur indirekt anhand der Ähnlichkeit oder Verschiedenheit von Verlaufsmerkmalen der verschiedenen Komponenten beurteilt werden. Nicht vereinbar mit der KOHLBERGschen Hypothese sind die Befunde zum unterschiedlichen Verlauf der Entwicklung von Geschlechtsrollen-Präferenzen bei Jungen und Mädchen (vgl. hierzu Abschnitt 3.3). Sie zeigen, daß trotz vergleichbarer Entwicklung des Geschlechtskonstanzerkennens Maße für Geschlechtsrollen-Präferenzen bei Jungen und Mädchen – zumindest während einzelner Entwicklungsabschnitte – auffällig voneinander abweichen und daß Mädchen (und Frauen) die männliche Rolle oft höher bewerten als die weibliche Rolle (KATZ, 1979; MACCOBY & JACKLIN, 1974). Hierfür sind vermutlich Erfahrungen verantwortlich, die die Kinder (und Erwachsenen) bezüglich der Bewertung der Geschlechtsrollen in ihrer sozialen Umwelt gemacht haben. Soweit Sozialisationseinflüsse und das Konsistenzbestreben des Individuums zusammenfallen, läßt sich im übrigen beides nicht voneinander trennen. Dann ist auch am ehesten eine Konsistenz von Kognition, Motivation und Verhalten zu erwarten.

Wenn die Hypothese der automatisch erfolgenden Höherbewertung und Annahme der eigenen Geschlechtsrolle zutreffen sollte, dürften keine Geschlechtsrollenkonflikte auftreten, wie sie jedoch häufig bei Mädchen und Frauen im Jugend- und Erwachsenenalter zu beobachten sind.

Entsprechend der kognitiven Sichtweise wird von KOHLBERG ein paralleler Verlauf der Entwicklung geschlechtsbezogener Kognitionen und Einstellungen und der allgemeinen kognitiven Entwicklung postuliert (*Hypothese 3*). Die Überprüfung dieser Hypothese erfolgte auf zwei Wegen: 1. die Ausprägung von Merkmalen der Geschlechtstypisierung wurde mit der allgemeinen Intelligenz (IQ) oder dem kognitiven Entwicklungsstand der Versuchspersonen korreliert; 2. man untersuchte den Zusammenhang zwischen der Entwicklung der Geschlechtskonstanz und dem Erwerb anderer Konstanzbegriffe (z.B. Mengenkonstanz, Zahlkonstanz).

Der Rückgriff auf die psychometrische Testintelligenz (IQ) ist für einen an PIAGETS Intelligenztheorie orientierten Forschungsansatz eigentlich unangemessen. Angemessener wäre die Verwendung von Aufgaben, die gezielt die von PIAGET als wichtig angesehenen kognitiven Fähigkeiten erfassen. Diesen Weg beschritt z.B. CROISSIER (1979).

Für eine positive Korrelation von allgemeiner Intelligenz (IQ) und Merkmalen der Geschlechtstypisierung läßt sich eine Reihe von Belegen finden (BILLER & BORSTELMANN, 1965; KOHLBERG, 1966; KOHLBERG & ZIGLER, 1967; TRAUTNER et al., 1985, 1989a). Typischerweise findet sich folgende Art des Zusammenhangs: Intelligentere Kinder einer Altersgruppe sind auch in der Entwicklung der Geschlechtstypisierung eher weiter fortgeschritten als ihre weniger intelligenten Altersgenossen, wobei je nach Altersbereich und Entwicklungsmerkmal ein Entwicklungsfortschritt durch eine stärkere oder durch eine schwächere Ausprägung der Geschlechtstypisierung gekennzeichnet sein kann (KOHLBERG & ZIGLER, 1967; TRAUTNER et al., 1985, 1989a). Intelligentere Kinder erwerben zum Beispiel früher Konzepte einer starken Geschlechtsrollendifferenzierung, bauen diese aber auch wieder früher ab als ihre weniger intelligenten Altersgenossen (TRAUTNER et al., 1989a).

Der zweite Weg zur Überprüfung der Hypothese einer Parallelität der Entwicklung der Geschlechtstypisierung und der allgemeinen kognitiven Entwicklung, nämlich die Untersuchung der Synchronie oder Asynchronie des Auftretens der Geschlechtskonstanz und anderer Konstanzbegriffe ist bisher seltener gewählt worden.

DEVRIES (1969, 1974) kam zu dem Ergebnis, daß die Entwicklung der Geschlechtskonstanz hoch mit der Entwicklung anderer qualitativer Invarianzbegriffe (z.B. Artkonstanz) korreliert, mit der Entwicklung quantitativer Invarianzbegriffe (wie z.B. Zahlkonstanz) jedoch nur mäßig zusammenhängt. MARCUS & OVERTON (1978) fanden bei Kindern zwischen fünf und acht Jahren, daß zuerst die physikalische Mengenkonstanz und erst anschließend die Geschlechtskonstanz erworben wurde (vgl. Untersuchung 12.6).

Aufgrund der Ähnlichkeit der zur Lösung der verschiedenen Invarianzaufgaben erforderlichen Denkoperationen ist es nicht verwunderlich, daß die Geschlechtskonstanz und andere Konstanzbegriffe in einem ähnlichen Alter erworben werden. Daraus kann aber keine generelle Schlußfolgerung bezüglich einer kognitiven Fundierung sämtlicher Merkmale der Geschlechtstypisierung abgleitet werden.

Zur Bedeutung allgemeiner kognitiver Fähigkeiten für die Entwicklung der Geschlechtstypisierung kann abschließend festgestellt werden, daß die Wichtigkeit und die Interpretation geschlechtsbezogener Informationen durch die jeweils gegebenen kognitiven Strukturen entscheidend beeinflußt werden. In welcher spezifischen Art dies geschieht, ist gegenwärtig noch nicht hinreichend untersucht.

Untersuchung 12.6 *Die Entwicklung des Geschlechtskonstanzverständnisses und der Geschlechtsrollen-Präferenz*

Dale MARCUS und Willis OVERTON (1978) untersuchten bei 5- bis 8jährigen Jungen und Mädchen den Zusammenhang zwischen a) dem Erwerb der physikalischen Mengeninvarianz und der Entwicklung der Geschlechtskonstanz, b) der Geschlechtskonstanz und der Geschlechtsrollen-Präferenz. Ausgehend von KOHLBERGS Theorie erwarteten sie, a) daß die physikalische Mengeninvarianz und die Geschlechtskonstanz aufgrund gleicher kognitiver Voraussetzungen parallel bzw. in engem zeitlichem Zusammenhang erworben werden und b) daß die Präferenz für die eigene Geschlechtsrolle um so stärker ausgeprägt ist, je weiter fortgeschritten die Entwicklung der Geschlechtskonstanz ist.

An der Untersuchung nahmen 96 Jungen und Mädchen teil; je 32 aus einem Kindergarten (Alter: 5;3 - 6;2 Jahre), aus einer 1. Klasse (Alter: 6;3 - 7;2 Jahre) und aus einer 2. Klasse (Alter: 7;3 - 8;2 Jahre). Die Kinder stammten aus Familien der oberen Mittelschicht aus der Nähe von Philadelphia, USA, und waren eher überdurchschnittlich intelligent.

Die Erhebungen zur Mengeninvarianz und zu den beiden Variablen Geschlechtskonstanz und Geschlechtsrollen-Präferenz wurden im Abstand von zwei Wochen in Einzelversuchen durchgeführt. Die Reihenfolge der beiden Erhebungsteile wurde über die Vpn randomisiert.

Aufgaben zur Mengeninvarianz (MI). Zwei verschiedene Aufgaben wurden verwendet: (1) Invarianz einer Knetmasse nach Transformation ihrer Form (z.B. von einer Kugel in eine Wurst); (2) Invarianz der Anzahl von Sojabohnen in einem Glas nach dem Umschütten in ein anders geformtes Glas. Beide Aufgaben wurden sowohl als Identitätsproblem (Gleichbleiben der Menge eines Objekts bei akzidentellen Transformationen seiner äußeren Erscheinung) als auch als Äquivalenzproblem (Gleichbleiben des Mengenverhältnisses zweier Objekte bei akzidentellen Transformationen der äußeren Erscheinung eines der beiden Objekte) dargeboten. Außer der Beantwortung der Frage nach der Menge (*gleich*, *mehr*, *weniger*) mußte die Antwort begründet werden. Jedes Kind wurde getrennt für die Identitätsaufgaben und die Äquivalenzaufgaben als Nicht-Erhalter (keine Aufgabe richtig), teilweise Erhalter (eine Aufgabe richtig) oder Erhalter (beide Aufgaben richtig) klassifiziert.

Aufgaben zur Geschlechtskonstanz (GK). Nach dem Muster der *Boy-Girl-Identity-Task* von EMMERICH & GOLDMAN (1972; vgl. oben S. 337) hatten die Kinder zu einer Ausgangsfigur, die hinsichtlich Haartracht, Kleidung, Kleidung und Haartracht, Spielinteressen oder dem Wunschgeschlecht in Richtung des anderen Geschlechts transformiert wurde, jeweils zu beantworten, ob *dieser Junge/dieses Mädchen* ein Junge/ein Mädchen bleibt. Diese Transformationen wurden sowohl an Bildern von einem Jungen/Mädchen und von der Vp als auch an einem (hinter einer Holzwand, vor einem Spiegel stehenden) realen anderen Jungen/Mädchen und der Vp selbst vollzogen. Die Hälfte der Vpn wurde zu den bildlichen Stimuli, die andere Hälfte zu den realen Stimuli befragt. Pro Versuchsbedingung wurden die richtigen Antworten und Begründungen der Vpn zu den Transformationsfragen (1 Punkt für ganz richtig, 1/2 Punkt für teilweise richtig) aufsummiert.

Fragen zur Geschlechtsrollen-Präferenz (PR). Es wurden vier offene Fragen gestellt zu: (1) Lieblingsspielen, (2) Fernsehhelden, (3) besten Freunden/Freundinnen, (4) Berufswünschen. Bei (1) und (2) wurden fünf Nennungen verlangt. Pro Frage wurde der Anteil von gleichgeschlechtlichen Präferenzen berechnet.

Zusammenhang zwischen MI und GK. Erhalter, teilweise Erhalter und Nicht-Erhalter unterschieden sich signifikant in vorhergesagter Richtung in ihren GK-Werten. Dieser Zusammenhang blieb auch bei Auspartialisierung der Klassenstufe bestehen. Da die GK ein Identitätsproblem darstellt, war von den Autoren ein engerer Zusammenhang der GK mit den Identitätsaufgaben im Vergleich zu den Äquivalenzaufgaben der MI erwartet worden. Dies traf jedoch nicht zu. Die am häufigsten angetroffenen Antwortmuster der einzelnen Aufgabenlösungen (gültig für 69 der 96 Kinder) gehen aus Tabelle 12.9 hervor.

Tabelle 12.9: Häufigkeiten von Antwortmustern in Übereinstimmung mit der angenommenen Entwicklungsabfolge der Lösung von Aufgaben zur Geschlechtskonstanz (GK) und zur Mengeninvarianz (MI), getrennt nach Klassenstufen (+ : Aufgabe gelöst, – : Aufgabe nicht gelöst) (nach Marcus & Overton, 1978, S. 440; Übers. v. Verf.)

	Motiv-Fragen GK		Art der MI-Aufgabe		Transformations-Fragen GK		Klassenstufe		
	Selbst	Andere	Identität	Äquivalenz	Selbst	Andere	K	1	2
Entwicklungsstufe									
1	–	–	–	–	–	–	3	0	0
2	+	–	–	–	–	–	1	3	1
3	+	+	–	–	–	–	13	1	0
4	+	+	+	–	–	–	3	3	4
5	+	+	+	+	–	–	3	3	4
6	+	+	+	+	+	–	3	0	1
7	+	+	+	+	+	+	1	14	17

Wie erwartet war das GK-Verständnis für die eigene Person weiter fortgeschritten als für andere Personen. Überraschend war hingegen der Befund, daß die (jüngeren) Kinder bei bildlicher Darbietung der Stimuli höhere GK-Werte erzielten als bei der realen Darbietung. U.U. war die live-Bedingung deshalb erschwerend, weil die vorgenommenen Transformationen eher als *wirkliche* Veränderungen, d.h. massiver erlebt wurden, als die an den Bildern vorgenommenen Transformationen.

Zusammenhang zwischen GK und PR. Entgegen Kohlbergs Theorie wies keines der GK-Maße einen Zusammenhang mit irgendeinem der PR-Werte auf. Bereits im Kindergartenalter äußerten die (mehrheitlich geringes GK- Verständnis zeigenden) Kinder ausgeprägte Geschlechtsrollen-Präferenzen.

Zusammenfassend stellen die Autoren fest, daß das Anwachsen des GK-Verständnisses im Kindesalter offensichtlich kognitiv fundiert ist, während der Grad der Geschlechtsrollen-Präferenz bei 5- bis 8jährigen eher sozial determiniert zu sein scheint.

Den von Kohlberg (1966) formulierten Syllogismus: „I am a boy, therefore I want to do boy things, therefore the opportunity to do boy things (and to gain approval for doing them) is rewarding" wandeln Marcus und Overton entsprechend ihren Ergebnissen folgendermaßen ab: „I am a boy (girl) and always will be; therefore, I can accept doing either boy or girl things and still be me. However, doing boy (girl) things is more acceptable, and, therefore, the opportunity to do boy (girl) things (and to gain approval for them) is rewarding". (S. 443).

Marcus, D.E. & Overton, W.F. (1978). The development of cognitive gender constancy and sex role preferences. *Child Development*, *49*, 434-444.

Bewertung der KOHLBERGschen Theorie

Abgesehen von den allgemein für die kognitive Entwicklungstheorie geltenden Grenzen und Mängeln (siehe dazu Kap. 10.4) ist die KOHLBERGsche Theorie der Entwicklung der Geschlechtstypisierung in ihrer Bedeutung wie folgt einzuschätzen:

Es trifft zwar zu, daß geschlechtstypische Aktivitäten und deren Bewertung durch kognitive Variablen beeinflußt werden, der Geschlechtsidentität bzw. der Geschlechtskonstanz kommt dabei jedoch nicht die zentrale Rolle zu, wie von KOHLBERG angenommen.

Geschlechtsidentität, Geschlechtsrollenpräferenz und die Übernahme geschlechtstypischen Verhaltens hängen nicht so eng miteinander zusammen, wie von der Theorie KOHLBERGS postuliert. Nur wenn die Übernahme der kulturellen Geschlechtsrollenstandards mit einer positiven Bekräftigung und Bewertung der jeweiligen Geschlechtsrollenmerkmale verbunden ist, stimmen Kognition, Motivation und Verhalten miteinander überein. Dies scheint eher für Jungen (Männer) als für Mädchen (Frauen) zuzutreffen.

Eine Parallelität von allgemeiner kognitiver Entwicklung und Merkmalen der Geschlechtstypisierung ist in der Art gegeben, daß kognitive Anteile der Geschlechtstypisierung (Geschlechtskonstanz, Geschlechtsrollen-Stereotype) sich bei intelligenteren Kindern schneller entwickeln. Geschlechtsrollen-Präferenzen und geschlechtstypisches Verhalten sind hingegen stärker von situationsspezifischen Geschlechtsrollenerwartungen der sozialen Umwelt abhängig (vgl. MARCUS & OVERTON, 1978; BUSSEY & BANDURA, 1984).

KOHLBERG erläutert seine Theorie der Entwicklung der Geschlechtstypisierung (wie auch seine Theorie der Moralentwicklung; s. dazu Kap. 13.3) überwiegend am Beispiel der Entwicklung von Jungen. Er begründet dies damit, daß die kognitive Entwicklung für die Entstehung der Geschlechtstypisierung bei Mädchen keine so entscheidende Rolle spielt, da Mädchen die Mutter als gleichgeschlechtliches Modell ständig verfügbar haben und so für sie ein direktes Imitationslernen erleichtert wird.

Die intensive Beschäftigung mit der Geschlechterdifferenzierung beim heranwachsenden Kind ist selbst sozial vermittelt (BEM, 1981, 1983). Warum gerade das Geschlecht und nicht andere mögliche Klassifikationsmerkmale (z.B. Alter, Größe, Haarfarbe) vom Kind herausgehoben werden, wird von KOHLBERG nicht problematisiert.

Die von KOHLBERG für die Entwicklung der Geschlechtstypisierung als wichtig erachteten kognitiven Veränderungen betreffen sämtlich den Altersbereich des Vorschul- und frühen Schulalters. Welche Arten kognitiver Reorganisationen für die Entwicklung im weiteren Verlauf des Kindes- und Jugendalters verantwortlich sind, wird nicht konkretisiert.

KOHLBERGS Theorie schildert im Grunde genommen nur die allgemeinen kognitiven Voraussetzungen und Begleitprozesse der Entwicklung der Geschlechtstypisierung. Wie die inhaltliche Ausfüllung der Geschlechtsrolle geschieht, wird nicht spezifiziert. Geschlechtstypische Merkmale werden als weitgehend universell angenommen. Die individuelle Umwelt bleibt dabei undefiniert und blaß. Daß der Grad der Geschlechtstypisierung je nach Verhaltensbereich unterschiedlich ausgebildet sein kann, daß es innerhalb eines Geschlechts zum Teil erhebliche Variationen der Geschlechtstypisierung gibt, und daß diese mit soziokulturellen Faktoren variieren, wird zu wenig berücksichtigt.

4.4.2 Informationsverarbeitungs-Theorien der Geschlechtstypisierung

In den vergangenen Jahren sind innerhalb der kognitiv orientierten Psychologie eine Reihe weiterer Theorien der Entwicklung der Geschlechtstypisierung formuliert worden (BEM, 1981; CONSTANTINOPLE, 1979; MARTIN & HALVERSON, 1981). Am stärksten beachtet und in der empirischen Forschung aufgegriffen wurden die Ansätze von MARTIN & HALVERSON (1981) und von BEM (1981). Im Zentrum beider Theorien steht der Schema-Begriff. Darunter wird eine kognitive Struktur verstanden, die die Wahrnehmung, Speicherung und Wiedergabe von Informationen lenkt und das Verhalten steuert. Informationsverarbeitung und Verhaltenssteuerung sollen dabei schemakonsistent erfolgen, was u.a. bedeutet, daß schemainkonsistente Informationen ignoriert oder transformiert werden.

Die Schema-Theorien der Geschlechtstypisierung stehen eher den allgemeinpsychologischen Informationsvearbeitungsansätzen (siehe dazu Kap. 10.3) als der Entwicklungstheorie von PIAGET oder KOHLBERG nahe. Sie übernehmen von letzterer zwar Grundbegriffe wie Schema oder Assimilation und die Konzeption, daß der Aufbau von Erkenntnis ein aktiver Konstruktionsprozeß ist. Von KOHLBERGS Theorie unterscheiden sie sich aber in zweierlei Hinsicht: 1. die Beschreibung und Erklärung der Entwicklung der Geschlechtstypisierung stützt sich vornehmlich auf *allgemeinpsychologische* Gesetzmäßigkeiten der Schemabildung und ihrer Konsequenzen, weniger auf Entwicklungsveränderungen der Kognition; 2. die Entstehung der Geschlechtstypisierung wird hauptsächlich mit der kulturabhängigen Ausbildung von *Konzepten der Geschlechterdifferenzierung* (Geschlechtsrollen-Stereotypen) in Zusammenhang gebracht, die Entwicklung des Geschlechtskonstanz-Erkennens ist demgegenüber weniger wichtig.

Schema-Verarbeitungsmodell von MARTIN & HALVERSON

Im Zentrum des Schema-Verarbeitungsmodells (*schematic processing model*) von MARTIN & HALVERSON (1981) steht die Frage, inwieweit Konzepte der Geschlechterdifferenzierung (Geschlechtsrollen-Stereotype) als Schemata fungieren, die Denken und Verhalten schemakonsistent beeinflussen, (s. auch MARTIN & HALVERSON, 1983; MARTIN, 1985). Zu diesem Problem liegen eine Reihe von Untersuchungen vor, die den Ansatz von MARTIN & HALVERSON stützen (z.B.

Bradbard & Endsley, 1983; Cordua, McGraw & Drabman, 1979; Koblinsky, Cruse & Sugawara, 1978; Liben & Signorella, 1980).

Martin & Halverson (1981) unterscheiden zwei Niveaus des Wirksamwerdens von geschlechtsbezogenen Schemata: Ein allgemeines Schema von männlich und weiblich (*overall ingroup – outgroup schema*) und ein spezifisches Schema des eigenen Geschlechts (*own-sex schema*).

Im allgemeinen Schema sind alle Informationen enthalten, die die Kategorisierung von Gegenständen, Aktivitäten, Eigenschaften und Rollen als *für Jungen/Männer* oder *für Mädchen/Frauen* betreffen. Es beginnt sich schon sehr früh auf der Basis der vom heranwachsenden Kind in der sozialen Umwelt wahrgenommenen physischen und psychischen Geschlechterdifferenzierung und der sozialen Etikettierungsprozesse auszubilden. Da mit dem Geschlecht offensichtlich eine Reihe von Merkmalen verknüpft sind, wird es als Unterscheidungsmerkmal besonders beachtet und dient als Grundlage für – zutreffende oder unzutreffende – Generalisierungen. Die bloße Unterscheidung der Geschlechter (das Overall-Schema) reicht zur Erklärung der Präferenz für Merkmale der eigenen Geschlechtsrolle und der Bevorzugung gleichgeschlechtlicher Modelle jedoch nicht aus. Hinzu kommen muß die Selbsteinordnung auf der Dimension *männlich–weiblich* und die Anwendung des Kriteriums der Geschlechtsangemessenheit auf die eigene Person. Die damit einhergehende erhöhte Beschäftigung mit der eigenen Geschlechtsgruppe führt zur Ausbildung eines elaborierten Schemas des eigenen Geschlechts. Es beinhaltet, wie man sich selbst geschlechtsangemessen verhält. Das *own-sex schema* ist demnach eine engere und detailliertere Version eines Teils des *overall-schema*.

Gleichzeitig mit der Elaboration des *own-sex schema* tritt das aus der Sozialpsychologie bekannte Phänomen der Höherbewertung der eigenen Gruppe auf. Das heißt, Angehörige der eigenen Geschlechtsgruppe bzw. Geschlechtsrollenmerkmale des eigenen Geschlechts werden positiver bewertet, was die Tendenz zur Bevorzugung gleichgeschlechtlicher Interaktionspartner und geschlechtstypischer Aktivitäten weiter verstärkt. Die Entwicklung geht demnach von Konzepten der Geschlechterdifferenzierung zum Aufbau von Geschlechtsrollen-Präferenzen.

Daß gerade das Geschlecht zur Schemabildung herangezogen wird, hat nach Martin & Halverson (1981) mehrere Gründe: Es ist sozial herausgehoben, seine Dichotomie macht es leicht unterscheidbar, jeder gehört selbst einer Geschlechtsgruppe an, und die Beziehung zur Geschlechtsvariable kann – bei fehlender sonstiger Information – die Verhaltensvorhersage verbessern.

Geschlechts-Schema-Theorie von Bem

Im Zentrum der Geschlechts-Schema-Theorie (*Gender schema theory*) von Sandra Bem (1981, 1985) steht die Bereitschaft des Individuums, Informationen – vor allem bezüglich der eigenen Person – bevorzugt nach der Kategorisierung in männlich oder weiblich aufzunehmen und zu verarbeiten.

Ähnlich wie Martin & Halverson (1981) geht Bem (1981) von der Wahrnehmung der kulturell vorgegebenen Geschlechterdifferenzierung und ihrer sozialen Betonung aus. Die dadurch entstehenden Geschlechtsrollenkonzepte dienen als kognitive Schemata. Für Bem ist nun der nächste Schritt wichtig, in dem das Selbstkonzept eigener Maskulinität – Femininität an das gegebene Geschlechtsschema assimiliert wird. Wie stark sich ein Individuum dabei an das Geschlechtsschema anlehnt, d.h., wie bedeutsam es für das Selbstkonzept ist, darin unterscheiden sich verschiedene Individuen, je nach den sozialen Erfahrungen, die sie gemacht haben. Stark geschlechtstypisierte Personen wenden das Kriterium der Geschlechtsbezogenheit in zahlreichen Alltagssituationen an bzw. die Schwelle, soziale Informationen nach der Geschlechtskategorie zu organisieren, liegt niedrig. Wenig geschlechtstypisierte oder androgyne Personen verfügen zwar auch über elaborierte Geschlechtsschemata, sie sind aber für ihre Informationsverarbeitungsprozesse nicht so dominant.

Gestützt wird Bems Position vor allem durch Befunde an Erwachsenenstichproben (vgl. Bem, 1981, 1983, 1985). So konnte Bem (1981) experimentell nachweisen, daß Personen mit einem ausgeprägt maskulinen oder femininen Selbstkonzept auffällig schneller als Personen mit einem androgynen Selbstkonzept Entscheidungen bezüglich der Gültigkeit von geschlechtstypischen Persönlichkeitseigenschaften für die eigene Person trafen. Ging es um Persönlichkeitseigenschaften, die von den kulturellen Geschlechtsrollenstandards abwichen, so brauchten nun die extrem maskulinen und femininen Versuchspersonen erheblich länger für ihre Antworten als die androgynen Versuchspersonen.

Bems Theorie vereint Merkmale der Kognitiven Theorie und der Sozialen Lerntheorie. Die Geschlechtstypisierung des Individuums ist durch kognitive Verarbeitungsprozesse vermittelt. Daß das Geschlecht zum Gegenstand der Schemabildung wird und welche Inhalte zum Geschlechtsschema gehören, ist jedoch durch die Art und den Grad der Geschlechterdifferenzierung in der sozialen Umwelt begründet. Abgesehen von den wenigen physikalischen Merkmalen, sind die Inhalte, die an das biologische Geschlecht gebunden sind, willkürlich und austauschbar.

Ursprünglich formulierte Bem ihre Theorie auf dem Hintergrund differentiell-psychologischer Fragestellungen im Erwachsenenalter (Bem, 1981). Eine Anwendung auf die Entwicklung und Erziehung von Kindern wird von Bem jedoch ohne Veränderung der Theorie als möglich angesehen (Bem, 1983).

Bewertung der Informationsverarbeitungsansätze

Die zuvor behandelten Ansätze von Martin & Halverson (1981) und Bem (1981) sind noch zu neu, um ihre Brauchbarkeit abschließend bewerten zu können. Die bisher vorliegenden Ergebnisse stützen mehrheitlich die Position der Schema-Theorien (Liben & Signorella, 1987). Vor allem gilt, daß soziale Etikettierungsprozesse und Geschlechtsrollenkonzepte sehr wahrscheinlich geschlechtstypische Präferenzen und Verhaltensweisen stärker beeinflussen als –

wie von KOHLBERG angenommen – eine stabile Geschlechtsidentität bzw. das Geschlechtskonstanz-Erkennen.

Offen ist gegenwärtig noch, ob schemakonsistente oder schemainkonsistente Informationen besser aufgenommen und behalten werden (CROCKER, HANNAH & WEBER, 1983; JENNINGS, 1975).

In den kommenden Jahren wird sich die empirische Forschung verstärkt auf die Untersuchung der folgenden zwei Fragen zu richten haben: 1. Unter welchen Bedingungen verhalten sich Individuen schemakonsistent bzw. schemainkonsistent? 2. Welche Variablen determinieren in den einzelnen Altersstufen jeweils die Bedeutsamkeit der Geschlechtsvariablen?

5. Entwicklung und Zusammenhänge der verschiedenen Komponenten der Geschlechtstypisierung über die Ontogenese – ein integrativer Überblick

In den vorangegangenen Abschnitten dieses Kapitels wurden die verschiedenen Fragestellungen, Befunde und Theorien zur Entwicklung der Geschlechtstypisierung im einzelnen erläutert. Dabei ist deutlich geworden, daß jeder einzelne Ansatz immer nur Ausschnitte der Entwicklung der Geschlechtstypisierung abbildet. Dies gilt bereits auf der Ebene der Beschreibung für die Auswahl der als relevant erachteten Entwicklungsmerkmale und ihre inhaltliche Definition (z.B. Geschlechtskonstanz, Konzepte maskuliner oder femininer Persönlichkeitsmerkmale, Spielzeugpräferenzen) sowie für die Bestimmung des formalen Gegenstands der Entwicklungsbetrachtung (z.B. typische intraindividuelle Veränderungen oder interindividuelle Unterschiede). Es gilt um so mehr für die zur Erklärung des Aufbaus und der Veränderungen der Geschlechtstypisierung angenommenen Entwicklungsfaktoren.

Im folgenden wird zunächst dargestellt, wie die verschiedenen Komponenten der Geschlechtstypisierung miteinander und mit anderen Entwicklungsvariablen zusammenhängen (5.1). Im Anschluß daran wird gezeigt, daß die Entwicklung der Geschlechtstypisierung das Ergebnis eines komplexen Zusammenwirkens von biologischen, sozialen und individuellen Faktoren ist (5.2). Abschließend werden der Aufbau und die Veränderung der Geschlechtstypisierung über die Ontogenese in ihren wesentlichen Zügen zusammengefaßt (5.3) und Schlußfolgerungen bezüglich der wichtigsten Determinanten der Entwicklung der Geschlechtstypisierung gezogen (5.4).

5.1 Zusammenhänge zwischen den verschiedenen Entwicklungsmerkmalen der Geschlechtstypisierung

Die vier in Abschnitt 3. unterschiedenen Entwicklungsmerkmale der Geschlechtstypisierung (Geschlechtsidentität, Geschlechtsrollenkonzepte, Geschlechtsrollen-Präferenzen, geschlechtstypisches Verhalten) können als verschiedene Komponenten eines komplexen Entwicklungsprozesses der Wahrnehmung und Verarbeitung der Geschlechterdifferenzierung in der sozialen Umwelt angesehen werden. Wie diese Komponenten der Geschlechtstypisierung im Entwicklungsverlauf miteinander und mit anderen Entwicklungsvariablen zusammenhängen, ist bislang wenig erforscht.

Untersuchungen über den Zusammenhang zwischen verschiedenen Entwicklungsmerkmalen der Geschlechtstypisierung gelangten überwiegend zu dem Ergebnis, daß diese nur gering miteinander korrelieren (Brush & Goldberg, 1978; Nadelman, 1970, 1974; Thompson & McCandless, 1970; Ward, 1969). Grundlage für diese Schlußfolgerung war in der Regel die Nullkorrelation zweier Variablen zu einem Meßzeitpunkt. Über zeitlich verschobene (diachrone) Zusammenhänge oder gar Zusammenhänge zwischen Veränderungsmustern verschiedener Variablen ist demgegenüber aufgrund des Fehlens von Längsschnittuntersuchungen zur Entwicklung der Geschlechtstypisierung wenig bekannt. Derartige Zusammenhangsmuster wurden erstmals in dem Längsschnittprojekt von Trautner et al. (1985, 1989a) analysiert.

Fragestellungen und Ergebnisse zu Zusammenhangsmustern von Merkmalen der Geschlechtstypisierung

Theoretische Annahmen hinsichtlich des Zusammenhangs der verschiedenen Entwicklungsmerkmale der Geschlechtstypisierung wurden fast ausschließlich innerhalb der Kognitiven Entwicklungstheorie formuliert. Von Kohlbergs Analyse der Geschlechtsrollenentwicklung ausgehend (Kohlberg, 1966) verfolgte man vor allem drei Fragestellungen:

1. Inwieweit korreliert das wachsende *Geschlechtskonstanzverständnis* mit einer zunehmenden Ausprägung von *Geschlechtsrollen-Präferenzen* und *geschlechtstypischem Verhalten*?

2. Welche Funktion kommt den *Geschlechtsrollenkonzepten* für die Entstehung von *Geschlechtsrollen-Präferenzen* und *geschlechtstypischem Verhalten* zu?

3. Wie eng korrelieren die verschiedenen Entwicklungsmerkmale der Geschlechtstypisierung mit Variablen der *kognitiven* Entwicklung?

Mit der Ausbildung des Geschlechtskonstanzverständnisses geht zwar eine erhöhte Aufmerksamkeit für geschlechtsbezogene Merkmale einher, Geschlechtsrollen-Präferenzen und geschlechtstypisches Verhalten scheinen sich jedoch relativ unabhängig von der Geschlechtskonstanz zu entwickeln, teilweise schon bevor ein Geschlechtskonstanzverständnis vorhanden ist (Eaton, Von Bargen & Keats, 1981; Marcus & Overton, 1978; Slaby & Frey, 1975; Trautner et al., 1985, 1989a).

Bedeutsamer für die Ausbildung von Geschlechtsrollen-Präferenzen und geschlechtstypischem Verhalten scheinen die individuellen Konzepte hinsichtlich der Geschlechtsrollendifferenzierung (Geschlechtsrollen-Stereotype) zu sein. Dies steht in Übereinstimmung mit den Informationsverarbeitungsansätzen (Schematheorien) der Geschlechtstypisierung (vgl. oben 4.4.2). Allerdings schließt dies nicht aus, daß auch schon vor dem Aufbau von Geschlechtsrollenstereotypen eine Geschlechtstypisierung von Präferenzen und Verhaltensweisen beobachtet werden kann.

Eine positive Korrelation zwischen Entwicklungsmerkmalen der Geschlechtstypisierung und Variablen des kognitiven Entwicklungsstandes wurde vor allem für kognitive Anteile der Geschlechtstypisierung (Geschlechtskonstanz, Geschlechtsrollen-Stereotype) gefunden (Trautner et al., 1983c, 1985, 1989a), teilweise auch für Geschlechtsrollen-Präferenzen (Kohlberg, 1966; Kohlberg & Zigler, 1967). Typischerweise sind die intelligenteren Kinder einer Altersgruppe auch in der Entwicklung der Geschlechtstypisierung eher weiter fortgeschritten, wobei ein Entwicklungsfortschritt – je nach Entwicklungsmerkmal und Altersbereich – durch eine stärkere oder durch eine schwächere Geschlechtstypisierung gekennzeichnet sein kann.

Die Auswertung unserer eigenen Längsschnittdaten zeigte allerdings, daß die Beziehung zwischen kognitiven Fähigkeiten und Entwicklungsmerkmalen der Geschlechtstypisierung komplexer ist als es in dem Befund eines gemeinsamen Varianzanteils zum Ausdruck kommt. Kognitive Fähigkeiten erwiesen sich als eine zwar notwendige nicht aber hinreichende Bedingung für einen Fortschritt in der Entwicklung der Geschlechtstypisierung (Trautner et al., 1985, 1989a). Das heißt: Während ein höheres Niveau in der Entwicklung der Geschlechtstypisierung nur beim Vorliegen entsprechender kognitiver Voraussetzungen zu beobachten war, wurde von einzelnen Versuchspersonen ein niedrigeres Entwicklungsniveau der Geschlechtstypisierung auch bei einem fortgeschrittenen kognitiven Entwicklungsstand beibehalten. Dieses Befundmuster konnte z.B. hinsichtlich des Zusammenhangs zwischen Geschlechtsrollen-Stereotypen und Geschlechtsrollen-Präferenzen (Trautner et al., 1983b), zwischen Klassifikationsfähigkeiten und Geschlechtsrollen-Stereotypen (Trautner et al., 1983c) und zwischen dem Erwerb des Wirklichkeitskonzepts und der Geschlechtskonstanz (Trautner, 1985) festgestellt werden.

Es kamen stark ausgeprägte Geschlechtsrollen-Präferenzen nur bei Kindern vor, die auch die kulturell vorherrschenden Geschlechtsrollenstandards kannten, die Kenntnis der kulturellen Standards war aber auch mit einer geringen Geschlechtsrollen-Präferenz vereinbar. Ähnlich galt, daß flexible Geschlechtsrollen-Stereotypen erst dann auftraten, nachdem zumindest einige der höheren Klassifikationsfähigkeiten vorhanden waren. Eine Reihe von Kindern, die über die höchsten Klassifikationsfähigkeiten verfügten, zeigten jedoch weiterhin rigide Geschlechtsrollen-Stereotypen. Schließlich gab es kein volles Geschlechtskonstanz-Verständnis vor dem Erwerb des Wirklichkeitskonzepts. Trotz vorhandenem Wirklichkeitskonzept verstanden aber einige Kinder immer noch nicht völlig die Geschlechtskonstanz.

Das geschilderte Zusammenhangsmuster interpretieren wir als Hinweis auf einen Wechsel der relevanten Entwicklungsbedingungen: Während für den Erwerb der grundlegenden Entwicklungsmerkmale der Geschlechtstypisierung spezifische kognitive Fähigkeiten gegeben sein müssen, wird die weitere individuelle Entwicklung in ihrem Verlauf und ihrer Geschwindigkeit stärker von der Art und dem Ausmaß sozialer Bewertungen und Reaktionen beeinflußt. Gleichzeitig treten universelle, gerichtete Entwicklungsveränderungen gegenüber interindividuellen Differenzen in den Hintergrund. Daraus läßt sich ableiten: *Strukturelle* Merkmale der Geschlechtstypisierung (z.B. Geschlechtskonstanzerkennen, Flexibilisierung von Geschlechtsrollen-Stereotypen) sind zwar eng an bestimmte kognitive Voraussetzungen gebunden, die *inhaltliche* Ausfüllung von *männlich* und *weiblich* erfolgt jedoch gemäß den in der sozialen Umwelt wahrgenommenen Unterschieden und ihrer sozialen Bedeutung.

Probleme der Analyse von Zusammenhangsmustern

Eine adäquate Analyse von Zusammenhangsmustern hätte nicht nur die jeweiligen Ausprägungen der beteiligten Variablen zu verschiedenen Meßzeitpunkten zu berücksichtigen, sondern müßte auch die Zusammenhänge zwischen *Veränderungen* in zwei oder mehr Variablen einschließen. Bezogen auf den Problemkreis der Geschlechtstypisierung lautete die entsprechenende Frage: Stehen Veränderungen in verschiedenen Variablen der Geschlechtstypisierung in einer systematischen Beziehung zueinander? Die Beantwortung dieser Frage ist nur mit Hilfe von Längsschnittdaten möglich, die den Zeitraum der interessierenden Entwicklungsveränderungen möglichst vollständig abdecken.

Die Ermittlung des Zusammenhangs von Veränderungen in verschiedenen Variablen kann auf *typische* (mittlere) Zusammenhangsmuster in einer Population und auf *differentielle* Muster verschiedener Probanden-Gruppen gerichtet sein. Das Vorliegen einer systematischen Beziehung zwischen den Veränderungen in verschiedenen Variablen beschränkt sich im übrigen nicht auf durchgehend positive oder negative Zusammenhänge zwischen zwei Variablen, sondern schließt auch die Möglichkeit ein, daß sich die Art der Beziehungen innerhalb eines Satzes von Variablen über die Zeit systematisch verändert.

So ist zum Beispiel zu vermuten, daß die Ausprägung von Geschlechtsrollen-Präferenzen keinen Zusammenhang mit der Geschlechtsidentität (Geschlechtskonstanz) aufweist, solange diese sich gerade erst herauszubilden beginnt. Während der Entwicklungsphase, die durch eine zunehmende, allerdings noch nicht völlig sichere Erkenntnis der Invarianz der Geschlechtsidentität gekennzeichnet ist, besteht u.U. ein relativ enger Zusammenhang zur Äußerung von Geschlechtsrollen-Präferenzen, die in dieser Zeit besonders stark anwachsen. Dieser Zusammenhang verliert sich wieder, wenn das Erkennen der Geschlechtskonstanz völlig gefestigt ist, Geschlechtsrollen-Präferenzen aber durchaus noch weiter ansteigen.

Idealerweise hätte sich die Analyse des Zusammenhangs von Entwicklungsverläufen darauf zu richten, welche Entwicklungsstufe in einer Variablen mit welcher Stufe in einer anderen Variablen systematisch korrespondiert. Derartige Untersuchungsansätze stehen noch völlig am Anfang. Für die vorgeschlagene Art der Analyse von Zusammenhangsmustern fehlen bislang nicht nur die erforderlichen Längsschnittdaten, sondern auch dafür geeignete Auswertungsmethoden.

5.2 Ein integratives Prozeßmodell der Geschlechtstypisierung

Eine umfassende Beschreibung und Erklärung der Entwicklung der Geschlechtstypisierung hat Elemente der verschiedenen Theorien so zu integrieren, daß das Zusammenwirken biologischer, sozialer und individueller Faktoren bei der Hervorbringung intraindividueller Veränderungen und interindividueller Unterschiede in den verschiedenen Komponenten der Entwicklung der Geschlechtstypisierung deutlich wird. Hierzu wird ein integratives Prozeßmodell der Entwicklung der Geschlechtstypisierung vorgeschlagen und erläutert.

Ausgangspunkt des in Abbildung 12.7 wiedergegebenen Modells ist die Unterscheidung von drei aufeinander aufbauenden Definitionsebenen der Geschlechtstypisierung: der *biologischen*, der *sozialen* und der *individuellen* Definitionsebene (s. auch MERZ, 1979; MONEY & EHRHARDT, 1975; TRAUTNER, 1987a).

Die *biologische* Definition des Geschlechts (vgl. oben) hat ihre Basis in der chromosomalen Differenzierung in XX und XY. Daraus geht während der pränatalen Entwicklung das gonadale (hormonelle) Geschlecht hervor. Aus diesem wiederum resultiert das morphologische Geschlecht (äußere Geschlechtsmerkmale). Im Verlauf der Ontogenese kommt es dann zur Ausbildung weiterer biologisch determinierter anatomischer und physiologischer Merkmale. Ein Teil der geschlechtstypischen Verhaltensmerkmale ist möglicherweise durch biologische Faktoren (mit-)bedingt.

An den am Neugeborenen festzustellenden äußeren Geschlechtsorganen (morphologisches Geschlecht) setzt dann die für die Entwicklung der psychischen Geschlechtstypisierung entscheidende *soziale* Definition des Geschlechts an. Wie das biologische Geschlecht ist das sozial zugeschriebene Geschlecht dichotom und invariant. Daß es zwei Geschlechter gibt, kann – über die Fortpflanzungsfunktion und damit unmittelbar zusammenhängende Merkmale hinaus – mehr oder weniger stark betont, d.h. durch zusätzliche Unterscheidungsmerkmale herausgestellt und verstärkt werden (soziale Gewichtung der Geschlechterdifferenzierung). Dies geschieht in dreierlei Form: 1. durch die soziale Normierung (Präskription) von der Geschlechtsidentifizierung dienenden Merkmalen (z.B. Name, Haartracht, Kleidung); 2. durch geschlechtsbezogene Rollenerwartungen und darauf abgestimmte differentielle Verhaltenskontingenzen; 3. durch die Verhaltensdifferenzierung männlicher und weiblicher Modelle in der sozialen Umwelt, wozu neben realen Personen auch Darstellungen von Personen in den Medien (Büchern, Fernsehen etc.) zählen. Art und Grad der sozialen Gewichtung der Geschlechterdifferenzierung dürften wesentlich darüber bestimmen, inwieweit das Geschlecht eine zentrale Bedeutung für die Selbstdefinition des Individuums erhält (BEM, 1981, 1983).

Die *individuelle* Definition des Geschlechts – ausgedrückt in den vier Komponenten: Geschlechtsidentität, Konzepte der Geschlechterdifferenzierung, Geschlechtsrolleneinstellungen und geschlechtstypisches Verhalten – erfolgt auf dem Hintergrund der zuvor beschriebenen biologischen und sozialen Fak-

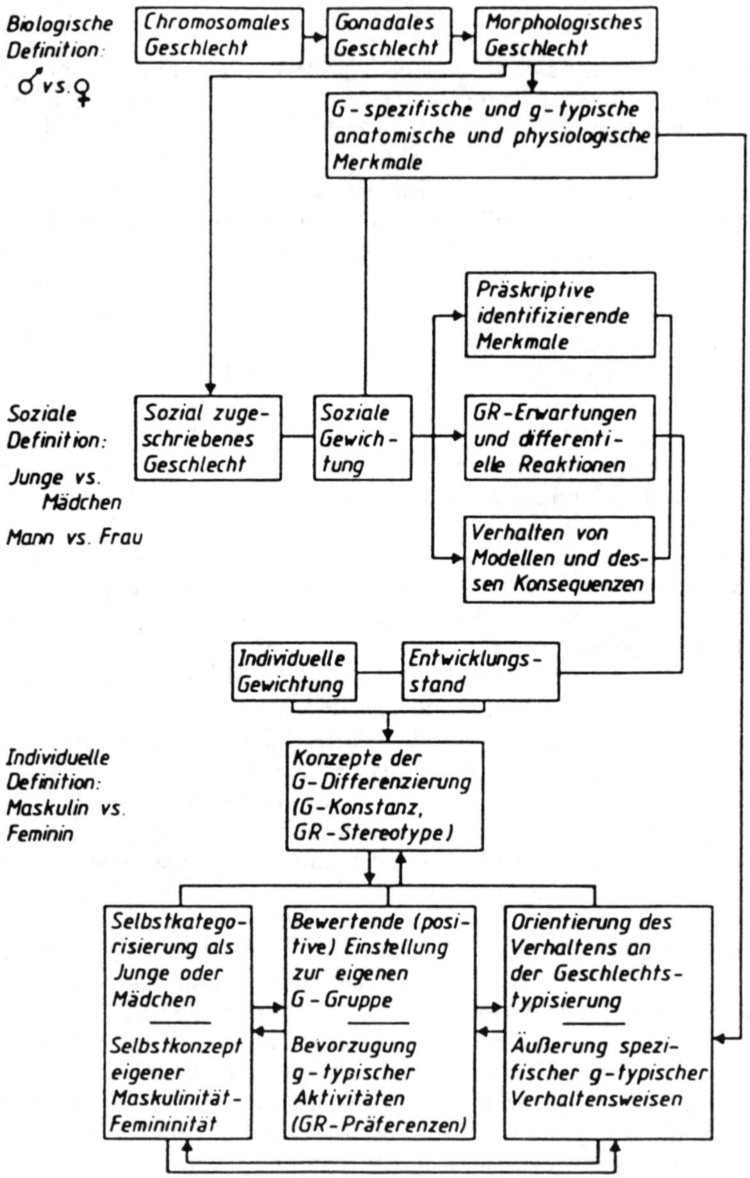

Abbildung 12.7: Prozeßmodell der Entwicklung der Geschlechtstypisierung (aus TRAUTNER, 1987b, S. 470)

toren der Geschlechterdifferenzierung. Sie ist allerdings nicht als direktes Resultat biologischer und sozialer Faktoren zu betrachten, diese üben ihren Einfluß vielmehr vermittelt durch den jeweils gegebenen kognitiven Entwicklungsstand und die Bedeutsamkeit der Geschlechtsvariable für das Individuum aus. Kognitive Anteile der Geschlechtstypisierung dürften dabei stärker von diesen Moderatorvariablen beeinflußt werden als Geschlechtsrollen-Präferenzen und geschlechtstypisches Verhalten.

Am Anfang der individuellen Entwicklung steht die Ausbildung einer globalen Geschlechtsidentität, d.h. der Selbstkategorisierung als Junge oder Mädchen. Diese erfolgt zunächst auf der Basis von Name, Haartracht und Kleidung, später auch von anatomischen Unterschieden. Die Invarianz des Geschlechts wird noch nicht erkannt. Erst im Anschluß an die globale Selbstkategorisierung wird dann allmählich ein inhaltlich detailliertes Selbstkonzept eigener Maskulinität – Femininität aufgebaut, und es bilden sich Konzepte der Geschlechterdifferenzierung, geschlechtsbezogene Präferenzen und Bewertungen sowie (weiteres) geschlechtstypisches Verhalten aus. Die psychische Geschlechterdifferenzierung wird dabei zunehmend als etwas Abstufbares erkannt. Angeregt werden die Entwicklungsprozesse durch soziale Bekräftigungen, Verhaltensmodelle und das Bestreben nach Konsistenz. Welche Entwicklungsmerkmale jeweils im Vordergrund stehen und welches Gewicht den einzelnen Entwicklungsfaktoren zukommt, variiert systematisch über die Ontogenese (s. dazu weiter unten).

Aus der Schilderung des Prozeßmodells geht hervor, daß der Entwicklungsprozeß der Geschlechtstypisierung – vom Individuum aus gesehen – sowohl passive als auch aktive Elemente enthält.

Die *passive* Seite, die von der Sozialen Lerntheorie betont wird, zeigt sich vor allem im Anpassungsdruck und in der inhaltlichen Ausfüllung der Geschlechtstypisierung. In letzterer spiegeln sich die in der sozialen Umwelt vorherrschenden geschlechtsbezogenen Verhaltenserwartungen und -kontingenzen sowie die typischen Verhaltensdifferenzierungen männlicher und weiblicher Modelle direkt wider. Würde die soziale Umwelt das Geschlecht nicht zur Grundlage von Verhaltenskontingenzen machen, erwartete man beim Heranwachsenden auch nicht die Entwicklung einer Geschlechtstypisierung.

Die *aktive* Seite wird von der Kognitiven Entwicklungstheorie herausgestellt. Das Individuum sucht aktiv nach distinkten Merkmalen und Regeln in seiner Umwelt. Das Geschlecht eignet sich hierfür in besonderem Maße. Die in der sozialen Umwelt auffindbaren geschlechtsbezogenen Informationen werden gemäß dem jeweils gegebenen kognitiven Entwicklungsstand verarbeitet. Was die wahrgenommene Geschlechterdifferenzierung bestätigt, wird positiv bewertet. In dieser Sichtweise ist der Bekräftigungswert geschlechtstypischen Verhaltens und die Nachahmung gleichgeschlechtlicher Modelle eher die Folge des Aufbaues der Geschlechtstypisierung des Individuums als deren Ursache (vgl. oben S. 385).

5.3 Idealtypischer Verlauf der Entwicklung der Geschlechtstypisierung

Abschließend sollen der Aufbau und die Veränderungen der verschiedenen Komponenten der Geschlechtstypisierung im individuellen Entwicklungsverlauf idealtypisch beschrieben werden. Der Schwerpunkt liegt dabei auf den *universellen intraindividuellen Veränderungen bei männlichen und weiblichen Individuen und ihrer ungefähren altersmäßigen Einordnung.* Geschlechtsunterschiede und interindividuelle Differenzen innerhalb der Geschlechter bezüglich der Entwicklungsgeschwindigkeit und der Ausprägung der einzelnen Komponenten werden demgegenüber vernachlässigt.

Früheste Kindheit (0 – 3 Jahre)

Sofern im Verhalten von Neugeborenen und Kleinstkindern Geschlechtsunterschiede festzustellen sind, können diese nicht auf das Erleben einer Geschlechtsidentität oder auf kindliche Geschlechtsrollenkonzepte zurückgeführt werden. Sie sind vermutlich durch biologische Faktoren (z.B. hormonelle Einflüsse oder Reifungsunterschiede) und/oder soziale Faktoren (z.B. differentielle Interaktionsmuster) bedingt (vgl. KELLER, 1979a; MACCOBY, 1980).

Hinweise auf Selbstkategorisierungsprozesse finden sich am Ende des ersten Lebensjahres (LEWIS & BROOKS-GUNN, 1979). Wegen der sozialen Betonung des Geschlechts gehört die Geschlechtszugehörigkeit schon sehr bald zu den bevorzugten Merkmalen der Selbstkategorisierung. Das Auftreten einer zutreffenden Selbstkategorisierung ist an drei Entwicklungsvoraussetzungen gebunden: Die eigene Person und die Umwelt müssen voneinander getrennt erlebt werden, es müssen zumindest einige zwischen männlichen und weiblichen Individuen differenzierende Merkmale erkannt werden, und die eigene Person muß hinsichtlich der wahrgenommenen geschlechterdifferenzierenden Merkmale eingeordnet werden können. Unterstützt wird die Selbstkategorisierung durch die Variation sozialer Reaktionen (vor allem der Eltern) auf kindliches Verhalten, je nach dem Geschlecht des Kindes (KELLER, 1979a; LEWIS, 1972).

Bis ins dritte Lebensjahr werden männlich und weiblich (Junge und Mädchen, Mann und Frau) wie Namen gebraucht, sie werden nicht als erschöpfende Klassen erkannt, in die alle Menschen eingeordnet werden können, ohne daß damit die Zugehörigkeit zu anderen Klassen (Erwachsene, Lehrer, Kinder, Schüler etc.) ausgeschlossen ist. Es fehlt in diesem Alter noch das Verständnis der Konstanz des Geschlechts über die Zeit sowie unabhängig von Wünschen oder Veränderungen des äußeren Erscheinungsbildes. Die Wahrnehmung der Geschlechterdifferenzierung beschränkt sich auf Merkmale der äußeren Erscheinung (insbesondere Haartracht, Kleidung und Stimme). Die Kenntnis der kulturell vorherrschenden Geschlechtsrollenstandards, an denen der Grad der eigenen Maskulinität – Femininität gemessen werden kann, ist noch sehr begrenzt. Trotz dieser kognitiven Defizite beginnt die globale Geschlechtsidentität (*ich bin ein Junge* bzw. *ich bin ein Mächen*) bereits in diesem frühen Alter resistent gegen Änderungen zu werden (MONEY & EHRHARDT, 1975).

Vorschulalter (3 – 6 Jahre)

Etwa zwischen drei und sechs Jahren wird die Unterscheidung von Personen, Gegenständen und Aktivitäten sowie die Selbsteinschätzung nach maskulin oder feminin zunehmend bedeutsamer (TRAUTNER et al. 1985, 1989a). Zum einen hat das mit der verstärkten Tendenz zur Unterscheidung und Gruppierung von Dingen nach Verschiedenheit bzw. Ähnlichkeit zu tun. Zum anderen hängt das damit zusammen, daß sich die Geschlechtsvariable aufgrund ihrer Invarianz und sozialen Markierung in besonderem Maße als Klassifikationsmerkmal eignet.

Die wachsende Bedeutung der Geschlechtsvariable läßt sich u.a. an einer auffälligen Zunahme des Wissens über Geschlechtsrollenmerkmale und an der zunehmenden Orientierung am Kriterium der Geschlechtsangemessenheit bei der Wahl oder Ablehnung von Aktivitäten und Gegenständen ablesen. Die Geschlechtsrollenkonzepte fungieren nun als kognitive Schemata, die Informationen aus der sozialen Umwelt organisieren und strukturieren. Motiviert durch das Bedürfnis nach kognitiver Konsistenz bilden sich nun ausgeprägte Geschlechtsrollen-Präferenzen aus und die Geschlechtstypisierung des Verhaltens nimmt zu. Interne Motivationsstrukturen verstärken so den äußeren Druck in Richtung einer Geschlechtstypisierung.

Von nun an werden bevorzugt die sozialen Einflüsse verhaltenswirksam, die sich an die gegebene Geschlechtsidentität und die vorhandenen Geschlechtsrollenkonzepte assimilieren lassen. Bedingt durch die Unzulänglichkeiten des präoperationalen Denkens (z.B. Zentrierung, niedrige Klassifikationsfähigkeit, moralischer Absolutismus) sind die Geschlechtsrollen-Stereotype und die geschlechtsbezogenen Einstellungen und Bewertungen sehr rigide (TRAUTNER et al., 1988, 1989a): Geschlechtsrollenmerkmale besitzen den Charakter unveränderlicher Naturgesetze.

Neben der Geschlechtsangemessenheit gewinnt allmählich auch die (gleiche) Geschlechtszugehörigkeit von Interaktionspartnern und Verhaltensmodellen für die Wahl und Bewertung von Aktivitäten und Gegenständen verstärkte Bedeutung. Gleichzeitig erkennt die Mehrheit der Kinder nun, daß die Geschlechtszugehörigkeit durch den Wunsch nach einem Geschlechtswechsel, durch Veränderungen der äußeren Erscheinung oder die Äußerung geschlechtsuntypischen Verhaltens nicht berührt wird.

Grundschulalter (7 – 11 Jahre)

Während der folgenden Jahre, etwa zwischen sieben und elf Jahren, steht weniger die Auseinandersetzung mit neuen Entwicklungsaufgaben als die Elaboration des früher Erworbenen im Vordergrund. Die sichere Unterscheidung zwischen äußerer Erscheinung und erschlossener Wirklichkeit und die Erkenntnis der biologischen (genitalen) Fundierung des Geschlechts ermöglichen nun ein volles Verständnis der Geschlechtskonstanz (TRAUTNER, 1985; TRAUTNER et al., 1985, 1989a).

Im Zusammenhang mit strukturellen Veränderungen des Denkens (z.B. wachsenden Klassifikationsfähigkeiten, Reversibilität von Denkprozessen, Trennung von absolut und relativ gültigen Gesetzmäßigkeiten), werden die bislang rigiden Geschlechtsrollen-Stereotype nun zunehmend flexibler (TRAUTNER et al., 1988). Es wird erkannt, daß neben Geschlechtsunterschieden auch Gemeinsamkeiten zwischen beiden Geschlechtern existieren und daß geschlechtstypische Merkmale auch innerhalb eines Geschlechts variieren. Geschlechtsrollen werden nicht mehr als Naturgesetze, sondern als soziale Konventionen angesehen (CARTER & PATTERSON, 1982). In der Entwicklung von Geschlechtsrollen-Präferenzen treten universelle Veränderungen gegenüber interindividuellen Differenzen in den Hintergrund (TRAUTNER et al., 1989a).

Adoleszenz und Erwachsenenalter

Über die weitere Entwicklung der verschiedenen Komponenten der Geschlechtstypisierung in der Adoleszenz und im Erwachsenenalter ist weniger bekannt als über die zuvor geschilderten Entwicklungsprozesse im Kindesalter. Nach den vorliegenden Untersuchungen vollzieht sich die Entwicklung der Geschlechtstypisierung bei Adoleszenten und Erwachsenen nur teilweise in Kontinuität mit der Kindheitsentwicklung. Zwar bleibt die globale Geschlechtsidentität (das Selbsterleben als männlich oder weiblich) erhalten, auch die bevorzugte Orientierung an der eigenen Geschlechtsgruppe dominiert weiterhin. Die früher zur Definition der Maskulinität und Femininität herangezogenen Rollenmerkmale behalten ebenfalls ihre geschlechtstypische Bedeutung (FISCHER & NARUS, 1981; LOHAUS & TRAUTNER, 1985; URBERG, 1979). Mit dem Eintritt in die Pubertät und dem späteren Eintreten in das Berufsleben, dem Eingehen dauerhafter Partnerbeziehungen und den damit verbundenen familiären und beruflichen Aktivitäten stellen sich jedoch neue Entwicklungsaufgaben, die zu einer allmählichen Verschiebung der zentralen Inhalte der Geschlechtsrolle führen (KATZ, 1979; WORELL, 1981).

Von besonderer Bedeutung für die Entwicklung der Geschlechtstypisierung in der *Adoleszenz*, insbesondere für das Selbstkonzept eigener Maskulinität – Femininität, ist die Anpassung an die am eigenen Körper erfahrenen Veränderungen (z.B. die Ausbildung sekundärer Geschlechtsmerkmale, das Auftreten sexueller Triebregungen, Menstruation bzw. Pollution). Die eintretenden Veränderungen werden vom Heranwachsenden zunächst häufig ambivalent erlebt. Neben dem Gefühl einer positiv empfundenen Annährung an den Erwachsenenstatus lösen die Veränderungen auch Ängste, Sorgen oder Scham aus (EWERT, 1983).

Oft zentrieren sich die Selbstwahrnehmung und Selbstbewertung in diesem Alter auf die Frage der Akzeptierung durch die anderen und die Frage der eigenen Attraktivität für Angehörige des anderen Geschlechts. Dabei gilt auch heute noch, daß physische Attraktivität und Erfolg beim anderen Geschlecht für Mädchen wichtiger sind als für Jungen (KATZ, 1979).

Wie maskulin, feminin oder androgyn in seinem/ihrem Selbstkonzept und Verhalten sich ein adoleszenter Junge/ein adoleszentes Mädchen entwickelt, hängt nicht zuletzt von den in der sozialen Umwelt vorherrschenden Reaktionen und Bewertungen der Anpassung an oder der Abweichung von Geschlechtsrollenstandards ab (BEM, 1983).

Die weitere Entwicklung der Geschlechtstypisierung im *Erwachsenenalter* wird vor allem durch die Auseinandersetzung mit den folgenden neuen Entwicklungsaufgaben beeinflußt: dem Eingehen einer dauerhaften Partnerbeziehung, der Übernahme elterlicher Pflichten und der Ausfüllung einer Berufsrolle (ALLEMANN-TSCHOPP, 1979; CUNNINGHAM & ANTILL, 1979, 1984; WORELL, 1981).

Die heute noch immer vorhandene starke Rollendivergenz von Männern und Frauen in Beruf und Familie führt dazu, daß die Geschlechtsvariable erneut eine besondere Bedeutung für die Persönlichkeit erhält, und zwar relativ unabhängig von psychischen Gegebenheiten der Beteiligten. Der Verhaltensspielraum von erwachsenen Männern und Frauen wird durch die Geschlechtszugehörigkeit vermutlich weit stärker festgelegt als dies im Kindes- und Jugendalter der Fall war.

Aufgrund der größeren ökonomischen Abhängigkeit und der höheren Belastung durch Kinder und Haushaltspflichten bzw. – im Falle der Berufstätigkeit – der Doppelbelastung durch Familie und Beruf kommt es bei Frauen häufig zu einem Konflikt zwischen a) der globalen Geschlechtsidentität (die nicht in Frage gestellt wird), b) dem Selbstkonzept eigener Maskulinität – Femininität, das an gesellschaftlichen Standards orientiert ist (die als teilweise unangemessen, weil benachteiligend, angesehen werden) und c) den individuellen Präferenzen und Lebenszielen (oft in Richtung einer Höherbewertung traditionell männlicher Rollenmerkmale).

In den letzten Jahren zeichnet sich – vor allem in den USA und in Westeuropa – ein allmählicher sozialer Wandel zumindest der Frauenrolle ab (BADINTER, 1986; KATZ, 1979). Vor allem folgende Veränderungen sind hier zu nennen: eine stärkere Ausrichtung auf den Beruf, insbesondere auf höhere Ausbildungsgänge bei jungen Mädchen und Frauen, ein Hinausschieben des Heiratsalters bei Frauen und ein Absinken der Kinderzahl, sowie die Aufnahme einer beruflichen Ausbildung oder Berufstätigkeit von bisherigen Hausfrauen im mittleren Lebensalter. Komplementäre Veränderungen der Männerrolle, mit Ausnahme vielleicht einer stärkeren Beteiligung von Vätern an der Kindererziehung, sind nicht festzustellen.

5.4 Schlußfolgerungen bezüglich der Determinanten der Entwicklung der Geschlechtstypisierung

Aus der Skizzierung des Entwicklungsverlaufs sind einige Gesetzmäßigkeiten der Steuerung der Entwicklung der Geschlechtstypisierung deutlich geworden:

1. Kognitiv akzelerierte Kinder sind auch in der Entwicklung der Geschlechtstypisierung eher fortgeschritten, wobei je nach Altersbereich und Ent-

wicklungsmerkmal ein Entwicklungsfortschritt entweder durch eine Zunahme (z.B. Anstieg des Stereotypenwissens im Vorschulalter) oder durch eine Abnahme (z.B. weniger extreme Geschlechtsrollendifferenzierung) gekennzeichnet sein kann. Fortschritte in der kognitiven Entwicklung scheinen dabei nur eine notwendige, keine hinreichende Bedingung für ein Voranschreiten in der Entwicklung der Geschlechtstypisierung zu sein.

2. Ob die Entwicklungsveränderungen im Einzelfall schneller oder langsamer durchlaufen werden und welche Ausprägung ein Entwicklungsmerkmal letztlich erreicht, dürfte stark erfahrungsabhängig sein. Vermutlich spielt hierbei die Art der in der sozialen Umwelt gegebenen Geschlechtsrollendifferenzierung eine entscheidende Rolle, sei es in Form von Geschlechtsrollenerwartungen, direkten Bekräftigungen und Sanktionen oder der Beobachtung des Verhaltens anderer und dessen Konsequenzen, z.B. auch in Büchern und Filmen.

3. Sowohl bezüglich der Bedeutsamkeit der verschiedenen Determinanten über die Ontogenese als auch der Auswirkungen der gleichen Determinanten auf unterschiedlichen Entwicklungsniveaus ist von einer Diskontinuität auszugehen. Solange die Entwicklung der Geschlechtstypisierung dadurch charakterisiert ist, daß die grundlegenden Konzepte der Geschlechterdifferenzierung erworben werden und sich geschlechtstypisierte Einstellungen und Verhaltensweisen herausbilden, sind eine ausgeprägte Geschlechterdifferenzierung in der sozialen Umwelt und entsprechende differentielle Reaktionen eher entwicklungsfördernde Bedingungen. Die gleichen Bedingungen dürften die spätere Entwicklung aber eher behindern. Umgekehrt wird eine Verwischung der Geschlechterdifferenzierung die Anfangsentwicklung eher verzögern, aber für die weitere Entwicklung förderlich sein.

Unterstellt man die Gültigkeit des zuvor idealtypisch skizzierten Entwicklungsverlaufs, so ist anzunehmen, daß die Anfänge der Geschlechtstypisierung und die frühen Geschlechtsrollenkonzepte sehr eng mit elterlichen Bekräftigungen und der Geschlechterdifferenzierung der in der sozialen Umwelt beobachtbaren Verhaltensmodelle zusammenhängen. Dieser Zusammenhang lockert sich dann allmählich, und die Erkenntnis der eigenen Geschlechtsidentität sowie das Bedürfnis nach kognitiver Konsistenz mit den vom Kind als geschlechtsangemessen wahrgenommenen Merkmalen übernehmen die Steuerung der Ausbildung von Geschlechtsrolleneinstellungen und Geschlechtsrollenverhalten, zuweilen auch entgegen den von den Eltern oder anderen Bezugspersonen unterstützten oder vorgelebten Verhaltensstandards. Später sind es vielleicht bestimmte Attraktivitätsmerkmale, das Selbstkonzept eigener Maskulinität und Femininität oder die Orientierung an sozialen Standards, die für die weitere Entwicklung ausschlaggebend werden. Im Erwachsenenalter schließlich können es dann sozioökonomische Bedingungen (z.B. Regelung der Berufstätigkeit von Frauen und der Kinderversorgung, die Zugänglichkeit von sogenannten Frauen- und Männerberufen) oder die eigene soziale Lage (z.B. Ausbildung, Kinderlosigkeit) sein, die das Ausmaß der Übernahme traditioneller Geschlechtsrollen wesentlich bestimmen.

6. Zusammenfassung

Eine *Geschlechterdifferenzierung* in männlich und weiblich ist *biologisch*, *sozial* und *individuell* gegeben. Die *individuelle Entwicklung* der Geschlechtstypisierung beinhaltet *vier Komponenten*: die subjektive Geschlechtsidentität, Konzepte der Geschlechterdifferenzierung, geschlechtsbezogene Einstellungen und Präferenzen, die Manifestierung geschlechtstypischen Verhaltens.

Der *Identitätsaspekt* der Geschlechtstypisierung beinhaltet die überdauernde *Selbstkategorisierung* als (biologisch) männlich oder weiblich und das *Selbstkonzept* hinsichtlich der eigenen (psychischen) *Maskulinität – Femininität*. Das Interesse der Entwicklungspsychologie hat sich vor allem auf einen Teilaspekt der Geschlechtsidentität gerichtet, nämlich das wachsende Verständnis der *Geschlechtskonstanz*. Während die richtige Selbstkategorisierung bis zum dritten Lebensjahr und ein volles Geschlechtskonstanzverständnis im Verlauf des Grundschulalters erworben werden, entwickelt und verändert sich das Selbstkonzept eigener Maskulinität – Femininität bis ins Erwachsenenalter hinein.

Konzepte der Geschlechterdifferenzierung (auch Geschlechtsrollen-Stereotype genannt) beinhalten Vorstellungen darüber, in welchen Merkmalen bzw. Merkmalsausprägungen sich die beiden Geschlechter unterscheiden. Das Wissen über Geschlechtsrollen-Stereotype wird zu einem großen Teil bereits während des Vorschulalters erworben. Die Konzepte sind zunächst sehr rigide und werden mit fortschreitender kognitiver Entwicklung und bei entsprechend geringer sozialer Heraushebung im Verlauf des Schulalters zunehmend flexibler.

Die Bewertung bzw. Bevorzugung der mit der Geschlechtszugehörigkeit einer Person assoziierten Tätigkeiten und Eigenschaften oder einer Geschlechtsgruppe generell wird in der Entwicklungspsychologie unter den Begriff *Geschlechtsrollen-Präferenz* subsumiert. Im Regelfall entwickelt sich im Verlaufe des Vorschul- und frühen Schulalters eine Präferenz für Merkmale des eigenen Geschlechts bzw. der eigenen Geschlechtsrolle. Mit Erreichen des Schulalters treten allmählich generalisierbare Alterstrends gegenüber interindervіduellen Differenzen in den Hintergrund. Je nach Rollensegment ist die Geschlechtsrollen-Präferenz bei Jungen oder bei Mädchen stärker ausgeprägt.

Geschlechtstypisches Verhalten umfaßt alle Verhaltensmerkmale, die relativ häufiger oder stärker ausgeprägt bei einem Geschlecht vorkommen. Im Vordergrund entwicklungspsychologischer Untersuchungen stehen meist Geschlechtsunterschiede im *Spielverhalten von Kindern*. Unterschiedliches Spielverhalten von Jungen und Mädchen läßt sich spätestens im Alter von 2 bis 3 Jahren beobachten. Dabei muß allerdings zwischen der Auswahl unterschiedlichen Spielmaterials und dem unterschiedlichen Umgang mit den gleichen Spielsachen getrennt werden. Das Spielverhalten von Kindern hängt stark vom Ausmaß der Geschlechtstypisierung der zur Auswahl stehenden Spielmaterialien und der Anwesenheit und dem Verhalten der Spielpartner ab.

Die *biologischen Faktoren*, die zur Erklärung der Entwicklung der Geschlechtstypisierung herangezogen werden können, lassen sich in vier Gruppen einteilen: *Chromosomale Einflüsse*, *Hormonelle Einflüsse*, *Hirnlateralisation*, *Reifungsgeschwindigkeit*. Die meisten Untersuchungen über die Auswirkungen dieser Faktoren liegen zu räumlichen Fähigkeiten vor. Am ehesten nachgewiesen sind Zusammenhänge zwischen hormonellen Variablen und der Verhaltensdifferenzierung der Geschlechter.

In der *Psychoanalyse* wird die Entwicklung der Geschlechtstypisierung weitgehend gleichgesetzt mit der (globalen) *Übernahme der Geschlechtsrolle* und der *Festlegung der (hetero-)sexuellen Orientierung*. Beides soll im Zusammenhang mit der Auflösung des Ödipuskomplexes (bei Mädchen: Elektrakomplex) am Ende der sog. phallischen Phase erfolgen. Wesentliche Grundlage ist die defensive Identifikation mit dem gleichgeschlechtlichen Elternteil. Zahlreiche Forschungsbefunde stehen im Widerspruch zu den psychoanalytischen Hypothesen der Entwicklung der Geschlechtstypisierung.

Die *Soziale Lerntheorie* betrachtet vornehmlich *geschlechtstypisches Verhalten in seiner gesetzmäßigen Beziehung zur Umweltstimulation*. Konzepte oder Einstellungen werden dabei wie Verhaltensreaktionen behandelt. Die Ausbildung einer Geschlechtstypisierung beim heranwachsenden Individuum wird auf die geschlechtsbezogenen Erziehungspraktiken und Verhaltensdifferenzierungen der sozialen Umwelt zurückgeführt. Durch die Erfahrung von Verstärkungen für geschlechtstypisches Verhalten und durch die Beobachtung des Verhaltens gleichgeschlechtlicher Modelle nähert sich das Verhalten zunehmend den Standards der umgebenden Kultur an. Würde das Geschlecht nicht zur Grundlage von Verhaltenskontingenzen gemacht, dürfte sich auch keine Geschlechtstypisierung ausbilden. Die Entstehung der Geschlechtstypisierung ist damit weder natürlich noch zwangsläufig. Kinder und Jugendliche zeigen allerdings auch geschlechtstypische Verhaltensweisen, für die sie nicht systematisch bekräftigt worden sind oder sie vermeiden geschlechtsuntypisches Verhalten, für das sie nicht bestraft worden sind. Die selektive Nachahmung gleichgeschlechtlicher Modelle scheint eher das Ergebnis kognitiver Verarbeitungsprozesse zu sein als die (ursprüngliche) Grundlage der Ausbildung einer Geschlechsttypisierung.

Aus der Sicht der *Kognitiven Entwicklungstheorie* basiert die Entwicklung der Geschlechtstypisierung auf der *Wahrnehmung und fortschreitenden Urteilsbildung bezüglich der Geschlechtstypisierung der sozialen Umwelt*, einschließlich der eigenen Person. Nach KOHLBERG vollzieht sich der Aufbau der Geschlechtstypisierung in *drei Entwicklungsschritten*: 1. Erkennen der eigenen Geschlechtsidentität; 2. Ausbildung geschlechtsbezogener Einstellungen und Präferenzen; 3. Selektive Nachahmung von und Identifikation mit gleichgeschlechtlichen Modellen. Nach neueren Untersuchungen kommt dem Geschlechtskonstanzverständnis nicht die zentrale Bedeutung zu, die ihr KOHLBERG zuschreibt, und die verschiedenen Komponenten der Geschlechtstypisierung hängen auch nicht so eng miteinander zusammen, wie von KOHLBERG angenommen.

Im Zentrum neuerer Ansätze innerhalb der kognitiven Theorie steht der Schemabegriff. Das im Laufe der Entwicklung aufgebaute *Geschlechtsschema* dient als kognitiver Organisator, der die Wahrnehmung, Speicherung und Wiedergabe von Informationen und das Verhalten schemakonsistent beeinflußt.

Die einzelnen Variablen der Geschlechtstypisierung können als verschiedene Komponenten eines *komplexen Entwicklungsprozesses der Wahrnehumg und Verarbeitung der Geschlechterdifferenzierung in der sozialen Umwelt* angesehen werden. Die kognitiven Anteile der Geschlechtstypisierung scheinen dabei eng an bestimmte kognitive Voraussetzungen gebunden zu sein. Die inhaltliche Ausfüllung von männlich und weiblich erfolgt hingegen primär nach den in der sozialen Umwelt wahrgenommenen Unterschieden und ihrer sozialen Bedeutung.

Das Zusammenwirken biologischer, sozialer und individueller Faktoren bei der Hervorbringung intraindividueller Veränderungen und interindividueller Unterschiede in den verschiedenen Komponenten der Geschlechtstypisierung läßt sich anhand eines integrativen *Prozeßmodells der Entwicklung der Geschlechtstypisierung* veranschaulichen. Die integrative Darstellung des idealtypischen Verlaufs der Entwicklung der Geschlechtstypisierung macht u.a. deutlich, daß in den einzelnen Entwicklungsphasen jeweils Aufbau- und Veränderungsprozesse unterschiedlicher Komponenten im Vordergrund stehen und daß auch die Bedeutsamkeit und die Auswirkungen der verschiedenen Entwicklungsdeterminanten über die Ontogenese wechseln.

Zum Weiterstudium empfohlene Lektüre

Einen guten Einstieg in die Fragestellungen und Ergebnisse der Forschung über Geschlechtsunterschiede, insbesondere unter Berücksichtigung ihrer biologischen Grundlagen, verschafft:

MERZ, F. (1979). *Geschlechterunterschiede und ihre Entwicklung*. Göttingen: Hogrefe.

Eine Sammlung von Beiträgen zu verschiedenen differentiell-psychologischen und entwicklungspsychologischen Problemstellungen im Bereich der Geschlechtstypisierung enthält:

DEGENHARDT, A. & TRAUTNER, H.M. (Hrsg.). (1979). *Geschlechtstypisches Verhalten*. München: C.H. Beck.

Eine kritische Auseinandersetzung mit der Forschung zur Geschlechtstypisierung, wobei die Entstehung und die Konsequenzen von Geschlechtsunterschieden und Geschlechtsrollen vornehmlich auf sozial vermittelte Geschlechterstereotype zurückgeführt werden, liefert:

BASOW, S.A. (1986). *Gender stereotypes. Traditions and alternatives*. (2nd ed.). Monterey, Ca.: Brooks/Cole.

Eine systematische Aufbereitung des aktuellen Forschungsstands zur Entstehung, zu den Veränderungen und den Zusammenhängen der verschiedenen Komponenten der Geschlechtstypisierung im Kindesalter findet sich in:

HUSTON, A.C. (1983). Sex-typing. In P.H. MUSSEN (Ed.), *Handbook of child psychology. Vol IV.* (S. 387-467). New York: Wiley.

Eine vergleichende Analyse lerntheoretischer und kognitiver Ansätze zur Entwicklung der Geschlechtstypisierung anhand der bis Ende der 70er Jahre vorliegenden Untersuchungen und einer eigenen Untersuchung liefert:

CROISSIER, S. (1979). *Kognitive und soziale Faktoren in der Entwicklung kindlicher Geschlechtsrolleneinstellungen.* Weinheim: Beltz.

Über die Ergebnisse umfangreicher Untersuchungen über Konzepte der Geschlechterdifferenzierung bei Kindern informiert:

INTONS-PETERSON, M. (1988). *Children's concepts of gender.* Norwood, NJ: Ablex.

Kapitel 13:

Moralentwicklung

1. Definition und Bedeutung von Moralität

Definition von Moralität

Unter dem Etikett *Moral* oder *Moralität* werden in der Entwicklungspsychologie eine Vielzahl von Verhaltensweisen, Fähigkeiten und Motiven untersucht: Urteile über Recht und Unrecht, Gut und Böse; Versuchungen widerstehen, auch wenn man unbeobachtet ist, und andere Arten selbstkontrollierten Verhaltens wie z.B. die Beherrschung sexueller oder aggressiver Impulse; Schuldgefühle bei Verletzung von Geboten und Verboten; helfendes Verhalten; Achtung des Eigentums oder der körperlichen Unversehrtheit anderer; Ehrlichkeit; Zuverlässigkeit; Gehorsam oder auch Widerstand gegen die Forderungen einer Autorität. Verschiedene Entwicklungspsychologen bearbeiten je nach gewählter Forschungsperspektive und theoretischer Orientierung jeweils nur begrenzte Ausschnitte des Problemfeldes.

Trotz der Selektivität der Untersuchungsgegenstände und der Heterogenität der verschiedenen Forschungsrichtungen lassen sich durchaus einige übergeordnete Kriterien der Definition der (reifen) Moralität finden, die mehr oder weniger auf sämtliche Forschungsansätze zur Moralentwicklung zutreffen. Insbesondere drei Kriterien sind hier zu nennen:

1. die *Internalisierung von Normen*, d.h. das Erleben des Sollens oder der normativen Verpflichtung, ohne äußere Kontrolle, Zwänge oder Anreize einer selbst vertretenen Norm zu entsprechen;
2. ein *Gerechtigkeitsempfinden* im Sinne des Verständnisses für Regeln der Verteilung und des Austauschs von Gütern bzw. von Belohnungen und Bestrafungen in einem sozialen System;
3. die *Zurückstellung eigener Bedürfnisse und Interessen* gegenüber denen von anderen auf der Basis einer gegenseitigen Verantwortung, ausgedrückt im Erleben von Mitgefühl, Schuld oder ähnlichem bzw. dadurch, daß man einem anderen hilft oder ihm nicht schadet.

Ein bestimmtes Verhalten für sich genommen (z.B. helfen, eine Belohnung aufschieben, lügen) läßt sich demnach nicht als moralisch oder unmoralisch klassifizieren. Jemand anderem helfen kann auch egoistischen Motiven entspringen (z.B. sich der späteren Dankbarkeit des anderen zu versichern oder die eigene Überlegenheit zu demonstrieren), eine Lüge („Notlüge") dient häufig dem guten Zweck, einem anderen nicht weh zu tun. Erst das Vorliegen oder Nichtvorliegen der oben genannten übergeordneten Kriterien klassifiziert ein Verhalten als moralisch oder unmoralisch.

Menschenbilder und Entwicklungsziele

Wie es unterschiedliche Definitionen für Moralität gibt, existieren auch unterschiedliche Vorstellungen über den Ausgangspunkt und das Ziel der Entwicklung in diesem Bereich. Diese Vorstellungen sind eng verbunden mit unterschiedlichen philosophisch-weltanschaulichen Positionen oder *Menschenbildern*. HOFFMAN (1970) unterscheidet in diesem Zusammenhang drei Menschenbilder: 1. angeborene Sündhaftigkeit, 2. angeborene Unschuld und 3. tabula rasa.

1. *Idee der angeborenen Sündhaftigkeit (Erbsünde).* Dem Kind sind negative Tendenzen (antisoziale Impulse wie Egoismus oder Aggressivität) angeboren. Sie können nur durch die früh einsetzende Erziehung (Bestrafung) des Kindes, insbesondere durch die Eltern, abgebaut werden. Diese aus dem Christentum stammende Grundauffassung findet sich z.B. in der Psychoanalyse wieder, die das Kleinkind als ein Bündel von Trieben (polymorph pervers) darstellt. Moralische Standards basieren auf der Notwendigkeit, antisoziale Impulse vom Bewußtsein fernzuhalten. Entwicklungsziel ist dementsprechend die Kontrolle negativer (Es-)Impulse, deren Unterdrückung durch – sonst auftretende – Schuldgefühle gewährleistet wird (s. hierzu Abschnitt 3.2.1).

2. *Idee der angeborenen Reinheit (Unschuld).* Diese auf ROUSSEAU zurückgehende Vorstellung vom *edlen Wilden* sieht das Böse im Menschen erst durch den Einfluß der Gesellschaft (Eltern und Erzieher) entstehen. Deshalb ist Erziehung zugunsten einer freien Entfaltung der im Kind angelegten „guten" Möglichkeiten auf ein Minimum zu beschränken. Eine verwandte Auffassung findet sich bei PIAGET, KOHLBERG u.a. kognitiven Theoretikern. Die von den Erwachsenen (der Gesellschaft) gesetzte heteronome Moral ist nur eine unreife Vorstufe der Moral, die von der durch kognitive Reifung und den Umgang mit Gleichaltrigen geförderten sogenannten autonomen Moral abgelöst wird, falls die Umwelt dies nicht durch (autoritäre) Erziehung behindert. Moralische Reife zeigt sich in der Fähigkeit, autonome moralische Entscheidungen zu treffen, die allgemeinen Prinzipien der Gerechtigkeit entsprechen (s. hierzu Abschnitt 3.1). Eine radikale Version dieser Auffassung findet sich in der sogenannten Antipädagogik (VON BRAUNMÜHL, 1980).

3. *Idee der tabula rasa.* Das neugeborene Kind ist weder gut noch böse, es läßt sich vielmehr durch die soziale Umwelt in jeder Richtung formen. Diese aus dem englischen Empirismus stammende Vorstellung wird innerhalb der Psychologie vor allem von Lerntheoretikern vertreten. Als reifes moralisches Verhalten (Entwicklungsziel) gilt sowohl die Unterdrückung sozial unerwünschten Verhaltens als auch die Äußerung prosozialen Verhaltens. Moralisches Verhalten wird gleichgesetzt mit der Anpassung des Verhaltens an die kulturell vorherrschenden sozialen Normen.

Bedeutung der Moral für Individuum und Gesellschaft

Bei aller Verschiedenheit der Definitionen von Moral, d.h. was unter Moral oder moralischem Verhalten verstanden wird, und trotz unterschiedlicher Auffassungen über das angeborene Potential zur Moralität und über das anzustrebende Ziel der moralischen Entwicklung, besteht weitgehend Einigkeit darüber, daß Moralität etwas Positives und Notwendiges für das Zusammenleben von Menschen und für die Aufrechterhaltung der gesellschaftlichen Ordnung ist.

Die meisten Eltern legen besonderen Wert darauf, daß ihre Kinder ein ausgeprägtes Gefühl für Recht und Unrecht (bzw. was die Eltern dafür halten) entwickeln und daß sie sich dementsprechend verhalten. Für die Gesellschaft ist Moralität wichtig, da das Funktionieren von Gesetzen, sozialen Vereinbarungen und Regeln davon abhängt, daß möglichst viele Mitglieder der Gesellschaft sich verpflichtet fühlen, diesen Gesetzen und Regeln zu folgen, auch – und gerade – wenn dies der Durchsetzung ihrer eigennützigen Interessen entgegensteht.

HOGAN & EMLER (1978) sehen den Homo sapiens in Abgrenzung von anderen höheren Lebewesen, neben seinem Werkzeuggebrauch durch seine kooperative soziale Organisation gekennzeichnet. Viele Philosophen und Soziologen halten menschliche Gesellschaften in ihrem Kern für Verkörperungen einer moralischen Ordnung. Die Übereinstimmung des Individuums mit der jeweiligen moralischen Ordnung ist dabei für das Funktionieren einer Gesellschaft von zentraler Bedeutung.

2. Drei Forschungsperspektiven der Moralentwicklung

Ausgehend von der klassischen Dreiteilung in Denken, Fühlen und Handeln (Wollen) läßt sich die Moralentwicklung unter drei Aspekten untersuchen: 1. der Entwicklung moralischen *Denkens* und *Urteilens* (kognitiver Aspekt), 2. der Entwicklung moralischer *Gefühle* und *Werthaltungen* (affektiver Aspekt) und 3. der Entwicklung moralischer *Verhaltensweisen* (Verhaltensaspekt). In den verschiedenen Theorien der Moralentwicklung finden diese drei Aspekte in unterschiedlichem Maße Berücksichtigung.

Die Entwicklung des Denkens und Urteilens über Personen oder Handlungen unter dem Gesichtspunkt von Gut und Böse bzw. Recht und Unrecht ist Gegenstand der kognitiven Entwicklungstheorie. Kognitive Theoretiker beschäftigen sich überdies mit dem Verständnis von Regeln und Normen, von Gerechtigkeitskonzepten, Lügen etc. und bringen dies in Zusammenhang mit allgemeinen Gesetzmäßigkeiten der kognitiven Entwicklung.

Mit der Entwicklung von moralischen Gefühlen und Werthaltungen (Schuld und Scham im Zusammenhang mit der Verletzung moralischer Werte oder Stolz und Zufriedenheit über eigenes moralisches Verhalten) befaßt sich vornehmlich die Psychoanalyse. Psychoanalytiker betonen dabei die Identifikation des heranwachsenden Kindes mit seinen Eltern und den daraus resultierenden Aufbau eines sogenannten Überichs, das zur Abwehr gegen sexuelle und aggressive Impulse dienen soll.

Anhänger der Sozialen Lerntheorie stellen Verhaltensweisen wie Versuchungen widerstehen, Belohnungen aufschieben, ehrlich sein, helfen, prosoziales Verhalten oder andere Handlungen in Übereinstimmung mit moralischen Standards in den Vordergrund der Analyse und betrachten diese Verhaltensweisen als durch Belohnung, Bestrafung oder Beobachtung gelernte Gewohnheiten.

Auch ich folge bei der Gliederung meiner Darstellung der Moralentwicklung der Dreiteilung in kognitive, affektive und verhaltensmäßige Aspekte der Moral, da sie am ehesten die Vielfalt innerhalb des Problemfeldes ordnen hilft. Die Anwendung dieses Gliederungsprinzips erfolgt jedoch unter zwei wesentlichen Einschränkungen:

1. Eine Parallelisierung von Aspekten der Moral und Theorien der Moralentwicklung ist nur in Form von schwerpunktmäßigen Affinitäten möglich, nicht aber im Sinne jeweils vollständiger und andere theoretische Ansätze ausschließender Entsprechungen. So beschäftigen sich kognitive Theoretiker auch mit Gefühlen und Verhalten (Hoffman, 1983, 1984), oder in der lerntheoretischen Analyse moralischen Verhaltens finden auch kognitive Variablen Berücksichtigung (Mischel & Mischel, 1976).

2. Moralische Kognitionen, Affekte und Verhaltensweisen sind keine streng trennbaren Bereiche. So ist kaum vorstellbar, daß es Emotionen (z.B. Schuldgefühle, affektive Widerstände gegen Versuchungen) ohne kognitive Elemente (z.B. die Beurteilung eines Verhaltens als schlecht, die Zuschreibung von Selbstverantwortlichkeit) gibt. Kognitionen und Emotionen wirken vielmehr wechselseitig aufeinander ein. Konkretes Verhalten (z.B. altruistische Verhaltensweisen wie helfen, schenken, trösten) dürften kaum unabhängig von Gedanken, Intentionen oder Gefühlen auftreten (vgl. Eisenberg, 1982). „Grenzüberschreitungen" zwischen verschiedenen Aspekten/Theorien sind von daher nicht verwunderlich.

In den folgenden drei Abschnitten dieses Kapitels werden nacheinander die Entwicklung des moralischen Denkens und Urteilens (3.1), die Entwicklung moralischer Gefühle und Werthaltungen (3.2) und die Entwicklung moralischer Verhaltensweisen (3.3) behandelt.

Der Aufbau des Kapitels zur Moralentwicklung weicht vom Aufbau der beiden vorangegangenen Befundkapitel in zweierlei Hinsicht ab: 1. Die einzelnen Komponenten der Moral (Kognition, Affekt, Verhalten) und die verschiedenen Theorien werden zusammen dargestellt und nicht nacheinander wie in den Kapiteln zur Sprachentwicklung und zur Entwicklung der Geschlechtstypisierung. 2. Die kognitive Theorie steht am Anfang und nicht am Ende der Darstellung. Biologische Ansätze werden außerdem nicht gesondert behandelt.

Die integrierte Darstellung von Komponenten und Theorien der Moralentwicklung ist durch die in der Moralforschung vorgefundene enge Aspekt-Theorie-Verknüpfung begründet. Mit der kognitiven Perspektive zu beginnen bietet sich deshalb an, da Piagets Untersuchungen zur Moralentwicklung (Piaget, 1932) so etwas wie die Basis der entwicklungspsychologischen Diskussion darstellen und auch bis heute – in der Fortführung durch Kohlberg (1963, 1969) und daran anknüpfenden Arbeiten – den Schwerpunkt der Forschung ausmachen. Eigenständige biologische Erklärungsansätze der Moralentwicklung existieren nicht, sieht man von den allgemein gehaltenen soziobiologischen Überlegungen (WILSON, 1975) ab. Biologische Faktoren der Moralität werden in der Psychologie am ehesten von Vertretern der klassischen S-R-Theorie berücksichtigt (vgl. EYSENCK, 1976).

3. Entwicklung der einzelnen Komponenten der Moral

3.1 Die kognitive Perspektive – Entwicklung moralischen Denkens und Urteilens

Am Anfang der systematischen Untersuchung von Entwicklungsprozessen des Denkens und Urteilens über moralische Sachverhalte steht PIAGETS Klassiker *Das moralische Urteil beim Kinde* (1954; Originalausgabe 1932). PIAGETS Ansatz wurde seit Ende der 50er Jahre vor allem von Lawrence KOHLBERG und seinen Mitarbeitern fortgeführt und erweitert (KOHLBERG, 1958, 1969, 1976; COLBY, KOHLBERG, GIBBS & LIEBERMAN, 1983). Die kognitive Perspektive dominiert bis heute in der Forschung zur Moralentwicklung. In Lehrbüchern der Entwicklungspsychologie beschränkt sich die Behandlung der Moralentwicklung oft auf die kognitive Forschungsperspektive (z.B. BIEHLER, 1976; LERNER & HULTSCH, 1983; OERTER & MONTADA, 1987; ZUR OEVESTE, 1982).

In den folgenden Abschnitten 3.1.1 und 3.1.2 werden die Ansätze und Ergebnisse der Untersuchungen von PIAGET und KOHLBERG und daran anknüpfender Arbeiten dargestellt. Eine zusammenfassende Bewertung der kognitiven Forschungsperspektive erfolgt in Abschnitt 3.1.3.

3.1.1 Jean PIAGET: Das moralische Urteil beim Kinde

Fundierung in der kognitiven Entwicklungstheorie

Zum vollen Verständnis von PIAGETS Darstellung der Moralentwicklung ist die Kenntnis der zentralen Begriffe und Kernannahmen seiner kognitiven Entwicklungstheorie erforderlich (s. dazu Kap. 10.2.1). Von Wichtigkeit sind in diesem Zusammenhang vor allem: 1. die Unterscheidung von *Inhalt* und *Struktur* eines Verhaltens, 2. das *Stufenkonzept*, 3. das *Äquilibrationsmodell* und 4. die Annahme der *Abhängigkeit* jeglicher Entwicklung von *allgemeinen Gesetzmäßigkeiten der kognitiven Entwicklung*. Was heißt dies für die Moralentwicklung?

1. Es ist z.B. zwischen der Beurteilung einer Person als *böse* und der diesem Urteil zugrundeliegenden Begründung zu trennen. Wesentlicher Gegenstand der Entwicklungsanalyse ist letzteres.

2. Entwicklung beinhaltet das Durchlaufen einer universellen, gerichteten und irreversiblen (sachlogisch begründeten) Abfolge qualitativ-struktureller Veränderungen des Denkens und Urteilens über moralische Probleme. Dies läßt sich adäquat nur als Aufeinanderfolge von Entwicklungsstufen des moralischen Urteils beschreiben.

3. Reifere moralische Urteile kommen durch die aktive Auseinandersetzung des Individuums mit den Anforderungen der Umwelt zustande. Das dem Organismus inhärente Bestreben, dadurch ausgelöste Zustände des kognitiven Ungleichgewichts wieder aufzuheben, führt zum Erreichen immer höherer Gleichgewichtszustände.

4. Kognitive Begrenzungen (z.B. Egozentrismus und Realismus des Denkens) bzw. kognitive Entwicklungsfortschritte (z.B. Reversibilität des Denkens) bilden die Grundlage für die jeweils vorherrschende Art moralischer Urteile.

Vieles deutet darauf hin, daß PIAGET sein Werk hauptsächlich als Antwort auf Emil DURKHEIMS Buch *Moralische Erziehung* verstanden hat (DURKHEIM, 1925/1973). Während DURKHEIM die Rolle der Gesellschaft für die moralische Erziehung betont und Moral im wesentlichen als Anpassung des Individuums an die gesellschaftlichen Normen betrachtet, versucht PIAGET deutlich zu machen, daß diese – wie er es nennt – heteronome Zwangsmoral nur den Anfang der Moralentwicklung charakterisiert und später von einer autonomen, kooperativen Moral abgelöst wird.

Als Kern der (reifen) Moral sieht PIAGET zwei Dinge an: 1. die Achtung für Regeln der sozialen Ordnung; 2. ein Gefühl für Gerechtigkeit, das die Rechte anderer beachtet und von Überlegungen zur Gleichheit und Gegenseitigkeit in menschlichen Beziehungen gespeist wird.

PIAGETS Aussagen über die Moralentwicklung von Kindern stützen sich auf zwei Untersuchungsansätze: 1. die Untersuchung des *Regelverständnisses* und der *Regelbeachtung*, 2. die Untersuchung von *Urteilen* hinsichtlich *gut* und *böse* und der *Strafwürdigkeit* von verschiedenen Handlungen.

Untersuchungen zum Regelverständnis und zur Regelbeachtung

Die Entwicklung des *Regelverständnisses* und der *Beachtung von Regeln* hat PIAGET exemplarisch anhand der Beobachtung von Kindern beim Murmelspiel und deren Befragung zur Herkunft, Rechtfertigung und Änderbarkeit der Spielregeln untersucht. Zum Beispiel fragte er die Kinder: Wer hat die Regeln gemacht? Wie wurde dieses Spiel früher gespielt? Wie spielen andere Kinder dieses Spiel? Kann man die Regeln ändern?

Wie bei anderen kindlichen Spielen werden beim Murmelspiel Gleichheit (wer fängt an), Wechselseitigkeit (abwechselnd drankommen) und Gerechtigkeit (verteilen von gewonnenen und verlorenen Kugeln) thematisiert. Für eine Analyse der kindlichen Gewohnheiten und Vorstellungen ist von Vorteil, daß derartige Spiele ohne Eingriff der Erwachsenen ablaufen.

PIAGET stellte fest, daß sich mit dem Alter der Kinder sowohl die Regeln selbst und ihre Anwendung als auch ihre Beurteilung auffällig änderten.

Die Entwicklung der *Regelpraxis* unterteilt Piaget (1932/1954) in vier Stufen:

Stufe 1 (bis 2 Jahre): Gespielt wird entsprechend den individuellen motorischen Gewohnheiten, ohne Bewußtsein irgendwelcher fester Regeln.

Stufe 2 (3 – 6 Jahre): Die Art des Spiels wird wesentlich durch die Nachahmung anderer (größerer Kinder) bestimmt, jedoch ohne daß es zu einem sozialen Zusammenspiel nach gemeinsamen Regeln kommt.

Stufe 3 (7 – 10 Jahre): Das Spiel wird im eigentlichen Sinne sozial, indem die Kinder bestrebt sind, nach gemeinsamen Regeln miteinander in Wettstreit zu treten. Anfänglich herrscht jedoch noch Unsicherheit hinsichtlich der allgemeinen Gültigkeit bzw. Änderbarkeit der Regeln.

Stufe 4 (ab 11 Jahre): Die Kinder sind nun in der Lage, alle möglichen Fälle der sozialen Interaktion beim Spiel vorauszusehen und dafür Regeln festzulegen. Die Vereinbarung und Festlegung von (möglichst komplizierten) Regeln gewinnt einen Wert an sich.

Die Entwicklung des *Regelverständnisses*, speziell ihres Verpflichtungscharakters, unterteilt Piaget (1932/1954) in drei Stufen, die sich mit den zuvor erläuterten vier Stufen der Regelpraxis teilweise überschneiden:

Stufe 1 (bis 3 Jahre): Individuelle und soziale Normen werden noch nicht unterschieden. Es fehlt das Empfinden einer sozialen Verpflichtung zur Einhaltung von Regeln.

Stufe 2 (4 – 8 Jahre): Die allmählich in ihrem sozialen Ursprung erkannten Regeln werden als absolut gültig und unantastbar betrachtet. Die Regeln werden als von einer Autorität festgelegt (heteronom) angesehen.

Stufe 3 (ab 9 Jahre): Regeln werden als Ergebnis gegenseitiger Übereinkünfte zwischen Gleichen (autonom) verstanden, nicht mehr als von Autoritäten aufgezwungen. Regeländerungen sind möglich, wenn die Spielpartner dem zustimmen.

Eine ausführliche Darstellung von Piagets Untersuchungen des Regelverständnisses und der Regelbeachtung im Kindesalter findet sich in Duska & Whelan (1975) und in Zur Oeveste (1982).

Untersuchungen zur Beurteilung von Gut und Böse und von verschiedenen moralischen Konzepten

In der späteren Forschung stärker beachtet als die zuvor berichteten Untersuchungen zum Regelverständnis und zur Regelpraxis wurde Piagets Analyse der moralischen Urteile über gut und böse, über die gerechte Bestrafung von Vergehen und über das Verständnis verschiedener moralischer Konzepte (z.B. stehlen, lügen).

Piaget und seine Genfer Mitarbeiter erzählten Kindern zwischen 5 und 13 Jahren Geschichten, in denen ein Kind entweder etwas beschädigt, etwas stiehlt, lügt, ein Verbot übertritt oder von ihm Gehorsam gegenüber einer Autorität verlangt wird. Die Geschichten waren so konstruiert, daß sie bei den Probanden einen kognitiven Konflikt erzeugen sollten. Zu einigen Problemen wurden jeweils Geschichtenpaare vorgelesen.

Am bekanntesten wurde das Geschichtenpaar von Hans und Heinz (Piaget, 1954).

Geschichte A:
Ein kleiner Junge namens Hans ist in seinem Zimmer. Man ruft ihn zum Essen. Er geht ins Speisezimmer. Aber hinter der Tür stand ein Stuhl. Auf dem Stuhl war ein Tablett, und auf dem Tablett standen fünfzehn Tassen. Hans konnte nicht wissen, daß all dies hinter der Tür war. Er tritt ein: die Tür stößt an das Tablett und bums!, die fünfzehn Tassen sind zerbrochen. (S. 134)

Geschichte B:
Es war einmal ein kleiner Junge, der hieß Heinz. Eines Tages war seine Mama nicht da, und er wollte Marmelade aus dem Schrank nehmen. Er stieg auf einen Stuhl und streckte den Arm aus. Aber die Marmelade war zu hoch, und er konnte nicht darankommen. Als er doch versuchte, daran zu kommen, stieß er an eine Tasse. Die Tasse ist heruntergefallen und zerbrochen. (S. 134)

In einem anderen Geschichtenpaar stiehlt in Geschichte A ein Junge beim Bäcker ein Brötchen für einen armen, hungrigen anderen Jungen. In Geschichte B stiehlt ein Mädchen in einem Geschäft ein Stoffband, das ihr für ihr Kleid gefällt (vgl. Piaget, 1954, S. 135).

Mit dem ersten Geschichtenpaar soll ein Konflikt zwischen der Bewertung der objektiven Größe des Schadens (Handlungsfolge) und der Bewertung der subjektiven Motivation (Handlungsabsicht) geschaffen werden. Das zweite Geschichtenpaar zielt einen Vergleich zwischen der altruistischen und der egoistischen Motivation eines Verhaltens an. Zur Kritik an Piagets Interpretation des Gehalts der von ihm verwendeten Geschichten und der von ihm daraus abgeleiteten Schlußfolgerungen siehe weiter unten (S. 421 f.).

Anschließend an die Darbietung eines Geschichtenpaares hatte die Versuchsperson jeweils die Frage zu beantworten, ob die Kinder in Geschichte A und Geschichte B gleich *schlimm* sind oder ob eines von beiden *schlimmer* ist. In letzterem Fall sollte angegeben werden, welches von beiden Kindern schlimmer ist und warum.

Mit der Befragung zu einer Reihe ähnlicher Geschichten wollte Piaget herausbekommen, wie unterschiedliche Strafen für ein Vergehen beurteilt werden, welche Art des Zusammenhangs zwischen Vergehen und Bestrafung gesehen wird und inwieweit Autoritäten im Vergleich zu Kindern größere Rechte eingeräumt werden. Außerdem ließ er die Kinder verschiedene Begriffe wie z.B. *lügen* oder *stehlen* definieren und die Definition begründen.

Heteronome Moral und autonome Moral

Aus den Antworten der Kinder auf die Fragen zu Regeln und Regelverletzungen, wie „schlimm" und strafwürdig einzelne Vergehen sind etc., insbesondere aus den von den Kindern genannten Gründen für ihre Urteile, schloß Piaget auf charakteristische Arten des Denkens über moralische Sachverhalte. Als idealtypische Ausprägungen der frühen (unreifen) und der späten (reifen) moralischen Urteile stellte er die sogenannte *heteronome Moral* (auch *moralischer Realismus* oder *Zwangsmoral* genannt) und die *autonome Moral* (auch *Moral* der Gegenseitigkeit oder *kooperative Moral* genannt) gegenüber. Im Stadium der heteronomen Moral sind es äußere Instanzen (Eltern, Gott, Staat), die Normen festlegen und Abweichungen davon sanktionieren. Im Stadium der autonomen Moral entscheidet die Person selbst nach inneren Wertmaßstäben, was richtig und was falsch ist. Heteronome Moral und autonome Moral lassen sich hinsichtlich neun bipolarer Dimensionen charakterisieren (s. Tabelle 13.1).

Tabelle 13.1: Charakteristika der heteronomen Moral und der autonomen Moral sensu PIAGET (nach LICKONA, 1976, S. 220; Übers. v. Verf.)

Heteronome Moral	**Autonome Moral**
Absolute moralische Perspektive (Verabsolutierung des eigenen Standpunktes)	Erkennen und Berücksichtigen unterschiedlicher Standpunkte
Vorstellung der Nichtveränderbarkeit von Regeln und Normen	Sicht von Regeln und Normen als veränderbar durch (neue) Vereinbarungen
Glaube an die Zwangsläufigkeit der Bestrafung von Vergehen	Wahrnehmung der Kontingenz von Vergehen und Bestrafung (austeilende Gerechtigkeit)
Objektive Verantwortlichkeit (Beurteilung nach den sichtbaren Folgen einer Handlung)	Subjektive Verantwortlichkeit (Beurteilung nach den erschlossenen Handlungsabsichten und Motiven)
Definition einer Verfehlung auf der Basis des Verbotenen und Bestraften	Definition einer Verfehlung nach der Verletzung wechselseitiger Beziehungen (Vertrauensverhältnis)
Vertreten einer Sühnestrafe ohne inneren Zusammenhang zwischen Art des Vorgehens und Art der Strafe	Vertreten von Strafen im Sinne der Wiedergutmachung, die einen inneren Zusammenhang zur Tat aufweisen
Bevorzugung einer Bestrafung durch Autoritäten	Bevorzugung einer Bestrafung durch das Opfer der Verfehlung selbst
Unterstützung willkürlicher Belohnungen und Strafen und ungleicher Verteilung von Gütern, sofern durch Autoritäten (Autoritätsabhängigkeit)	Bestehen auf einer gerechten bzw. gleichen Verteilung von Gütern
Pflicht ist definiert als Gehorsam gegenüber Autoritäten	Pflicht ist definiert als den Prinzipien der Gleichheit und des Wohlergehens anderer gehorchend

Mit den zuvor aufgelisteten Unterscheidungsmerkmalen einer heteronomen und einer autonomen Moral liefert PIAGET nur eine grobe Charakterisierung der Anfangs- und Endpunkte der Entwicklung moralischer Urteile, keine detaillierte Beschreibung der Entwicklung aufeinander folgender Transformationen der kognitiven Strukturen des Kindes. Dabei gilt, daß Manifestierungen der beiden Moraltypen beim einzelnen Kind koexistieren können. Die reifere Form des moralischen Urteils setzt sich erst allmählich mehr und mehr durch. Außerdem ist es nur die Kapazität, auf der höheren Stufe zu urteilen, die zunimmt, was nicht bedeutet, daß Prinzipien der autonomen Moral tatsächlich und immer im moralischen Urteil des älteren Kindes, des Jugendlichen oder Erwachsenen zum Tragen kommen. Auch erreicht nicht jeder das höhere Entwicklungsniveau.

Der hetoronomen Moral voraus geht ein sogenanntes vormoralisches Stadium (bis ca. 4 – 5 Jahre), in dem die Kinder noch kein Regel- oder Normenbewußtsein zeigen und vor allem die soziale Funktion der Regeln und Normen nicht erkennen.

Im großen und ganzen konnte die von PIAGET (1932/1954) gelieferte Beschreibung von Entwicklungstrends des moralischen Urteils durch die Empirie bestätigt werden. Hinsichtlich einzelner Dimensionen sind jedoch Ergänzungen oder Modifikationen der Aussagen PIAGETS vorzunehmen. Von den in der Tabelle 13.1 aufgeführten neun Gegensatzpaaren sind in der auf PIAGET folgenden Forschung vor allem die ersten vier einer sorgfältigen empirischen Überprüfung unterzogen worden (vgl. LICKONA, 1976, TURIEL, 1983). Am häufigsten wurde die vierte Dimension (Berücksichtigung von Handlungsfolgen vs. Handlungsabsichten) untersucht. Ihre Bedeutung wird auch am stärksten kontrovers diskutiert. Wir gehen deshalb später etwas ausführlicher darauf ein (s. S. 421–426).

Moralische Perspektive, Veränderbarkeit von Regeln und Kontingenz von Vergehen und Strafen (Dimensionen 1 bis 3)

Die *Verabsolutierung des eigenen moralischen Standpunkts* auf der Stufe der heteronomen Moral hat mit dem Egozentrismus und Realismus des voroperatorischen Denkens zu tun, der auch außerhalb des Moralbereichs nachgewiesen werden konnte (vgl. Kap. 10.2.1). Mit der Einführung des Konzepts der Rollenübernahme (FLAVELL et al., 1975; KOHLBERG, 1969) und mit der systematischen Untersuchung der sozialen Perspektivenübernahme im Kontext der Moralentwicklung (KOHLBERG, 1976; SELMAN, 1971, 1974) hat dieses Entwicklungsmerkmal inzwischen eine zentrale Bedeutung für die kognitiv-strukturelle Analyse der Moralentwicklung gewonnen (s. Abschnitt 3.1.2).

Es ist plausibel, daß Regeln und Normen schwerlich als auf der Grundlage von Vereinbarungen veränderbar betrachtet werden können, solange ein moralischer Absolutismus vorherrscht. PIAGETS Aussagen hierzu haben sich durch die spätere Forschung allerdings als zu vereinfacht herausgestellt. PIAGET hat nicht genau zwischen dem Verstehen des Regelkonzepts und dem Regelverständnis getrennt. Es ist zumindest mißverständlich, vor dem Vorhandensein eines Regelkonzepts davon zu sprechen, daß Regeln als sakrosankt und unveränderlich angesehen werden. PIAGET unterscheidet außerdem nicht streng zwischen Problemen der *Regeländerung* und der *Regelverletzung* und konfundiert Aussagen der Kinder zur *Herkunft* von Regeln mit Schlußfolgerungen bezüglich ihrer *Unwandelbarkeit* (KOHLBERG, 1968; TURIEL, 1983).

TURIEL (1978, 1983) sieht es in diesem Zusammenhang als notwendig an, zwischen *sozialen Konventionen*, (z.B. Kleidungsvorschriften, Tischsitten, Spielregeln) und *moralischen Normen* (z.B. Achtung der körperlichen Unversehrtheit anderer, nicht betrügen oder lügen) zu unterscheiden. Diese beiden

Bereiche sozialen Verständnisses zeigen einen unterschiedlichen Entwicklungsverlauf. Während sie anfänglich nicht auseinander gehalten werden, wird im Laufe des Kindesalters immer stärker zwischen ihnen unterschieden. Es wird erkannt, daß moralische Normen zwar auf sozialen Vereinbarungen und Verpflichtungen beruhen, die jedoch von universellen Wertmaßstäben abgeleitet sind, während soziale Konventionen nur eine auf Konsens beruhende Form des sozialen Miteinander sind, die auch anders vereinbart werden könnten.

Auf der Basis von TURIELS Ergebnissen ist zu erwarten, daß der Glaube an die Zwangsläufigkeit von Strafen nur so lange existiert, wie moralische Normen als Naturgesetze betrachtet werden. Kommt eine Regeländerung der Verletzung eines Naturgesetzes gleich, liegt es nahe, daß der Täter auch zwangsläufig von der Naturgewalt bestraft wird.

Objektive Verantwortlichkeit vs. subjektive Verantwortlichkeit. (Dimension 4)

Die heteronome Moral des jüngeren Kindes ist nach PIAGET (1932/1954) unter anderem dadurch gekennzeichnet, daß bei der Bewertung einer Handlung die Absichten der handelnden Person außer acht gelassen werden und lediglich nach den objektiven Handlungsfolgen geurteilt wird (objektive Verantwortlichkeit), während im Stadium der autonomen Moral überwiegend die Absichten das moralische Urteil bestimmen (subjektive Verantwortlichkeit). Basis für diese Schlußfolgerung sind die Antworten der Kinder auf Geschichtenpaare wie das von Hans und Heinz auf Seite 418.

Die von PIAGET postulierte Entwicklungsrichtung ließ sich in nachfolgenden Untersuchungen zwar weitgehend bestätigen, PIAGETS methodisches Vorgehen und die auf dieser Basis gewonnenen Ergebnisse und Schlußfolgerungen wurden jedoch in mehrfacher Hinsicht kritisiert. Es zeigte sich vor allem: 1. daß die einfache Unterscheidung von Absichten und Folgen einer Handlung zu ungenau ist, 2. daß die Beachtung und Gewichtung der Absichten vom Inhalt und der Präsentation der Information abhängen und 3. daß PIAGET die Fähigkeit und Bereitschaft jüngerer Kinder, Absichten zur Bewertung von Handlungen heranzuziehen, erheblich unterschätzt hat.

Von den vier möglichen Kombinationen guter und schlechter Absichten mit geringem und großem Schaden hat PIAGET in seinen Geschichten nur die beiden Kombinationen a) gute Absicht mit großem Schaden und b) schlechte Absicht mit geringem Schaden verwendet. Absichten und Folgen sind damit konfundiert. Außerdem sind die jeweiligen Schäden eher das *zufällige Ergebnis* einer *Nachlässigkeit* oder *Unbeholfenheit* als die *direkte Folge* der beabsichtigten Handlung. Die berichtete gute oder schlechte Absicht bezieht sich vielmehr auf eine andere Handlung als die, die zu einem Schaden führt. PIAGET vergleicht somit nicht einen absichtlich herbeigeführten Schaden mit einem zufällig eingetretenen Schaden, sondern einen (großen) Schaden (z.B. das Zerbrechen von fünfzehn Tassen) im Zusammenhang mit einer positiven Handlung (z.B. der Aufforderung Folge leisten, zum Essen zu kommen) und einen (geringen) Schaden im Zusammenhang mit einem Fehlverhalten (z.B. heimlich Marmelade naschen). Die von PIAGET gewählte Geschichtenstruktur ist in Tabelle 13.2 zusammengefaßt.

Tabelle 13.2: Geschichtenstruktur zum Vergleich der Gewichtung von Handlungsfolgen und Handlungsabsichten bei PIAGET

Geschichte	Absicht der Handlung 1	Verursachung eines Schadens durch Handlung 2	Schadenshöhe
A	gut	zufällig	groß
B	schlecht	zufällig	gering

Untersuchungen, die die Absichten und Folgen systematisch variierten und die Absichten der mit bestimmten Folgen verbundenen Handlungen direkter erfaßten, gelangten zu differenzierteren Ergebnissen. Inwieweit Absichten gewichtet werden, hängt danach wesentlich vom Handlungsausgang ab. Bei gutem Handlungsausgang bzw. relativ unbedeutenden Folgen wird die Absicht früher und stärker berücksichtigt als bei schlechtem Handlungsausgang bzw. großem Schaden (KARNIOL, 1978; NELSON, 1980; PETER & WEINER, 1973).

Als Erklärung für die relativ starke Gewichtung der Folgen gegenüber den Absichten, speziell bei negativen Handlungskonsequenzen, können die Sozialisationserfahrungen von Kindern dienen. Kinder machen häufiger die Erfahrung, daß sie wegen unerwünschtem Verhalten ermahnt oder bestraft werden als daß sie für erwünschtes Verhalten gelobt oder belohnt werden (TRAUTNER, 1972b). Das unerwünschte Verhalten und seine Bestrafung ist überdies oft stärker durch (für Eltern und Kinder) sichtbare Konsequenzen des Fehlverhaltens (z.B. das Weinen des Kindes, dem man weh getan hat, zu spät nach Hause kommen, schlechte Schulnoten) als durch interne Motive (z.B. Aggressivität, Spielleidenschaft, mangelnde Leistungsmotivation) definiert.

Werden ausschließlich Informationen über gute und böse Absichten gegeben und nichts über Handlungsfolgen mitgeteilt, werden die Absichten im Urteil sehr stark gewichtet (SURBER, 1977).

Insgesamt zeigen sämtliche Nachfolgeuntersuchungen ein viel früheres Auftreten der Beachtung der Intentionalität im moralischen Urteil als von PIAGET angenommen (vgl. IMAMOGLU, 1975; KARNIOL, 1978; NELSON, 1980).

Daß PIAGET offensichtlich Kinder hinsichtlich der Beachtung und Gewichtung von Handlungsabsichten unterschätzt hat, liegt noch in einer Reihe weiterer methodischer Eigenheiten seines Vorgehens begründet. In seinen Geschichten werden Absichten im Unterschied zu den Folgen nicht *explizit* gemacht. Da ähnlich wie bei der Wahrnehmung einer Koppelung von Vergehen und Bestrafung eine Entsprechung von Absichten und Folgen unterstellt wird, schließen Kinder beim Fehlen von Informationen über eines von beidem leicht von der Qualität des einen (z.B. negative Folgen) auf die Qualität des anderen (negative Absichten). Wird eine explizite und kindgemäße Information über Handlungsabsichten geliefert, z.B. mit Hilfe von Zeichnungen (Bildmaterial), so tritt eine Beachtung von Absichten viel früher auf (IRWIN & MOORE, 1971; NELSON, 1980).

Auch die *Reihenfolge* der Information scheint von Bedeutung zu sein. In PIAGETS Geschichten werden immer zuerst Informationen über Handlungsabsichten und dann Informationen über Handlungsfolgen gegeben. Dreht man diese Reihenfolge um, so kommt es eher zu einer Beachtung von Handlungsabsichten (AUSTIN, RUBLE & TRABASSO, 1977; SURBER, 1982). Dies deutet auf die Beteiligung von Gedächtnisprozessen bei der Verarbeitung der Geschichten- Information hin.

Ein grundsätzliches Problem ist, daß PIAGET – und viele Nachfolgeuntersuchungen – nicht zwischen *Intentionalität* (Absichtlichkeit oder Unabsichtlichkeit der Herbeiführung eines Handlungsergebnisses) und *Motiv* (der Absicht, die einer Handlung zugrundeliegt) unterscheiden. Motive scheinen früher erkannt und stärker gewichtet zu werden als Intentionalität, schlechte Motive wiederum werden früher beachtet als gute Motive (BERNDT & BERNDT, 1975; GRUENEICH, 1982; KEASEY, 1978).

Untersuchung 13.1

Zum kindlichen Verständnis von Motiven und der Intentionalität von Handlungen und ihrer Berücksichtigung im moralischen Urteil

Zu diesem Problem haben Thomas und Emily BERNDT (1975) eine Untersuchung an vier- bis elfjährigen Kindern durchgeführt. Untersucht wurden je zwölf Jungen und zwölf Mädchen der drei Altersstufen Vorschulalter (M = 4;11 Jahre), 2. Schuljahr (M = 8;2 Jahre) und 5. Schuljahr (M = 11;2 Jahre).

Den Kindern wurden kurze Videofilme gezeigt und Geschichten vorgelesen, in denen jeweils ein etwa 7jähriger Junge (Chris) einen anderen, etwa gleichaltrigen Jungen (Ricky) absichtlich oder unabsichtlich verletzt, und zwar entweder aus einem unmittelbar ersichtlichen Motiv (nahes Motiv) oder aus einem auf eine zeitlich entfernte Handlung bezogenen Motiv (fernes Motiv).

Vier verschiedene Situationen wurden vorgegeben:

1. *Instrumentelle Aggression* (IA). Chris möchte von Ricky ein Flugzeug haben (nahes Motiv), um mit einem anderen Jungen auf dem Flughafen zu spielen (fernes Motiv). Weil Ricky ihm das Flugzeug nicht geben will, reißt er es ihm aus der Hand und stößt Ricky zu Boden.

2. *Unbeabsichtigte Aggression* (UA). Chris möchte aus dem gleichen Grund wie in Situation 1 von der Lehrerin ein Flugzeug haben. Die Lehrerin will es ihm geben. Als Chris zur Lehrerin rennt, um sich das Flugzeug zu holen, stößt er Ricky, der im Weg steht, unbeabsichtigt zu Boden.

3. *Verschobene Aggression* (VA). Chris wird von der Lehrerin gezwungen, sein Flugzeug einem anderen Jungen zu geben (fernes Motiv). Er reagiert frustriert und ärgerlich (nahes Motiv), und als er an Ricky vorbeikommt, der gerade einen Turm aufbaut, stößt er Ricky ohne etwas zu sagen zu Boden.

4. *Altruismus* (AL). Chris hat bemerkt, daß Ricky von der Lehrerin aufgefordert worden ist, mit Spielen aufzuhören und aufzuräumen (fernes Motiv). Ricky möchte aber gerne weiterspielen. Um ihm eine Freude zu machen (nahes Motiv), bietet Chris ihm sein Flugzeug an. Als Ricky sich dies von ihm holen will, stolpert er und fällt zu Boden.

Die vorgelesenen Geschichten handelten entsprechend von zwei Brüdern, die Ball spielen, wobei der jüngere Bruder absichtlich oder unabsichtlich mit dem Ball am Kopf getroffen wird.

Nach jedem Film bzw. nach jeder Geschichte wurden den Kindern einzeln in standardisierter Form Fragen zu folgenden Bereichen gestellt: a) Verständnis der Motive von Chris; b) Beurteilung der Absichtlichkeit der Handlungen von Chris;

c) moralische Bewertung von Chris als gut oder schlecht; d) Gründe für die moralische Bewertung von Chris. Zwei unabhängige Beurteiler skalierten die Antworten der Kinder.

Die Hauptergebnisse der Untersuchung sind in Tabelle 13.3 zusammengefaßt. Da sich Jungen und Mädchen in keinem der Maße signifikant unterschieden, faßten die Autoren die Ergebnisse für beide Geschlechter zusammen.

Tabelle 13.3: Anteile (%) korrekter Urteile über die Motive und die Absichtlichkeit von Handlungen (nach BERNDT & BERNDT, 1975, S. 907; Übers. v. Verf.)

	Motivtyp			
Altersgruppe	LA	UA	VA	AL
		Urteile über das Motiv		
Nahe Motive				
Vorschule	75	81	33	42
2. Schuljahr	96	88	67	71
5. Schuljahr	98	98	94	75
Ferne Motive				
Vorschule	54	35	60	40
2. Schuljahr	75	69	90	52
5. Schuljahr	88	75	92	81
		Urteile über die Absichtlichkeit		
Vorschule	85	48	77	65
2. Schuljahr	71	79	73	90
5. Schuljahr	77	88	94	98

Aus der Tabelle 13.3 ist zu ersehen, daß eine relativ große Anzahl von Kindern aller drei untersuchter Altersstufen bereits ein Verständnis von Motiven als Handlungsgründen hatten, wobei die älteren Kinder erwartungsgemäß besser abschnitten.

Bei der Filmdarbietung, nicht jedoch bei den Geschichten, wurden überdies die *nahen* Motive eher verstanden als die *fernen* Motive; insbesondere galt dies für die Vorschulkinder.

Das Konzept der Absichtlichkeit wurde ebenfalls von der Mehrheit der Kinder auf allen drei Alterstufen verstanden, wobei allerdings die jüngsten Kinder teilweise Schwierigkeiten hatten, die Unabsichtlichkeit einer Handlungsfolge zu erkennen (vgl. die Spalten UA und AL in Tabelle 13.3).

Die moralische Bewertung der Charaktere wurde auf allen Altersstufen durch die Motive beeinflußt. So wurde z.B. der Protagonist mit altruistischem Motiv (AL-Bedingung) signifikant häufiger positiv bewertet als der mit eigennützigem Motiv (UA-Bedingung), bei gleicher Art der Intentionalität (Unabsichtlichkeit des Hinfallens von Ricky). Die Absichtlichkeit der Handlung hatte dagegen nur bei den Schulkindern einen Einfluß auf die moralische Bewertung.

Die Ergebnisse der Untersuchung von BERNDT und BERNDT zeigen, daß die meisten Kinder bereits im Vorschulalter verstehen, daß Handeln durch Motive beeinflußt wird und daß Handlungsfolgen absichtlich oder unabsichtlich zustandekommen können. Wenn jedoch eine moralische Bewertung von Personen vorzunehmen ist, berücksichtigen sie eher die Motive der Person als die Absichtlichkeit oder Unabsichtlichkeit der eintretenden Handlungsfolgen.

Trotz des Verständnisses für die Konzepte *Motiv* und *Absichtlichkeit – Unabsichtlichkeit* kam es im übrigen auf allen Alterstufen manchmal zu fehlerhaften Urteilen hinsichtlich der einer Handlung zugrundeliegenden Motive und der Absichtlichkeit oder Unabsichtlichkeit einer Handlungsfolge.

BERNDT, T.J. & BERNDT, E.G. (1975). Children's use of motives and intentionality in person perception and moral judgment. *Child Development*, *46*, 904-912.

Zu einer differenzierteren Analyse der Beziehung von Handlungsabsichten und Handlungsfolgen gelangte HEIDER (1958). Er unterschied fünf Niveaus der Zuschreibung von Verantwortlichkeit und Schuld:

(1) Eine Person wird für jede Handlung, mit der sie auf irgendeine Weise in Beziehung gebracht wird, verantwortlich gemacht (Niveau der Assoziation). Nach diesem Prinzip wurde im Altertum der Überbringer einer schlechten Botschaft umgebracht.

(2) Eine Person wird nur für das, was sie selbst verursacht hat, verantwortlich gemacht, unabhängig davon, ob sie den Handlungsausgang voraussehen konnte oder nicht. Dies entspricht etwa PIAGETS objektiver Verantwortlichkeit.

(3) Eine Person wird nur noch für von ihr vorhersehbare Konsequenzen ihres Handelns verantwortlich gemacht, auch wenn die Konsequenzen unbeabsichtigt waren.

(4) Eine Person wird nur noch für von ihr beabsichtigte Konsequenzen einer Handlung verantwortlich gemacht. Dies entspricht etwa PIAGETS subjektiver Verantwortlichkeit.

(5) Eine Person wird nur noch für absichtlich herbeigeführte Handlungsfolgen verantwortlich gemacht, wenn sie diese unter den gegebenen Umständen auch hätte vermeiden können. Hätten jeder oder die meisten Menschen so gehandelt, wird der Täter entschuldigt. Für Diebstahl oder Töten in Notsituationen wäre dementsprechend die Person von Schuld freizusprechen.

Abschließend ist festzustellen, daß die adäquate Analyse moralischer Urteile über die globale Gegenüberstellung der Beachtung von Handlungsabsichten und Handlungsfolgen hinausgehen muß. Neuere Forschungsarbeiten zu diesem Problem zeigen, daß eine Vielzahl von wechselseitig aufeinander einwirkenden Faktoren zu berücksichtigen ist (REST, 1983).

So spielt nach einer Aufstellung von REST (1983, S. 613) z.B. eine Rolle, ob es sich um negative oder positive Konsequenzen handelt und von welchem Ausmaß diese sind; ob der von den Folgen Betroffene ein lebloses Objekt, ein Tier oder eine Person ist und ob – im Falle einer Person – die Effekte der Handlung physischer oder psychischer Art waren. Weiter ist zu beachten, ob die Konsequenzen beabsichtigt waren oder zufällig eintraten, ob sie durch Unachtsamkeit oder Leichtsinn zustandekamen. Wenn die Konsequenzen beabsichtigt waren, ist zu berücksichtigen, ob die Person provoziert, gezwungen oder bedrängt wurde oder ob sie die Konsequenzen willentlich herbeigeführt hat; ob die betreffende Verhaltensweise Teil eines Gesamtplans war, mit dem Ziel hilfreich, böswillig oder egoistisch zu sein, oder ob das Verhalten nicht geplant war. Dann ist von Bedeutung, ob die urteilende Person der Übeltäter, das Opfer oder ein unbeteiligter Dritter ist; auch das Alter, das Geschlecht und die Beziehung des Handelnden zum Empfänger der Handlung, ob der Handlung soziale Sanktionen folgten, negative oder positive, physische oder verbale usw.

kann eine Rolle spielen. Außerdem hat sich gezeigt, daß Charakteristika des Stimulus-Materials und des methodischen Vorgehens Einfluß auf die moralische Bewertung ausüben: Wird das Stimulus-Material per Video oder verbal präsentiert? Besteht die Aufgabe darin, den Ungezogeneren von zwei Charakteren der Geschichte herauszugreifen oder einen einzelnen Charakter auf einer Skala einzuschätzen? Ist das Setting der Geschichte ein vertrautes oder nicht? Werden die Intentionen des Handelnden explizit benannt oder müssen sie erschlossen werden? Ferner beeinflußt der Antwortmodus die moralische Bewertung: es macht einen Unterschied, ob die Personen aufgefordert werden, Ratings anhand einer Skala vorzunehmen, ihre Bewertungen zu erläutern oder ob ihre Reaktionszeit bei der Wahl einer Alternative gemessen wird.

Orientierung an Strafen und Autoritäten vs. Orientierung an Prinzipien der Gerechtigkeit (Dimensionen 5 bis 9)

Die Dimensionen 5 bis 9 von PIAGETS Schilderung der heteronomen und der autonomen Moral beziehen sich alle auf die anwachsende Fähigkeit, Gegenseitigkeit und Gleichheit (Gerechtigkeit) als wesentliche Grundlage sozialer Beziehungen zu erkennen. Anstelle des einseitigen Respekts für Autoritäten tritt die gegenseitige Achtung zwischen Gleichen.

Mit der Entwicklung von Vorstellungen hinsichtlich *Autorität und Gehorsam* im Kindesalter hat sich William DAMON (1977/1984, 1980) in der Tradition PIAGETS beschäftigt. Anhand von Geschichten zu Ereignissen, die den Kindern aus dem Alltag vertraut sind und ein moralisches Dilemma enthalten, fragte DAMON vier- bis zehnjährige Jungen und Mädchen z.B. nach den Grenzen der elterlichen Autorität und der Autorität Gleichaltriger und was jemand dazu legitimiert, Autorität auszuüben (DAMON, 1984):

> Das hier ist Peter (bei Mädchen: Michelle), und das hier ist seine Mutter, Frau Johnson. Frau Johnson möchte, daß Peter jeden Tag sein Zimmer aufräumt, und sagt ihm, daß er nicht zum Spielen hinausgehen darf, bevor er nicht sein Zimmer aufgeräumt und seine Spielsachen weggepackt hat. Eines Tages kommt nun Peters Freund Michael vorbei und erzählt Peter, daß alle Kinder sich zu einem Picknick fertigmachen und gleich losgehen wollen. Peter möchte mit, aber in seinem Zimmer herrscht eine heillose Unordnung. Er sagt seiner Mutter, daß er keine Zeit habe, jetzt sein Zimmer aufzuräumen, daß er es aber später tun werden. Seine Mutter sagt Nein!, er müsse zu Hause bleiben und das Picknick ausfallen lassen. (S. 207)

Im Anschluß an die Geschichte stellte DAMON u.a. folgende Fragen: Was soll Peter tun? Warum? War seine Mutter im Recht, ihn nicht weggehen zu lassen? Was ist, wenn er unbemerkt weggehen kann?

Aus den Antworten der Kinder schloß DAMON auf sechs Niveaus des Verständnisses von Autorität und Gehorsam.

Niveau 1: Das Kind unterscheidet nicht zwischen Autoritätsforderungen und eigenen Bedürfnissen.

Niveau 2: Das Kind erkennt den Konflikt zwischen den Forderungen der Autorität und den eigenen Bedürfnissen und gehorcht, um Ärger oder Strafen zu vermeiden. Autorität wird durch physische Überlegenheit legitimiert.

Niveau 3: Gehorsam basiert auf der Achtung des Kindes vor der Allmacht und dem Allwissen der sozial und physisch überlegenen Autorität.

Niveau 4: Das Kind gehorcht aus Dankbarkeit für das, was die Autoritätsfigur früher für es getan hat.

Niveau 5: Autorität wird verstanden als eine Beziehung zwischen grundsätzlich Gleichen mit gleichen Rechten, jedoch einem unterschiedlichem Ausmaß an Erfahrung und Kenntnis.

Niveau 6: Autoritätsbeziehungen werden als wechselseitige Beziehungen zwischen Parteien angesehen, wobei die eine Partei vorübergehend Autorität ausübt, um dem Wohlergehen aller zu dienen. Gehorsam ist eher situationsspezifisch als eine generelle Haltung gegenüber einer überlegenen Person.

Was treibt die Entwicklung voran?

PIAGET (1932/1954) liefert nicht nur eine *Beschreibung* der Entwicklung moralischer Urteile, sondern auch eine *Erklärung*, warum die Entwicklung den von ihm beschriebenen Verlauf nimmt. Die heteronome Moral des jüngeren Kindes sieht PIAGET vor allem in zwei interagierenden Faktoren begründet: 1. der *kognitiven Unreife* (Egozentrismus, Realismus, Zentrierung, Beachtung des unmittelbar Anschaulichen); 2. dem einseitigen *Respekt* für Erwachsene bzw. *Autoritäten* (Gefühle der Unterlegenheit, Abhängigkeit, Zuneigung, Bewunderung, Furcht und die von daher erlebte Verpflichtung, Autoritäten zu gehorchen). Der Übergang von der heteronomen zur autonomen Moral ist entsprechend das Ergebnis von Fortschritten in der kognitiven Entwicklung und von Erfahrungen sozialer Gleichheit in der Gruppe der Gleichaltrigen sowie der damit einhergehenden Ablösung von der Unterwerfung unter die Autorität der Erwachsenen.

Die vorliegenden Untersuchungen stützen weitgehend die Hypothese eines positiven Zusammenhangs zwischen kognitiver Entwicklung und Entwicklung moralischer Urteile (LICKONA, 1976). Die Untersuchungsergebnisse zur Hypothese, daß zahlreiche Beziehungen und Interaktionen mit Gleichaltrigen zu einem fortgeschrittenen moralischen Urteil führen, sind hingegen uneinheitlich (HOFFMAN, 1984; LICKONA, 1976). Es scheint weniger auf die *Interaktionspartner* (Gleichaltrige vs. Erwachsene) als auf die *Qualität der Interaktion* (Gleichberechtigung der Partner) anzukommen, relativ unabhängig davon, ob die Partner gleichaltrige Kinder oder Erwachsene sind.

Gleichberechtigte Interaktionsmuster treten allerdings in Gruppen von Gleichaltrigen eher auf als zwischen Kindern und Erwachsenen. Unter Gleichaltrigen besteht häufig Uneinigkeit über Spielregeln oder Konfliktlösungen. Um ein weiteres Zusammenspiel oder die Erreichung eines Gruppenziels zu gewährleisten, müssen Kompromisse auf der Basis eines Gruppenkonsens gefunden werden, ohne Rückgriff auf eine Autorität. Dabei machen die Kinder außerdem die Erfahrung verschiedener Standpunkte und nehmen selbst von Situation zu Situation verschiedene Rollen ein.

Die Ablösung von der Erwachsenenautorität wird von PIAGET gleichzeitig als Ursache und als Folge eines reifen moralischen Urteils angesehen. Die korrelativen Zusammenhänge zwischen beiden sind jedoch in den vorliegenden Untersuchungen nicht sehr eng (LICKONA, 1976). Es scheinen eher qualitative Merkmale des elterlichen Erziehungsstils als eine generelle Autoritätsabhängigkeit bzw. -unabhängigkeit zu sein, die die Moralentwicklung beeinflussen.

Bewertung von PIAGETS Theorie

Die herausragende Bedeutung von PIAGETS inzwischen über 50 Jahre altem Werk zur Entwicklung des moralischen Urteils beim Kinde liegt vor allem in seinem programmatischen Konzept begründet, weniger in seiner Forschungsmethodologie und in einzelnen Befunden. Wie in so vielen Bereichen der Entwicklungspsychologie hat PIAGET auch hier den Anstoß für die Untersuchung zahlreicher wichtiger Fragen gegeben.

Die generellen Unzulänglichkeiten von PIAGETS kognitiv-genetischer Entwicklungstheorie ebenso wie ihre Stärken wurden bereits im Kap. 10.4 erörtert. Sie treffen mehr oder weniger auch auf PIAGETS Darstellung der Moralentwicklung zu. Spezielle Kritikpunkte hierzu, insbesondere was die empirische Überprüfung seiner Charakterisierung der heteronomen und der autonomen Moral betrifft, wurden an verschiedenen Stellen auf den vorangegangenen Seiten dargestellt. Weitere Kritikpunkte gelten außer für PIAGET auch für KOHLBERG und andere Vertreter der kognitiven Sichtweise. Sie werden deshalb erst am Ende dieses Abschnitts angesprochen (siehe 3.1.3).

Speziell für PIAGET gilt, daß dieser in seinen Untersuchungen moralische Probleme zu sehr auf die Beurteilung von Personen nach gut und böse und nach der Strafwürdigkeit ihres Verhaltens eingeschränkt hat. Es geht bei ihm meist darum zu beurteilen, wie schlecht eine Person ist, die sich in einer vorgegebenen Situation in einer bestimmten Art und Weise verhält. PIAGET erfragte hingegen nicht, wie sich eine Person in einer bestimmten Situation verhalten *sollte* und warum sie sich so verhalten sollte, was ihr das Recht dazu gibt bzw. was sie dazu verpflichtet. Dies sind zentrale Fragen, die Lawrence KOHLBERG in seiner Analyse der Moralentwicklung angeht.

3.1.2 Lawrence KOHLBERG – Stufen der moralischen Orientierung

KOHLBERG hat PIAGETS Analyse der Entwicklung moralischer Urteile bei Kindern erweitert und in einigen Punkten modifiziert (KOHLBERG, 1958, 1963, 1969, 1976, 1981). In Übereinstimmung mit PIAGETS kognitiver Entwicklungstheorie betrachtet KOHLBERG Entwicklungsprozesse primär unter dem Aspekt universeller, gerichteter und nicht umkehrbarer Transformationen kognitiver Strukturen (vgl. Kap. 10.2.2). Als Untersuchungsmethode wählt er, ebenfalls wie PIAGET, das klinische Interview. Moral ist in ihrem Kern nicht durch die Übernahme der kulturell vorherrschenden Normen (Normeninhalte) definiert, sondern durch grundlegende Orientierungen und Maßstäbe der Beurteilung moralischer Sachverhalte, die in ihrer höchsten Form Prinzipien der sozialen Gerechtigkeit folgen.

Unterschiede zu PIAGET bestehen vor allem in folgender Hinsicht:

1. KOHLBERG beschränkt sich nicht auf die grobe Gegenüberstellung von Merkmalen *unreifer* und *reifer* moralischer Urteile, sondern differenziert genauer zwischen sechs aufeinander aufbauenden Entwicklungsstufen.

2. Für ihn ist die Moralentwicklung mit dem Erreichen der autonomen Moral sensu PIAGET im Alter von zehn bis zwölf Jahren noch lange nicht beendet. Er untersucht sogar vornehmlich Jugendliche und Erwachsene.

3. Nicht den Aspekt der gleichberechtigten Interaktion mit Gleichaltrigen sieht KOHLBERG als die wesentliche, die Moralentwicklung fördernde soziale Erfahrung an, sondern die Gelegenheit zur Rollenübernahme, speziell zur Übernahme verschiedener Standpunkte. Ein die Entwicklung förderndes kognitives Ungleichgewicht wird für KOHLBERG wesentlich durch Prozesse der Rollenübernahme provoziert.

4. Schließlich geht KOHLBERG methodisch über PIAGET hinaus, indem er Längsschnittdaten erhebt (KOHLBERG & KRAMER, 1969; COLBY, KOHLBERG, GIBBS & LIEBERMAN, 1983), Trainings- und Interventionsstudien zur Modifikation (Verbesserung) des moralischen Urteils durchführt (KOHLBERG, KAUFFMAN, SCHARF & HICKEY, 1974; KOHLBERG, WASSERMAN & RICHARDSON) und kulturvergleichende Untersuchungen anstellt (NISAN & KOHLBERG, 1982; TURIEL, EDWARDS & KOHLBERG, 1978).

Die empirische Basis für KOHLBERGS Stufenmodell

In seiner Dissertation untersuchte KOHLBERG (1958) das moralische Denken und Urteilen von 72 Jungen aus Chicago. Die Jungen waren 10, 13 oder 16 Jahre alt und kamen aus Familien der Mittel- und Unterschicht. KOHLBERG legte den Probanden neun Geschichten vor, die ein moralisches Dilemma thematisierten, in dem der Gehorsam des Protagonisten gegenüber Gesetzen, sozialen Normen oder Forderungen einer Autorität mit Bedürfnissen oder dem Wohlergehen anderer Personen in Konflikt gerät. Die Probanden wurden jeweils aufgefordert, zu entscheiden, was der Protagonist einer Geschichte tun sollte, und zu begründen, warum er gerade dies tun sollte, d.h., was ihn dazu berechtigt oder verpflichtet. Die Befragung eines Probanden dauerte durchschnittlich zwei Stunden.

Anders als PIAGET, dessen Probanden durch die Geschichte vorgegebene Handlungen von Protagonisten nach ihrer *Schlechtigkeit* und Strafwürdigkeit zu beurteilen hatten, ließ KOHLBERG seine Probanden zunächst das *richtige* Verhalten benennen und anschließend dessen Richtigkeit begründen.

Wie von PIAGETS über zwanzig Geschichten die Geschichte mit den zerbrochenen Tassen besonders häufig zitiert wird, ist auch von KOHLBERGS ursprünglich neun moralischen Dilemmas eines besonders bekannt geworden, die Geschichte von Heinz und seiner krebskranken Frau.

Die Geschichte lautet:
Eine Frau war unheilbar an Krebs erkrankt. Es gab nur ein einziges Medikament, von dem die Ärzte vermuteten, daß es sie retten könnte, und zwar handelte es sich um eine Radiumverbindung, die ein Apotheker vor kurzem entdeckt hatte. Das Medikament war schon in der Herstellung sehr teuer, aber der Apotheker verlangte trotzdem das Zehnfache dessen, was ihn die Herstellung selbst kostete. Er zahlte DM 2.000,– für das Radium und verlangte DM 20.000,–

für das Medikament. Heinz, der Mann der kranken Frau, versuchte, sich das Geld zusammenzuborgen, kriegte aber nur die Hälfte des Preises zusammen. Er machte dem Apotheker klar, daß seine Frau im Sterben liege, und bat ihn, das Medikament billiger abzugeben oder ihn den Rest später bezahlen zu lassen. Der Apotheker sagte jedoch: Nein! Ich habe das Medikament entdeckt. Ich will damit Geld verdienen! In seiner Verzweiflung brach Heinz in die Apotheke ein und stahl das Medikament für seine Frau. (Übersetzung entnommen aus ECKENSBERGER & REINSHAGEN, 1980, S. 70f.)

Zu dieser Geschichte haben die Probanden u.a. folgende Fragen zu beantworten und ihre Antworten zu begründen:
- Ist es richtig, daß Heinz das Medikament stiehlt?
- Darf man in einer solchen Situation das Gesetz übertreten?
- Wenn Heinz seine Frau nicht liebte, wäre er dann verpflichtet, das Medikament für sie zu stehlen?
- Warum ist es so wichtig, das Leben der Frau zu retten?
- Wäre der Diebstahl ebenso gerechtfertigt, wenn der Kranke ein Fremder wäre?
- Wenn Heinz für den Diebstahl des Medikaments verhaftet wird, soll der Richter ihn verurteilen oder freisprechen?
- War der Apotheker im Recht oder im Unrecht, für das Medikament so viel Geld zu verlangen?
- Sollte der Apotheker bestraft werden? Sollte seine Bestrafung größer sein, wenn es sich bei der Verstorbenen um eine berühmte Frau handelte?

Auf die Beantwortung jeder Frage folgen Nachfragen, warum der Proband etwas als richtig oder als nicht richtig beurteilt.

Die häufige Zitierung der Heinz-Geschichte hat wahrscheinlich weniger mit der besonderen Bedeutung der in dieser Geschichte angesprochenen Problematik zu tun als damit, daß KOHLBERG und Mitarbeiter selbst diese Geschichte sehr häufig zur Erläuterung ihres Auswertungssystems und ihrer Befunde heranziehen. Warum sie gerade diese Geschichte wählen, erfährt man nicht.

Entsprechend der angestrebten *strukturellen* Analyse des moralischen Urteils (in Abgrenzung von einer *inhaltlichen* Analyse) wurde von KOHLBERG nicht die gewählte Entscheidungs*richtung* (z.B. Heinz sollte das Medikament stehlen oder er sollte es nicht stehlen), sondern die angegebene *Begründung* für die jeweilige Entscheidung (die Antworten und Begründungen auf die Nachfragen) herangezogen. Nach ihrer typischen Argumentation (inzwischen auch: der höchsten vorkommenden Argumentationsstufe; vgl. COLBY et al., 1983a) wird der Proband einer von sechs Stufen des moralischen Urteils zugeordnet. Nach welchen Regeln dies geschieht, legt ein ausführliches Auswertungsmanual fest.

KOHLBERGS Vorgehen hinsichtlich der Unterscheidung von Struktur (Stufe) und Inhalt der Antworten der Probanden ist allerdings umstritten, abgesehen von dem grundsätzlichen Problem, ob beide Aspekte überhaupt faktisch trennbar sind. Die Beurteilung der von KOHLBERG getroffenen Unterscheidungen wird außerdem dadurch erschwert, daß er (in seinen früheren Arbeiten) insgesamt 30 thematische Aspekte der Antworten auflistet, die er dann in Arten funktionaler Werturteile, Elemente solcher Urteile und Gegenstandsbereiche oder Institutionen untergliedert. Die daraus erwachsenden Schwierigkeiten einer reliablen und validen Auswertung der Interviewdaten waren ein wesentlicher Ansatzpunkt für die mehrfache Revision des ursprünglichen Auswertungssystems und Änderungen der Stufendefinitionen (Kohlberg, Colby, Gibbs & Speicher-Dubin, 1978; Colby, Kohlberg, Gibbs, Speicher- Dubin, Candee, Hewer & Power, 1983). Eine weiterführende Diskussion zu diesen Problemen findet sich in Eckensberger & Reinshagen (1980), Eckensberger, Villenave-Cremer & Reinshagen (1980), sowie, zum aktuellen Stand, in Colby et al. (1983b) und Rest (1983). Das gegenwärtige Auswertungssystem unterscheidet zwischen zwei Gegenstandsbereichen (pro Dilemma), zwölf Normen (pro Gegenstandsbereich) und siebzehn Elementen (pro Norm).

Auf der Basis des geschilderten Interviewmaterials gelangte Kohlberg zur Einteilung der Entwicklung des moralischen Urteils in sechs Entwicklungsstufen, die sich drei Entwicklungsniveaus zuordnen lassen (s. Tabelle 13.4).

Nicht nur das Auswertungssystem, sondern auch das Stufenmodell wurde von Kohlberg während der letzten beiden Jahrzehnte mehrfach verändert (s. dazu Eckensberger & Reinshagen, 1980; Rest, 1983). Als die beiden wichtigsten und in der gegenwärtigen Version des Stufenmodells beibehaltenen Veränderungen sind festzuhalten: 1. der Wegfall von Stufe 6 und 2. die Betonung der sozialen Perspektive als zentralem durchgehendem Strukturmerkmal.

Der Wegfall von Stufe 6 ist weniger theoretisch als empirisch begründet. Nach Anwendung des neuen Auswertungssystems ließen sich keine Personen mehr finden, die auf Stufe 6 argumentieren (vgl. Colby et al., 1983a). Die Herausstellung der sozialen Perspektive als zentralem Strukturmerkmal der Moralentwicklung ist eine konsequente Weiterführung von Kohlbergs Position zur Entwicklung der Rollenübernahme (vgl. dazu Kap. 10.2.2).

Empirische Überprüfung von Kohlbergs Stufenmodell

Im Zentrum von Kohlbergs Theorie der Moralentwicklung stehen die mit seinem Stufenkonzept verbundenen Annahmen der *Invarianz* und der *Universalität* der postulierten Stufenabfolge. Vorausgesetzt wird dabei die eindeutige *Diagnostizierbarkeit* qualitativ abgrenzbarer Entwicklungsstufen. Von zentraler Bedeutung für das Kohlbergsche Stufenmodell ist außerdem die Annahme eines Zusammenhangs zwischen Fähigkeiten zur *Rollenübernahme* bzw. zwischen der *sozialen Perspektive* (socio-moral perspective) und dem moralischen Urteil. Mit diesen Problemen hat sich auch die Mehrzahl der Untersuchungen beschäftigt, die Kohlbergs Stufenmodell empirisch zu überprüfen versuchten.

Generalität oder Bereichsspezifität des Urteilsniveaus

Die Invarianz und Universalität einer Stufensequenz lassen sich sinnvollerweise nur dann überprüfen, wenn sich die einzelnen Stufen eindeutig qualitativ voneinander abgrenzen und diagnostizieren lassen. Im Falle von Stufen des moralischen Urteils bedeutet dies, daß ein Individuum in seinem Urteilsverhalten über verschiedene Situationen (Inhalte von moralischen Dilemmas) konsistent ist und auf der Basis seiner Argumentation einer Stufe mit hinreichender Zuverlässigkeit und Gültigkeit fest zugeordnet werden kann.

Inwieweit Kohlberg diesem Anspruch gerecht wird, ist schwer zu beurteilen, da in der Literatur meist nicht die dilemmaspezifischen Antworten der Probanden wiedergegeben werden, sondern nur globale Maße zur dominanten

Tabelle 13.4: Sechs Entwicklungsstufen des moralischen Urteils nach KOHLBERG (aus COLBY & KOHLBERG, 1978, S. 357)

Niveau und Stadium	Inhalt des Stadiums: Was rechtens ist	Gründe, das Rechte zu tun	Soziale Perspektive des Stadiums
Niveau 1 – Präkonventionell *Stadium 1 – Heteronome Moralität*	Regeln einzuhalten, deren Übertretung mit Strafe bedroht ist; Gehorsam als Selbstwert; Personen oder Sachen keinen physischen Schaden zuzufügen.	Vermeiden von Bestrafung und die überlegene Macht der Autoritäten.	*Egozentrischer Gesichtspunkt.* Der Handelnde berücksichtigt die Interessen anderer nicht oder erkennt nicht, daß sie von den seinen verschieden sind, oder er setzt zwei verschiedene Gesichtspunkte nicht miteinander in Beziehung. Handlungen werden rein nach dem äußeren Erscheinungsbild beurteilt und nicht nach den dahinter stehenden Intentionen. Die eigene und die Perspektive der Autorität werden miteinander verwechselt.
Stadium 2 – Individualismus, Zielbewußtsein und Austausch	Regeln zu befolgen; aber nur dann, wenn es irgend jemandes unmittelbaren Interessen dient; die eigenen Interessen und Bedürfnisse zu befriedigen und andere dasselbe tun zu lassen. Gerecht ist auch, was fair ist, was ein gleichwertiger Austausch, ein Handel oder ein Übereinkommen ist.	Um die eigenen Bedürfnisse und Interessen zu befriedigen, wobei anerkannt wird, daß auch andere Menschen bestimmte Interessen haben.	*Konkret individualistische Perspektive.* Einsicht, daß die verschiedenen individuellen Interessen miteinander im Konflikt liegen, so daß Gerechtigkeit (im konkret-individualistischen Sinne) relativ ist.
Niveau II – Konventionell *Stadium 3 – Wechselseitige Erwartungen, Beziehungen und interpersonelle Konformität*	Den Erwartungen zu entsprechen, die nahestehende Menschen oder Menschen überhaupt an mich als den Träger einer bestimmten Rolle (Sohn, Bruder, Freund usw.) richten. „Gut zu sein" ist wichtig und bedeutet, ehrenwerte Absichten zu haben und sich um andere zu sorgen. Es bedeutet auch, daß man Beziehungen pflegt und Vertrauen, Loyalität, Wertschätzung und Dankbarkeit	1. Das Verlangen, in den eigenen Augen und in denen anderer Menschen als „guter Kerl" zu erscheinen; 2. die Zuneigung zu anderen; 3. der Glaube an die goldene Regel: 4. der Wunsch, die Regeln und die Autorität zu erhalten, die ein stereotypes „gutes" Verhalten rechtfertigen.	*Perspektive des Individuums, das in Beziehung zu anderen Individuen steht.* Der Handelnde ist sich gemeinsamer Gefühle, Übereinkünfte und Erwartungen bewußt, die den Vorrang vor individuellen Interessen erhalten. Mittels der „konkreten goldenen Regel" bringt er unterschiedliche Standpunkte miteinander in Beziehung, indem er sich in die Lage des jeweils anderen versetzt. Die verallgemeinerte „System"-Perspektive bleibt noch außer Betracht.

Stadium 4 – Soziales System und Gewissen	Die Pflichten zu erfüllen, die man übernommen hat. Gesetze sind zu befolgen, ausgenommen in jenen extremen Fällen, in denen sie anderen festgelegten sozialen Verpflichtungen widersprechen. Das Recht steht auch im Dienste der Gesellschaft, der Gruppe oder der Institution.	Um das Funktionieren der Institution zu gewährleisten, um einen Zusammenbruch des Systems zu vermeiden, „wenn jeder es täte“, oder um dem Gewissen Genüge zu tun, das an die selbstübernommenen Verpflichtungen mahnt (leicht zu verwechseln mit dem für das Stadium 3 charakteristischen Glauben an Regeln und Autoritäten: s. Text).	*Macht einen Unterschied zwischen dem gesellschaftlichen Standpunkt und der interpersonalen Übereinkunft bzw. den auf einzelne Individuen gerichteten Motiven.* Übernimmt den Standpunkt des Systems, das Rollen und Regeln festlegt. Betrachtet individuelle Beziehungen als Relationen zwischen Systemteilen.
Niveau III – Postkonventionell oder Prinzipiengeleitet *Stadium 5 – Das Stadium des sozialen Kontrakts bzw. der gesellschaftlichen Nützlichkeit; zugleich das Stadium individueller Rechte*	Der Tatsache bewußt, daß unter den Menschen eine Vielzahl von Werten und Meinungen vertreten wird und daß die meisten Werte und Normen gruppenspezifisch sind. Diese „relativen“ Regeln sollten im allgemeinen befolgt werden, jedoch im Interesse der Gerechtigkeit und weil sie den sozialen Kontrakt ausmachen. Doch gewisse absolute Werte und Rechte, wie Leben und Freiheit, müssen in jeder Gesellschaft und unabhängig von der Meinung der Mehrheit respektiert werden.	1. Ein Gefühl der Verpflichtung gegenüber dem Gesetz aufgrund der im Gesellschaftsvertrag niedergelegten Vereinbarung, zum Wohle und zum Schutze der Rechte aller Menschen Gesetze zu schaffen und sich an sie zu halten; 2. ein Gefühl der freiwilligen vertraglichen Bindung an Familie, Freundschaft, Vertrauen und Arbeitsverpflichtungen; 3. Interesse daran, daß Rechte und Pflichten gemäß der rationalen Kalkulation eines Gesamtnutzens verteilt werden, nach der Devise: „Der größtmögliche Nutzen für die größtmögliche Zahl“.	*Der Gesellschaft vorgeordnete Perspektive.* Perspektive eines rationalen Individuums, das sich der Existenz von Werten und Rechten bewußt ist, sozialen Bindungen und Verträgen vorgeordnet sind. Integriert unterschiedliche Perspektiven durch die formalen Mechanismen der Übereinkunft, des Vertrags, der Vorurteilslosigkeit und der angemessenen Veränderung. Zieht sowohl moralische wie legale Gesichtspunkte im Betracht, anerkannt, daß sie gelegentlich in Widerspruch geraten, und ist imstande, sie zu integrieren.
Stadium 6 – Das Stadium der universalen ethischen Prinzipien	Selbstgewählten ethischen Prinzipien zu folgen. Spezielle Gesetze oder gesellschaftliche Übereinkünfte sind im allgemeinen deshalb gültig, weil sie auf diesen Prinzipien beruhen. Wenn Gesetze gegen diese Prinzipien verstoßen, dann handelt man in Übereinstimmung mit dem Prinzip. Bei den erwähnten Prinzipien handelt es sich um universale Prinzipien der Gerechtigkeit: alle Menschen haben gleiche Rechte, und die Würde des Einzelwesens ist zu achten	Der Glaube einer rationalen Person an die Gültigkeit universaler moralischer Prinzipien und ein Gefühl persönlicher Verpflichtung ihnen gegenüber.	*Perspektive eines „moralischen Standpunktes“*, von dem sich gesellschaftliche Ordnungen herleiten. Es ist dies die Perspektive eines jeden rationalen individuums, das das Wesen der Moralität anerkennt bzw. anerkennt, daß jeder Mensch seinen (End-) Zweck in sich selbst trägt und entsprechend behandelt werden muß.

Urteilstufe oder dem höchsten erreichten Urteilsniveau. Durch die übliche Auswertungsmethode wird die Stufenkonsistenz vermutlich künstlich erhöht. Werden sämtliche Antworten der Probanden zu verschiedenen moralischen Dilemmas berücksichtigt, scheint ein gewisses Maß an Stufenmischung eher die Regel als die Ausnahme zu sein (Hoffman, 1984; Lerner & Hultsch, 1983). Kohlberg selbst sieht im übrigen das Vorkommen von Antworten auf benachbarten Stufen (eine Stufe über oder unter der dominanten Stufe) als durchaus vereinbar mit seinem Konzept der Stufenkonsistenz an (Colby & Kohlberg, 1984).

William Damon (1977/1984, 1983) betont hingegen eher die Aufgabenspezifität moralischer Urteile. Er untersuchte Gesetzmäßigkeiten des Entwicklungsverlaufs in den vier Bereichen: Freundschaft, Gerechtigkeit, Autorität und Gehorsam, soziale Regeln und Konventionen. Nach Damon verfügt ein Kind über distinkte moralische Konzepte, die es problemspezifisch anwendet.

Invarianz der Stufenabfolge

Die Hypothese der *Invarianz* der Stufenabfolge besagt, daß intraindividuelle Veränderungen nur in der angegebenen Reihenfolge von der ersten bis zur sechsten Stufe durchlaufen werden können. Ausgeschlossen sind ein Überspringen einzelner Stufen (vorausgesetzt die Beobachtungszeitpunkte liegen nicht zu weit auseinander) und Entwicklungsrückschritte. Vereinbar mit der Invarianzhypothese ist hingegen, daß, aufgrund unterschiedlicher Entwicklungsbedingungen, verschiedene Individuen die Sequenz unterschiedlich schnell durchlaufen und einzelne Individuen auf einer niedrigeren Stufe stehen bleiben. Die empirische Überprüfung dieser Annahmen erfolgte auf zweierlei Wegen: 1. durch *Trainingsexperimente* und 2. durch *Längsschnittstudien*.

Unterstellt man die Gültigkeit der zuvor gemachten Annahmen, so sollte durch die Manipulation moralischer Urteile im Trainingsexperiment allenfalls eine Anhebung des Urteils auf die nächst höhere Stufe (+ 1) möglich sein. Ein Überspringen von zwei und mehr Stufen sollte selten sein, da dies dem gegebenen Entwicklungsniveau zu weit vorgreift. Eine Regression auf eine frühere (bereits überwundene) Stufe sollte ebenfalls selten vorkommen, da hierfür die (kognitiv-) motivationale Grundlage fehlt.

In einem klassischen Experiment zu diesem Problem konnte Turiel (1966) die zuvor formulierten Erwartungen weitgehend bestätigen. Verglichen mit der Kontrollgruppe, die keinen Trainingsbedingungen unterworfen worden war, zeigte nur die Experimentalgruppe, bei der durch Training eine Anhebung um eine Argumentationsstufe über ihrem Ausgangsniveau versucht worden war, eine signifikante Veränderung in der induzierten Richtung. Die beiden Experimentalgruppen, die mit Argumentationen zwei Stufen über und eine Stufe unter ihrem Ausgangsniveau konfrontiert worden waren, unterschieden sich hingegen nicht von der Kontrollgruppe. Spätere Experimente gelangten zu weniger eindeutigen Ergebnissen (Turiel, 1973; Walker, 1979, 1982), lassen sich aber auch nicht als Widerlegung einer Invarianzhypothese interpretieren.

In neueren Arbeiten wird inzwischen grundsätzlich in Frage gestellt, ob das Paradigma einer kurzzeitigen experimentellen Induktion von fortgeschrittenen moralischen Urteilen dem Untersuchungsgegenstand angemessen ist, wenn man bedenkt, daß das Erreichen der jeweils nächst höheren Stufe im „natürlichen" Entwicklungsverlauf mehrere Jahre, in einzelnen Fällen über 10 Jahre in Anspruch nimmt (vgl. COLBY et al., 1983a).

Die Anwendung der *Längsschnittmethode* erscheint zur Überprüfung der Hypothese einer invarianten Abfolge intraindividueller Entwicklungsveränderungen der angemessenere Weg zu sein, (zur Längsschnittmethode s. Kap. 4.2). Die umfangreichste Längsschnittuntersuchung zur Moralentwicklung stammt aus dem Arbeitskreis von KOHLBERG selbst (COLBY et al., 1983a). Eine Teilstichprobe (N = 58) der 72 Chicagoer Jungen im Ausgangsalter von 10, 13 und 16 Jahren aus der Dissertation von KOHLBERG (1958) wurde in Dreijahres-oder Vierjahresintervallen über einen Zeitraum von insgesamt 20 Jahren wiederholt untersucht. In mehrstündigen Interviews wurden jeweils Daten zu neun verschiedenen moralischen Dilemmas gesammelt. Die Auswertung sämtlicher Daten erfolgte auf der Basis des neuen *Standard Issue Scoring Manual* von COLBY et al. (1983b). Die Autoren werten ihre Ergebnisse als volle Unterstützung

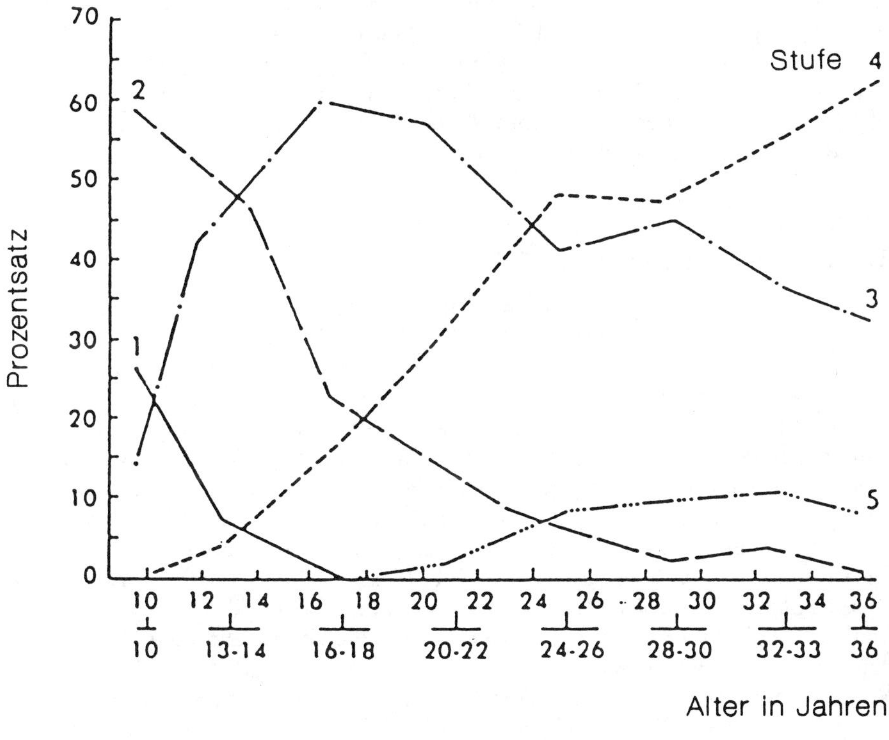

Abbildung 13.1: Veränderungen der durchschnittlichen Auftretensraten der einzelnen Stufen der moralischen Orientierung (aus COLBY et al., 1983, S. 46)

der Invarianzhypothese. Kein Proband übersprang eine Stufe, nur in ca. 4 % der Fälle traten zwischen zwei Erhebungszeitpunkten Entwicklungsrückschritte auf.

Der Prozentsatz von Rückschritten bzw. generell von Stufenschwankungen lag bei kürzeren Erhebungsabständen (Retests im Abstand von einigen Wochen) auffällig höher (ca. 20 – 30 % der Fälle). Ähnliche Ergebnisse erzielten GILLIGAN & MURPHY (1979). Die Schwankungen betrafen vor allem den Übergang zwischen Stufe 4 und Stufe 5.

Die stufenspezifischen Alterstrends der Längsschnittuntersuchung von COLBY et al. (1983a) sind in der Abbildung 13.1 wiedergegeben.

Ähnliche positive Ergebnisse erbrachten eine Reihe weiterer Längsschnittstudien. Eine Übersicht hierzu liefern REST, DAVISON & ROBBINS (1978).

Hinsichtlich der Schlußfolgerungen aus den vorliegenden Längsschnittstudien sind allerdings einige Einschränkungen zu machen (vgl. auch REST, 1983). Es kommen zwar keine modellinkonformen Entwicklungsrückschritte vor, das Ausmaß der über einen längeren Zeitraum zu beobachtenden Entwicklungsfortschritte ist jedoch nicht sehr beeindruckend. So dauerte es nach der Studie von COLBY et al. (1983a) durchschnittlich 13;9 Jahre bis die nächsthöhere Stufe erreicht wurde, die Untersuchungsstichprobe zeigte über den Zeitraum von 20 Jahren durchschnittlich eine Veränderung von weniger als zwei Stufen. Die Hauptgruppe veränderte sich dabei von Stufe 2 nach Stufe 3 oder Stufe 4. Die Invarianzhypothese scheint demnach im wesentlichen für das Durchlaufen der Stufen 1 bis 4 zu gelten, während die Stufen 5 und 6 eher als alternative (kulturabhängige?) Arten des reifen moralischen Urteils denn als empirisch vorkommende Entwicklungsschritte anzusehen sind.

Universalität der Stufenabfolge

Die Universalitätshypothese kann als Erweiterung und Verallgemeinerung der Invarianzhypothese aufgefaßt werden: Die Gültigkeit der postulierten Entwicklungssequenz wird für die unterschiedlichsten Sozialisationsbedingungen innerhalb und zwischen Kulturen angenommen. Schränkt man diese Aussagen auf die Abfolge der empirisch am häufigsten vorkommenden Stufen 2 bis 4 ein und vernachlässigt man außerdem die interindividuellen bzw. kulturellen Unterschiede in der Entwicklungsgeschwindigkeit bis zum Erreichen der höchsten Stufe (beides ist mit der Invarianzhypothese vereinbar), so kann im großen und ganzen von einer Universalität der KOHLBERGschen Stufen des moralischen Urteils gesprochen werden (EDWARDS, 1981; MAGSUD, 1979; NISAN & KOHLBERG, 1982; TURIEL et al., 1978). Diese Art Universalität hat allerdings wenig substantiellen Gehalt. Überspitzt ausgedrückt besteht die Universalität darin, daß in allen (bisher untersuchten) Kulturen bis zum Erreichen des Erwachsenenalters Argumentationsmuster der konventionellen Moral (Stufen 3 und 4) dominieren.

Daß in Untersuchungsstichproben außerhalb des westlichen Kulturkreises, insbesondere in ländlichen Gegenden und Stammeskulturen, keine Personen gefunden werden konnten, die auf einem postkonventionellen Niveau argumentierten, führt KOHLBERG – genau wie das seltene Vorkommen der Stufen 5 und 6 in Stichproben amerikanischer Probanden – auf einen weniger fortgeschrittenen kognitiven Entwicklungsstand der betreffenden Personen und den Mangel an förderlichen Erfahrungen in deren sozialer Umwelt zurück. SIMPSON (1974) hat dagegen ausführlich dargelegt, daß die von KOHLBERG verwendeten Dilemma-Situationen und seine Auswertungskategorien kulturabhängig sind, da sie vom Denkstil und der sozialen Organisation der westlichen Demokratien ausgehen und nicht von den Alltagsproblemen und dem Denken der jeweils untersuchten Kulturen. SIMPSON (1974) hält es für einen ungerechtfertigten Ethnozentrismus, den von KOHLBERG zugrunde gelegten Bewertungsmaßstab eines liberalen Gerechtigkeitskonzepts als universellen Maßstab anzuwenden.

KOHLBERGS Universalitätsannahme ist in den letzten Jahren noch in anderer Hinsicht unter Beschuß geraten. GILLIGAN (1977, 1982, 1984) hat KOHLBERGS Theorie als sexistisch bezeichnet, da sie ausschließlich auf der Untersuchung von männlichen Probanden basiert und in der Erhebungs- und Auswertungsmethode männliche Prinzipien der Moral betonen soll. Durch dieses Vorgehen werden lt. GILLIGAN Frauen benachteiligt und erscheinen als moralisch minderwertiger. GILLIGAN glaubt, daß sich die Geschlechter aufgrund unterschiedlicher Sozialisationserfahrungen in der Beurteilung moralischer Probleme grundlegend unterscheiden. Während Männer, entsprechend ihrer Erziehung zur Unabhängigkeit, Durchsetzungsfähigkeit und Leistung, eher an individuellen Rechten und Pflichten und am Interessenausgleich zwischen verschiedenen Parteien auf der Grundlage von Gesetzen und sozialen Vereinbarungen orientiert sein sollen, sollen bei Frauen entsprechend ihrer Erziehung zur Beachtung der Bedürfnisse anderer, zwischenmenschliche Beziehungen und der Ausgleich zwischen eigenen und fremden Bedürfnissen im Vordergrund moralischer Überlegungen stehen. GILLIGAN stellt dementsprechend der *männlichen* Gerechtigkeitsmoral (*morality of justice*) eine nicht weniger wertvolle *weibliche* Fürsorgemoral (*morality of caring*) gegenüber. Als angemessene Methode zur Untersuchung der weiblichen Moral schlägt GILLIGAN die Befragung zu Alltagsproblemen von Frauen vor. GILLIGAN hat ihre Position hauptsächlich auf die Ergebnisse extensiver Interviews mit schwangeren Frauen gestützt, die vor der Entscheidung standen, ihr Kind auszutragen oder es abzutreiben (GILLIGAN & BELENKY, 1980).

Richtig ist, daß KOHLBERGS Theorie einen männlichen Bias aufweist, da die Ausgangsdaten, auf die er seine Theorie stützt, ausschließlich an männlichen Probanden gewonnen wurden. Auch die Hauptfiguren in den von ihm verwendeten Geschichten sind männlich. Sofern das Ausbildungsniveau und die berufliche Stellung der Probanden kontrolliert wurden, fand die Mehrzahl der Untersuchungen jedoch keine signifikanten Geschlechtsunterschiede in der Entwicklung des moralischen Urteils, insbesondere resultierte nicht – wie von GILLIGAN bei KOHLBERGS Methode erwartet – eine niedrigere Stufe des moralischen Urteils bei weiblichen Probanden (GIBBS, ARNOLD & BURKHART, 1984; MACCOBY & JACKLIN, 1974; REST, 1983; WALKER, 1984). Trotz dieser negativen Evidenz für Geschlechtsunterschiede im generellen Entwicklungsniveau gibt es Hinweise, die GILLIGANS Auffassung stützen, daß Männer und Frauen in ihrem moralischen Denken und Urteilen unterschiedliche Orientierungen bevorzugen. So zeigten Frauen in einer Untersuchung von GIBBS et al. (1984) mehr empathische Rollenübernahme und eine stärkere Orientierung an interpersonaler Zustimmung oder Ablehnung.

Soziale Perspektive und moralisches Urteil

Bereits in PIAGETS Charakterisierung der Moralentwicklung kamen Fähigkeiten zur Übernahme einer sozialen Perspektive eine besondere Bedeutung zu. Während PIAGET dabei Rollenübernahmefähigkeiten und autonomes moralisches Urteil eher als gemeinsamen Ausdruck von Fortschritten in der kognitiven Entwicklung betrachtete (z.B. Aufgabe von Egozentrismus und Realismus des Denkens) sehen KOHLBERG u.a. in Rollenübernahmefähigkeiten eine notwendige, aber nicht hinreichende Bedingung für das Voranschreiten in der Entwicklung des moralischen Urteils. Daraus folgt die Annahme, daß das Entwicklungsniveau des moralischen Urteils niemals höher sein kann als das der Rollenübernahmefähigkeiten, hingegen der umgekehrte Fall, ein höheres Niveau der Rollenübernahmefähigkeiten als des moralischen Urteils, durchaus vorkommen darf.

KOHLBERGS Position bezieht sich hauptsächlich auf Arbeiten von Robert SELMAN. Die Ergebnisse von SELMANS Untersuchungen (SELMAN, 1971, 1976; SELMAN & DAMON, 1975) lassen sich so interpretieren, daß der Übergang vom präkonventionellen zum konventionellen Niveau des moralischen Urteils zumindest teilweise auf die Fähigkeit zurückzuführen ist, mit der eigenen Perspektive und mit der Perspektive von anderen in reziproker Art und Weise umzugehen.

Untersuchung 13.2 — *Die Beziehung zwischen Stufen der kognitiven Entwicklung, Rollenübernahmefähigkeiten und der Moralentwicklung.*

Ziel der Untersuchung von Dennis KREBS und Janet GILLMORE (1982) war die Überprüfung der Hypothesen KOHLBERGS, daß a) Fortschritte in der kognitiven Entwicklung eine notwendige, aber nicht hinreichende Bedingung für die Entwicklung von Rollenübernahmefähigkeiten und die Moralentwicklung sind und b) die Entwicklung von Rollenübernahmefähigkeiten eine notwendige, aber nicht hinreichende Bedingung für das Voranschreiten in der Moralentwicklung ist.

Dazu wurde bei 51 fünf- bis vierzehnjährigen Kindern (22 Mädchen und 29 Jungen) zunächst mit Hilfe üblicher Erhebungsmethoden der Entwicklungsstand in den drei Bereichen Kognitive Fähigkeiten, Rollenübernahmefähigkeiten und Moralität festgestellt. Der gewählte Altersbereich zielte darauf ab, Zusammenhänge der drei Bereiche für die ersten drei Stufen der Rollenübernahmefähigkeiten und der moralischen Orientierung sensu KOHLBERG zu erfassen.

Anhand ihrer Testergebnisse wurden die Kinder von zwei unabhängigen Beurteilern den jeweiligen bereichsspezifischen Entwicklungsstufen zugeordnet.

Tabelle 13.5: Häufigkeiten der intraindividuellen Stufenkombinationen von kognitivem Entwicklungsstand, Rollenübernahmefähigkeiten und moralischer Entwicklung (theoriekonforme Kombinationen jeweils unterhalb der Diagonalen; theoretisch äquivalente Stufen fettgedruckt) (nach Krebs & Gillmore, 1982, S. 881 f.; Übers. v. Verf.)

Kognitive Entwicklung und Rollenübernahme

Kognitive Stufe	Stufe der Rollenübernahme: 0	1A	1B	2 oder höher
IA Präoperational: Unterstufe 1	**6**	2	1	0
IB Präoperational: Unterstufe 2	4	**6**	1	0
IIA Konkret-operational: Unterstufe 1	1	4	**6**	0
IIB Konkret-operational: Unterstufe 2	0	1	8	**5**
IIIA Formal-abstrakt: Unterstufe 1	0	0	1	5

Kognitive Entwicklung und Moralische Entwicklung

Kognitive Stufe	Moralstufe: 0	1	1(2)	2	2(3)
IA Präoperational: Unterstufe 1	3	3	3	0	0
IB Präoperational: Unterstufe 2	2	3	4	2	0
IIA Konkret-operational: Unterstufe 1	0	**4**	5	1	1
IIB Konkret-operational: Unterstufe 2	0	0	0	**12**	2
IIIA Formal-abstrakt: Unterstufe 1	0	0	0	4	2

Rollenübernahme und moralische Entwicklung

Stufe der Rollenübernahme	Moralstufe: 0	1	1(2)	2	2(3)
0 Egozentrisch	**4**	5	2	0	0
1A Subjektiv: Unterstufe 1	1	**2**	8	2	0
1B Subjektiv: Unterstufe 2	0	3	**2**	10	2
2 Selbst-reflexiv oder höher	0	0	0	**7**	3

Kognitiver Entwicklungsstand (KE): IA (präoperational), IB (präoperationale Übergangsphase), IIA (konkret-operational, Unterstufe 1), IIB (konkret-operational, Unterstufe 2), IIIA (formal-abstrakt, Unterstufe 1); Skala von 0 bis 4.

Rollenübernahmefähigkeiten (RÜ): 0 (egozentrisch), IA (entstehende soziale Rollenübernahme), IB (konsolidierte soziale Rollenübernahme), II (selbst-reflexive Rollenübernahme); Skala von 0 bis 6.

Moralentwicklung (MO) (gemäß KOHLBERGS Stufendefinitionen): 0, 1, 1 (2), 2 (1), 2, 2 (3); Skala von 0 bis 5.

Die paarweisen Interkorrelationen der drei Bereichswerte waren sämtlich hoch signifikant positiv (KE-RÜ = .76; KE-MO = .73; RÜ-MO = .69). Bei Auspartialisierung des Beitrags der dritten Variablen blieben jeweils signifikante Zusammenhänge zwischen zwei Variablen erhalten (KE-RÜ.MO = .50; KE-MO.RÜ = .32; RÜ-MO.KE = .44).

Wichtiger für die Beurteilung der Hypothesen zu notwendigen, aber nicht hinreichenden Entwicklungsbedingungen sind die Häufigkeiten der intraindividuellen Stufenkombinationen und der Grad ihrer Übereinstimmung mit den theoretisch angenommenen Zusammenhängen zwischen den einzelnen Stufenzuweisungen (s. Tabelle 13.5).

Legt man die von KOHLBERG und GILLIGAN (1971) und von SELMAN (1976) angenommenen Bedingungszusammenhänge zugrunde, so stehen die empirischen Daten nur für den Zusammenhang der kognitiven Entwicklung und der Rollenübernahmefähigkeiten in Einklang mit den theoretischen Annahmen (= weniger Probanden oberhalb der erwarteten (n = 4) als unterhalb der erwarteten (n = 18) Stufenkombinationen). Für den Zusammenhang von kognitiver und moralischer Entwicklung ließ sich nur für die Stufen II, nicht jedoch für die Stufen I, die angenommene kognitive Fundierung der Moralentwicklung bestätigen. Was den Zusammenhang von Rollenübernahmefähigkeiten und Moralentwicklung angeht, kommen abweichende Stufenkombinationen, d.h. Probanden mit höheren MO-Stufen als RÜ-Stufen (n = 32) sogar signifikant häufiger vor als der theoriekonforme umgekehrte Fall (n = 4).

Durch Verschiebung der Diagonalen im mittleren und unteren Drittel der Tabelle 13.5 um jeweils eine halbe Moralstufe nach oben läßt sich die Anzahl unzulässiger Stufenkombinationen allerdings drastisch verringern (von 16 auf 6 bei KE-MO und von 32 auf 6 bei RÜ-MO). KREBS und GILLMORE (1982) kommen daher zum Schluß, daß KOHLBERGS Theorie der notwendigen, aber nicht hinreichenden Entwicklungsbedingungen zutreffend sei, daß aber die Stufenzuweisungen für die Moralentwicklung verändert werden müßten.

KREBS, D. & GILLMORE, J. (1982). The relationship among the first stages of cognitive development, role-taking abilities, and moral development. *Child Development*, *53*, 877-886.

Ein grundsätzliches Problem von Untersuchungen wie der von KREBS und GILLMORE (1982), mit dem Ziel einer Unterscheidung von Entwicklungsvoraussetzungen und Entwicklungsfolgen, ist die Operationalisierung eines vergleichbaren Entwicklungsniveaus in zwei Variablen bei gleichzeitiger Parallelisierung des Schwierigkeitsgrads der verwendeten Aufgaben in beiden Bereichen. Solange die Aufgabenschwierigkeit wie üblich durch das Leistungsniveau der Probanden definiert ist, läßt sich beides kaum voneinander trennen.

Beim derzeitigen Forschungsstand muß offen bleiben, ob der Erwerb von Rollenübernahmefähigkeiten Fortschritten in der Entwicklung des moralischen Urteils vorausgeht, wie KOHLBERG annimmt, ob sich beides parallel entwickelt oder ob es sich wechselseitig beeinflußt (KURDEK, 1978; REST, 1983).

Bewertung von KOHLBERGS Theorie der Moralentwicklung

Als Vorteile von KOHLBERGS Analyse der Moralentwicklung gegenüber der PIAGETS sind anzusehen: die größere Differenziertheit der Stufeneinteilung, die Ausdehnung der Entwicklungsanalyse auf das Jugend- und Erwachsenenalter und die größere methodische Vielfalt (z.B. Längsschnitt-, Interventions- und kulturvergleichende Studien). Die Einbeziehung von Jugendlichen und Erwachsenen in die Entwicklungsanalyse und die damit verbundene Anpassung der Befragung der Probanden haben allerdings zur Konsequenz, daß nun die Entwicklungsprozesse im Kindesalter aus dem Blick geraten. Die von KOHLBERG verwendeten moralischen Dilemmas (z.B. ob Heinz ein Medikament stehlen soll, um das Leben seiner Frau zu retten) sprechen auch keine kindgemäßen Probleme an.

An diesem Punkt setzte DAMON (1977) an. Er untersuchte das moralische Denken und Urteilen 4- bis 12jähriger Kinder anhand von Situationen, die für Kinder dieses Altersbereichs vertraut sind (vgl. S. 426). DAMON hat sich dabei auch mit dem für KOHLBERGS Moraltheorie zentralen Gerechtigkeitskonzept beschäftigt, speziell unter dem Aspekt der distributiven Gerechtigkeit (s. dazu auch GERLING & WENDER, 1981; MIKULA, 1980). Die von DAMON untersuchten Kinder wiesen ein höheres Niveau des Verständnisses für Gerechtigkeitsprinzipien auf als es nach den Angaben von KOHLBERG und PIAGET für das entsprechende Alter zu erwarten war.

Ein standardisiertes Erhebungsinstrument (Defining Issues Test – DIT) als Alternative zu dem von KOHLBERG verwendeten Interviewverfahren hat REST (1974, 1979) vorgelegt. Der Proband hat jeweils zwölf vorgegebene Aussagen zu insgesamt sechs moralischen Dilemmas nach ihrer Wichtigkeit auf einer fünfstufigen Skala einzuschätzen. Anschließend sind die vier wichtigsten Aussagen pro Dilemma in eine Rangreihe zu bringen. Auf diese Art soll festgestellt werden, was der Proband als Kern eines moralischen Problems ansieht. Statt einer globalen qualitativen Stufenzuordnung werden quantitativ abgestufte Maße für verschiedene Indikatoren des moralischen Urteils berechnet. Einen Überblick über die DIT-Methode und deren empirische Anwendung geben REST (1979, 1983) und REST, DAVISON & ROBBINS (1978).

3.1.3 Abschließende Bewertung der kognitiv-genetischen Sichtweise der Moralentwicklung

Aus den zahlreichen Untersuchungen zum moralischen Denken und Urteilen von Kindern, Jugendlichen und Erwachsenen geht eindeutig hervor, daß jüngere Probanden über Recht und Gerechtigkeit, Gut und Böse etc. anders denken und urteilen als ältere Probanden. Die beobachteten Altersunterschiede lassen sich nicht auf eine rein quantitative Zunahme des Wissens kultureller Normen und des Erlernens einzelner Gebote und Verbote reduzieren, sondern reflektieren ein zunehmend besseres Verständnis der Natur und Funktion sozialer Vereinbarungen. D.h., die Vorstellungen über die Basis für die Einhaltung von Regeln und Normen verändern sich. Das einzelne Individuum durchläuft dabei die qualitativen Veränderungen des Denkens über moralische Sachverhalte nach einer festen Abfolge von Entwicklungsschritten. Diese Tatsachen rechtfertigen für PIAGET, KOHLBERG und andere Vertreter der kognitiv-genetischen Forschungstradition (z.B. DAMON, REST, TURIEL): 1. zwischen dem Inhalt und der Struktur moralischer Urteile zu unterscheiden und die Urteilsstruktur als den wesentlichen Gegenstand einer Entwicklungsanalyse zu betrachten, 2. Fortschritte in der kognitiven Entwicklung als notwendige Voraussetzung für ein Voranschreiten in der Entwicklung des moralischen Urteils anzusehen. Inwieweit sich diese beiden Annahmen aufrechterhalten lassen, ist für die Bewertung der kognitiv-genetischen Sichtweise der Moralentwicklung von zentraler Bedeutung.

Ist die kognitiv-genetische Theorie der Moralentwicklung eine Strukturtheorie?

Strenggenommen dürften inhaltliche Aspekte kein notwendiger Bestandteil der Charakterisierung der Stufen des moralischen Urteils sein. Abgesehen von dem grundsätzlichen Problem der Trennung inhaltlicher Aussagen und struktureller Merkmale auf der Grundlage verbaler Reaktionen scheint es jedoch in mehrfacher Hinsicht einen empirischen Zusammenhang zwischen Urteilsstruktur (Stufe) und inhaltlicher Orientierung zu geben.

Hinsichtlich KOHLBERGS Stufenmodell sehen ECKENSBERGER & REINSHAGEN (1980) in vier Richtungen eine Abhängigkeit von Inhalt und Struktur des moralischen Urteils: 1. die in einem Dilemma gewählte Entscheidungsrichtung und die für einen Probanden typische Begründungsstruktur hängen miteinander zusammen; 2. auf verschiedenen Stufen werden jeweils spezifische moralische Gegenstandsbereiche überzufällig häufig angesprochen; 3. die Stufenzuordnung eines Probanden variiert mit dem Inhalt und formalen Merkmalen der Geschichte; 4. es gibt einen Zusammenhang zwischen der Stufenhöhe und allgemeinen Werturteilen eines Probanden. Nicht zuletzt durch derartige Befunde sah sich KOHLBERG wahrscheinlich veranlaßt, die sozio-moralische Perspektive als zentrales Strukturmerkmal des moralischen Urteils in sein Stufenmodell einzuführen.

NISAN (1984) hat sich ausführlich mit der Definition und dem Verhältnis von Inhalt und Struktur moralischer Urteile beschäftigt und die Position KOHLBERGS zu stützen versucht. Er legt dar, daß die Struktur die Wahl und Interpretation von Normen und anderen situativen Größen sowie formale Aspekte des Urteilens (z.B. dessen Konsistenz) beeinflußt. Vom Inhalt hängt weitgehend die Entscheidungsrichtung ab. Teilweise determiniert der Inhalt aber auch das Argumentationsniveau, also die Struktur. Strukturelle Aspekte sollen sich gemäß universellen Prinzipien der kognitiven Entwicklung ausbilden, die Inhalte werden als kulturabhängig betrachtet und sollen auf dem Wege sozialer Lernprozesse erworben werden.

Unabhängig vom Problem der eindeutigen Trennbarkeit von Inhalt und Struktur des moralischen Urteils stellt sich die Frage, ob die Beschränkung auf den Strukturaspekt eine angemessene Beschreibung der Entwicklung des moralischen Urteils ermöglicht. So ist z.B. denkbar, daß auffällige und für die Lebensführung entscheidende Veränderungen in moralischen Werthaltungen eintreten (z.B. ein Wechsel von der Orientierung an Mittelklassewerten zur Orientierung an Werten einer jugendlichen Subkultur), ohne daß irgendwelche strukturelle Veränderungen in der Begründung der vertretenen Werte zu beobachten sind. In beiden Fällen kann die Verpflichtung zur Konformität mit einer Bezugsgruppe im Vordergrund stehen.

Für PIAGET stellt sich das Problem der Trennung von Inhalt und Struktur des moralischen Urteils in geringerem Maße als für KOHLBERG, da er die strukturelle Grundlage des moralischen Urteils weniger in den Antworten und Begründungen der Probanden selbst als in den diesen Antworten und Begründungen zugrundeliegenden allgemeinen Strukturen des Denkens sieht. Dies führt zur zweiten Annahme, der Fundierung der Entwicklung des moralischen Urteils in der kognitiven Entwicklung.

Sind Fortschritte in der kognitiven Entwicklung eine notwendige Voraussetzung für die Entwicklung des moralischen Urteils?

Für einen positiven Zusammenhang zwischen der kognitiven Entwicklung (Intelligenz) und dem Entwicklungsniveau des moralischen Urteils gibt es zahlreiche Belege (KEASEY, 1975; LICKONA, 1976; REST, 1983). Kaum eine andere Variable korreliert durchgängig so eng mit dem moralischen Urteilsniveau wie der kognitive Entwicklungsstand (IQ). Dieser Zusammenhang bleibt auch erhalten, wenn das Alter konstant gehalten wird.

Über die Richtung des Zusammenhangs sagen derartige Korrelationen allerdings noch nichts aus. Sollen spezifische kognitive Fähigkeiten eine notwendige, wenn auch nicht hinreichende Bedingung für bestimmte Niveaus des moralischen Urteils sein, so muß prinzipiell gelten, daß das Entwicklungsniveau des moralischen Urteils nicht über dem Niveau der als bedeutsam angesehenen kognitiven Fähigkeiten liegt, während das Umgekehrte, ein niedrigeres Niveau des moralischen Urteils als des kognitiven Entwicklungsstandes, durchaus zulässig ist (vgl. auch oben die Untersuchung 13.2).

Befunde verschiedener Untersuchungen stützen die Position, daß das Erreichen eines bestimmten moralischen Urteilsniveaus an das Vorliegen spezifischer kognitiver Fähigkeiten gebunden ist. So fanden DAMON (1977) und KOHLBERG & DE VRIES (1969) z.B. Zusammenhänge zwischen präoperationalem bzw. konkret-operationalem Denken und einem präkonventionellen bzw. konventionellen moralischen Urteil. Ein postkonventionelles Niveau des moralischen Urteils konnte nur bei Jugendlichen festgestellt werden, die zu formalen Denkoperationen fähig waren (KOHLBERG & GILLIGAN, 1977; KUHN, LANGER, KOHLBERG & HAAN, 1977; TOMLINSON-KEASEY, 1974).

Auch wenn ein Teil der gemeinsamen Varianz von kognitiven Fähigkeiten und moralischen Urteilen auf die in beiden Aufgabentypen angesprochenen verbalen Fähigkeiten und Fähigkeiten zum schlußfolgernden Denken zurückgeführt werden kann, sprechen die vorliegenden Untersuchungen eher dagegen, moralische Urteile als bloßen Ausdruck verbaler Flüssigkeit und allgemeinen schlußfolgernden Denkens zu betrachten.

Grenzen und Mängel der kognitiven Perspektive

Die von Piaget, Kohlberg und verwandten Autoren bewußt gewählte Beschränkung auf den kognitiven Aspekt der Moral (moralisches Denken und Urteilen) und die von ihnen verwendeten Untersuchungsmethoden haben zur Folge, daß wichtige Fragen der Moralentwicklung nicht beantwortbar sind. So erklärt die kognitive Entwicklungstheorie der Moral nicht, warum einige Personen mit hoher Intelligenz und ausgeprägten Rollenübernahmefähigkeiten nicht das Niveau der höchsten Moralstufe (post-konventionelle Moral) erreichen oder in ihrem eigenen Verhalten ausgesprochen amoralisch sind. Sie kann auch nicht die Frage beantworten, was Menschen dazu veranlaßt, ihre eigenen Bedürfnisse und Interessen zurückzustellen, um anderen zu helfen, was sie dazu bringt, die Wahrheit zu sagen, ein Versprechen zu halten oder sich schlecht zu fühlen, wenn sie jemandem wehgetan haben (Hoffman, 1984). Die Gründe hierfür dürften zum großen Teil in der Vernachlässigung affektiver Aspekte der Moral liegen, also in der Vernachlässigung von Dingen wie Empathie, Liebe, Schuldgefühle, Bedürfnisverzicht u.ä. Die kognitive Theorie der Moralität ist insofern eine „kalte" Theorie.

Die Außerachtlassung wichtiger affektiver und handlungsrelevanter Aspekte der Moralität ist auch dadurch bedingt, daß die zur Untersuchung des Denkens und Urteilens über moralische Sachverhalte verwendeten Methoden den Probanden nicht mit tatsächlichen Handlungsentscheidungen in realen Lebenssituationen konfrontieren, sondern von ihm Überlegungen und Urteile über Gegebenheiten verlangen, die er aus neutraler oder intellektueller Distanz beobachten kann (Montada, 1982). Dies dürfte auch ein Grund sein, daß die Korrelation zwischen dem moralischen Urteil und dem Verhalten nicht allzu hoch ist (s. dazu unter 4.1).

Statt der Frage: *Wie wirst du dich in der Situation A oder B entscheiden?* wird gefragt: *Wie sollte sich X oder Y in der Situation A oder B entscheiden?* So ist nicht festzustellen, inwieweit das geäußerte Urteil eine subjektive Verpflichtung ausdrückt oder nur eine gedankliche Hypothese ohne Verpflichtungscharakter (Montada, 1982, S. 638).

Schließlich decken auch die in den moralischen Dilemmas angesprochenen *Themen* nur einen Teil der für moralische Entscheidungen bedeutsamen Inhalte ab. Im Vordergrund stehen Gerechtigkeit, Strafe, Autorität und Gehorsam. Demgegenüber werden prosoziale Inhalte, Selbstkontrolle u.ä. kaum thematisiert. In den nun folgenden Abschnitten 3.2 und 3.3 dieses Kapitels wenden wir uns diesen Fragen zu.

3.2 Die affektive Perspektive – Entwicklung moralischer Gefühle und Werthaltungen

Begriffe und Urteile hinsichtlich von Recht und Unrecht, Gut und Böse, das Verständnis von Regeln, Gesetzen und Normen sind nur ein Teil der Moralität. Zur Moralität des Individuums gehören auch das *Gefühl der Verpflichtung*, die Rechte und Bedürfnisse anderer zu achten, Dinge zu unterlassen, die andere verletzen oder beeinträchtigen könnten, und Dinge zu tun, die das Wohlbefinden anderer fördern oder deren Leiden verringern. Wird eine derartige Verpflichtung erlebt, kommt es bei eigenen Abweichungen von diesen Prinzipien zu Gefühlen der *Scham*, *Schuld* oder *Angst*, bei Abweichungen anderer zu Gefühlen *moralischer Entrüstung*.

Mit der Entwicklung affektiver Aspekte der Moral hat sich zuerst die *Psychoanalyse* beschäftigt. Sigmund FREUD (1923, 1933) stellte dabei die *negative* Seite gefühlsmäßiger Reaktionen (Affekte als Warnsignale zur Vermeidung verbotener Handlungen oder als Selbstbestrafung nach erfolgten Übertretungen) in den Vordergrund seiner Theorie. In dieser Tradition wurde auch in der sozialen Lerntheorie lange Zeit die *Unterdrückung verbotenen Verhaltens* als wesentlicher Untersuchungsgegenstand der Gewissensentwicklung betrachtet (s. Abschnitt 3.3). In der gegenwärtigen Entwicklungspsychologie rückt die *positive* Seite moralischer Affekte (Empathie, altruistische Tendenzen) stärker in den Blickpunkt des Interesses (EISENBERG, 1982; HOFFMAN, 1978, 1984).

In den folgenden Abschnitten werden die psychoanalytische Theorie der Moralentwicklung (3.2.1) und Internalisierungskonzepte außerhalb der Psychoanalyse (3.2.2) dargestellt. Wir werden feststellen, daß die entwicklungspsychologische Analyse der affektiven Aspekte der Moral weniger weit fortgeschritten ist als die der zuvor behandelten kognitiven Aspekte.

Der Aufbau moralischer Affekte steht auch im Zentrum der Moraltheorie von Martin HOFFMAN (1975, 1979, 1984a). Aufgrund des integrativen Charakters dieser Theorie, d.h. ihrer Verbindung kognitiver, affektiver und handlungsmäßiger Aspekte der Moralität, wird HOFFMANS Ansatz erst am Schluß dieses Kapitels dargestellt (s. Abschnitt 4.2).

3.2.1 Psychoanalytische Theorie der Moralentwicklung

Die Position Sigmund FREUDS

Moralität oder ein Gewissen entwickelt sich nach FREUD (1923, 1933) gegen Ende der sogenannten phallischen Phase (etwa im 5./6. Lebensjahr) auf der Basis von Ängsten im Zusammenhang mit der ödipalen Konfliktsituation bzw. ihrer Bewältigung. Die Gewissensbildung ist dabei eng mit der Übernahme der Geschlechtsrolle assoziiert. Wesentliche Grundlage für beides bildet die Identifikation mit den Eltern (vgl. Kap. 12.4.2).

Da nach FREUDS Persönlichkeitstheorie am Anfang der Entwicklung nur das *Es* existiert, befindet sich der Säugling zunächst in einem amoralischen Zustand, d.h., er ist darauf ausgerichtet, seine Bedürfnisse sofort und ohne Rücksicht auf Forderungen seitens der Realität zu stillen (Lustprinzip). Wesentliches Ziel der Sozialisation des Kleinkindes ist die Unterdrückung und Beherrschung der Triebbedürfnisse bzw. ihre Anpassung an die Realität (Realitätsprinzip). Damit dies gelingt, müssen die Eltern – neben einer angemessenen Befriedigung der kindlichen Bedürfnisse nach Nahrung, Schlaf und Zuwendung – das Kind auch einschränken und es für unerwünschtes Verhalten bestrafen. Die Eltern (zunächst vor allem die Mutter) werden dadurch sowohl zum Objekt der Liebe und Abhängigkeit als auch zur Quelle von Frustration und Ärger.

Dieser Konflikt wird erstmals während der Sauberkeitserziehung in der analen Phase thematisiert. Der Ärger und das Bedürfnis nach Auflehnung gegen die Eltern erzeugen beim Kind Angst vor Bestrafung und Angst vor dem Verlust der elterlichen Liebe. Diese Ängste werden durch die Trieb- und Gefühlskonstellation der ödipalen Situation erheblich verstärkt. Beim Jungen kommt nun noch die Kastrationsangst hinzu. Zur Abwehr der geschilderten Ängste verdrängt das Kind seine Triebwünsche und identifiziert sich mit den Forderungen der Eltern, d.h., es verinnerlicht die elterlichen Gebote und Verbote (*Ich-Ideal*). Der bisher von außen ausgeübte Sozialisationsdruck kommt nun von innen. Das *Überich*, wie FREUD diese innere Persönlichkeitsinstanz nennt, begleitet und steuert von nun an das Denken und Handeln des Kindes. Es bestraft das Ich für Übertretungen von Geboten und Verboten durch Schuldgefühle oder einen Verlust der Selbstwertschätzung. Das Kind versucht den Schuldgefühlen und der Scham zu entgehen, indem es gemäß den verinnerlichten elterlichen Normen handelt und Abwehrmechanismen gegen davon abweichende Impulse bildet.

Moral wird somit von FREUD gleichgesetzt mit der Anpassung an die jeweils gegebenen Normen und Gesetze der Gesellschaft, deren wichtigste Repräsentanten in den ersten Lebensjahren des Kindes die Eltern sind. Dieser Moralbegriff geht über das, was bei PIAGET heteronome Moral und bei KOHLBERG konventionelle Moral heißt, nicht hinaus.

Mit der Bewältigung des ödipalen Konflikts gegen Ende des Vorschulalters ist für FREUD die Grundstruktur des individuellen Gewissens aufgebaut. Der frühe Zeitpunkt der Gewissensbildung, d.h. die in diesem Alter noch vorhandene kognitive Unreife und die Fundierung des Gewissens in überwiegend unbewußten Verdrängungsprozessen, machen verständlich, daß das Überich so starr, streng und strafend ist und daß die Internalisierung der elterlichen Standards in toto und unreflektiert erfolgt.

Für einige psychoanalytische Autoren ist das Überich mit dem Kindesalter nicht endgültig fixiert (BLOS, 1976; ERIKSON, 1970; SETTLAGE, 1972). Im Zusammenhang mit den hormonellen Umstellungen in der Pubertät kommt es vielmehr zu einer Rebellion des Heranwachsenden gegen das frühkindliche Überich. Er „... verwirft die moralischen Standards der Eltern und damit einhergehend auch den Teil seines Selbst, das diese Standards unreflektiert übernommen hat“ (HOFFMAN, 1979, S. 252). Der Ablösungsprozeß von den Eltern ist mit Angst verbunden. Psychoanalytiker, die Prozesse der Ich-Reifung betonen, nehmen auch für das Überich einen Reifungsprozeß bis ins Jugendalter hinein an.

Aufgrund der unterschiedlichen Ausgangssituation für Jungen und Mädchen nehmen orthodoxe Psychoanalytiker im übrigen ein weniger starkes, weniger rigides und forderndes Überich bei weiblichen Individuen an (vgl. Kap. 12.4.2). Ebenso soll bei vaterlos aufgewachsenen Jungen und bei mutterlos aufgewachsenen Mädchen ein schwaches Überich resultieren.

ERIKSON (1950/1965) hat FREUDS Theorie der ödipalen Moralität in der Art modifiziert, daß er von einer Internalisierung der moralischen Prinzipien *beider* Elternteile ausgeht und nicht nur dem Überich, sondern auch dem Ich eine entscheidende Bedeutung für die Moralentwicklung zuschreibt. Das Überich bestimmt zwar, was gut und was böse ist, ob das Individuum diesen Prinzipien folgt, hängt jedoch nach ERIKSON wesentlich von der Ichstärke ab. Da das psychoanalytische Ich der Sitz der höheren geistigen Funktionen ist, bedeutet dies, daß die Moralentwicklung mit der kognitiven (Ich-)Entwicklung zusammenhängt. Die Überich-Bildung gründet für ERIKSON auch weniger in einer Strafangst als in dem Bestreben des Kindes, die Zuneigung der Eltern zu behalten.

Bewertung der psychoanalytischen Theorie der Moralentwicklung

Wie für andere Teile der psychoanalytischen Theorie gilt auch für die Kernbegriffe der psychoanalytischen Moraltheorie (z.B. Kastrationsangst, Überich-Stärke), daß sie einer empirischen Überprüfung nur schwer zugänglich sind. Außer unsystematischen Beobachtungen an erwachsenen Patienten, d.h. der Deutung von deren Erinnerungen und Träumen, gibt es kaum die Theorie stützende Befunde.

Als widerlegt kann die Vorstellung eines relativ starren und mit etwa sechs Jahren bereits endgültig fixierten Gewissens gelten. Wie in dem vorangegangenen Abschnitt (3.1) gezeigt werden konnte, sind Kinder in diesem Alter noch nicht moralisch reif. Zumindest ihre Urteilsfähigkeit entwickelt sich bis ins Erwachsenenalter hinein. Entsprechendes gilt aber auch für affektive moralische Reaktionen wie Empathie und moralisches Verhalten.

Die Psychoanalyse kann nicht erklären, wie sich ein reifes moralisches Gewissen aus einer seit ihrer Bildung eher unbewußten Struktur wie dem Überich entwickeln soll. Auch ist nicht klar, warum nur die Strenge und Härte der Eltern internalisiert wird und nicht deren liebevolle Fürsorge, zumal die vergleichende Überprüfung verschiedener Identifikationshypothesen eher für eine Identifikation auf der Grundlage von Bewunderung, Anerkennung und Liebe als für eine defensive Identifikation mit dem Aggressor spricht (SEARS et al., 1965).

Die von der Psychoanalyse angenommenen Geschlechtsunterschiede der Gewissensstärke konnten ebenfalls nicht gefunden werden. Schließlich ließen sich die aus der Psychoanalyse abgeleiteten Hypothesen bezüglich der Zusammenhänge von elterlichen Erziehungsstilen (Strenge) und der Gewissensentwicklung (starkes Überich) nicht bestätigen (HOFFMAN, 1970; HOFFMAN & SALTZSTEIN, 1967).

3.2.2 Nicht-psychoanalytische Internalisierungskonzepte

Die von der Psychoanalyse herausgestellten moralischen Affekte (affektive Widerstände gegen Versuchungen, Schuldgefühle nach Übertretungen) gelten auch in der klassischen lerntheoretischen Moralforschung als die wichtigsten affektiven Indikatoren der Moralität. Ebenso wird hier der Aufbau dieser Affekte als durch Angst vermittelt angesehen (EYSENCK, 1970, 1976; MOWRER, 1950).

Grundlage für die Internalisierung der Bestrafungsangst ist in der sozialen Lerntheorie aber nicht die Abwehr von feindseligen und sexuellen Impulsen gegenüber den Eltern auf dem Wege einer defensiven Identifikation mit den Eltern, sondern die Konditionierung von Angst im Zusammenhang mit der wiederholten Bestrafung von Übertretungen elterlicher Normen und die dadurch beim Kind ausgelösten aversiv erlebten Zustände (Schmerz, Liebesverlust u.ä.). Bereits die Annährung an eine früher bestrafte Handlung bzw. die damit assoziierten Stimuli rufen nun Angst hervor. Die Angst kann durch Unterdrückung der betreffenden Handlung vermieden oder beendet werden. Gelingt die Unterdrückung der Handlung nicht, bestraft sich das Individuum anschließend selbst durch Schuldgefühle (zur lerntheoretischen Position der Moralentwicklung s. Abschnitt 3.3).

Mit HOFFMAN (1970) können die auf Angst basierenden Internalisierungskonzepte der Psychoanalyse und der sozialen Lerntheorie als Grenzfall von Internalisierung betrachtet werden, da sie in *externen* Sanktionen gründen und keine subjektive Bewertung der Handlung nach *richtig* oder *falsch* voraussetzen.

Außer den angstinduzierten Internalisierungskonzepten der Psychoanalyse und der Lerntheorie sind mit HOFFMAN (1979) noch zwei weitere Typen von Internalisierung zu unterscheiden, die als höhere Entwicklungsstufen der Internalisierung verstanden werden können:

– Internalisierung basierend auf der positiven Orientierung an einer abwesenden Bezugsperson oder Bezugsgruppe, die man respektiert und mit der man sich identifiziert;

– Internalisierung, bei der die vertretenen moralischen Standards und Wertungen nicht als eine Verpflichtung anderen gegenüber, sondern sich selbst gegenüber empfunden werden. Das Individuum handelt entsprechend, um seine Selbstachtung aufrecht zu erhalten.

Die von HOFFMAN (1970) formulierten Stufen der Internalisierung weisen Ähnlichkeiten mit den von KOHLBERG unterschiedenen Niveaus der moralischen Orientierung (präkonventionell, konventionell, postkonventionell) auf (vgl. oben, Tabelle 13.4).

3.2.3 Bewertung der affektiven Perspektive der Moralentwicklung

Aufgrund der größeren Heterogenität und der geringeren Systematisierung der Ansätze zur affektiven Seite der Moralentwicklung im Vergleich zu den im vorangegangenen Abschnitt dargestellten kognitiven Ansätzen läßt sich über erstere nur schwer ein zusammenfassendes Urteil abgeben.

Durch die empirische Forschung weitgehend überholt sind die Vorstellungen der Psychoanalyse über die Gesetzmäßigkeiten der Internalisierung von Normen und der Entstehung von Schuldgefühlen in der frühen Kindheit. Die von der Sozialen Lerntheorie betonten Prozesse der Konditionierung angstinduzierter affektiver Widerstände gegen Versuchungen und Schuldgefühle nach Übertretungen decken nur einen Teil der im Laufe der Entwicklung auftretenden moralischen Affekte ab, und zwar nur diejenigen, die auf die Unterdrükkung oder Selbstbestrafung verbotener Handlungsimpulse gerichtet sind. Daneben gibt es aber auch noch *prosoziale* Affekte und Motive (empathisches und sympathisches Leiden). Sie sind der wesentliche Gegenstand von HOFFMANS Empathie-Theorie der Moral, die gegenwärtig am ehesten einen Erkenntnisfortschritt hinsichtlich der Entwicklung moralischer Affekte und ihrer Einbettung in allgemeine Entwicklungsprozesse verspricht (s. dazu Abschnitt 4.2).

Die Beachtung der affektiven Perspektive der Moral erscheint unbedingt erforderlich, wenn man beantworten will, was das Individuum dazu bringt, unter Zurückstellung eigener Bedürfnisse anderen zu helfen oder Schuldgefühle zu entwickeln, wenn eigenen Bedürfnissen zu Lasten anderer nachgegeben wurde. Wie die kognitive Analyse des Denkens und Urteilens über moralische Sachverhalte ohne Berücksichtigung der affektiven Perspektive blaß und für das Individuum unverbindlich bleibt, so ist die affektive Analyse der Moral allerdings zu ergänzen durch die Betrachtung des damit einhergehenden moralischen Verhaltens. Dies ist der Gegenstand des folgenden Abschnitts 3.3.

3.3 Die Verhaltensperspektive – Entwicklung moralischen Verhaltens

Beobachtbares *moralisches Verhalten* steht im Zentrum einer lerntheoretischen Betrachtung der Moralentwicklung (ARONFREED, 1968; BANDURA, 1971; BANDURA & WALTERS, 1963; EYSENCK, 1970). Für den Aufbau und die Veränderungen moralischer Verhaltensweisen in der Ontogenese gelten die gleichen Lerngesetze wie für den Erwerb anderer Verhaltensklassen:

1. Wiederholt in raum-zeitlicher Nähe auftretende Ereignisse (Reize und Reaktionen) werden miteinander verknüpft (Kontiguitätsprinzip);
2. Es werden situationsspezifische Verhaltensmuster erworben, keine generellen Persönlichkeitsmerkmale (Spezifitätsannahme);

3. Das Verhalten des Individuums spiegelt die Umweltstimulation direkt wider (Widerspiegelungsannahme).

Was bedeutet das für die Analyse der Moralentwicklung? Die Moralentwicklung beinhaltet die zunehmende Anpassung des Verhaltens an die von der Gesellschaft (Eltern, Erzieher, Medien) als moralisch klassifizierten Normen, Regeln und Gesetze. Was moralisch ist, bestimmt die Umwelt auf dem Wege der direkten Bekräftigung (Belohnung moralischen bzw. Bestrafung unmoralischen Verhaltens) und der stellvertretenden Bekräftigung (Belohnung und Bestrafung von Modellen für entsprechendes Verhalten). Aufgrund der Situationsspezifität des Lernens ist nur eine geringe situationsübergreifende Konsistenz moralischer Verhaltensweisen zu erwarten. Da das Individuum durch Erziehung bzw. Sozialisationsfaktoren allgemein als unbegrenzt formbar angesehen wird, steht häufig die Frage des Zusammenhangs von Sozialisationseinflüssen und der Moralentwicklung im Vordergrund des Interesses.

Trotz der weiten, rein formalen Definition moralischen Verhaltens sind nur wenige, sehr spezielle Verhaltensweisen von Anhängern der Sozialen Lerntheorie bevorzugt zum Gegenstand empirischer Untersuchungen gemacht worden. Zwei Untersuchungsparadigmen wurden besonders häufig verwendet: 1. die Einhaltung expliziter Verhaltensvorschriften bzw. die Unterdrückung verbotenen Verhaltens in Situationen, in denen kein Außenstehender da ist, um die Regeln durchzusetzen; 2. das Aufschieben einer sofortigen kleineren Belohnung zugunsten des späteren Erhalts einer größeren Belohnung. In beiden Fällen geht es hauptsächlich darum, der Versuchung zur Übertretung eines Gebots oder Verbots zu widerstehen.

Ähnlich wie bei der Untersuchung moralischer Affekte ein Wechsel von der Beschäftigung mit negativen Aspekten (Angst und Schuld) zur Auseinandersetzung mit positiven Aspekten (Empathie und prosoziale Motive) stattgefunden hat, wendete man sich etwa seit Anfang der 70er Jahre auch unter der Verhaltensperspektive verstärkt positiven Aspekten der Moral (prosozialem, altruistischem Verhalten) zu.

In den folgenden Abschnitten (3.3.1 und 3.3.2) werden die wichtigsten Ergebnisse zu diesen beiden Seiten der Moralentwicklung, der Unterdrückung verbotenen Verhaltens und der Äußerung prosozialen Verhaltens, dargestellt. Eine kritische Bewertung der lerntheoretischen Sichtweise der Entwicklung moralischen Verhaltens erfolgt in Abschnitt 3.3.3.

Eine Auseinandersetzung mit moralischem Verhalten findet sich nicht nur innerhalb lerntheoretischer Ansätze, sondern auch innerhalb handlungstheoretischer Ansätze (Eckensberger & Reinshagen, 1979) und in sozial-normativen Entscheidungstheorien (Schwartz, 1977). Da sich diese Ansätze aber nicht auf die Verhaltensanalyse beschränken, sondern Verhalten (Handeln, Entscheiden) in kognitive und motivationale Prozesse eingebettet betrachten, gehe ich an dieser Stelle nicht darauf ein.

3.3.1 Versuchungen widerstehen – die Unterdrückung verbotenen Verhaltens

Die zehn Gebote Moses beinhalten bis auf wenige Ausnahmen Anweisungen, einer Reihe von Versuchungen nicht nachzugeben (*Du sollst nicht ...*). Auch in den Köpfen von Eltern und Erziehern ist die Vorstellung, Erziehung zur Moral sei vor allem die Ausmerzung oder Unterdrückung antisozialen, unmoralischen Verhaltens, fest verwurzelt. Geschätzte Tugenden wie Ehrlichkeit, Höflichkeit, Teilen werden dabei als Negation sozial unerwünschten, unkontrollierten oder eigennützigen Verhaltens angesehen. Für das Funktionieren einer Gesellschaft ist die Fähigkeit ihrer Mitglieder, Versuchungen zur Verletzung von Normen auch in Situationen zu widerstehen, wo die Gefahr gering ist, entdeckt und bestraft zu werden, von erheblicher Bedeutung. Daran wird nämlich sichtbar, daß die Normen nicht nur bekannt sind (Normenkenntnis), sondern daß sie auch ohne konkreten äußeren Druck befolgt werden (Normeninternalisierung).

Das experimentelle Paradigma

Inwieweit Individuen Versuchungen widerstehen oder ihnen nachgeben, wird meist auf folgende Art untersucht: Die Versuchsperson wird aufgefordert, sich in einer Laborsituation (z.B. bei der Ausführung einer Geschicklichkeitsaufgabe oder beim Umgang mit Spielsachen) nach bestimmten Regeln zu verhalten. D.h., es sind nur bestimmte Verhaltensweisen erlaubt, andere Verhaltensweisen strikt untersagt (z.B. soll ein Ball in einen Korb geworfen werden, wobei eine markierte Linie nicht übertreten werden darf; oder nur ein Teil der Spielsachen in einem Raum darf benutzt werden). Durch die Gestaltung der Situation werden Anreize geschaffen, die Regeln zu verletzen (z.B. wird für eine hohe Trefferzahl beim Korbwurf ein Preis ausgesetzt oder die verbotenen Spielzeuge sind besonders attraktiv). Nach einiger Zeit der Kontrolle der Instruktionsbefolgung verläßt der Versuchsleiter – meist unter einem Vorwand – den Versuchsraum und läßt die Versuchsperson im Glauben zurück, sie sei vorübergehend unbeobachtet. Tatsächlich ist der Versuchsleiter aber (per Einwegspiegel oder Kamera) in der Lage zu beobachten, ob die Versuchsperson nun von der Instruktion abweicht, wie lange es dauert, bis sie zum ersten Mal gegen die Instruktion verstößt und wie oft die Instruktion verletzt wird.

An diesem Untersuchungsparadigma orientierte sich bereits die in jeder Darstellung zur Moralentwicklung zitierte klassische Studie von Hartshorne und May (1928 – 1930) zum moralischen Charakter. In einer Reihe von experimentellen Studien untersuchten sie über 11.000 Kinder im Alter zwischen acht und sechzehn Jahren. Jede Studie gab den Kindern Gelegenheit, unbemerkt (wie sie dachten) zu betrügen, zu lügen oder zu stehlen, und sich so einen persönlichen Vorteil zu verschaffen. Z.B. wurden sie in Versuchung geführt, bei einem Test die Antworten eines anderen abzuschreiben oder bei Spielen, sportlichen Wettbewerben oder häuslichen Pflichten zu schummeln. Die Untersuchungen wurden in verschiedenen Umgebungen durchgeführt: in der Schule, auf dem Spielplatz, in einem Verein und in der Kirche. Aus den Untersuchungsergebnissen schlossen HARTSHORNE und MAY, daß ehrliches Verhalten hauptsächlich durch situationsspezifische Faktoren wie zu erwartende Strafen oder Belohnungen und Konformitätsdruck determiniert wird und weniger durch eine „inneres" Gewissen im Sinne eines generellen Persönlichkeitszugs erklärt werden kann. Grundlage für diese Schlußfolgerung war die Tatsache, daß die Kinder nicht generell in ehrliche und unehrliche Kinder unterteilt werden konnten, sondern daß die meisten Kinder sich in verschiedenen Situationen unterschiedlich verhielten: mal waren sie ehrlich, mal waren sie unehrlich. Ehrlichkeit trat am ehesten dann auf, wenn die Gefahr des Entdecktwerdens bestand und wenn es einen gewissen Aufwand erforderte, unehrlich zu sein. Die Einhaltung von Geboten und Verboten schien eher durch Vorsicht als durch Ehrlichkeit motiviert zu sein.

Eine Reanalyse der Daten von HARTSHORNE und MAY durch BURTON (1963), die nur die sechs reliabelsten Maße der Originaluntersuchung berücksichtigte, erbrachte eine etwas größere individuelle Konsistenz des Verhaltens. Das heißt, viele Kinder waren relativ konsistent ehrlich oder unehrlich. Allerdings zeigte sich auch hier eine situationsabhängige Variation des Verhaltens.

Abgesehen von möglichen ethischen Bedenken (Täuschung der Kinder hinsichtlich des Unbeobachtetseins) weist das geschilderte Vorgehen einige methodische Probleme auf, die seine Brauchbarkeit einschränken: Interindividuelle Differenzen im Ausmaß der Übertretung lassen sich nicht nur auf einen unterschiedlichen Grad des Widerstandes gegen Versuchungen zurückführen, sondern auch auf andere individuelle Faktoren, z.B. die erlebte Valenz der gegebenen Anreize, die Leistungsfähigkeit und das Anspruchsniveau beim Lösen einer Aufgabe oder die subjektive Wahrscheinlichkeit des Entdecktwerdens. Auch ist unklar, welche Rolle die Autoritätsbeziehung zum Versuchsleiter spielt und inwieweit eher Gehorsam gegenüber einer Autorität als die Internalisierung einer Norm geprüft wird.

Ergebnisse der experimentellen Strafforschung

Der klassische lerntheoretische Erklärungsansatz für das Widerstehen gegenüber Versuchungen ist die Konditionierung einer Angstvermeidung auf der Basis von Bestrafung (MOWRER, 1960; EYSENCK, 1970): Wird ein Individuum wiederholt für eine Übertretung bestraft, werden mit diesem Verhalten bzw. mit den kinästhetischen und den anderen Reizen, die dem früher bestraften Verhalten regelmäßig vorausgingen, die durch die Strafe hervorgerufenen Schmerz- und Angstzustände assoziiert. Bei zukünftigen Übertretungen oder Gedanken daran tritt nun auch die strafinduzierte Angst auf. Durch Unterlassen des früher bestraften Verhaltens kann die Angst vermieden werden. Das Verhalten des Individuums liefert so den Anschein von Internalisierung, obwohl es nur auf die Furcht vor einer externen Strafe reagiert.

Weiterhin soll gelten: Erfolgt die Bestrafung am Anfang eines verbotenen Verhaltens, wird später schon vor der Äußerung des Verhaltens Angst auftreten, die durch Nichtausführen des Verhaltens vermieden oder reduziert werden kann. Erfolgt die Bestrafung hingegen am Ende der Verhaltenssequenz, ist dem Bestrafungseffekt u.U. seine Wirkung genommen, da er von den unmittelbaren belohnenden Verhaltenskonsequenzen aufgewogen wird, oder es treten nach der Übertretung Schuldgefühle auf, ohne daß dadurch in Zukunft die Übertretung verhindert wird.

Untersuchung 13.3 — *Internalisierte Unterdrückung von Verhalten und der Zeitpunkt der Bestrafung*

Justin ARONFREED und Arthur REBER (1965) führten ein Experiment durch, mit dem sie herausfinden wollten, ob der Zeitpunkt der Bestrafung eines verbotenen Verhaltens (Bestrafung vor oder nach Ausführung einer Tat) einen Einfluß auf die spätere Unterdrückung dieses Verhaltens auch bei Abwesenheit strafender Instanzen hat (Internalisierung der Verhaltensunterdrückung).

Den Prozeß der Internalisierung der Verhaltensunterdrückung sahen die Autoren dabei als zweistufig an: 1. Zunächst wird der affektive Zustand der Angst mit den unmittelbar mit dem Vergehen zusammenhängenden internen Stimuli verknüpft; 2. Anschließend findet eine Verknüpfung der Angstreduktion mit der Unterdrückung des Verhaltens statt. Es wurde erwartet, daß bei Bestrafung vor bzw. zu Beginn der Tat die Angst eher mit den zu diesem Zeitpunkt relevanten Stimuli verknüpft wird als bei Bestrafung einer bereits ausgeführten Tat. Im ersten Fall sollte daher eine Unterdrückung des verbotenen Verhaltens eher motiviert werden als im zweiten Fall, bei dem die Angst erst mit den im Anschluß an die Tat relevanten Stimuli verknüpft wird und deshalb möglicherweise nicht ausreicht, um die Verhaltensunterdrückung auch bei Abwesenheit einer bestrafenden Instanz zu gewährleisten.

An dem Experiment nahmen 88 Jungen aus dem vierten und fünften Schuljahr teil. Sie wurden auf drei experimentelle Bedingungen aufgeteilt: Bestrafung zu Beginn der Tat (N = 34), Bestrafung nach Ausführung der Tat (N = 34), keine Bestrafung (N = 20).

Den Jungen wurden im Einzelversuch in neun aufeinanderfolgenden Trainingsdurchgängen jeweils zwei Spielzeuge vorgelegt, wovon sie eines in die Hand nehmen und seine Funktion beschreiben sollten. Die Spielzeuge variierten von Durchgang zu Durchgang. Jedes Mal war eines der beiden Spielzeuge sehr attraktiv (z.B. ein Elektromotor), das andere wenig attraktiv (z.B. ein Fingerhut). Bei Wahl des attraktiven Spielzeuges erfolgte konsistent eine milde Form von Bestrafung (das Verbot, sich mit dem Spielzeug zu beschäftigen und es zu beschreiben). Den Jungen wurde dabei gesagt, daß dieses Spielzeug nur für ältere Kinder sei.

In der *ersten Versuchsbedingung* (Bestrafung bei Beginn der Tat) erfolgte die Bestrafung, sobald der Junge die Hand nach dem attraktiven Spielzeug ausstreckte, also noch bevor er es berührt hatte.

In der *zweiten Versuchsbedingung* (Bestrafung nach Ausführung der Tat) erfolgte die Bestrafung, nachdem der Junge das attraktivere Spielzeug bereits aufgenommen und einige Sekunden in der Hand gehalten hatte.

In der *Kontrollbedingung* erfolgte keine Bestrafung, nur der Hinweis, daß die attraktiveren Spielzeuge für ältere Kinder gedacht seien.

In einem weiteren Versuchsdurchgang wurde für jeden Proband getestet, inwieweit die Unterdrückung des zuvor bestraften Verhaltens internalisiert war. Dazu legte der Vl dem Proband ein zehntes Spielzeugpaar vor und verließ dann unter einem Vorwand für kurze Zeit den Raum. Bei seiner Rückkehr konnte er – aufgrund bestimmter Vorkehrungen – feststellen, ob der Proband das attraktivere Spielzeug (eine Sanduhr aus Glas) in seiner Abwesenheit berührt hatte oder nicht.

Der Zeitpunkt der Bestrafung hatte einen Einfluß auf die Unterdrückung des verbotenen Verhaltens. Wie erwartet erwies sich die Bestrafung zu Beginn der Tat als effektiver als die Bestrafung nach Ausführung der Tat. Abbildung 13.2 zeigt für die drei Versuchsbedingungen die Zahl der Jungen, die während des Testdurchgangs das attraktive Spielzeug berührt oder mit ihm gespielt hatten (Übertreter) und die dies nicht getan hatten (Nicht-Übertreter). Der Unterschied zwischen den Bedingungen 1 und 2 ist hochsignifikant ($Chi^2 = 11.54$, $p < .001$).

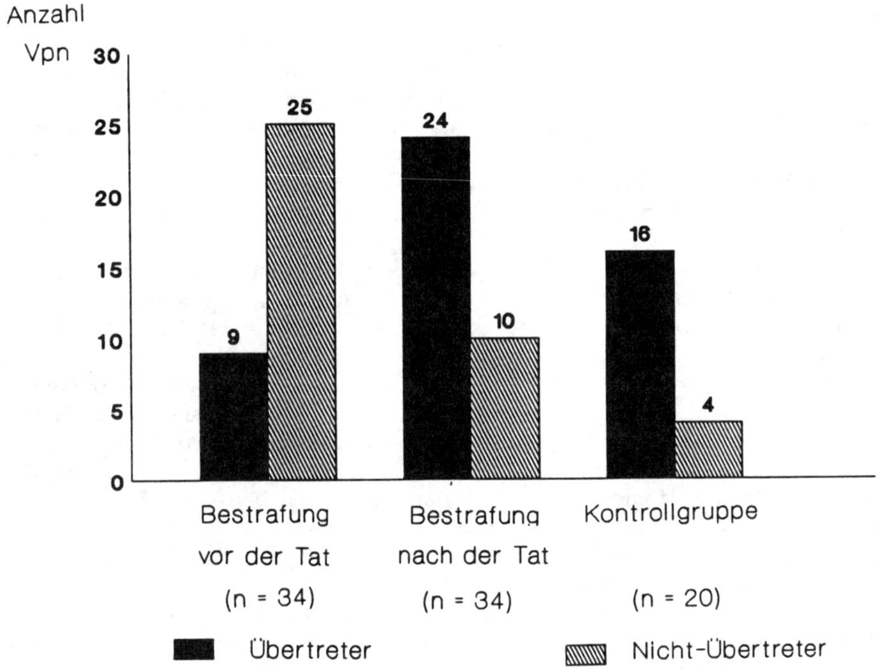

Abbildung 13.2: Übertretungen und Nicht-Übertretungen eines Verbots in Abhängigkeit vom Zeitpunkt der Bestrafung (nach ARONFREED & REBER, 1965, S. 9)

Ein interessantes Nebenergebnis war, daß bereits während der neun Trainingsdurchgänge Probanden, die vor Berühren des attraktiven Spielzeugs bestraft wurden, insgesamt seltener bestraftes Verhalten zeigten als Probanden, die erst nach der Tat bestraft wurden.

In der Diskussion der Ergebnisse weisen die Autoren auf die Diskrepanz zwischen ihren experimentellen Befunden (geringe Wirksamkeit von nachträglichen Bestrafungen) und der offensichtlichen Wirksamkeit der in der natürlichen Sozialisation vorherrschenden Bestrafung nach erfolgtem Vergehen hin. Sie erklären dies damit, daß in der natürlichen Sozialisation neben dem Zeitpunkt der Bestrafung noch eine ganze Reihe weiterer Faktoren wirken: z.B. die bei der Bestrafung durch enge Bezugspersonen anzunehmende größere Angstintensität, die positive Verstärkung der Unterdrückung eines verbotenen Verhaltens in Form elterlichen Lobs u.ä.

Aufgrund ihrer behavioristischen Sichtweise der Verhaltenssteuerung kümmern sich die Autoren nicht um die zahlreichen komplexen kognitiven Faktoren, die bei der Erklärung des Verhaltens der Probanden zu berücksichtigen wären und die dann in der späteren Strafforschung zunehmend beachtet wurden (siehe dazu weiter unten).

Für die Überprüfung der Hypothese angstinduzierter Internalisierungsprozesse als Grundlage der Verhaltensunterdrückung ist die Untersuchung von Aronfreed und Reber (1965) insofern auch von nur eingeschränkter Bedeutung, als das gewählte experimentelle Paradigma (Untersagung der Beschäftigung mit einem attraktiven Spielzeug in einem Laborsetting) für verbotenes Verhalten von Kindern und Heranwachsenden im Alltag wenig ökologische Validität und eine eher geringe Angstqualität besitzen dürfte. Letzteres ist auch dadurch bedingt, daß aus ethischen Gründen im Humanversuch keine tatsächlich ängstigenden Bedingungen geschaffen werden dürfen.

Aronfreed, J. & Reber, A. (1965). Internalized behavioral suppression and the timing of social punishment. *Journal of Personality and Social Psychology, 1*, 3–16.

Nach dem Muster des auf S. 451 geschilderten Untersuchungsparadigmas, wie es ähnlich auch von Aronfreed und Reber (1965) verwendet wurde, wurden in den 60er Jahren eine Reihe von Experimenten zur Wirksamkeit von Bestrafung bei der Kontrolle von Übertretungstendenzen durchgeführt. Versuchspersonen waren meist Vorschul- oder Schulkinder. Die Nichtbefolgung der Instruktion (z.B. bestimmte Spielsachen nicht anzufassen) wurde mit Strafreizen verschiedener Art und Intensität (z.B. verbalen strengen Ermahnungen, einem unangenehmen lauten Ton) zu Beginn oder nach Auftreten des verbotenen Verhaltens beantwortet (Aronfreed, 1968; Parke & Walters, 1967). Das Ausmaß der Übertretungstendenz, als Indikator für den Grad des Widerstands gegen die Versuchung, variierte mit dem *Zeitpunkt*, der *Intensität* und der *Konsistenz* der Bestrafung, sowie mit der *Beziehung des Kindes zur strafenden Person* (Johnston, 1972; Parke & Walters, 1967). Eine Zusammenfassung der Ergebnisse dieser Experimente liefert Tabelle 13.6.

Tabelle 13.6: Ergebnisse der experimentellen Strafforschung zu den Auswirkungen verschiedener Faktoren der Bestrafung auf Übertretungstendenzen des Betroffenen (aus SHAFFER, 1985, S. 576; Übers. v. Verf.)

Zeitpunkt der Bestrafung	Bestrafung zu Beginn des abweichenden Verhaltens ist effektiver als Bestrafung, die nach der Ausführung des Verhaltens erfolgt. Frühe Bestrafung macht Kindern begreiflich, daß sie im Begriff sind, eine Übertretung zu begehen, so daß es weniger wahrscheinlich wird, daß sie eine solche Handlung tatsächlich ausführen. Im Gegensatz dazu lenkt eine nach dem Verhalten einsetzende Strafe die Aufmerksamkeit des Kindes nicht auf das Verhalten selbst, so daß es eher geneigt ist, das Verhalten wieder zu zeigen und erst anschließend Angstgefühle zu entwickeln.
Intensität der Bestrafung	Hohe Intensität der Bestrafung (ein lauter Ton oder ein kräftiges Nein!) ist effektiver zur Unterdrückung unerwünschten Verhaltens als milde Bestrafung. Dennoch ist Vorsicht angebracht, denn sehr intensive Strafen wie starke Schläge führen zu einer feindseligen Haltung des Kindes gegenüber dem Bestrafenden sowie zu der Tendenz, sich in einer unbeobachteten Situation aus Trotz abweichend zu verhalten.
Konsistenz der Bestrafung	Um effektiv zu sein, muß Bestrafung konsistent angewandt werden. Nur sporadisch oder inkonsistent bestrafte Verhaltensweisen werden über lange Zeit aufrechterhalten und sind schwer zu beseitigen, auch dann nicht, wenn die Bestrafung später regelmäßig erfolgt.
Beziehung zum Bestrafenden	Bestrafung ist effektiver beim Aufbau moralischer Verbote, wenn der Bestrafende zuvor eine warme und freundliche Beziehung zum Kind aufgebaut hat.

In späteren Untersuchungen, in denen den Kindern Gründe für ein Verbot genannt wurden (z.B. daß ein Spielzeug sehr zerbrechlich ist oder daß es einem anderen Kind gehört, das nicht möchte, daß man damit spielt) sahen die Strafeffekte anders aus. Nun hatte der Zeitpunkt der Bestrafung keine wesentliche Bedeutung mehr, und milde Strafandrohungen waren eher wirksam als intensive Strafen (MONTADA, BRÜMAN & GRONWALD, 1973; PARKE, 1974, 1977). Insgesamt war die Angabe von Gründen weit effektiver als die bloße Bestrafung. Am effektivsten war allerdings die Kombination von milden Formen der Bestrafung und Erklärungen.

Dieser Laborbefund wird auch durch die Erziehungsstilforschung bestätigt. Sogenannte induktive Erziehungsmethoden, also argumentative Begründungen für Gebote und Verbote, erwiesen sich gegenüber einer ausschließlich auf Strafe basierenden Kontrolle als förderlicher für die Moralentwicklung (HOFFMAN, 1970; HOFFMAN & SALTZSTEIN, 1967).

Auf einen anderen Faktor, der das Ausmaß der Übertretungstendenzen beeinflußt, machten DIENSTBIER und Mitarbeiter (DIENSTBIER, HILLMAN, LEHNHOFF, HILLMAN & VALKENAAR, 1975) aufmerksam. Sie konnten zeigen, daß das Ausmaß der Vermeidung von Übertretungen von der Interpretation der eigenen Angstgefühle in einer Versuchungssituation abhängt. Wurde als Quelle des eigenen Unbehagens ein auf die verbotene Handlung selbst bezogener Annäherungs-Vermeidungs-Konflikt erlebt, war die Vermeidungstendenz größer als wenn das Unbehagen mit der Angst vor Entdeckung und Bestrafung verknüpft wurde. War das Kind sicher, nicht entdeckt und bestraft zu werden, so verschwand in letzterem Fall sehr bald das Angstgefühl und die Übertretungstendenz nahm zu.

Sämtliche zuletzt genannten Untersuchungsergebnisse weisen darauf hin, daß die angemessene Einschätzung von Strafwirkungen über ein einfaches Konditionierungsparadigma hinausgehen muß und nur unter Berücksichtigung kognitiver Verarbeitungsprozesse möglich ist (ARONFREED, 1976; MISCHEL & MISCHEL, 1976). Dies gilt um so mehr, je älter die Kinder sind.

Abgesehen von diesem eher theoretischen Problem der notwendigen Erweiterung des klassischen S-R-Paradigmas durch kognitive Variablen ist noch auf die unerwünschten Nebeneffekte von Bestrafungen hinzuweisen (z.B. Auslösung von Ärger und Auflehnung gegen die strafende Person, was diese als Quelle der Verstärkung alternativen erwünschten Verhaltens abwertet; Übernahme der aggressiven Anteile der Bestrafung in das eigene Verhalten; nur vorübergehende, an die Furcht vor Entdeckung und Bestrafung gebundene Unterdrückung des Verhaltens). Diese unerwünschten Nebeneffekte lassen eine vornehmlich auf Strafen gestützte Erziehung zum Aufbau innerer Widerstände gegen Versuchungen wenig geeignet erscheinen (s. hierzu auch Kap. 2.4).

Zur Rolle direkter Belohung und des Lernens am Modell

Die Wirksamkeit der *Belohnung „standhaften" Verhaltens* in einer Versuchungssituation ist kaum untersucht worden. Dies hängt vermutlich damit zusammen, daß Übertretungen von Geboten und Verboten eher registriert werden können als die Unterdrückung verbotenen Verhaltens, und daß entsprechend eher Bestrafungen für Übertretungen als Belohnungen für das Nichtbegehen einer Übertretung vorkommen. Dabei kann Belohnung durchaus für den Aufbau von Widerständen gegen Versuchungen förderlich sein, wenn nämlich in einer Versuchungssituation alternative, mit dem unerwünschten Verhalten inkompatible Verhaltensweisen bekräftigt werden (PERRY & PARKE, 1975).

Häufiger als die Wirkung direkter Belohnung wurden die Effekte von *Verhaltensmodellen* auf Übertretungstendenzen eines Beobachters bzw. ihre Kontrolle untersucht. Hauptergebnis derartiger Untersuchungen ist, daß Enthemmungseffekte leichter zu erzeugen sind als Hemmungseffekte. Der Abbau von Widerständen, einer Versuchung nachzugeben, nachdem man ein übertretendes Modell beobachtet hat, fällt also leichter als die Stärkung von Widerständen gegen eine Übertretung nach Beobachtung eines folgsamen Modells. Dies gilt insbesondere unter der Bedingung, daß das übertretende Modell für sein Verhalten nicht bestraft wurde (HOFFMAN, 1970; ROSENKOETTER, 1973; STEIN, 1967; WOLF, 1973). Nur wenn der Beobachter das *Widerstehen* sehen und erleben kann (z.B. wenn das Modell das regelgerechte Verhalten und die Gründe, die Regeln nicht zu verletzen, laut verbalisiert), wird die Vermeidungstendenz des Beobachters gestärkt (GRUSEC, KUCZYNSKI, RUSHTON & SIMUTIS, 1979; TONER & POTTS, 1981). Besonders effektiv scheint zu sein, das Kind zuvor selbst die Rolle eines folgsamen Modells ausüben zu lassen. Kinder, die als folgsames Modell für andere Kinder fungiert hatten, verhielten sich später folgsamer als Kinder, die diese Erfahrung nicht gemacht hatten (TONER, MOORE & ASHLEY, 1978).

Nicht nur das Übertretungsverhalten des Modells und dessen unmittelbare (externe) Bestrafung beeinflussen die spätere Übertretungstendenz des Beobachters, sondern auch die Reaktion des Modells auf die erfahrene Bestrafung bzw. die Bewertung der Strafe durch das Modell (MONTADA & THIRION, 1972; MONTADA & SETTER TO BULTE, 1974).

Untersuchung 13.4 *Strafwirkung als Funktion der Strafbewertung*

Ausgangspunkt der Untersuchung von Leo MONTADA, Ursula SETTER TO BULTE, Beate SÜTTER & Karl WINTER (1974) war die Überlegung, daß bei Menschen nicht physikalisch oder physiologisch definierte Strafreize verhaltenswirksam sind, sondern deren jeweilige subjektive Wahrnehmung oder Einschätzung. In einem Experiment überprüften sie, ob und in welchem Maße unterschiedliche Arten der subjektiven Bewertung einer Strafe deren Wirkung beeinflussen.

Um nicht die Vpn selbst zu bestrafen, induzierten sie die unterschiedlichen Strafbewertungen über die Beobachtung von Modellen, die für Verbotsübertretungen bei einer Geschicklichkeitsaufgabe bestraft wurden und daraufhin in ihrem Ausdrucksverhalten unterschiedliche Arten der emotionalen Reaktion auf die Strafe zeigten. Überprüft wurden die Effekte der induzierten Strafbewertungen an den späteren Übertretenshäufigkeiten der Beobachter bei der gleichen Geschicklichkeitsaufgabe.

An dem Experiment nahmen 50 Jungen und 50 Mädchen aus zweiten und dritten Grundschulklassen in Einzelversuchen teil. In der ersten Versuchsphase wurde jedes Kind, nachdem es ca. 10 Minuten gespielt hatte, unter einem Vorwand in einen Warteraum geführt. Dort wurde es über ein eingeschaltetes Fernsehgerät – vermeintlich unbeabsichtigt – Zeuge einer sich im Nebenraum abspielenden Szene. In deren Verlauf verschaffte sich ein zehnjähriger Junge (das in den Versuch eingeweihte Modellkind) bei einer Geschicklichkeitsaufgabe, für deren erfolgreiche Bewältigung ein attraktiver Preis ausgesetzt worden war, durch Regelverstöße – von der Vl unbemerkt – einen unerlaubten Vorteil.

Bei der Aufgabe handelte es sich um ein Wurfspiel, bei dem 25 kleine Gummibälle von einer Markierungslinie aus in einen wenige Meter entfernten Korb zu werfen waren. Der Schwierigkeitsgrad der Aufgabe war so gewählt, daß ein Erfolg nur bei Verletzung der Spielregeln möglich war.

Für die Konsequenzen des Verhaltens des Modellkindes (M) bzw. dessen Reaktion darauf (Betroffenheit, Gleichgültigkeit oder Ärger über die Strafe) gab es verschiedene Filmversionen. Je nach Filmversion wurden die Vpn nach Zufall auf fünf Experimentalgruppen (EG) aufgeteilt:

EG 1: M's Übertretungen bleiben unentdeckt und werden nicht bestraft. M's Leistung wird gelobt und mit einem attraktiven Preis belohnt.

EG 2: M's Übertretungen werden entdeckt und bestraft. Die Vl springt heftig erregt auf, äußert lautstark ihre Enttäuschung über M's Verhalten, bricht den Versuch ab und versagt den Preis. Die Vl verläßt den Raum mit M, so daß dessen Reaktion auf die Strafe nicht beobachtbar ist.

EG 3: Wie EG 2. Nach der Bestrafung läßt die Vl M jedoch alleine im Raum zurück. Schon während der Bestrafung zeigt sich M sehr betroffen, steht mit gesenktem Kopf da und sinkt anschließend mit bedrückter Miene zu Boden. Schließlich verläßt M mit beschämt traurigem Gesichtausdruck den Raum.

EG 4: Bis zur Bestrafung wie EG 2 und 3. M ist aber durch die Strafe keineswegs beeindruckt. Vielmehr lacht er die erregt schimpfende Vl an, zeigt Gleichgültigkeit und schaut interessiert und pfeifend im Raum herum.

EG 5: Bis zur Bestrafung wie EG 2 bis 4. M reagiert aber nun zornig und ärgerlich auf die Strafe. Er bezeichnet die Strafe als ungerecht, weil die Aufgabe zu schwierig gewesen sei. Nachdem die Vl den Raum verlassen hat, schimpft M weiter, tritt den Korb mit den Bällen zornig um und schießt die Bälle in alle Richtungen.

In einer anschließenden Testphase wurde jeder Vp die gleiche Geschicklichkeitsaufgabe gestellt wie dem Modellkind und für ein gutes Ergebnis der gleiche Preis ausgesetzt. Dann wurde die Vp allein gelassen. Damit die Vp nicht dachte, daß sie per Kamera beobachtet wird, war der Raum anders ausgestattet als der im Film gezeigte. Tatsächlich wurde die Vp aber über eine versteckte Kamera beobachtet, so daß ihre Übertretungen registriert werden konnten. Jede Überschreitung der Markierungslinie beim Abwurf der Bälle und jedes Wiederaufnehmen eines bereits geworfenen Balles wurde als Übertretung gewertet (Anzahl der Übertretungen). Zusätzlich wurde jede Übertretung je nach Nähe zum Zielkorb gewichtet (Summe der gewichteten Übertretungen).

In einer letzten Versuchphase wurde jede Vp außerdem noch über die beobachteten Filmszenen befragt, um festzustellen, ob die intendierten Reaktionen der Vl und des Modellkindes richtig verstanden worden waren. Dies war der Fall.

Die Autoren erwarteten in den Gruppen 1, 4 und 5 höhere Übertretungswerte als in den Gruppen 2 und 3, wobei insbesondere ähnliche Ergebnisse in den Gruppen 4 und 5 (Gleichgültigkeit oder Ärger als Reaktion auf Bestrafung) wie in Gruppe 1 (Belohnung für Übertretungen) als Nachweis für Effekte der subjektiven Strafbewertung angesehen werden. Ähnliche Ergebnisse in den Gruppen 2 und 3 (keine beobachtbare Reaktion von M auf die Strafe und Betroffenheit nach Strafe) sprächen dafür, daß die Vpn Betroffenheit auf eine Bestrafung als die übliche Reaktion ansehen.

Die Ergebnisse bestätigen die aufgestellten Hypothesen (s. Tabelle 13.7). Die Wirkung einer Strafe bzw. Strafandrohung wird durch die (induzierte) subjektive Strafbewertung entscheidend beeinflußt. Nur wenn das Modellkind die Strafe akzeptierte

Tabelle 13.7: Anzahl der Übertreter (n) und mittlere gewichtete Übertretungswerte ($X_{gew.}$) in den Experimentalgruppen (pro EG n = 20) (nach MONTADA et al., 1974, S. 83)

Experimental-gruppe		n	$\bar{X}_{gew.}$
EG 1	Belohnung nach M's Übertretung	18	22,5
EG 2	Filmende nach Strafe	4	4,2
EG 3	Betroffenheit nach Strafe	4	1,0
EG 4	Gleichgültigkeit nach Strafe	14	8,5
EG 5	Ärger nach Strafe	16	10,7

und darauf mit Betroffenheit und Beschämung reagierte, waren die Übertretungstendenzen des Beobachters später in einer ähnlichen Situation gering. Wurde die Bestrafung vom Modell gleichgültig aufgenommen oder gar mit Ärger beantwortet, waren die Beobachter später auch eher selbst bereit, Übertretungen zu begehen.

Die Autoren leiten aus ihren Befunden die Notwendigkeit einer Revision behavioristischer Straftheorien ab. Wenn als Strafe gedachte Maßnahmen nicht die angestrebten Affekte (Angst, Betroffenheit, Beschämung u.ä.) beim Empfänger auslösen, sondern anders interpretiert und bewertet werden, so sind auch nicht die von der behavioristischen Strafforschung erwarteten Strafeffekte (Unterdrückung bestraften Verhaltens) zu erwarten. Strafe läßt sich nicht objektiv von den Strafereignissen und -maßnahmen her bestimmen, sondern muß auf der Basis der subjektiven Bewertungen definiert werden.

MONTADA, L., SETTER TO BULTE, U., SÜTTER, B. & WINTER, K. (1974). Strafwirkung als Funktion der Strafbewertung. *Zeitschrift für Entwicklungspsychologie und Pädagogische Psychologie*, 6, 75–89.

3.3.2 Belohnungsaufschubverhalten

Ein weiteres beliebtes Untersuchungsparadigma der lerntheoretischen Analyse der Moralentwicklung ist die Untersuchung der Bereitschaft des Individuums, auf unmittelbare Belohnungen zugunsten späterer, wertvollerer Belohnungen zu verzichten. Die Korrelation der Bereitschaft zum Belohnungsaufschub mit einer geringen Übertretungstendenz in Versuchungssituationen wird als Hinweis darauf gewertet, daß Belohnungsaufschub etwas mit Moral, zumindest mit der für einige moralische Handlungen notwendigen Selbstkontrolle zu tun hat (MISCHEL & GILLIGAN, 1964; MONTADA & THIRION, 1972). Seit Beginn der 60er Jahre untersuchten vor allem MISCHEL und Mitarbeiter Aufschubverhalten und seine Bedingungen in einer Reihe von Experimenten an Kindern verschiedenen Alters (BANDURA & MISCHEL, 1965; MISCHEL, 1966, 1974; MISCHEL & METZNER, 1962).

Bei der Analyse von Aufschubverhalten sind zwei Phasen zu unterscheiden: (1) die *Entscheidung* für den Belohnungsaufschub und (2) das *Warten* auf die Belohnung. Ob eine Entscheidung für einen Belohnungsaufschub getroffen wird und ob diese Entscheidung durchgehalten wird, beinhaltet unterschiedliche Prozesse und wird durch unterschiedliche Faktoren beeinflußt.

Ob sich das Individuum für den Verzicht auf die sofortige Belohnung zugunsten der späteren größeren Belohnung *entscheidet*, hängt ab von:

1. dem *Vertrauen*, die versprochene spätere Belohnung auch tatsächlich zu erhalten;
2. dem *relativen Wert* der sofortigen im Vergleich zur späteren Belohung (letztere muß auffällig größer sein);
3. der *Dauer* der Wartezeit;
4. dem *Selbstvertrauen* in die Fähigkeit warten zu können.

Welche Faktoren das *Wartenkönnen* unterstützen, ist weniger eindeutig. MISCHEL & EBBESEN (1970) gingen zunächst davon aus, daß es leichter fallen müsse, auf eine wertvolle Belohnung zu warten, wenn diese für das Kind während der Wartezeit *sichtbar* ist. Dies erhöhte aber nur die Frustration über die gegenwärtige Nichterreichbarkeit der Belohnung. Nur Kinder, die sich ablenkten (nicht hinsahen, an etwas anderes dachten), waren gut in der Lage zu warten. Daraufhin vertraten MISCHEL und Mitarbeiter eher eine *Ablenkungs-Hypothese*: es fällt leichter zu warten, wenn man nicht an die erstrebte Belohnung denkt bzw. an das, was man damit machen kann und will (MISCHEL, EBBESEN & ZEISS, 1972). Das Warten auf die wertvollere Belohnung wurde außerdem erleichtert durch ein *Selbstinstruktionstraining* (MISCHEL & PATTERSON, 1976; TONER & SMITH, 1977) oder durch die *Etikettierung* der Versuchsperson als *geduldig* (TONER, MOORE & EMMONS, 1980).

Eine Präferenz für die spätere, wertvollere Belohnung bildet sich erst mit etwa zehn Jahren heraus. Je nach Gestaltung der Wahlsituation kann allerdings auch schon bei jüngeren Kindern Aufschubverhalten auftreten, oder es fällt sogar Erwachsenen schwer, auf unmittelbare Belohnungen zugunsten zukünftiger Belohnungen zu verzichten.

Die oben genannten, für die Aufschubentscheidung und das Wartenkönnen relevanten Faktoren lassen erkennen, warum es jüngeren Kindern im Vergleich zu älteren Kindern bzw. Jugendlichen und Erwachsenen schwerer fällt, Belohnungen aufzuschieben: Sie haben z.B. weniger Vertrauen, die spätere Belohnung tatsächlich zu erhalten; vielleicht haben sie öfter die Erfahrung gemacht, später doch nichts zu bekommen; evtl. schätzen sie das Ausmaß des Wertunterschieds geringer ein als er ist; ihnen fehlen Strategien, die Wartezeit erfolgreich durchzustehen.

3.3.3 Die Äußerung prosozialen, altruistischen Verhaltens

Der Versuchung widerstehen, ein Verbot zu übertreten, und der Verzicht auf sofortige Bedürfnisbefriedigung sind Beispiele für moralische Verhaltensweisen nach dem Muster *Du sollst nicht ...!* Im Blickpunkt des Interesses steht das *Nichtauftreten* eines Verhaltens. Die Beschäftigung der Entwicklungspsychologie mit moralischem Verhalten beschränkte sich lange Zeit auf diesen *negativen* Aspekt der Verhaltenskontrolle.

Seit etwa Anfang der 70er Jahre wuchs dann zunehmend das Interesse an *positiven* Verhaltensäußerungen der Moral wie anderen helfen, mit ihnen teilen, sie trösten oder verteidigen. Derartige Verhaltensweisen wurden unter dem Oberbegriff *prosoziales Verhalten* oder *altruistisches Verhalten* zusammengefaßt (Bar-Tal, 1976; Mussen & Eisenberg-Berg, 1977; Rushton, 1980).

Autoren, die nicht zwischen dem beobachtbaren Verhalten und einem ihm zugrundeliegenden Motiv unterscheiden, verwenden die Begriffe prosozial und altruistisch meist synonym (z.B. Gelfand & Hartmann, 1982). Autoren, die diese Unterscheidung vornehmen, sehen altruistische Verhaltensweisen im engeren Sinne, d.h. altruistisch motiviertes Verhalten, als eine Teilmenge prosozialen Verhaltens an (Bar-Tal, 1976, 1982; Staub, 1978). Dieser auch hier gewählte Begriffsgebrauch trifft für die große Mehrheit der Entwicklungspsychologen zu (vgl. Eisenberg, 1982a). In den empirischen Untersuchungen geht es meist um altruistische Verhaltensweisen im engeren Sinne (Eisenberg, 1982a; Maccoby, 1980).

Für das aufkommende Interesse der Entwicklungspsychologie an prosozialem Verhalten gibt es eine Reihe von Gründen. Zwei erscheinen besonders wichtig: zum einen sozialpolitische Strömungen, sich vermehrt um die hilfsbedürftigen Gesellschaftsgruppen (Arme, Kranke, Behinderte etc.) zu kümmern, zum anderen die *neue* Sicht des Kindes als ein von Geburt an auf soziale Stimulation, Interaktion und Bindung angelegtes und mit sozialen Kompetenzen ausgestattetes Wesen.

Entwicklungsverlauf altruistischen Verhaltens

Zumindest bei der üblichen engeren Definition von Altruismus stellt sich die Frage, ob ein derartiges, an den Bedürfnissen eines anderen orientiertes Verhalten überhaupt auftreten kann, solange Kinder noch egozentrisch denken, auf unmittelbare Bedürfnisbefriedigung aus sind und mehr oder weniger impulsiv handeln. Da die genannten Charakteristika kindlichen Denkens und Handelns bis ins Vorschulalter hinein vorherrschen sollen, dürfte altruistisches Verhalten erst später auftreten.

In mehreren Untersuchungen konnte jedoch gezeigt werden, daß Kinder bereits ab dem zweiten Lebensjahr sich (manchmal) in bestimmten Situationen altruistisch verhalten (Buckley, Siegel & Ness, 1979; Rheingold, Hay & West, 1976; Stanjek, 1978; Zahn-Waxler, Radke-Yarrow & King, 1979). D.h., Kinder in diesem Alter bieten anderen Kindern Spielsachen an, sie teilen mit ihnen Süßigkeiten, sie trösten sie, wenn sie weinen, oder sie helfen ihren Eltern bei häuslichen Tätigkeiten.

Wie läßt sich das Auftreten altruistischen Verhaltens bei Kleinkindern erklären? Entweder handelt es sich um ein prosoziales Verhalten, das – unabhängig von altruistischen Motiven – durch Bekräftigungslernen oder Nachahmung entsprechender Modelle zustandekommt, oder es müssen schon früh altruistische Motive erworben werden können, ohne daß dazu Fähigkeiten zur kognitiven Perspektivenübernahme und zur Selbstkontrolle erforderlich wären. Letzteren Standpunkt vertreten HOFFMAN (1982) und MACCOBY (1980). Sie führen das Auftreten altruistischen Verhaltens bei Kleinkindern auf frühe Erfahrungen mit empathieauslösenden Situationen und die Bekräftigung empathischer Reaktionen zurück (ähnlich ARONFREED, 1970, 1976).

Die Vermittlungsfunktion empathischer Reaktionen für altruistisches Verhalten bei Kleinkindern wird aus einer Untersuchung von ZAHN-WAXLER et al. (1979) deutlich. Die Häufigkeit altruistischen Verhaltens der Kinder korrelierte mit der Art, wie die Mutter, sichtbar für das Kind, mit dem Leiden anderer umging. Dabei kam es weniger auf die Gelegenheit zur Beobachtung altruistischen Modellverhaltens der Mutter an als darauf, daß die Mutter ihr Kind deutlich auf das Leiden des anderen Kindes und dessen Gründe hinwies.

Wie sieht der weitere Entwicklungsverlauf altruistischen Verhaltens aus? Die Beantwortung dieser Frage ist schwierig, da kaum Untersuchungen existieren, in denen die gleichen altruistischen Verhaltensweisen bei den gleichen Kindern über mehrere Altersstufen verfolgt wurden. Die vorliegenden Studien haben verschiedene Kinder in verschiedenen Entwicklungsabschnitten mit unterschiedlichen Methoden hinsichtlich unterschiedlicher Variablen prosozialen Verhaltens untersucht, so daß die Vergleichbarkeit der Untersuchungen nur gering ist. Außerdem hat man sich meistens auf die *Quantifizierung* der Häufigkeit eines altruistischen Verhaltens oder der Anzahl verschiedener altruistischer Verhaltensweisen beschränkt.

Unter Vernachlässigung der vorgenannten Einschränkungen ist aus den vorliegenden Untersuchungen auf eine quantitative Zunahme altruistischen Verhaltens im Laufe des Kindesalters zu schließen (MUSSEN & EISENBERG-BERG, 1977; RUSHTON, 1982). Dies gilt insbesondere für freigebiges Verhalten (Abgeben, Spenden, Schenken), womit sich die Mehrzahl der Untersuchungen im Vorschul- und Schulalter beschäftigt hat (UNDERWOOD & MOORE, 1982). Hinsichtlich fürsorglichem Verhalten, trösten, emotionaler Unterstützung u.ä. sind die Alterstrends weniger konsistent (RADKE-YARROW, ZAHN-WAXLER & CHAPMAN, 1983). Wenn kooperatives Verhalten von Kindern und Jugendlichen als Alternative zu wetteiferndem Verhalten (z.B. beim Lösen von Aufgaben) untersucht wurde, zeigte sich teilweise sogar eine Abnahme altruistischen Verhaltens über das Lebensalter.

Ein anderes Bild ergibt sich, wenn *qualitative* Unterschiede prosozialer Argumentation bzw. kognitive Grundlagen altruistischen Verhaltens analysiert werden. Hier sind ähnliche Alterstrends zu beobachten wie bei der Entwicklung moralischer Urteile oder empathischer Reaktionen (EISENBERG-BERG, 1979; EISENBERG, 1982b; BAR-TAL & RAVIV, 1982). Anhand der Auswertung der Antworten von Kindern und Jugendlichen zu prosozialen moralischen Dilemmas (Konfliktsituationen zwischen eigenen und fremden Bedürfnissen) gelangte EISENBERG (1982b) zur Unterscheidung von fünf Stufen prosozialen Urteilens:

(1) *Hedonistische Orientierung.* Die Gründe, einem anderen zu helfen oder nicht zu helfen, beziehen sich vornehmlich auf den eigenen Vorteil.

(2) *Orientierung an den Bedürfnissen anderer.* Auf einem einfachen Niveau, d.h. ohne sich emotional in die Lage des anderen zu versetzen, als reine Feststellung (z.B. *Er ist hungrig, Sie braucht Hilfe*) werden Bedürfnisse anderer beachtet und prosozial beantwortet, auch wenn dadurch eigene Bedürfnisse zurückgestellt werden müssen.

(3) *Orientierung an sozialer Anerkennung.* Stereotype Vorstellungen hinsichtlich von gut und böse und Überlegungen bezüglich der sozialen Reaktion auf eigenes Verhalten werden als Gründe für helfen oder nicht helfen angeführt (z.B.: *Es ist nett zu helfen* oder *Er wird eher gemocht, wenn er hilft*).

(4) *Empathische Orientierung an den Bedürfnissen anderer.* Die Begründungen lassen Mitgefühl mit der Lage des anderen, Schuldgefühle bei ausbleibender Hilfe und andere mit prosozialem Verhalten verbundene Affekte erkennen (z.B.: *Ich würde mich schlecht fühlen, wenn ich ihm nicht helfen würde, seine Schmerzen zu lindern*).

(5) *Orientierung an internalisierten Werten und Verantwortlichkeit.* Begründungen sind nun an als verpflichtend erlebten Werten und Verantwortlichkeiten orientiert, an dem Bestreben, gegenseitiges Vertrauen, Würde und Rechte der Menschen zu bewahren. Diesen Werten und Prinzipien zu folgen oder nicht zu folgen, ist mit dem Gefühl der Selbstachtung bzw. Selbstmißachtung verbunden (z.B.: *Sie fühlt sich verpflichtet zu helfen, sonst könnnte sie sich selbst nicht achten*).

Zwischen den Stufen 4 und 5 nimmt EISENBERG (1982b) außerdem noch eine Übergangsphase an, die Ähnlichkeiten mit Stufe 5 aufweist, jedoch nicht die Eindeutigkeit und Intensität der erlebten Verpflichtung erkennen läßt (z.B.: *Ich bin es so gewöhnt und fühle so, daß ich helfen muß*).

Wovon hängt die Äußerung altruistischen (prosozialen) Verhaltens ab?

Das Ausmaß der Bereitschaft des Individuums, in einer bestimmten Situation sich altruistisch (prosozial) zu verhalten, hängt von einer Reihe individueller und situativer Faktoren ab.

Eine förderliche Bedingung scheint vor allem die Gelegenheit zur Beobachtung altruistischer Verhaltensmodelle zu sein, insbesondere wenn das Verhalten des Modells empathische Reaktionen erkennen läßt (RUSHTON, 1980; YARROW, SCOTT & WAXLER, 1973). Wirksam sind auch verbale Aufforderungen und Ermunterungen zu derartigen Verhaltensweisen. Diese Verbalisierungen erleichtern die Internalisierung sozialer Verantwortlichkeit gegenüber anderen. Zumindest bis ins Schulalter hinein besteht außerdem gegenüber Angehörigen des eigenen Geschlechts eine größere Bereitschaft zu altruistischem Verhalten. Konkurrieren in einer Situation altruistische Verhaltensweisen mit Leistungsverhalten (z.B. in einer Wettbewerbssituation), so sinkt, je nach Stärke und Bedeutung des Leistungsstrebens in einer Kultur, die Wahrscheinlichkeit für altruistisches Verhalten (WHITING & WHITING, 1973, 1975).

Auf seiten des heranwachsenen Individuums müssen eine Reihe von kognitiven und affektiven Voraussetzungen gegeben sein, damit es zu altruistisch motivierten Verhaltensweisen kommen kann. Hier sind vor allem ein reifes moralisches Urteil, sowie Empathie- und Rollenübernahmefähigkeiten zu nennen (EISENBERG, 1982b; HOFFMAN, 1982; UNDERWOOD & MOORE, 1982). Außerdem steigt die Wahrscheinlichkeit altruistischen Verhaltens mit einem positiven Selbstbefinden (MOORE, UNDERWOOD & ROSENHAN, 1973), Ängste, Ärger und Sorgen hemmen eher solches Verhalten (HUSTON & KORTE, 1976). Zu berücksichtigen ist auch die vorhandene bzw. fehlende Kompetenz des potentiellen Helfers in einer Situation. So wird in Situationen, wo es um medizinische Hilfe oder Lebensrettung geht, jemand eher zur Hilfe bereit sein, wenn er sich die erforderlichen Kompetenzen für das helfende Verhalten zutraut.

Untersuchung 13.5 — *Hilfehandeln bei Sieben- bis Zehnjährigen in Abhängigkeit vom sozial-kognitiven und vom motivationalen Entwicklungsstand*

Mit den Entwicklungsvoraussetzungen altruistischen Verhaltens (Hilfehandeln) bei Sieben- bis Zehnjährigen beschäftigte sich eine Untersuchung von Frank HALISCH und Fernando HOFFMANN (1980). 42 Jungen und 39 Mädchen dieses Altersbereichs wurden hinsichtlich ihrer Rollenübernahmefähigkeit, ihrer Fähigkeit zum Wechsel der Wissensperspektive und ihres moralischen Urteilsniveaus getestet. Anschließend wurde festgestellt, inwieweit die Vpn einem (anonymen) Kind bei einer unerledigten Aufgabe halfen sowie einem (per Foto präsentierten) Waisenkind Geld spendeten.

Folgende Annahmen wurden überprüft: 1. Die sozial-kognitiven Fähigkeiten der Kinder und das Ausmaß von Hilfehandeln nehmen über Alter zu. 2. Sozial-kognitive Fähigkeiten und Hilfehandeln korrelieren positiv miteinander, wobei dieser Zusammenhang mit steigendem Alter zunehmend enger wird.

Die Autoren vermuteten außerdem, daß neben den von ihnen untersuchten sozial-kognitiven Entwicklungsvariablen (Rollenübernahme, Wissensperspektive, moralisches Urteil) auch Variablen des – nicht direkt untersuchten – motivationalen Entwicklungsstandes, insbesondere die Attribuierung von Erfolg und Mißerfolg, die Bereitschaft zu altruistischem Verhalten beeinflussen. Und zwar sollte, sobald Mißerfolg auf mangelnde Anstrengung zurückgeführt werden kann, die unerledigte Aufgabe weniger altruistisches Verhalten auslösen als die (eher extern attribuierte) Armut des Waisenkindes.

Die *Rollenübernahmefähigkeit* wurde nach einem Verfahren von SELMAN & BYRNE (1974) erfaßt. Den Vpn wurden zwei Konfliktgeschichten erzählt, in denen mehrere Personen beteiligt sind. Anschließend wurden den Vpn Fragen zum Denken und Wissen (den Sichtweisen) der verschiedenen Personen gestellt. Die Antworten der Kinder wurden auf einer 7stufigen Skala eingeschätzt.

Die *Fähigkeit zum Wechsel der Wissensperspektive* wurde nach der Methode von SILBEREISEN (1975) erfaßt. Die Vp muß hierbei zunächst zu Bildserien aus je sieben Bildern eine Geschichte erfinden. Anschließend soll sie zu einem reduzierten Bildersatz (Entfernung von einem bis drei Bildern) eine Geschichte aus der Sicht eines uninformierten Beobachters erzählen. Inwieweit die Vp den geringeren Wissensstand des Beobachters berücksichtigt und eine Konfundierung der beiden Erzählversionen vermeidet, wird auf einer 5stufigen Skala bewertet.

Der Erfassung des *moralischen Urteilsniveaus* lag ein von KEMMLER, WINDHEUSER und MORGENSTERN (1970) entwickeltes Verfahren zugrunde. Eine Woche vor Beginn der Einzelversuche hatten die Vpn in ihren Schulklassen im Gruppenversuch zu 14 Geschichten mit Konfliktsituationen jeweils eine von vier Antwortalternativen anzukreuzen, die jeweils einen unterschiedlichen moralischen Reifegrad repräsentierten.

Zur Erfassung des *Hilfehandelns* wurde ein Test zum helfenden und ein Test zum spendenden Verhalten durchgeführt. Die Reihenfolge wurde variiert.

Helfen. Auf einem Tisch lagen 800 weiße und 800 weiß-gelbe Lochkarten verstreut, davon 100 weiße und 100 weiß-gelbe Lochkarten zu zwei Haufen sortiert. Außerdem lag auf dem Tisch verschiedenes attraktives Spielzeug. Der Vp wurde gesagt, daß ein anderes Kind am Vormittag versucht habe, die Karten zu sortieren, aber nicht fertig geworden sei. Es müsse nun nach der Schule dableiben und weitersortieren. Die Vp könne, wenn sie wolle, dem Kind helfen und solange der Vl etwas anderes zu tun habe, die Karten sortieren. Sie könne aber auch spielen. Festgehalten wurde die Anzahl der von der Vp sortierten Karten nach fünf Minuten.

Spenden. Als Belohnung für das Mitmachen waren der Vp vorher 50 Pfennige in 5-Pfennig-Stükken geschenkt worden. Der Vl zeigte der Vp nun das Bild eines armen Waisenkindes, das überhaupt kein Spielzeug habe und für das gesammelt werden solle. Dazu gab der Vl den Kommentar: „Wenn du willst, kannst du auch etwas für dieses Kind geben. Du mußt aber nicht." Anschließend verließ der Vl kurz den Raum. Gezählt wurde die Menge des in eine neben dem Bild stehende Sammelbüchse gespendeten Geldes.

Neben einer Zunahme über Alter in den sozial-kognitiven Fähigkeiten (am stärksten im moralischen Urteil, weniger ausgeprägt im Wechsel der Wissensperspektive und nicht signifikant in der Rollenübernahmefähigkeit) stieg auch die Bereitschaft zu helfendem und spendendem Verhalten über das Alter an. Helfen und Spenden war bei 9- und 10jährigen auffällig häufiger zu beobachten als bei 7- und 8jährigen. Die erwarteten positiven Zusammenhänge zwischen sozial-kognitiven Variablen und Hilfehandeln zeigten sich – mit wechselnden Größen und unterschiedlich je nach Hilfesituation – nur für die Rollenübernahmefähigkeit, nicht jedoch für die Maße der Wissensperspektive und des moralischen Urteils (s. Tabelle 13.8).

Die Berechnung kanonischer Korrelationen zwischen dem Gesamt der sozial-kognitiven Variablen und dem Gesamt der Hilfevariablen ergab zwar insgesamt eine Erhöhung der Zusammenhänge und den vermuteten engeren Zusammenhang in den höheren Altersgruppen. Gleichzeitig wurde aber auch deutlich, daß das Konstrukt der Hilfsbereitschaft in den einzelnen Altersgruppen durch völlig unterschiedliche Kombinationen der beiden Hilfevariablen Helfen und Spenden gebildet wurde. So wurde bei den 8jährigen Hilfeleistung vor allem durch Spenden bestimmt, während bei den 9- und 10jährigen das Helfen beim Sortieren ausschlaggebend war.

Eine genauere Analyse der Wirkungszusammenhänge zwischen sozial-kognitiven Variablen und Hilfehandeln bestätigte die Variation der Zusammenhangsmuster der kanonischen Korrelationen in Abhängigkeit vom Alter und von der Hilfesituation. Während bei den 7jährigen keine signifikanten Zusammenhänge existierten, wirkte sich bei den 8jährigen die Rollenübernahmefähigkeit positiv auf Spenden, das moralische Urteil positiv auf Helfen aus. Bei den 9- und 10jährigen hingegen wirkte Rollenübernahme positiv, die moralische Urteilsfähigkeit negativ auf helfendes Verhalten. Spenden war relativ unbeeinflußt von beiden Faktoren.

Tabelle 13.8: Produkt-Moment-Korrelationen zwischen sozialkognitiven Variablen und Hilfehandeln in der Gesamtstichprobe (n = 81) und in den drei Altersgruppen von 7;0 bis 8;0 Jahren (n = 34), 8;1 bis 9;0 Jahren (n = 23) und 9;1 bis 10;11 Jahren (n = 24) (nach Halisch & Hoffmann, 1980, S. 16)

		Helfen	Spenden
	Gesamt	.18	.14
Wechsel der	7 Jahre	.17	–.01
Wissensperspektive	8 Jahre	–.22	–.02
	9–10 Jahre	.19	.08
	Gesamt	.37***	.33***
Rollenübernahme	7 Jahre	.04	.16
	8 Jahre	.10	.50**
	9–10 Jahre	.74***	.30
	Gesamt	.18	.39***
moralisches Urteil	7 Jahre	–.25	.28
	8 Jahre	.30	.29
	9–10 Jahre	.11	.24

* $p < .05$; ** $p < .01$; *** $p < .001$

Die unterschiedlichen Befundmuster für 8jährige verglichen mit 9- und 10jährigen werden von den Autoren damit erklärt, daß die älteren Kinder die unerledigte Aufgabe des fremden Kindes eher auf dessen mangelnde Anstrengung zurückführten und sich daher weniger veranlaßt sahen zu helfen, während sie die Notsituation des Waisenkindes weder auf dessen Anstrengungsbereitschaft noch auf moralische Sachverhalte bezogen. Da die Vpn nicht nach Attribuierungen der beiden Hilfesituationen gefragt worden sind, bleiben die von den Autoren angeführten motivationalen Erklärungsansätze jedoch spekulativ.

Halisch, F. & Hoffmann, F. (1980). Hilfehandeln bei Sieben- bis Zehnjährigen in Abhängigkeit vom sozial-kognitiven und vom motivationalen Entwicklungsstand. *Zeitschrift für Entwicklungspsychologie und Pädagogische Psychologie*, *12*, 3–29.

Wie der Erfolg einer Reihe von Trainingsprogrammen und Interventionsstudien zeigt, läßt sich altruistisches Verhalten auf verschiedene Art und Weise gezielt aufbauen. Besonders wirksam waren Modeling-Prozeduren in Verbindung mit einer emotional warmen und liebevollen Beziehung zwischen Modell und Beobachter (Yarrow et al., 1973), die abwechselnde Übernahme der Rolle des Hilfsbedürftigen und des Helfers (Staub, 1971), sowie die Induzierung eines altruistischen Selbstkonzepts (Grusec & Redler, 1980). Diese im Labor gefundenen Ergebnisse lassen sich im großen und ganzen auch auf Sozialisationsprozesse in der Familie oder in der Schule übertragen. Hier geht ebenfalls das Vorbild von liebevollen Eltern bzw. Erziehern, die sich auffällig, d.h. in ihrem sichtbaren Handeln, um die Bedürfnisse anderer kümmern, am ehesten mit altruistischem Verhalten der Kinder einher.

3.3.4 Bewertung der Verhaltensperspektive der Moralentwicklung

Die empirische Basis für eine Bewertung der lerntheoretischen, am Verhalten orientierten Analyse der Moralentwicklung ist sehr schmal, da nur wenige, sehr eng definierte Verhaltensklassen, wie Verbotsübertretungen, Belohnungsaufschub, Geschenke verteilen, unter äußerst eingeschränkten und wenig lebensnahen experimentellen Bedingungen untersucht worden sind. Die Auswahl spezifischer Verhaltensweisen anstelle genereller Verhaltensdispositionen ist zwar theoriekonform, bei der geringen Zahl und der Art der bislang untersuchten Verhaltensweisen erscheinen Aussagen über die Entwicklung moralischen Verhaltens generell jedoch kaum gerechtfertigt.

Im Unterschied zur Psychoanalyse und zur Kognitiven Entwicklungstheorie findet sich in der Sozialen Lerntheorie keine inhaltliche Beschreibung überindividuell gültiger Entwicklungsveränderungen und Entwicklungssequenzen. Als grobe Entwicklungsrichtung wird nur ein Anwachsen der Fähigkeit zur Verhaltenskontrolle und die Erhöhung der Auftretenswahrscheinlichkeit „moralischer" Verhaltensweisen angegeben.

Die Anlage der experimentellen Untersuchungen erlaubt auch eher, kurzfristig hervorrufbare Verhaltensunterschiede auf Lernfaktoren zurückzuführen, als langfristige intraindividuelle Veränderungen durch spezifische Lernerfahrungen zu erklären. Wie auch bei anderen Entwicklungsmerkmalen wird außerdem die Entwicklungsabhängikeit von Lernprozessen zu wenig beachtet (vgl. hierzu Kap. 2.4). Die gefundene geringe transsituationale Konsistenz des Verhaltens, selbst innerhalb umgrenzter Verhaltensbereiche (wie z.B. anderen etwas spenden, etwas abgeben oder Ehrlichkeit in Leistungssituationen), wird meist als Stützung der lerntheoretischen Spezifitätsannahme gewertet. Mangelnde Verhaltenskonsistenz kann aber auch auf andere Faktoren zurückgehen als auf die Variation situationsspezifischer Lernbedingungen. Zum Beispiel können dafür kognitive Faktoren verantwortlich sein, die die Interpretation einer Situation beeinflussen (etwa das Verständnis der eingeführten Regeln und ihre Verbindlichkeit, die Erwartung, daß Regelüberschreitungen unentdeckt bleiben etc.). Oder es wirken sich spezifische motivationale Faktoren aus, wie z.B. situationsbezogene Bedürfnisse und Anreize, die Bereitschaft Gehorsam zu zeigen etc.

Eine auf isolierte Verhaltensweisen beschränkte S-R-Analyse moralischen Verhaltens ist in der neueren entwicklungspsychologischen Forschung kaum noch anzutreffen. Beeinflußt durch die kognitive Wende in der Psychologie werden zunehmend kognitive Vermittlungsglieder zwischen Stimuli und Reaktionen (Aufmerksamkeit, Verarbeitungs- und Speicherkapazität, wahrgenommene Anreize) in die Analyse einbezogen (Aronfreed, 1968; Bandura, 1986; Burton, 1984; Mischel & Mischel, 1976). Dabei wird allerdings weiterhin an den Grundprinzipien des assoziativen Lernens (Kontiguität, Spezifität, beliebige Verknüpfbarkeit) festgehalten.

4. Art und Enge des Zusammenhangs von kognitiven, affektiven und Verhaltenskomponenten der Moral

Bei der Erörterung der verschiedenen Forschungsperspektiven, unter denen die Moralentwicklung betrachtet werden kann, und bei der Einführung der Dreiteilung in moralische Kognitionen, Affekte und Verhaltensweisen am Anfang dieses Kapitels wurde bereits festgestellt, daß diese drei Aspekte der Moral nur künstlich voneinander getrennt werden können und wechselseitig aufeinander einwirken. Dem Verhalten kommt dabei zur Beurteilung der Moralität des Individuums die entscheidende Bedeutung zu. Ob ein Verhalten moralisch oder unmoralisch bzw. amoralisch ist, kann jedoch nicht aus dem Verhalten allein beurteilt werden, sondern nur unter Bezugnahme auf die damit verbundenen Kognitionen und Affekte.

Soweit verschiedene Komponenten der Moral bei denselben Individuen untersucht worden sind, beschränkte man sich im Regelfall auf eine korrelative Analyse des Zusammenhangs der verschiedenen moralischen Indikatoren. Häufig wurde dabei implizit ein positiver Zusammenhang, d.h. eine (hohe) Übereinstimmung zwischen kognitiven, affektiven und verhaltensmäßigen Moralindikatoren angenommen. Diese Annahme ist insofern nicht zwingend, als verschiedene Indikatoren der Moral wie eine Orientierung an Recht und Ordnung, Schuldgefühle beim Übertreten eines Verbots und die Bereitschaft, jemandem in einer Notsituation zu helfen, zu verschieden sind, und mit zu unterschiedlichen Methoden untersucht worden sind, um von vornherein eine enge positive Korrelation erwarten zu lassen.

Auch aus den einzelnen Theorien ist nicht ein genereller positiver Zusammenhang zwischen moralischen Kognitionen, Affekten und Verhaltensweisen abzuleiten. Für die Kognitive Entwicklungstheorie geht dies bereits aus der Notwendigkeit der Trennung von Urteilsinhalt (Verhaltensentscheidung) und Urteilsstruktur (Verhaltensbegründung) hervor. Dies läßt unterschiedliches Verhalten bei gleichem Urteilsniveau und gleiches Verhalten bei unterschiedlichem Urteilsniveau zu. Ein positiver Zusammenhang der verschiedenen Komponenten ist nur unter bestimmten theoretischen Voraussetzungen zu erwarten (s. dazu weiter unten).

Bei weitem am häufigsten wurde bislang der Zusammenhang von Kognition (Urteil) und Verhalten untersucht. Die Ergebnisse hierzu werden deshalb auch etwas ausführlicher dargestellt (Abschnitt 4.1). Drei umfassendere integrative Ansätze werden dann im Abschnitt 4.2 kurz vorgestellt. Die bislang am weitesten ausgearbeitete integrative Theorie ist die Empathietheorie von Martin HOFFMAN. Ihr wird deshalb ein gesonderter Abschnitt gewidmet (Abschnitt 4.3).

4.1 Der Zusammenhang zwischen moralischem Urteil und moralischem Verhalten

PIAGET (1932/1954) hat in seinem Buch *Das moralische Urteil beim Kinde* den Zusammenhang von Urteil und Verhalten anhand der Analyse des Regelverständnisses und der Regelpraxis beim Murmelspiel explizit behandelt (vgl. oben S. 416f.). Er hat dabei auch Diskrepanzen zwischen dem Urteil und dem Verhalten, etwa hinsichtlich der Verabsolutierung oder Relativierung der Regeln einerseits und ihrer fehlenden oder gegebenen Einhaltung andererseits festgestellt. Von seinem Entwicklungskonzept her, der aktiven, über das Handeln ermöglichten Erkenntnisgewinnung, hat er außerdem für das Primat des Handelns bzw. der aktiven Erfahrung gegenüber der Kognition plädiert. Diese Merkmale der PIAGETschen Theorie gingen in der späteren Kognitiven Entwicklungstheorie, speziell in KOHLBERGS Darstellung der Entwicklungsstufen der moralischen Orientierung, wieder verloren, und es stellte sich meist nur die Frage nach der Übereinstimmung des (nachfolgenden) Verhaltens mit der (vorausgehenden) Kognition.

LOCKE (1983) hat dargelegt, daß auch für die andere Richtung der Kausalbeziehung, die Beeinflussung des Denkens und Urteilens durch das Verhalten, Belege zu finden sind. Die dominante Richtung der Kausalkette unterliegt nach LOCKE einer systematischen Entwicklungsveränderung. Während im Kindesalter oder bei Personen auf einer niedrigen Stufe des moralischen Verhaltens das moralische Denken und Urteilen eher durch das Verhalten beeinflußt wird, hängt bei Jugendlichen und Erwachsenen bzw. bei Personen auf einer höheren Stufe des moralischen Urteils das Verhalten eher vom Denken und Urteilen ab. Aufgrund des korrelativen Ansatzes der meisten Studien ist allerdings in der Regel keine valide Aussage über die Richtung des Zusammenhangs zu machen.

Entsprechend der vorherrschenden naiven Annahme einer positiven Korrelation zwischen den verschiedenen Komponenten der Moral und des unterstellten Primats der Kognition gegenüber dem Verhalten wird die Forschungsfrage nach dem Zusammenhang des moralischen Urteils und des moralischen Verhaltens meist als Frage nach der Konsistenz zwischen Urteilen und Verhalten formuliert: Sind Kinder/Erwachsene mit einer fortgeschrittenen moralischen Urteilsfähigkeit eher in der Lage, Versuchungen zu widerstehen, sich altruistisch zu verhalten etc. als im moralischen Urteil weniger fortgeschrittene Kinder/Erwachsene?

Die umfangreichste Zusammenstellung empirischer Untersuchungen zur Beantwortung dieser Frage liefert BLASI (1980). Seine Analyse der Forschungsliteratur ergab bei 76 % der Arbeiten (57 von 75 Untersuchungen) eine signifikante, mäßig positive Korrelation zwischen Urteils- und Verhaltensindikatoren. Das Niveau des moralischen Urteils eignete sich am ehesten als Prädiktor für delinquentes, ehrliches und altruistisches Verhalten, weniger eng war der Zusammenhang mit sozial-konformem Verhalten.

Angesichts der zahlreichen Faktoren, die zwischen der kognitiven Einschätzung einer Situation und dem tatsächlichen Verhalten intervenieren könnnen (z.B. konfligierende Erwartungen, Anreize, eigennützige Motive, Angst, Abwertung des Empfängers einer Handlung), wozu auch Faktoren gehören, die nicht im engeren Sinne mit Moralität zu tun haben müssen, ist es eher überraschend, daß überhaupt so häufig eine substantielle Korrelation zwischen beiden gefunden wurde.

Hinzu kommt, daß die kognitiven Schemata, die eine Person in einer hypothetischen Situation verbalisiert, nicht die gleichen sein müssen wie diejenigen, die bei der tatsächlichen Entscheidung in einer realen Situation wirksam werden. Das heißt, es besteht nicht nur das Problem des Zusammenhangs von Urteil und Verhalten, sondern auch das der Validität des erfaßten Urteils für die Kognition in der realen Situation. Geraten Personen z.B. in ein Dilemma, dessen – nach eigenen Maßstäben – moralische Lösung negative Konsequenzen für sie haben könnte, neigen sie eher zu Argumenten auf einer niedrigeren Stufe des moralischen Urteils (SOBESKY, 1983).

LOCKE (1983) schlägt vor, bei der Analyse des Zusammenhangs von moralischem Urteil und moralischem Verhalten strenger zwischen *generellen Merkmalen des Denkens über moralische Sachverhalte (moral reasoning)* und *spezifischen moralischen Urteilen (moral judgment)* zu unterscheiden. Nur letztere, die spezifischen Entscheidungen, stehen direkt mit dem tatsächlichen Verhalten in Verbindung. Zwischen dem moralischen Denken und dem Verhalten gibt es nach LOCKE hingegen nur einen indirekten Zusammenhang: Moralisches Denken beeinflußt das Ausmaß, in dem das Individuum erkennt, daß spezifische moralische Urteile in einer konkreten Situation von Bedeutung sind.

In ähnlicher Weise unterscheidet BLASI (1980) spezifische hypothetische Entscheidungen (bei der Konfrontation mit einem hypothetischen moralischen Dilemma) und allgemeine Strukturen des moralischen Denkens. KOHLBERG & CANDEE (1984) versuchen den Zusammenhang zwischen Urteil und Verhalten im Bereich der Moral dadurch genauer zu bestimmen, daß sie zwischen zwei Phasen des Urteilsprozesses unterscheiden: dem *deontischen Urteil* (Prinzipien von Recht und Unrecht) und dem *Verantwortlichkeitsurteil* (der erlebten Verpflichtung, das als richtig Erkannte zu tun). Je nachdem, was im Vordergrund steht, kann es zu unterschiedlichem Verhalten kommen.

Die Tendenz, sich entsprechend den eigenen moralischen Überzeugungen zu verhalten, scheint selbst einer Entwicklung zu unterliegen. Mit steigendem moralischem Urteilsniveau fallen Urteil und Verhalten immer stärker zusammen (LOCKE, 1983). Für KOHLBERG & CANDEE (1984) ist dies ein Ausdruck der mit dem Erreichen höherer Moralstufen wachsenden Übereinstimmung zwischen deontischen Urteilen hinsichtlich Recht und Unrecht und der erlebten Selbstverantwortlichkeit.

Die vorangegangene Analyse des Zusammenhangs zwischen moralischem Urteil und moralischem Verhalten macht deutlich, daß es nicht ausreicht, irgendwelche Indikatoren der Urteilsfähigkeit und des Verhaltens willkürlich herauszugreifen und miteinander zu korrelieren. An den Anfang gehört eine sorgfältige theoretische Analyse der beteiligten Variablen und ihrer möglichen Zusammenhänge. Sinnvolle Forschungsfragen wären z.B.: In welcher Art werden moralische Denkstrukturen auf eine konkrete Situation angewendet und verleihen ihr moralische Bedeutung? Welche motivationalen Faktoren ebnen den Weg vom Urteil zum entsprechenden Verhalten oder führen dazu, diesen Schritt zu vermeiden? Wie stellt das Individuum Konsistenz zwischen Urteil und Verhalten her? (vgl. BLASI, 1980).

4.2 Integrative Ansätze zur Analyse moralischen Denkens, Fühlens und Handelns

Abgesehen von dem zuvor behandelten Zusammenhang zwischen Urteil und Verhalten sind im Bereich der Moralität lange Zeit kaum Untersuchungen durchgeführt worden, die die Beziehungen zwischen den verschiedenen Komponenten der Moral genauer analysiert haben. Entsprechend den jeweiligen theoretischen Vorgaben bei der Definition des Untersuchungsgegenstands wurde meist nur eine einzelne Komponente isoliert untersucht (vgl. die Abschnitte 3.1 bis 3.3). Ein derartiges Vorgehen erscheint am ehesten noch bei der Untersuchung kognitiver Aspekte der Moral möglich, kaum jedoch bei der Untersuchung moralischer Affekte oder Verhaltensweisen.

Die Notwendigkeit einer integrativen Analyse der verschiedenen Moralkomponenten wird in der neueren entwicklungspsychologischen Forschung zunehmend erkannt. Inzwischen liegen eine Reihe von integrativen Modellen der Moralentwicklung vor (BURTON, 1984; HOFFMAN, 1975, 1978, 1979, 1984a, b; REST, 1983; SCHWARTZ, 1977). Sie gehen weniger von der klassischen Frage nach generellen Persönlichkeitszügen (dem moralischen Charakter) aus als von einer eher prozessualen Einheit im Sinne der Konsistenz aufeinander folgender Prozesse. Im folgenden werden drei dieser integrativen Ansätze kurz vorgestellt.

Vier-Komponenten Modell von James R. REST

Nach dem *Vier-Komponenten-Modell der Moral* von REST (1983, 1984, 1986) ist moralisches Verhalten in einer bestimmten Situation das Ergebnis der folgenden vier Schritte (Komponenten):

1. *Interpretation der Situation* im Hinblick darauf, wie das eigene Verhalten das Wohlergehen anderer beeinflußt. Dies beinhaltet sowohl kognitive als auch affektive Aspekte und erfordert u. a. die Vorstellung verschiedener Handlungsmöglichkeiten und ihrer Konsequenzen in einer Situation.

2. *Feststellung der idealtypischen moralischen Verhaltensweise in der gegebenen Situation.* Nach der kognitiven Entwicklungstheorie ist dies das Ergebnis des voranschreitenden Verständnisses der Herkunft und Funktion sozialer Vereinbarungen. Sozialpsychologische Ansätze und Lerntheoretiker sehen diesen Schritt eher durch soziale Normen gesteuert.

3. *Auswahl zwischen verschiedenen Handlungsmöglichkeiten* mit der Absicht, die als moralisch bewertete (beste) Alternative zu finden. (Was beabsich-

tigt man tatsächlich zu tun?) Hier wird berücksichtigt, daß moralische Werte oder Motive nur eine mögliche Motivationsgrundlage für Handlungsentscheidungen abgeben und daß es hinsichtlich der moralischen Motivation mehr oder weniger große interindividuelle Differenzen gibt.

4. *Ausführung der beabsichtigten, für richtig gehaltenen Handlungsalternative.* Ob das positiv bewertete Verhalten tatsächlich ausgeführt wird, hängt von einer Vielzahl von Faktoren ab: der Fähigkeit zur Planung und Ausführung der erforderlichen Handlungsschritte, der Umgehung evtl. auftretender Hindernisse und Schwierigkeiten, der Überwindung von Erschöpfung und Frustration, der Abwehr von Ablenkungen, Verlockungen, Beeinflussungen durch andere u.ä.

Vier-Schritte-Modell von Roger V. Burton

Auch Burton (1984) präsentiert ein *Vier-Schritte-Modell.*

Im ersten Schritt erfolgt durch wiederholte Bestrafung unerwünschten Verhaltens oder der Annäherung daran eine *Konditionierung autonomer Erregung (konditionierte Angst)* auf Hinweisreize in einer moralischen Konfliktsituation.

Während die vom Kind wahrnehmbaren Hinweisreize anfänglich konkrete situationsspezifische Reize sind, erlangen mit fortschreitender kognitiver Entwicklung allmählich *verbale Etikettierungen* der Situation bzw. Person (z.B. die Worte gut und böse, lügen, stehlen etc.) entscheidende Bedeutung (zweiter Schritt). Es sind nun diese Begriffe, mit denen die autonome Erregung assoziiert ist.

Die mit autonomer Erregung assoziierten Begriffe erleichtern die *Generalisierung auf neue Situationen*, d.h. die Interpretation einer Situation als von einer bestimmten moralischen Bedeutung. Da diese Interpretation über reine Reizgeneralisierung hinausgeht und kognitive Prozesse der Klassifizierung erfordert, trennt Burton diesen dritten Schritt von dem vorhergehenden der Assoziation von Worten und autonomer Erregung.

Das Individuum muß schließlich lernen, daß die Situation eine moralische Reaktion verlangt. Der vierte Schritt ist das entsprechende *tatsächliche moralische Verhalten*, das nach Burton unter der Voraussetzung früherer erfolgter Angstkonditionierung und entsprechender moralischer Interpretation der Situation quasi automatisch ausgelöst werden soll.

Modell normativ orientierter Entscheidungen von Shalom H. Schwartz

Schwartz (1977) hat ein Modell vorgelegt, in dessen Zentrum die *erlebte Verantwortlichkeit* (Verpflichtung) zu helfen wie auch ihre Leugnung stehen. Nach Montada (1980, 1982) beinhaltet das Modell neun Schritte, beginnend mit der Aktivierung moralischer Überlegungen bis hin zur Entscheidung für oder gegen das Helfen.

I. *Aktivierungsschritte: Wahrnehmung von Notlage und Verantwortlichkeit*
1. Wahrnehmung einer Person in einer Notlage
2. Erkennen von Handlungen, durch die die Notlage gelindert werden kann
3. Erkennen der eigenen Fähigkeit, Hilfe zu geben
4. Wahrnehmung der eigenen Verantwortlichkeit

II. *Verpflichtungsschritt: Normenkonstruktion und Generierung von Gefühlen der moralischen Verpflichtung*
5. Aktivierung der dispositionellen oder situational konstruierten persönlichen Normen

III. *Defensive Schritte: Erfassen, Evaluieren und Neubewerten potentieller Reaktionen*
6. Erfassung der Kosten und Evaluation wahrscheinlicher Handlungsausgänge
7. Neubewertung und Neudefinition der Situation durch
   a) Leugnen der Notlage (ihrer Realität, ihres Ernstes)
   b) Verleugnen der eigenen Verantwortung
   c) Leugnen der Angemessenheit der bis dahin aktivierten und anderer Normen

IV. *Entscheidungsschritte*:
8. Wiederdurchlaufen der früheren Schritte im Lichte der Neubewertung
9. Ausführung oder Unterlassung der Handlung des Helfens.

4.3 Die Empathietheorie von Martin Hoffman

Seit 1975 hat Martin Hoffman eine integrative Theorie der moralischen Entwicklung entworfen, die in der *Empathiefähigkeit* des Menschen die wesentliche motivationale Grundlage der Moralentwicklung, insbesondere der Internalisierung moralischer Werthaltungen, sieht. Empathie definiert Hoffman (1979) als eine „stellvertretende emotional-mitfühlende Reaktion gegenüber einer anderen Person" (S. 253), deren Angemessenheit eher von der Situation der anderen Person als von der eigenen Situation bestimmt wird. Obwohl vor allem ontogenetisch frühe Formen empathischer Reaktionen teilweise im Dienst der Reduktion eigenen (Mit-) Leidens stehen, läßt sich Empathie für Hoffman nicht auf egoistische Motive reduzieren.

Drei Gründe sprechen nach Hoffman gegen eine egoistische Motivation der Empathie:

– Empathisches Leiden wird immer durch das Leiden eines anderen ausgelöst;

– auch wenn sich der Hilfeleistende im Anschluß an seine Tat gut fühlt, bleibt das Hauptziel der Tat, dem anderen zu helfen;

– die Anerkennung, die für das Verhalten erfahren wird, hängt davon ab, wie sehr dadurch die Not eines anderen gelindert wurde.

Hoffmans Empathietheorie beinhaltet eine affektive, eine kognitive und eine motivationale Komponente. Die Entwicklung der drei Komponenten ist eng miteinander verbunden.

Die affektive Komponente

In ungefährer Entsprechung zu ihrer entwicklungsmäßigen Abfolge unterscheidet HOFFMAN (1975, 1979) sechs Typen empathischer Erregung, die hinsichtlich des Anteils von Wahrnehmung und Kognition, hinsichtlich der Art des auslösenden Reizes und hinsichtlich Art und Ausmaß vorangegangener Erfahrungen variieren.

(1) *Das reagierende Neugeborenen-Weinen.* Schon wenige Tage alte Babys reagieren auf das Weinen eines anderen Menschen mit eigenem Weinen (SAGI & HOFFMAN, 1976). Auf Grund des Fehlens von Bewußtheit ist diese Reaktion aber nur als ein Vorläufer von Empathie anzusehen.

(2) *Klassisch konditioniertes Mitleiden.* Es resultiert aus der gleichzeitigen Wahrnehmung des Leidens einer anderen Person und von eigenem Leiden. Hinweisreize im Verhalten der leidenden Person werden fortan zu konditionierten Stimuli, die Gefühle des Leidens beim Beobachter auslösen.

(3) *Direkte Assoziation.* Schlüsselreize, die von einer Person oder deren Situation ausgehen, rufen beim Beobachter Erinnerungen an in der Vergangenheit erlebte ähnliche Situationen wach und lösen eine empathische Reaktion aus.

(4) *Mimikry.* Bei dieser bereits 1906 von LIPPS beschriebenen angeborenen empathischen Reaktion auf den Gefühlsausdruck einer anderen Person imitiert der Beobachter die andere Person mit isomorphen rudimentären Bewegungen in Haltung und Mimik und schafft sich so selbst innere Schlüsselreize, die durch afferente Rückkoppelung zum Verständnis der Gefühle des anderen beitragen.

Die bisher geschilderten vier Typen der empathischen Erregung sind unwillkürlich und verlangen vom Beobachter nur geringe kognitive Leistungen, nämlich lediglich eine Diskrimination der relevanten Schlüsselreize bei der anderen Person und bei sich selbst. Höhere kognitive Leistungen des Sichhineinversetzens in die Lage des anderen erfordern die beiden nächsten Typen der empathischen Erregung.

(5) *Symbolische Assoziation.* Ein Beobachter ist in der Lage, Empathie für eine andere Person zu empfinden, auch wenn diese nicht anwesend ist, d.h. ihr Leiden nur indirekt erfahren werden kann, z.B. aus einem Brief oder einer anderen Informationsquelle.

(6) *Rollenübernahme.* Diese fortgeschrittenste Art der Empathie erlaubt, sich vorstellen zu können, wie man sich selbst in der Situation der anderen Person fühlen würde. Dabei wird das gedankliche Sichhineinversetzen in eine andere Person an eigene frühere Erlebnisse einer entsprechenden emotionalen Reaktion assimiliert.

Die kognitive Komponente

Aus der vorangegangenen Beschreibung der sechs Typen empathischer Reaktionen ging schon hervor, daß die Entwicklung immer höherer Formen des empathischen Leidens eng verbunden ist mit der Entwicklung kognitiver Fähigkeiten, nämlich der Unterscheidung des *Selbst* und des *Anderen* und der Fähigkeiten, sich in den anderen hineinzuversetzen und ihn zu verstehen. Entsprechend dem sozial-kognitiven Niveau des Verständnisses des anderen in Verbindung mit empathischen Affekten unterscheidet HOFFMAN (1975; 1979) *vier Entwicklungsniveaus der Empathie*, wie sie sich beispielhaft in der empathischen Reaktion auf einen anderen leidenden Menschen zeigen.

(1) *Globale Empathie.* Anfänglich kann das Kind noch nicht zwischen sich und anderen unterscheiden. Empathisches Leiden wird als eine Fusion unangenehmer Empfindungen und Gefühle wahrgenommen, die vom eigenen Körper des Kindes (z.B. über Konditionierung oder Mimikry), von nur verschwommen wahrgenommenen anderen oder von der Situation herrühren. Deshalb verhält sich das Kind so, als passiere das, was anderen geschieht, ihm selbst.

(2) *Egozentrische Empathie.* Mit der fortschreitenden Ich-Umwelt-Differenzierung wird das Kind bis zum Ende des ersten Lebensjahres fähig zu erkennen, daß einer anderen Person und nicht ihm selbst etwas widerfährt. Eine Vorstellung von der inneren Situation des anderen – abweichend von eigenen Gefühlen in einer vergleichbaren Situation – ist aber noch nicht gegeben. Deutlich wird dies z.B. daran, daß es andere mit dem zu trösten versucht, was es selbst am meisten tröstet.

(3) *Empathie für die Gefühle eines anderen Menschen.* Mit zwei oder drei Jahren kann das Kind allmählich zwischen den eigenen Gefühlen und denen anderer unterscheiden. Es wird aufmerksamer für zusätzliche, die Gefühle anderer betreffende Signale. Wichtig sind daher angemessene Rückmeldungen über den Zustand des anderen.

(4) *Empathie für die allgemeine Lage anderer Menschen.* In der späten Kindheit bis hinein in die Adoleszenz wird dem Individuum bewußt, daß andere eine eigene Identität haben, und daß ihre Gefühle anders sein können als in der augenblicklichen Situation sichtbar. Das heißt, es wird nicht mehr nur auf vorübergehendes, situationsspezifisches Leiden reagiert, sondern auch auf die überdauernde allgemeine Lage einer Person (z.B. chronische Krankheit oder Armut). Der Beobachter versteht und reagiert betroffen, indem er sich mit dem Opfer identifiziert, wobei er dessen Situation aber von seiner eigenen unterscheidet. Dies ermöglicht z.B. auch, daß Individuen Empathie für ganze Gruppen empfinden können und daraus bestimmte soziale oder politische Konsequenzen ableiten.

Die motivationale Komponente

Den entscheidenden motivationalen Entwicklungsschritt sieht HOFFMAN darin, daß zur Aufhebung des eigenen Leidens als Motiv des Helfens (empathic distress) ein Mitleiden (sympathetic distress) hinzukommt, das auf die Beendigung oder Verringerung des Leidens eines anderen gerichtet ist. Diese Transformation von empathischem Leiden in sympathetisches Leiden ist ansatzweise erstmals beim Übergang von der ersten zur zweiten Empathiestufe (von der globalen zur egozentrischen Empathie) zu beobachten und charakterisiert von da an die weitere Empathieentwicklung. Die letzten drei Stufen des empathischen Leidens sind daher auch als Stufen des sympathetischen Leidens anzusehen.

Faktoren, die das Auftreten von Empathie beeinflussen

Eine wesentliche kognitive Voraussetzung für die Auslösung empathischer Reaktionen ist, daß die andere Person als *Opfer* wahrgenommen wird (z.B. von Krankheit, Unfall, Verbrechen). Wird das Leiden der anderen Person hingegen als selbst verschuldet erlebt, kommt es u.U. nicht zu einer empathischen Reaktion.

Wie die erlebte Ähnlichkeit zwischen Selbst und Anderem das Auftreten empathischer Reaktionen unterstützt, so wird Empathie durch erlebte Unähnlichkeit eher verringert.

Ab einer bestimmten Stärke kann der aversive Charakter empathischen Leidens dazu führen, daß die Aufmerksamkeit hauptsächlich auf die Verringerung des eigenen Leidens gerichtet wird, mit dem Ergebnis, daß eine Hilfehandlung unterbleibt oder daß man vor dem Leiden der anderen Person die Augen verschließt. HOFFMAN spricht hier von einem *Übererregungseffekt*, der speziell bei stark zur Empathie neigenden Personen beobachtet werden kann. D.h., es gibt so etwas wie eine optimale Bandbreite für empathische Erregung, die durch das individuelle Niveau der Leidenstoleranz bestimmt wird und innerhalb derer das Individuum am ehesten bereit ist, auf andere empathisch zu reagieren (HOFFMAN, 1979). Damit die Beschäftigung mit der eigenen Person gegenüber der Empfänglichkeit für die Bedürfnisse anderer zurücktritt, muß im übrigen auch ein bestimmer Grad der Befriedigung eigener Bedürfnisse gegeben sein.

Für individuelle Unterschiede in der Bereitschaft, Empathie zu empfinden und sie in handlungsleitendes sympathetisches Leiden zu transformieren, macht HOFFMAN vor allem *induktive* Erziehungspraktiken der Eltern verantwortlich. Induktive Erziehungspraktiken der Eltern zeichnen sich dadurch aus, daß sie das Kind gezielt auf die Folgen seines Fehlverhaltens für andere hinweisen.

HOFFMAN (1983) nimmt außerdem an, daß Kinder hauptsächlich die Inhalte und die Bedeutung der elterlichen Induktionen im Gedächtnis behalten, während sie die situativen Umstände der Disziplinierungserfahrung und die Eltern als Quelle der Induktion weitgehend vergessen. Aufgrund dieses Defizits des episodischen Gedächtnisses gegenüber dem semantischen Gedächtnis (TULVING, 1972) werden moralische Regungen als autonom erachtet, die ursprünglich von außen an das Kind herangetragen wurden.

Empathie und Schuld

Wenn der Beobachter nicht mehr unbeteiligter Zuschauer (*innocent bystander*) ist, sondern sich für das Leiden des Opfers selbst verantwortlich fühlt, verwandelt sich empathisches Leiden in Selbstanschuldigungen, und es treten Schuldgefühle auf. Man kann sich sogar in Situationen schuldig fühlen, die man nicht unmittelbar verschuldet hat, wo man aber hätte Hilfe leisten können. Schließlich kann so etwas wie existentielle Schuld empfunden werden, aufgrund von Lebensumständen, die außerhalb der eigenen Kontrolle liegen, z.B. aufgrund der Tatsache, daß es anderen schlechter geht als einem selbst und man nichts dagegen tut. Zwischen Empathie und Schuld gibt es also fließende Grenzen. Die Entwicklung von Schuldgefühlen sieht HOFFMAN (1982) parallel zur Entwicklung der Empathie in vier Stufen verlaufen.

Empirische Fundierung von HOFFMANS Theorie

Die empirische Fundierung von HOFFMANS Theorie steht noch am Anfang, so daß gegenwärtig noch kein abschließendes Urteil über sie möglich ist. Insbesondere die genauere Überprüfung der Hypothesen hinsichtlich der Abfolge qualitativ unterscheidbarer Stufen der Empathie und Schuld fehlt noch. Am besten gesichert ist die Existenz einer positiven Beziehung zwischen einem induktiven Erziehungsstil und dem Aufbau empathischer bzw. sympathetischer Reaktionen (HOFFMAN, 1984a). Bei der Bewertung von HOFFMANS Empathietheorie der Moral ist außerdem zu beachten, daß empathische Reaktionen nicht für alle moralischen Situationen relevant sind. So erklären derartige Reaktionen z.B. nicht, wie Gerechtigkeitskonzepte aufgebaut werden und wie verschiedene Individuen zu einem Interessenausgleich gelangen.

4.4 Schlußbemerkungen zum Zusammenhang zwischen den verschiedenen Moralaspekten

Moralität ist kein homogener Persönlichkeitszug, der alle prosozialen oder antisozialen Maße des Denkens, Fühlens und Handelns kohärent in sich vereinigt. Die einzelnen Indikatoren der Moralität werden aber auch nicht so situationsspezifisch erlernt und geäußert, wie die Soziale Lerntheorie behauptet. Sehr wahrscheinlich entwickeln sich die drei Komponenten Urteil, Affekt und Verhalten zunächst relativ unabhängig voneinander. Mit steigendem Alter erkennt dann das heranwachsende Individuum zunehmend die Gemeinsamkeiten zwischen den verschiedenen Komponenten, d.h., der wechselseitige Zusammenhang zwischen Denken, Fühlen und Handeln wird enger. Aufgrund der Zahl und der Komplexität der beteiligten Faktoren ist es allerdings nicht verwunderlich, daß die Korrelation zwischen verschiedenen Moralindikatoren, auch innerhalb einer Komponente, meist nicht sehr eng ist und daß sich bis ins Erwachsenenalter eine (gewisse) situationsabhängige Spezifität moralischen Verhaltens beobachten läßt. Die Korrelationen zwischen verschiedenen Moralindikatoren und die Konsistenz des Verhaltens dürften im übrigen höher ausfallen, wenn bei der Definition der Moralität des Denkens, Fühlens und Handelns stärker von den jeweils gegebenen individuellen Beurteilungskriterien ausgegangen würde und nicht von generellen, „objektiven“ Kriterien.

5. Zusammenfassung

Die *Moralentwicklung* läßt sich unter *kognitiven*, unter *affektiven* und unter *verhaltensmäßigen* Aspekten betrachten. In der entwicklungspsychologischen Forschung dominiert der kognitive Aspekt. Als generelle *übergeordnete Kriterien* der Moralität kommen in Frage: die *Internalisierung von Normen*, ein *Gerechtigkeitsempfinden* und die *Zurückstellung eigener Bedürfnisse und Interessen*.

Kognitive Ansätzte beschäftigen sich mit der Entwicklung des *Denkens und Urteilens über Personen oder Handlungen unter dem Aspekt von Gut und Böse bzw. Recht und Unrecht.*

Auf der Grundlage von Beobachtungen und Befragungen zum Regelverständnis und zur Regelpraxis und von Urteilen über die Strafwürdigkeit verschiedener Handlungen stellt PIAGET die unreife *heteronome Zwangsmoral* der reifen, *autonomen Moral der Gegenseitigkeit* gegenüber. Er sieht das Voranschreiten in der Moralentwicklung als das Ergebnis von Fortschritten in der kognitiven Entwicklung und von Erfahrungen sozialer Gleichheit in der Gruppe der Gleichaltrigen an.

KOHLBERG unterscheidet genauer zwischen *sechs Stufen der moralischen Orientierung*, die er drei Entwicklungsniveaus (präkonventionell, konventionell und postkonventionell) zuordnet. Die Moralität einer Person wird hauptsächlich danach beurteilt, welches Verhalten sie bei verschiedenen moralischen Dilemmas jeweils richtig findet und warum. Die empirische Überprüfung von KOHLBERGS Stufenmodell richtete sich vor allem auf die Fragen der Generalität oder Bereichsspezifität individueller Urteilsniveaus, der Invarianz und Universalität der Stufenabfolge, sowie der Bedeutung von Rollenübernahmefähigkeiten für die Moralentwicklung.

Gesichert ist, daß jüngere Pbn über Gut und Böse, Recht und Unrecht anders denken und urteilen als ältere Pbn und daß dies eng mit der kognitiven Entwicklung zusammenhängt. Das Urteilsniveau ist aber nicht völlig unabhängig von den thematisierten Inhalten.

Mit der Entwicklung von moralischen *Gefühlen* und *Werthaltungen* befaßt sich vornehmlich die *Psychoanalyse*. Derartige Affekte sind aber auch Gegenstand einer *lerntheoretischen Analyse* der Moralität. Im Vordergrund stehen jeweils *negative* Gefühle wie *Scham* und *Schuld* (Affekte als Warnsignale zur Vermeidung verbotener Handlungen oder als Selbstbestrafung nach erfolgten Übertretungen). In der gegenwärtigen Entwicklungspsychologie rückt immer stärker die *positive* Seite moralischer Affekte (Empathie, altruistische Tendenzen) in den Blickpunkt des Interesses.

Nach FREUD entwickelt sich Moralität oder ein Gewissen (das *Überich*) um das fünfte/sechste Lebensjahr herum auf der Basis von Ängsten im Zusammenhang mit der ödipalen Konfliktsituation bzw. ihrer Bewältigung. Die Gewissensbildung ist dabei eng mit der Übernahme der Geschlechtsrolle assoziiert.

Die Kernbegriffe der psychoanalytischen Moraltheorie (z.B. Kastrationsangst oder Überichstärke) sind einer empirischen Überprüfung kaum zugänglich. Die weitere Entwicklung der Moralität im Kindes- und Jugendalter bleibt weitgehend unbeachtet.

Abweichend von der Psychoanalyse sehen *Lerntheoretiker* die *konditionierte Angst* im Zusammenhang mit der *wiederholten Bestrafung von Übertretungen* elterlicher Normen und nicht die Abwehr von auf die Eltern gerichteten feindseligen und sexuellen Impulsen durch Identifikation als wesentliche Grundlage für eine Normeninternalisierung an.

Im Zentrum einer lerntheoretischen Betrachtung der Moralentwicklung steht *beobachtbares moralisches Verhalten.* Moralität wird hier gleichgesetzt mit der zunehmenden *Anpassung des Verhaltens an die von der Gesellschaft als moralisch klassifizierten Normen und Gesetze* durch Bekräftigungs- und Nachahmungslernen. Aufgrund der angenommenen Situationsspezifität des Lernens wird nur eine geringe situationsübergreifende Konsistenz moralischer Verhaltensweisen erwartet. Besonders häufig untersucht wurden: 1. Die *Unterdrükkung verbotenen Verhaltens* in Situationen, in denen kein Außenstehender da ist, um die Regeln durchzusetzen, und 2. *das Aufschieben einer sofortigen kleineren Belohnung* zugunsten des späteren Erhalts einer größeren Belohnung.

Seit Anfang der 70er Jahre wendete man sich auch *prosozialen* und *altruistischen Verhaltensweisen* zu (anderen helfen, sie trösten, mit ihnen teilen). Bereits Zweijährige sind in der Lage, sich (manchmal) altruistisch zu verhalten. Wichtig für den Aufbau derartiger Verhaltensweisen scheinen entsprechende Vorbilder in der sozialen Umwelt und explizite Hinweise auf die Bedürfnisse und das Leiden anderer zu sein.

Eine auf isolierte Verhaltensweisen beschränkte S-R-Analyse moralischen Verhaltens ist in der neueren entwicklungspsychologischen Forschung kaum noch anzutreffen. Beeinflußt durch die kognitive Wende in der Psychologie werden zunehmend kognitive Vermittlungsglieder zwischen Stimuli und Reaktionen in die Analyse einbezogen.

Die drei Komponenten der Moral (Kognitionen, Affekte und Verhalten) wirken wechselseitig aufeinander ein. Dabei ist ein positiver Zusammenhang zwischen den verschiedenen Komponenten nur unter ganz bestimmten Voraussetzungen zu erwarten. Am häufigsten untersucht wurde der Zusammenhang zwischen moralischem *Urteil* und moralischem *Verhalten.* Die Mehrheit der Untersuchungen gelangte zu mäßig hohen positiven Korrelationen. Die Tendenz, sich entsprechend den eigenen moralischen Überzeugungen zu verhalten, scheint selbst einer Entwicklung zu unterliegen. Mit steigendem moralischem Urteilsniveau fallen Urteil und Verhalten immer stärker zusammen.

Die Notwendigkeit einer integrativen Analyse der verschiedenen Moralkomponenten wird in der neueren entwicklungspsychologischen Forschung zunehmend erkannt. Die bisher am stärksten ausgearbeitete *integrative Theorie* ist die *Empathie-Theorie* von Martin HOFFMAN. Sie vereinigt affektive, kognitive und motivationale Entwicklungskomponenten. Zu beachten ist allerdings, daß empathische Reaktionen, die im Zentrum dieser Theorie stehen, nicht für alle moralischen Situationen relevant sind.

Moralität ist weder ein homogener Persönlichkeitszug, der alle Maße des moralischen Denkens, Fühlens und Handelns kohärent in sich vereinigt, noch etwas, daß sich aus von einander isolierten situationsspezifischen Verhaltenselementen zusammensetzt. Mit zunehmendem Alter wird der Zusammenhang zwischen den verschiedenen Komponenten meist enger.

Zum Weiterstudium empfohlene Lektüre

Den besten Einstieg in die kognitive Betrachtungsweise der Moralentwicklung liefert immer noch Piagets Klassiker:

Piaget, J. (1954). *Das moralische Urteil beim Kinde.* Zürich: Rascher. (als Taschenbuch; Frankfurt: Suhrkamp, 1973).

Die Ansätze von Piaget und Kohlberg und ihre Untersuchungsmethoden (einschließlich der verwendeten Originalgeschichten bzw. Dilemmata) schildern ausführlich:

Duska, R. & Whelan, U. (1977). *Moral development. A guide to Piaget and Kohlberg.* New York: Gill & McMillan.

Einen systematischen Überblick über den aktuellen Stand der Forschung zur Moralentwicklung gibt der Handbuchartikel:

Rest, J. (1983). Morality. In P.H. Mussen (Ed.), *Handbook of child psychology. Vol IV* (S. 556–629). New York: Wiley.

Brauchbare Zusammenstellungen von Arbeiten, die die gesamte Breite der entwicklungspsychologischen Moralforschung und die verschiedenen theoretischen Ansätze abdecken, sind:

Lickona, T. (Ed.). (1976). *Moral development and behavior. Theory, research, and social issues.* New York: Holt, Rinehart & Winston.

Kurtines, W.M. & Gewirtz, J.L. (Eds.). (1984). *Morality, moral behavior, and moral development.* New York: Wiley.

Mit Kohlbergs Theorie und Methode und daraus gewonnenen Forschungsergebnissen setzen sich mehrere Arbeiten in dem folgenden Sammelband auseinander:

Eckensberger, L.H. & Silbereisen, R.K. (Hrsg.). (1980). *Entwicklung sozialer Kognitionen.* Stuttgart: Klett-Cotta.

Als Einstieg in die aktuelle Forschung zur Entwicklung prosozialen Verhaltens eignet sich:

Eisenberg, N. (Ed.). (1982). *The development of prosocial behavior.* New York: Academic Press.

Interdisziplinäre Fragen der Moralität behandelt:

Oser, F., Althof, W. & Garz, D. (Hrsg.). (1986). *Moralische Zugänge zum Menschen – Zugänge zum moralischen Menschen.* München: Kindt-Verlag.

Literaturverzeichnis

ABERLE, D.F. & NAEGELE, K.D. (1952). Middle-class fathers' occupational role and attitude toward children. *American Journal of Orthopsychiatry, 22,* 366-378.

ACREDOLO, L.P., PICK, H.L. & OLSEN, M.G. (1975). Environmental differentiation and familiarity as determinants of children's memory for spatial location. *Developmental Psychology, 11,* 495-501.

AEBLI, H. (1963). *Psychologische Didaktik.* Stuttgart: Klett. (Original erschienen 1951: *Didactique psychologique*)

AINSWORTH, M.D.S. (1967). *Infancy in Uganda: Infant care and the growth of love.* Baltimore: Johns Hopkins University Press.

AINSWORTH, M.D.S. (1973). The development of infant-mother attachment. In B.M. CALDWELL & H.N. RICIUTTI (Eds.), *Review of child development research* (Vol. 3, pp. 1-94). Chicago: University of Chicago Press.

AINSWORTH, M.D.S., BLEHAR, M.C., WATERS, E. & WALL, S. (1978). *Patterns of attachment. A psychological study of the strange situation.* Hillsdale, NJ: Erlbaum.

AINSWORTH, M.D.S. & WITTIG, B.A. (1969). Attachment and the exploratory behavior of one-year olds in a strange situation. In B.M. FOSS (Ed.), *Determinants of infant behavior* (Vol. 4, pp. 111-136). London: Methuen.

ALLEMANN-TSCHOPP, A. (1979). *Geschlechtsrollen. Versuch einer interdisziplinären Synthese.* Bern: Huber.

ANASTASI, A. (1958). Heredity, environment, and the question „How". *Psychological Review, 65,* 197–208. (Deutsch: Vererbung, Umwelt und die Frage nach dem „Wie". In O.M. EWERT (Hrsg.). *Entwicklungspsychologie.* Band 1 (S. 19–30). Köln: Kiepenheuer & Witsch, 1972)

ANDERSON, J.R. (1988). *Kognitive Psychologie. Eine Einführung.* Heidelberg: Spektrum der Wissenschaft. (Original erschienen 1985: *Cognitive psychology and its implications*)

ANGLIN, J. (1977). *Word, object, and conceptual development.* New York: Norton.

ANGLIN, J. (1978). From reference to meaning. *Child Development, 49,* 969-976.

AREND, R., GOVE, F.L. & SROUFE, L.A. (1979). Continuity of individual adaptation from infancy to kindergarten. A predictive study of ego-resiliency and curiosity of preschoolers. *Child Development, 50,* 950-959.

ARONFREED, J. (1970). The socialization of altruistic and sympathetic behavior: Some theoretical and experimental analyses. In J.R. MACAULAY & L. BERKOWITZ (Eds.), *Altruism and helping behavior* (pp. 103-126). New York: Academic Press.

ARONFREED, J. (1976). Moral development from the standpoint of a general psychological theory. In T. LICKONA (Ed.), *Moral development and behavior: Theory, research, and social issues* (pp. 54-69). New York: Holt, Rinehart & Winston.

ARONFREED, J. & REBER, A. (1965). Internalized behavioral suppression and the timing of social punishment. *Journal of Personality and Social Psychology, 1,* 3-16.

ASHMORE, R.D. & DEL BOCA, F.K. (1979). Sex stereotypes and implicit personality theory: Toward a cognitive-social psychological conceptualization. *Sex Roles, 5,* 219-248.

ATKINSON, R.C. & SHIFFRIN, R.M. (1968). Human memory: A proposed system and its control processes. In K.W. SPENCE & J.T. SPENCE (Eds.), *The psychology of learning and motivation. Advances in research and theory* (Vol 2, pp. 89–195). New York: Academic Press.

AUSTIN, J.L. (1962). *How to do things with words.* Oxford: Oxford University Press.

AUSTIN, J.L. (1972). *Zur Theorie der Sprechakte.* Stuttgart: Reclam.

AUSTIN, V.D., RUBLE, D.N. & TRABASSO, T. (1977). Recall and order effects as factors in children's moral judgments. *Child Development, 48,* 470-474.

AUSUBEL, D.P. (1952). *Ego development and the personality disorders.* New York: Grune & Stratton.

AUSUBEL, D.P. (1969). *Readings in School Learning.* New York: Holt, Rinehart & Winston.

BAER, D.M. (1973). The control of developmental process: Why wait? In J.R. NESSELROADE & H.W. REESE (Eds.), *Life-span developmental psychology: Methodological issues* (pp. 185-193). New York: Academic Press.

BADINTER, E. (1986). *Ich bin du: Die neue Beziehung zwischen Mann und Frau oder die androgyne Revolution.* München: Piper.

BALDWIN, A.L. (1969). A cognitive theory of socialization. In D.A. GOSLIN (Ed.), *Handbook of socialization theory and research* (pp. 325-345). Chicago: Rand McNally.

BALDWIN, A.L. (1974a,b). *Theorien primärer Sozialisationsprozesse* (2 Bände). Weinheim: Beltz. (Original erschienen 1967: *Theories of child development*)

BALDWIN, J.M. (1906). *Social and ethical interpretations in mental development.* New York: Arno Press.

BANDURA, A. (1962). Social learning through imitation. In M. R. JONES (Ed.), *Nebraska symposium on motivation* (Vol 10, pp. 211-269). Lincoln, Nebr.: University of Nebraska Press.

BANDURA, A. (1969a). Social-learning theory of identificatory processes. In D.A. GOSLIN (Ed.), *Handbook of socialization theory and research* (pp. 211-262). Chicago: Rand McNally.

BANDURA, A. (1969b). *Principles of behavior modification.* New York: Holt, Rinehart & Winston.

BANDURA, A. (1971). *Psychological modeling — conflicting theories.* Chicago: Atherton/Aldine.

BANDURA, A. (1977a). *Social learning theory.* Englewood Cliffs, NJ: Prentice-Hall. (Deutsche Ausgabe 1979: *Sozial-kognitive Lerntheorie.* Stuttgart: Klett-Cotta)

BANDURA, A. (1977b). Self-efficacy: Toward a unifying theory of behavioral change. *Psychological Review, 84,* 191-215.

BANDURA, A. (1978). The self system in reciprocal determinism. *American Psychologist, 33,* 344-358.

BANDURA, A. (1981). Self-referent thought: A developmental analysis of self-efficacy. In J.H. FLAVELL & L.D. ROSS (Eds.), *Social cognitive development: Frontiers and possible futures* (pp. 200-239). Cambridge: Cambridge University Press.

BANDURA, A. (1986). *Social foundations of thought and action: A social cognitive theory.* Englewood Cliffs, NJ: Prentice-Hall.

BANDURA, A. & McDONALD, F.J. (1963). The influence of social reinforcement and the behavior of models shaping children's moral judgments. *Journal of Abnormal and Social Psychology, 67,* 274-281.

BANDURA, A. & MISCHEL, W. (1965). Modification of self-imposed delay of reward through exposure to live and symbolic models. *Journal of Personality and Social Psychology, 2,* 698-705.

Bandura, A. & Walters, R.H. (1963). *Social learning and personality development.* New York: Holt, Rinehart & Winston.

Barker, R.G. & Wright, H.F. (1951). *One boy's day.* New York: Harper.

Barker, R.G. & Wright, H.F. (1955). *Midwest and its children.* Evanston, Ill.: Row-Peterson.

Bar-Tal, D. (1976). *Prosocial behavior: Theory and research.* New York: Wiley.

Bar-Tal, D. (1982). Sequential development of helping behavior: A cognitive-learning approach. *Developmental Review, 2,* 101-124.

Bar-Tal, D. & Raviv, A. (1982). A cognitive-learning model of helping behavior. In N. Eeisenberg (Ed.), *The development of prosocial behavior* (pp. 199-217). New York: Academic Press.

Bartmann, T. (1969). Zum Erwerb der Mengenkonstanz bei Kindern im Alter von 5–8 Jahren. *Schule und Psychologie, 16,* 85–93.

Basow, S. (1986). *Gender stereotypes. Traditions and alternatives* (2nd ed.). Monterey, CA: Brooks/ Cole.

Bates, E. (1976). Pragmatics and sociolinguistics in child language. In D. Morehead & A. Morehead (Eds.), *Normal and deficient child language* (pp. 411-463). Baltimore: University Park Press.

Beilin, H. (1975). *Studies in the cognitive basis of language acquisition.* New York: Academic Press.

Beilin, H. (1978). Invarianztraining bei physikalischen Mengenbegriffen. In G. Steiner (Hrsg.) *Die Psychologie des 20. Jahrhunderts* (Bd. VII, *Piaget und die Folgen,* S. 260-289). Zürich: Kindler.

Bell, R.Q. (1968). A reinterpretation of effects in studies of socialization. *Psychological Review, 75,* 81-94.

Beloff, H. (1957). The structure and origin of the anal character. *Genetic Psychology Monographs, 55,* 141-172.

Bem, S.L. (1974). The measurement of psychological androgyny. *Journal of Consulting and Clinical Psychology, 42,* 155-162.

Bem, S.L. (1977). On the utility of alternative procedures for assessing psychological androgyny. *Journal of Consulting and Clinical Psychology, 45,* 196-205.

Bem, S.L. (1981). Gender schema theory: A cognitive account of sex typing. *Psychological Review, 88,* 354-364.

Bem, S.L. (1983). Gender schema theory and its implications for child development: Raising gender-aschematic children in a gender-schematic society. *Signs, 8,* 598-616.

Bem, S.L. (1985). Androgyny and gender schema theory: A conceptual and empirical integration. In Th. Sonderegger (Ed.), *Nebraska symposium on motivation* (Vol. 32, pp. 179-226). Lincoln, Nebr.: University of Nebraska Press.

Benedict, R. (1938). Continuities and discontinuities in cultural conditioning. *Psychiatry, 1,* 161-167.

Bergius, R. (1959). Entwicklung als Stufenfolge. In H. Thomae (Hrsg.), *Handbuch der Psychologie* (Bd. 3: *Entwicklungspsychologie,* S. 105-195). Göttingen: Hogrefe.

Berlyne, D.E. (1967a). *Structure and direction in thinking.* New York: McGraw-Hill.

Berlyne, D.E. (1967b). Arousal and reinforcement. In D. Levine (Ed.), *Nebraska symposium on motivation* (Vol. 15, pp. 1-110). Lincoln, Nebr.: University of Nebraska Press.

Bernard, J. (1976). Sex differences: An overview. In A.G. Kaplan & J.P. Bean (Eds.), *Beyond sex-role stereotypes: Readings toward a psychology of androgyny* (pp. 9-26). Boston: Little, Brown.

Berndt, T.J. & Berndt, E.G. (1975). Children's use of motives and intentionality in person perception and moral judgment. *Child Development, 46,* 904-912.

Bernstein, B. (1961). Social class and linguistic development: A theory of social learning. In A.H. Halsey, J. Floud & C.A. Anderson (Eds.), *Education, economy, and society* (pp. 288–314). New York: McMillan.

Biehler, R.F. (1976). *Child development: An introduction.* Boston: Houghton Mifflin Company.

Bierhoff-Alfermann, D. (1989). *Androgynie. Möglichkeiten und Grenzen der Geschlechterrollen.* Opladen: Westdeutscher Verlag.

Bijou, S.W. (1968a). Child behavior and development. A behavioral analysis. *International Journal of Psychology, 3,* 221-238.

Bijou, S.W. (1968b). Ages, stages, and the naturalization of human development. *American Psychologist, 23,* 419-427.

Bijou, S.W. (1970). An empirical concept of reinforcement and a functional analysis of child behavior. In H.E. Fitzgerald & J.P. McKinney (Eds.), *Developmental psychology* (pp. 19-25). Homewood, Ill.: Dorsey Press.

Bijou, S.W. & Baer, D.M. (1960). The laboratory-experimental study of child behavior. In P.H. Mussen (Ed.), *Handbook of research methods in child development* (pp. 140-197). New York: Wiley.

Bijou, S.W. & Baer, D.M. (1961). *Child development* (Vol 1: *A systematic and empirical theory*). New York: Appleton-Century-Crofts.

Bijou, S.W. & Baer, D.M. (1963). Some methodological contributions from a functional analysis of child development. In L.P. Lipsitt & C.C. Spiker (Eds.), *Advances in child development and behavior* (Vol. 1, pp. 197-231). New York: Academic Press.

Bijou, S.W. & Baer, D.M. (1965). *Child development: The universal stage of infancy*). Englewood Cliffs, NJ: Prentice-Hall.

Bijou, S.W. & Baer, D.M. (1972). *Child development: The basic stage of early childhood.* Englewood Cliffs, NJ: Prentice-Hall.

Bijou, S.W. & Baer, D.M (1978). *Behavior analysis of child development.* Englewood Cliffs, NJ: Prentice-Hall.

Biller, H.B. (1971). *Father, child and sex role: Paternal determinants of personality development.* Lexington, Mass.: Heath Lexington Books.

Biller, H.B. & Borstelmann, L.J. (1967). Masculine development: An integrative review. *Merrill-Palmer Quarterly, 13,* 253-294.

Bindel, R. (1979). Geschlechtsunterschiede in der zerebralen Asymmetrie. In H. Keller (Hrsg.), *Geschlechtsunterschiede* (S. 126-140). Weinheim: Beltz.

Binet, A. & Simon, T. (1905). Methodes nouvelles pour le diagnostic du niveau intellectual des anormeaux. *Année Psychologique, 11,* 191–244.

Birns, B. (1976). The emergence and socialization of sex differences in the earliest years. *Merrill-Palmer Quarterly, 22,* 229-254.

Bischof, N. (1980). Biologie als Schicksal? Zur Naturgeschichte der Geschlechterrollendifferenzierung. In N. Bischof & H. Preuschoft (Hrsg.), *Geschlechtsunterschiede. Entstehung und Entwicklung* (S. 25-42). München: C.H. Beck.

Bischof, N. (1985). *Das Rätsel Ödipus.* München: Piper.

Bischof, N. & Preuschoft, H. (Hrsg.). (1980). *Geschlechtsunterschiede. Entstehung und Entwicklung* (pp. 25–42). München: C.H. Beck.

Blakemore, J.E.O., LaRue, A.A. & Olejnik, A.B. (1979). Sex- appropriate toy preference and the ability to conceptualize toys as sex-role related. *Developmental Psychology, 15,* 339-340.

Blasi, A. (1980). Bridging moral cognition and moral action: A critical review of the literature. *Psychological Bulletin, 88,* 1-45.

Block, J.H. (1976a). Debatable conclusions about sex differences. *Contemporary Psychology, 21,* 517-522.

Block, J.H. (1976b). Issues, problems, and pitfalls in assessing sex differences. *Merrill-Palmer Quarterly, 22,* 283-308.

Block, J.H. (1978). Another look at sex differentiation in the socialization behaviors of mothers and fathers. In J. Sherman & F.L. Denmark (Eds.), *The psychology of women: Future directions of research.* New York: Psychological Dimensions.

Bloom, L. (1970). *Language development: Form and function in emerging grammars.* Cambridge, Mass.: M.I.T. Press.

Bloom, L. (1973). *One word at a time: The use of single word utterances before syntax.* The Hague: Mouton.

Bloom, L., Hood, L. & Lightbown, P. (1974). Imitation in language development: If, when, and why. *Cognitive Psychology, 6,* 380-420.

Bloom, L., Rocissano, L. & Hood, L. (1976). Adult-child discourse: Developmental interaction between information processing and linguistic knowledge. *Cognitive Psychology, 8,* 521-552.

Blos, P. (1976). The split parental image in adolescent social relations. *Psychoanalytic Study of the Child, 31,* 7-33.

Blurton-Jones, N. (Ed.). (1972). *Ethological studies of child behavior.* London: Cambridge University Press.

Bock, R.D. & Kolakowski, D. (1973). Further evidence of sex-linked major-gene influence on human spatial visualizing ability. *American Journal of Human Genetics, 25,* 1-14.

Bönner, K.H. (Hrsg.). (1973). *Die Geschlechterrolle.* München: Nymphenburger Verlagsbuchhandlung.

Böttcher, H.F. (1966). Trainingsverfahren zur Entwiçklung des Zahlbegriffs im Vorschulalter. *Probleme und Ergebnisse der Psychologie, 19,* 7-43.

Boles, D.B. (1980). X-linkage of spatial ability: A critical review. *Child Development, 51,* 625-635.

Bouchard, T.J. & McGee, M.G. (1977). Sex differences in human spatial ability: Not an X-linked recessive gene effect. *Social Biology, 24,* 332-335.

Bower, G.H. & Hilgard E.R. (1981). *Theories of learning.* (Revised edition). New York: Prentice-Hall. (Deutsche Ausgabe 1983: *Theorien des Lernens.* Bände I und II. Stuttgart: Klett-Cotta).

Bower, T.G.R. (1977). *A primer of infant development.* San Francisco: Freeman.

Bowerman, M. (1973). *Early syntactic development: A cross-linguistic study with special reference to Finnish.* Cambridge, Mass.: Cambridge University Press.

BOWERMAN, M. (1977). The acquisition of word meaning: An investigation of some current concepts. In P. JOHNSON-LAIRD & P. WASON (Eds.), *Thinking: Readings in cognitive science* (pp. 239-253). Cambridge, Mass.: Cambridge University Press.

BOWLBY, J. (1951). *Maternal care and mental health.* Genf: WHO.

BOWLBY, J. (1958). The nature of the child's tie to his mother. *International Journal of Psychoanalysis, 39,* 350-373.

BOWLBY, J. (1969). *Attachment and loss* (Vol. 1: *Attachment*). New York: Basic Books. (Deutsche Ausgabe 1975: *Bindung. Eine Analyse der Mutter-Kind-Beziehung.* München: Kindler)

BOWLBY, J. (1973). *Attachment and loss* (Vol. 2: *Separation*). New York: Basic Books. (Deutsche Ausgabe 1979: *Trennung.* München: Kindler)

BRADBARD, M.R. & ENDSLEY, R.C. (1983). The effects of sex-typed labeling on preschool children's information-seeking and retention. *Sex Roles, 9,* 247-261.

BRAINE, M.D.S. (1963). The ontogeny of English phrase structure: The first phase. *Language, 39,* 3-13.

BRAINERD, C.J. & ALLEN, T.W. (1971). Experimental inductions of the conservation of „first-order" quantitative invariants. *Psychological Bulletin, 75,* 128–144.

BRAUNMÜHL, E. v. (1980). *Antipädagogik.* Weinheim: Beltz.

BREDENKAMP, J. (1969). Experiment und Feldexperiment. In C.F. GRAUMANN (Hrsg.), *Handbuch der Psychologie* (Bd. 7: *Sozialpsychologie.* 1. Halbband, S. 332-374). Göttingen: Hogrefe.

BRELAND, K. & BRELAND, M. (1961). The misbehavior of organisms. *American Psychologist, 16,* 681-684.

BRETHERTON, I. & WATERS, E. (Eds.). (1985). Growing points of attachment theory and research. *Monographs of the Society for Research in Child Development, 50,* (1-2, Serial No. 209).

BRIGHAM, J.C. (1971). Ethnic stereotypes. *Psychological Bulletin, 76,* 15-38.

BROADBENT, D.E. (1958). *Perception and communication.* London: Pergamon Press.

BROCA, P. (1861). *Sur le Siège de la faculté du langage articulé, avec deux observations d'aphénie (perte de la parole).* Paris: V. Masson et fils.

BRONFENBRENNER, U. (1958). Socialization and social class through time and space. In E.E. MACCOBY, T.M. NEWCOMB & E.L. HARTLEY (Eds.), *Readings in social psychology* (pp. 400-425). New York: Holt, Rinehart & Winston.

BRONFENBRENNER, U. (1963). Developmental theory in transition. In H. W. STEVENSON (Ed.), *Child psychology* (pp. 517-542). Chicago: University of Chicago Press.

BRONFENBRENNER, U. (1978). Ansätze zu einer experimentellen Ökologie menschlicher Entwicklung. In R. OERTER (Hrsg.), *Entwicklung als lebenslanger Prozeß* (S. 33-65). Hamburg: Hoffmann & Campe.

BRONFENBRENNER, U. (1979). *The ecology of human development.* Cambridge, Mass.: Harvard University Press. (Deutsche Ausgabe 1981: *Die Ökologie der menschlichen Entwicklung.* Stuttgart: Klett)

BROVERMAN, D.M., KLAIBER, E.L., KOBAYASHI, Y. & VOGEL, W. (1968). Roles of activation and inhibition in sex differences in cognitive abilities. *Psychological Review, 75,* 23-50.

BROVERMAN, I.K., VOGEL, S.R., BROVERMAN, D.M., CLARKSON, F.E. & Rosenkrantz, P.S. (1972). Sex-role stereotypes: A current appraisal. *Journal of Social Issues, 28,* 59-79.

BROWN, A.L. (1978). Knowing when, where, and how to remember: A problem of metacognition.

In R. GLASER (Ed.), *Advances in instructional psychology* (Vol. 1, pp. 77–165). Hillsdale, NJ: Erlbaum.

BROWN, A.L. (1984). Metakognition, Handlungskontrolle, Selbststeuerung und andere, noch geheimnisvollere Mechanismen. In F.E. WEINERT & R.H. KLUWE (Hrsg.), *Metakognition, Motivation und Lernen* (S. 60-109). Stuttgart: Kohlhammer.

BROWN, D.G. (1956). Sex-role preference in young children. *Psychological Monographs, 70,* 1–19.

BROWN, R. (1973). *A first language. The early stages.* Cambridge, Mass.: Harvard University Press.

BROWN, R. (1977). Introduction. In C.E. SNOW & C.A. FERGUSON (Eds.), *Talking to children. Language input and acquisition* (pp. 1-27). Cambridge: Cambridge University Press.

BROWN, R. & BELLUGI, U. (1964). Three processes in the child's acquisition of syntax. *Harvard Educational Review, 34,* 133-155. (Deutsch: Drei Prozesse beim Erwerb der Syntax durch das Kind. In H. BÜHLER & G. MÜHLE (Hrsg.), *Sprachentwicklungspsychologie* (S. 168-208). Weinheim: Beltz, 1974)

BROWN, R., CAZDEN, C. & BELLUGI, U.C. (1968). The child's grammar from I to III. In J. HILL (Ed.), *Minnesota symposia on child psychology* (Vol. 2, pp. 28–73). Minneapolis: University of Minnesota Press. (Deutsch: Die Grammatik des Kindes von I bis III. In S. PRILLWITZ, B. JOCHENS & E. STOSCH (Hrsg.), *Der kindliche Spracherwerb* (S. 144-189). Braunschweig: Westermann, 1975)

BROWN, R. & FRASER, C. (1963). The acquisition of syntax. In C. COFER & B. MUSGRAVE (Eds.), *Verbal behavior and learning: problems and processes* (pp. 158-209). New York: McGraw Hill.

BROWN, R. & HANLON, C. (1970). Derivational complexity and order of acquisition in child speech. In J. HAYES (Ed.), *Cognition and the development of language* (pp. 11–53). New York: Wiley.

BRÜCKNER, G.H. (1933). Untersuchungen zur Tiersoziologie, insbesondere der Auflösung der Familie. *Zeitschrift für Psychologie, 128,* 1-120.

BRUNER, J.S. (1964). The course of cognitive growth. *American Psychologist, 19,* 1-15.

BRUNER, J.S. (1971). Über kognitive Entwicklung. In J.S. BRUNER, R.R. OLVER & P.M. GREENFIELD (Hrsg.), *Studien zur kognitiven Entwicklung* (S. 21-53). Stuttgart: Klett.

BRUNER, J.S. (1974). From communication to language — a psychological perspective. *Cognition, 3,* 253-287. (Deutsch: Von der Kommunikation zur Sprache. Überlegungen aus psychologischer Sicht. In K. MARTENS (Hrsg.), *Kindliche Kommunikation* (S. 9-60). Frankfurt/M.: Suhrkamp, 1975)

BRUNER, J.S. (1975). The ontogenesis of speech acts. *Journal of Child Language, 2,* 1-19.

BRUNER, J.S. (1977). Wie das Kind lernt, sich sprachlich zu verständigen. *Zeitschrift für Pädagogik, 23,* 829-845.

BRUNER, J.S., OLVER, R.R. & GREENFIELD, P.M. (Eds.). (1966). *Studies in cognitive growth.* New York: Wiley.

BRUSH, L.R. & GOLDBERG, W.A. (1978). The intercorrelation of measures of sex-role identity. *Journal of Child Psychology and Psychiatry, 19,* 43-48.

BRYAN, J.W. & LURIA, Z. (1978). Sex-role learning: A test of the selective attention hypothesis. *Child Development, 49,* 13-23.

BRYANT, P.E. & TRABASSO, T. (1971). Transitive inferences and memory in young children. *Nature, 232,* 457-459.

BRYDEN, M.P. (1979). Evidence for sex-related differences in cerebral organization. In M.A. WITTIG

& A.C. PETERSEN (Eds.), *Sex-related differences in cognitive functioning* (pp. 121-143). New York: Academic Press.

BUCKLEY, N., SIEGEL, L.S. & NESS, S. (1979). Egocentrism, empathy, and altruistic behavior in young children. *Developmental Psychology, 15*, 329-330.

BÜHLER, Ch. (1928). *Kindheit und Jugend.* Leipzig: Hirzel. (4. Aufl. Göttingen: Hogrefe, 1967)

BÜHLER, K. (1918). *Abriß der geistigen Entwicklung des Kindes.* Jena: Wissenschaft und Bildung, Band 156.

BÜHLER, K. (1934). *Sprachtheorie.* Jena: Fischer.

BUFFEREY, A.W.H. & GRAY, J.A. (1972). Sex differences in the development of spatial and linguistic skills. In C. OUNSTED & D.C. TAYLOR (Eds.), *Gender differences: Their ontogeny and significance* (pp. 123-157). London: Churchills.

BUGGLE, F. (1985). *Die Entwicklungspsychologie Jean Piagets.* Stuttgart: Kohlhammer (utb 368).

BURTON, R.V. (1963). The generality of honesty reconsidered. *Psychological Review, 70*, 481-499.

BURTON, R.V. (1984). A paradox in theories and research in moral development. In W.M. KURTINES & J.L. GEWIRTZ (Eds.), *Morality, moral behavior, and moral development* (pp. 193-207). New York: Wiley.

BUSEMANN, A. (1925). *Die Sprache der Jugend als Ausdruck der Entwicklungsrhythmik: Sprachstatistische Untersuchungen. Quellen und Studien zur Jugendkunde.* Jena: Fischer.

BUSSEY, K. (1983). A social-cognitive appraisal of sex-role development. *Australian Journal of Psychology, 35*, 135-143.

BUSSEY, K. & BANDURA, A. (1984). Influence of gender constancy and social power on sex-linked modeling. *Journal of Personality and Social Psychology, 47*, 1292-1302.

CALDWELL, B.M. (1964). The effects of infant care. In M.L. HOFFMAN & L.W. HOFFMAN (Eds.), *Review of child development research* (Vol. 1, pp. 9-87). New York: Russel Sage Foundation.

CARMICHAEL, L. (1951). Ontogenetic development. In S.S. STEVENS (Ed.), *Handbook of experimental psychology* (pp. 281-303). New York: Wiley.

CARROLL, J.B. (1969). Psychological and educational research into second language teaching to young children. In H.H. STERN (Ed.), *Languages and the young school child* (pp. 56–68). London: Oxford University Press.

CARTER, D.B. & PATTERSON, C.J. (1982). Sex roles as social conventions: The development of children's conceptions of sex-role stereotypes. *Developmental Psychology, 18*, 812-824.

CARTER, G.L. & KINSBOURNE, M. (1979). The ontogeny of right cerebral lateralization of spatial mental set. *Developmental Psychology, 15*, 241-245.

CASE, R. (1985). *Intellectual development. Birth to adulthood.* Orlando, FL: Academic Press.

CAZDEN, C. (1972). *Child language and education.* New York: Holt, Rinehart & Winston.

CHAPMAN, M. (1988). *Constructive evolution. Origins and development of Piaget's thought.* Cambridge: Cambridge University Press.

CHARLESWORTH, W. (1979). Ethology: Understanding the other half of intelligence. In M. VON CRANACH, K. FOPPA, W. LEPENIES & D. PLOOG (Eds.), *Human ethology: Claims and limits of a new discipline* (pp. 491-529). Cambridge: Cambridge University Press.

CHARLESWORTH, W. (1983). An ethological approach to cognitive development. In C. BRAINERD (Ed.), *Recent advances in cognitive developmental theory* (pp. 237-258). New York: Springer.

CHI, M.T.H. (1978). Knowledge structures and memory development. In R.S. SIEGLER (Ed.), *Children's thinking: What develops?* (pp. 73–96). Hillsdale, NJ: Erlbaum.

CHILD, I.L. (1954). Socialization. In G. LINDZEY (Ed.), *Handbook of social psychology* (Vol. 2, pp. 655-692). Cambridge: Addison-Wesley.

CHOMSKY, C.S. (1969). *The acquisition of syntax in children from 5 to 10.* Cambridge, Mass.: M.I.T. Press.

CHOMSKY, N. (1959). Review of Skinner's „Verbal Behavior". *Language, 35,* 26-58. (Deutsch: Rezension von Skinner's „Verbal Behavior." In H. BÜHLER & G. MÜHLE (Hrsg.), *Sprachentwicklungspsychologie* (S. 77-99). Weinheim: Beltz, 1974)

CHOMSKY, N. (1965). *Aspects of the theory of syntax.* Cambridge, Mass.: M.I.T. Press. (Deutsch: *Aspekte der Syntaxtheorie.* Frankfurt/M.: Suhrkamp, 1969)

CHOMSKY, N. (1968). *Language and mind* (Enlarged ed. 1972). New York: Harcourt Brace Jovanovich. (Deutsch: *Sprache und Geist.* Frankfurt/M.: Suhrkamp, 1970)

CHOMSKY, N. (1972). Die formale Natur der Sprache. In E.H. LENNEBERG, *Biologische Grundlagen der Sprache* (S. 483-539). Frankfurt/M.: Suhrkamp.

CLAHSEN, H. (1982). *Spracherwerb in der Kindheit: Eine Untersuchung zur Entwicklung der Syntax bei Kleinkindern.* Tübingen: Narr.

CLARK, E. (1971). On the acquisition of the meaning of before and after. *Journal of Verbal Learning and Verbal Behavior, 10,* 266-275.

CLARK, E. (1973). What's in a word? On the child's acquisition of semantics in his first language. In T. MOORE (Ed.), *Cognitive development and the acquisition of language* (pp. 65-110). New York: Academic Press.

CLARK, E. (1983). Meanings and concepts. In P.H. MUSSEN (Ed.), *Handbook of child psychology* (4th ed., Vol. III, pp. 787-840). New York: Wiley.

CLARK, H. & CLARK, E. (1977). *Psychology and language. An introduction to psycholinguistics.* New York: Harcourt Brace Jovanovich.

COERPER, C., HAGEN, W. & THOMAE, H. (1954). *Deutsche Nachkriegskinder.* Stuttgart: Thieme.

COFER, C. N. & APPLEY, M. H. (1964). *Motivation: Theory and research.* New York: Wiley.

COHEN, J. (1977). *Statistical power analysis for the behavioral sciences* (2nd ed.). New York: Academic Press.

COLBY, A. & KOHLBERG, L. (1978). Das moralische Urteil: Der kognitionszentrierte entwicklungspsychologische Ansatz. In G. STEINER (Hrsg.), *Die Psychologie des 20. Jahrhunderts* (Bd. VII, *Piaget und die Folgen,* S. 348-365). Zürich; Kindler.

COLBY, A., KOHLBERG, L., GIBBS, J., CANDEE, D., HEWER, A., POWER, C. & SPEICHER-DUBIN, B. (1983). *Measuremant of moral judgment: Standard issue scoring manual.* New York: Cambridge University Press.

COLBY, A., KOHLBERG, L., GIBBS, J. & LIEBERMAN, M. (1983). A longitudinal study of moral judgment. *Monographs of the Society for Research in Child Development, 48,* (Serial No. 200).

COLES, R. (1970). *ERIK H. ERIKSON: The growth of his work.* Boston: Little, Brown.

CONDRY, J. & CONDRY, S. (1976). Sex differences: A study of the eye of the beholder. *Child Development, 47,* 812-819.

CONNOR, J.M. & SERBIN, L.A. (1977). Behaviorally based masculine- and feminine-activity-preference scales for preschoolers: Correlates with other classroom behaviors and cognitive tests. *Child Development, 48,* 1411-1416.

CONSTANTINOPLE, A. (1979). Sex-role acquisition: In search of the elephant. *Sex Roles, 5,* 121-134.

COOPER, H.M. (1979). Statistically combining independent studies: A meta analysis of sex-differences in conformity research. *Journal of Personality and Social Psychology, 37,* 131-146.

CORDUA, G.D., MCGRAW, K.O. & DRABMAN, R.S. (1979). Doctor or nurse: Children's perceptions of sex-typed occupations. *Child Development, 50,* 590-593.

CRAIK, F.I.M. & LOCKHART, R.S. (1972). Levels of processing: A framework for memory research. *Journal of Verbal Learning and Verbal Behavior, 11,* 671-684.

CRAIN, W.C. (1985). *Theories of development. Concepts and applications* (2nd ed.). Englewood Cliffs, NJ: Prentice-Hall.

CRAMER, P. (1974). The psychoanalytical approach to intellectual development. In W.D.J. ROHWER Jr., P.R. AMMON & P. CRAMER (Eds.), *Understanding intellectual development* (pp. 267-398). Hinsdale, Ill.: Dryden Press.

CRAMER, P. & HOGAN, K.A. (1975). Sex differences in verbal and play fantasy. *Developmental Psychology, 11,* 145-154.

CRANACH, M. VON (1979). Methoden der Schlußfolgerung vom tierischen auf menschliches Verhalten. In A. DEGENHARDT & H.M. TRAUTNER (Hrsg.), *Geschlechtstypisches Verhalten* (S. 231-272). München: C.H. Beck.

CROCKER, J., HANNAH, D.B. & WEBER, R. (1983). Person memory and causal attributions. *Journal of Personality and Social Psychology, 44,* 55-66.

CROISSIER, S. (1979). *Kognitive und soziale Faktoren in der Entwicklung kindlicher Geschlechtsrolleneinstellungen.* Weinheim: Beltz.

CROMER, R.F. (1974). The development of language and cognition: The cognition hypothesis. In B. FOSS (Ed.), *New perspectives in child development* (pp. 184–252). Harmondsworth: Penguin.

CROMER, R.F. (1976). The cognitive hypothesis of language acquisition and its implications for child language deficiency. In N.D. MOREHEAD & A. MOREHEAD (Eds.), *Normal and deficient child language* (pp. 283-333). Baltimore: University Park Press.

CROMER, R.F. (1981). Reconceptualizing language acquisition and cognitive development. In R. SCHIEFELBUSCH & D. BRICKER (Eds.), *Early language: Acquisition and intervention* (pp. 51–137). Baltimore: University Park Press.

CROSS, T. (1977). Mothers' speech adjustment: The contribution of selected child listener variables. In C.E. SNOW & C.A. FERGUSON (Eds.), *Talking to children: Language input and acquisition* (pp. 151-188). Cambridge: Cambridge University Press.

CUNNINGHAM, J.D. & ANTILL, J.K. (1984). Changes in masculinity and feminity across the family life cycle: A reexamination. *Developmental Psychology, 20,* 1135-1141.

CURTISS, S. (1977). *Genie: A psycholinguistic study of a modern-day „wild-child".* New York: Academic Press.

DALE, P.S. (1976). *Language development: Structure and function.* New York: Holt, Rinehart & Winston.

DAMON, W. (1977). *The social world of the child.* San Francisco: Jossey-Bass. (Deutsche Ausgabe 1984: *Die soziale Welt des Kindes.* Frankfurt: Suhrkamp.)

DAMON, W. (1984). Self-understanding and moral development from childhood to adolescence. In

W.M. Kurstines & J.L. Gewirtz (Eds.), *Morality, moral behavior, and moral development* (pp. 109-127). New York: Wiley.

Dannhauer, H. (1973). *Geschlecht und Persönlichkeit.* Berlin-Ost: VEB Deutscher Verlag der Wissenschaften.

Davis, H.K., Sears, R.R., Miller, H.C. & Brodbeck, A.J. (1948). Effects of cup, bottle and breast feeding on oral activities of newborn infants. *Pediatrics, 2,* 549-558.

Deaux, K. (1976). Sex: A perspective on the attribution process. In J.H. Harvey, W. Ickes & R.F. Kidd (Eds.), *New directions in attribution research* (pp. 335-352). Hillsdale, NJ: Erlbaum.

Degenhardt, A. (1978). Geschlechtstypisches Verhalten — Eine psychobiologische Variable? *Psychologische Rundschau, 29,* 15-37.

Degenhardt, A. & Trautner, H.M. (Hrsg.). (1979). *Geschlechtstypisches Verhalten.* München: C.H. Beck.

DeLucia, L.A. (1963). The toy preference test: A measure of sex-role identification. *Child Development, 34,* 107-117.

Deutsch, W. (Ed.). (1981). *The child's construction of language.* New York: Academic Press.

DeVilliers, J.G. & DeVilliers, P.A. (1973). A cross-sectional study of the acquisition of grammatical morphemes in child speech. *Journal of Psycholinguistic Research, 2,* 267-278.

DeVilliers, J.G. & DeVilliers, P.A. (1978). *Language acquisition.* Cambridge, Mass.: Harvard University Press.

DeVilliers, P.A. & DeVilliers, J.G. (1974). On this, that, and the other: Non-egocentrism in very young children. *Journal of Experimental Child Psychology, 18,* 438-447.

DeVilliers, P.A. & DeVilliers, J.G. (1979). *Early language.* Cambridge, Mass.: Harvard University Press.

DeVries, R. (1969). Constancy of generic identity in the years three to six. *Monographs of the Society for Research in Child Development, 34(3).* (Serial No. 127).

DeVries, R. (1974). Relationship among Piagetian, IQ, and achievement assessments. *Child Development, 45,* 746-756.

Dewsbury, D.A. (1978). *Comparative animal behavior.* New York: McGraw Hill.

Dienstbier, R.A., Hillman, D., Lehnhoff, J., Hillman, J. & Valkenaar, M.C. (1975). An emotion-attribution approach to moral behavior: Interfacing cognitive and avoidance theories of moral development. *Psychological Review, 82,* 299-315.

Dietrich, G. (1966). *Entwicklungstrend und Persönlichkeitsverfassung.* München: Reinhardt.

Dittmar, N. (1973). *Soziolinguistik. Exemplarische und kritische Darstellung ihrer Theorie, Empirie und Anwendung.* Frankfurt/M.: Suhrkamp.

DiVesta, F.J. (1974). *Language, learning, and cogntive processes.* Monterey, Calif.: Brooks/Cole.

Doise, W. & Mugny, G. (1981). *Le développement social de l'intelligence.* Paris: Interéditions.

Dollard, J., Doob, L.W., Miller, N.W., Mowrer, O.H. & Sears, R.R. (1939). *Frustration and aggression.* New Haven: Yale University Press.

Douvan, E. & Adelson, J. (1966). *The adolescent experience.* New York: Wiley.

Durkheim, E. (1925). *L'education morale.* Paris: Presse universitaire de France. (Englische Ausgabe 1973: *Moral education.* New York: Free Press.)

DUSKA, R. & WHELAN, M. (1977). *Moral development. A guide to Piaget and Kohlberg*. New York: Gill & McMillan.

EAGLE, M.N. (1988). *Neuere Entwicklungen in der Psychoanalyse*. München: Verlag Internationale Psychoanalyse. (Original erschienen 1984: *Recent developments in psychoanalysis*)

EAGLY, A.H. & CARLI, L.L. (1981). Sex of researchers and sex- typed communications as determinants of sex differences in influenceability. A meta-analysis of social influence studies. *Psychological Bulletin, 90*, 1-20.

EATON, W.O. & VON BARGEN, D. (1981). Asynchronous development of gender understanding in preschool children. *Child Development, 52*, 1020-1027.

EATON, W.O., VON BARGEN, D. & KEATS, J.G. (1981). Gender understanding and dimensions of preschooler toy choice: Sex stereotype versus activity level. *Canadian Journal of Behavioral Science, 13*, 203-209.

ECCLES-PARSONS, J. (1982). Biology, experience, and sex-dimorphic behaviors. In W. GOVE & G.R. CARPENTER (Eds.), *The fundamental connection between nature and nurture: A review of the evidence* (pp. 137–170). Lexington, Mass.: Lexington Books.

ECKENSBERGER, L.H. (1973). Methodological issues of cross-cultural research in developmental psychology. In J.R. NESSELROADE & H.W. REESE (Eds.), *Life-span developmental psychology: Methodological issues* (pp. 43-64). New York: Academic Press.

ECKENSBERGER, L.H. (1983). Interkulturelle Vergleiche. In R.K. SILBEREISEN & L. MONTADA (Hrsg.), *Entwickungspsychologie. Ein Handbuch in Schlüsselbegriffen* (S. 155-163). München: Urban & Schwarzenberg.

ECKENSBERGER. L.H. & REINSHAGEN, H. (1979). Überlegungen zu einem Strukturmodell der Entwicklung des moralischen Urteils. In L. MONTADA (Hrsg.), *Brennpunkte der Entwicklungspsychologie* (S. 267-280). Stuttgart: Kohlhammer.

ECKENSBERGER, L.H. & REINSHAGEN, H. (1980). Kohlbergs Stufentheorie der Entwicklung des moralischen Urteils: Ein Versuch ihrer Reinterpretation im Bezugsrahmen handlungstheoretischer Konzepte. In L.H. ECKENSBERGER & R.K. SILBEREISEN (Hrsg.), *Entwicklung sozialer Kognitionen* (S. 65-131). Stuttgart: Klett-Cotta.

ECKENSBERGER, L.H., VILLENAVE-CREMER, S. & REINSHAGEN, H. (1980). Kritische Darstellung von Methoden zur Erfassung des moralischen Urteils. In L.H. ECKENSBERGER & R.K. SILBEREISEN (Hrsg.), *Entwicklung sozialer Kognitionen* (S. 335-377). Stuttgart: Klett-Cotta.

ECKERT, R. (Hrsg.). (1979). *Geschlechtsrollen und Arbeitsteilung*. München: C.H. Beck.

EDELBROCK, C. & SUGAWARA, A.I. (1978). Acquisition of sex-typed preferences in preschool-aged children. *Developmental Psychology, 14*, 614-623.

EDWARDS, C.P. (1981). The development of moral reasoning in cross-cultural perspective. In R.H. MUNROE, R.L. MUNROE & B.B. WHITING (Eds.), *Handbook of cross-cultural human development*. New York: Garland Press.

EHRHARDT, A.A. (1969). *Zur Wirkung fötaler Hormone auf Intelligenz und geschlechtsspezifisches Verhalten*. Unveröff. Diss., Universität Düsseldorf.

EHRHARDT, A.A. (1975). *Sexualhormone und einige Aspekte geschlechtstypischer Verhaltensunterschiede beim Menschen*. (Unveröff. Arbeitspapier für die Studiengruppe Geschlechtsrollen der Werner-Reimers-Stiftung). Bad Homburg.

EHRHARDT, A.A. (1980). Prinzipien der psychosexuellen Differenzierungen. In N. BISCHOF & H. PREUSCHOFT (Hrsg.), *Geschlechtsunterschiede. Entstehung und Entwicklung* (S. 99-122). München: C.H. Beck.

EHRHARDT, A.A. & BAKER, S.W. (1974). Fetal androgens, human central nervous system differentiation and behavior sex differences. In R.C. FRIEDMAN, R.M. RICHART & R.L. VANDEWIELE (Eds.), *Sex differences in behavior* (pp. 33-51). New York: Wiley.

EIBL-EIBESFELDT, I. (1972). *Liebe und Haß* (5. Aufl.). München: Piper.

EIBL-EIBESFELDT, I. (1978). *Grundriß der vergleichenden Verhaltensforschung.* (5. Aufl.). München: Piper.

EIBL-EIBESFELDT, I. (1984). *Die Biologie des menschlichen Verhaltens. Grundriß der Humanethologie.* München: Piper.

EISENBERG, N. (1982a). *The development of prosocial behavior.* New York: Academic Press.

EISENBERG, N. (1982b). The development of reasoning regarding prosocial behavior. In N. EISENBERG (Ed.), *The development of prosocial behavior* (pp. 219-249). New York: Academic Press.

EISENBERG, N., MURRAY, E. & HITE, T. (1982). Children's reasoning regarding sex-typed toy choices. *Child Development, 53,* 81-86.

EISENBERG-BERG, N. (1979). Development of children's prosocial moral judgment. *Developmental Psychology, 15,* 128-137.

EMMERICH, W. (1962). Variations in the parent role as a function of the parent's sex and the child's sex and age. *Merrill-Palmer Quarterly, 8,* 1-11.

EMMERICH, W. (1981). Non-monotonic developmental trends in social cognition: The case of gender constancy. In S. STRAUSS (Ed.), *U-shaped behavioral growth.* New York: Academic Press.

EMMERICH, W. & GOLDMAN, K.S. (1972). Boy-girl identity task: Technical report. In V. SHIPMAN (Ed.), *Disadvantaged children and their first school experiences: Technical report* (PR-72-20). Princeton. NJ: Educational Testing Service.

EMMERICH, W., GOLDMAN, K.S., KIRSH, B. & SHARABANY, R. (1977). Evidence for a transitional phase in the development of gender constancy. *Child Development, 48,* 930-936.

EMMERICH, W. & SHEPARD, K. (1982). Development of sex-differentiated preferences during late childhood and adolescence. *Developmental Psychology, 18,* 406-417.

ERIKSON, E.H. (1950). *Childhood and society.* New York: Norton. (Deutsche Ausgabe 1961: *Kindheit und Gesellschaft.* Stuttgart: Klett; 5. Aufl. 1974)

ERIKSON, E.H. (1951). Sex differences in the play configurations of preadolescents. *American Journal of Orthopsychiatry, 21,* 667-692.

ERIKSON, E.H. (1958). *Young man Luther.* New York: Faber.

ERIKSON, E.H. (1959). Identity and the life cycle. *Psychological Issues, 1,* 1-165.

ERIKSON, E.H. (1960). Psychosexual development. In World Health Organization (WHO), *Discussions in child development* (Vol. IV). New York.

ERIKSON, E.H. (1968). *Identity, youth and crisis.* New York: Norton. (Deutsche Ausgabe 1974 (2. Aufl.): *Jugend und Krise,* Stuttgart: Klett)

ERIKSON, E.H. (1969). *Gandhi's truth on the origins of militant nonviolence.* New York: Norton.

ERIKSON, E.H. (1970). Reflections on the dissent of contemporary youth. *International Journal of Psychoanalysis, 51,* 11–22.

ERVIN-TRIPP, S.M. (1964). Imitation and structural change in children's language. In E.H. LENNEBERG (Ed.), *New directions in the study of language* (pp. 163-190). Cambridge, Mass.: M.I.T. Press.

EWERT, O.M. (1983). *Entwicklungspsychologie des Jugendalters.* Stuttgart: Kohlhammer.

EYFERTH, K. (1964). Das Lernen von Haltungen, Bedürfnissen und sozialen Verhaltensweisen. In R. BERGIUS (Hrsg.), *Handbuch der Psychologie* (Bd. 1: Allgemeine Psychologie I, 2. Halbband, S. 347-370). Göttingen: Hogrefe.

EYSENCK, H.J. (1970). *Crime and personality.* London: Paladin Books.

EYSENCK, H.J. (1976). The biology of morality. In T. LICKONA (Ed.), *Moral development and behavior: Theory, research, and social issues* (pp. 108–123). New York: Holt, Rinehart & Winston.

FAGOT, B. (1974). Sex differences in toddlers' behavior and parental reaction. *Developmental Psychology, 10,* 554-558.

FAGOT, B. (1977). Consequences of moderate cross-gender behavior in preschool children. *Child Development, 48,* 902-907.

FAGOT, B. (1978). The influence of sex of child on parental reactions to toddler children. *Child Development, 49,* 459-465.

FAGOT, B. & PATTERSON, G.R. (1969). An in vivo analysis of reinforcing contingencies for sex-role behaviors in the preschool child. *Developmental Psychology, 1,* 563-568.

FAHRENBERG, J., SELG, H. & HAMPEL, R. (1973). *Freiburger Persönlichkeitsinventar (FPI).* (4. rev. Aufl. 1984). Göttingen: Hogrefe.

FAIRBAIRN, W.R.D. (1952). *Psychoanalytic studies of the personality.* London: Tavistock/Routledge & Kegan Paul.

FATKE, R. (Hrsg.). (1983). *Jean Piaget: Meine Theorie der geistigen Entwicklung.* Frankfurt/M.: Fischer Taschenbuch Verlag.

FENICHEL, D. (1945). *The psychoanalytic theory of neurosis.* New York: Norton.

FERGUSON, C.A. (1964). Baby talk in six languages. *American Anthropologist, 66,* 103-114.

FERGUSON, C.A. (1977). Baby talk as a simplified register. In C.A. FERGUSON & C.E. SNOW (Eds.), *Talking to children: Language input and acquisition* (pp. 209-235). Cambridge: Cambridge University Press.

FILLMER, H.T. & HASWELL, L. (1977). Sex-role stereotyping in English usage. *Sex Roles,* 3, 257-263.

FISCHER, J.C. & NARUS, L.R. Jr. (1981). Sex-role development in late adolescence and adulthood. *Sex Roles, 7,* 97-106.

FISCHER, K.W. (1980). A theory of cognitive development: The control and construction of hierarchies of skills. *Psychological Review, 87,* 477-531.

FISHER, S. & GREENBERG, R.P. (1985). *The scientific credibility of Freud's theories and therapy.* New York: Columbia University Press.

FLAMMER, A. (1988). *Entwicklungstheorien.* Bern: Huber.

FLAVELL, J.H. (1979). *Kognitive Entwicklung.* Stuttgart: Klett-Cotta. (Original erschienen 1977: *Cognitive Development*)

FLAVELL, J.H. (1981). Cognitive monitoring. In W.P. DICKSON (Ed.), *Children's oral communication skills* (pp. 35–60). New York: Academic Press.

FLAVELL, J.H., BEACH, D.H. & CHINSKY, J.M. (1966). Spontaneous verbal rehearsal in a memory task as a function of age. *Child Development, 37,* 283–299.

FLAVELL, J., BOTKIN, P., FRY, C., WRIGHT, J. & JARVIS, P. (1975). *Rollenübernahme und Kommunika-*

tion bei Kindern. Weinheim: Beltz. (Original erschienen 1968: *The development of role-taking and communication skills in children*)

FLAVELL, J. & MARKMAN, E. (Eds.). (1983). *Handbook of child psychology.* Vol. III (P.H. MUSSEN, Series Ed.). New York: Wiley.

FREEDMAN, D.G. (1974). *Human infancy: An evolutionary perspective.* Hillsdale, NJ: Erlbaum.

FREUD, A. (1936). *Das Ich und die Abwehrmechanismen.* Wien: Internationaler Psychoanalyse Verlag.

FREUD, S. (1940a). *Vorlesungen zur Einführung in die Psychoanalyse.* Ges. Werke. (Bd. XI.) London: Imago.

FREUD, S. (1940b). *Neue Folge der Vorlesungen zur Einführung in die Psychologie.* Ges. Werke (Bd. XV). London: Imago.

FREUD, S. (1941). *Schriften aus dem Nachlaß.* Ges. Werke (Bd. XVII). London: Imago.

FREUD, S. (1942a). *Die Traumdeutung. Über den Traum.* Ges. Werke (Bd. II/III). London: Imago.

FREUD, S. (1942b). Drei Abhandlungen zur Sexualtheorie. In *Werke aus den Jahren 1904-1905.* Ges. Werke (Bd. V, S. 27-145). London: Imago.

FREUD, S. (1946). Das Unbewußte. In *Werke aus den Jahren 1913-1917.* Ges. Werke (Bd X, S. 264-303). London: Imago.

FREUD, S. (1948). Einige psychische Folgen des anatomischen Geschlechtsunterschiedes. In *Werke aus den Jahren 1925-1931.* Ges. Werke (Bd. XIV, S. 19-30). London: Imago.

FREUD, S. (1961). *Drei Abhandlungen zur Sexualtheorie und verwandte Schriften.* Frankfurt: Fischer.

FTHENAKIS, W.E. (1985). *Väter* (2 Bde.). München: Urban & Schwarzenberg.

FURROW, D. & NELSON, K. (1984). Environmental correlates of individual and differences in language acquisition. *Journal of Child Language, 11,* 523-534.

FURROW, D., NELSON, K. & BENEDICT, H. (1979). Mother's speech to children and syntactic development: Some simple relationships. *Journal of Child Language, 6,* 423-442.

FURTH, H. (1966). *Thinking without language.* New York: Free Press.

FURTH, H. (1970). On language and knowing in Piaget's developmental theory. *Human Development, 13,* 241-257. (Deutsch: Die Rolle der Sprache beim Denken. In U. WENZEL & M. HARTIG (Hrsg.), *Sprache-Persönlichkeit-Sozialstruktur* (S. 165-179). Hamburg: Hoffmann & Campe, 1977)

FURTH, H. & YOUNISS, J. (1976). Formal operations and language: A comparison of deaf and hearing adolescents. In D. MOREHEAD & A. MOREHEAD (Eds.), *Normal and deficient child language* (pp. 387-410). Baltimore: University Park Press.

GARRETT, C.S., EIN, P. & TREMAINE, L. (1977). The development of gender stereotyping of adult occupations in elementary school children. *Child Development, 48,* 507-512.

GAY, P. (1988). *Freud: A life for our time.* London: Dent.

GEER, J.P. VAN DE & JASPARS, J.F.M. (1966). Cognitive functioning. *Annual Review of Psychology, 17,* 145–176.

GELFAND, D.M. & HARTMANN, D.P. (1982). Response consequences and attributions: Two contributors to prosocial behavior. In N. EISENBERG (Ed.), *The development of prosocial behavior* (pp. 167-196). New York: Academic Press.

GELMAN, R. & BAILLARGEON, R. (1983). A review of some Piagetian concepts. In P.H. MUSSEN (Ed.), *Handbook of child psychology* (4th ed., Vol. III, pp. 167-230). New York: Wiley.

GENTNER, D. (1975). Evidence for the psychological reality of semantic components: The verbs of possession. In D.A. NORMAN & D.E. RUMELHART (Eds.), *Explorations in cognition* (pp. 211-246). San Francisco: Freeman.

GERLING, M. & WENDER, I. (1981). Gerechtigkeitskonzepte und Aufteilungsverhalten von Vorschulkindern. *Zeitschrift für Entwicklungspsychologie und Pädagogische Psychologie, 13,* 236-250.

GESELL, A. (1940). *The first five years of life.* New York: Harper and Row. (Deutsche Ausgabe 1952: *Säugling und Kleinkind in der Kultur der Gegenwart.* Bad Nauheim: Christian)

GESELL, A. & ILG, F.L. (1946). *The child from five to ten.* New York: Harper & Row. (Deutsche Ausgabe 1954: *Das Kind von fünf bis zehn,* Bad Nauheim: Christian)

GESELL, A., ILG, F.L. & Ames, L.B. (1956). *Youth. The years from ten to sixteen.* New York: Harper. (Deutsche Ausgabe 1958: *Das Kind von zehn bis sechzehn,* Bad Nauheim: Christian)

GEWIRTZ, J.L. (1969). Mechanisms of social learning: Some roles of stimulation and behavior in early human development. In D.A. GOSLIN (Ed.), *Handbook of socialization theory and research* (pp. 57-212). Chicago: Rand McNally.

GIBBS, J.C., ARNOLD, K.D. & BURKHART, J.E. (1984). Sex differences in the expression of moral judgment. *Child development, 55,* 1040-1043.

GILLIGAN, C. (1977). In a different voice: Women's conceptions of self and morality. *Harvard Educational Review, 47,* 481-517.

GILLIGAN, C. (1984). Die andere Stimme. München: Piper. (Original erschienen 1982: *In a different voice: Psychological theory and women's development*)

GILLIGAN, C. & BELENKY, M. (1980). A naturalistic study of abortion decisions. In R. SELMAN & R. YANDO (Eds.), *Clinical-developmental psychology* (pp. 69–90). San Francisco: Jossey Bass.

GILLIGAN, C. & MURPHY, M. (1979). Development from adolescence to adulthood: The philosopher and the dilemma of the fact. In W. DAMON (Ed.), *New directions for child development* (Vol. 2,). San Francisco: Jossey Bass.

GINSBURG, H. & OPPER, S. (1982). *Piagets Theorie der geistigen Entwicklung* (2. Aufl.). Stuttgart: Klett-Cotta. (Original erschienen 1969: *Piaget's theory of intellectual development. An introduction*)

GLASS, G., MCGAW, B. & SMITH, M.L. (1981). *Meta-analysis in social research.* Beverly Hills, CA: Sage.

GLEITMAN, L.R., GLEITMAN, H. & SHIPLEY, E.F. (1972). The emergence of the child as a grammarian. *Cognition, 1,* 137-164.

GLEITMAN, L.R., NEWPORT, E. & GLEITMAN, H. (1984). The current status of the motherese hypothesis. *Journal of Child Language, 11,* 43-79.

GLUCKSBERG, S. & DANKS, J.H. (1975). *Experimental psycholinguistics.* Hillsdale, NJ: Erlbaum.

GOETZ, E. & BAER, D.M. (1973). Social control of form diversity and the emergence of new forms in children's blockbuilding. *Journal of Applied Behavior Analysis, 6,* 209-217.

GOLDBERG, S. & LEWIS, M. (1969). Play behavior in the year-old infant: Early sex differences. *Child Development, 40,* 21-32.

GOODNOW, J.J. (1984). Parents' ideas about parenting and development: A review of issues and recent work. In M.E. LAMB, A.L. BROWN & B. ROGOFF (Eds.), *Advances in developmental psychology* (pp. 193-242). Hillsdale, NJ: Erlbaum.

GOODNOW, J.J., CASHMORE, J., COTTON, S. & KNIGHT, R. (1984). Mothers' developmental timetables in two cultural groups. *International Journal of Psychology, 19,* 193-205.

GOSLIN, D.A. (Ed.). (1969). *Handbook of socialization theory and research.* Chicago: Rand McNally (3. Aufl. 1973).

GOY, R.W. (1968). Organizing effects of androgene on the behavior of rhesus monkeys In R. MICHAEL (Ed.), *Endocrinology and human behavior* (pp. 12-31). London: Oxford University Press.

GOY, R.W. (1975). Early hormonal influences on the development of sexual and sex-related behaviors. In R.K. UNGER & F.L. DENMARK (Eds.), *Woman: Dependent or independent variable?* (pp. 275-278). New York: Psychological Dimensions.

GRIMM, H. (1977a). *Psychologie der Sprachentwicklung* (Bd. I). Suttgart: Kohlhammer.

GRIMM, H. (1977b). *Psychologie der Sprachentwicklung* (Bd. II). Suttgart: Kohlhammer.

GRIMM, H. (1982). Sprachentwicklung: Voraussetzungen, Phasen und theoretische Interpretationen. In R. OERTER & L. MONTADA (Hrsg.), *Entwicklungspsychologie* (Kap. 7, S. 506-566). München: Urban & Schwarzenberg.

GRIMM, H. (1987). Sprachentwicklung: Voraussetzungen, Phasen und theoretische Interpretationen. In R. OERTER & L. MONTADA (Hrsg.), *Entwicklungspsychologie* (Kap. 12, S. 578-636). München–Weinheim: Psychologie Verlags Union.

GROSSMANN, K.E. (Hrsg.). (1977). *Entwicklung der Lernfähigkeit in der sozialen Umwelt.* München: Kindler.

GROSSMANN, K.E., AUGUST, P., FREMMER-BOMBIK, E., FRIEDL, A., GROSSMANN, K. SCHEUERER-ENGLISCH, H., SPANGLER, G., STEPHAN, C. & SUESS, G. (1989). Die Bindungstheorie: Modell und entwicklungspsychologische Forschung. In H. KELLER (Hrsg.), *Handbuch der Kleinkindforschung* (S. 31-55). Berlin: Springer.

GROSSMANN, K.E. & GROSSMANN, K. (1986). Phylogenetische und ontogenetische Aspekte der Entwicklung der Eltern-Kind Bindung und der kindlichen Sachkompetenz. *Zeitschrift für Entwicklungspsychologie und Pädagogische Psychologie, 18,* 387-415.

GRUBER, H.E. & VONÈCHE, J.J. (Eds). (1977). *The essential Piaget.* New York: Basic Books.

GRUENEICH, R. (1982). The development of children's integration rules for making moral judgments. *Child Development, 53,* 887-894.

GRUSEC, J.E. & BRINKER, D.B. Jr. (1974). Reinforcement for imitation as a social learning determinant with implications for sex-role development. *Journal of Personality and Social Psychology, 21,* 149-158.

GRUSEC, J.E., KUCZYNSKI, L., RUSHTON, J.P. & SIMUTIS, Z.M. (1979). Learning resistance to temptation through observation. *Developmental Psychology, 15,* 233-240.

GRUSEC, J.E. & LYTTON, H. (1988). *Social development. History, theory, and research.* New York: Springer.

GRUSEC, J.E. & REDLER, E. (1980). Attribution, reinforcement, and altruism. *Developmental Psychology, 16,* 525-534.

HALISCH, F. & HOFFMANN, F. (1980). Hilfehandeln bei Sieben- bis Zehnjährigen in Abhängigkeit vom sozial-kognitiven und vom motivationalen Entwicklungsstand. *Zeitschrift für Entwicklungspsychologie und Pädagogische Psychologie, 12,* 3-29.

HALL, J.A. & HALBERSTADT, A.G. (1980). Masculinity and feminity in children: Development of the Children's Personal Attributes Questionnaire. *Developmental Psychology, 16,* 270-280.

HALPERN, E., CORRIGAN, R. & AVIEZER, O. (1983). In, on, and under: Examining the relationship between cognitive and language skills. *International Journal of Behavioral Development, 6,* 153-166.

HANSEN, W. (1938). *Die Entwicklung des kindlichen Weltbildes.* München: Kösel.

HARLOW, H.F. (1958). The nature of love. *American Psychologist, 13,* 673-685.

HARRIS, B. (1979). Whatever happened to Little Albert? *American Psychologist, 34,* 151-160.

HARRIS, L.J. (1978). Sex differences in spatial ability: Possible environmental, genetic, and neurological factors. In M. KINSBOURNE (Ed.), *Asymmetrical function of the brain* (pp. 405-522). Cambridge: Cambridge University Press.

HARTLAGE, L.C. (1970). Sex-linked inheritance of spatial ability. *Perceptual and Motor Skills, 31,* 610.

HARTMANN, H. (1939). Ich-Psychologie und Anpassungsprobleme. *Internationale Zeitschrift für Psychoanalyse und Imago, 24,* 62-135.

HARTMANN, H. (1960). *Ich-Psychologie und Anpassungsprobleme.* Stuttgart: Klett.

HARTSHORNE, H & MAY, M. S. (1928-1930). *Studies in the nature of character* (3 Vols.). New York: Macmillan.

HARTUP, W.W. & MOORE, S.G. (1963). Avoidance of inappropriate sex-typing by young children. *Journal of Consulting Psychology, 27,* 467-473.

HAY, (1985). *Essentials of behavior genetics.* Melbourne: Blackwell Scientif. Publ.

HECKHAUSEN, H. (1965). Wachsen und Lernen in der Genese von Persönlichkeitseigenschaften. In H. HECKHAUSEN (Hrsg.), *Bericht über den 24. Kongreß der Deutschen Gesellschaft für Psychologie in Wien* (S. 125-132). Göttingen: Hogrefe.

HECKHAUSEN, H. (1974). Entwicklung, psychologisch betrachtet. In F.E. WEINERT, C.F. GRAUMANN, H. HECKHAUSEN & M. HOFER (Hrsg.), *Pädagogische Psychologie* (S. 67-99). Frankfurt/Main: Fischer.

HECKHAUSEN, H. (1980). *Motivation und Handeln.* Berlin: Springer. (2. Aufl. 1989).

HEIDER, F. (1958). *The psychology of interpersonal relations.* New York: Wiley. (Deutsche Ausgabe 1977: *Psychologie der interpersonalen Beziehungen,* Stuttgart: Klett)

HEILBRUN, A.B., Jr. (1976). Measurement of masculine and feminine sex role identities as independent dimensions. *Journal of Consulting and Clinical Psychology, 44,* 183-190.

HELMREICH, R.L., SPENCE, J.T. & WILHELM, J.A. (1981). A psychometric analysis of the Personal Attributes Questionnaire. *Sex Roles, 7,* 1097-1108.

HERRMANN, T. (1978). Zur Entwicklung der Sprachschichtrepräsentation in der späten Kindheit. In G. AUGST (Hrsg.), *Spracherwerb von 6 — 16* (S. 209-219). Düsseldorf: Schwann.

HERRMANN, T. & DEUTSCH, W. (1976). *Psychologie der Objektbenennung.* Bern: Huber.

HESS, R., KASHIGAWI, K., AZUMA, H., PRICE, G.G. & DICKSON, W. (1980). Maternal expectations for early mastery of developmental tasks and cognitive and social competence of preschool children in Japan and the United States. *International Journal of Psychology, 15,* 259-272.

HETHERINGTON, E.M. (1965). A developmental study of the effects of sex of the dominant parent on sex-role preference, identification and imitation in children. *Journal of Personality and Social Psychology, 2,* 188-194.

HETHERINGTON, E.M. (1967). The effects of familial variables on sex typing, on parent-child similarity, and on imitation in children. In J.P. HILL (Ed.), *Minnesota Symposia on Child Psychology* (Vol. 1, pp. 82-107). Minneapolis: University of Minnesota Press.

HETHERINGTON, E.M. & FRANKIE, G. (1967). Effect of parental dominance, warmth and conflict on imitation in children. *Journal of Personality and Social Psychology, 6,* 119-125.

HETZER, H. (1948). *Kind und Jugendlicher in der Entwicklung.* Hannover: Schroedel.

HILGARD, E.R. & BOWER, G.H. (1970/71). *Theorien des Lernens* (2 Bde.). Stuttgart: Klett. (Original erschienen 1966: *Theories of learning,* 3rd ed.)

HINDE, R.A. (1983). Ethology and child development. In P.H. MUSSEN (Ed.), *Handbook of child psychology. Infancy and developmental psychology* (4th ed., Vol. II, p. 27-93). New York: Wiley.

HÖHN, E. (1959). Geschichte der Entwicklungspsychologie und ihrer wesentlichen Ansätze. In H. THOMAE (Hrsg.), *Handbuch der Psychologie.* (Bd. 3: *Entwicklungspsychologie* (S. 21-45). Göttingen: Hogrefe.

HÖRMANN, H. (1967). *Psychologie der Sprache.* Heidelberg: Springer. (2. Aufl. 1977).

HÖRMANN, H. (1978). *Meinen und Verstehen.* Frankfurt/M.: Suhrkamp.

HOFFMAN, L.W. (1977). Changes in family roles, socialization, and sex differences. *American Psychologist, 32,* 644-657.

HOFFMAN, M.L. (1970). Moral development. In P.H. MUSSEN (Ed.), *Carmichael's manual of child psychology* (3rd ed., Vol. 2, pp. 261-359). New York: Wiley.

HOFFMAN, M.L. (1975). Developmental synthesis of affect and cognition and its implications for altruistic motivation. *Developmental Psychology, 11,* 607-622.

HOFFMAN, M.L. (1978). Empathy, its development and prosocial implications. In C.B. KEASEY (Ed.), *Nebraska symposium on motivation* (Vol. 25, pp. 169–217). Lincoln: University of Nebraska Press.

HOFFMAN, M.L. (1979). Eine Theorie der Moralentwicklung im Jugendalter. In L. MONTADA (Hrsg.), *Brennpunkte der Entwicklungspsychologie* (S. 252-266). Stuttgart: Kohlhammer.

HOFFMAN, M.L. (1982). Development of prosocial motivation: Empathy and guilt. In N. EISENBERG (Ed.), *The development of prosocial behavior* (pp. 281-313). New York: Academic Press.

HOFFMAN, M.L. (1983). Affective and cognitive processes in moral internalization. In E.T. HIGGINS, D.N. RUBLE & W.W. HARTUP (Eds.), *Social cognition and social development. A sociocultural perspective* (pp. 236-274). Cambridge: Cambridge University Press.

HOFFMAN, M.L. (1984a). Empathy, its limitations, and its role in a comprehensive moral theory. In W.W. KURTINES & J.L. GEWIRTZ (Eds.), *Morality, moral behavior, and moral development* (pp. 283-302). New York: Wiley.

HOFFMAN, M L. (1984b). Moral development. In M. BORNSTEIN & M. LAMB (Eds.), *Developmental psychology: An advanced textbook* (pp. 279-324). Hillsdale, NJ: Erlbaum.

HOFFMAN, M.L. & SALTZSTEIN, H.D. (1967). Parent discipline and the child's moral development. *Journal of Personality and Social Psychology, 5,* 45-57.

HOFSTÄTTER, P.R. (1960). *Das Denken in Stereotypen.* Göttingen: Hogrefe.

HOFSTÄTTER, P.R. (1963). Über sprachliche Bestimmungsleistungen: Das Problem des grammatikalischen Geschlechts von Sonne und Mond. *Zeitschrift für experimentelle und angewandte Psychologie, 10,* 91-108.

HOGAN, R. & EMLER, N.P. (1978). Moral development. In M. LAMB (Ed.), *Social and personality development.* (pp. 200–223). New York: Holt, Rinehart & Winston.

HORNEY, K. (1967). The over-valuation of love. In H. KELMAN (Ed.), *Feminine psychology.* (pp. 182–213). New York: Norton.

HOROWITZ, F.D. (1987). *Exploring developmental theories. Toward a structural/behavioral model of development.* Hillsdale, NJ: Lawrence Erlbaum.

HOYENGA, K.B. & HOYENGA, K.T. (1979). *The question of sex differences.* Boston: Little, Brown.

HUBER, G.L. & MANDL, H. (Hrsg.).(1982). *Verbale Daten.* Weinheim: Beltz.

HUGHES, M. & WHEELER, S. (1981). *Brain development and spatial ability* (Paper presented at the meeting of the International Society for the Study of Behavioral Development). Toronto, Canada.

HUNT, M. MC V. & PARASKEVOPOULOS, J. (1980). Children's psychological development as a function of the inaccuracy of their mothers' knowledge of their abilities. *Journal of Genetic Psychology, 136,* 285-298.

HUSTON, A.C. (1983). Sex-typing. In P.H. MUSSEN (Ed.), *Handbook of child psychology* (4th ed., Vol. IV, pp. 387-467). New York: Wiley.

HUSTON, T.L. & KORTE, C. (1976). The responsive bystander: Why he helps. In T. LICKONA (Ed.), *Moral development and behavior* (pp. 269-283). New York: Holt, Rinehart & Winston.

HUTTENLOCHER, J. (1974). The origins of language comprehension. In R.L. SOLSO (Ed.), *Theories in cognitive psychology: The Loyola symposium* (pp. 331-368). Potowac, Md.: Erlbaum.

HYDE, J.S. (1981). How large are cognitive gender differences? *American Psychologist, 36,* 892-901.

HYDE, J.S. (1984). How large are gender differences in aggression? A developmental meta-analysis. *Developmental Psychology, 20,* 697-706.

HYDE, J.S. & LINN, M.C. (1985). *The psychology of gender. Advances through meta-analysis.* Baltimore: Johns Hopkins University Press.

IMAMOGLU, E.O. (1975). Children's awareness and usage of intention cues. *Child Development, 46,* 39-45.

INHELDER, B. & PIAGET, J. (1977). *Von der Logik des Kindes zur Logik des Heranwachsenden.* Olten. Walter. (Original erschienen 1953: De la logique de l'entant à la logique de l'adolescent)

INHELDER, B., SINCLAIR, H. & BOVET, M. (1974). *Learning and the development of cognition.* London: Routledge & Kegan Paul.

IINTONS-PETERSON, M.J. (1988a). *Children's concepts of gender. Norwood, NJ: Ablex.*

INTONS-PETERSON, M.J. (1988b). *Gender concepts of Swedish and American youth.* Hillsdale, NJ: Erlbaum.

INTONS-PETERSON, M.J. & REDDEL, M. (1984). What do people ask about a neonate? *Developmental Psychology, 20,* 358-359.

IRWIN, D.M. & MOORE, S.G. (1971). The young child's understanding of social justice. *Developmental Psychology, 5,* 406-410.

ITELSON, L. (1967). *Mathematische und kybernetische Methoden in der Pädagogik.* Berlin: Volk und Wissen.

JACKLIN, C.N. & MACCOBY, E.E. (1983). Issues of gender differentiation in normal development. In M.D. LEVINE, W.B. CAREY, A.C. CROCKER & R.T. GROSS (Eds.), *Developmental-behavioral pediatrics* (pp. 175–184). Philadelphia: W.B. Saunders.

JAMES, S. & KHAN, L. (1982). Grammatical morpheme acquisition: An approximately invariant order? *Journal of Psycholinguistic Research, 11,* 381-388.

JENNINGS, S.A. (1975). Effects of sex-typing in children's stories on preference and recall. *Child Development, 46,* 220-223.

JENSEN, A.R. (1972). *Genetics and Education.* New York: Harper & Row.

JENSEN, A.R. (1973). *Educability and group differences.* New York: Harper & Row.

JOHNSTON, J.M. (1972). Punishment of human behavior. *American Psychologist, 27,* 1033-1054.

JONES, E. (1960-1962). *Das Leben und Werk von Sigmund Freud.* 3 Bde. Bern: Huber.

JONES, M.C. (1924a). A laboratory study of fear: The case of Peter. *Pedagogical Seminary, 31,* 308-315.

JONES, M.C. (1924b). The elimination of childrens's fears. *Journal of Experimental Psychology, 7,* 382-390.

JONES, W., CHERNOVETZ, M.E. & HANSSON, R.O. (1978). The enigma of androgyny: Differential implications for males and females? *Journal of Consulting and Clinical Psychology, 46,* 298-313.

KAGAN, J. (1964). Acquisition and significance of sex typing and sex role identity. In M.L. HOFFMAN & L.W. HOFFMAN (Eds.), *Review of child development research* (Vol.1, pp. 137-168). New York: Russell Sage.

KAIL, R. (1988). Developmental functions for speeds of cognitive processes. *Journal of Experimental Child Psychology, 45,* 339-364.

KAINZ, F. (1964). *Sprachentwicklung im Kindes- und Jugendalter.* München: Reinhardt.

KANTOR, J.R. (1933). *A survey of the science of psychology.* Bloomington: Williams & Norgate.

KARABENICK, S.A. (1983). Sex-relevance of content and influenceability: Sistrunk and McDavid revisited. *Personality and Social Psychology Bulletin, 9,* 243-252.

KARMILOFF-SMITH, A. (1979). *A functional approach to child language: A study of determiners and reference.* Cambridge: Cambridge University Press.

KARNIOL, R. (1978). Children's use of intention cues in evaluating behavior. *Psychological Bulletin, 85,* 76-86.

KARPOE, K.P. & OLNEY, R.L. (1983). The effect of boys' or girls' toys on sex-typed play in preadolescents. *Sex Roles, 9,* 507-518.

KATCHER, A. (1955). The discrimination of sex differences by young children. *Journal of Genetic Psychology, 87,* 131-143.

KATZ, J. & FODOR, J. (1963). The structure of a semantic theory. *Language, 39,* 170-211.

KATZ, P.A. (1979). The development of female identity. *Sex Roles, 5,* 155-178.

KAZDIN, A.E. (1985). *Treatment of antiscocial behavior in children and adolescents.* Homewood, Ill. Dorsey Press.

KEASEY, C.B. (1975). Implicators of cognitive development for moral reasoning. In D.J. DE PALMA & J.M. FOLEY (Eds.), *Moral development: Current theory and research* (pp. 39-56). Hillsdale, NJ: Erlbaum.

KEASEY, C.B. (1978). Children's developing awareness and usage of intentionality and motives. In C.B. KEASEY (Ed.), *Nebraska symposium on motivation* (Vol. 25, pp. 219–260). Lincoln: University of Nebraska Press.

KEENEY, T.J., CANNIZZO, S.R. & FLAVELL, J.H. (1967). Spontaneous and induced verbal rehearsal in a recall task. *Child Development, 38,* 953-966.

KELLER, H. (1978). *Männlichkeit — Weiblichkeit.* Darmstadt: Steinkopff.

KELLER, H. (1979a). Die Entstehung von Geschlechtsunterschieden im ersten Lebensjahr. In A. DEGENHARDT & H.M. TRAUTNER (Hrsg.), *Geschlechtstypisches Verhalten* (S. 122-144). München: C.H. Beck.

KELLER, H. (1979b). Fragebogen-Verfahren zur Messung von Geschlechtsidentität. In A. DEGENHARDT & H.M. TRAUTNER (Hrsg.), *Geschlechtstypisches Verhalten* (S. 217-230). München: C.H. Beck.

KEMMLER, L. & HECKHAUSEN, H. (1962). Ist die sogenannte „Schulreife" ein Reifungsproblem? In K. INGENKAMP (Hrsg.), *Praktische Erfahrungen mit Schulreifetests* (S. 52-89). Basel: Karger.

KEMMLER, L., WINDHEUSER, H.J. & MORGENSTERN, F. (1970). Gruppenanwendung von „Piaget" — Geschichten zum moralischen Urteil bei acht- bis neunjährigen Jungen im Vergleich mit einigen anderen Variablen. *Zeitschrift für Entwicklungspsychologie und Pädagogische Psychologie, 2,* 113-124.

KENDLER, H.H. & KENDLER, T.S. (1970). Developmental process in discrimination learning. *Human Development, 13,* 65-89.

KERNBERG, O.F. (1978). *Borderline — Störungen und pathologischer Narzißmus.* Frankfurt: Suhrkamp.

KESSEN, W. (1960). Research design in the study of developmental problems. In P.H. MUSSEN (Ed.), *Handbook of research methods in child development* (pp. 36-70). New York: Wiley.

KESSLER, S.J. & MCKENNA, W. (1978). *Gender: An ethnomethodological approach.* New York: Wiley.

KIMURA, D. (1967). Functional asymmetry of the brain in dichotic listening. *Cortex, 3,* 163.

KIMURA, D. (1973). The asymmetry of the human brain. *Scientific American, 228,* 70-78.

KLAHR, D. (1981). Informationsverarbeitungsmodelle in der Denkentwicklung. In R.H. KLUWE & H. SPADA (Hrsg.), *Studien zur Denkentwicklung* (S. 231-289). Bern: Huber.

KLAHR, D. (1989). Information processing approaches to cognitive development. In R. VASTA (Ed.), *Annals of child development* (Vol. 6: *Six theories of child development,* pp. 133–185). Greenwich, CT: JAI Press.

KLAHR, D. & SIEGLER, R.S. (1978). The representation of children's knowledge. In H.W. REESE & L.P. LIPSITT (Eds.), *Advances in child development* (Vol. 12, pp. 61-116). New York: Academic Press.

KLAHR, D. & WALLACE, J.G. (1976). *Cognitive development: An information processing view.* Hillsdale, NJ: Erlbaum.

KLAIBER, E.L., BROVERMAN, D.M. & KOBAYASHI, Y. (1967). The automatization cognitive style, androgens, and monoamine oxidase (MAO). *Psychopharmacologia, 11,* 320-336.

KLAUER, K.J. (1964). Über den Effekt eines Schulreifetrainings für die Behandlung der Intelligenzschwäche. *Zeitschrift für experimentelle und angewandte Psychologie, 11,* 443-454.

KLAUER, K.J. (1975). *Intelligenztraining im Kindesalter.* Weinheim: Beltz.

KLINE, P. (1972). *Fact and fantasy in Freudian theory.* London: Methuen.

KLUCKHOHN, C., MURRAY, H.A. & SCHNEIDER, D. (1953). *Personality in nature, society and culture.* New York: Alfred A. Knopf.

KLUSSMANN, R. (1987). *Psychoanalytische Entwicklungspsychologie — Neurosenlehre — Psychotherapie.* Berlin: Springer.

KLUWE, R.H. & SPADA H. (Hrsg.). (1981). *Studien zur Denkentwicklung.* Bern: Huber.

KOBLINSKY, S.G., CRUSE, D.F. & SUGAWARA, A.I. (1978). Sex role stereotypes and children's memory for story content. *Child Development, 49,* 452-458.

KÖHLER, W. (1917). *Intelligenzprüfungen an Menschenaffen* (2. Aufl. 1924). Berlin: Verlag der königlichen Akademie der Wissenschaft.

KOHLBERG, L. (1958). *The development of modes of moral thinking and choice in the years 10 to 16* (Unpublished doctoral dissertation). University of Chicago.

KOHLBERG, L. (1974). *Zur kognitiven Entwicklung des Kindes.* Frankfurt: Suhrkamp.

KOHLBERG, L. (1976). Moral stages and moralization: The cognitive-developmental approach. In T. LICKONA (Ed.), *Moral development and behavior: Theory, research, and social issues* (pp. 31-53). New York: Holt, Rinehart & Winston.

KOHLBERG, L. (1981). *Essays on moral development* (Vol.1: *The philosophy of moral development*). New York: Harper & Row.

KOHLBERG, L. (1987). *Child psychology and childhood education: A cognitive developmental view.* New York: Longman.

KOHLBERG, L. & CANDEE, D. (1984a). The relationship of moral judgment to moral action. In L. KOHLBERG (Ed.), *Essays on moral development* (Vol. 2: *Psychology of moral development,* pp. 498-581). San Francisco: Harper & Row.

KOHLBERG, L. & CANDEE, D. (1984b). The relationship of moral judgment to moral action. In W.M. KURTINES & J.L. GEWIRTZ (Eds.), *Morality, moral behavior, and moral development* (pp. 52-73). New York: Wiley.

KOHLBERG, L., COLBY, A., GIBBS, J. & SPEICHER-DUBIN, J. (1978). *Standard form scoring manual.* Cambridge, Mass.: Harvard Graduate School of Education. Center for Moral Education.

KOHLBERG, L. & DE VRIES, R. (1971). Relations between Piaget and psychometric assessments of intelligence. In L. LAVATELLI (Ed.), *The natural curriculum.* Urbana: University of Illinois Press.

KOHLBERG, L. & GILLIGAN, C. (1971). The adolescent as moral philosopher: The discovery of self in a postconventional world. *Daedalus, 100,* 1051-1086.

KOHLBERG, L., KAUFFMAN, K., SCHARF, P. & HICKEY, J. (1974). *The just community approach to corrections.* Cambridge, Mass.: Moral Education Research Foundation.

KOHLBERG, L. & KRAMER, R. (1969). Continuities and discontinuities in childhood moral development. *Human Development, 12,* 93-120.

KOHLBERG, L., LACROSSE, J. & RICKS, D. (1972). The predictability of adult mental health from childhood behavior. In B. WOLMAN (Ed.), *Manual of child psychology* (pp. 1217-1284). New York: McGraw Hill.

KOHLBERG, L. & ULLIAN, D.Z. (1974). Stages in the development of psychosexual concepts and attitudes. In R.C. FRIEDMAN, R.M. RICHART & R.L. VANDE WIELE (Eds.), *Sex differences in behavior* (pp. 209-222). New York: Wiley.

Kohlberg, L., Yaeger, J. & Hjertholm, E. (1968). Private speech: Four studies and a review of theories. *Child Development, 39,* 691-736.

Kohut, H. (1973). *Narzißmus. Eine Theorie der psychoanalytischen Behandlung narzißtischer Persönlichkeitsstörungen.* Frankfurt: Suhrkamp. (Original erschienen 1971: *The analysis of the self. A systematic approach to the psychoanalytic treatment of narcisstic personality disorders*)

Konopczynski, G. (1978). Acquisition du langage chez l'enfant de 0 à 2 ans. *Bulletin d'Audiophonologie, 2,* 51-69.

Kosslyn, S.M. (1980). *Image and mind.* Cambridge, Mass.: Harvard University Press.

Krahé, B. (1987). Attributionsstrategien und Identitätsdynamik. In H.-P. Frey & K. Hausser (Hrsg.), *Identität. Ergebnisse sozialwissenschaftlicher Forschung* (S. 151–162). Stuttgart: Enke.

Krebs, D. & Gillmore, J. (1982). The relationship among the first stages of cognitive development, role-taking abilities, and moral development. *Child Development, 53,* 877-886.

Kroh, O. (1922). *Subjektive Anschauungsbilder bei Jugendlichen.* Göttingen: Vandenhoek & Ruprecht.

Kroh, O. (1928). *Entwicklungspsychologie des Grundschulkindes.* Langensalza: Beyer.

Kroh, O. (1932). *Psychologie der Oberstufe.* Langensalza: Beyer.

Kroh, O. (1952). *Revision der Erziehung.* Heidelberg: Quelle & Meyer.

Krueger, F. (1915). *Über Entwicklungspsychologie.* Leipzig: Engelmann.

Kuhlen, V. (1973). *Verhaltenstherapie im Kindesalter.* München: Juventa.

Kuhn, D., Langer, J., Kohlberg, L. & Haan, N. (1977). The development of formal operations in logical and moral judgment. *Genetic Psychology Monographs, 95,* 97-188.

Kuhn, D., Nash, S.C. & Brucken, L. (1978). Sex role concepts of two- and three-year-olds. *Child Development, 49,* 445-451.

Kurdek, L.A. (1978). Perspective taking as the cognitive basis of children's moral development: A review of the literature. *Merill-Palmer Quarterly, 24,* 3-28.

Kurtiness, W.M. & Gewirtz, J.L. (Eds.). (1984). *Morality, moral behavior, and moral development.* New York: Wiley.

Lamb, M.E. (Ed.). (1976). *The role of the father in child development.* New York: Wiley.

Lamb, M.E. (1977a). A re-examination of the infant's social world. *Human Development, 20,* 65-85.

Lamb, M.E. (1977b). The development of parental preferences in the first two years of life. *Sex Roles, 3,* 495-497.

Langer, J. (1969). *Theories of development.* New York: Holt, Rinehart & Winston.

Langer, J. (1970). Werner's theory of development. In P.H. Mussen (Ed.), *Carmichael's manual of child psychology* (3rd ed., Vol. 1, pp. 733-771). New York: Wiley.

Langlois, J.H. & Downs, A.C. (1980). Mothers, fathers, and peers as socialization agents of sex-typed play behaviors in young children. *Child Development, 51,* 1237-1247.

Laucken, U. (1974). *Naive Verhaltenstheorie.* Stuttgart: Ernst Klett.

Leahy, R.L. & Shirk, S.R. (1984). The development of classificatory skills and sex-trait stereotypes in children. *Sex Roles, 10,* 281-292.

LENNEBERG, E. (1967). *Biological foundations of language.* New York: Wiley. (Deutsche Ausgabe 1972: *Biologische Grundlagen der Sprache.* Frankfurt: Suhrkamp)

LENNEBERG, E. (1974). Biologische Grundlagen der Sprache. In H. BÜHLER & G. MÜHLE (Hrsg.), *Sprachentwicklungspsychologie* (S. 99-115). Weinheim: Beltz.

LERNER, R.M. (1986). *Concepts and theories of human development* (2nd ed). Reading, Mass.: Addison Wesley.

LERNER, R.M. & HULTSCH, D.F. (1983). *Human development. A life-span perspective.* New York: Mc Graw Hill.

LERSCH, P. (1947). *Das Wesen der Geschlechter.* München: Erasmus.

LERSCH, P. (1956). *Aufbau der Person* (7. Aufl.). München: Barth.

LEVINSON, B. & REESE, H.W. (1967). Patterns of discrimination set in preschool, fifth graders, college freshmen, and the aged. *Monographs of the Society for Research in Child Development, 32* (Serial No. 64).

LEVY, D.M. (1928). Finger sucking and acessory movements in early infancy: An etiological study. *American Journal of Psychiatry, 7,* 881-918.

LEVY, J. (1972). Lateral specialization of the human brain: Behavioral manifestations and possible evolutionary basis. In J.A. KIGER (Ed.), *The biology of behavior.* Corvallis, Oregon: Oregon State University Press.

LEVY, J. & REID, M. (1976). Variations in writing posture and cerebral organization. *Science, 194,* (No.4262), 337-339.

LEWIS, M. (1972). State as an infant-environment interaction: An analysis of mother-infant behavior as a function of sex. *Merrill-Palmer Quarterly, 18,* 95-121.

LEWIS, M. & BROOKS-GUNN, J. (1979). *Social cognition and the acquisition of self.* New York: Plenum Press.

LIBEN, L.S. & SIGNORELLA, M.L. (1980). Gender-related schemata and constructive memory in children. *Child Development, 51,* 11-18.

LIBEN, L.S. & SIGNORELLA, M.L. (Eds.). (1987). *Children's gender schemata.* San Fancisco: Jossey Bass.

LICKONA, T. (Ed.). (1976a). *Moral development and behavior: Theory, research, and social issues.* New York: Holt, Rinehart & Winston.

LICKONA, T. (1976b). Research on Piaget's theory of moral development. In T. LICKONA (Ed.), *Moral development and behavior: Theory, research, and social issues.* New York: Holt, Rinehart & Winston.

LIEVEN, E. (1978). Conversations between mothers and young children: Individual differences and their possible implication for the study of language learning. In N. WATERSON & C.E. SNOW (Eds.), *The development of communication: Social and pragmatic factors in language acquisition* (pp. 173-187). London: Wiley.

LILLI, W. (1982). *Grundlagen der Stereotypisierung.* Göttingen: Hogrefe.

LINN, M.C. & Petersen, A.C. (1985). Emergence and characterization of sex differences in spatial ability: A meta-analysis. *Child Development, 56,* 1479-1498.

LIPPS, Th. (1906). Das Wissen von fremden Ichen. *Psychologische Untersuchung, 1,* 694-722.

LISS, M.B. (1983). *Social and cognitive skills. Sex roles and children's play.* New York: Academic Press.

LOCKE, D. (1983). Doing what comes morally. The relations between behaviour and stages of moral reasoning. *Human Development, 26,* 11-25.

LOEHLIN, S., SHARAN, S. & JAKOBY, R. (1978). In pursuit of the „spatial gene": A family study. *Behavior Genetics, 8,* 27-42.

LOEVINGER, J. (1966). The meaning and measurement of ego development. *American Psychologist, 21,* 195-217.

LOHAUS, A. & TRAUTNER, H.M. (1985). Geschlechtsrollenstereotype und Eigenschaftsattributionen zu realen Jungen und Mädchen. *Archiv für Psychologie, 137,* 39-49.

LORENZ, K. (1935). Der Kumpan in der Umwelt des Vogels. *Journal für Ornithologie, 83,* 137-213, 289-413.

LORENZ, K. (1937). Über die Bildung des Instinktbegriffes. *Die Naturwissenschaften, 25,* 289-300, 307-318, 325-331.

LORENZ, K. (1943). Die angeborenen Formen möglicher Erfahrung. *Zeitschrift für Tierpsychologie, 5,* 235-409.

LORENZ, K. (1963). *Das sogenannte Böse.* Wien: Borotha-Schoeler.

LORENZ, K. (1966) *On aggression.* New York: Harcourt, Brace and World.

LORENZER, A. (1973). *Über den Gegenstand der Psychoanalyse. Oder Sprache und Interaktion.* Frankfurt: Suhrkamp.

LORENZER, A. (1976). Zur Konstitution von Bedeutung im primären Sozialisationsprozeß. In M. SCHECKER (Hrsg.), *Methodologie der Sprachwissenschaft* (S. 185-203). Hamburg: Hoffmann & Campe.

LOVAAS, O.I. (1977). *The autistic child: Language development through behavior modification.* New York: Irvington Publishers Inc.

LOVELL, K. & OGILVIE, E. (1960). A study of conservation of substance in the junior school child. *British Journal of Educational Psychology, 30,* 109–118.

LYNN, F.B. (1966). The process of learning parental and sex role identification. *Journal of Marriage and the Family, 28,* 466-470.

MACCOBY, E.E. (1964). Developmental Psychology. *Annual Review of Psychology, 15,* 203-250.

MACCOBY, E.E. (1966). *The development of sex differences.* Stanford, CA: Stanford University Press.

MACCOBY, E.E. (1980). *Social development.* New York: Harcourt Brace Jovanovich.

MACCOBY, E.E. & JACKLIN, C.N. (1974). *The psychology of sex differences.* Stanford, CA: Stanford University Press.

MACCOBY, E.E., WILSON, W.C. & BURTON, R.V. (1958). Differential movie-viewing behavior of male and female viewers. *Journal of Personality, 26,* 259-267.

MACDONALD, K.B. (1988). *Sociobiological perspectives on human development.* New York: Springer.

MACNAMARA, J. (1972). Cognitive basis of language learning in infants. *Psychological Review, 79,* 1-13.

MACNAMARA, J. (1977). From sign to language. In J. MACNAMARA (Ed.), *Language learning and thought* (pp. 11-35). New York: Academic Press.

MAGSUD, M. (1979a). Cultural influences on transition in the development of moral reasoning in Nigerian boys. *Journal of Social Psychology, 108,* 151-159.

MAGSUD, M. (1979b). Resolution of moral dilemmas by Nigerian secondary school pupils. *Journal of Moral Education, 7,* 40-49.

MAHLER, M.S. (1972). *Symbiose und Individuation.* Stuttgart: Klett. (Original erschienen 1968: *On human symbiosis and the vicissitudes of individuation)*

MAHLER, M.S. (1986). *Studien über die ersten drei Lebensjahre.* Stuttgart: Klett-Cotta.

MAHLER, M.S. & LAPERRIERE, K. (1965). Mother-child interaction during separation-individuation. *Psychoanalytic Quarterly, 34,* 483-498.

MAHLER, M.S., PINE, F. & BERGMAN, A. (1978). *Die psychische Geburt des Menschen. Symbiose und Individuation.* Frankfurt: Fischer. (Original erschienen 1975: *The psychological birth of the human infant)*

MAIER, H.W. (1983). *Drei Theorien der Kindheitsentwicklung.* New York: Harper & Row (UTB). (Original erschienen 1969: *Three theories of child development)*

MAIN, M. (1977). Sicherheit und Wissen. In K.E. GROSSMANN (Hrsg.), *Entwicklung der Lernfähigkeit in der sozialen Umwelt* (S. 47-95). München: Kindler.

MANDLER, J. (1983). Representation. In P.H. MUSSEN (Ed.), *Handbook of child psychology* (4th ed., Vol. III, pp. 420-494). New York: Wiley.

MARATSOS, M. (1973). Non-egocentric communication abilities in preschool children. *Child Development, 44,* 697-700.

MARATSOS, M. (1978). New models in linguistics and language acquisition. In M. HALLE, J. BRESNAN & G.A. MILLER (Eds.), *Linguistic theory and psychological reality* (pp. 246-263). Cambridge, Mass.: M.I.T. Press.

MARATSOS, M. (1982). The child's construction of grammatical categories. In E. WANNER & L.R. GLEITMAN (Eds.), *Language acquisition: The state of the art* (pp. 240-266). Cambridge: Cambridge University Press.

MARATSOS, M. (1983). Some current issues in the study of the acquisition of grammar. In P.H. MUSSEN (Ed.), *Handbook of child psychology* (4th ed., Vol. III, pp. 707-786). New York: Wiley.

MARCIA, J.E. (1966). Development and validation of ego identity status. *Journal of Personality and Social Psychology, 3,* 551-558.

MARCIA, J.E. (1980). Identity in adolescence. In J. ADELSON (Ed.), *Handbook of adolescent psychology* (pp. 159-187). New York: Wiley.

MARCUS, D.E. & Overton, W.F. (1978). The development of cognitive gender constancy and sex role preferences. *Child Development, 49,* 434-444.

MARJORIBANKS, K. (1972). Environment, social class, and mental abilities. *Journal of Educational Psychology, 63,* 103-109. (Deutsch: Umwelt, soziale Schicht und Intelligenz. In C.F. GRAUMANN & H. HECKHAUSEN (Hrsg.), *Pädagogische Psychologie, 1. Entwicklung und Sozialisation* (S. 190-200). Frankfurt: Fischer Taschenbücher, 1973)

MARTIN, C.L. (1985). *The development of gender roles.* (Paper presented at the Meeting of the Biennial International Society for the Study of Behavioral Development), Tours, France.

MARTIN, C.L. & HALVERSON, C.F., Jr. (1981). A schematic processing model of sex typing and stereotyping in children. *Child Development, 52,* 1119-1134.

MARTIN, C.L. & HALVERSON, C.F. (1983). The effects of sex-typing schemas on young children's memory. *Child Development, 54,* 563-574.

MARX, M.H. (Ed.). (1963). *Theories in contemporary psychology.* New York: Macmillan.

MARX, M.H. & GOODSON, F.E. (Eds.). (1976). *Theories in contemporary psychology* (2nd. ed.). New York: Macmillan.

MASTERS, J.C., FORD, M.E., AREND, R., GROTEVANT, H.D. & CLARK, L.V. (1979). Modeling and labeling as integrated determinants of children's sex-typed imitative behavior. *Child Development, 50,* 364-371.

MASTERS, J.C. & WILKINSON, A. (1976). Consensual and discriminative stereotypy of sex-typed judgments by parents and children. *Child Development, 47,* 208-217.

MCCARTHY, D. (1954). Language development in children. In L. CARMICHAEL (Ed.), *Manual of child psychology* (pp. 492-630). New York: Wiley.

MCCAULEY, C., STITT, L. & SEGAL, M. (1980). Stereotyping: From prejudice to prediction. *Psychological Bulletin, 87,* 195-208.

MCCLEARN, G.E. (1970). Genetic influences on behavioral development. In P.H. MUSSEN (Ed.), *Carmichael's manual of child psychology* (3rd ed., Vol. 1, pp. 39-76). New York: Wiley.

MCCONAGHY, M.J. (1979). Gender permanence and the genital basis of gender: Stages in the development of constancy of gender identity. *Child Development, 50,* 1223-1226.

MCEWEN, B.S. (1976). Interactions between hormones and nerve tissue. *Scientific American, 235,* 48-58.

MCEWEN, B.S. (1981). Neural gonadal steroid actions. *Science, 24,* 1303-1311.

MCGEE, M.G. (1979). Human spatial abilities: Psychometric studies and environmental, genetic, hormonal and neurological influences. *Psychological Bulletin, 86,* 889-918.

MCGEE, M.G. (1982). Spatial abilities: The influence of genetic factors. In M. POTEGAL (Ed.), *Spatial abilities. Development and physiological foundations* (pp. 199-222). New York: Academic Press.

MCGHEE, P.E. (1974). Cognitive mastery and children's humor. *Psychological Bulletin, 81,* 721-730.

MCGLONE, J. (1980). Sex differences in human brain asymmetry: A critical survey. *Behavioral and Brain Sciences, 3,* 215-263.

MCGREW, W.C. (1972). *An ethological study of children's behavior.* New York: Academic Press.

MCNEILL, D. (1970). *The acquisition of language.* New York: Harper & Row.

MEAD, M. (1949). *Male and female: A study of the sexes in a changing world.* New York: Morrow.

MEAD, G.H. (1934). *Mind, self and society.* Chicago: University of Chicago Press.

MERZ, F. (1979). *Geschlechterunterschiede und ihre Entwicklung.* Göttingen: Hogrefe.

MERZ, F. & STELZL, I. (1977). *Einführung in die Erbpsychologie.* Stuttgart: Kohlhammer.

MEYER, J. & SOBIESZEK, B. (1972). Effect of a child's sex on adult interpretations of its behavior. *Developmental Psychology, 6,* 42-48.

MIKULA, G. (1980). *Gerechtigkeit und soziale Interaktion.* Bern: Huber.

MILLER, D.R. (1969). Psychoanalytic theory of development: A re-evaluation. In D.A. GOSLIN (Ed.), *Handbook of socialization theory and research* (pp. 481-502). Chicago: Rand McNally.

MILLER, G.A. (1956). The magical number seven, plus or minus two: Some limits on our capacity for processing information. *Psychological Review, 63,* 81-97.

Miller, G.A., Galanter, E. & Pribram, K.H. (1973). *Strategien des Handelns. Pläne und Strukturen des Handelns.* Stuttgart: Klett. (Original erschienen 1960: *Plans and the structure of behavior*)

Miller, M. (1976). *Zur Logik der frühkindlichen Sprachentwicklung.* Stuttgart: Klett.

Miller, N.E. & Dollard, J. (1941). *Social learning and imitation.* New Haven: Yale University Press.

Miller, P.H. (1989). *Theories of developmental psychology* (2nd. ed.). Reading, Mass.: Addison Wesley.

Miller, S.A. (1988). Parents' beliefs about children's cognitive development. *Child Development, 59,* 259-285.

Miller, S.A., Manhal, M. & Mee, L. (1989). *Parental beliefs, parental accuracy, and children's development: A search for causal relations.* (Paper presented at SRCD Meetings, Kansas City, April 1989).

Miller, W. & Ervin, S.M. (1964). The development of grammar in child language. In U. Bellugi & R. Brown (Eds.), The acquisition of language. *Monographs of the Society for Research in Child Development, 29* (Serial No. 92).

Mills, A.E. (1986a). *The acquisition of gender.* Berlin: Springer.

Mills, A.E. (1986b). The acquisition of German. In D. Slobin (Ed.), *The cross-linguistic study of language acquisition. Vol. 1: The data* (pp. 141-254). Hillsdale, NJ: Erlbaum.

Mischel, W. (1966a). Theory and research on the antecedents of self-imposed delay of reward. In B.A. Maher (Ed.), *Progress in experimental personality research* (Vol. 3, pp. 85–132). New York: Academic Press.

Mischel, W. (1966b). A social learning view of sex differences in behavior. In E.E. Maccoby (Ed.), *The development of sex differences* (pp. 56-81). Stanford, CA: Stanford University Press.

Mischel, W. (1970). Sex-typing and socialization. In P.H. Mussen (Ed.), *Carmichael's manual of child psychology* (3rd ed., Vol. 2, pp. 3-72). New York: Wiley.

Mischel, W. (1974). Processes in delay of gratification. In L. Berkowitz (Ed.), *Advances in experimental social psychology* (Vol. 7, pp. 249-292). New York: Academic Press.

Mischel, W. & Ebbesen, E.B. (1970). Attention in delay of gratification. *Journal of Personality and Social Psychology, 16,* 329-337.

Mischel, W., Ebbesen, E.B. & Zeiss, A.R. (1972). Cognitive and attentional mechanisms in delay of gratification. *Journal of Personality and Social Psychology, 21,* 204-218.

Mischel, W. & Gilligan, C. (1964). Delay of gratification, motivation for the prohibited gratification, and responses to temptation. *Journal of Abnormal and Social Psychology, 69,* 411-417.

Mischel, W. & Metzner, R. (1962). Effects of attention to symbolically presented rewards upon self-control. *Journal of Abnormal and Social Psychology, 64,* 425-431.

Mischel, W. & Mischel, H.N. (1976). A cognitive-social learning approach to morality and self-regulation. In T. Lickona (Ed.), *Moral development and behavior: Theory, research, and social issues* (pp. 84-107). New York: Holt, Rinehart & Winston.

Mischel, W. & Patterson, C.J. (1976). Substantive and structural elements of effective plans for self-control. *Journal of Personality and Social Psychology, 34,* 942-950.

Molfese, D.L. (1977). Infant cerebral asymmetry. In S.J. Segalowitz & F.A. Gruber (Eds.), *Language development and neurological theory.* New York: Academic Press.

Money, J. & Ehrhardt, A. (1975). *Männlich-Weiblich: Die Entstehung der Geschlechtsunterschiede.* Hamburg: Rowohlt.

Montada, L. (1970). *Die Lernpsychologie Jean Piagets.* Stuttgart: Klett.

Montada, L. (1982). Entwicklung moralischer Urteilsstrukturen und Aufbau von Werthaltungen. In R. Oerter & L. Montada (Hrsg.), *Entwicklungspsychologie* (S. 633-673). München: Urban & Schwarzenberg.

Montada, L., Brüman, B. & Gronwald, W. (1973). Kompensation des Gradienten der zeitlichen Strafverzögerung durch verbale Mediation. *Zeitschrift für Entwicklungspsychologie und Pädagogische Psychologie, 5,* 16-28.

Montada, L., Setter To Bulte, U., Sütter, B. & Winter, K. (1974). Strafwirkung als Funktion der Strafbewertung. *Zeitschrift für Entwicklungspsychologie und Pädagogische Psychologie, 6,* 75-89.

Montada, L. & Thirion, C. (1972). Auswirkungen unterschiedlicher Reaktionen des Modells nach Bestrafung einer Übertretung auf die Übertretungstendenz des Beobachters. *Zeitschrift für Entwicklungspsychologie und Pädagogische Psychologie, 4,* 221-234.

Moore, B.S., Underwood, B. & Rosenhan, D.L. (1973). Affect and altruism. *Developmental Psychology, 8,* 99-104.

Morris, C.W. (1972). *Grundlagen der Zeichentheorie. Ästhetik und Zeichentheorie.* München: Hanser.

Moscovitch, M. (1977). The development of lateralization of language functions and its relation to cognitive and linguistic development: A review and some theoretical speculations. In S. J. Segalowitz & F.A. Gruber (Eds.), *Language development and neurological theory* (pp. 193-211). New York: Academic Press.

Mowrer, O.H. (1950). *Learning theory and personality dynamics.* New York: Ronald Press.

Munroe, R.H., Munroe, R.L. & Whiting, B.B. (Eds.). (1981). *Handbook of cross-cultural human development.* New York: Garland.

Mussen, P.H. (1961). Some antecedents and consequents of masculine sex-typing in adolescent boys. *Psychological Monographs, 75,* 1-24.

Mussen, P.H. (1969). Early sex-role development. In D.A. Goslin (Ed.), *Handbook of socialization theory and research* (pp. 707-732). Chicago: Rand McNally.

Mussen, P.H. (Ed.). (1970). *Carmichael's manual of child psychology.* (2 Vols). New York: Wiley.

Mussen, P.H. (Ed.). (1983). *Handbook of child psychology.* (4th. ed, Vol. I-IV). New York: Wiley.

Mussen, P.H. & Distler, L. (1959). Masculinity, identification, and father-son relationship. *Journal of Abnormal and Social Psychology, 59,* 350–356.

Mussen, P.H. & Eisenberg-Berg, N. (1977). *Caring, sharing, and helping.* San Francisco: W.H. Freeman.

Nadelman, L. (1970). Sex identity in London children: Memory, knowledge, and preference tests. *Human Development, 13,* 28-42.

Nadelman, L. (1974). Sex identity in American children: Memory, knowledge, and preference tests. *Developmental Psychology, 10,* 413-417.

Nasch, J. (1970). *Developmental psychology: A psychobiological approach.* Englewood Cliffs, NJ: Prentice-Hall.

Nebes, R.D. (1974). Hemispheric specialization in commisurotomized man. *Psychological Bulletin, 81,* 1-14.

NELSON, K. (1973). Structure and strategy in learning to talk. *Monographs of the Society for Research in Child Development, 38* (Serial No. 149).

NELSON, K. (1974). Concept, word and sentence: Interrelations in acquisition and development. *Psychological Review, 81,* 267-285.

NELSON, K. (1978). Semantic development and the development of semantic memory. In K. NELSON (Ed.), *Children's language* (Vol. 1, pp. 39-80). New York: Gardner Press.

NELSON, K. & GRUENDEL, J. (1979). At morning it's lunchtime: A scriptical view of children's dialogues. *Discourse Processes, 2,* 73-94.

NELSON, S.A. (1980). Factors influencing young children's use of motives and outcomes as moral criteria. *Child Development, 51,* 823-829.

NEUMANN, F. (1980). Die Bedeutung von Hormonen für die Differenzierung des somatischen und psychischen Geschlechts bei Säugetieren. In N. BISCHOF & H. PREUSCHOFT (Hrsg.), *Geschlechtsunterschiede. Entstehung und Entwicklung* (S. 43-75). München: C.H. Beck.

NEWPORT, E.L., GLEITMAN, H. & GLEITMAN, L.R. (1977). Mother, I'd rather do it myself: Some effects and non-effects of maternal speech style. In C.E. SNOW & C.A. FERGUSON (Eds.), *Talking to children: Language input and acquisition* (pp. 109-149). Cambridge: Cambridge University Press.

NICKEL, H. (1972). *Entwicklungspsychologie des Kindes- und Jugendalters* (Bd. 1). Bern: Huber.

NICKEL, H., HEINERTH, K. & BITTMANN, F. (1974). *Gibt es wirklich Eidetiker? Eine Untersuchung mit stereostokopischen Vorlagen nach Stromeyer und Psotka an Schulkindern und Studenten.* (Unveröff. Manuskript).

NISAN, M. (1984). Content and structure in moral judgment: An integrative view. In W.M. KURTINES & J.L. GEWIRTZ (Eds.), *Morality, moral behavior, and moral development* (pp. 208-224). New York: Wiley.

NISAN, M. & KOHLBERG, L. (1982). Universality and variation in moral judgment: A longitudinal and cross-sectional study in Turkey. *Child Development, 53,* 865-876.

NISBETT, R.E. & WILSON, T.D. (1977). Telling more than we can know: Verbal reports on mental processes. *Psychological Review, 84,* 231-259.

NORMAN, D.A. (Ed.). (1981). *Perspectives on cognitive science.* Norwood, NJ: Ablex.

NYBORG, H. (1981). *Hormonal correlates of spatial ability development* (Paper presented at the 6th ISSBD Conference, Toronto, August 1981).

O'BRIEN, M., HUSTON, A.C. & RISLEY, T. (1983). Sex-typed play of toddlers in a day care center. *Journal of Applied Developmental Psychology, 4,* 1-9.

OERTER, R. (1970). *Moderne Entwicklungspsychologie* (8. Aufl.). Donauwörth: Auer. (15. Aufl. 1975)

OERTER, R. & MONTADA, L. (Hrsg.). (1987). *Entwicklungspsychologie* (2. Aufl.). Weinheim: Psychologie Verlags Union.

OEVERMANN, U. (1972). *Sprache und soziale Herkunft.* Frankfurt/M.: Suhrkamp.

O'LEARY, K.D. & O'LEARY, S.G. (1972). *Classroom management.* New York: Pergamon.

OLSON, D.R. (1970). Language and thought. Aspects of a cognitive theory of semantics. *Psychological Review, 4,* 330-358.

OLSON, W.C. (1953). *Die Entwicklung des Kindes.* Bad Homburg: Gehlen.

OLWEUS, D. (1979). Stability of aggressive reaction patterns in males: A review. *Psychological Bulletin, 86,* 852-875.

OSER, F., ALTHOF, W. & GARZ, D. (Hrsg.). (1986). *Moralische Zugänge zum Menschen — Zugänge zum moralischen Menschen.* München: Kindt.

OSGOOD, C.E. (1957). A behavioristic analysis of perception and language as cognitive phenomena. In *Contemporary approaches to cognition* (pp. 75-118). Cambridge, Mass.: Harvard University Press.

PARKE, R.D. (1974). Rules, roles, and resistance to deviation: Explorations in punishment, discipline, and self-control. In A. PICK (Ed.), *Minnesota Symposia on Child Psychology* (Vol.8, pp. 111–143). Minneapolis: University of Minnesota Press.

PARKE, R.D. (1977). Some effects of punishment on children's behavior-revisited. In E.M. HETHERINGTON & R.D. PARKE (Eds.), *Contemporary readings in child psychology* (pp. 208-220). New York: Mc Graw Hill.

PARKE, R.D., WALTERS, R.H. (1967). Some factors determining the efficacy of punishment for inducing response inhibition. *Monographs of the Society for Research in Child Development, 32* (Serial No.109).

PARSONS, T. (1955). Family structure and the socialization of the child. In T. PARSONS & R.F. BALES (Eds.), *Family, socialization, and interaction process* (pp. 35-131). Glencoe, Ill.: Free Press.

PARTHEY, H. & WAHL, D. (1966). *Die experimentelle Methode in Natur- und Gesellschaftswissenschaften.* Berlin: Deutscher Verlag der Wissenschaften.

PASCUAL-LEONE, J. (1970). A mathematical model for the transition rule in Piaget's developmental stages. *Acta Psychologica, 32,* 301-345.

PASCUAL-LEONE, J. (1981). Problem und Theorien des konstruktiven Denkens: Die heutige Bedeutung Piagets und eine Kritik der Simulationstheorien der Informationsverarbeitung. In R.H. KLUWE & H. SPADA (Hrsg.), *Studien zur Denkentwicklung* (S. 443-501). Bern: Huber.

PATTERSON, G.R. & REID, J.B. (1984). Social interactional processes within the family: The study of the moment-by-moment family transactions in which human social development is imbedded. *Journal of Applied Developmental Psychology, 5,* 237-262.

PAWLOW, I.P. (1953). *Sämtliche Werke* (Band III und IV). Ost-Berlin: Akademie der Wissenschaften.

PAYNE, B.D. (1981). Sex and age differences in the sex-role stereotyping of third- and fifth-grade children. *Sex Roles, 7,* 135-144.

PEPPER, S.C. (1942). *World hypotheses.* Berkeley: University of California Press.

PERNAU, F.A. v. (1716). *Unterricht, was mit dem lieblichen Geschöpff denen Vögeln, auch außer dem Fang, nur durch die Ergründung Deren Eigenschaften und Zahmmachung, oder anderer Abrichtung, man sich vor Lust und Zeitvertreib machen könne.* Nürnberg.

PERRET-CLERMONT, A.N. (1980). *Social interaction and cognitive development in children.* London: Academic Press.

PERREZ, M. (1979). *Ist die Psychoanalyse eine Wissenschaft?* (2. Aufl.). Bern: Huber.

PERRY, D.G. & BUSSEY, K. (1979). The social learning theory of sex differences: Imitation is alive and well. *Journal of Personality and Social Psychology, 37,* 1699-1712.

PERRY, D.G. & BUSSEY, K. (1984). *Social development.* Englewood Cliffs, NJ: Prentice-Hall.

PERRY, D.G. & PARKE, R.D. (1975). Punishment and alternative response training as determinants of response inhibition in children. *Genetic Psychology Monographs, 91,* 257-279.

PERRY, D.G. & PERRY, L.C. (1975). Observational learning in children: Effects of sex of model and subject's sex role behavior. *Journal of Personality and Social Psychology, 31,* 1083-1088.

PERRY, D.G., PERRY, L.C. & RASMUSSEN, P. (1986). Cognitive social learning mediators of aggression. *Child Development, 57,* 700–711.

PETERSEN, A.C. (1976). Physical androgyny and cognitive functioning in adolescence. *Developmental Psychology, 12,* 524-533.

PHOENIX, C.H. (1974). Prenatal testosterone in the nonhuman primate and its conseqences for behavior. In R.C. FRIEDMAN, R.M. RICHART & R.L. VANDE WIELE (Eds.), *Sex differences in behavior* (pp. 19-32). New York: Wiley.

PIAGET, J. (1936). *La naissance de l'intelligence chez l'enfant.* Neuchâtel: Delacheaux et Niestlé. (Deutsche Ausgabe 1969: *Das Erwachen der Intelligenz beim Kinde.* Stuttgart: Klett)

PIAGET, J. (1937). *La construction du réel chez l'enfant.* Neuchâtel: Delacheaux et Niestlé (Deutsche Ausgabe 1975: *Der Aufbau der Wirklichkeit beim Kinde.* Stuttgart: Klett)

PIAGET, J. (1942). *Classes, relations et nombres.* Paris: Vrin.

PIAGET, J. (1948). *Psychologie der Intelligenz.* Zürich: Rascher.

PIAGET, J. (1952). *Essai sur les transformations des opérations logiques.* Paris: Presses Universitaires de France.

PIAGET, J. (1955). *Die Bildung des Zeitbegriffs beim Kinde.* Zürich: Rascher. (Original erschienen 1946: *Le développement de la notion de temps chez l'enfant*)

PIAGET, J. (1961). *Les mécanismes perceptifs.* Paris: Presses Universitaires de France.

PIAGET, J. (1972). Sprache und intellektuelle Operationen. In H.G. FURTH (Hrsg.), *Intelligenz und Erkennen. Die Grundlagen der genetischen Erkenntnistheorie Piaget's.* (S. 176-190). Frankfurt: Suhrkamp.

PIAGET, J. (1973). *Die Entwicklung des Erkennens. I: Das mathematische Denken. II: Das physikalische Denken. III: Das biologische Denken; das psychologische Denken; das soziologische Denken.* Stuttgart: Klett. (Original erschienen 1950: *Introduction à l'épistémologie génétique.* I-III)

PIAGET, J. (1974). *Biologie und Erkenntnis.* Frankfurt: Fischer. (Original erschienen 1967: *Biologie et connaissance*)

PIAGET, J. (1975). *Biologische Anpassung und Psychologie der Intelligenz.* Stuttgart: Klett-Cotta. (Original erschienen 1974: *Adaptation vitale et psychologie de l'intelligence: Sélection organique et phénocopie*)

PIAGET, J. (1976). *Die Äquilibration der kognitiven Strukturen.* Stuttgart: Klett, (Original erschienen 1975: *L'équilibration des structures*)

PIAGET, J. (1983). *Jean Piaget: Meine Theorie der geistigen Entwicklung.* Frankfurt: Fischer Taschenbuch Verlag.

PIAGET, J. & INHELDER, B. (1969). *Die Entwicklung der physikalischen Mengenbegriffe beim Kinde.* Stuttgart: Klett. (Original erschienen 1942: *Le développement de quantités physiques chez l'enfant*)

PIAGET, J. & INHELDER, B. (1974). *Gedächtnis und Intelligenz.* Olten: Walter. (Original erschienen 1948: *Mémoire et intelligence*)

PIAGET, J. & INHELDER, B. (1977). *Die Psychologie des Kindes.* Frankfurt: Fischer Taschenbuch Verlag. (Original erschienen 1966: *La psychologie de l'enfant*)

PIAGET, J. & SZEMINSKA, A. (1941). *La genèse du nombre chez l'enfant.* Neuchâtel: Delacheaux et Niestlé. (Deutsche Ausgabe 1965: *Die Entwicklung des Zahlbegriffs beim Kinde.* Stuttgart: Klett)

PINE, F. & FURER, M. (1963). Studies of the separation — individuation phase: A methodological overview. *The Psychoanalytic Study of the Child, 18,* 325-342.

PLOMIN, R. & FOCH, T.T. (1981). Sex differences and individual differences. *Child Development, 52,* 383-385.

POTEGAL, M. (Ed.). (1982). *Spatial abilities: Development and physiological foundations.* New York: Academic Press.

POTTER, M.C. (1979). Mundane symbolism: The relation among objects, names, and ideas. In N.R. SMITH & M.B. FRANKLIN (Eds.), *Symbolic functioning in childhood* (pp. 41–65). Hillsdale, NJ: Erlbaum.

PREMACK, A.J. & PREMACK, D. (1972). Teaching language to an ape. *Scientific American, 227,* 92-99.

PREMACK, D. (1971). Language in chimpanzee? *Science, 172,* 808-822.

PREMACK, D. (1976). *Intelligence in ape and man.* Hillsdale, NJ: Erlbaum.

PRESSEY, S.L. & KUHLEN, R.G. (1957). *Psychological development through the life span.* New York: Harper & Row.

PRILLWITZ, S., JOCHENS, B. & STOSCH, E. (Hrsg.). (1975). *Der kindliche Spracherwerb.* Braunschweig: Westermann.

PYLYSHYN, Z.W. (1984). *Computation and cognition: Toward a foundation of cognitive science.* Cambridge, Mass.: MIT Press.

RABBAN, M. (1950). Sex-role identification in young children in two diverse social groups. *Genetic Psychology Monographs, 42,* 81-158.

RADKE-YARROW, M., ZAHN-WAXLER, C. & CHAPMAN, M. (1983). Children's prosocial dispositions and behavior. In P.H. MUSSEN (Ed.), *Handbook of child psychology* (Vol. IV, pp. 469-545). New York: Wiley.

RAPAPORT, D. (1959). *Die Struktur der psychoanalytischen Theorie.* Stuttgart: Klett.

RAPAPORT, D. (1960). Psychoanalysis as a developmental psychology. In B. KAPLAN & S. WAPNER (Eds.), *Perspectives in psychological theory: Essays in honor of Heinz Werner* (pp. 209–255). New York: Inernational University Press.

RAUH, H. (1987). Frühe Kindheit. In R. OERTER & L. MONTADA (Hrsg.), *Entwicklungspsychologie* (2. Aufl., S. 131-203). München-Weinheim: Psychologie Verlags Union.

REBLE, A. (1971). *Geschichte der Pädagogik* (11. Aufl.). Stuttgart: Klett.

REESE, H.W. & OVERTON, W.F. (1970). Models of development and theories of development. In L.R. GOULET & P.B. BALTES (Eds.), *Life-span developmental psychology: Theory and research* (pp. 115-145). New York: Academic Press. (Deutsch: Modelle der Entwicklung und Theorien der Entwicklung. In P.B. BALTES (Hrsg.), *Entwicklungspsychologie der Lebensspanne* (S. 55-86). Stuttgart: Klett-Cotta, 1979)

REIMARUS, H.S. (1760). *Allgemeine Betrachtungen über die Triebe der Tiere, hauptsächlich über ihre Kunsttriebe.* Hamburg: Bohn.

REINISCH, J.M., GANDELMAN, R. & SPIEGEL, F.S. (1979). Prenatal influences on cognitive abilities: Data from experimental animals and human genetic and endocrine syndromes. In M.A. WITTIG & A.C. PETERSEN (Eds.), *Sex-related differences in cognitive functioning* (pp. 215-240). New York: Academic Press.

Reis, H.T. & Wright, S. (1982). Knowledge of sex-role stereotypes in children aged 3 to 5. *Sex Roles, 8,* 1049-1056.

Remplein, H. (1958). *Die seelische Entwicklung des Menschen im Kindes- und Jugendalter* (7. Aufl.). München: Reinhardt.

Rest, J.R. (1974). *Manual for the Defining Issues Test.* Minneapolis: Universtiy of Minnesota Press.

Rest, J.R. (1979). *Development in judging moral issues.* Minneapolis: University of Minnesota Press.

Rest, J.R. (1983). Morality. In P.H. Mussen (Ed.), *Handbook of child psychology* (4th ed., Vol. IV, pp. 556-629). New York: Wiley.

Rest, J.R. (1984). The major components of morality. In W.M. Kurtiness & J.L. Gewirtz (Eds.), *Morality, moral behavior, and development* (pp. 24-38). New York: Wiley.

Rest, J.R. (1986). Ein interdisziplinärer Ansatz zur Moralerziehung und ein Vierkomponenten-Modell der Entstehung moralischer Handlungen. In F. Oser, W. Althof & D. Garz (Hrsg.), *Moralische Zugänge zum Menschen — Zugänge zum moralischen Menschen* (S. 20-41). München: Kindt.

Rest, J.R., Davison, M.L. & Robbins, S. (1978). Age trends in judging moral issues: A review of cross-sectional, longitudinal, and sequential studies of the Defining Issues Test. *Child Development, 49,* 263-279.

Rheingold, H.L. & Cook, K. (1975). The content of boys' and girls' rooms as an index of parent behavior. *Child Development, 46,* 459-463.

Rheingold, H.L., Hay, D.F. & West, M.J. (1976). Sharing in the second year of life. *Child Development, 47,* 1148-1158.

Rheingold, H.L., Gewirtz, J. & Ross, H. (1959). Social conditioning of vocalization in the infant. *Journal of Comparative and Physiological Psychology, 52,* 68–73.

Richardson, J.G. & Simpson, C.H. (1982). Children, gender, and social structure: An analysis of the contents of letters to Santa Claus. *Child Development, 53,* 429-436.

Riegel, K.F. (1975). Toward a dialectical theory of development. *Human Development, 18,* 50-64.

Risley, T.R. & Baer, D.M. (1973). Operant behavior modification: The deliberate development of behavior. In B.M. Caldwell & H. Riciutti (Eds.), *Review of child development research* (Vol. 3, pp. 283-329). Chicago: University of Chicago Press.

Risley, T.R. & Wolf, M.M. (1973). Strategies for analyzing change over time. In J.R. Nesselroade & H.W. Reese (Eds.), *Life-span developmental psychology: Methodological issues* (pp. 175-183). New York: Academic Press.

Rohwer, W.D.J. (1974). The stimulus-response approach to intellectual development. In W.D.J. Rohwer, P.R. Ammon & P. Cramer (Eds.), *Understanding intellectual development* (pp. 11-104). Hinsdale, Ill: Dryden Press.

Rohwer, W.D.J., Ammon, P.R. & Cramer, P. (1974). *Understanding intellectual development.* Hinsdale, Ill: Dryden Press.

Rosaldo, M.Z. (1974). Women, culture, and society: A theoretical overview. In M.Z. Rosaldo & L. Lamphere (Eds.), *Women, culture and society* (pp. 17–42). Stanford, CA: Stanford University Press.

Rosaldo, M.Z. & Lamphere, L. (Eds.). (1974). *Women, culture and society.* Stanford, CA: Stanford University Press.

Rosch, E. (1973). On the internal structure of perceptual and semantic categories. In T.E. Moore (Ed.), *Cognitive development and the acquisition of language* (pp. 111-145). New York: Academic Press.

Rosch, E. (1975). Cognitive representations of semantic categories. *Journal of Experimental Psychology, 104,* 192-233.

Rosch, E., Mervis, C., Gray, W., Johnson, D. & Boyes-Braem, P. (1976). Basic objects in natural categories. *Cognitive Psychology, 8,* 382-439.

Rose, R.M., Bernstein, I.S. & Gordon, T.P. (1975). Consequences of social conflict on plasma testosterone levels in rhesus monkeys. *Psychosomatic Medicine, 37,* 50-61.

Rose, R.M., Gordon, T.P. & Bernstein, I.S. (1972). Plasma testosterone levels in the male rhesus: Influences of sexual and social stimuli. *Science, 178,* 643-645.

Rosenberg, B.G. & Sutton-Smith, B. (1964). The measurement of masculinity and feminity in children. An extension and revalidation. *Journal of Genetic Psychology, 104,* 259-264.

Rosenfield, D. & Stephan, W.G. (1978). Sex differences in attributions for sex-typed tasks. *Journal of Personality, 46,* 244-259.

Rosenkoetter, L.I. (1973). Resistance to temptation: Inhibitory and disinhibitory effects of models. *Developmental Psychology, 8,* 80-84.

Rosenkrantz, P., Vogel, S., Bee, H., Broverman, I. & Broverman, D.M. (1968). Sex-role stereotypes and self-concepts in college students. *Journal of Consulting and Clinical Psychology, 32,* 287-295.

Rosenthal, M.K. (1982). Vocal dialogues in the neonatal period. *Developmental Psychology, 18,* 17-21.

Rosenthal, T.L. & Zimmermann, B.J. (1978). *Social learning and cognition.* New York: Academic Press.

Rothacker, E. (1952). *Die Schichten der Persönlichkeit* (4.Aufl.). Bonn: Bouvier.

Rothbart, M.K. & Maccoby, E.E. (1966). Parents' differential reactions to sons and daughters. *Journal of Personality and Social Psychology, 4,* 237-243.

Rovet, J. & Netley, C. (1982). Processing deficits in Turner's syndrome. *Developmental Psychology, 18,* 77-94.

Ruble, D.N. (1984). Sex-role development. In M.H. Bornstein & M.E. Lamb (Eds.), *Developmental psychology: An advanced textbook* (pp. 325–371). Hillsdale, NJ: Erlbaum.

Ruble, D.N., Balaban, T. & Cooper, J. (1981). Gender constancy and the effects of sex-typed television toy commericals. *Child Development, 52,* 667-673.

Rudinger, G. & Bierhoff-Alfermann, D. (1979). Methodenprobleme in der Geschlechtsunterschiedsforschung. In H. Keller (Hrsg.), *Geschlechtsunterschiede* (S. 211-239). Weinheim: Beltz.

Rumbaugh, D.M. (1977). *Language learning by a chimpanzee: The Lana project.* New York: Academic Press.

Rumbaugh, D.M. & Gill, T.V. (1976). Language and the acquisition of language-type skills by a chimpanzee. *Anuals of the New York Academy of Science, 270,* 90-135.

Rushton, J.P. (1980). *Altruism, socialization, and society.* Englewood Cliffs, NJ: Prentice-Hall.

Rushton, J.P. (1982). Social learning theory and the development of prosocial behavior. In N.

Eisenberg (Ed.), *The development of prosocial behavior* (pp. 77-105). New York: Academic Press.

Rutter, M. (1978). *Bindung und Trennung in der frühen Kindheit.* München: Juventa. (Original erschienen 1972: *Maternal deprivation reassessed*)

Ryan, J. (1974). Early language development: Towards a communication analysis. In M. Richards (Ed.), *The integration of a child into a social world* (pp. 185–213). London: Academic Press.

Sader, M. (1969). Rollentheorie. In C.F. Graumann (Hrsg.), *Handbuch der Psychologie. (Bd. 7: Sozialpsychologie,* 1. Halbband, S. 204-231). Göttingen: Hogrefe.

Sagi, A. & Hoffman, M.L. (1976). Empathic distress in the newborn. *Developmental Psychology, 12,* 175-176.

Sapir, E. (1921). *Language.* New York: Harcourt, Brau and World.

Schaffer, H.R. & Emerson, P.E. (1964). The development of social attachment in infancy. *Monographs of the Society for Research in Child Development, 29* (3, Serial No. 94).

Schank, R.C. & Abelson, R.P. (1977). *Scripts, plans, goals, and understanding.* Hillsdale, NJ: Erlbaum.

Scheresky, R. (1977). Occupational roles are sex-typed by six-to-ten-year-old children. *Psychology in the Schools, 14,* 220-221.

Schlesinger, I.M. (1978). *The acquisition of words and concepts* (Unpublished manuscript).

Schmalohr, E. & Winkelmann, W. (1969). Über den Einfluß der Übung in Bezug auf die Entwicklung der Mengen- und Substanzerhaltung beim Kinde. *Zeitschrift für Entwicklungspsychologie und Pädagogische Psychologie, 1,* 93–102.

Schmidt, H.D. (1970). *Allgemeine Entwicklungspsychologie.* Berlin: VEB Deutscher Verlag der Wissenschaften.

Schneewind, K. & Lukesch, H. (Hrsg.). (1978). *Familiäre Sozialisation.* Stuttgart: Klett-Cotta.

Schuck, E. (1976). *Zusammenhänge zwischen Umweltvariablen und Intelligenzentwicklung bei Kindern im Vorschulalter.* Unveröff. Diss., Universität Frankfurt.

Schwartz, S.H. (1977). Normative influences on altruism. In L. Berkowitz (Ed.), *Advances in experimental social psychology* (Vol. 10, pp. 221–279). New York: Academic Press.

Searle, J. (1971). *Sprechakte. Ein philosophischer Essay.* Frankfurt: Suhrkamp. (Original erschienen 1969: *Speech acts: An essay in the philosophy of language*)

Sears, R.R. (1936). Experimental studies of projection. *Journal of Social Psychology, 7,* 151-163.

Sears, R.R. (1941). Frustration and aggression. In P.L. Harriman (Ed.), *Encyclopedia of psychology* (pp. 215-218). New York: Philosophical library.

Sears, R.R. (1943). *Survey of objective studies of psychoanalytic concepts.* New York: Social Science Research Council.

Sears, R.R. (1944). Experimental analysis of psychoanalytic phenomena. In J.M. Hunt (Ed.), *Personality and the behavior disorders.* (Vol I, pp. 306-332). New York: Ronald.

Sears, R.R. (1947). Child Psychology. In W. Dennis (Ed.), *Current trends in psychology* (pp. 50-74). Pittsburgh: University of Pittsburgh.

Sears, R.R. (1950). Relation of fantasy aggression to interpersonal aggression. *Child Development, 21,* 5-6.

SEARS, R.R. (1951a). A theoretical framework for personality and social behavior. *American Psychologist, 6,* 476-483.

SEARS, R.R. (1951b). Social behavior and personality development. In T. PARSONS & E.A. SHILS (Eds.), *Toward a general theory of action* (pp. 465-478). Cambridge, Mass.: Harvard University Press.

SEARS, R.R. (1951c). Effects of frustration and anxiety on fantasy aggression. *American Journal of Orthopsychiatry, 21,* 498-505.

SEARS, R.R. (1957). Identification as a form of behavioral development. In D.B. HARRIS (Ed.), *The concept of development* (pp. 149-161). Minneapolis: University of Minnesota Press.

SEARS, R.R. (1961). Relation of early socialization experiences to aggression in middle childhood. *Journal of Abnormal and Social Psychology, 63,* 466-492.

SEARS, R.R., MACCOBY, E.E. & LEVIN, H. (1957). *Patterns of child rearing.* Evanston, Ill.: Row, Peterson.

SEARS, R.R., RAU, L. & ALPERT, R. (1965). *Identification and child rearing.* Stanford, CA: Stanford University Press.

SEARS, R.R., WHITING, J.W.M., NOWLIS, V. & SEARS, P.S. (1953). Some child rearing antecedents of aggression and dependency in young children. *Genetic Psychology Monographs, 47,* 135-234.

SEARS, R.R. & WISE, G.W. (1950). Relationship of cup-feeding in infancy to thumbsucking and the oral drive. *American Journal of Ortopsychiatry, 20,* 123-138.

SEAY, B. & HARLOW, H.F. (1965). Maternal separation in the rhesus monkey. *Journal of Nervous and Mental Disease, 140,* 434-441.

SEILER, T.B. (1977). Entwicklungssequenzen: Metatheoretische Betrachtungen zum Konzept der Entwicklungssequenzen und zur genetischen Erklärungsweise. In. S. HOPPE, C. SCHMID-SCHÖNBEIN & T.B. SEILER (Hrsg.), *Entwicklungssequenzen* (S. 15-56). Bern: Huber.

SEILER, T.B. & WANNENMACHER, W. (1985). *Begriffs- und Wortbedeutungsentwicklung. Theoretische, empirische und methodische Untersuchungen.* Berlin: Springer.

SEILER, T.B. & WANNENMACHER, W. (1987). Begriffs- und Bedeutungsentwicklung. In R. OERTER & L. MONTADA (Hrsg.), *Entwicklungspsychologie* (2. Auflage, S. 463-505). München-Weinheim: Psychologie Verlags Union.

SELMAN, R. (1971). The relation of role-taking ability to the development of moral judgment in children. *Child Development, 42,* 79-91.

SELMAN, R.L. (1974). *The relation of stages of social role-taking to moral development: A theoretical and empirical analysis.* Unpublished Manuscript, Harvard University.

SELMAN, R.L. (1976a). Toward a structural analysis of developing interpersonal relationship concepts: Research with normal and disturbed preadolescent boys. In A. PICK (Ed.), *Tenth Annual Minnesota Symposia on Child Psychology* (pp. 156-200). Minneapolis: University of Minnesota Press.

SELMAN, R.L. (1976b). Social-cognitive understanding: A guide to educational and clinical practice. In T. LICKONA (Ed.), *Moral development and behavior: Theory, research, and social issues* (pp. 299-316). New York: Holt, Rinehart & Winston.

SELMAN, R.L. & BYRNE, D.F. (1974). A structural — developmental analysis of levels of role taking in middle childhood. *Child Development, 45,* 803-806.

SELMAN, R.L. & DAMON, W. (1975). The necessity (but insuffiency) of social perspective taking for conceptions of justice at three early levels. In D.J. De Palma & J. Foley (Eds.), *Moral development. Current theory and research* (pp. 57-73). Hillsdale, NJ: Erlbaum.

Serbin, L.A., Connor, J.M., Burchardt, C.J. & Citron, C.C. (1979). Effects of peer presence on sex-typing of children's play behavior. *Journal of Experimental Child Psychology, 27,* 303-309.

Settlage, C.F. (1972). Cultural values and the superego in late adolescence. *Psychoanalytic Study of the Child, 27,* 57-73.

Shaffer, D.R. (1985). *Developmental Psychology.* Belmont, CA: Brooks/Cole. (2nd ed. 1989)

Shatz, M. (1978). On the development of communicative understandings: An early strategy for interpreting and responding to messages. *Cognitive Psychology, 10,* 271-301.

Shatz, M. (1983). Communication. In P.H. Mussen (Ed.), *Handbook of child psychology* (4th ed., Vol. III, pp. 841-889). New York: Wiley.

Shatz, M. & Gelman, R. (1973). The development of communication skills: Modifications in the speech of young children as a function of listener. *Monographs of the Society for Research in Child Development, 38* (5, Serial No. 152).

Shatz, M. & Gelman, R. (1977). Beyond syntax: The influence of conversational constraints on speech modifications. In C.E. Snow & C.A. Ferguson (Eds.), *Talking to children* (pp. 189-198). Cambridge: Cambridge University Press.

Sherman, J.A. (1979). Predicting mathematics performance in high school girls and boys. *Journal of Educational Psychology, 71,* 242-249.

Shiffrin, R.M. & Atkinson, R.C. (1969). Storage and retrieval processes in long-term memory. *Psychological Review, 76,* 179-193.

Siegler, R.S. (1976). Three aspects of cognitive development. *Cognitive Psychology, 8,* 481-520.

Siegler, R.S. (1981). Developmental sequences within and between concepts. *Monographs of the Society for Research in Child Development, 46* (2, Serial No. 189).

Siegler, R.S. (1983). Information processing approaches to development. In P.H. Mussen (Ed.), *Handbook of child psychology* (4th ed., Vol. 1, pp. 129-212). New York: Wiley.

Siegler, R.S. (1989). Mechanisms of cognitive development. In M.R. Rosenzweig & L.W. Porter (Eds.), *Annual Review of Psychology, 40,* 353-379. Palo Alto, CA: Annual Reviews Inc.

Sigel, I.E. (Ed.). (1985). *Parental belief systems.* Hillsdale, NJ: Erlbaum.

Signorella, M.L. & Liben, L.S. (1984). Recall and reconstruction of gender-related pictures: Effects of attitude, task difficulty, and age. *Child Development, 55,* 393-405.

Silbereisen, R.K. (1975). *Antezedente Bedingungen der Rollenübernahme bei Kindern.* (Unveröff. Diss. Berlin: TU, Fachbereich Gesellschafts- und Planungswissenschaften).

Silvern, L.E. (1977). Children's sex-role preferences: Stronger among girls than boys. *Sex Roles, 3,* 159-171.

Simpson, E.L. (1974). Moral development research: A case of scientific cultural bias. *Human Development, 17,* 81-106.

Sinclair, H. (1967). *Acquisition du langage et dévéloppement de la pensée.* Paris: Dunod.

Sinclair, H. (1969). Developmental psycholinguistics. In D. Elkind & J. Flavell (Eds.), *Studies in cognitive development* (pp. 315-336). Oxford: Oxford University Press.

Sinclair, H. (1971). Sensorimotor action patterns as a condition for the acquisition of syntax. In

R. Huxley & E. Ingram (Eds.), *Language acquisition: Models and methods* (pp. 121-135). New York: Academic Press.

Sinclair De Zwart, H. (1973). Language acquisition and cognitive development. In T. Moore (Ed.), *Cognitive development and the acquisition of language* (pp. 9-25). New York: Academic Press.

Skinner, B.F. (1953). *Science and human behavior.* New York: MacMillan.

Skinner, B.F. (1957). *Verbal Behavior.* New York: Appleton-Century-Crofts.

Skinner, B.F. (1961). *Cumulative report.* New York: Appleton-Century-Crofts.

Skinner, B.F. (1973). *Jenseits von Freiheit und Würde.* Reinbek: Rowohlt. (Original erschienen 1971: *Beyond freedom and dignity)*

Skowronek, H. (1972). *Lernen und Lernfähigkeit* (4. Aufl.). München: Juventa.

Slaby, R.G. & Frey, K.S. (1975). Development of gender constancy and selective attention to same-sex models. *Child Development, 46,* 849-856.

Slobin, D.I. (1966). Grammatical transformations and sentence comprehension in childhood and adulthood. *Journal of Verbal Learning and Verbal Behavior, 5,* 219-227.

Slobin, D.I. (1973). Cognitive prerequisites for the development of grammar. In C. Ferguson & D.I. Slobin (Eds.), *Studies of child language development* (pp. 175–208). New York: Holt, Rinehart & Winston.

Slobin, D.I. (1979). *Psycholinguistics.* Glenview, Ill.: Scott, Foresman.

Slobin, D.I. & Bever, T. (1982). Children use canonical sentence schemas: A cross-linguistic study of word order and inflections. *Cognition, 12,* 229-265.

Smedslund, J. (1961). The acquisition of conservation of substance and weight in children. *Scandinavian Journal of Psychology, 2* (I–IV), 11–20, 71–87, 153–160, 203–210.

Smedslund, J. (1962). The acquisition of conservation of substance and weight in children. *Scandinavian Journal of Psychology, 3* (VII), 69–77.

Smetana, J.G. & Letourneau, K.J. (1984). Development of gender constancy and children's sex-typed free play behavior. *Developmental Psychology, 20,* 691-696.

Smith, M.E. (1926). *An investigation of the development of the sentence and the extent of vocabulary in young children.* University of Iowa Studies of child welfare, 3, No. 5, University of Iowa.

Snow, C.E. (1972). Mothers' speech to children learning language. *Child Development, 43,* 549-565.

Snow, C.E. (1977). Mothers' speech research: From input to interaction. In C.E. Snow & C.A. Ferguson (Eds.), *Talking to children* (pp. 31-49). Cambridge: Cambridge University Press.

Snow, C.E. (1981). The uses of imitation. *Journal of Child Language, 8,* 205-212.

Snow, C.E. & Ferguson, C.A. (Eds.). (1977). *Talking to children: Language input and acquisition.* Cambridge: Cambridge University Press.

Sobesky, W. (1983). The effects of situational factors on moral judgments. *Child Development, 54,* 575-584.

Sontag, L.W., Baker, C. & Nelson, V.L. (1958). Mental growth and personality development: A longitudinal study. *Monographs of the Society for Research in Child Development, 23* (Serial No. 68).

SPENCE, J.T. & HELMREICH, R.L. (1978). *Masculinity and femininity: Their psychological dimensions, correlates, and antecedents.* Austin: University of Texas Press.

SPENCE, J.T., HELMREICH, R.L. & STAPP, J. (1975). Ratings of self and peers on sex role attributes and their relation to self-esteem and conceptions of masculinity and femininity. *Journal of Personality and Social Psychology, 32,* 29-39.

SPENCE, K.W. (1963). The emphasis on basic functions. In M.H. MARX (Ed.), *Theories in contemporary psychology* (pp. 272-286). New York: MacMillan.

SPENCER, H. (1855). *The principles of psychology.* London: Longman.

SPERRY, R.W. (1973). Lateral specialization of cerebral function in surgically seperated hemispheres. In F.J. MCGUIGAN & R.A. SCHOONOVER (Eds.), *The psychophysiology of thinking* (pp. 209–229). New York: Academic Press.

SPITZ, R.A. (1945). Hospitalism. An inquiry into the genesis of psychiatric conditions in early childhood. *Psychoanalytical Study of the Child, 1,* 53-74.

SPITZ, R.A. (1957). *Nein und Ja. Die Ursprünge der menschlichen Kommunikation.* Stuttgart: Klett.

SPITZ, R.A. (1965). *The first year of life.* New York: International Universities Press.

SPITZ, R.A. (1967). *Vom Säugling zum Kleinkind.* Stuttgart: Klett.

SPITZ, R.A. & WOLF, K. (1946). Anaclitic depression: An inquiry into the genesis of psychiatric conditions in early childhood. *Psychoanalytical Study of the Child, 2,* 313-342.

SPRANGER, E. (1924). *Psychologie des Jugendalters* (23. Aufl. 1953). Leipzig: Quelle & Meyer.

STAFFORD, R.E. (1961). Sex differences in spatial visualization as evidence of sex-linked inheritance. *Perceptual and Motor Skills, 13,* 428.

STANJEK, K. (1978). Das Überreichen von Gaben: Funktion und Entwicklung in den ersten Lebensjahren. *Zeitschrift für Entwicklungspsychologie und Pädagogische Psychologie, 10,* 103-113.

STAPF, K. & HERRMANN, T. (1972). *Erklärung und Vorhersage in der Psychologie.* Bericht des Instituts für Psychologie (Nr. 31), Universität Marburg.

STAUB, E. (1971). The use of role playing and induction in children's learning of helping and sharing behavior. *Child Development, 42,* 805-816.

STAUB, E. (1978). *Positive social behavior and morality: Social and personal influences* (Vol. 1). New York: Academic Press.

STEIN, A.H. (1967). Imitation of resistance to temptation. *Child Development, 38,* 157-169.

STERICKER, A.B. & KURDEK, L.A. (1982). Dimensions and correlates of third through eight graders' sex-role self-concepts. *Sex Roles, 8,* 915-929.

STERN, C. & STERN, W. (1907). *Die Kindersprache. Eine psychologische und sprachtheoretische Untersuchung.* Leipzig: Barth. (Nachdruck 1965, Darmstadt: Wiss. Buchgesellschaft)

STERNBERG, R.J. (Ed.). (1982). *Advances in the psychology of human intelligence.* Hillsdale, NJ: Erlbaum.

STERNBERG, R.J. (Ed.). (1984). *Mechanisms of cognitive development.* San Francisco: Freeman.

STEVENSON, H.W. (Ed.). (1963). *Child psychology* (The 62nd yearbook of the National Society for the Study of Education, Vol. 1). Chicago: University of Chicago Press.

STEVENSON, H.W. (1970). Learning in children. In P.H. MUSSEN (Ed.), *Carmichael's manual of child psychology* (Vol. 1, pp. 849-938). New York: Wiley.

STEVENSON, H.W. (1983). How children learn — The quest for a theory. In P.H. MUSSEN (Ed.), *Handbook of child psychology* (4th ed., Vol. I, pp. 213-236). New York: Wiley.

STODDART, T. & TURIEL, E. (1985). Children's concepts of cross-gender activities. *Child Development, 56,* 1241-1252.

STORCK, J. (1977). Die seelische Entwicklung des Kleinkindes aus psychoanalytischer Sicht. In D. EICKE (Hrsg.), *Die Psychologie des 20. Jahrhunderts.* (Bd. 2: *Freud und die Folgen* (1), S. 868-932). Zürich: Kindler.

STRAYER, F.F. & STRAYER, J. (1976). An ethological analysis of social agonism and dominance relations among preschool children. *Child Development, 47,* 980-989.

SURBER, C.F. (1977). Developmental processes in social inference: Averaging of intentions and consequences in moral judgment. *Developmental Psychology, 13,* 654-665.

SURBER, C.F. (1982). Separable effects of motives, consequences, and presentation order on children's moral judgments. *Developmental Psychology, 18,* 257-266.

SZAGUN, G. (1980). *Sprachentwicklung beim Kind.* München: Urban & Schwarzenberg.

SZAGUN, G. (1983). *Bedeutungsentwicklung beim Kind: Wie Kinder Wörter entdecken.* München: Urban & Schwarzenberg.

SZAGUN, G. (1986). *Sprachentwicklung beim Kind. Eine Einführung* (3. Aufl.). München-Weinheim: Psychologie Verlags Union.

TANNER, J.M. (1962). *Wachstum und Reifung des Menschen.* Stuttgart: Thieme.

TAUBER, M.A. (1979a). Sex differences in parent-child interaction styles during a free-play session. *Child Development, 50,* 981-988.

TAUBER, M.A. (1979b). Parental socialization techniques and sex differences in children's play. *Child Development, 50,* 225-234.

TAYLOR, D.C. & OUNSTED, C. (1972). The nature of gender differences explored through ontogenetic analysis of sex ratios. In C. OUNSTED & D.C. TAYLOR (Eds.), *Gender differences: Their ontogeny and significance.* Edinburgh: Churchill Livingstone.

TAYLOR, M.C. & HALL, J.A. (1982). Psychological androgyny: Theories, methods, and conclusions. *Psychological Bulletin, 92,* 347-366.

TERMAN, L.M. & MILES, C.C. (1936). *Sex and personality: Studies in masculinity and femininity.* New York: McGraw Hill.

TERRACE, H.S. (1979). How Nim Chimpsky changed my mind. *Psychology Today, 13* (November), 65-76.

THARP, R.G. & WETZEL, R.J. (1969). *Behavior modification in the natural environment.* New York: Academic Press. (Deutsche Ausgabe 1975: *Verhaltensänderungen im gegebenen Sozialfeld.* München: Urban & Schwarzenberg.)

THOMAS, H. (1983). Familial correlational analyses, sex differences, and the X-linked gene hypothesis. *Psychological Bulletin, 93,* 427-440.

THOMAS, R.M. (1985). *Comparing theories of child development* (2nd ed.). Belmont, CA: Wadsworth.

THOMPSON, N.L. & MCCANDLESS, B.R. (1970). It score variations by instructional style. *Child Development, 41,* 425-436.

THOMPSON, S.K. & BENTLER, P.M. (1971). The priority of cues in sex discrimination by children and adults. *Developmental Psychology, 5,* 181-185.

THOMSON, J. & CHAPMAN, R. (1977). Who is „Daddy" revisited: The status of two-year olds' overextended words in use and comprehension. *Journal of Child Language, 4,* 359-375.

TINBERGEN, N. (1940). Die Übersprungbewegung. *Zeitschrift für Tierpsychologie, 16,* 1-40.

TINBERGEN, N. (1951). *The study of instinct.* London: Oxford University Press.

TOMLINSON-KEASEY, C. (1974). The mediating role of cognitive development in moral judgment. *Child Development, 45,* 291-298.

TONER, I.J., MOORE, L.P. & ASHLEY, P.K. (1978). The effects of serving as a model of self-control on subsequent resistance to deviation in children. *Journal of Experimental Child Psychology, 26,* 85-91.

TONER, I.J., MOORE, L.P. & EMMONS, B.A. (1980). The effect of being labeled on subsequent self-control in children. *Child Development, 51,* 618-621.

TONER, I.J. & POTTS, R. (1981). Effect of modeled rationales on moral behavior, moral choice, and level of moral judgment in children. *Journal of Psychology, 107,* 153-162.

TONER, I.J. & SMITH, R.A. (1977). Age and overt verbalization in delay maintenance behavior in children. *Journal of Experimental Child Psychology, 24, 123-128.*

TRAUTNER, H.M. (1978). *Lehrbuch der Entwicklungspsychologie* (Bd. 1). Göttingen: Hogrefe. (2. Aufl. 1991)

TRAUTNER, H.M. (1979). Psychologische Theorien der Geschlechtsrollenentwicklung. In A. DEGENHARDT & H.M. TRAUTNER (Hrsg.), *Geschlechtstypisches Verhalten* (S. 50-84). München: C.H. Beck.

TRAUTNER, H.M. (1981a). *Comments on sex-related differences in spatial abilities* (Paper presented at the 6th ISSBD Conference, Toronto, August 1981.)

TRAUTNER, H.M. (1981b). Zur entwicklungspsychologischen Analyse von Merkmalen der Geschlechtstypisierung. In W. MICHAELIS (Hrsg.), *Bericht über den 32. Kongreß der Deutschen Gesellschaft für Psychologie,* Zürich 1980 (Bd. 1, S. 453-456). Göttingen: Hogrefe.

TRAUTNER, H.M. (1982). *Zur Entwicklung der Geschlechtskonstanz im Kindesalter — Die Unterscheidung von Aussehen und Wirklichkeit* (Arbeiten aus dem VW-Projekt ‚Geschlechtstypisierung', Nr.1). Münster: Psychologisches Institut der Universität Münster.

TRAUTNER, H.M. (1983). Modelle für die Erklärung von Entwicklungsprozessen. In R.K. SILBEREISEN & L. MONTADA (Hrsg.), *Entwicklungspsychologie. Ein Handbuch in Schlüsselbegriffen* (S. 44-54). München: Urban & Schwarzenberg.

TRAUTNER, H.M. (1985a). *The significance of the appearance-reality distinction for the development of gender constancy* (Paper presented at the SRCD Meeting, Toronto, April 1985.)

TRAUTNER, H.M. (1985b). Allgemeinpsychologische Aspekte von Geschlechtsunterschieden in räumlichen Fähigkeiten. In D. ALBERT (Hrsg.), *Bericht über den 34. Kongreß der Deutschen Gesellschaft für Psychologie, Wien 1984* (Bd. 1, S. 338-341). Göttingen: Hogrefe.

TRAUTNER, H.M. (1987a). Geschlecht, Sozialisation und Identität. In H.-P. FREY & K. HAUSSER (Hrsg.), *Identität. Ergebnisse sozialwissenschaftlicher Forschung* (S. 29-42). Stuttgart: Enke.

TRAUTNER, H.M (1987b). Geschlecht und Identität in entwicklungspsychologischer Perspektive. In M. AMELANG (Hrsg.), *Bericht über den 35. Kongreß der Deutschen Gesellschaft für Psychologie,* Heidelberg 1986 (Bd. 2, S. 467-477). Göttingen: Hogrefe.

TRAUTNER, H.M. (1989). Geschlechterrollen. In G. ENDRUWEIT & G. TROMMSDORFF (Hrsg.), *Wörterbuch der Soziologie* (Bd. 1, S. 244-245). Stuttgart: Enke.

TRAUTNER, H.M., HELBING, N. & SAHM, W.B. (1985). *Schlußbericht zum VW-Projekt ‚Geschlechtstypisierung'.* Münster: Psychologisches Institut III der Universität Münster.

TRAUTNER, H.M., HELBING, N., SAHM, W.B. & DEGENHARDT, A. (1986). *Erster Arbeitsbericht zum*

DFG-Projekt ‚Geschlechtstypisierung‘. Münster: Psychologisches Institut III der Universität Münster.

TRAUTNER, H.M., HELBING, N., SAHM, W.B. & LOHAUS, A. (1988). Unkenntnis — Rigidität — Flexibilität: Ein Entwicklungsmodell der Geschlechtsrollen-Stereotypisierung. *Zeitschrift für Entwicklungspsychologie und Pädagogische Psychologie, 20,* 105-120.

TRAUTNER, H.M., HELBING, N., SAHM, W.B., PENNIG, S. & DEGENHARDT, A. (1989a). *Schlußbericht zum DFG-Projekt ‚Längsschnittliche Analyse von Entwicklungsmerkmalen der Geschlechtstypisierung im Kindesalter‘.* Münster: Psychologisches Institut III der Universität Münster.

TRAUTNER, H.M., HELBING, N., SAHM, W.B., PENNIG, S. & DEGENHARDT, A. (1989b). *Zusammenhang mit Elternvariablen. Addendum zum Schlußbericht des Forschungsprojekts ‚Längsschnittliche Analyse von Entwicklungsmerkmalen der Geschlechtstypisierung im Kindesalter‘.* Münster: Psychologisches Institut III der Universität Münster.

TRAUTNER, H.M. & LOHAUS, A. (1985). Entwicklung der Persönlichkeit. In T. HERRMANN & E.D. LANTERMANN (Hrsg.), *Persönlichkeitspsychologie. Ein Handbuch in Schlüsselbegriffen* (S. 387-395). München: Urban & Schwarzenberg.

TRAUTNER, H.M., SAHM, W.B. & STEVERMANN, I. (1983a). *Zusammenhänge zwischen Konzepten der Geschlechtsrollendifferenzierung und Geschlechtsrollen-Präferenzen im Kindesalter.* (Arbeiten aus dem VW-Projekt ‚Geschlechtstypisierung‘, Nr. 2). Münster: Psychologisches Institut der Universität Münster.

TRAUTNER, H.M., SAHM, W.B. & STEVERMANN, I. (1983b). *Geschlechtsrollenstereotype bei 4- bis 10jährigen Mädchen und Jungen* (Arbeiten aus dem VW-Projekt ‚Geschlechtstypisierung‘, Nr. 3). Münster: Psychologisches Institut der Universität Münster.

TRAUTNER, H.M., SAHM, W.B. & STEVERMANN, I. (1983c). *The development of sex-role stereotypes and classificatory skills in children* (Arbeiten aus dem VW-Projekt ‚Geschlechtstypisierung‘, Nr. 5). Münster: Psychologisches Institut der Universität Münster.

TRAXEL, W. (1964). *Einführung in die Methodik der Psychologie.* Bern: Huber.

TRIANDIS, H.C. & HERON, A. (Eds.). (1981). *Handbook of cross-cultural psychology* (Vol. 4: *Developmental psychology*). Boston: Allyn & Bacon.

TRUDEWIND, C. (1975). *Häusliche Umwelt und Motiventwicklung. Ökologische Faktoren in der Entwicklung des Leistungsmotivs.* Göttingen: Hogrefe.

TULVING, E. (1972). Episodic and semantic memory. In E. TULVING & W. DONALDSON (Eds.), *Organization of memory* (pp. 381-403). New York: Academic Press.

TURIEL, E. (1966). An experimental test of the sequentiality of developmental stages in the child's moral judgments. *Journal of Personality and Social Psychology, 3,* 611-618.

TURIEL, E. (1973). *The effects of cognitive conflicts on moral judgment development.* Unpublished Manuscript, Harvard University.

TURIEL, E. (1978a). Distinct conceptual and developmental domains: Social-convention and morality. In C.B. KEASEY (Ed.), *Nebraska symposium on motivation* (Vol. 25, pp. 77–116). Lincoln: University of Nebraska Press.

TURIEL, E. (1978b). The development of concepts of social structure: Social convention. In J. GLICK & K.A. CLARKE-STEWART (Eds.), *The development of social understanding* (pp. 25-107). New York: Gardner Press.

Turiel, E. (1983). *The development of social knowledge. Morality and convention.* Cambridge: Cambridge University Press.

Turiel, E., Edwards, C.P. & Kohlberg, L. (1978). Moral development in Turkish children, adolescents, and young adults. *Journal of Cross-Cultural Psychology, 9,* 75-86.

Ueckert, H. (1975). Freud und die Wirklichkeit. Ist Psychoanalyse eine Wissenschaft? *Psychologie heute, 2,* 50-57.

Ullian, D.Z. (1976). The development of conceptions of masculinity and femininity. In B. Lloyd & J. Archer (Eds.), *Exploring sex differences* (pp. 25-47). London: Academic Press.

Underwood, B. & Moore, B.S. (1982). The generality of altruism in children. In N. Eisenberg (Ed.), *The development of prosocial behavior* (pp. 25-52). New York: Academie Press.

Undeutsch, U. (1959a). Entwicklung und Wachstum. In H. Thomae (Hrsg.), *Handbuch der Psychologie* (Bd. 3: *Entwicklungspsychologie,* S. 79-103). Göttingen: Hogrefe.

Undeutsch, U. (1959b). Das Verhältnis von körperlicher und seelischer Entwicklung. In H. Thomae (Hrsg.), *Handbuch der Psychologie* (Bd. 3: *Entwicklungspsychologie,* S. 329-357). Göttingen: Hogrefe.

Urberg, K.A. (1979). Sex role conceptualizations in adolescents and adults. *Developmental Psychology, 15,* 90-92.

Vandenberg, S.G. & Kuse, A.R. (1979). Spatial ability: A critical review of the sex-linked major gene hypothesis. In M.A. Wittig & A.C. Petersen (Eds.), *Sex-related differences in cognitive functioning* (pp. 67-95). New York: Academic Press.

Van der Geest, T. (1978). Sprachentwicklungsprozesse in semantischer und interaktionistischer Sicht. *Zeitschrift für Entwicklungspsychologie und Pädagogische Psychologie, 10,* 286-304.

Vasta, R. (Ed.). (1989). *Annals of child development* (Vol. 6: *Six theories of child development: Revised formulations and current issues*). Greenwich, Conn.: JAI Press.

Volkelt, H. (1925). Fortschritte der experimentellen Kinderpsychologie. In K. Bühler (Hrsg.), *Bericht über den 9. Kongreß für experimentelle Psychologie in München* (S. 80—135). Jena: Gustav Fischer.

Vonèche, J.J. (1985). Preliminary remarks on constructivism. *Archives de Psychologie, 53,* 19-20.

Vroegh, K. (1971). Masculinity and femininity in the elementary and junior high school years. *Developmental Psychology, 4,* 254-261.

Waber, D.P. (1976). Sex differences in cognition: A function of maturation rate? *Science, 192,* 572-574.

Waber, D.P. (1977). Sex differences in mental abilities, hemispheric lateralization, and rate of physical growth at adolescence. *Developmental Psychology, 13,* 29-38.

Waber, D.P. (1979). Cognitive abilities and sex-related variations in the maturation of cerebral cortical functions. In M.A. Wittig & A.C. Petersen (Eds.), *Sex-related differences in cognitive functioning* (pp. 161-186). New York: Academic Press.

Walker, L.J. (1980). Cognitive and perspective-taking prerequisites for moral development. *Child Development, 51,* 131-139.

Walker, L.J. (1982). The sequentiality of Kohlberg's stages of moral development. *Child Development, 53,* 1330-1336.

Walker, L.J. (1983). Sources of cognitive conflict for stage transition in moral development. *Developmental Psychology, 19,* 103-110.

Walker, L.J. (1984). Sex differences in the development of moral reasoning: A critical review. *Child Development, 55,* 677-691.

WALLACE, J.G., KLAHR, D. & BLUFF, K. (1987). A self-modifying production system model of cognitive development. In D. KLAHR, P. LANGLEY & R. NECHES (Eds.), *Production system models of learning and development* (pp. 359-435). Cambridge, Mass: MIT Press.

WALLER, M. & PREIS, H. (1975). Entwicklungspsychologische Bedingungen im Motivationseinfluß auf das Imitationsverhalten. *Zeitschrift für Entwicklungspsychologie und Pädagogische Psychologie, 7,* 73–87.

WALTER, H. & OERTER, R. (Hrsg.). (1979). *Ökologie und Entwicklung. Mensch-Umwelt-Modelle.* Donauwörth: Auer.

WAPNER, S. & WERNER, H. (1957). *Perceptual development.* Worcester, Mass.: Clark University Press.

WARD, W.D. (1969). Process of sex-role development. *Developmental Psychology, 1,* 163-168.

WATERMAN, A.S., GEARY, P.S. & WATERMAN, C.K. (1974). Longitudinal study of changes in ego identity status from the freshman to the senior year at college. *Developmental Psychology, 10,* 387-392.

WATERS, E., WIPPMAN, J. & SROUFE, L.A. (1979). Attachment, positive affect, and competence in the peer group: Two studies in construct validation. *Child Development, 50,* 821-829.

WATSON, J.B. (1968). *Behaviorismus.* Köln: Kiepenheuer & Witsch. (Original erschienen 1924–1925. *Behaviorism)*

WATSON, J.B. (1926). Behaviorism: A psychology based on reflex-action. *Journal of Philosophical Studies, 1,* 454-466.

WATSON, J.B. & RAYNER, R. (1920). Conditioned emotional reactions. *Journal of Experimental Psychology, 3,* 1-14.

WATSON, R.I. (1959). *Psychology of the child* (2. Aufl. 1965). New York: Wiley.

WEHREN, A. & DE LISI, R. (1983). The development of gender understanding: Judgments and explanations. *Child Development, 54,* 1568-1578.

WEINER, B. (1988). *Motivationspsychologie.* (2. Aufl.) München–Weinheim: Psychologie Verlags Union.

WEINER, B. & PETER, N. (1973). A cognitive-developmental analysis of achievement and moral judgment. *Developmental Psychology, 9,* 290-309.

WEINERT, F.E. (1967). Über den Einfluß kurzzeitiger Lernprozesse auf die Denkleistungen von Kindern. In F. MERZ (Hrsg.), *Bericht über den 25. Kongreß der Deutschen Gesellschaft für Psychologie,* Münster 1966 (S. 395-400). Göttingen: Hogrefe.

WEININGER, O. (1903). *Geschlecht und Charakter.* Wien: Braumüller.

WERNER, H. (1948). *Comparative psychology of mental development.* New York: Follet.

WERNER, H. (1959). *Einführung in die Entwicklungspsychologie* (4. Aufl.). München: Barth. (Erstauflage Leipzig: Barth, 1926).

WERNER, H. & WAPNER, S. (1956). Sensory-tonic field theory of perception: Basic concepts and experiments. *Revista de Psicologia, 50,* 315–337.

WHITE, R.W. (1960). Competence in psychosexual stages of development. In M.R. JONES (Ed.), *Nebraska symposium on motivation* (Vol. 8, pp. 97-141). Lincoln, Nebr.: University of Nebraska Press.

WHITE, S. (1970). The learning theory approach. In P.H. MUSSEN (Ed.), *Carmichael's manual of child psychology* (pp- 657–701). New York: Wiley.

WHITEHURST, G. & VASTA, R. (1975). Is language acquired through imitation? *Journal of Psycholinguistic Research, 4,* 37-58.

WHITING, B.B. (1963). *Six cultures. Studies of child rearing.* New York: Wiley.

WHITING, B.B. & WHITING, J.W.M. (1975). *Children of six cultures.* Cambridge: Harvard University Press.

WHITING, J.W.M. & CHILD, I.L. (1953). *Child training and personality: A cross-cultural study.* New Haven: Yale University Press.

WHITING, J.W.M. & WHITING, B.B. (1973). Altruistic and egoistic behavior in six cultures. In L. NADER & T.W. MARETZKI (Eds.), *Cultural illness and health: Essays in human adaptation* (pp. 56–66). Washington, D.C.: American Anthropologial Association.

WHORF, B.L. (1963). *Sprache — Denken — Wirklichkeit.* Reinbek: Rowohlt TB. (Original erschienen 1956: *Language, thought, and reality*).

WIECZERKOWSKI, W. (1982). Spracherwerb und Sprachentwicklung. In W. WIECZERKOWSKI & H. ZUR OEVESTE (Hrsg.), *Lehrbuch der Entwicklungspsychologie* (Bd. 1, S. 241-317). Düsseldorf: Schwann.

WILLIAMS, J.E. & BEST, D.L. (1982). *Measuring sex stereotypes: A thirty-nation study.* Beverly Hills, CA: Sage.

WILSON, E.O. (1975). *Sociobiology.* Cambridge, Mass.: Harvard University Press.

WINNICOTT, D.W. (1974). *Reifungsprozesse und fördernde Umwelt.* München: Kindler.

WITELSON, S.F. (1976). Sex and the single hemisphere: Specialization of the right hemisphere for spatial processing. *Science, 193,* 425-427.

WITTIG, M.A. & PETERSEN, A.C. (Eds.). (1979). *Sex-related differences in cognitive functioning.* New York: Academic Press.

WOLF, T. (1973). Effects of televised modeled verbalizations and behavior in resistance to deviation. *Developmental Psychology, 8,* 51-56.

WOLFF, P.H. (1969). The natural history of crying and other vocalizations in early infancy. In B.M. FOSS (Ed.), *Determinants of infant behavior* (Vol. IV, pp. 113-138). London: Methuen.

WORELL, J. (1981). Life-span sex roles: Development, continuity, and change. In R.M. LERNER & N.A. BUSCH-ROSSNAGEL (Eds.), *Individuals as producers of their development: A life-span perspective* (pp. 313–347). New York: Academic Press.

WRIGHT, H.F. (1960). Oberservational child study. In P. H. MUSSEN (Ed.), *Handbook of research methods in child development* (pp. 71-139). New York: Wiley.

WYGOTSKY, L. (1964). *Denken und Sprechen.* Berlin-Ost: Akademie-Verlag. (Russ. Original 1934: *Mishlenie i rech*)

YARROW, M.R., SCOTT, P.M. & WAXLER, C.Z. (1973). Learning concerns for others. *Developmental Psychology, 8,* 240–260.

YEN, W.M. (1975). Sex-linked major-gene influences on selected types of spatial performance. *Behavior Genetics, 5,* 281-298.

ZAHLMANN-WILLENBACHER, B. (1979). Geschlechtsdifferenzierung und Geschlechtsrollenidentifikation. In A. DEGENHARDT & H.M. TRAUTNER (Hrsg.), *Geschlechtstypisches Verhalten* (S. 85-101). München: C.H. Beck.

ZAHN-WAXLER, C., RADKE-YARROW, M. & KIND, R. (1979). Child rearing and children's prosocial imitations toward victims of distress. *Child Development, 50,* 319-330.

ZANGWILL, O.L. (1976). Thought and the brain. *British Journal of Psychology, 67,* 301-314.

ZIGLER, E. (1963). Metatheoretical issues in developmental psychology. In M.H. MARX (Ed.), *Theories in contemporary psychology* (pp. 341-369). New York: MacMillan.

ZIGLER, E. & CHILD, J.L. (1969). Socialization. In G. LINDZEY & E. ARONSON (Eds.), *The handbook of social psychology.* (Vol 3, pp. 450-589). Reading, Mass.: Addison-Wesley.

ZIMMER, D.E. (1988). *So kommt der Mensch zur Sprache.* Zürich: Haffmanns.

ZUR OEVESTE, H. (1982). Moralische Entwicklung. In W. WIECZERKOWSKI & H. ZUR OEVESTE, *Lehrbuch der Entwicklungspsychologie* (Bd. 2, S. 63-97). Düsseldorf: Schwann.

Autorenregister

Sachregister

Quellenhinweise

Folgende Tabellen und Abbildungen wurden vollständig oder in Ausschnitten anderen Quellen entnommen. Ihre Wiedergabe erfolgt mit freundlicher Genehmigung der aufgeführten Copyright-Inhaber.

S. 14: Tab. 6.1: International Journal of Psychology, *19*, S. 198 und S. 200. (C) 1984 Elsevier Science Publishers, Amsterdam.

S. 50, S. 51: Tab. 7.1 und Abb. 7.3: Child Development, *47*, S. 983 und S. 986. (C) 1976 Society for Research in Child Development.

S. 131: Abb. 9.2: Journal of Applied Behavior Analysis, *6*, S. 213. (C) 1973 Society for the Experimental Analysis of Behavior, Bloomington, Indiana.

S. 143, S. 144: Tab. 9.2 und Tab. 9.3: Child Development, *57*, S. 704 und S. 705. (C) 1986 Society for Research in Child Development.

S. 179: Abb. 10.1: John H. Flavell, Kognitive Entwicklung, S. 54. (C) 1977 Prentice Hall, Englewood Cliffs, New Jersey. Klett-Cotta, Stuttgart 1979.

S. 183: Abb. 10.2: David R. Shaffer, Developmental Psychology. Theory, Research, and Applications, S. 348. (C) 1985 Wadsworth Inc., Brooks/Cole, Pacific Grove, California.

S. 185: Abb. 10.3: Rolf Oerter & Leo Montada, Entwicklungspsychologie (2. Aufl.), S. 445. (C) 1987 Psychologie Verlags Union, München–Weinheim.

S. 214: Abb. 10.6: John R. Anderson, Kognitive Psychologie, S. 379. (C) 1988 Spektrum der Wissenschaft, Heidelberg.

S. 218: Abb. 10.8: Hayne W. Reese & Lewis L. Lipsitt, Advances in Child Development and Behavior, Vol. 12, S. 78. (C) 1978 Academic Press, New York.

S. 235, S. 236: Abb. 11.1 und Abb. 11.2: Rolf Oerter & Leo Montada, Entwicklungspsychologie (2. Aufl.), S. 579 und S. 584. (C) 1987 Psychologie Verlags Union, München–Weinheim.

S. 243: Abb. 11.3: Siegmund Prillwitz, Birgit Jochens & Eberhard Stosch (Hrsg.), Der kindliche Spracherwerb, S. 145. (C) 1975 Westermann Schulbuchverlag, Braunschweig.

S. 244: Tab. 11.2: David R. Shaffer, Developmental Psychology. Theory, Research, and Applications, S. 305. (C) 1985 Wadsworth Inc., Brooks/Cole, Pacific Grove, California.

S. 251, S. 252: Abb. 11.4 und Abb. 11.5: Gisela Szagun, Sprachentwicklung beim Kind (3. Aufl.), S. 165 und S. 183. (C) 1986 Psychologie Verlags Union, München–Weinheim.

S. 278: Abb. 11.6: David R. Shaffer, Developmental Psychology. Theory, Research, and Applications, S. 289. (C) 1985 Wadsworth, Inc., Brooks/Cole, Pacific Grove, California.

S. 287: Abb. 11.7: Scientific American, *227*, (October), S. 92. (C) 1972 Spektrum der Wissenschaft, Heidelberg.

S. 325: Tab. 12.1: Hans-Peter Frey & Karl Haußer (Hrsg.), Identität, S. 31. (C) 1987 Ferdinand Enke Verlag, Stuttgart.

S. 327: Abb. 12.1: Norbert Bischof & Holger Preuschoft (Hrsg.), Geschlechtsunterschiede – Entstehung und Entwicklung (BSR 207), S. 40. (C) 1980 C.H. Beck, München.

S. 332f.: Tab. 12.2: Paul H. Mussen (Series Ed.), Handbook of Child Psychology, Vol. 4, S. 390/391. (C) 1983 John Wiley, New York.

S. 350: Tab. 12.5: David R. Shaffer, Developmental Psychology. Theory, Research, and Applications, S. 525. (C) 1985 Wadsworth, Inc., Brooks/Cole, Pacific Grove, California.

S. 355, S. 356: Tab. 12.6 und Tab. 12.7: Sex Roles, *9*, S. 510 und S. 515. (C) 1983 Plenum, New York.

S. 372, S. 376, S. 385: Abb. 12.4, Abb. 12.5 und Abb. 12.6: Annette Degenhardt & Hanns Martin Trautner (Hrsg.) Geschlechtstypisches Verhalten (BSR 205), S. 55, S. 62, S. 73. (C) 1979 C.H. Beck, München.

S. 390: Tab. 12.9: Child Development, *49*, S. 440. (C) 1978 Society for Research in Child Development.

S. 432f.: Tab. 13.4: Gerhard Steiner (Hrsg.), Piaget und die Folgen (Psychologie des 20. Jahrhunderts, Band 7), S. 357. (C) 1978 Kindler-Verlag, Zürich.

S. 435: Abb. 13.1: Monographs of the SRCD, *48* (No. 200), S. 46. (C) 1983 Society for Research in Child Development.

S. 439. Tab. 13.5: Child Development, *53*, S. 881 und S. 882. (C) 1982 Society for Research in Child Development.

S. 456: Tab. 13.6: David R. Shaffer, Developmental Psychology. Theory, Research, and Applications, S. 576. (C) 1985 Wadsworth, Inc., Brooks/Cole, Pacific Grove, California.

Die Wiedergabe der folgenden Blockzitate erfolgt mit freundlicher Genehmigung der aufgeführten Copyright-Inhaber.

S. 157: Jean Piaget: Meine Theorie der geistigen Entwicklung (hrsg. v. Reinhard Fatke), S. 19/20. (C) Fischer Taschenbuch Verlag, Frankfurt am Main.

S. 253: Gisela Szagun, Sprachentwicklung beim Kind (3. Aufl.), S. 183. (C) 1986 Psychologie Verlags Union, München–Weinheim.

S. 429f.: Lutz H. Eckensberger & Heide Reinshagen, Kohlbergs Stufentheorie der Entwicklung des moralischen Urteils: Ein Versuch ihrer Reinterpretation im Bezugsrahmen handlungstheoretischer Konzepte (in: Lutz H. Eckensberger & Rainer K. Silbereisen, Entwicklung sozialer Kognitionen, Klett-Cotta, Stuttgart), S. 70/71. (C) 1980 Lutz H. Eckensberger und Heide Reinshagen.

Für die restlichen Tabellen, Abbildungen und Zitate war keine Einholung einer Abdruckgenehmigung erforderlich oder liegt das Copyright beim Hogrefe-Verlag.